U0817807

当代中国的人民政协

CONTEMPORARY CHINA: CHINESE PEOPLE'S POLITICAL CONSULTATIVE CONFERENCE

当代中国出版社
Contemporary China Publishing House
2021年·北京

图书在版编目(CIP)数据

当代中国的人民政协 /《当代中国》丛书编辑委员会编. -- 北京 : 当代中国出版社, 2021.4
(《当代中国》丛书)
ISBN 978-7-5154-0961-0

Ⅰ. ①当… Ⅱ. ①当… Ⅲ. ①中国人民政治协商会议—概况 Ⅳ. ① D627

中国版本图书馆 CIP 数据核字（2019）第 165749 号

出 版 人　曹宏举
责任编辑　宗　边
特约编辑　陈立旭
责任校对　康　莹
印刷监制　刘艳平
装帧设计　创世禧图文
出版发行　当代中国出版社
地　　址　北京市地安门西大街旌勇里 8 号
网　　址　http: //www. ddzg. net　邮箱：ddzgcbs@sina. com
邮政编码　100009
编 辑 部　（010）66572264　66572154　66572132　66572180
市 场 部　（010）66572281　66572161　66572157　83221785
印　　刷　北京润田金辉印刷有限公司
开　　本　787 毫米 × 1092 毫米　1/16
印　　张　38 印张　540 千字
版　　次　2021 年 4 月第 1 版
印　　次　2021 年 4 月第 1 次印刷
定　　价　270.00 元

版权所有，翻版必究；如有印装质量问题，请拨打（010）66572159 转出版部。

ISBN 978-7-5154-0961-0

《当代中国》丛书
编辑委员会

主　编　邓力群　马　洪　武　衡

编　委　（按姓氏笔画排列）

丁伟志　于光远　王忍之　王惠德　安平生　朱穆之

华　楠　杜润生　杨白冰　谷　羽　周克玉　林涧青

房维中　胡　绳　贺敬之　袁宝华　梅　益　薛暮桥

《当代中国》丛书
编　辑　部

（按姓氏笔画排列）

刘　杲　杜　敬　陈伯林　吴家珣　段若非　蒋仲辉

《当代中国的人民政协》
编委会名单

主　编　彭友今

副主编　陆　平　孙起孟　史　永　罗涵先　程思远

编　委　（以下按姓氏笔画排列）

于　刚　马　信　王　刚　尹　华　史　永　冯和法
冯梯云　宁光堃　朱洁夫　刘俊岐　安士伟　孙铁青
孙起孟　孙越崎　李　定　李　毅　李宏硕　李牧生
杨季川　杨拯民　杨放之　沙　里　宋德敏　张一道
张毕来　陆　平　陈达人　罗涵先　赵　炜　赵增寿
聂　真　徐亦安　黄　铸　萨空了　彭友今　董纯才
覃异之　程思远　童小鹏　傅随贤　溥　杰　蔡子伟
蔡铭喜　裴丽生　魏传统

《当代中国的人民政协》
编 辑 部

张一道　刘俊岐　林安娣　范慧兰

参加本书编写人员

（按姓氏笔画排列）

卞晋平　王　刚　王述曾　冉隆娴　米鹤都　刘俊岐

刘有和　刘星翔　朱　贞　宋玉琦　李文华　张一道

张世龄　张永年　张西洛　张魁堂　杨季川　林安娣

范慧兰　周云蒸　徐亦安　黄国平　韩　雁

《当代中国》丛书再版说明

《当代中国》丛书作为新中国成立以来第一套大型当代中国国史和国情丛书，是新中国国史研究领域的标识性作品。该丛书以无可辩驳的史实客观呈现了新中国成立以后近40年我们党带领全国人民所取得的社会主义建设的伟大成就，是改革开放前后两个时期有机衔接的忠实记录。

《当代中国》丛书是20世纪80年代初胡乔木同志提议，经中共中央书记处批准，由中宣部向全国部署，交由中国社会科学院规划和编辑出版，是新中国成立后由中央组织的首次大规模编写中华人民共和国历史的工程。《当代中国》丛书共150卷，208册，约1亿字，3万幅珍贵历史图片。丛书内容广泛，几乎涵盖新中国成立以来各条战线、各个地区社会主义革命和社会主义建设事业的发展过程、辉煌成就。按内容区分，有部门（行业）卷、地方卷、专题卷，还有不限于某个部门或某个方面的综合卷。

1999年6月30日，《当代中国》丛书完成总结大会在北京人民大会堂召开，时任中共中央总书记、国家主席江泽民，国务院总理朱镕基，副总理李岚清等党和国家主要领导同志亲切会见了与会代表。江泽民总书记对丛书的完成表示热烈祝贺和高度评价，同时发表重要讲话。他指出：《当代中国》丛书为研究有中国特色社会主义的伟大事业的发展进程、经验和规律，为在广大干部和群众中开展爱国主义、集体主义、社会主义思想教育，提供了丰富的史料和生动的教材。大家应该充分运用这部丛书的科研成果，为资政育人服务，为推进改革开放和现代化建设服务。同年，《当代中国》丛书荣获第四届中国国家图书奖荣誉奖。

由于本丛书第一版时间久远，版本陈旧，且至今市面无存，为服务广大读者，我们推出了该丛书的新版本。目前再版这套丛书，既是向2019年新中国成立70周年奉献的一份厚礼，也是向2020年全面建成小康社会和2021年中国共产党成立100周年敬献的贺礼。

本次再版的总体原则是在尊重史实和时代语境的前提下，保持丛书既有框架和内容，个别调整体例、订正错讹。本次再版，我们邀请专业人员对各卷英文目录做了全面修订，使之更加准确、简洁。我们还提升了用材、装帧质量，务使该丛书以更好的面貌呈现给广大读者。

本次再版得到了中国社会科学院哲学社会科学创新工程和当代中国研究所的鼎力支持与帮助，在此谨表诚谢。

2019年，习近平总书记对在“不忘初心、牢记使命”主题教育中学习党史、新中国史作出重要指示。我们真诚希望，通过本丛书再版，能为全国广大读者增添一套新的、更为全面系统的学习教材，起到进一步传承红色基因、坚定理想信念的作用，做到知史爱党、知史爱国。

当代中国出版社

2019年12月

总　序

中华人民共和国，作为一个伟大的社会主义国家，屹立于世，已经整整35个春秋。

当此之际，我们决定把30多年来的历史经验，分门别类，加以总结，编纂成书，陆续付梓，以献给这一伟大事业的创业者和建设者，献给行将参加到这一事业中来的一代又一代新的建设者，献给全国各族同胞和世界上一切关心我们事业的朋友们。

在中华民族5000多年的文明史上，我们当代的历史——中华人民共和国的历史，是最辉煌的篇章。这个时期，中国大地上社会的发展，历史的进步，各项事业的兴旺，人民的团结，都是空前的。我们并不满足于既有的初步成就，并不想以此矜夸于人，但是我国人民通过30多年的实践，确实重新建立了充分的民族自信。实践本身向全世界宣告，有着古老文明的中华民族，在中国共产党领导下，恢复了和勃发着青春的活力，她完全有能力在比较短的时间内，扎扎实实，以比较高的速度，迎头赶上，跻身于世界先进民族之林。

中华人民共和国的历史，是一部艰苦卓绝的社会主义创业史。其所以艰苦卓绝，一则是由于我们的基础太差，起点太低；二则是由于我们没有经验。如何把一个贫困落后的半殖民地半封建的旧中国改造和建设成为一个富强先进的社会主义新中国，不仅在我国的历史发展中是前无古人的创新之举，而且在世界范围内也无成例可援。我们固然可以参考和借鉴别人的经验，但从根本上来说，却只有靠我们自己运用马克思列宁主义的普遍真理，独立地认识和分析中国的特殊国情，以无畏的革命创造精神和严格的科学态度，找出一条中国化的建设社会主义的道路。只有这样，振兴中华的大业才会事半功倍，卓有成效。在革命战争年代，我们把马克思列宁主义普遍真理和中国革命具体实践相结合，形成了适合中国情况的科学的指导思想，即毛泽东思想。是否坚持马克思列宁主义普遍真理和中国革命具体实践相结合，是决定新民主主义革命成败的关键。新中国成立以来的历史实践表明，这同样是决定我国社会主义事业成败的关键。30 多年来，中国人民为此贡献了智慧，付出了劳动，备尝了失误的苦痛和成功的欢欣。党的十一届三中全会以后，我们总结过去正反两方面的丰富经验，坚持和发展马克思列宁主义、毛泽东思想，逐步制定和完善各方面的方针政策，在探索建设有中国特色的社会主义的道路上，有许多新的创造，取得了重大的成就。在 1982 年党的第十二次全国代表大会上，邓小平同志提出："把马克思主义的普遍真理同我国的具体实际结合起来，走自己的道路，建设有中国特色的社会主义，这就是我们总结长期历史经验得出的基本结论。"建设有中国特色的社会主义，这是一个实践的过程，又是我们的认识不断提高和深化的过程，这是我们的出发点，又是我们的奋斗目标。我们完全可以自豪地说，沿着这条道路前进，通过全体共产党人和各族人民脚踏实地的艰苦奋斗，把我们的祖国建设成为一个高度文明、高度民主的社会主义的现代化强国，是指日可待的。

社会主义中国的历史还在发展。我们有责任把我国走过的道路和取得的经验，介绍给全国各族人民，介绍给世界人民。我国人民必能从中吸取到爱国主义和社会主义的可贵教益，国外一切关心中国的人也能够由此增进对社会主义新中国的了解。这就是我们编撰出版这套《当代中国》丛书的主要目的。

《当代中国》丛书，将遵循实事求是的科学的态度，不虚美，不掩过，用可靠的事实资料，如实地写出新中国30多年的建设史，为世人为后代留下一部科学的信史。我们深信，只要把30多年建设的成功和挫折的经验，运用马克思列宁主义、毛泽东思想一一加以科学的总结，那就会使之成为传诸后世的国宝。

当然，任何珍贵的历史经验，都不应变成妨碍人们继续前进的沉重负担。我们不仅不能重复过去的错误，也不能为成功的经验所束缚，而故步自封。历史经验的可贵，在于提供给人们继续前进的力量，在于给人们研究和解决新问题以智慧。现在，为了实现社会主义现代化，全面进行经济改革和技术革命的历史任务，已经提上了议事日程。这些在新的历史条件下面临的重大的新课题，显然是不可能从既往的历史经验中找到现成答案的。我们的任务在丁，工确运用历史经验，从中得山规律性的认识，以便用科学性和革命性紧密结合的革新精神，去迎接我国社会主义现代化建设的新高潮。

《当代中国》丛书编辑委员会

1984年5月3日

目录

第三编
人民政协工作的恢复和发展

第四编
政协全国委员会的经常性活动

第五编
人民政协地方委员会

Contents

Part Two
The CPPCC Continues to Play Organization Function in United Front and Its Suffering Setbacks

Part Three
Restoration and Development of the CPPCC

Part Four

Routine Work of National Committee of the CPPCC

绪　论

中国人民在长期的革命和建设进程中，结成了由中国共产党领导的，有各民主党派、无党派民主人士、人民团体、少数民族人士和各界爱国人士参加的，由全体社会主义劳动者、拥护社会主义的爱国者和拥护祖国统一的爱国者组成的，包括台湾同胞、港澳同胞和国外侨胞在内的最广泛的爱国统一战线。在民主革命时期，统一战线是中国共产党领导人民推翻帝国主义、封建主义、官僚资本主义的统治，取得革命胜利的三大法宝之一；在社会主义建设时期，统一战线仍然是在中国共产党领导下，团结全国各族人民，建设社会主义现代化强国和完成祖国统一大业的一个重要法宝。

中国人民政治协商会议（简称人民政协）是中国人民爱国统一战线的组织，也是中国共产党领导的多党合作的一种重要组织形式。中国共产党领导的多党合作是在中国特定的历史条件下形成的。中国人民政治协商会议第一届全体会议的召开，把这种多党合作推进到一个新的阶段。在中国共产党领导下，人民政协在 40 多年的光辉历程中，为中国的革命和建设事业，做出了重要的贡献。没有中国共产党的领导，就没有中国的革命统一战线，也没有中国共产党领导的多党合作，也没有中国人民政治协商会议及其一切成就。

中国人民政治协商会议同 1946 年在重庆召开的旧政治协商会议（简称旧政协）有本质上的区别。1949 年 9 月 21 日毛泽东在中国人民政治协商会议第一届全体会议开幕词中指出，我们的会议之所以成为政治协商会议，是因为三年以前我们曾和蒋介石国民党一道开过一次政治协商会议。那次会议的结果是被蒋介石国民党破坏了，但是已在人民中留下了不可磨灭的印象。那次会议证明，和帝国主义、国民党一道，是不能解决任何有利于人民的任务的。那次会议也使人民懂得，只有推翻他们，其他道路是没有的。中国人民在中国共产党的领导下，在3年多的时间内，很快地觉悟起来，形成了全国规模的反对帝国主义、封建主义、官僚资本主义及其集中代表者国民党反动政府的统一战线，援助了人民解放战争，基本上打倒了国民党反动政府，推翻了帝国主义在中国的统治。现在的中国人民政治协商会议是在完全新的基础上召开的，它具有代表中国人民的性质，它获得了全国人民的信任和拥护。周恩来也明确指出，政协是沿用了旧的政治协商会议的名称，但以它的组织和性质来说，所以能够发展成为今天这样的会，决不是发源于旧的政协。为了说明人民政协的产生经过，有必要简单回顾一下从旧政协到中国人民政协这一段历史背景。

（一）

1945年8月15日，日本宣布无条件投降，持续八年的抗日战争，终于以中国人民的胜利而宣告结束。在举国上下一片欢腾庆贺这百余年来中国人民抵御外侮的第一次重大胜利的时刻，一些有识之士却是亦喜亦忧。是战争，还是和平？是建立一个大地主、大资产阶级专政的半殖民地、半封建的国家，还是建立一个无产阶级领导的、人民大众的、新民主主义的国家？一句话，“中国向何处去”，已日益紧迫地成为摆在中国人民面前的重大历史课题。

中国共产党代表广大人民的利益，顺应历史潮流，早在抗战胜利前夕就制定了“在广泛的民主基础之上，召开国民代表大会，成立包括更广大范围的各党各派和无党无派代表人物在内的同样是联合性质的民主的正式的政府，领导解放后的全国人民，将中国建设成为一个独立、自由、民主、统一和富强的新国家”的和平建国基本方针。① 日本宣布投降后的第三天，中共中央就以朱德总司令的名义致电蒋介石：“请你立即废止一党专政，召开各党派会议，成立民主的联合政府。”② 毛泽东又于同日重申：“中国共产党正是坚持

① 毛泽东：《论联合政府》，《毛泽东选集》第3卷，人民出版社1991年6月第2版，第1029、1030页。

② 毛泽东：《第十八集团军总司令给蒋介石的两个电报》，《毛泽东选集》第4卷，人民出版社1991年6月第2版，第1145页。

这个主张，这就是‘联合政府’的主张。实现这个主张，就可制止内战。”① 中国共产党关于成立联合政府的主张以及和平建国的方针，体现了战后全国人民的利益，得到了广泛的拥护。

各民主党派一方面欢呼胜利，另一方面又担心内战。中国民主同盟 8 月 15 日《在抗战胜利中的紧急呼吁》一开始就说：“抗战胜利了，国内一切更复杂更麻烦的问题都来了”，“假如我们在欢呼胜利的时候，能够冷静一点，也许一切复杂的情形可能简单化，也许一切麻烦的情形可能轻松化，否则不是不可能演变得更纠纷更严重的。”因此，他们提出：“我们现在的口号是民主统一，和平建国。”② 这实际上代表着各民主党派的共同愿望。

国民党战后的基本动态是，急于抢占抗战胜利果实，积极准备发动内战，但要立即发动全面内战，又有许多实际困难。第一，内战政策，必将违背饱尝战争苦难的中国人民渴求和平的根本意愿。第二，中国共产党领导的解放区已有一亿人口，近百万正规军，两百万民兵。第三，当时的美国政府试图促成国共握手言和，组成以国民党为主体的“联合政府”，然后帮助国民党在“联合政府”中逐步挤垮共产党，达到扶持蒋介石傀儡政权，实现美国控制中国的战略意图。第四，当时国民党内部也有一部分反对蒋介石独裁统治的民主进步力量以及主和人士，赞成同中国共产党实行和平谈判。因此，蒋介石于 8 月 14 日、20 日、23 日连续三次致电延安，邀请毛泽东到重庆谈判。

对于蒋介石的“邀请”，中共中央决定派毛泽东、周恩来、王若飞等赴重庆谈判，并做好了两手准备。如果国民党在内外压力下，愿意通过和平谈判，有条件地承认中国共产党的地位，中国共产党也就有条件地承认国民党的地位，形成国共两党及各民主力量合作的和平发展新阶段。这样在和平条件下实现国家的社会政治改革，当然有利于全国人民的休养生息。退一步看，即使由于国民党不放弃内战方针而使谈判破裂，中国共产党也可以利用与国民党的这一政治斗争，充分表明共产党人以大局为重的胸怀和主张和平的诚意，

---

① 毛泽东：《评蒋介石发言人谈话》，《毛泽东选集》第 4 卷，人民出版社 1991 年 6 月第 2 版，第 1151 页。

② 重庆《新华日报》，1945 年 8 月 30 日。

从而揭露国民党的和平伪装。如果国民党仍要一意孤行地发动全面内战，它就在全国以至全世界面前输了理。这样也可以教育人民，团结同盟者，澄清国际舆论，争取政治上的主动。

1945年8月28日，毛泽东率领中共代表团飞抵重庆。这是出于国民党意料之外的，正如张群在谈判中所说："商谈内容，在你们所提的办法是事先经过你们党内决定……而我方事前党内并未有任何讨论，也未准备任何方案与中共谈判。"[①] 9月3日中共代表团主动提出11项具体谈判方案后，9月4日蒋介石才正式指定张群、王世杰、邵力子、张治中为国民党方面的谈判代表。此后，以中共提出的方案为基础，国共双方代表进行商谈。凡是双方同意的，就把各自意见的要点记录在案；凡是一方不同意的，就继续谈判。到9月下旬，经过八次正式会谈，双方基本达成协议。但是，国民党迟迟不肯在协议上签字。这是因为国民党另有打算。原来就在中共代表团到达重庆的第二天，国民党就密令各战区印发蒋介石的《剿匪手册》，随即以数十万军队向晋东南和华北解放区发起进攻，企图以军事上的压力迫使中共在谈判桌上让步。但是，国民党军队的进攻，都被解放区军民所击退，解放区自卫反击战的胜利有力地支持了中共在谈判桌上的斗争。10月10日，国民党终于在《政府与中共代表会谈纪要》（即《双十协定》）上签了字。这个协定是当时历史条件下国共双方互相让步的产物。中国共产党从战后人民要求和平民主的实际出发，在坚持保护人民基本利益的原则基础上，同意在蒋介石领导下长期合作，实行孙中山的三民主义。国民党在国内外和平民主力量的压力之下，也不得不承认中国共产党在中国社会上占有重要地位的客观现实，不得不同意中国共产党提出的和平建国的基本方针，不得不同意召开政治协商会议，邀请各党派代表及社会贤达共商国是，也不得不同意进行一些民主改革。

重庆谈判和《双十协定》，在中国革命史上留下了不可磨灭的影响。中国共产党与国民党以平等的身份共商国是这一事实本身，向全国和全世界表明：中国的事情没有中国共产党就不能解决，国民党的独裁统治事实上已成为不

---

① 《重庆谈判纪实》，重庆出版社1983年第1版，第208页。

可能了。《双十协定》的签订，推迟了全面内战的爆发，有利于人民休养生息，顺应了战后全国人民要求和平民主的强烈愿望，受到全国人民的普遍欢迎。同时，《双十协定》决定以政治协商会议的形式，为多党派进行政治协商提供了新的舞台。在《双十协定》的鼓舞下，中国民主同盟、三民主义同志联合会、中国致公党等民主党派的活动日趋活跃。民主建国会、中国民主促进会、中国国民党民主促进会、九三学社等民主党派也相继成立。很明显，在此后的政治斗争中，谁能团结广大人民并得到各民主党派的支持与合作，谁就将取得胜利。重庆谈判已经拉开这场政治斗争的序幕，政治协商会议则把它推向高潮。

（二）

《双十协定》签订后，10 月 18 日，苏南、皖南、浙东、浙西四个解放区的新四军就开始撤往长江以北，向全国人民表明了中国共产党履行协定的诚意。可是，国民党却既不想和中国共产党合作“和平建国”，也不想作丝毫的民主改革，至于什么时候召开政治协商会议，从未认真考虑。就在《双十协定》签订后的第三天，蒋介石立即颁布内战命令，要求其部属“遵照中正所订剿共手本，督励所属，努力进剿”，频频向解放区挑衅。内战一触即发，引起了国内外的关注。11 月 2 日，民盟发言人为制止内战发表谈话，提出“政府应该在十天以内正式召集政治协商会议”，“国家的一切问题都应该用和平的方式来解决。”① 11 月 19 日，在国民党统治中心重庆成立的“陪都各界反对内战联合会”发表宣言，号召全国人民起来反对内战，并呼吁迅速召开政治协商会议。12 月 16 日，中国共产党出席政治协商会议的代表到达重庆，要求国民党政府立即无条件停止内战，加紧筹备和迅速召开政治协商会议。12 月 27 日，苏、美、英三国外长莫斯科会议也发表声明，一致认为，“必须在国民政府之下建立一个团结而民主的中国，必须由民主分子广泛参加国民政

① 《中国民主同盟历史文献》，文史资料出版社 1983 年第 1 版，第 101、102 页。

府的所有一切部门，而且必须停止内战。”① 在国内外的巨大压力之下，蒋介石才被迫于12月31日决定召开政治协商会议的日期。

1946年1月10日，政治协商会议在重庆开幕。参加这次会议的有5个方面38位代表②。中国国民党代表（又称政府代表）8人：孙科、吴铁城、陈布雷、陈立夫、张厉生、王世杰、邵力子、张群。中国共产党代表7人：周恩来、董必武、王若飞、叶剑英、吴玉章、陆定一、邓颖超。中国民主同盟代表9人：张澜、罗隆基、张君劢、张东荪、沈钧儒、张申府、黄炎培、梁漱溟、章伯钧。中国青年党代表5人：曾琦、陈启天、杨永浚、余家菊、常乃惪。社会贤达9人：莫德惠、邵从恩、王云五、傅斯年、胡霖、郭沫若、钱永铭、缪嘉铭、李烛尘。

经过5方面代表共同商定，政治协商会议的议程为改组政府、施政纲领、军事、国民大会、宪法草案共5项，并分设5个相应的小组进行协商。政治协商会议原定当月23日结束，由于五项议题都争论得非常激烈，会议经过3次延期，才就各项议题勉强达成协议，于1月31日举行的大会上通过了《政府组织案》《国民大会案》《和平建国纲领》《军事问题案》《宪法草案》5项决议。

政治协商会议的全部过程，实际上就是代表当时中国社会的左、中、右三种政治力量，围绕上述五个问题进行较量的过程，斗争的焦点是军队问题和政权问题。代表大地主、大资产阶级的国民党，企图通过政治协商会议，迫使中国共产党屈从于国民党的“法统”，交出军队和解放区政权，实现国民党独裁的一统天下。

代表民族资产阶级和上层小资产阶级的“中间派”发生了分化，青年党

① 转引自李维汉《回忆与研究》（下），中共党史资料出版社1986年第1版，第629页。

② 国共双方最初商定参加政治协商会议的只有中国国民党、中国共产党、中国民主同盟、社会贤达4个方面，每方9人，共36人。但民盟内三党三派之一的青年党在国民党怂恿之下，要求在民盟的9个名额中独占5个，否则青年党就退出民盟，以单独单位参加政协。这一无理要求当然被民盟拒绝。为了使政治协商会议能够召开，中国共产党做出让步，主动让出两席，国民党让出一席，另在总名额中加两席，满足青年党5个名额的要求并作为一个单独方面参加政协，民盟和社会贤达各9席不变。这样，参加政治协商会议的就成为5个方面38位代表了。

和一部分所谓的社会贤达人士，已成为国民党的附庸。民盟和社会贤达中的左翼人士，由于痛恨国民党的独裁、内战政策，要求和平、民主和自由，逐渐认识到只有和中国共产党结成统一战线，才能实现自身的政治目标。因此，在政协会议上，民盟和中共代表达成默契，遇有重大问题事先交换意见。在具体问题上，民盟能够站在较为公正的立场，赞成中国共产党和平民主的政治主张，希望实现和平建国的局面。其他民主党派，如民主建国会、民主促进会、九三学社筹备会等，虽然没能参加政协会议，但他们都很关心会议的进程，并多次向会议提出他们的主张和建议，起到了很好的配合作用。国民党内部的民主进步力量，也以个人或组织（如中国民主革命同盟）的身份，同国民党极右派进行斗争，发挥了积极的作用。

中国共产党从广大劳动人民的根本利益出发，坚持原则性和灵活性的高度结合，最大限度地团结民主进步力量，同国民党顽固派及其附庸进行有理、有利、有节的斗争，力争通过政治协商会议，废止国民党一党专政，成立一个真正的民主联合政府，实现和平、民主、团结、统一的建国方针。在中国共产党的努力和广大人民群众的支持之下，政治协商会议终于取得了一定的成果。

政治协商会议通过的五项决议，与中国共产党的新民主主义纲领有相当的差距。但是在和平前提下同国民党进行政治斗争，可以避免战争的破坏，保护生产力，全国人民可以迅速恢复生产，重建家园。总的说来，是有利于人民而不利于国民党的独裁统治，仍不失为中国人民争取和平民主斗争的光辉成果。为此，中国共产党给予政治协商会议及其五项决议以高度的评价，认为政治协商会议是“中国民主革命一次伟大的历史的胜利”，“由于这些决议的成立及其实行，中国在全国范围内即将开始脱离国民党一党专政，而走上国家制度民主化的第一步”①，并且表示，中国共产党始终一贯忠实于自己的诺言，对政治协商会议的一切决议，将以最忠诚的态度，在各解放区与解放区军队中加以贯彻实施。中国共产党这种真诚的态度，表现了它真正代表

① 《延安权威人士在政协会议闭幕时发表的评论》，《解放日报》1946 年 2 月 1 日。

全国人民的利益和愿望，受到普遍的赞扬。

对于政治协商会议，国民党本来并无诚意，他们以为只要抱定“让政不让军，让中央不让地方，让现在不让将来”的宗旨不放，拉拢中间势力，压迫中共交出军队，交出解放区，暂时安排几名中共领导人参加政府，就可以继续维护国民党的统治。但是，政协决议却规定，军队实行军党分立、军民分治，成为联合政府的军队；地方要实行分省自治，解放区仍将继续存在。而且，中共同民盟合作，又争得了在改组后的政府中的否决权。这显然不符合国民党的意旨。因此，蒋介石一方面虚伪地表示：“今后中正无论在朝在野，均必本着公民应尽的职责，忠实的坚决的遵守本会议一切的决议”，另一方面加紧部署兵力，准备向解放区发动大举进攻。1946 年 3 月，国民党召开六届二中全会。国民党反动派公然推翻政协决议。接着，蒋介石又在国民参政会四届二次会议上说：“政治协商会议在本质上不是制宪会议，政治协商会议关于政府组织的协议案，在本质上不能够代替约法”，“如政治协商会议果真成为这样一个性质的会议，我们政府……是决不能承认的。”① 同年 7 月，国民党为了假借民意维护其独裁统治与内战政策，单方面决定了召开所谓的“国民大会”，尽管中国共产党、各民主党派和全国人民坚决反对，但国民党一意孤行，终于在 11 月 15 日召开了这个完全由一党操纵的“国民大会”。至此，不仅政协决议被彻底撕毁，连和谈大门也被国民党完全关死。

（三）

国民党撕毁政协决议，表明了全面内战即将开始。3 月 27 日，三人会议军事调处执行部②达成“东北停战协定”。时隔 5 天，蒋介石就扬言：“军事冲突的调处，只在不影响政府接收主权，行使国家行政权力的前提之下进行”③，接着便首先在东北点燃了内战战火。国民党军队占领解放区四平、长

① 《国民参政会纪实》（下卷），重庆出版社 1985 年第 1 版，第 1543、1544 页。

② 三人会议又称军事三人小组会议，是 1946 年 1 月由国民党代表张群（后为张治中）、共产党代表周恩来和美国总统杜鲁门特使马歇尔参加组成的停战机构。

③ 《国民参政会纪实》（下卷），重庆出版社 1985 年第 1 版，第 1541 页。

春等40多座城市之后，又向中原解放军进攻，终于发动了全面内战。

内战爆发后，中国人民争取和平民主的斗争，由以政治斗争为主转移到在政治和军事两条战线上同时展开。在军事战线上，中国人民解放军用自卫战争粉碎国民党军队的进攻，摧毁其赖以进行独裁统治的军事力量和整个国家机器，为成立真正的民主联合政府扫清障碍。在政治战线上，中国共产党和各民主党派、各阶层人民结成最广泛的统一战线，开展了声势浩大的反内战、反独裁、反卖国的和平民主运动，为国民党反动统治敲响了丧钟，两条战线互相配合，互相促进，推动革命斗争不断胜利发展。

1946年6月至1947年2月，国民党的军队先后向解放区发动全面进攻。人民解放军采取积极防御的作战方针，巧妙地避开国民党军队全面进攻的锋芒，主动放弃一些城市和地方，诱敌深入，在运动过程中抓住有利战机，集中优势兵力，歼灭敌人的有生力量。国民党军队的全面进攻被挫败后，又发起向延安和山东解放区的重点进攻。人民解放军一面通过运动战挫败疯狂进攻的敌人，一面组织大量部队不失时机地开始了向国民党空虚的中原腹地的战略进攻。1947年6月30日，解放大军强渡黄河，千里跃进大别山，拉开了战略反攻的序幕。其他战场的人民解放军也相继转入反攻，迫使国民党军队由重点进攻变为全面防御。同年10月，中国人民解放军发表著名的“双十宣言”，提出了“打倒蒋介石，解放全中国”的号召和八项基本政策。12月，毛泽东已经预言：中国人民的革命战争，现在已经达到了一个转折点。解放战争的发展过程，大大超出了人们的意料。

解放战争的胜利发展极大地鼓舞了全国人民的斗志。在中国共产党领导的解放区，土地改革运动全面展开，广大农民迸发出空前的劳动热情，迅速发展生产，保障前方物资供应，同时掀起参军参战、保卫土地革命成果、保卫解放区的热潮，有力地支持了解放战争。在国民党统治区，由于穷兵黩武的巨大消耗，使经济走上绝境，通货恶性膨胀，加以政治腐败，贪污成风，人民群众不堪国民党政府的残暴统治和压榨，工人运动、农民运动、学生运动更进一步发展起来。各民主党派和进步团体也日益认清国民党的真实面目，旗帜鲜明地站到中国共产党和全国人民一边，形成了一条中国共产党领导下的人民民主统一战线，动摇了国民党统治的大后方，牵制和削弱了国民党进行内战的兵力，有力地配合了解放区军民的自卫战争。国民党政府已经处在全民的包围之中。

国民党的反动统治在军事、经济和政治诸方面的严重危机，互相影响，日益恶化，已处于朝不保夕、摇摇欲坠的境地。中国共产党领导的革命统一战线则迅速壮大，人民解放军已经具备了同国民党军队进行战略决战的条件。各民主党派及全国人民已经坚信：旧中国必然灭亡，新中国即将诞生。召开一个没有反动分子参加的新政治协商会议，已经刻不容缓地提上了决定国家命运的议事日程。

第一编

中国人民政治协商会议的建立及其在新中国成立初期的作用

1949 年 9 月中国人民政治协商会议的召开，是光辉灿烂的中国人民新世纪的开端。这一会议的召开，标志着人民革命取得了历史性的胜利，人民民主统一战线得到了空前的发展，全国各族人民实现了前所未有的大统一和大团结，宣告了旧中国的灭亡和新中国的诞生，迎来了中华民族的新曙光，开辟了中国历史新纪元。

人民政协第一届全体会议，代表了全国人民的意志，代行了全国人民代表大会的职权，按照新民主主义的原则制定了《中国人民政治协商会议共同纲领》（简称《共同纲领》）、《中国人民政治协商会议组织法》（简称《组织法》）、《中华人民共和国中央人民政府组织法》三部历史性文件。

《共同纲领》，是中华人民共和国建立的政治基础和中央人民政府的施政准则。它是自 1840 年以来一百多年民族民主运动奋斗牺牲的果实，是新民主主义革命斗争 30 年来的经验总结。

会议根据《中华人民共和国中央人民政府组织法》，选举毛泽东为中央人民政府主席，朱德、刘少奇、宋庆龄、李济深、张澜、高岗为副主席，陈毅等 56 人为委员，组成中央人民政府委员会。1949 年 10 月 1 日在北京天安门举行了开国大典，宣告了中华人民共和国的成立。

会议根据《组织法》，选举毛泽东等 180 人组成中国人民政治协商会议第一届全国委员会，成为中国共产党领导的团结全国各民族、各民主阶级、各民主党派、各人民团体、国外华侨和各界人士的统一战线组织。第一届全国委员会共召开了全体会议 4 次，举行了常务委员会议 64 次，就国家大政方针问题进行了充分的政治协商。它对于加强团结，调动积极因素，协助中央人民政府进行各项社会改革，保卫国家，巩固新生的人民民主政权，对于发扬民主，推动国家政治、经济、文化各方面的建设事业都发挥了重要作用，为新中国的建立、巩固和发展做出了卓越的贡献。

第一章
新政治协商会议的筹备

第一节　中共中央发出召开新政治协商会议的号召

一、革命新高潮，统一战线新形势

中国共产党领导的人民革命战争，从1946年6月开始，在接连粉碎国民党军的进攻之后，到1947年10月已经由战略防御转入战略反攻，全国形势发生了重大变化，以蒋介石为代表的帝国主义、封建主义、官僚资本主义在中国的统治，濒临彻底覆灭的命运。中国共产党面临着领导全国人民将革命进行到底，彻底推翻旧政权，建立一个人民民主的新民主主义新中国的伟大任务。为了实现这一任务，必须团结全国各民族、各民主阶级、各民主党派和各方面爱国民主力量，结成广泛的统一战线，共同奋斗。为此，中国共产党于1947年10月10日以中国人民解放军的名义发布了《中国人民解放军宣言》，提出了“打倒蒋介石、解放全中国”的口号，宣布了“联合工农兵学商各被压迫阶级、各人民团体、各民主党派、各少数民族、各地华侨和其他爱国分子，组成民族统一战线，打倒蒋介石独裁政府，成立民主联合政府”的政治主张。接着中共中央主席毛泽东于12月25日在中共中央召集的一次会议上作了《目前形势和我们的任务》的报告，指出：“中国新民主主义的革命要胜利，没有一个包括全民族绝大多数人口的最广泛的统一战线，是不可能的。不但如此，这个统一战线还必须是在中国共产党的坚强的领导之下。没有中国共产党的坚强的领导，任何革命统一战线也是不能胜利的。”[①]《中国人民解放军宣言》和《目前形势和我

---

① 毛泽东：《目前形势和我们的任务》，《毛泽东选集》第4卷，人民出版社1991年6月第2版，第1257页。

们的任务》的报告，得到了当时处于国民党政权统治之下和在海外的所有为反对国民党独裁统治，反对内战，要求和平、民主而斗争的各民主党派和无党派民主人士的赞成和拥护，标志着中国人民革命新高潮的到来。

中国各民主党派和无党派民主人士都是在中国民族民主革命斗争中先后产生和发展起来的。他们代表着中国民族资产阶级、城市小资产阶级及其知识分子的政治要求，同中国社会各阶层有着广泛的联系。他们在抗日战争和解放战争中，为挽救国家和民族的危机，争取人民的民主和自由，做出了积极的贡献。在中国人民解放军不断取得胜利，国民党反动统治加紧镇压和迫害民主力量的局势下，各民主党派和无党派民主人士的政治态度更加明朗坚定。他们之中的许多重要代表人物，相继秘密离开国民党统治区，前往香港开展爱国革命活动。中国国民党民主促进会①、三民主义同志联合会②、中国民主革命同盟③中的某些成员以及其他一些国民党内的民主分子，于 1948 年 1 月在香港成立了中国国民党革命委员会（简称民革）④。中国民主同盟（简称民盟）⑤ 1947 年 10

---

① 中国国民党民主促进会（简称民促），1946 年春在广州正式宣告成立。其成员为国民党内一部分爱国民主分子所组成。1949 年民促参加了政协一届全体会议。同年 11 月，在北京举行了中国国民党民主派的第二次代表会议，决定民革、民联、民促及其他国民党爱国民主分子统一成为一个组织——中国国民党革命委员会，民促宣告结束。

② 三民主义同志联合会（简称民联），1945 年 10 月 19 日在重庆成立，为国民党内一部分民主分子所组成。1948 年响应中共“五一”号召，1949 年 9 月参加政协一届全体会议。同年 11 月，在北京举行了中国国民党民主派第二次代表会，决定民革、民联、民促及其他国民党爱国民主分子统一成为一个组织——中国国民党革命委员会，民联宣告结束。

③ 中国民主革命同盟（简称小民革），1941 年夏在重庆成立。它是在中国共产党领导下的、在国民党统治区的一个秘密的政治团体。由于民主革命已经胜利，它的绝大多数成员都已加入民革，1949 年 9 月宣告结束。

④ 中国国民党革命委员会，主要由国民党民主派和国民党其他爱国民主分子所组成。1947 年 11 月，三民主义同志联合会、中国国民党民主促进会等国民党民主派别的领导人和一些爱国民主分子在香港举行中国国民党民主派第一次代表大会，于 1948 年 1 月 1 日正式成立中国国民党革命委员会。民革明确提出要“推翻蒋介石卖国独裁政权，实现中国独立、民主与和平”。1948 年 5 月，响应中共“五一”号召。1949 年 9 月参加了政协一届全体会议。1949 年 11 月在北京举行了中国国民党民主派第二次代表会议，决定民革、民联、民促及其他国民党爱国民主分子统一成为一个组织——中国国民党革命委员会。

⑤ 中国民主同盟，前身为中国民主政团同盟，于 1941 年在重庆成立。1944 年 9 月举行全国代表大会，决定将中国民主政团同盟改为中国民主同盟，改团体制为个人参加。抗日战争结束后，民盟主张反对独裁，反对内战，要求和平。在旧政协会议上，在国共两党和谈过程中以及反对伪国大的斗争中，民盟与中国共产党密切配合，共同战斗。1947 年 10 月，国民党政府宣布民盟为“非法团体”，民盟总部被迫解散。1948 年 11 月，民盟在香港召开一届三中全会，成立临时总部，公开宣告同共产党携手合作，为彻底摧毁国民党反动政府，实现民主、和平、独立、统一的新中国而奋斗。同年 5 月响应中共“五一”号召。1949 年 9 月参加政协一届全体会议。

月被国民党宣布为“非法组织”后，于1948年1月由避往香港继续活动的领导人召开了一届三中全会，重建了民盟总部。先后来到香港的中国民主促进会（简称民进）①、中国农工民主党（简称农工党）②、中国人民救国会（简称救国会）③ 的领导人和许多无党派民主人士，以及总部原设在香港的中国致公党（简称致公党）④，都在继续进行活动。许多在台湾领导或参加过1947年2月28日武装起义的台湾籍人士，起义失败后也到香港成立了台湾民主自治同盟（简称台盟）⑤。九三学社⑥的总部虽然处在国民党统治下的北平，也在为和平、民主进行斗争。

人民革命胜利形势迅速进展和在《中国人民解放军宣言》的影响之下，各民主党派和无党派民主人士都从反对国民党独裁，反对内战，争取和平民主，转变为同国民党反动派公开决裂，宣告自己站在革命人民一边，同共产党一起为推翻国民党反动政权，建立民主联合政府而共同奋斗。这一政治动向以及全国广大群

---

① 中国民主促进会，1945年12月30日在上海宣告成立。它的主要发起人大多是抗战时期留居上海的文化、教育、出版界知识分子。民进的第一部会章规定“以发扬民主精神、推进中国民主政治之实现为宗旨”。民进成立后，积极组织、推动会员以实际行动投入爱国民主运动。1948年响应中共“五一”号召。1949年参加政协一届全体会议。

② 中国农工民主党，前身为邓演达等创建的国民党临时行动委员会，后改名为中华民族解放行动委员会。1941年参与了发起成立中国民主政团同盟。1947年改名为中国农工民主党，谴责国民党反动派发动内战和独裁统治，主张“全国同胞及民主党派共同推进团结，实现和平统一，建立独立富强之中国”。1948年，通电响应中共“五一”号召。1949年9月，参加政协一届全体会议。

③ 中国人民救国会原名“全国各界救国联合会”，是30年代中期以上海为中心组织起来的一个有广泛群众基础的全国性抗日救亡团体。1936年5月31日在上海正式成立。1945年改名中国人民救国会。1949年9月参加政协一届全体会议。新中国成立后，鉴于救国会的历史任务已经完成，1949年12月在北京开会宣告结束。

④ 中国致公党，其主要成分是归侨、侨眷。1925年10日，由美洲旧金山致公堂发起成立致公党。抗日战争开始后，曾通过致公堂等洪门团体发动华侨支援祖国抗战。太平洋战争爆发后，致公党的活动陷于停顿。1946年年初，在香港恢复致公党总部的工作。1948年5月，通电拥护中共“五一”号召，并发表了宣言。1949年9月，参加政协一届全体会议。

⑤ 台湾民主自治同盟，于1947年11月12日由部分从事爱国民主运动的台湾省籍人士发起在香港成立。当时它的宗旨是：反对帝国主义侵略中国，反对企图把台湾从中国分裂出去的一切阴谋活动；反对国民党的反动统治，实行人民民主制度。1948年台盟响应中共“五一”号召。1949年9月，参加了政协一届全体会议。

⑥ 九三学社，原名民主科学社，1945年9月3日改名九三学社，其主要成员是文教、科学技术工作者中的中上层知识分子。1946年5月4日在重庆召开成立大会，8月九三学社中央迁到北平。该社在联系中上层知识分子，拥护并宣传共产党的方针、政策，反对蒋介石集团的反动统治，争取人民民主的斗争中起了积极的作用。1949年1月，发表宣言，响应毛泽东主席的八项和平主张，拥护召开新的政治协商会议，同年9月参加政协一届全体会议。

众觉悟程度空前提高，对共产党衷心拥护的事实，表明了中国共产党领导的人民民主统一战线，比任何时候都要广泛和巩固，表明了实现《中国人民解放军宣言》中提出的成立民主联合政府的主张，在时机和条件上都已经基本成熟。

二、各民主党派和无党派民主人士积极响应中国共产党的“五一”号召

1948 年 4 月 30 日，中共中央发布纪念“五一”国际劳动节的口号，提出了“全国劳动人民团结起来，联合全国知识分子、自由资产阶级、各民主党派、社会贤达和其他爱国分子，巩固与扩大反对帝国主义、反对封建主义、反对官僚资本主义的统一战线，为着打倒蒋介石建立新中国而奋斗”的号召；同时号召“各民主党派、各人民团体、各社会贤达迅速召开政治协商会议，讨论并实现召集人民代表大会，成立民主联合政府”。与此同时，毛泽东于 5 月 1 日致电在香港的民革主席李济深和民盟中央常委沈钧儒，说明在召开人民代表大会、成立民主联合政府之前，应先召开一个各民主党派、各人民团体的代表参加的“政治协商会议”，并建议这个会议由中国共产党中央委员会、中国国民党革命委员会和中国民主同盟中央执行委员会共同发起召集，于当年秋季在东北解放区哈尔滨举行。

中共中央这一号召立即获得了各民主党派、各人民团体、无党派民主人士及国外华侨的积极响应。中国国民党革命委员会领导人李济深、何香凝，中国民主同盟领导人沈钧儒、章伯钧，中国民主促进会领导人马叙伦、王绍鏊，中国致公党领导人陈其尤，中国农工民主党领导人彭泽民，中国人民救国会领导人李章达，中国国民党民主促进会领导人蔡廷锴，三民主义同志联合会领导人谭平山，无党派民主人士郭沫若，于五月五日从香港联合致电毛泽东，表示赞同和响应中共中央的“五一”号召，并通电国内外各报馆、各团体和全国同胞，希望共同策进。台湾民主自治同盟于 5 月 7 日发表《告台湾同胞书》，响应“五一”号召。设在上海的民主建国会[①]总会作出决定，指

① 民主建国会（简称民建），1945 年 12 月 16 日在重庆成立。当时主要成员是民族工商业者和部分知识分子。民建成立后，积极参加爱国反帝和争取和平民主、反对独裁统治的斗争。1948 年响应中共“五一”号召，1949 年参加政协一届全体会议。1952 年 7 月第二次总会扩大会议决定冠以“中国”两字，从此称为中国民主建国会。

定在香港的章乃器、孙起孟为代表声明响应“五一”号召。在香港的各界民主人士柳亚子、沈雁冰等125人，妇女界何香凝、刘王立明等232人，以及中国学术工作者协会留香港理事，都分别联名发表声明，响应“五一”号召。从5月8日起，在香港的各民主党派和无党派民主人士的代表性人物，以策进新政治协商会议的实现为中心内容，先后举行了座谈会、讲演会，开展了群众性的宣传活动。大家一致认为，中共中央的“五一”号召对于团结一切民主力量，动员一切人民群众，促进革命胜利，建立人民政权，具有重大的历史意义。

国内各界、各少数民族、各宗教团体的代表人物，也都表示拥护和响应“五一”号召。爱国华侨陈嘉庚首先于5月4日致电毛泽东，代表新加坡华侨表示响应“五一”号召，希望早日召开新政治协商会议，建立联合政府，以解除人民痛苦，保障华侨利益。马来西亚、缅甸、暹罗（泰国）、加拿大、古巴、法国等地的华侨团体也相继致电中共中央及毛泽东，表示响应“五一”号召。

中共中央关于召开新政治协商会议、成立民主联合政府的号召获得全国各方面积极响应的事实，充分表明这一号召是切合革命形势发展的要求，符合全国人民的愿望的。

三、各民主党派和各界民主人士代表进入解放区，参加筹备新政治协商会议

1948年5月，中共中央邀请各民主党派和各界民主人士派代表到解放区，协商召开新政治协商会议事宜。从1948年8月到1949年1月，赞同召开新政治协商会议的各民主党派、无党派民主人士和华侨的代表人物，在中共中央周密布置之下，陆续进入解放区，分别到达河北省平山县中共中央统一战线工作部驻地李家庄和东北解放区哈尔滨。这是民主人士决心以果敢的革命行动，同共产党一起团结奋斗的表现。

先后到达李家庄的民主人士，有符定一、吴晗、刘清扬、周建人、韩兆鹗、吴羹梅的代表何惧、翦伯赞、楚图南、田汉、胡愈之、费孝通、张东荪、

雷洁琼、严景耀、沈兹九、王蕴如、严信民、杨刚、宦乡、袁震、张曼筠、安娥、周颖等。先后到达哈尔滨的民主人士有沈钧儒、谭平山、章伯钧、蔡廷锴、王绍鏊、高崇民、朱学范、李济深、马叙伦、郭沫若、彭泽民、李德全、章乃器、沙千里、沈雁冰、陈其尤、黄振声、朱蕴山、邓初民、许广平、丘哲、冯裕芳、许宝驹、洪深、侯外庐、曹孟君、施复亮、孙起孟、李民欣、梅龚彬、沈志远、吴茂荪、林一元、赖亚力、李泽霖、孔德祉等共59人。

著名爱国将领冯玉祥在国民党反动派压迫下去美国考察水利期间，在美国团结旅美的国民党人士，成立了“旅美中国和平民主联盟”，号召旅美爱国侨胞为反对蒋介石集团，建立民主联合政府共同奋斗。为了响应中共中央“五一”号召，他于1948年8月绕道苏联乘轮船回国参加新政治协商会议，9月1日因所乘轮船中途起火而不幸罹难。他的夫人李德全带着他的骨灰于10月回到哈尔滨，参加了新政治协商会议的筹备工作。

1948年10月，中共中央统一战线工作部同到达华北解放区的民主人士协商提出了《关于召开新的政治协商会议诸问题草案》，内容包括：一、新政协的召集问题；二、新政协的人选问题；三、召开新政协的时间、地点问题；四、新政协准备讨论的事项等。随后，中共中央又征求已到达东北解放区和尚在香港的各民主党派和无党派民主人士对草案的意见。经过多次电报往返，反复协商，11月25日中共中央代表高岗、李富春与在哈尔滨的民主人士沈钧儒、谭平山、章伯钧、蔡廷锴、王绍鏊、朱学范、高崇民、李德全，就《关于召开新的政治协商会议诸问题》达成了共同协议。协议的主要内容为：

一、关于新政协筹备会：（一）新政协筹备会由中共及赞成中共中央召开新政协会议建议的各主要民主党派、人民团体及无党派民主人士共23个单位的代表组成。（二）筹备会负责邀请参加新政协会议的各方面代表人物，负责起草新政协会议文件，负责召集新政协的正式会议。（三）筹备会的组织条例由共产党起草，经各方同意后，由筹备会正式通过。（四）筹备会地址预定为哈尔滨。

二、关于新政协的参加范围及任务：（一）新政治协商会议由反对帝国主义侵略，反对国民党反动统治，反对封建主义和官僚资本主义压迫的各民主党派、各人民团体及无党派民主人士的代表人物组成。南京反动政府系统下的一切反动党派及反动分子必须排除，不许参加。（二）新政协会议举行的时间，拟在 1949 年，具体日期、地点应视各方代表到达情况，由筹备会决定。（三）新政协会议应讨论和实现的两项重要问题，一为共同纲领问题，一为如何建立中华人民民主共和国临时中央人民政府问题。

第二节　统一思想认识，共商建国大计

召开新政治协商会议，成立民主联合政府，建立独立、和平、统一、富强的人民民主专政的共和国，是全中国各族各界人民的一致要求，也是中国共产党领导各革命阶级亟待实现的伟大历史任务。共产党领导的以工农联盟为基础的人民民主统一战线，为了彻底打倒国内反革命势力和帝国主义势力，夺取政权，使中国稳步地由农业国转变为工业国，将中国建设成为一个伟大的社会主义国家，必须在团结全体工人阶级、全体农民阶级和广大革命知识分子的同时，团结尽可能多的、能够一起合作的城市小资产阶级和民族资产阶级的代表人物，以及他们的知识分子和政治派别，共同奋斗。

应邀到达解放区参加新政治协商会议的各民主党派和无党派民主人士的代表，在反对帝国主义的侵略压迫和反对国民党独裁统治的要求上，同共产党是一致的，对于召开新政治协商会议，建立民主联合政府也是积极的。但是，他们长期处于国民党政权的统治之下，对解放区的情况和共产党的政策不甚了解。同时，他们之中既包括进步分子，也有保守分子，在政治思想上存在着左、中、右的分野，因而他们的政治见解，在某些问题上不可能同共产党完全一致，有些人甚至对于共产党提出的某些政治原则，持有不同的态度或存有疑虑。当时在一些民主人士中反映出的主要问题是：关于中国革命的前途，即要不要把革命进行到底的问题；关于新中国的根本制度，是实行新民主主义，还是实行旧民主主义的问题；新中国成立之后，民主人士的前途地位问题。对于这些问题，中共中央均以坦诚的态度，本着马克思主义的理论、方针、政策，向各民主党派和无党派民主人士的代表进行宣传解释，并将解放区各项政策实行的情况都如实相告，在说明各种成就时，也指出存

在的困难和缺点，以及依靠群众克服困难和缺点的方法。到达解放区的民主人士也十分渴望了解解放区的情况，愿意学习共产党的理论和政策，共同商讨有关筹备和召开新政治协商会议的重要问题。

民主人士到达解放区后，中共中央就开始以举行座谈会、举办时事政治报告会等方式，组织他们进行政治理论学习，并针对一些重要的政治问题同他们互相交谈，沟通思想，还组织他们到解放区各地参观调查，接触实际，接触群众。例如1949年4月组织的“赴民主东北参观团”，有民主人士59人参加，历时47天，参观了东北十大城市和农村的工业、农业、文化、教育、卫生等各项建设事业。民主人士通过参观，对解放区的情况和共产党的政策有了更多的了解。有的民主人士对东北工业的迅速恢复和发展，感到“超出预料”；对东北的私营工商业的活跃与发展，认为“表现了共产党工商业政策的极大成功”。参观团回到北平后，联名致函毛泽东陈述感想说：“由于种种措施和政策，使得整个社会风气起了根本变化。新生的朝气，冲洗了旧社会的残渣，勤劳朴实的作风，代替了过去奢侈颓废的病变。”“政府的民主集中制已经充分发挥了效能。群众有发表意见的自由，而中央政策又能贯彻到最下层去。这样坚强的集体在中国历史上是空前的。”民主人士在解放区经过一段时间的学习和实际观察体验，并同中共中央有关人员直接商谈，充分交换意见之后，对于所关心的上述三个主要问题，基本上取得了比较一致的认识，从而为顺利筹备新政治协商会议奠定了基础。

首先是关于要不要把革命进行到底的问题。自辽沈、淮海、平津三大战役以后，国民党主力部队丧失殆尽，人民解放军的彻底胜利已成定局。国民党为了挽救其行将覆灭的命运，一方面同美帝国主义一起策划了假和谈的阴谋，企图取得军事上的喘息时间，以便重整旗鼓，伺机反攻；另一方面由美帝国主义积极拉拢一些民主人士，企图在人民革命阵营内部树立反对派，以瓦解革命。毛泽东针对这一情况，于1949年元旦为新华社写了新年献词《将革命进行到底》，明确提出了在全国范围内推翻国民党的反动统治，建立无产阶级领导的、以工农联盟为主体的、人民民主专政的共和国的纲领性口号。这篇文章进一步揭露了当时国民党反动派和美帝国主义者的假和谈阴谋，表达了中国共产党和中国人民必须将革命进行到底的决心。

1949年1月7日，在平山县李家庄的民主人士符定一、周建人、吴晗等19人，联名致电在哈尔滨的民主人士，表示拥护毛泽东的新年献词，同时指出，对国民党战犯求和必须认清三点：一、“养痈贻患，芟恶务尽。时至今日，革命必须贯彻到底，断不能重蹈辛亥革命与北伐战争之覆辙”。二、“薰莸不同器，汉贼不两立。人民民主专政，决不容纳反动分子，务使人民阵线内部无反动派立足之余地，亦无中间路线可言”。三、“经纬万端，实有赖于群策群力，有赖于中国共产党之领导与团结所有忠于人民革命事业之党派团体及民主人士一致行动，通力合作，方可完成人民革命的大业。”

在新华社新年献词发表的同一天，蒋介石发表文告，公开提出了愿意和中国共产党进行和平谈判的建议，并提出以保存国民党伪宪法、伪法统和反动军队等条件，作为和谈的基础。毛泽东于1月14日发表了《关于时局的声明》，批驳了蒋介石的元旦求和文告，提出以彻底消灭反动势力为基础的8项和谈条件：一、惩办战争罪犯；二、废除伪宪法；三、废除伪法统；四、依据民主原则改编一切反动军队；五、没收官僚资本；六、改革土地制度；七、废除卖国条约；八、召开没有反动分子参加的政治协商会议，成立联合政府，接收南京国民党反动政府及其所属各级政府的一切权力。1月22日，李济深、沈钧儒、马叙伦、郭沫若、谭平山等55人联合发表题为《我们对时局的意见》的声明，表示拥护和支持毛泽东提出的和平谈判8项条件。民革、民盟、民进、九三学社、台盟等民主党派，以及北平文化界民主人士等，都相继发表声明热烈响应，一致揭露美国帝国主义和国民党反动派假和谈的阴谋，批判一些人妄图建立所谓“反对派”和“中间路线”的幻想。原来一些在思想上还向往中间路线的极少数人士，这时在共产党的大力争取团结之下，也表示愿意同全国人民一起乘风前进。这样，各民主党派和无党派民主人士的代表，在思想上取得了必须将革命进行到底的一致认识。

其次，是关于新中国将实行新民主主义制度，还是实行旧民主主义制度的问题。这是一个关系到新国家的国体、政体和坚持30年来民主革命斗争的奋斗目标的根本问题，也是关系到全中国人民的前途命运的问题。民主人士中大多数赞成新中国实行新民主主义。但有一些人对此还有不同认识，他们向往旧民主主义即资本主义。如有人主张将来的共同纲领，不写“新民主主义”，而用“民主主义”；有人主张政治和经济分而治之，政治上由共产党领导，经济上由民主人士尽力；有人主张划定国营企业范围，以利私人企业之自由发展；有人在对外方面幻想帝国主义国家的支援，认为反蒋不必反美，希望在社会主义和资本主义两个阵营之间采取中立态度，不要一边倒，等等。所有这些主张都是背离新民主主义革命的根本目标的，是无产阶级和资产阶级之间的矛盾在统一战线内部的反映。为了使这些民主人士中的错误认识能够转变，周恩来等中共中央负责人，以毛泽东的《新民主主义论》为依据，结合《论联合政府》和《将革命进行到底》等重要文件，进行了耐心细致的说服工作，使大家在实行新民主主义的国家制度的问题上统一了认识。

再次，是关于新国家建立后，民主人士的前途地位问题。1949 年 3 月 5 日毛泽东在中共七届二中全会上所作的政治报告中，阐明了在全国革命胜利，成立民主联合政府之后，共产党还需要同各民主党派和党外民主人士长期合作的方针。报告指出：“我党同党外民主人士长期合作的政策，必须在全党思想上和工作上确定下来。我们必须把党外大多数民主人士看成和自己的干部一样，同他们诚恳地坦白地商量和解决那些必须商量和解决的问题，给他们工作做，使他们在工作岗位上有职有权，使他们在工作上做出成绩来。”毛泽东这些及时的论述，不仅教育了中国共产党的广大党员，提高了他们对统一战线政策的认识，指出了正确对待党外民主人士应当采取的态度，也使各民主党派和无党派民主人士解除了对前途问题的顾虑。事实上，在协商筹备政治协商会议的过程中，确定参加新政协筹备会和新政协的单位、名额及人选时，即有大批民主人士参加。这个事实更足以说明，中国共产党领导建立的民主联合政府，是包括各民主党派和无党派民主人士的代表在内的中国各革命阶级联合专政的政权。

中共中央对进入解放区的各民主党派和无党派民主人士的代表人物所进行的统一思想认识、共商建国大计的工作，是卓有成效的。各民主党派和无党派民主人士的代表人物对共产党关于建立新中国的基本纲领和基本政策，有了比较充分的了解，对建国的重大问题取得了比较一致的认识。1949 年 6 月 30 日，毛泽东发表了《论人民民主专政》一文，深刻地总结了中国革命斗争的历史经验，分析和批判了各种错误思想，从理论和实践的结合上阐述了新中国成立后的国家政权性质和基本政策。这篇文章的发表使民主人士更加坚定了信心。

毛泽东在中国共产党七届二中全会上的报告和《论人民民主专政》这两篇光辉文献，为新政治协商会议的召开作了政治上和思想上的充分准备，并为《中国人民政治协商会议共同纲领》的制定奠定了理论基础和政策基础。

第三节　新政治协商会议筹备会的召开

一、筹备会概况

1949 年 1 月 31 日，北平宣布和平解放，新政协筹备会决定在北平举行。3 月 25 日，中共中央及中国人民解放军总部由河北省平山县西柏坡迁到北平。应邀参加新政协筹备会的各方面代表，分别从全国各地及海外陆续抵达北平。4 月 21 日，人民解放军开始渡过长江，南京、武汉、上海、杭州相继解放，国民党反动政府南逃广州。在这种形势下，召开新政治协商会议，成立民主联合政府的条件已经完全成熟。6 月 15 日，新政治协商会议筹备会在北平中南海勤政殿正式成立。

关于新政治协商会议筹备会的组成，筹备会组织条例作了如下规定：“新政治协商会议，为全中国拥护新民主主义、反对封建主义、反对官僚资本主义及同意动员一切人民民主力量，推翻国民党反动统治，建立人民民主共和国的各民主党派、各人民团体、各解放区人民政府、人民解放军、国内少数民族、海外华侨及无党派和各界民主人士的代表人物所组成，国民党反动政府系统下的一切反动党派及反动分子不容许参加。根据上述原则，新政治协商会议筹备会即由新政治协商会议原提议人中国共产党与赞成中共 1948 年‘五一’口号第五项之下列各民主党派、人民团体及无党派民主人士等 23 个单位组成之：（1）中国共产党；（2）中国国民党革命委员会；（3）中国民主同盟；（4）民主建国会；（5）无党派民主人士；（6）中国民主促进会；（7）

中国农工民主党；（8）中国人民救国会；（9）三民主义同志联合会；（10）中国国民党民主促进会；（11）中国致公党；（12）中国人民解放军；（13）中华全国总工会；（14）解放区农民团体；（15）产业界民主人士；（16）文化界民主人士；（17）民主教授；（18）中华全国民主青年联合总会；（19）中华全国民主妇女联合会；（20）中华全国学生联合会；（21）上海人民团体联合会；（22）国内少数民族；（23）海外华侨民主人士。”

6 月 15 日，新政治协商会议筹备会开幕，参加会议的 23 个单位的代表共 134 人。中国共产党中央政治局委员周恩来担任临时主席，并致开幕词。中国共产党中央委员会主席毛泽东发表讲话，他指出，筹备会的任务是：“完成各项必要的准备工作，迅速召开新的政治协商会议，成立民主联合政府，以便领导人民，以最快的速度肃清国民党反动派的残余力量，统一全中国，有系统地和有步骤地在全国范围内进行政治的、经济的、文化的和国防的建设工作。”毛泽东最后指出，“中国人民将会看见，中国的命运一经操在人民自己的手里，中国就将如太阳升起在东方那样，以自己辉煌的光焰普照大地，迅速地荡涤反动政府留下来的污泥浊水，治好战争的创伤，建设起一个崭新的强盛的名副其实的中华人民民主共和国。”中国人民解放军总司令朱德、中国国民党革命委员会代表李济深、中国民主同盟代表沈钧儒、无党派民主人士代表郭沫若、产业界民主人士代表陈叔通、海外华侨民主人士代表陈嘉庚先后发表了讲话。6 月 16 日，会议通过了《新政治协商会议筹备会组织条例》，并选举毛泽东等 21 人组成新政治协商会议筹备会常务委员会。筹备会常务委员会推选毛泽东为主任，周恩来、李济深、沈钧儒、郭沫若、陈叔通为副主任，决定李维汉为秘书长（8 月李维汉跌伤，由林伯渠代理）。常务委员会并通过了“各单位代表参加小组办法”，规定筹备会设 6 个小组：第一小组，负责拟定参加新政治协商会议的单位及其代表名额，组长李维汉，副组长章伯钧；第二小组负责起草新政治协商会议组织条例，组长谭平山，副组长周新民；第三小组负责起草共同纲领，组长周恩来，副组长许德珩；第四小组负责起草中华人民共和国中央人民政府组织法，组长董必武，副组长黄炎培；第五小组负责起草大会宣言，组长郭沫若，副组长陈劭先；第六小组负责拟定国旗、国徽及国歌方案，组长马叙伦，副组长叶剑英、沈雁冰。各小组随即成立并开始工作。

6 月 19 日，筹备会第一次全体会议通过了《关于参加新政治协商会议的单位及其代表名额的规定》。根据规定，参加新政治协商会议的单位及其代表名额为45 个单位，代表总额510 名；每一单位其代表名额满10 人以上者，得推候补代表2 人，不满10 人者，得推候补代表1 人；候补代表得列席新政治协商会议。此外，另设一个特别邀请单位，其代表资格、名额与人选，均由筹备会常委会协商定之。① 从这个规定可以看出，这样一个虽然不是普选的，然而却是具有十分广泛的代表性的人民政治协商会议，事实上具有了全国人民代表大会的性质。周恩来在会上还专就“无党派民主人士”的名称问题作了说明。他说，“无党派民主人士”的名称是在中国革命的具体历史条件下发展形成的。由于国民党反动统治的严重压迫，有许多民主人士只能单枪匹马地从事民主运动，他们虽然未能形成一个政党或组织，但领导着、联系着许多方面人士在奋斗，长期参加民主政治活动。因此，周恩来指出，正确地说，“无党派民主人士”是没有党派组织的、有党派性的民主人士。

筹备会第一次全体会议于6 月 19 日闭幕。接着，常务委员会根据《关于参加新政治协商会议的单位及其名额的规定》就各单位参加新政治协商会议的代表名单进行协商，着手拟定新政治协商会议的各种文件，并推动和促成全国自然科学、社会科学、教育、文学艺术、新闻、工商等人民团体的筹备和成立。这三项工作历时近3 个月。新政治协商会议筹备会于9 月 17 日举行第二次全体会议，基本通过了《中国人民政治协商会议组织法》《中国人民政治协商会议共同纲领》《中华人民共和国中央人民政府组织法》的草案，并授权常务委员会提交中国人民政治协商会议第一届全体会议审议。关于起草中国人民政治协商会议第一届全体会议宣言及拟定国旗、国歌、国徽两项工作，因尚未完成，会议决定把这两项任务移交给中国人民政治协商会议第一届全体会议，并由原来负责这两项工作的第五、第六两小组直接向中国人民政治

① 参加单位及名额详见第二章。

协商会议第一届全体会议主席团提出报告。这次会议正式决定将新的政治协商会议定名为“中国人民政治协商会议”。

新政治协商会议筹备会还于7月通过了中国人民政治协商会议会徽图案，在1949年9月21日开幕的中国人民政治协商会议第一届全体会议上正式使用。政协会徽体现了“无产阶级领导的、以工农联盟为基础的各民主阶级大团结”的精神，是政协这一爱国统一战线组织的象征。

二、商定新政治协商会议代表名单

新政治协商会议任务重大，要执行全国人民代表大会职权，制定国家临时性的根本大法《共同纲领》，选举产生中央人民政府，建立新中国。这就要求在会议的组成上建立一个集中代表全国人民力量的阵容。筹备会对所有提名人选进行反复协商，最后确定了参加新政协会议的代表名单，分为党派代表、区域代表、军队代表、团体代表、特邀代表五大类。前四类共45个单位，其中正式代表510人，候补代表77人；连同特邀代表75人在内，共46个单位662人。这个名单主要有三个特点：

第一，具有极其广泛的代表性。参加新政治协商会议的代表，包括了各党派、各人民团体、各地区、人民解放军、少数民族、国外华侨和各界的代表，体现了全国一切爱国民主力量的大统一、大汇合。筹备会为了广泛吸收各方面的代表参加，在党派单位中除了共产党及在香港发表声明响应“五一”号召，并且与共产党联系，应邀到华北和东北解放区的9个民主党派和无党派民主人士之外，增加了九三学社和台湾民主自治同盟两个单位。又鉴于新民主主义青年团是共产党领导的民主青年政治组织，它的前身青年救国会、民族解放先锋队、民主青年同盟等，都在民主革命中起过重要作用，是一个代表着全国广大青年的单位，筹备会决定也作为党派单位参加新政治协商会议。在参加单位中还专设特别邀请人士一类，以广泛吸收全国各方面著名代表人物，包括从辛亥革命、北伐战争、抗日战争、解放战争各个历史时期中曾做出过贡献的人士，乃至前清末年和北洋政府时期卓有声望，后来同情革命，为人民作过好事的人物。如在中国革命进程中始终站在正义一边，在国内外有着重大影响的坚强战士宋庆龄，从事科学研究和工业建设的著名专家学者陶孟和、钱昌照，海军耆宿萨镇冰，老同盟会员张难先，前清翰林张元济，上海和平代表、原北洋政府国务总理颜惠庆，南京政府和谈代表张治中、邵力子，起义将领程潜、傅作义，文艺界人士周信芳、梅兰芳、程砚秋，劳动英雄、模范人物刘英源、阎存林、戎冠秀，等等。这一切都表明筹备会充分肯定了在中国近百年民族民主革命各个历史阶段中各方面人物的历史作用，尽可能地扩大与巩固统一战线，在中国共产党领导下共同建设新中国。新政治协商会议这一新阵容，从组织上充分反映了中国革命从旧民主主义到新民主主义复杂曲折的过程，是一个全面、生动的历史总结。

第二，坚持政治上的进步性。参加新政治协商会议的代表人选，在政治上都符合“愿意实行新民主主义，反对帝国主义、封建主义及官僚资本主义，推翻国民党反动统治，建立以工农联盟为基础、以工人阶级为领导的新民主主义的共和国”的政治标准。中国共产党、各民主党派和无党派民主人士，都曾多年来一直为民族民主革命事业而奋斗；各解放区代表在解放战争和土地改革中都做出过重大贡献；人民解放军是来自人民的队伍，它的代表不单是代表军队，也代表着“以工农联盟为基础、以工人阶级为领导”的特点。各人民团体和各界代表，包括工人、农民、青年、妇女、学生等，都是人民的进步力量的代表。

新政协筹备会期间，筹备会常委会收到 23 件以党派或团体名义和 20 件以个人名义要求参加新政治协商会议的书面请求。筹备会常委会本着坚持进步性的政治原则，经过了具体研究，认为这些单位和个人不符合参加新政治协商会议的标准，决定不予邀请参加。但为了最大限度地团结一切可以团结的力量，筹备会决定，这些党派、团体中凡是有民主运动历史，在解放战争中有好的表现并有一定代表性的民主人士，在他们的组织宣告结束后，可以邀请他们参加新政治协商会议，有的可以参加联合政府工作。

第三，既坚持扩大与巩固统一战线，又保证共产党的领导，实现共产党同各方面人士的团结合作。新政治协商会议将执行全国人民代表大会的职权，必须保证共产党的领导，才能实现并完成新民主主义革命的政治目标。在代表的名额分配上，共产党作为一个党派单位，同民主党派中的民革、民盟两个成员人数较多的民主党派单位，都同样各占16名代表名额；而在人民解放军，各地区和工、农、青、妇等群众团体中，虽然也有民主人士，但共产党员和工农群众占多数，这样就足以实现以工农联盟为基础的无产阶级的领导权。另一方面，也注意到要保证有相当数量的民主人士，以充分反映各方面的意见，发挥各方面人士的作用，扩大与巩固统一战线。在全部662名代表中，共产党的代表加上各方面代表中的共产党员约占44%，各民主党派的代表约占30%，工人、农民和各界无党派关系的代表约占26%。对于这个比例，参加会议的各方面代表普遍表示满意。

三、拟定新政治协商会议文件草案

新政协筹备会提交人民政协第一届全体会议审议的《中国人民政治协商会议共同纲领（草案）》《中华人民共和国中央人民政府组织法（草案）》《中国人民政治协商会议组织法（草案）》，事先都经过负责起草的各小组进行反复讨论和修改，广泛吸收了各方面的意见，并由各组组长周恩来、董必武、谭平山分别向政协一届全体会议作关于草拟这三个文件草案经过的报告。在文件起草过程中，曾就一些有不同看法的问题经过讨论取得了一致的认识，其中主要有以下二个问题。

首先是人民政协和民主党派是否长期存在的问题。在周恩来向全体会议所作的报告中，在阐明人民民主统一战线应当继续存在，而且需要在组织上形成起来，以推动它的发展的理由以后，接着谈到："在讨论中曾经出现过两种其他的想法：第一种以为等到人民代表大会召开之后，就再不需要人民政协这样的组织了；第二种以为由于各党派这样团结一致，推动新民主主义很快地发展，党派的存在就不会很久了。后来大家在讨论中认为这两种想法是不恰当的，一是因为他们不合于中国革命的发展和建设的需要。普选的全国人民代表大会的召开，固然还需要一个相当时间，就是在普选的全国人民代表大会召开以后，政协会议还将对中央政府的工作起协商、参谋和推动的作用。二是新民主主义时代既有各阶级的存在，就会有各党派的存在。旧民主国家的统治者是资产阶级，其所属各派必然是互相排挤，争权夺利。新民主主义国家的各阶级，在工人阶级领导之下，虽然各阶级的利益和意见仍有不同之处，但是在共同要求上，在主要政策上是能够求得一致的，筹备会通过的共同纲领草案就是一个最明显的证明。而人民民主统一战线内部的不同要求和矛盾，在反帝反封建残余的斗争前面，是可以而且应该得到调节的。”①

其次是关于应否在共同纲领中明确规定社会主义前途的问题。关于这个问题的讨论经过，周恩来在向全体会议所作的上述报告中谈到，“新民主主义的总纲问题。在讨论中，曾有一种意见，以为我们既然承认新民主主义是一个过渡性质的阶段，一定要向更高级的社会主义和共产主义阶段发展，因此总纲中就应该明确地把这个前途规定出来。筹备会讨论中，大家认为这个前途是肯定的，毫无疑问的，但应该经过解释、宣传，特别是实践来证明给全国人民看。只有全国人民在自己的实践中认识到这是唯一的最好的前途，才会真正承认它，并愿意全心全意为它而奋斗。所以现在暂时不写出来，不是否定它，而是更加郑重地看待它。而且这个纲领中经济的部分里面，已经规定要在实际上保证向这个前途走去。”②

再次是关于国家的名称问题。董必武在向全体会议所作的关于草拟《中华人民共和国中央人民政府组织法》的报告中曾就这个问题的讨论经过作了说明。他说，“本来过去许多人写文章或演讲，都用中华人民民主共和国；黄炎培、张志让两先生曾经写过一个节略，主张用中华人民民主国。在第四小组第二次全体会议讨论中，张奚若先生以为用中华人民民主国，不如用中华人民共和国。我们现在采用了最后这个名称，因为共和国说明了我们的国体，‘人民’二字在今天新民主主义的中国是指工、农、小资产阶级和民族资产阶级四个阶级及爱国民主分子，它有确定的解释，已经把人民民主专政的意思

---

① 周恩来：《人民政协共同纲领草案的特点》，《周恩来统一战线文选》，人民出版社 1984 年 12 月第 1 版，第 146 页。

② 同上，第 146—147 页。

表达出来，不必再把‘民主’二字重复一次了。”①

在起草三个文件草案过程中，各小组还着重讨论了一些问题，周恩来、董必武、谭平山在报告中都分别作了说明。

9月20日，人民政协筹备会常委会举行第八次会议，决定于21日下午7时在中南海怀仁堂召开中国人民政治协商会议第一届全体会议，并通过了议事日程和议事规则。这样，经过中国共产党同民主党派、无党派民主人士和各方面代表人士一年多的充分酝酿、讨论和协商，对各项问题取得了一致意见。至此，人民政协筹备会关于召开人民政协第一届全体会议的准备工作圆满完成。

---

① 董必武：《中华人民共和国中央人民政府组织法的草拟经过及其基本内容》，《董必武文选》，人民出版社1985年3月第1版，第245—246页。

第二章
中国人民政治协商会议第一届全体会议的召开和中华人民共和国的诞生

第一节　宣告新中国诞生的历史性盛会

1949 年 9 月，中国人民解放军以雷霆万钧之势，风卷残云般地摧垮了国民党反动政府的抵抗，向着南部沿海和西南、西北边疆地区进军，大陆的全部解放已近在眉睫。全国人民正以迫切的心情期待着一个能给国家带来独立、自主和富强的人民民主的新政权的诞生。9 月 21 日，肩负着宣告中华人民共和国建立的伟大历史重任的盛会——中国人民政治协商会议第一届全体会议，在北平隆重开幕了。这天晚上七时，各党派和无党派民主人士、各人民团体、各民族、海外华侨以及区域、军队的代表，满怀兴奋心情走进了中南海怀仁堂会场。

这次会议的代表共 662 人，其中正式代表 510 人，候补代表 77 人，特别邀请人士 75 人，分别归属于 46 个参加单位。这 46 个参加单位是：

甲、党派代表（14 个单位，正式代表 142 人，候补代表 23 人）：

中国共产党　正式代表 16 人、候补代表 2 人

中国国民党革命委员会　正式代表 16 人、候补代表 2 人

中国民主同盟　正式代表 16 人、候补代表 2 人

民主建国会　正式代表 12 人、候补代表 2 人

无党派民主人士　正式代表 10 人、候补代表 2 人

中国民主促进会　正式代表 8 人、候补代表 1 人

中国农工民主党　正式代表 10 人、候补代表 2 人

中国人民救国会　正式代表 10 人、候补代表 2 人

三民主义同志联合会　正式代表 10 人、候补代表 2 人

中国国民党民主促进会　正式代表 8 人、候补代表 1 人

中国致公党　正式代表 6 人、候补代表 1 人

九三学社　正式代表 5 人、候补代表 1 人

台湾民主自治同盟　正式代表 5 人、候补代表 1 人

中国新民主主义青年团　正式代表 10 人、候补代表 2 人

乙、区域代表（9 个单位，正式代表 102 人，候补代表 14 人）：

西北解放区　正式代表 15 人、候补代表 2 人

华北解放区　正式代表 15 人、候补代表 2 人

华东解放区　正式代表 15 人、候补代表 2 人

东北解放区　正式代表 15 人、候补代表 2 人

华中解放区　正式代表 15 人、候补代表 2 人

华南解放区　正式代表 8 人、候补代表 1 人

内蒙古自治区　正式代表 6 人、候补代表 1 人

北平、天津两直属市　正式代表 6 人、候补代表 1 人

待解放区民主人士　正式代表 7 人、候补代表 1 人

丙、军队代表（6 个单位，正式代表 60 人，候补代表 11 人）：

中国人民解放军总部　正式代表 12 人、候补代表 2 人

中国人民解放军第一野战军　正式代表 10 人、候补代表 2 人

中国人民解放军第二野战军　正式代表 10 人、候补代表 2 人

中国人民解放军第三野战军　正式代表 10 人、候补代表 2 人

中国人民解放军第四野战军　正式代表 10 人、候补代表 2 人

华南人民解放军　正式代表 8 人、候补代表 1 人

丁、团体代表（16 个单位，正式代表 206 人，候补代表 29 人）：

中华全国总工会　正式代表 16 人、候补代表 2 人

各解放区农民团体　正式代表 16 人、候补代表 2 人

中华全国民主妇女联合会　正式代表 15 人、候补代表 2 人

中华全国民主青年联合总会　正式代表 12 人、候补代表 2 人

中华全国学生联合会　正式代表 9 人、候补代表 1 人

全国工商界　正式代表 15 人、候补代表 2 人

上海各人民团体　正式代表 9 人、候补代表 1 人

中华全国文学艺术界联合会　正式代表 15 人、候补代表 2 人

中华全国第一次自然科学工作者代表大会筹备委员会　正式代表 15 人、候补代表 2 人

中华全国教育工作者代表会议筹备委员会　正式代表 15 人、候补代表 2 人

中华全国社会科学工作者代表会议筹备会　正式代表 15 人、候补代表 2 人

中华全国新闻工作者协会筹备会　正式代表 12 人、候补代表 2 人

自由职业界民主人士　正式代表 10 人、候补代表 2 人

国内少数民族　正式代表 10 人、候补代表 2 人

国外华侨民主人士　正式代表 15 人、候补代表 2 人

宗教界民主人士　正式代表 7 人、候补代表 1 人

戊、特别邀请人士（75 人）（见表 1）

在全部 662 名代表当中，共产党员约占 44%；非共产党员约占 56%，其中各民主党派成员共约占 30%，工人、农民代表和无党派人士共约占 26%。这个比例反映了中国共产党对于同各民主党派合作共事的真诚愿望和重视。各民主党派对于经过充分的民主协商最后确定下来的这个代表名额的分配是满意的。这表明了中国共产党领导的人民民主统一战线经过长期的努力，现在更加巩固和扩大了。

在大会会场上，正中悬挂着金光闪闪的象征中国人民大团结的人民政协的会徽，两旁并列着孙中山、毛泽东的巨幅画像，四面鲜艳夺目的红旗分列在两边。会场里到处洋溢着热烈欢庆的气氛。

会议选举了主席团，轮流主持会议。第一天的大会由毛泽东、朱德、李济深、沈钧儒、郭沫若担任执行主席，新政协筹备会主任、中国共产党中央委员会主席毛泽东在礼炮声中宣布中国人民政治协商会议第一届全体会议开

表 1

中国人民政治协商会议第一届全体会议参加单位和代表人数统计表

参加单位		正式代表	候补代表	合计
党派代表（十四个单位）	中国共产党	16	2	18
	中国国民党革命委员会	16	2	18
	中国民主同盟	16	2	18
	民主建国会	12	2	14
	无党派民主人士	10	2	12
	中国民主促进会	8	1	9
	中国农工民主党	10	2	12
	中国人民救国会	10	2	12
	三民主义同志联合会	10	2	12
	中国国民党民主促进会	8	1	9
	中国致公党	6	1	7
	九三学社	5	1	6
	台湾民主自治同盟	5	1	6
	中国新民主主义青年团	10	2	12
小计		142	23	165
区域代表（九个单位）	西北解放区	15	2	17
	华北解放区	15	2	17
	华东解放区	15	2	17
	东北解放区	15	2	17
	华中解放区	15	2	17
	华南解放区	8	1	9
	内蒙古自治区	6	1	7
	北平、天津两直属市	6	1	7
	待解放区民主人士	7	1	8
小计		102	14	116
军队代表（六个单位）	中国人民解放军总部	12	2	14
	中国人民解放军第一野战军	10	2	12
	中国人民解放军第二野战军	10	2	12
	中国人民解放军第三野战军	10	2	12
	中国人民解放军第四野战军	10	2	12
	华南人民解放军	8	1	9
小计		60	11	71
团体代表（十六个单位）	中华全国总工会	16	2	18
	各解放区农民团体	16	2	18
	中华全国民主妇女联合会	15	2	17
	中华全国民主青年联合总会	12	2	14
	中华全国学生联合会	9	1	10
	全国工商界	15	2	17
	上海各人民团体	9	1	10
	中华全国文学艺术界联合会	15	2	17
	中华全国第一次自然科学工作者代表大会筹备委员会	15	2	17
	中华全国教育工作者代表会议筹备委员会	15	2	17
	中华全国社会科学工作者代表会议筹备会	15	2	17
	中华全国新闻工作者协会筹备会	12	2	14
	自由职业界民主人士	10	2	12
	国内少数民族	10	2	12
	国外华侨民主人士	15	2	17
	宗教界民主人士	7	1	8
小计		206	29	235
特别邀请人士		75		75
总计		585	77	662

幕。毛泽东在开幕词中，向全世界庄严宣告："占人类总数1/4的中国人从此站立起来了。……我们团结起来，以人民解放战争和人民大革命打倒了内外压迫者，宣布中华人民共和国的成立了。"① 代表们以长时间雷鸣般的掌声，表达了中国人民从1840年以来为之流血奋斗，孜孜以求的民族独立和人民民主，现在终于得到了的那种兴奋、激动、自豪和欢腾的心情。毛泽东在开幕词中申明了这次会议的历史任务。由于当时消灭国民党残余力量的战争还在进行，一些地区还未解放。用普选的方式产生全国人民代表大会的条件还不具备，毛泽东郑重宣告："中国人民政治协商会议……具有代表全国人民的性质，它获得全国人民的信任和拥护。因此，中国人民政治协商会议宣布自己执行全国人民代表大会的职权。"这次会议的任务是："制定中国人民政治协商会议的组织法，制定中华人民共和国中央人民政府的组织法，制定中国人民政治协商会议的共同纲领，选举中国人民政治协商会议的全国委员会，选举中华人民共和国中央人民政府委员会，制定中华人民共和国的国旗和国徽，决定中华人民共和国国都的所在地以及采取和世界大多数国家一样的年号。"②

会上，中国共产党代表刘少奇、特别邀请代表宋庆龄、中国国民党革命委员会代表何香凝、中国民主同盟代表张澜、民主建国会代表黄炎培、中华全国总工会代表李立三、国外华侨民主人士代表司徒美堂、中国人民解放军代表陈毅、解放区代表高岗、特别邀请代表程潜、张治中、赛福鼎相继讲话，表达了各自对新中国光明前途的信念。

会议从9月21日起到9月30日，中间除26日、28日两天休会外，共开了8天。22日以后的会议除了先后有85人在大会上作了发言外，代表们听取了筹备会代理秘书长林伯渠关于会议筹备工作的报告，并分别就筹备会提出的《中国人民政治协商会议共同纲领》《中国人民政治协商会议组织法》《中华人民共和国中央人民政府组织法》三个创立人民共和国的重要法案的草案进行了讨论、修改，最后全体一致通过。会议还讨论并一致通过了关于国旗、国

① 中华人民共和国的国庆日后来定为10月1日，详见第3章第1节。

② 毛泽东：《中国人民站起来了》，《毛泽东选集》第5卷，人民出版社1977年4月第1版，第4页。

歌、国都、纪年的4个决议；通过了《关于选举中国人民政治协商会议全国委员会和中央人民政府委员会的规定》和中央人民政府委员会副主席和委员的名额；选举了中国人民政治协商会议第一届全国委员会的委员和中华人民共和国中央人民政府委员会主席、副主席和委员。会议还通过了在北京天安门外建立人民英雄纪念碑的决议和纪念碑的碑文；最后通过了《中国人民政治协商会议第一届全体会议宣言》《慰问中国人民解放军电》。

关于会议通过的《中国人民政治协商会议共同纲领》《中国人民政治协商会议组织法》《中华人民共和国中央人民政府组织法》三个创立人民共和国的重要法案的基本内容，下节将作扼要介绍。

关于国旗、国歌、国都、纪年的四个决议的产生经过是：1949年6月，新政治协商会议筹备会常务委员会第一次会议决定成立专门负责草拟国旗、国徽、国歌方案的小组（第六小组），同时在各报刊登启事，向全国人民征集方案。8月20日征集工作结束后，专门小组从应征的1000多个国旗方案中选出了38幅图案，提交第一届全体会议审定。国歌词谱的应征作品有600多件，经评审认为都不够理想，大家考虑到在如此短的时间内创作出理想的国歌词谱是有困难的，反复研究之后，接受了周恩来和一部分应征者的意见，采用《义勇军进行曲》为国歌。因为这首歌曾经鼓舞过中国人民争取民族解放的革命斗争，并且为大多数群众所熟谙。有人认为歌词中的“中华民族到了最危险的时候”已不适用于现在，应该修改。筹备会常委会决定将讨论意见提请第一届全体会议决定，并请郭沫若等人修改了一份歌词，同时送交大会主席团。国徽虽也征集到不少方案，但都未中选。第一届全体会议开幕后，设立了国旗、国徽、国都、纪年方案审查委员会，并在全体代表中进行了分组讨论。9月25日，毛泽东、周恩来召开了国旗、国徽、国歌、纪年、国都协商座谈会。会上，毛泽东举着五星红旗的国旗图案说，大家都说这个图案好，中国的革命胜利就是在共产党领导下以工农为基础，团结了小资产阶级、民族资产阶级，共同斗争取得的，这是中国革命的历史事实，这个图案表现我们革命人民大团结，现在要大团结，将来也要大团结。大家都同意毛泽东的意见，采用五星红旗为国旗。关于国歌，周恩来认为用《义勇军进行曲》

的原有歌词能够激励人民的爱国感情，修改了就没有那种感情了。毛泽东也说：我国人民经过艰苦斗争，虽然全国快解放了，但还是受帝国主义的包围，不能忘记帝国主义对我国的压迫，我们要争取中国完全独立、解放，还要进行艰苦卓绝的斗争，所以还是保持原有歌词好。经过协商，大家一致赞同这个意见。关于国都，一致赞成建都北平，改名北京。大家认为，北平作为中国的首都已有700多年的历史，在政治上位于华北老解放区内，人民力量雄厚；在经济上邻近重工业区的东北各省，便于发展工业；在文化上这里有几百年的文化积蓄，规模宏伟，文物集中，是世界上有名的历史都城之一，而且自五四运动以来，这里就是新文化思想的摇篮；在地理上北平位于华北平原之中，将来有足够的扩充余地；交通上四通八达，有平沈、平绥、平汉、平沪等铁路干线，联络全国各地，海运邻近天津，十分便利。关于纪年，一致认为应采用现代世界大多数国家公用的纪年制度，即用公元为新中国的纪年。关于国徽，决定留待大会以后，再组织人员研究设计。27日，全体会议做出四项决议：

（一）中华人民共和国国都定于北平，自即日起北平改名为北京。

（二）中华人民共和国的纪年采用公元，本年为1949年。

（三）在中华人民共和国的国歌未正式制定前，以《义勇军进行曲》为国歌。

（四）中华人民共和国的国旗为五星红旗，象征中国革命人民大团结。

9月30日，出席全体会议的代表在热烈的气氛中，选举出政协第一届全国委员会的委员和中华人民共和国中央人民政府的主席、副主席和委员。政协第一届全国委员会的选举，是根据前一天通过的选举规定，用经过协商确定的整个名单付表决的方法进行的。候选人名单包括180人，此外留出18名空额，准备将来容纳新解放地区的适当代表人物。出席的全体代表一致通过了这个名单①。中央人民政府委员会的选举，是根据《中华人民共和国中央人民政府组织法》的规定进行的，会议选举毛泽东为中央人民政府主席，朱德、

① 中国人民政协第一届全国委员会委员名单，详见本书附录之七。

刘少奇、宋庆龄、李济深、张澜、高岗为副主席，陈毅、林伯渠、何香凝、周恩来、董必武、陈嘉庚、马寅初、沈钧儒、黄炎培、张治中等56人为委员，组成中央人民政府委员会。这是一个有各民主党派和无党派民主人士参加的联合政府，在中央人民政府的6个副主席中，有共产党3人，民主党派、无党派3人；56个委员中，有共产党27人，民主党派、无党派29人。

下午6时，大会利用统计选票的时间，全体代表到天安门前，为人民英雄纪念碑举行了由周恩来主持的奠基典礼。周恩来代表主席团在庄严肃穆的气氛中致词："我们中国人民政治协商会议第一届全体会议为号召人民纪念死者，鼓舞生者，特决定在中华人民共和国首都北京建立一个为国牺牲的人民英雄纪念碑。现在，1949年9月30日，我们全体代表在天安门外举行这个纪念碑的奠基典礼。"致词毕，全体代表脱帽静默志哀。默哀后，毛泽东走出行列，以庄严洪亮的声调宣读了大会通过的、由他起草的纪念碑碑文：

三年以来，在人民解放战争和人民革命中牺牲的人民英雄们永垂不朽！

三十年以来，在人民解放战争和人民革命中牺牲的人民英雄们永垂不朽！

由此上溯到一千八百四十年，从那时起，为了反对内外敌人，争取民族独立和人民自由幸福，在历次斗争中牺牲的人民英雄们永垂不朽！

读毕，毛泽东和各参加会议单位的首席代表一一执锨为纪念碑的基石培土，表达人们对革命先烈的崇敬。

奠基典礼结束后，代表们回到怀仁堂会场继续开会。大会执行主席宣布了中国人民政治协商会议第一届全国委员会和中华人民共和国中央人民政府委员会的选举结果。全场掌声雷动，经久不息。接着在通过《中国人民政治协商会议第一届全体会议宣言》和《慰问中国人民解放军电》之后，中央人民政府副主席朱德致闭幕词。

《中国人民政治协商会议第一届全体会议宣言》全文如下：

全国同胞们：

中国人民政治协商会议第一届全体会议业已胜利地完成了自己的任务。

这次会议，包含了全中国所有的民主党派、人民团体、人民解放军、各地区、各民族、国外华侨和其他爱国民主分子的代表，代表了全国人民的意志，表现了全国人民的空前大团结。

这种全国人民的大团结，是中国人民和人民解放军在中国共产党领导之下，经过长期的英勇斗争，战胜了美帝国主义援助的蒋介石国民党反动政府之后所获得的。一百多年以来，中国人民的先进分子，其中杰出者有如领导辛亥革命的伟大革命家孙中山先生，为了推翻帝国主义和中国反动政府的压迫，领导广大的人民，进行了不断的斗争，百折不挠，再接再厉，到现在，终于达到了目的。当着我们举行会议的时候，中国人民已经战胜了自己的敌人，改变了中国的面貌，建立了中华人民共和国。我们四万万七千五百万中国人现在是站立起来了，我们民族的前途是无限光明的。

在人民领袖毛泽东主席领导之下，我们的会议齐心一致，按照新民主主义的原则，制定了中国人民政治协商会议组织法，制定了中华人民共和国中央人民政府组织法，制定了中国人民政治协商会议共同纲领，决定了中华人民共和国定都于北京，制定了中华人民共和国的国旗为五星红旗，采用了义勇军进行曲为现时的国歌，决定了中华人民共和国的纪年采用世界公元，选举了中国人民政治协商会议全国委员会，选举了中华人民共和国中央人民政府委员会。中国的历史，从此开辟了一个新的时代。

全国同胞们，中华人民共和国现已宣告成立，中国人民业已有了自己的中央政府。这个政府将遵照共同纲领在全中国境内实施人民民主专政。它将指挥人民解放军将革命战争进行到底，消灭残余敌军，解放全国领土，完成统一中国的伟大事业。它将领导全国人民克服一切困难，进行大规模的经济建设和文化建设，扫除旧中国所留下来的贫困和愚昧，逐步地改善人民的物质生活和提高人民的文化生活。它将保卫人民的利益，镇压一切反革命分子的阴谋活动。它将加强人民的陆海空军，巩固国防，保卫领土主权完整，反对任何帝国主义国家的侵略。它将联合一切爱好和平自由的国家、民族和人民，首先是联合苏联和各新民主国家，以为自己的盟友，共同反对帝国主义者挑拨战争的阴谋，争取世界的持久和平。

全国同胞们，我们应当进一步组织起来。我们应当将全中国绝大多数人组织在政治、军事、经济、文化及其他各种组织里，克服旧中国散漫无组织的状态，用伟大的人民群众的集体力量，拥护人民政府和人民解放军，建设独立、民主、和平、统一、富强的新中国。

为人民解放战争和人民革命而牺牲的人民英雄们永垂不朽！

中国人民大团结万岁！

中华人民共和国万岁！

中央人民政府万岁！

朱德在闭幕词中表达了全国人民的决心："……我们既然能够团结一致，开创了中华人民共和国，我们就一定能够团结一致把我们的国家建设好，把我们的国家引导到繁荣昌盛的境地。"至此，中国人民政治协商会议第一届全体会议光荣地完成了自己的历史使命，宣告胜利闭幕。

第二节　为新中国奠基的三个历史性文件

中国人民政治协商会议第一届全体会议在 9 月 22 日听取了筹备会第三小组组长周恩来所作的《关于草拟中国人民政治协商会议共同纲领的经过及其特点的报告》、第二小组组长谭平山所作的《关于草拟中国人民政治协商会议组织法的报告》、第四小组组长董必武所作的《关于草拟中华人民共和国中央人民政府组织法的经过及其基本内容的报告》以后，经过分组进行讨论，27 日、29 日大会分别通过了这三个为新中国奠基的历史性文件。

一、《中国人民政治协商会议共同纲领》

《中国人民政治协商会议共同纲领》是全体代表在总结了中国人民百年来反对帝国主义、封建主义和官僚资本主义的革命斗争经验的基础上，制定出来的一部新民主主义的建国纲领。毛泽东在《中国革命与中国共产党》这篇著作中曾经明确指出：中国革命包含着资产阶级民主主义性质的革命（新民主主义革命）和无产阶级社会主义性质的革命这两个阶段的双重任务，“只有完成了前一个革命过程才有可能去完成后一个革命过程”。中国共产党从建党开始，就为完成这双重任务进行了长期的艰苦奋斗。许多爱国的仁人志士、民主党派和无党派民主人士同共产党团结合作，参加了前一阶段的新民主主义革命斗争。这前一阶段的革命任务，到 1949 年召开中国人民政治协商会议第一届全体会议的时候还没有彻底完成，《共同纲领》的基本任务就是要彻底完成新民主主义革命的全部历史任务。因此就其性质来说，它是新民主主义的共同纲领；但是由于这个纲领中，规定了工人阶级在政治上的领导作用和工人阶级领导下的国营经济和合作社经济都是社会主义的因素，因此它还具有向社会主义过渡的性质和特点。

《共同纲领》在序言中，开宗明义指明了人民政协的性质和任务以及在当时历史条件下国家政权的性质：由中国共产党、各民主党派、各人民团体、各地区、人民解放军、各少数民族、国外华侨及其他爱国民主分子的代表们所组成的中国人民政治协商会议，“是人民民主统一战线的组织形式。中国人民政治协商会议代表全国人民的意志，宣告中华人民共和国的成立，组织人民自己的中央政府”；并“一致同意以新民主主义即人民民主主义为中华人民共和国的政治基础”。新民主主义的国家政权是“中国工人阶级、农民阶级、小资产阶级、民族资产阶级及其他爱国民主分子的人民民主统一战线的政权，而以工农联盟为基础，以工人阶级为领导”。

《共同纲领》除序言外，共分7 章60 条。7 章是：总纲、政权机关、军事制度、经济政策、文化教育政策、民族政策、外交政策。[①] 它确立了新中国的国体和政体，决定了国家当时在各方面的重大方针政策。《共同纲领》在新中国成立初期具有临时宪法的作用。

（一）《共同纲领》确定了中华人民共和国的国体即国家的性质：“中华人民共和国为新民主主义即人民民主主义的国家，实行工人阶级领导的、以工农联盟为基础的、团结各民主阶级和国内各民族的人民民主专政。”这个人

① 《中国人民政治协商会议共同纲领》的全文见本书附录之二。

民民主专政的国家任务是：“取消帝国主义国家在中国的一切特权，没收官僚资本归人民的国家所有，有步骤地将封建半封建的土地所有制改变为农民的土地所有制，保护国家的公共财产和合作社的财产，保护工人、农民、小资产阶级和民族资产阶级的经济利益及其私有财产，发展新民主主义的人民经济，稳步地变农业国为工业国。”在规定反对帝国主义、封建主义和官僚资本主义，镇压一切反革命活动的同时，还规定了人民所享有的各项权利和义务。

（二）《共同纲领》确定了中华人民共和国的政体：“中华人民共和国的国家政权属于人民。人民行使国家政权的机关为各级人民代表大会和各级人民政府。各级人民代表大会由人民用普选方法产生之。各级人民代表大会选举各级人民政府。”“国家最高政权机关为全国人民代表大会。全国人民代表大会闭会期间，中央人民政府为行使国家政权的最高机关。”

（三）《共同纲领》确定了中国人民政治协商会议的性质和职权：“中国人民政治协商会议为人民民主统一战线的组织形式。其组织成分，应包含有工人阶级、农民阶级、革命军人、知识分子、小资产阶级、民族资产阶级、少数民族、国外华侨及其他爱国民主分子的代表。”“在普选的全国人民代表大会召开以前，由中国人民政治协商会议的全体会议执行全国人民代表大会的职权”；“在普选的全国人民代表大会召开以后，中国人民政治协商会议得就有关国家建设事业的根本大计及其他重要措施，向全国人民代表大会或中央人民政府提出建议案。”中国人民在长期的革命斗争中得出一条极为重要的经验，就是没有全国人民的大团结，无论是革命还是建设都不会取得成功，因此必须建立广泛的统一战线。中国人民政治协商会议就是中国人民民主统一战线的组织形式，是全国人民实行革命大团结的重要方式。统一战线是革命和建设的长期需要，因此《共同纲领》规定不仅在普选的全国人民代表大会召开以前，即在其召开以后，中国人民政治协商会议仍将继续存在，作为统一战线组织，对国家政权机关发挥协商、参谋和推动的作用。

（四）《共同纲领》规定了国家的军事制度，建立统一的军队并实行民兵制度。

（五）《共同纲领》规定了经济建设的根本方针和政策，明确国家存在着五种经济成分：国营经济、合作社经济、农民和手工业者的个体经济、私人资本主义经济和国家资本主义经济。“国营经济为社会主义性质的经济，凡属有关国家经济命脉和足以操纵国民生计的事业，均应由国家统一经营。”“合作社经济为半社会主义性质的经济……应扶助其发展，并给以优待。”“凡有利于国计民生的私营经济事业……应鼓励其经营的积极性，并扶助其发展。”国家经济建设的根本方针是“以公私兼顾、劳资两利、城乡互助、内外交流的政策，达到发展生产，繁荣经济之目的”，“使各种社会经济成分在国营经济领导之下，分工合作，各得其所。……”

《共同纲领》指出：“土地改革为发展生产力和国家工业化的必要条件”，在尚未实行土地改革的地区必须有步骤地进行改革。关于工业、交通、农业、商业、财政、金融等方面的建设和经营的方针，《共同纲领》也分别作了规定。

（六）《共同纲领》规定了“中华人民共和国的文化教育为新民主主义的，即民族的、科学的、大众的文化教育。”政府的主要任务为“提高人民文化水平，培养国家建设人才，肃清封建的、买办的、法西斯主义的思想，发展为人民服务的思想”，有计划、有步骤地实行普及教育，改革教育制度。

（七）《共同纲领》规定：“中华人民共和国境内各民族一律平等，实行团结互助……反对大民族主义和狭隘民族主义，禁止民族间的歧视、压迫和分裂各民族团结的行为。”在各少数民族聚居的地区“实行民族的区域自治”。各少数民族都有发展自己的语言文字，保持或改革其风俗习惯及宗教信仰的自由。

（八）《共同纲领》规定：“中华人民共和国外交政策的原则，为保障本国独立、自由和领土主权的完整，拥护国际的持久和平和各国人民间的友好合作，反对帝国主义的侵略政策和战争政策。”凡与国民党反动派断绝关系的国家，得在平等、互利及互相尊重领土主权的基础上，谋求建立外交关系。

二、《中国人民政治协商会议组织法》

《中国人民政治协商会议组织法》共分6章20条，6章为：总则、参加单位及代表、全体会议、全国委员会、地方委员会、附则。[①] 第一届全体会议通过的这个《组织法》，标志着中国人民民主统一战线在组织上的完成。《组织法》第一条明确规定：中国人民政治协商会议为全中国人民民主统一战线的组织，旨在经过各民主党派及人民团体的团结，去团结全中国各民主阶级、各民族，共同努力，实行《共同纲领》规定的各项任务。

《组织法》规定了参加中国人民政治协商会议的单位和代表的产生方法；规定中国人民政治协商会议的组织结构分为3个层次：全体会议，由各党派、各人民团体、各界爱国民主人士的代表组成，每3年召开一次；全国委员会，由全体会议选举产生，每半年召开一次；常务委员会，由全国委员会选举产生。《组织法》还规定在“中心城市、重要地区及省会”设立中国人民政治协商会议地方委员会，作为该地方各党派及人民团体的协商机关。地方委员会是地方的统一战线组织，通过地方委员会进行地方的统一战线工作。

《组织法》规定中国人民政治协商会议全体会议的职权是：制定或修改中国人民政治协商会议组织法和共同纲领；在普选的全国人民代表大会召开以前执行全国人民代表大会的职权，即制定或修改中央人民政府组织法，选举中央人民政府委员会，并付之以行使国家权力的职权，就国家的各项重要举措向中央人民政府委员会提出决议案；在普选的全国人民代表大会召开以后，人民政协作为纯粹的统一战线组织，得向全国人民代表大会或中央人民政府委员会提出建议案。

中华人民共和国的政体是人民代表大会制。人民政协作为人民民主统一战线组织，在新中国成立初期的历史条件下，人民政协的全体会议代行全国人民代表大会的职权；在选出中央人民政府委员会以后，将国家权力交付给中央人民政府委员会。由全体会议产生的全国委员会，对中央人民政府委员

① 《中国人民政治协商会议组织法》的全文，见本书附录之三。

会只是协商建议的关系。全国委员会是统一战线性质的组织，但是全国委员会作为国家政权以外的各党派、各人民团体的协议机关，作用也是很大的。国家的“一切大政方针，都先要经过全国委员会协议，然后建议政府施行”①。新政协筹备会第四小组组长董必武对人民政协的职权作了这样的概括：“人民政协的职权，可说是极大而且特殊。说它的职权极大，因为它在全国人民代表大会召开以前，有等于全国人民代表大会的职权。这表现在它可以制定参加政协的各民主党派及人民团体共同遵守的新民主主义的纲领，这一纲领有宪法的性质；它可以制定中央人民政府的组织法；它可以选举中央人民政府委员会，并付之以行使国家权力的职权。说它特殊，因为它的全体会议在选出全国委员会后，它和国家政权机构就无直接关系。全国委员会是革命统一战线组织，不是国家政权的最高组织。它还要保证执行中国人民政协全体会议的决议及其自身的决议。这是中国革命条件所产生的一种特殊的统一战线的形式。”②

三、《中华人民共和国中央人民政府组织法》

《中华人民共和国中央人民政府组织法》共分6章31条。6章为：总纲、中央人民政府委员会、政务院、人民革命军事委员会、最高人民法院及最高人民检察署、组织法的修改权及解释权。③ 中央人民政府组织法依据《共同纲领》首先规定了国体和政体：“中华人民共和国是工人阶级领导的，以工农联盟为基础的，团结各民主阶级和国内各民族的人民民主专政的国家。”“中华人民共和国的政府是基于民主集中制原则的人民代表大会制的政府。”在普选的全国人民代表大会召开前，由中国人民政治协商会议的全体会议执行全国人民代表大会的职权，制定中央人民政府组织法并选举产生中央人民政府委员会。中央人民政府委员会对外代表中华人民共和国，对内领导国家政权。

---

① 周恩来：《关于人民政协的几个问题》，《周恩来统一战线文选》，人民出版社1984年第1版，第137页。

② 董必武：《关于人民政治协商会议及团结民主人士问题》，董必武著《论社会主义民主和法制》，人民出版社1979年第1版，第14页。

③ 《中华人民共和国中央人民政府组织法》的全文，见本书附录之四。

中央人民政府委员会下辖政务院，为国家政务的最高执行机关；组织人民革命军事委员会，为国家军事的最高统辖机关；组织最高人民法院和最高人民检察署，为国家的最高审判机关和检察机关。

在《中华人民共和国中央人民政府组织法》中对中央人民政府委员会及其所辖政务院、人民革命军事委员会、最高人民法院和最高人民检察署的职权以及政务院的机构设置，都作了明确的规定。

第三节　中华人民共和国中央人民政府成立与开国大典

1949 年 10 月 1 日下午 2 时，中央人民政府委员会举行第一次会议，主席毛泽东，副主席朱德、刘少奇、宋庆龄、李济深、张澜、高岗和委员陈毅等 56 人宣布就职，宣告中华人民共和国中央人民政府成立。会议一致决议接受《中国人民政治协商会议共同纲领》为政府的施政方针。会议选举林伯渠为中央人民政府委员会秘书长，任命周恩来为政务院总理，毛泽东为人民革命军事委员会主席，朱德为中国人民解放军总司令，沈钧儒为最高人民法院院长，罗荣桓为最高人民检察署检察长。

这一天，在天安门广场举行了隆重的庆祝中华人民共和国诞生的开国大典。首都 30 万群众参加了这一盛典。全市人民整天沉浸在节日欢乐的气氛中。长安街上红旗迎风招展，蔚蓝色天空中彩色气球凌空飘舞，千百只象征和平的白色鸽子腾空飞旋，广场红旗似海。下午 3 时整，军乐队高奏《义勇军进行曲》，鲜艳的五星红旗徐徐升起，54 门礼炮齐鸣。中央人民政府主席毛泽东在天安门城楼上庄严地宣读了《中华人民共和国中央人民政府公告》：

自蒋介石国民党反动政府背叛祖国，勾结帝国主义，发动反革命战争以来，全国人民处于水深火热的情况之中。幸赖我人民解放军在全国人民援助之下，为保卫祖国的领土主权，为保卫人民的生命财产，为解除人民的痛苦和争取人民的权利，奋不顾身，英勇作战，得以消灭反动军队，推翻国民党政府的反动统治。现在人民解放战争业已取得基本的胜利，全国大多数人民业已获得解放。在此基础上，由全国各民主党派、各人民团体、人民解放军、各地区、各民族、国外华侨及其他爱国民主分子的代表们所组成的中国人民政治协商会议第一届全体会议业已集会，代表全国人民的意志，制定了中华人民共和国中央人民政府组织法，选举了毛泽东为中央人民政府主席，朱德、刘少奇、宋庆龄、李济深、张澜、高岗为副主席，陈毅、贺龙、李立三、林伯渠、叶剑英、何香凝、林彪、彭德怀、刘伯承、吴玉章、徐向前、彭真、薄一波、聂荣臻、周恩来、董必武、赛福鼎、饶漱石、陈嘉庚、罗荣桓、邓子恢、乌兰夫、徐特立、蔡畅、刘格平、马寅初、陈云、康生、林枫、马叙伦、郭沫若、张云逸、邓小平、高崇民、沈钧儒、沈雁冰、陈叔通、司徒美堂、李锡九、黄炎培、蔡廷锴、习仲勋、彭泽民、张治中、傅作义、李烛尘、李章达、章伯钧、程潜、张奚若、陈铭枢、谭平山、张难先、柳亚子、张东荪、龙云为委员，组成中央人民政府委员会，宣告中华人民共和国的成立，并决定北京为中华人民共和国的首都。中华人民共和国中央人民政府委员会于本日在首都就职，一致决议：宣告中华人民共和国中央人民政府的成立，接受中国人民政治协商会议共同纲领为本政府的施政方针，互选林伯渠为中央人民政府委员会秘书长，任命周恩来为中央人民政府政务院总理兼外交部长，毛泽东为中央人民政府人民革命军事委员会主席，朱德为人民解放军总司令，沈钧儒为中央人民政府最高人民法院院长，罗荣桓为中央人民政府最高人民检察署检察长，并责成他们从速组成各项政府机关，推行各项政府工作。同时决议：向各国政府宣布，本政府为代表中华人民共和国全国人民的唯一合法政府。凡愿遵守平等、互利及互相尊重领土主权等项原则的任何外国政府，本政府均愿与之建立外交关系。特此公告。

毛泽东宣读完毕，广场上的群众顿时沸腾起来，爆发出雷鸣般的掌声和欢呼声。接着举行了阅兵式，中国人民解放军总司令朱德检阅了各兵种，宣读了《中国人民解放军总部命令》，命令全体指战员迅速解放一切尚未解放的国土。典礼结束后，群众举行了庆祝游行。当天晚上，天安门广场灯火辉煌，通宵达旦，成千上万的人载歌载舞，兴高采烈地在进行联欢。

这是动人心弦的一天。多少人在这伟大而壮观的场面中禁不住流下了激动的热泪，是欢乐，是感激，是幸福，是对祖国的祝福！从 1840 年以来，多少仁人志士，革命先烈，为了这一天的到来，抛头颅，洒热血，经过了多少艰难困苦的岁月和崎岖险阻的道路。今天，中国人民终于推倒了压在头上的三座大山，站立起来了，人们怎能不满怀激情地迎接这新中国的诞生！

第四节　中国人民政治协商会议第一届全体会议的历史意义

中国人民政治协商会议第一届全体会议的召开，在中国现代革命史上具有重要的意义。100 多年来，中国人民为推翻帝国主义、封建主义和官僚资本主义的压迫和统治，前仆后继，进行了不屈不挠、艰苦曲折的革命斗争。1949 年在中国共产党的领导下，人民革命终于达到了目的，推翻了帝国主义、封建主义、官僚资本主义的统治，在中国大地上发生了翻天覆地的变化。中国人民政治协商会议第一届全体会议的召开，就是这个巨大变化的标志。中国的历史，从此开辟了一个新的时代。因此可以说，第一届全体会议是“新民主主义运动的一次总结”①。

中国人民政治协商会议第一届全体会议在当时还不具备召开普选的全国人民代表大会的条件下，肩负起执行全国人民代表大会职权的重任，承担了建立新国家的历史使命。第一届全体会议制定的《中国人民政治协商会议共同纲领》，是新中国第一个人民大宪章，具有临时宪法的作用。全体会议向全国人民和全世界人民宣告了中华人民共和国的成立，制定了中央人民政府组织法，选举出中华人民共和国中央人民政府委员会，并付之以行使国家权力的职权，决定了国都所在地和纪年。人民政协第一届全体会议光荣地完成了建立新中国的历史使命，揭开了新中国历史的第一页。

中国人民政治协商会议第一届全体会议又是中国人民民主统一战线和全国人民革命大团结在组织上的形成。从五四运动以来，中国有了共产党就有了统一战线。1924 年到 1927 年中国共产党提出了统一战线的主张，出现了第一次国共合作，掀起了轰轰烈烈的大革命，打败了北洋军阀。1937 年到 1945

① 周恩来：《关于人民政协的几个问题》，《周恩来统一战线文选》，人民出版社 1984 年第 1 版，第 135 页。

年中国共产党促成了抗日民族统一战线，出现了由工人、农民、小资产阶级、民族资产阶级以及一部分愿意抗日的大资产阶级和地主阶级组成的联合，包括广大的爱国华侨在内，形成了除汉奸以外，包括全中华民族大多数人在内的统一战线，终于取得了抗日战争的胜利。1945 年到 1949 年，为反对蒋介石卖国独裁，争取和平民主，中国共产党团结全国各被压迫阶级、各民主党派、各人民团体、各少数民族、国外华侨和其他爱国民主分子，结成了广泛的人民民主统一战线，配合武装斗争，取得了解放战争的伟大胜利。在这长期的斗争过程中，由于敌人的阻挠和破坏，统一战线没有也不可能形成自己的组织并以组织的形式进行活动。只是在 1949 年新民主主义革命取得了决定性胜利的时刻，中国人民的革命大团结才得以在完全新的基础上形成起来，人民民主统一战线才得以形成为组织。中国人民政治协商会议的成立，就标志着人民民主统一战线在组织上的最后形成。中国人民政治协商会议一经作为人民民主统一战线的组织形式而出现，它就使中国人民的革命大团结更臻巩固和扩大，就使中国共产党同各民主党派、无党派民主人士及其他一切爱国人士的团结合作更加亲密无间，日益巩固和发展，从而展现了具有中国特色的中国共产党领导的多党合作的广阔前景。

第三章
政协全国委员会的建立及其在巩固新生的人民民主政权的斗争中的作用

中国人民政治协商会议第一届全体会议选出全国委员会后，即行闭幕。全国委员会是人民政协在全体会议闭幕后的常设机构，它不具有全体会议所具有的代行全国人民代表大会职权的职能，而是协商建议性质的统一战线组织；它和中央人民政府的关系，是一种建议、参谋、协助推动工作的关系。

中华人民共和国成立初期，人民民主政权刚刚建立，封建的和帝国主义的残余势力尚待肃清，新民主主义的社会制度尚待建立，长期战争的创伤尚待医治恢复，人民的觉悟程度和组织性尚待提高和加强，巩固新生的人民民主政权的任务摆在全国人民的面前。因此，在政协第一届全国委员会期间(1949 年 10 月至 1954 年 12 月)，协助政府动员人民为巩固新生的人民民主政权进行斗争，就成为人民政协的一项重要任务。

第一节　政协第一届全国委员会第一次会议的召开及建立工作机构

政协第一届全国委员会于 1949 年 10 月 9 日举行第一次会议。会议的主要议程是选举第一届全国委员会主席、副主席、常务委员、秘书长，组成常务委员会主持会务。周恩来在会上就与参加全国委员会的各单位首席代表协商主席、副主席、常务委员和秘书长人选的经过，以及协商拟订的全国委员会《工作条例》的主要内容作了报告。会议选举毛泽东为第一届全国委员会主席，周恩来、李济深、沈钧儒、郭沫若、陈叔通为副主席，李维汉为秘书长；

选举毛泽东等28人为常务委员。

这次会议还通过了“请政府明定10月1日为中华人民共和国的国庆日，以代替10月10日的旧国庆日”的建议案，送请中央人民政府采择施行。1949年12月2日中央人民政府委员会第四次会议通过了《关于中华人民共和国国庆日的决议》，认为“这个建议是符合历史实际和代表人民意志的”，决定加以采纳，并宣告：自1950年起，以每年的10月1日，即以中华人民共和国宣告成立的伟大的日子，为中华人民共和国的国庆日。

政协第一届全国委员会常务委员会于1949年10月18日举行第一次会议，通过了《中国人民政治协商会议全国委员会工作条例》（简称工作条例）。根据《工作条例》的规定，常务委员会的职权是：执行人民政协全体会议和全国委员会的决议；根据人民政协《组织法》第十三条所规定的全国委员会的职权，进行日常工作。常务委员会的会议，由全国委员会主席、副主席视工作需要召开。政协全国委员会主席可以根据需要，邀请中央人民政府委员或政府有关部门的负责人员，列席全国委员会及常务委员会的会议。

为使全国委员会不仅在定期开会期间可以协商讨论重大问题，在闭会期间也可以进行各项工作，第一届全国委员会逐步建立了以下工作机构和工作制度：

一、各工作组。工作组是政协委员开展经常性工作的机构。为了使政协委员在全体委员会议之外，能够经常参加人民政协的工作，并使人民政协能配合政府各部门，分门别类地进行工作，《工作条例》规定，政协全国委员会分设政治法律组、财政经济组、文化教育组、外交组、国防组、民族事务组、华侨事务组、宗教事务组8个工作小组；每组设组长1人，副组长2至3人，由常务委员会指定。各工作组主要由在北京的委员组成，每一委员可以参加一个组或几个组。工作组的任务是协助政府审议法案，搜集和反映人民的意见，宣传政策法令，并研究问题，提出建议。

二、工作会议。工作会议是全国委员会组织和推动日常工作的一种形式，于1950年3月中旬建立，组成人员为秘书长、副秘书长、各工作组组长、秘书处正副处长及其他有关专职负责人。会议由秘书长主持，每周举行一次。

工作会议的任务，除组织执行全国委员会和常务委员会的决议，讨论和决定全国委员会日常工作中的问题外，还可以就参加人民政协的某一单位或几个单位提出的有关统一战线工作的问题进行初步协商。进行这种协商时，须邀请有关单位派代表出席，协商结果报请主席指示处理。工作会议所作的重要决定，须呈报主席、副主席审核，并经主席批准。

三、双周座谈会。双周座谈会是由中国国民党革命委员会、中国民主同盟和中国民主建国会等民主党派发起，经参加人民政协的各民主党派、各人民团体同意，以党派、团体推派的代表为主体组成的时事政治座谈会，政协全国委员会常务委员与中央人民政府委员、政务院政务委员等可自愿参加。双周座谈会设立的目的，主要是为了沟通思想，对政策时事、统一战线工作交换意见。每个单位的代表人数由各参加单位协商决定，但每一单位至多不超过五人，还可以更换。开始组成时，中国共产党推派的代表为林伯渠、李维汉、邢西萍[①]，各民主党派、无党派民主人士和青年团推派的代表中有李济深、张治中、王昆仑、邵力子、沈钧儒、史良、胡愈之、黄炎培、章乃器、李烛尘、郭沫若、陈叔通、张奚若、沈雁冰、马寅初、马叙伦、王绍鏊、周建人、许广平、章伯钧、彭泽民、黄琪翔、季方、许德珩、梁希、陈其尤、李纯青、廖承志等，各人民团体推派的代表中有吴茂荪、曹孟君、沈兹九、袁翰青、陈翰笙、张志让、于树德、沙千里、许涤新、庄希泉等。[②] 双周座谈会一般每两周举行一次，由中国共产党、各民主党派和无党派民主人士轮流主持。座谈会还推定林伯渠（中共）、李济深（民革）、沈钧儒（民盟）、黄炎培（民建）、陈叔通（无党派）、马叙伦（民进）、章伯钧（农工党）、许德珩（九三学社）、廖承志（青年团）九人组成主席团，以便经常研究双周座谈会的问题。主席团第一次会议又推定了林伯渠为主席团主席。全国委员会工作会议协助双周座谈会进行组织准备工作，并指派副秘书长一人担任双周座谈会主席团的秘书长。座谈会讨论的题目预先拟定，由各单位代表根据议

① 邢西萍即徐冰，当时任政协全国委员会副秘书长、中共中央统战部副部长。

② 1957 年以后，双周座谈会改为各民主党派、无党派民主人士座谈会，人民团体不再推派代表参加。

题搜集意见，准备发言。座谈会一般是采取报告与讨论相结合的方式来进行，有时推定专人先作中心发言，有时邀请专人先作报告，然后进行讨论；根据情况还可邀请有关部门的负责人参加座谈。

四、学习座谈会。学习座谈会是依据各民主党派的提议，为适应各民主党派、各人民团体、政协全国委员会、中央人民政府及政务院五个方面在北京的高级人员的需要，由政协全国委员会建立的经常性的学习组织。1950 年先后参加学习的共有 226 人，分编成 6 个学习小组。参加学习完全依据自愿原则，学习的内容为马克思列宁主义和毛泽东思想。学习方式以自学为主，定期进行小组讨论，根据需要请人作辅导报告。学习座谈会于 1950 年 4 月 27 日举行成立会，政协全国委员会副主席周恩来和中共中央高级党校哲学教研室主任艾思奇到会作了关于学习问题的讲话，会上通过了《政协全国委员会学习座谈会暂行办法》。

学习座谈会的工作机构为学习干事会，经学习座谈会推选，由王昆仑、章乃器、徐冰、沈志远等九人组成。学习干事会负责安排学习计划，拟定学习提纲，以及邀请专家作报告，以帮助学习和解答问题。学习干事会为配合学习进展，还编印学习资料和选购书籍，发给参加学习座谈会的成员。

五、秘书处。1949 年 10 月政协第一届全国委员会举行第一次会议后，即根据人民政协《组织法》设立政协全国委员会秘书处。秘书处是全国委员会的办事机构，在秘书长领导下承办具体日常事务。① 秘书处设处长一人、副处长二人，由常务委员会任免。

第二节　协助政府动员人民开展各项社会改革运动

人民政协第一届全体会议制定的《共同纲领》，集中体现了全国人民的意志和利益，是人民民主统一战线共同奋斗的纲领和共同政治准则。新中国成立初期，中国人民面临的最基本的任务是彻底完成新民主主义革命的全部历史任务，恢复和发展遭受长期战争破坏的国民经济，为社会主义建设准备必

---

① 1982 年修改的《中国人民政治协商会议章程》将秘书处改为办公厅。

要的条件。1950 年至 1952 年在全国进行的土地改革、镇压反革命和“三反”、“五反”运动，都是为实现《共同纲领》而进行的伟大革命斗争。政协全国委员会作为人民民主统一战线的组织，在协助政府动员人民开展上列各项社会改革运动中，显示了它的重要作用。

一、土地改革运动

土地改革运动是中国共产党领导农民消灭封建土地制度的一场伟大的革命群众运动。旧中国的土地占有情况极不合理，占农村人口不到 10% 的地主和富农，拥有全国可耕地面积的 70%—80%，而约占农村人口总数 90% 的贫农、雇农和中农，却总共只占可耕地面积的 20%—30%，贫雇农和大多数中农终年劳动，不得温饱，这种封建的土地所有制严重地阻碍了农业生产力的发展。伟大的民主革命先驱孙中山很早就提出了“平均地权”的主张，后来又提出了“耕者有其田”的口号。实行土地改革，就是消灭地主阶级，将封建剥削的土地所有制，改变为农民的土地所有制，这是中国新民主主义革命的一项基本任务。中国共产党为实现这个历史任务进行了长期的努力。在新中国成立以前，已在约有 1. 45 亿农业人口的老解放区，基本上完成了土地改革。新中国成立后，全国尚有约 2. 64 亿农业人口的新解放区，没有进行土地改革，完成这些地区的土地改革，是新中国成立初期面临的一项重要历史任务。人民政协《共同纲领》第三条和第二十七条明确规定了进行土地改革的基本目的。1950 年 6 月，中央人民政府颁布了《中华人民共和国土地改革法》（简称《土地改革法》）。同年冬季，开始在新解放区陆续开展了土地改革运动。到 1952 年冬，除台湾省和一部分少数民族地区以外，全国的土地改革基本结束。人民政协在《土地改革法》和其他有关法令的制定，以及组织各界人士参加、参观土改这两方面的工作中，发挥了积极的作用。

（一）协商讨论和通过《土地改革法（草案）》。

1950 年 6 月召开的政协第一届全国委员会第二次会议，以土地改革问题为中心议题，审查和讨论了中共中央起草的《土地改革法（草案）》。中共中央书记处书记刘少奇在会上作了《关于土地改革问题的报告》，系统地说明了土地改革的必要性、正义性和各项有关方针政策。他指出：封建土地占有制度的存在，是我们民族被侵略、被压迫、穷困及落后的根源，也是我们国家富强的基本障碍。实行土地改革，就是要“废除地主阶级封建剥削的土地所有制，实行农民的土地所有制，借以解放农村生产力，发展农业生产，为新中国的工业化开辟道路。”“为了有领导有秩序地去进行今后的土地改革，中央人民政府必须颁布一个土地改革法及其他若干文件。”①

会议在讨论过程中，绝大多数人对中共中央起草的《土地改革法（草案)》表示赞同。但也有一些人认为过去土地改革“斗争过火”，“偏差很大”，主张不必发动群众斗争，只需政府颁布法令即可分配土地；还有一些从地主阶级分化出来的开明人士，对土地改革有怀疑、抵触情绪。中共中央负责人分别约请各民主党派、无党派民主人士和其他爱国民主人士的代表人物，进行协商讨论，沟通思想，交换意见，并通过各种形式的协商讨论和辩论，分清了是非，在《共同纲领》的基础上统一了认识。

在这次会议上，中国国民党革命委员会、中国民主同盟、民主建国会、中国民主促进会和中国农工民主党的领导人李济深、张澜、黄炎培、马叙伦、章伯钧作了大会发言，分别代表各自党派表示拥护《土地改革法（草案)》和同意刘少奇的报告，并且号召各自党派的成员为土地改革的圆满完成而努力奋斗。

有些爱国起义将领在大会上表明了自己支持和拥护土地改革的立场。爱国起义将领刘文辉坦率地说，“我就是一个大地主，拿四川话来说就是‘大绅粮’。我将无条件、无保留地献出我所有的一切土地，分给农民。……今天是川康所有‘大绅粮’应该觉悟的时候了!”爱国起义将领卢汉说，土改“关系今后建国的根本”，“自己原是一个地主，回到家乡，一定要多方解说、劝导，为实现土改而斗争。自己首先放弃过去地主享有的非法权益。”爱国起义将领邓锡侯说，“这样一个土地制度的改革，在我个人，我可以坦白的说，是

① 刘少奇：《关于土地改革问题的报告》，《刘少奇选集》下卷，人民出版社 1985 年 12 月第 1 版，第 31、33 页。

和我本阶级（地主阶级）的阶级利益相冲突的”，“我愿诚挚的拥护这样的一个土地改革，我要坚决地放弃本阶级的利益，来服从全国人民的利益……我抱定决心，不仅做到军事上的‘起义’，而且更要做到阶级上的‘起义’。”

会议结束时，政协全国委员会主席毛泽东致闭幕词。他号召各阶层人士积极支持土地改革，过好土改关。他说：“战争和土改是在新民主主义的历史时期内考验全中国一切人们、一切党派的两个‘关’”[①] “战争一关，已经基本上过去了，这一关我们大家都过得很好，全国人民是满意的。现在是要过土改一关，我希望我们大家都和过战争关一样也过得很好。大家多研究，多商量，打通思想，整齐步伐，组成一条伟大的反封建统一战线，就可以领导人民和帮助人民顺利地通过这一关。”[②]

中央人民政府委员会第八次会议讨论通过了政协第一届全国委员会第二次会议审议的《中华人民共和国土地改革法（草案）》，并于1950年6月30日起公布施行。自此以后，在全国新解放地区2.6亿多农业人口的广大地区中，分期分批地展开了轰轰烈烈的土地改革运动。中国历史上几千年来封建的土地所有制终于被彻底废除，为新中国的向前发展扫清了道路。

为了正确地贯彻实施《土地改革法》，保障土地改革的顺利进行，政协全国委员会又于同年6月27日至7月4日组织在北京的委员、中央人民政府委员会委员和省、市各界人民代表会议协商委员会[③]的代表等200多人，分组讨论了与土地改革有关的划分农村阶级成分的问题、建立人民法庭和农民协会问题。常务委员会第十一、十二、十三次会议根据讨论结果，修正通过了《农民协会组织通则（草案）》、《人民法庭组织通则（草案）》及《政务院关于划分农村阶级成分的决定（草案）》，最后由政务院通过，并公布施行。

（二）组织各界人士参加或参观土改。

在政协第一届全国委员会第二次会议讨论《土地改革法（草案）》的同

---

① 毛泽东：《做一个完全的革命派》，《毛泽东选集》第5卷，人民出版社1977年4月第1版，第26页。

② 同上，第27页。

③ 在普选的省市人民代表大会召开以前，各省市召开了各界人民代表会议代行人民代表大会职权。协商委员会当时是各界人民代表会议的常设机构，又是代行人民政协地方委员会的统一战线组织。

时，会议接受了章伯钧、郭冠杰、黄琪翔联合提出的由各民主党派号召和动员其成员积极参加土地改革工作的提案。各民主党派在会议闭幕后，相继发布了拥护、支持土改运动的指示和决议，号召和动员他们的成员认真学习和遵守政府的政策法令，积极支持和参加土改运动。

这次大会闭幕后，政协全国委员会工作会议即与各民主党派总部商洽，就各民主党派成员参加土地改革的具体办法取得了协议。接着周恩来以政务院总理名义致电各大行政区军政委员会，请他们依此协议与当地各民主党派领导机关协商执行，同时转知有关省、市、县政府要本着一视同仁的精神对待一切参加土改工作的民主党派成员以及其他民主人士。政协全国委员会随即会同各民主党派总部及政务院人事局组织了筹备小组，协助各民主党派进行此项工作。各民主党派总部第一批报名参加的共有 113 人，于 1950 年 9 月 10 日开始出发，分赴华东、中南、西北地区参加土改工作。出发前，政协全国委员会为各民主党派参加土改的人员举行了欢送会，政务院副总理董必武、政协全国委员会秘书长李维汉及民主党派的负责人出席欢送会并讲了话。

1951 年，在全国范围内掀起抗美援朝、土地改革和镇压反革命三大运动的高潮。政协全国委员会常务委员会决定成立参加三大运动筹备委员会，负责组织各民主党派、人民团体和各界人士参加三大运动的工作，并决定安子文任筹备委员会的主任委员，杨尚昆、章乃器、徐冰任副主任委员。常务委员会还专门讨论了关于动员中央人民政府各部门、各民主党派和人民团体中央以及北京、天津两市的机关、党派、团体、学校的干部参加土地改革运动的问题。参加三大运动筹备委员会成立后，自 1951 年 5 月至 1952 年 2 月，先后组织了中央及北京、天津两市的各民主党派、人民团体、政府机关的干部与文教界、科技界、医务界、工商界、宗教界人士等共计 6107 人，分编成 47 个土地改革工作团、5 个土地改革参观团，分赴华东、西南、中南、华北和西北地区参加或参观土改工作。

这次土地改革运动是中国历史上最大规模的一次土地改革，在中央和京津两地工作的民主党派、无党派民主人士和广大干部报名参加土改工作或报名参观的极其踊跃，不少知名人士如胡愈之、章乃器、许广平、陈垣、陆志伟、严济慈、艾思奇、周扬、田汉、胡风、裴文中、梁漱溟、胡传揆、张孝骞、钱端升、王淦昌、王光英、马坚、乐松生、巨赞等，均先后报名参加。著名华侨爱国领袖司徒美堂曾两次到广东参观土改，并在群众大会上讲演，赞扬农村土改的新气象，号召各界人士支持土改。他的这一行动，及时地揭破了当时美洲某反动报纸散布的司徒美堂在家乡被斗争致死的谣言。政务院副总理、民主建国会负责人黄炎培也到苏南[①]参观土改，回到北京后在双周座谈会上介绍了苏南土改情况。他认为苏南地方当局对土改的掌握恰到好处，农民斗争也并非过分，并说："如果我黄某为农民，一旦翻身，也许要做出过份的事来。"

人民政协大力推动和组织民主党派成员和大批各界人士参加或参观土地改革，不仅直接支援了农民，壮大了反封建统一战线的阵容和声势，打击了封建势力，而且对民主党派成员和各界人士自己，也是一次很好的锻炼和改造的机会。通过参加或参观土改，民主党派成员、无党派民主人士和各界代表人物一般都有不少收获和进步。许多人听到农民一字一泪的诉苦，亲眼看到地主顽抗和破坏土改的种种活动，进一步认识到土改的正义性和必要性。有的人增加了对农民的了解，有的人同农民交了朋友，感情和态度有了很大转变。

二、协助政府镇压反革命

镇压反革命运动是为肃清国民党在大陆上的残余反革命势力，保卫革命成果和巩固人民民主专政的一场伟大斗争。人民政协《共同纲领》第 7 条规定："中华人民共和国必须镇压一切反革命活动，严厉惩罚一切勾结帝国主义、背叛祖国、反对人民民主事业的国民党反革命战争罪犯和其他怙恶不悛的反革命首要分子。对于一般的反动分子、封建地主、官僚资本家，在解除其武装、消火其特殊势力后，仍须依法在必要时期内剥夺他们的政治权利，

① 1949 年将原来的江苏省分为苏南、苏北两个行署区，直属华东区军政委员会，1952 年撤销两个行署区，恢复江苏省。

但同时给以生活出路，并强迫他们在劳动中改造自己，成为新人。假如他们继续进行反革命活动，必须予以严厉的制裁。”1950 年开始的镇压反革命运动，就是依据《共同纲领》这一规定进行的。

新中国成立初期，全国各地特别是新解放地区残存着大量的土匪、恶霸、特务、反动会道门头子和其他反革命分子，他们进行各种破坏活动，危害人民的革命和建设事业。在 1950 年 6 月，朝鲜内战爆发，美国对朝鲜内战进行武装干涉以后，他们以为反攻大陆的时机已到，反革命活动更为猖獗，炸毁铁路桥梁，破坏工厂矿山，烧毁仓库资财，公开进行抢劫，残酷杀害干部和进步群众，乃至发动骚乱、暴动的事件时有发生。在新解放的地区，有些地方的农会干部多人被害，仅广西一省的干部被反革命分子杀害的就有 3000 余人。为了镇压残余反革命势力，巩固革命秩序，保障人民生命财产的安全，政务院和最高人民法院于 1950 年 7 月 21 日公布了《关于镇压反革命活动的指示》，中共中央也于 10 月 10 日发出指示，要求坚决纠正“宽大无边”的偏向，全面贯彻“镇压与宽大相结合”的政策。随后，在全国范围内大张旗鼓地开展了镇压反革命的运动。运动的重点，是打击土匪、恶霸、特务、反动党团骨干和反动会道门头子五个方面的反革命分子。

为了给予干部和群众以镇压反革命活动的法律武器，给审判反革命罪犯的人员以量刑的标准，并在坚决镇压反革命活动中克服和防止右的和“左”的偏向，政务院政法委员会根据《共同纲领》第 7 条的规定，草拟了《惩治反革命条例（草案)》。1951 年 2 月，政协全国委员会常务委员列席中央人民政府委员会，参加了这项条例的协商和制定。接着中央人民政府于 2 月 21 日颁布施行，从法律上保证了镇压反革命运动的胜利进行。此后，政协全国委员会的双周座谈会还就镇压反革命问题进行了座谈讨论。并听取了公安部部长罗瑞卿关于镇压反革命情况的报告。

在镇压反革命运动高潮中，政协全国委员会积极推动各民主党派、人民团体和各省、市各界人民代表会议协商委员会，在各自联系的群众中开展镇压反革命的宣传和动员工作。中国国民党革命委员会中央委员会和北京市委员会在 1951 年四月举行了“拥护镇压反革命运动、加强党内思想教育大会”，民革中央主席李济深在会上讲话，号召民革成员以实际行动协助政府，检举反革命分子，并向群众广为宣传。中国民主同盟向各级组织发出了《〈惩治反革命条例〉学习提纲》和有关指示。民主建国会也向各级组织发出了《关于积极进行镇压反革命的通知》。上海市的各民主党派组织联名发布了拥护政府逮捕反革命罪犯的声明，号召上海各界人民动员起来，控诉反革命的罪恶，检举与监视反革命分子。许多省、市召开了各界人民代表会议和协商委员会，协商确定对反革命案件的处理原则。在镇压反革命运动中，民主党派和人民团体的许多负责人以及各界民主人士还参加了反革命案件的审查和审判工作。例如，华东地区对反革命案件的审理，一般都由各界人民代表会议协商委员会组织反革命案件审查委员会或清理案件委员会，协助公安、司法机关慎重进行。

镇压反革命运动历时 3 年，到 1953 年取得了全面的胜利。这次运动沉重打击了反革命残余势力，提高了广大人民群众的政治觉悟和生产积极性，从而巩固了人民民主专政和人民民主统一战线。

三、开展“三反”、“五反”运动

“三反”运动是 1951 年 12 月在中国共产党和国家机关内部开始的反贪污、反浪费、反官僚主义的运动。从性质上说，这场运动是反对资产阶级腐蚀的斗争，也是改造国家机关、移风易俗的社会改革运动。“五反”运动是 1952 年 1 月在资本主义工商业中开始的反行贿、反偷税漏税、反盗骗国家财产、反偷工减料、反盗窃国家经济情报的运动，也是改造资本主义工商业的运动。在“三反”、“五反”运动中人民政协协助政府做了许多工作。

新中国成立后，各级政府根据《共同纲领》的规定，对资本主义工商业采取了利用和限制的政策，允许一切有利于国计民生的资本主义经济继续存在和发展，但对其消极方面则加以限制。1951 年，随着全国大部分地区土地改革的完成，广大农民购买力的提高，以及抗美援朝中政府对私营工商业加工订货数量的增加，私人资本主义经济有了较大的发展，私营企业利润剧增，达到了新中国成立后的高峰。然而，有不少资本家中的不法分子见利忘义，采取种种不法手段，腐蚀国家干部，大肆进行行贿、偷税漏税、盗骗国家财产、偷工减料和盗窃国家经济情报的活动。在资产阶级的猖狂进攻和腐蚀之下，中国共产党、政府、解放军机关和人民团体、经济部门的一些工作人员贪污、浪费、官僚主义现象有所滋长，在全国工农业战线开展的爱国增产运动中，揭发出大量的贪污、浪费现象和官僚主义问题。面对这种形势，中共中央决定开展全国性的“三反”、“五反”斗争，粉碎资产阶级的进攻。

在“三反”、“五反”运动初期，政协全国委员会工作会议即决定号召各地协商委员会协助政府大力推动增产节约与反贪污、反浪费、反官僚主义运动。1951 年 12 月 29 日，政协全国委员会向各省、市协商委员会发出指示，指出：推动增产节约运动，必须与反贪污、反浪费、反官僚主义的斗争密切结合；要求各地协商机关必须通过各民主党派、各人民团体大力协助各级政府推动正在大张旗鼓展开的反贪污、反浪费、反官僚主义的斗争，并要把这一运动发展到社会各阶层群众中去，依靠群众，协助政府，大胆地检举贪污浪费，同时发动群众揭发某些奸商贿赂干部、盗取国家财富的犯罪行为。

1952 年 1 月 5 日，政协全国委员会常务委员会举行第三十四次会议，讨论了“三反”问题。政协全国委员会副主席周恩来在会上报告了正在全国范围开展的反对贪污、反对浪费，反对官僚主义斗争和思想改造运动的情况，并号召工商界人士积极参加这一运动，进行自我改造。周恩来首先指出：“目前，反对贪污、反对浪费、反对官僚主义的运动，正在各级政府机关、企业、学校、团体、军队、党派中紧张地进行，并需要继续深入。贪污、浪费、官僚主义的毒害，在中国的阶级社会中已经有几千年的历史，是有着深厚的社会基础的。要完全地彻底地铲除这一积害，必须全社会都动员起来，特别是与贪污、浪费有密切关系的工商界要动员起来。”在谈到反对贪污、反对浪费、反对官僚主义斗争与资产阶级的关系时，周恩来说：“今天的中国民族资产阶级有其积极进步的一面，那就是由于他们长期受过帝国主义、封建主义和官僚资本主义的压迫，他们中间一部分代表人物，在一定时期、一定程度上参加过或同情过人民解放战争。解放后，他们逐渐参加了人民中国的建设，并在国家的领导下，发挥着一定的积极作用。但是中国民族资产阶级还有其黑暗腐朽的一面，……具有唯利是图、损人利己、投机取巧的本质，因此，解放后，他们中间有很多人，正如天津工商界自己所检举的，常常以行贿、欺诈、谋取暴利、偷税漏税等犯法行为，盗窃国家财产，危害人民利益，腐蚀国家工作人员，以遂其少数人的私利。这种情形如果不加以打击和铲除而任其发展下去，则我们革命党派、人民政府、人民军队、人民团体日益受着资产阶级的侵蚀，其前途将不堪设想。”① 这次常务委员会决定，号召全国各界人士，特别是工商界人士分别参加所在政府机关、企业、学校、团体、军队和党派机关所进行的反对贪污、反对浪费、反对官僚主义的斗争。

这次会议还听取了中共中央宣传部副部长胡乔木所作的关于展开各界人士思想改造学习运动的报告，通过了《关于展开各界人士思想改造的学习运动的决定》。这项决定依据政协第一届全国委员会第三次会议决议的精神，规定政协全国委员会要有组织、有领导地推动各民主党派人士，各级政府、人民团体和协商机关中的无党派人士，政府和企业机关中的专家，工商界人士，宗教界人士，进行马克思列宁主义的理论与政策的学习。同日，政协全国委员会向各地协商委员会发出关于学习问题的通知，指出：当前各界人士的思想改造的学习，要以反贪污、反浪费、反官僚主义为内容，以配合实际斗争清除旧时代的遗毒，树立新社会的道德。在常务委员会做出决定之后不久，政协全国委员会副主席、中华全国工商业联合会筹备委员会筹备处主任陈叔通在《人民日报》发表了题为《迎接思想改造运动，贯彻反贪污、反浪费、反官僚主义斗争》的文章。他说：贪污浪费现象的存在，就是表示许多人还没有改造自己从旧社会得来的坏习惯、坏思想。我们对旧思想、旧习惯的顽强性必须有充分的认识，必须坚决努力，肃清这些旧思想、旧习惯的遗毒。当前，首先号召各界人士参加反贪污、反浪费、反官僚主义的运动，号召工商界人士进行反行贿、反偷税漏税、反盗骗国家财产、反偷工减料、反盗窃国家经济情报的运动，是完全正确的、必要的。陈叔通还在文章中忠告一切不甘心于被时代抛弃的人们，痛下决心，认真学习，响应人民政协全国委员

① 周恩来：《“三反”运动与民族资产阶级》，《周恩来选集》下卷，人民出版社1984年11月第1版，第81、82页。

会的号召，改造自己。

1952年2月，与反贪污、反浪费、反官僚主义运动密切配合，工商界的反行贿、反偷税漏税、反盗骗国家财产、反偷工减料、反盗窃国家经济情报的“五反”运动已经展开，并在一部分地区走向深入。依据政协全国委员会的通知，各省、市协商委员会又分别陆续组织了一批参加过“三反”学习的人士去参加“五反”运动的工作。

在“三反”、“五反”运动期间，政协全国委员会常务委员会还对如何处理贪污、浪费的问题和如何处理违法的工商户的问题进行了协商讨论。1952年1月22日常务委员会举行第三十五次会议，讨论《中华人民共和国惩治贪污条例（修正草案）》（简称《惩治贪污条例》），政务院政治法律委员会副主任彭真在会上作了关于起草这项条例的报告，中央节约检查委员会主任薄一波作了关于处理浪费问题的报告。3月6日，常务委员会第三十六次会议又听取了中央节约检查委员会副主任李富春所作的关于处理“三反”运动中贪污、浪费问题的意见的报告，听取了北京市市长彭真所作的关于北京市开展“五反”运动情况的报告。会议经过充分协商讨论，同意上述报告中提出的处理贪污、浪费和官僚主义错误的原则，以及北京市“五反”运动中关于工商户分类处理的标准和办法。这两次会议邀请了在京政协委员、中央人民政府委员、政务院政务委员及各部委、最高人民法院、最高人民检察署、人民革命军事委员会各大部负责人及各民主党派、人民团体负责人等列席。随后，中央人民政府委员会第十四次会议审查批准了《惩治贪污条例》，政务院第一百二十七次政务会议批准了《中央节约检查委员会关于处理贪污、浪费及克服官僚主义错误的若干规定》和《北京市人民政府在“五反”运动中关于工商户分类处理的标准和办法》，并先后公布施行。

在“三反”、“五反”运动中，政协全国委员会一方面督促各地协商委员会积极参加运动，另一方面还协助和推动各民主党派和人民团体的中央组织在内部开展运动。全国委员会工作会议曾多次邀集各民主党派的有关负责人开会，交流各民主党派开展“三反”运动的情况，讨论对民主党派犯错误的成员的处理办法问题。双周座谈会也多次就“三反”、“五反”运动进行了座谈。

1952年10月，“三反”、“五反”运动胜利结束。“三反”、“五反”运动的胜利，打退了资产阶级的进攻，有力地抵制了资产阶级腐朽思想对革命队伍的腐蚀，清除了革命队伍内部的一批腐败分子，教育和挽救了一批干部，树立了廉洁朴素的社会风尚；巩固了人民民主专政和国营经济的领导地位，为把资本主义工商业进一步纳入国家资本主义轨道创造了良好的前提。对人民民主统一战线内部来说，“三反”和“五反”是一次伟大而又普遍的社会改革运动，从中央至地方，各级协商机关、各民主党派和人民团体都无例外地参加了这次运动，并受到很大的教育，从而进一步纯洁和巩固了人民民主统一战线。

第三节　动员人民反对美国侵略，保卫祖国安全，发起并推动抗美援朝运动

1950年6月25日，朝鲜内战爆发。6月27日，美国总统杜鲁门宣布对朝鲜战争进行武装干涉，同时宣布派遣第七舰队封锁中国台湾海峡。9月15日，美国又打着联合国的旗号，派兵在朝鲜西海岸仁川登陆，不顾中国人民和政府一再提出的严正警告和抗议，越过三八线大举北犯，把侵朝战火烧到中国的东北边境，并派飞机轰炸扫射中国东北边境城市和村庄，严重威胁中国的安全。这种疯狂的侵略行径，激起了全中国人民抗美援朝的浪潮。为了援助朝鲜人民的抗美救国斗争，保卫刚刚诞生的新中国，中国人民组织了抗美援朝、保家卫国的志愿军，于10月25日开赴朝鲜前线，参加朝鲜人民的抗美战争。同年11月4日，中国各民主党派发表联合宣言，坚决支持志愿军的正义行动，发起了抗美援朝运动。全国人民以增产节约、报名参加志愿军、捐献武器等各种方式全力支援朝鲜前线的作战。在中朝人民军队的沉重打击下，美国被迫于1953年7月27日在停战协定上签字，朝鲜停战实现。在这场伟大的斗争中，人民政协起了重要的推动作用。

一、谴责美国侵略行径，志愿军赴朝

朝鲜战争爆发后，政协全国委员会和各民主党派、无党派人士就密切注

意形势的发展。双周座谈会和工作会议于 1950 年 7、8 两个月中连续开会，讨论了朝鲜的局势。当美国政府因为侵略朝鲜的地面部队遭受失败，出动大批飞机向朝鲜城市农村的和平居民施行极野蛮的轰炸时，政协全国委员会会同中国共产党、中国国民党革命委员会、中国民主同盟、民主建国会、中国民主促进会、中国农工民主党、中国致公党、九三学社、台湾民主自治同盟、中国新民主主义青年团、中华全国总工会、中华全国妇女联合会、中华全国民主青年联合总会、中华全国学生联合会、中华全国文学艺术界联合会、中国保卫世界和平大会全国委员会、中国人民反对美国侵略台湾朝鲜运动委员会、中苏友好协会、中国人民救济总会和中国红十字会，于 1950 年 8 月 22 日联合发出抗议，对美国政府进行谴责，同时要求联合国安全理事会对美国空军这种违背联合国宪章和一切国际公约的灭绝人性的野蛮暴行，迅速予以有效制止。

1950 年 9 月 30 日，为庆祝新中国成立后的第一个国庆节，政协全国委员会在北京中山公园音乐堂举行了 5000 人的庆祝大会。参加大会的有政协全国委员会委员，中央人民政府和各省、自治区、直辖市的高级干部，各民主党派和各人民团体负责人，来京参加国庆节的各少数民族代表和地方来京参加各种会议的战斗英雄、劳动模范及其他工作干部等。大会由政协全国委员会副主席李济深主持，中央人民政府政务院总理周恩来在会上作了题为《为巩固和发展人民的胜利而奋斗》的报告。

周恩来在报告中谴责了美国为着进一步扩大在东方的侵略，武装干涉朝鲜内政，并借口朝鲜的形势派遣海军、空军侵略中国台湾省，同时多次派遣侵略朝鲜的空军侵入中国辽东省[①]上空扫射轰炸，其侵朝海军又在公海炮击中国商船的行径。周恩来庄严声明："中国人民决不能容忍外国的侵略，也不能听任帝国主义者对自己的邻人肆行侵略而置之不理。"[②] 全国人民对于美国政

① 辽东省，1949 年设置，辖今辽宁省东部，1954 年撤销，其大部分地区和当时的辽西省合并为辽宁省，部分地区划归吉林省。

② 周恩来：《为巩固和发展人民的胜利而奋斗》，《周恩来选集》下卷，人民出版社 1984 年 11 月第 1 版，第 37 页。

府的侵略行为极为愤慨。广大工人、农民和知识分子纷纷要求以各种的志愿行动抗美援朝，保家卫国。很多青年人投书《人民日报》，表示要志愿到朝鲜去作战。各民主党派、无党派民主人士也纷纷表示拥护周恩来代表中国政府发表的对美军侵略不能“置之不理”的声明。抗美援朝、保家卫国的运动在迅速形成。

1950 年 10 月 24 日，政协第一届全国委员会常务委员会第十八次会议讨论了抗美援朝问题。会议由政协全国委员会主席毛泽东主持。中央人民政府政务院总理周恩来在会上作了“抗美援朝，保卫和平”的报告。周恩来说，中朝是唇齿之邦，唇亡则齿寒。从唇齿相依的关系来说，敌人把火烧到我们的大门口，我们不能不援助，所以我在 9 月 30 日声明，对美国侵略朝鲜我们不能置之不理。但是，如何理？如何管？要有进一步的决策。周恩来指出，朝鲜问题对于我们来说，不单是朝鲜问题，连带的是台湾问题。美国侵略朝鲜，我们出兵去管，从中国安全来看，从和平阵营的安全来看，我们是有理的。[①] 参加会议的政协常务委员、各民主党派和人民团体负责人、无党派民主人士，就中国对美国侵略朝鲜应如何“理”的问题进行了认真的讨论，最后一致赞同组织中国人民志愿部队援助朝鲜。第 2 天，10 月 25 日，中国人民志愿军高举“抗美援朝，保家卫国”的旗帜，跨过了鸭绿江，同朝鲜人民军并肩作战，对侵朝美军展开了强大的反击。

二、发起并推动抗美援朝运动

（一）各党派发表《联合宣言》。

随着朝鲜战争形势的发展，政协全国委员会根据广大人民的要求，与各民主党派充分协商后，1950 年 11 月 4 日，中国共产党同中国国民党革命委员会、中国民主同盟、民主建国会、中国人民政协无党派民主人士、中国民主促进会、中国农工民主党、中国致公党、九三学社、台湾民主自治同盟、中

① 周恩来：《抗美援朝，保卫和平》，《周恩来选集》下卷，人民出版社 1984 年 11 月第 1 版，第 51、52、53 页。

国新民主主义青年团联合发表了抗美援朝、保家卫国的《各民主党派联合宣言》（简称《联合宣言》）。《联合宣言》指出：全国人民现已广泛地、热烈地要求用志愿的行动为着抗美援朝、保家卫国的神圣任务而奋斗。这种要求是完全合理的，完全合乎正义的。“中国各民主党派誓以全力拥护全国人民的正义要求，拥护全国人民在志愿基础上为着抗美援朝保家卫国的神圣任务而奋斗。”

《联合宣言》发表后，各民主党派还分别召开了中央会议，着重讨论了集中力量进行抗美援朝的问题，并各自做出决议，号召他们的成员和他们所联系的各阶级、阶层的人们，团结在伟大爱国主义旗帜下，积极投入抗美援朝的伟大斗争。各人民团体也分别发表声明，表示坚决拥护《联合宣言》，全国各地各界人士、青年学生也纷纷集会，表示拥护。北京市、天津市工商界坚决站在抗美援朝、保家卫国的爱国立场上，举行了示威游行。千百万中国的优秀儿女，为了维护远东和世界和平，为了保卫祖国的安全，为了支持朝鲜人民反侵略的正义斗争，毅然参加了中国人民志愿军。抗美援朝保家卫国运动在全国范围内迅速开展起来。

（二）通过民主党派、人民团体及各级协商委员会推动抗美援朝运动，颁发抗美援朝纪念章。

美国武装干涉朝鲜内战并侵入中国台湾沿海后，“中国人民反对美国侵略台湾朝鲜运动委员会”即于1950年7月10日在北京成立，并在7月14日发出通知，号召自7月17日起，在全国各地举行“反对美国侵略台湾朝鲜运动周”。同年8月，政协全国委员会工作会议同各民主党派协商，决定各民主党派推派代表参加这个委员会。10月，这个委员会与“中国人民保卫世界和平委员会”合并为“中国人民保卫世界和平反对美国侵略委员会”（即抗美援朝总会），由郭沫若任主席，彭真、陈叔通任副主席，刘宁一任秘书长。抗美援朝总会的成立，即使抗美援朝运动获得统一的领导，又便于经过各民主党派、各人民团体及各省、市协商委员会，动员各方面参加抗美援朝的各种活动。政协全国委员会在抗美援朝期间曾多次发出通知，要求各方面积极配合与协助各级抗美援朝分会的工作。

中国人民抗美援朝总会于1951年6月2日发出关于推行爱国公约①、捐献飞机大炮和优待烈属军属三项运动的号召。政协全国委员会为推动全国人民热烈响应这一号召，于6月8日邀集各民主党派、人民团体开会，讨论了响应抗美援朝总会这一号召的具体措施，并在同一天通知各省、市协商委员会，从速邀集地方各民主党派、人民团体以及其他无党派的爱国人士，协商具体办法，协助各地政府和抗美援朝地方分会积极开展三项运动。

1951年10月举行的政协第一届全国委员会第三次会议，以增产节约，继续加强抗美援朝运动为中心议题。会议听取了中国人民抗美援朝总会副主席彭真所作的《关于抗美援朝保家卫国运动的报告》后，通过了《关于抗美援朝工作的决议》。《决议》提出了继续加强支援朝鲜前线、深入发展抗美援朝的爱国主义教育、开展增产节约运动等七项工作，要求全国各地抗美援朝分会会同各民主党派、各人民团体的地方组织商定实施这七项工作的具体计划，而且在最近的一次各界人民代表会议上对抗美援朝工作加以讨论，以求贯彻。

政协第一届全国委员会第三次会议还根据郭沫若、陈叔通和彭真的提议，决定在中国人民志愿军出国作战的周年纪念日，制发抗美援朝纪念章。1952年3月，政协全国委员会公布了《颁发抗美援朝纪念章办法》，随即向在朝鲜境内参加抗美援朝的中国人民志愿军及其他一切人员颁发了抗美援朝纪念章。

三、抗议美国进行细菌战和强迫扣留中朝战俘，为和平解决朝鲜问题而努力

美国在侵略朝鲜的战争中受到沉重打击，被迫接受停战谈判以后，竟又悍然践踏国际公约，进行大规模的细菌战。1952年1月28日以后，美国侵略军的飞机连续在朝鲜人民军和中国人民志愿军阵地和后方上空，大量撒布负荷细菌的各种昆虫。2月29日至3月5日美军飞机还多次侵入中国东北地区领空，撒布了传播病菌的昆虫和鼠、雀，把细菌战扩大到中国境内。对于美

① 订立爱国公约，是在抗美援朝运动中人民群众自己创造出来，用以表达爱国决心和爱国行动的一种方法。爱国公约是由人民群众自觉自愿订立的，人民按照公约在一定时间完成一定范围的任务。

国侵略军这一灭绝人性的暴行，1952 年 3 月 8 日，政协全国委员会同各民主党派联合发表了《中国各民主党派对于美帝国主义进行细菌战的抗议》，严正指出："美国侵略者所犯下的滔天罪行不仅是人类安全的严重威胁，而且是人类尊严的极端污辱。""如不立即加以有效的制止，同样的灾难明天必将落到全世界和平人民的头上。为了人类的尊严，为了世界的和平，我们必须奋起，对美国帝国主义者一致声讨，并对细菌战犯们加以最严厉的制裁。"

在朝鲜停战谈判过程中，美国操纵联合国第七届大会，在没有中国和朝鲜代表参加的情况下，于 1952 年 12 月 3 日非法通过了旨在强迫扣留中朝战俘的关于朝鲜问题的决议。12 月 16 日，政协全国委员会和各民主党派发表《中国各民主党派反对联合国大会关于朝鲜问题非法决议的联合声明》，要求联合国取消 12 月 3 日的非法决议，责成美国政府立即恢复在朝鲜板门店的朝鲜停战谈判，根据朝鲜停战协定草案首先实行全面停战。[①]《声明》号召全国人民继续团结一致，坚持抗美援朝的正义斗争，反对联合国这一荒谬的非法决议，为争取朝鲜问题的和平解决而奋斗到底。

1953 年 2 月 6 日，政协第一届全国委员会第四次会议为促进朝鲜问题的和平解决，在《关于政治报告的决议》中再次向全国各民族、各民主阶级、各民主党派、各人民团体、各界爱国民主人士和海外华侨发出号召，要求继续加强抗美援朝斗争，加强国防力量，粉碎美国侵略者对于朝鲜和中国的任何新的侵略阴谋，以争取朝鲜问题和远东其他有关问题的合理的和平解决。

四、组织赴朝慰问工作

政协全国委员会在抗美援朝运动期间，曾会同抗美援朝总会先后组织了 3 次赴朝慰问的工作。

1951 年 3 月和 1952 年 9 月，政协全国委员会会同抗美援朝总会先后派出

---

① 在板门店进行的朝鲜停战谈判，到 1952 年 5 月，除战俘问题外，已对议程的其他事项取得协议，但由于美方坚持强迫扣留中朝战俘的无理主张，使战俘问题长期不能解决。同年 10 月 8 日，美方更进而片面宣布中止谈判。

以廖承志为首的中国人民赴朝慰问团575人，以刘景范为首的中国人民赴朝慰问团1097人，代表中国各民主党派、各人民团体、人民解放军，以及各地区的革命烈士家属、革命军人家属、工人、农民、妇女、青年、学生、工商界、文教界、宗教界和海外华侨等各界人民，前往朝鲜慰问中国人民志愿军、朝鲜人民军和朝鲜人民。这两个慰问团的团员们不避艰险，将全中国人民对中国人民志愿军、朝鲜人民军和英雄的朝鲜人民的热爱和慰问，带到了朝鲜抗美战争的最前线和后方的各个地区，为他们表演了精彩的文艺节目，分送了500多亿元①的慰劳金和慰问品以及6000吨的慰问物资。这些慰问活动极大地鼓舞了中国人民志愿军和朝鲜人民军的战斗意志，加强了中朝人民之间用鲜血结成的友谊和反对美国侵略、保卫世界和平的胜利信心。

朝鲜停战以后，1953年10月，贺龙率领的中国人民第三次赴朝慰问团又再次前往朝鲜，向朝鲜军民表达中国人民的崇高敬意与亲切慰问，并表达继续支持他们医治战争创伤、恢复国民经济和争取朝鲜统一与独立事业的决心；向中国人民志愿军表达祖国人民对他们的感激、热爱和关怀，报告国内各项建设的伟大成就，以及全国人民继续抗美援朝的坚强意志，勉励他们提高警惕，加强戒备，以争取朝鲜停战协定的确切实现，为和平解决朝鲜问题而斗争到底。慰问团共5448人，包括全国各方面的代表和40个剧团、歌舞团、技艺团。全体人员自10月初旬入朝，至12月底陆续回国。

各赴朝慰问团返国后，都分赴全国各地，向广大人民报告朝鲜战争的实况，将中国人民志愿军和朝鲜人民军在前方英勇斗争的光辉事迹和抗美战争的必胜信念，以及志愿军战士们对祖国和祖国人民的关怀、期望和寄语传达给全国人民，进一步推动了全国人民的抗美援朝运动。

此外，在抗美援朝期间，每当朝鲜人民抗美救国战争纪念日和中国人民志愿军出国作战纪念日来临的时候，政协全国委员会都致电中国人民志愿军、朝鲜人民军，代表全国人民表示祝贺与慰问。

---

① 这里是指当时流通的旧人民币。中国人民银行自1955年3月1日起发行了新人民币代替旧人民币，按规定人民币新币1元等于旧币1万元。

1953 年 7 月 27 日，朝鲜停战谈判最后达成协议。为庆祝中国人民抗美援朝战争取得的伟大胜利，7 月 29 日，政协全国委员会同抗美援朝总会、北京市抗美援朝分会联合召开首都各界庆祝朝鲜停战协定签字大会。政协全国委员会副主席陈叔通致开会词。他说：朝鲜停战协定的签字，证明了一切国际争端应当用协商的方法来解决，并且也能够用协商的方法来解决的。但是，朝鲜停战谈判达成协议，只是朝鲜问题和平解决的第一步；为了保障停战协定的实施，我们还应当继续努力和提高警惕。我们向全世界郑重宣布：如果有人敢于破坏停战，破坏和平，我们一定继续与朝鲜人民一道，为朝鲜问题的和平解决斗争到底。会上，中国人民抗美援朝总会主席郭沫若、朝鲜民主主义人民共和国大使馆临时代办徐哲讲了话，中国人民志愿军副政治委员甘泗淇宣读了彭德怀司令员在朝鲜停战协定签字后发表的谈话。大会还通过向朝鲜人民军、向中国人民志愿军的致敬电。

1953 年 8 月 11 日，政协全国委员会和抗美援朝总会、北京市抗美援朝分会联合在北京火车站，举行盛大的欢迎中国人民志愿军司令员彭德怀胜利归国大会。政协全国委员会副主席、中国人民抗美援朝总会主席郭沫若在会上致欢迎词，代表全中国人民表示热烈的欢迎。彭德怀致答词，代表中国人民志愿军向分别了两年多的伟大的祖国人民致敬。他说，中国人民志愿军执行祖国人民的意志，和朝鲜人民军一道抗击美国侵略者，终于取得了光荣的胜利。现在朝鲜已经停战了，我们将坚决执行停战协定的一切规定。我们要为保障朝鲜停战的彻底实现，争取和平解决朝鲜问题而继续奋斗。

1954 年 9 月 20 日，政协全国委员会和抗美援朝总会在中朝边境的辽宁省安东市举行大会，隆重欢迎中国人民志愿军归国部队。以王从吾为团长的政协全国委员会、抗美援朝总会欢迎中国人民志愿军代表团，专程前往安东市主持了大会。

在历时 3 年的抗美援朝斗争中，中国人民政协和全国人民一道为了反抗侵略，援助邻邦朝鲜人民的自卫战争，保卫祖国的安全，为了最后实现朝鲜的和平，作了巨大的努力和贡献。

第四节　维护世界和平，促进国际合作

第二次世界大战结束以后，全世界保卫和平的运动蓬勃发展，在各资本主义国家中争取和平、反对战争的人民运动也在广泛地发展起来。但是，以美国为首的帝国主义国家的侵略集团，为了少数人的贪婪欲望，为了挽救帝国主义的没落危机，在第二次世界大战结束后，又重新开动战争机器，扩充军事基地，从事军备竞赛，企图奴役全世界进步人类，世界和平受到了威胁。

中国人民是爱好和平的。中国在国际事务中一贯坚持和平的外交政策，为世界和平和人类的进步事业而努力。在人民政协《共同纲领》中和人民政协第一届全体会议的宣言中都明确规定：中华人民共和国联合世界上一切爱好和平、自由的国家和人民，共同反对帝国主义侵略，以保障世界的持久和平；中华人民共和国拥护国际的持久和平和各国人民间的友好合作，反对帝国主义的侵略政策和战争政策。在中华人民共和国举行开国大典的第二天，正值“世界保卫和平斗争日”，在新中国的首都北京，召开了盛大的中国保卫世界和平大会，成立了中国人民保卫世界和平委员会。同时，全国各地也举行了群众大会，一面庆祝自己的中央人民政府的诞生，一面表示誓为保卫世界的持久和平而坚决斗争。中国人民在获得解放后，需要在和平而不受威胁的环境下来恢复和发展自己的工农业生产、文化教育事业和各项经济建设，尤其感到和平的珍贵。政协第一届全国委员会从成立之日起，就积极贯彻中国和平外交政策，在保卫世界和平、促进国际合作以及和各国人民友好交往等方面发挥了重要作用。

一、推动保卫世界和平签名运动

为了更广泛地团结全世界爱好和平的人民，及时制止帝国主义发动侵略战争的阴谋，世界保卫和平大会常设委员会于 1950 年 3 月中旬，在瑞典斯德哥尔摩举行的会议上通过了禁止原子武器的和平宣言，发出了有各种不同政治倾向和社会阶层的代表人物签名的要求禁止原子武器呼吁书，号召全世界一切善良的人们在这一宣言上签名。这个号召很快获得全世界各地极其热烈

的响应，在许多国家迅速形成广泛的群众性的和平宣言签名运动。中国人民保卫世界和平委员会为了响应斯德哥尔摩会议的号召，于1950年4月底要求各地分、支会在全国各地发动和平签名运动。各大城市大部分有组织的群众都签了名。但由于中国幅员广大，人口众多，一时尚不能广泛开展。因此，同年六月，中国人民保卫世界和平委员会主席郭沫若代表该会写信给政协全国委员会常务委员会，建议政协全国委员会向全国人民发出号召，以便进一步展开保卫世界和平签名运动。

政协全国委员会常务委员会接受了中国人民保卫世界和平委员会的建议，于1950年6月23日向第一届全国委员会第二次会议提出《中国人民政治协商会议全国委员会号召全国人民展开世界和平签名运动的办法（草案）》，规定“以7月1日至7月9日为和平宣言签名运动周，全国各机关、各部队、各级人民代表会议、各民众团体、各民主党派、各少数民族以及海外侨胞，在这一周中可任选一日进行广泛的签名运动”。此项办法经会议通过公布后，在政协全国委员会的号召与推动下，和平签名运动在全国各地迅速开展起来。到7月底，在和平宣言上签名人数即由原来的2600万人突增至5000万人以上，到1950年11月和平签名运动结束时，中国人民在和平宣言上签名的共达2.3亿多人，包括全国各个地区、各个民族、各个阶层和各种不同信仰、不同职业的人民，其中有工人、农民、人民政府和党派团体的工作人员、人民解放军的指战员、工商业者、青年、妇女、学者、艺术家、文学家、宗教界人士、城市其他居民等。这次中国和平签名运动取得的如此巨大的成绩，对于世界和平事业是一个重大的贡献。

二、支持缔结五大国和平公约

1951年2月25日，世界和平理事会第一次会议在柏林举行。为了巩固和平与保卫国际安全，会议一致通过了《关于缔结和平公约的宣言》，要求中华人民共和国、苏联、美国、英国及法国五大国缔结和平公约；同时呼吁一切爱好和平的民族支持这个缔结和平公约的要求，号召所有善良的人们、所有希望和平的团体签名支持这个宣言。在和平与战争危机剧烈斗争的1951年，世界和平理事会的这个宣言获得了世界爱好和平人民的一致拥护与热烈支持，全世界广泛展开了缔结和平公约签名运动。

世界和平理事会的宣言发表后，政协全国委员会工作会议经过研究，立即通知各地协商委员会及各民主党派、人民团体，积极响应世界和平理事会关于缔结和平公约的决议。接着，天津市于1951年4月25日举行了拥护和平公约签名广播大会，各界人民同时分别集会收听，当场签名者达154万余人，占全市200万人口的3/4以上。4月22日，中华全国自然科学专门学会联合会、中华全国科学技术普及协会、中国社会科学各研究会联合会办事处三个团体，联合召开北京市科学界拥护缔结和平公约大会；北京市天主教徒万余人举行拥护五大国缔结和平公约的大游行。于是拥护缔结和平公约签名运动在全国范围迅速展开。中国人民在缔结五大国和平公约宣言上签名的共达3.44亿余人，占全世界6亿签名人的总数的一半以上，充分表明了中国人民对缔结和平公约的强烈愿望。

为了保卫世界和平，增进各国间的友好关系，政协第一届全国委员会第三次会议决定对世界和平理事会关于五大国缔结和平公约的主张表示坚决的支持，于1951年11月1日通过了《关于支持五大国缔结和平公约的要求的决议》。这个决议指出："本会议认为：五大国和平公约应该确认世界各国间的一切争端，包括朝鲜问题、日本问题、德国问题、殖民地和附属国的独立问题，都应该用和平谈判的方式求得解决。五大国和平公约应该确定原子武器的禁用和全世界军备的普遍缩减。解决这些迫切的问题，将使人类避免另一次浩劫。这个公约，应该欢迎世界所有国家参加。"这次会议还号召全中国人民继续为缔结五大国和平公约而进行不懈的奋斗，并呼吁世界各国政府和人民在这一问题上与中国人民共同努力。

在同一天，政协大会致电正在维也纳举行的世界和平理事会第二次会议，表示了对于缔结五大国和平公约运动的完全支持，并说明中国人民坚决保证永远与世界爱好和平的人民在一起，为保卫世界和平及争取缔结和平公约运动的胜利而奋斗到底。世界和平理事会对政协第一届全国委员会第三次会议为缔结五大国和平公约所作的努力给予了高度的评价，于六日复电政协全国委员会主席毛泽东，表示：“你们的会议同意这个宣言并且表达了贵国 3.44 亿余在世界和平理事会的宣言上签名的人民的意志，世界和平理事会认为这是一件非常重要的事件。”

1952 年年底，世界人民和平大会在维也纳举行，这次会议的目的是寻求缓和国际紧张局势的办法。中国代表团在团长宋庆龄的率领下参加了这个大会。大会通过的宣言中的第一项关于缓和国际紧张局势的步骤，就是要求美国、苏联、中国、英国、法国五大国政府，立即开始协商缔结和平公约。为了促成这一建议的实现，大会还另行通过了《致五大国政府书》。1953 年 2 月，出席世界人民和平大会的中国代表团副团长郭沫若向政协第一届全国委员会第四次会议作了《关于世界人民和平大会的经过和成就的报告》。会议一致同意郭沫若的报告，通过了《关于支持世界人民和平大会各项要求的决议》，号召全国人民团结一致，并联合国际友人，为实现世界人民和平大会关于缔结五大国和平公约和其他各项正义要求而共同奋斗。

三、推动各民主党派、人民团体参加亚洲及太平洋区域和平会议工作

第二次世界大战之后，亚洲及太平洋区域的人民团结起来共同保卫和平，是关系每个曾经饱受战争灾害的人切身利益的重大问题。为此，亚洲及太平洋区域各国爱好和平的人士，在各种不同的场合，都曾表达了本国广大人民这种崇高的意愿，一致主张召开亚洲及太平洋区域和平会议，对保卫和平的问题广泛交换意见，寻求通力合作的有效措施。世界和平理事会依据世界人民的和平要求，也建议亚洲及太平洋区域一切爱好和平的人民，在适当日期举行区域的和平会议，以消除战争威胁。印度的著名和平人士并建议此会议在北京召开。为此，中国致力和平事业的著名人士宋庆龄、郭沫若、彭真等 11 人，代表中国人民的和平意愿，于 1952 年 3 月 21 日发电邀请亚洲和太平洋沿岸各国爱好和平与正义的人士，共同发起这一区域的和平会议。这个倡议迅速得到了热烈的响应，共有 96 位对和平有贡献、有声望及爱好和平与正义的人士参加联名发起。同年六月，20 个国家的 47 位代表聚集北京举行筹备会议，开始进行筹备工作。同年 10 月 2 日至 12 日，来自亚洲、澳洲、南北美

洲 37 个国家的 378 位代表，在北京举行了亚洲及太平洋区域和平会议，他们代表亚洲及太平洋地区 16 亿人民争取和平的强烈愿望，在会上通过了告世界人民书、致联合国书以及关于朝鲜问题、日本问题、民族独立问题、文化交流、经济交流、妇女权利与儿童福利、加紧争取五大国缔结和平公约、拥护召开世界人民和平大会的决议等共 11 项文件。

政协全国委员会积极支持亚洲及太平洋区域和平会议的召开。在这次会议的筹备过程中，政协全国委员会的双周座谈会连续开会讨论了各民主党派、人民团体如何协助进行筹备工作，共同努力使这次会议开好的问题，听取并讨论了政协全国委员会副主席、中国人民保卫世界和平委员会主席郭沫若和亚洲及太平洋区域和平会议筹备委员会秘书长刘宁一关于会议筹备工作情况的报告。根据双周座谈会讨论的精神，各民主党派、人民团体分别进行了布置，并做了许多有利于开好这次会议的工作。

在亚洲及太平洋区域和平会议开幕时，政协全国委员会主席毛泽东发出了贺电，祝愿会议对于亚洲及太平洋区域以及全世界人民保卫和平的共同事业，做出巨大的贡献。政协全国委员会副主席宋庆龄率领中国代表团出席了会议。代表团中包括有政协委员和各民主党派、人民团体、各界人士代表，他们同来自不同政治制度、不同信仰、不同生活方式的各国和平使者，齐聚一堂，在友好合作的精神下，共同协商亚洲及太平洋区域的和平大计，并在广泛的接触中增进了相互之间的了解与友谊。政协全国委员会和各民主党派、人民团体还积极派遣工作人员参加了这次会议的具体工作，为会议的圆满成功做出努力。

这次会议是新中国成立两年多来，在中国召开的规模最大的一次国际会议。通过这个会议，有力地推进了世界和平运动的发展，同时也使众多的国际友人了解新中国，了解中国的和平外交政策和中国人民保卫和平、反对战争的强大力量，从而扩大了中国的国际影响，开创了人民外交的新局面。

四、支持恢复印度支那和平的日内瓦会议

1954 年 4 月 26 日至 7 月 21 日，政务院总理兼外交部部长周恩来率领中

国政府代表团参加旨在解决印度支那和平问题的日内瓦会议。这次日内瓦会议分别讨论了和平解决朝鲜问题和恢复印度支那和平问题。当时，朝鲜战争已经停止，印度支那战争仍在进行。因此，恢复印度支那和平是当时缓和国际紧张局势的一个十分迫切的问题。政协全国委员会十分关注日内瓦会议的进展，在日内瓦会议期间，多次举行双周座谈会，讨论日内瓦会议的问题。

在日内瓦会议休会期间周恩来回到北京时，政协全国委员会常务委员会于7月8日举行第五十七次会议，听取和讨论了周恩来所作的关于出席日内瓦会议以及访问印度、缅甸和举行中越会谈情况的报告。周恩来在报告中就中国政府代表团在日内瓦会议做出的巨大努力，以及他在日内瓦会议休会期间，应邀访问印度和缅甸，分别与印度总理尼赫鲁、缅甸总理吴努举行会谈，并发表中印总理和中缅总理联合声明的情况作了说明。周恩来指出：在两个联合声明中重申并确认中国和印度曾经达成的指导两国关系的和平共处五项原则①，也应适用于与亚洲以及世界其他国家的关系；这些原则如果能为亚洲及世界各地存在着不同社会制度和政治制度的国家所接受，就会缓和目前存在于世界上的紧张局势，并有助于创造和平的气氛。周恩来还报告了在中越边境会见越南民主主义共和国主席胡志明，商谈恢复印度支那和平问题的情况。常务委员会对周恩来的报告进行座谈讨论后，一致同意这个报告，认为依据不同制度国家和平共处原则，建立国家之间的关系，有利于缓和国际紧张局势。会上，毛泽东在讲话中特别指出：我们同意周总理报告的外交方针，整个国际形势比过去有了改变，在外交方面进入到开始用会议形式和平协商问题的时期；我们必须团结全世界一切可以团结的直接力量和间接力量，把一切可以团结的力量和国家都团结起来，以达到缓和国际紧张局势的目的。在京政协委员及中央人民政府委员、政务院政务委员、政府各部门负责人、各民主党派和人民团体负责人、北京各高等院校负责人等列席了会议。

7月21日，日内瓦会议达成恢复印度支那和平的各项协议。政协全国委

① 1954年4月29日，中国和印度政府在北京签订《中华人民共和国和印度共和国关于中国西藏地方和印度之间的通商和交通协定》，协定中首次提出和平共处五项原则。这五项原则是：互相尊重主权和领土完整，互不侵犯，互不干涉内政，平等互利，和平共处。

员会副主席郭沫若和各民主党派领导人李济深、张澜、黄炎培、马叙伦、彭泽民、陈其尤、许德珩等分别发表了谈话，祝贺印度支那问题达成和平协议。他们指出：日内瓦会议的成就证明，国际争端是可以用和平协商的方式求得解决的，世界上赞成不同制度国家和平共处的人越来越多，国际紧张局势是可以继续趋向缓和的。

五、发表《为解放台湾联合宣言》，反对美国干涉中国内政

朝鲜停战和印度支那恢复和平后，美国侵略者不甘心失败，继续侵占中国领土台湾，干涉中国内政，阻挠中国人民解放台湾，并企图以台湾为基地，扩大对中国的武装干涉和战争威胁，继续制造国际紧张局势。针对此种形势，政协全国委员会与各民主党派、人民团体经过多次磋商，决定发表一项关于解放台湾问题的联合宣言。

1954 年 8 月 20 日至 22 日，政协全国委员会举行扩大的常务委员会，协商讨论《中华人民共和国各民主党派各人民团体为解放台湾联合宣言（草案)》。政协全国委员会副主席周恩来首先在会上作了关于目前国际形势、外交政策和解放台湾问题的讲话。参加这次会议的除政协全国委员会常务委员外，还有在北京的政协全国委员会委员、中央人民政府委员、政务院政务委员，各省、自治区、直辖市协商委员会和各民主党派、人民团体负责人。经过三天的协商讨论，有 68 人在会上发言。会议一致通过这个宣言，并于 1954 年 8 月 22 日发表。这个宣言向全世界庄严宣告：“台湾是中国领土不可分割的一部分，决不允许美国侵占”，“解放台湾是中国的内政，决不容许任何外国干涉”，“中国人民解放台湾的斗争就是保卫世界和平的斗争”。这个宣言充分表达了全国人民争取祖国统一、维护世界和平的共同意志。会后，各民主党派、人民团体为贯彻这个联合宣言都分别向所属地方组织发出了通知。

宣言发布后，在全国引起很大的反响。全国各地方的各界人民代表会议协商委员会、民主党派组织、人民团体、企业职工，纷纷向政协全国委员会发来电报，对联合宣言表示热烈的拥护。

除上列一些重要活动外，政协第一届全国委员会还积极开展国际间的友

好往来活动，先后接待来中国进行友好访问的朝鲜人民访华团、越南人民访华团、缅甸文化代表团、印度文化代表团、以艾德礼为首的英国工党代表团以及其他一些国际友人。在苏联10月社会主义革命35周年的时候，政协全国委员会还通过各民主党派、各人民团体及各省、市协商委员会，动员和组织各界人士参加了中苏友好协会发动的“中苏友好月”的各项活动。

第四章
为新中国各项事业的创建和巩固人民民主统一战线而努力

第一节　协商国家政治生活和社会经济生活中的重大事项

一、政治协商是人民政协的主要职能

政协全国委员会具有广泛的代表性，它作为团结各民主阶级、阶层的统一战线组织，同时又是中国共产党领导的各党派合作的组织①，是中国共产党和中央人民政府同各民主党派、各人民团体和各界代表性人物进行高层次政治协商的政治机构，在中国政治生活中具有特殊的地位和作用，成为具有中国特色的中国政治体制中的重要组成部分。

政协第一届全国委员会的工作，根据《中国人民政治协商会议组织法》的规定，基本上可以归纳为两大类：一类是中国共产党和中央人民政府对于一些有关国家大政方针和统一战线的重大问题，需要同各民主党派、各人民团体和各界代表人士进行协商时，即提到政协全国委员会或其常务委员会来进行协商。经过协商，取得协议，再由政府制成法律、法令，公布实行。与此同时，政协全国委员会或其常务委员会对某一或某些重大问题认为需要向政府提出建议时，也可以提出建议案送请政府采纳实行。这一类工作，在第一届全国委员会的工作中占有很大比重，成为共产党和人民政府听取各方面意见、完善决策的一个重要渠道。另一类工作是为巩固和发展人民民主统一战线，协调统一战线内部各种关系的工作，即调整关系的工作。这类工作包

① 周恩来在新政治协商会议筹备会常务委员会第四次会议上的发言（1949 年 8 月 26 日）。

括各民主阶级与阶层之间、各党派之间和全国委员会与地方委员会之间的各种有关团结和工作关系的调整，其方法也是通过民主协商，其中包括组织各民主党派和无党派民主人士学习、进行自我教育和自我改造的工作。

政治协商是中国共产党和中央人民政府同各民主党派、各人民团体和各界爱国民主人士共商国是的重要方法。政治协商有多种形式。在 1949 年到 1954 年期间，最高层次的协商形式是人民政协的全体会议，这种形式的会议仅在 1949 年 9 月举行过一次。第二个层次的协商形式是全国委员会会议，第一届全国委员会共举行过四次会议①。第三个层次的协商形式是全国委员会的常务委员会，在 1949 年 10 月到 1954 年 12 月的 5 年多时间中，常务委员会共举行过 64 次会议，平均每年举行 12 次以上。除以上 3 个高层次的会议以外，还有其他各种会议，包括由秘书长、各工作组组长、副秘书长和正副秘书处长组成的工作会议，各工作组的会议，各党派推派代表参加的双周座谈会等不同层次、不同范围、不同形式和内容的会议。这些会议也都是采取民主协商的方式、讨论的方式。由于各民主党派、无党派民主人士、各人民团体各自都联系着一定的阶级和阶层的人们，经过人民政协各种形式的民主协商，既集中了各民主阶级、阶层的意见和要求，又通过他们向各自所联系的人民群众进行宣传解释，能够更好地起到动员人民群众贯彻执行政府的政策法令的作用。

在政协第一届全国委员会的 5 年期间，人民政协团结各民主党派、无党派民主人士、各人民团体和各界爱国民主力量，发扬人民民主，开展政治协商，协助政府贯彻实施各项重大方针政策，为实现《共同纲领》，实现中国社会的重大转变，做出了重要的贡献。

二、国家事务中重大事项的协商

政协第一届全国委员会期间，中国共产党和中央人民政府以及政务院提

---

① 第一届全国委员会的四次会议是：第一次会议 1949 年 10 月，第二次会议 1950 年 6 月，第三次会议 1951 年 10 月，第四次会议 1953 年 2 月。

到全国委员会及其常务委员会进行协商的有关国家事务的重要决策，除前章所举土地改革、抗美援朝等重大举措外，还有很多有关政治、经济、文教等方面的重要事项。

（一）为争取国家财政经济状况根本好转进行工作。

1949 年新中国刚刚诞生的时候，整个国家的财政经济，面临着来自两个方面的严重困难：一方面由于长期的战争，国民经济遭到严重破坏，加上国民党反动统治时期十多年的通货膨胀，造成了物价飞涨，投机资本充斥市场，工农业生产凋敝，城乡交流停滞，商品物资缺乏，因而国家税收有限，财政收入很少。另一方面，当时战争还在继续进行，军事费用仍然相当浩大；政府对新解放地区的军政公教人员费用的负担迅速增加；交通和重要生产必须恢复；当年受到自然灾害的 1.2 亿亩耕地，4000 万人口的地区必须救济，因而财政支出很大。为了应付这种收入少、支出大的困难局面，政府不得不增发货币，弥补财政赤字。但是增发货币的结果，又不可避免地扩大了通货膨胀和物价波动的局面。与此同时，社会上的投机资本，趁着国家财政经济情况还不稳定的时机，大肆投机倒把，囤积居奇，哄抬物价，牟取暴利，更加剧了市场的混乱。当时帝国主义和反动派曾经断言，说中国财政经济的困难是无法克服的。资产阶级当中的许多人，甚至统一战线中的一些朋友，对共产党和人民政府能否扭转这样严重的困难局面也有怀疑。

1949 年 11 月 29 日，政协第一届全国委员会常务委员会第二次会议讨论了国家财政经济问题。会上政务院财政经济委员会提出了人民政府解决财政困难、稳定物价的方案。在当时，稳定物价，战胜财政困难，是摆在政府面前的严重任务。人民政府决定：一方面采取各种办法增加收入，节约支出，大力争取财政收支平衡，制止通货膨胀；另一方面运用行政措施，配合国营经济力量，控制市场价格，引导社会资本由投机活动转向为发展生产、改善人民生活服务。为此，中央人民政府决定对财政经济工作实行国家统一管理和统一领导，同时提出发行公债的意见。常务委员会在讨论中，一致认为财政赤字过大，货币发行过多，是促使物价上涨的重要原因；为弥补财政赤字，减少货币发行，赞同政府发行人民胜利折实公债并同意政府提出的各种措施，随后经中央人民政府委员会正式通过。1950 年 1 月，在全国发行了第一期人民胜利折实公债；3 月，政务院发布了关于统一国家财政经济工作的决定。

到 1950 年 4 月 12 日，政协第一届全国委员会常务委员会举行第四次会议的时候，国家财政经济状况已开始好转，收支接近平衡，物价趋于稳定。一些委员对于在如此短的时间内取得这样大的成绩，表示满意。陈嘉庚指出：大力推行财政统一，使货币回笼，物价稳定，这种大统一的局面，是中国财政史上前所未有的。不少人认为中央实行财经统一，使全国币值巩固，物价稳定，“是扭转乾坤的一件大事”，一些原来持有疑虑的人都盛赞共产党和人民政府战胜困难的能力。这次会议讨论了 1950 年财政收支概算执行情况，认为争取全国财政金融物价状况进一步好转是有充分可能的。毛泽东在这次会议上指出：财政收支接近平衡，通货停止膨胀和物价趋向稳定，只是财政经济情况开始好转，还不是根本的好转；要获得根本好转，还要靠土地改革的完成，现有经济和工商业的合理调整以及行政经费的大量节减。毛泽东指出的这三个条件，后来在中共七届三中全会上他所作的《为争取国家财政经济状况的基本好转而斗争》的报告中，作为中国共产党的方针正式提出并获得通过。

政协全国委员会及其常务委员会在这以后还曾多次讨论了国家经济方面的如下重大问题：1950 年 6 月、1951 年 10 月举行的第一届全国委员会的第二次和第三次会议，先后听取和讨论了政务院副总理陈云所作的《关于经济形势、调整工商业和调整税收诸问题》的报告及《关于经济工作和财政工作的报告》。1950 年 12 月常务委员会第二十次会议曾就政务院提出的 1951 年财经总方针问题进行协商，第二十一次会议曾就私营企业暂行条例草案进行协商。1951 年 10 月常务委员会第三十次会议协商决定成立全国工商业联合会。1953 年 2 月，全国委员会第四次会议通过建议中央人民政府发行经济建设公债的提案。根据这个建议，政务院提出关于发行 1954 年国家经济建设公债的条例和指示草案，经全国委员会常务委员会第五十一次会议协商同意，最后由中央人民政府委员会通过发行。

（二）关于政权建设和文教事业等方面的工作。

新中国成立初期，为推进中国人民民主专政政权的建设，政协全国委员会进行了很多工作。1949 年 11 月政协第一届全国委员会常务委员会第二次会议讨论了中央人民政府提出的省、市、县各界人民代表会议的组织通则草案，并提出了修改意见，经中央人民政府委员会于 12 月通过并公布施行。1950 年 9 月，政协全国委员会政治法律组与政务院政治法律委员会联合举行了四次政法草案审查会议，参加会议的有政协全国委员会政法组组员、政务院政务委员、政务院参事和最高人民法院、最高人民检察署、法制委员会等有关单位的人员以及教授、专家等。会议分别对区、乡、大城市区的代表会议和人民政府组织通则等 19 个法案进行了审议，提出了修改意见。1951 年 8 月，政协第一届全国委员会常务委员会第二十六次会议，就中央人民政府委员会提出的《中华人民共和国人民法院暂行组织条例（草案)》和《中央人民政府最高人民检察署暂行组织条例（草案)》以及《各级地方人民检察署组织通则(草案)》进行了协商讨论。1951 年 10 月，政协第一届全国委员会第三次会议在关于政府工作报告的决议中，再次提出要开好各级各界人民代表会议的意见，受到中共中央和中共各级党委的重视。

1954 年 6 月，政务院为了加强集中领导，拟定撤销大区一级行政机构和撤销、合并若干省级建制的意见，提交政协进行协商。政务院副总理邓小平在政协第一届全国委员会常务委员会第五十五次会议上作了说明。会议同意撤销大区机构；撤销绥远省，并入内蒙古自治区；撤销松江省，并入黑龙江省；撤销辽东、辽西省，成立辽宁省。随后，中央人民政府委员会即通过决议，付诸实行。

在文化教育方面，政协第一届全国委员会的双周座谈会曾先后就普通教育和师范教育工作、中西医团结和学术交流等问题与政府有关部门负责人交换意见并提出建议。1950 年 5 月，政协全国委员会文化教育组组长郑振铎，反映了许多地方文物遭受破坏、出土文物大量流失的情况。如：河北正定县的辽代建筑花塔、广化寺被占用单位拆毁；平原省（后并入河南省）安阳县、淇县许多古墓被挖掘，上海古玩商坐地收购，仅被平原省人民政府扣留没收的铜器就达 1000 多件，陶器几百件；南京一些六朝及明代的古墓也被挖掘，古物全部被古玩商买去等。文教组经过讨论，向政府提出呼吁，要求采取措施，加强文物保护。同年6月，政协第一届全国委员会第二次会议根据委员的提议，通过了请政府明令保护有历史文化价值及革命、艺术价值的古物与建筑并禁止发掘古墓的建议案。政务院采纳了这个建议，于7月颁发了《保护古迹文物办法》和《古文化遗址及古墓葬调查发掘暂行办法》。自此以后，保护文物成为政协全国委员会文化教育组经常关心的问题，对于中国文物保护工作起了很大的推动作用。1953年讨论宪法草案初稿时，陶孟和、郑振铎等委员建议宪法中应有保护文物古迹的明文规定，他们所建议的内容后来被纳入宪法。

1950年6月，政协全国委员会文化教育组与政务院文化教育委员会、教育部联合举行会议，对政务院交议的《关于中华人民共和国学制问题的报告（草稿）》进行了讨论，提出了许多重要的修改意见。

（三）审议法案，参与国家的法制建设工作。

新中国成立后，废除了国民党政府的法律、法令和司法制度，这是实现人民民主专政的重要任务之一。旧的废除了，新的保护人民的法律、法令和司法制度需要建立。中央人民政府及所属各部门根据工作需要和缓急，在新中国成立后的几年中，陆续颁布了一些法律、法令、条例和规定。凡属对国家政治生活和社会生活影响较大的法案，都曾提经政协全国委员会或常务委员会协商同意或向全国委员会各工作组征求意见，然后才由中央人民政府委员会或政务院最后通过并公布施行。

政协全国委员会在新中国成立初期，为协助政府进行立法做了大量的工作，为中国的法制建设做出了贡献。

政协第一届全国委员会期间，经过全国委员会或常务委员会协商审议的重要法案，计有：《中华人民共和国土地改革法》《中华人民共和国婚姻法》，省、市、县的《各界人民代表会议组织通则》《农民协会组织通则》《人民法庭组织条例》《关于划分农村阶级成分的决定》《新解放区农业税暂行条例》《农村债务纠纷处理办法》《中华人民共和国劳动保险条例》《中华人民共和国合作社法》《中华人民共和国私营企业暂行条例》《中华人民共和国惩治反革命条例》《中华人民共和国惩治贪污条例》《中华人民共和国惩治毒犯条例》《公私合营工业企业暂行条例》等草案，以及前述的《中华人民共和国人民法院暂行组织条例》《中央人民政府最高人民检察署暂行组织条例（草案）》《各级地方人民检察署组织通则》的草案等。

另有一些法案是由政务院各委、部将草案提交政协全国委员会政治法律组或其他有关组征询意见。这一部分法案主要有：《社会团体登记暂行办法》《中国工会暂行条例》《省市劳动局暂行组织通则》《关于开展业余职工教育的指示》《私营企业投资暂行条例》《关于在私营企业中设立劳资协商会议的指示》《中华人民共和国海关法》《中华人民共和国兵役法》的草案，等等。

下面列举几个重要法案的审议情况。

1950 年 4 月，第一届全国委员会常务委员会第三、四次会议审议了中央人民政府提出的《中华人民共和国婚姻法（草案）》，中央人民政府副主席宋庆龄和政府委员、政务院政务委员、各委、部负责人列席了会议并参加了讨论。会议经过讨论，肯定了草案的基本精神，认为这个草案是对于封建的婚姻制度的否定，是建立男女婚姻自由的、一夫一妻制的和男女权利平等的、保护妇女及子女合法权利的新民主主义的婚姻制度的保障。这个草案由中央人民政府委员会修改、通过后于同年 5 月 1 日公布施行。

1950 年 12 月，第一届全国委员会常务委员会第二十一、二十二次会议审议了《中华人民共和国私营企业暂行条例（草案）》。讨论过程中，做工会工作的委员认为这个法案“对资方照顾很周到，对工人照顾少了一点”。多数委员则认为：法案在分配盈余问题上尽管存在着这样的问题，但当时最重要的问题是恢复生产和发展社会生产力。当时中国现代工业在整个国民经济中所占的比重还很小，在国营经济领导下，扶持私营工商业者发展生产，是符合工人阶级的长远利益的；而且当时工人最大的困难是失业，让一些人出资开工厂，对社会来说也是有益的。因此鼓励私人投资，给以必要的照顾是必需的。这个法案正是贯彻了在国营经济领导下，对有利于国计民生的私营企业给以鼓励和扶持的精神，因此是必要的。经过协商，会议最后一致同意了这个法案卓案，并由政务院根据协商结果予以通过并公布实施。

1952 年 1 月，第一届全国委员会常务委员会第三十五次会议讨论了政务院政治法律委员会提出的《中华人民共和国惩治贪污条例（草案)》。讨论中，委员们一致认为：贪污、浪费、官僚主义是旧社会的遗毒，不除掉就会腐蚀革命队伍，瓦解国家政权，危害甚大。开展反对贪污、反对浪费、反对官僚主义的运动，对于巩固人民民主专政十分重要。作为一项长久的任务，有必要制定法律，对犯有贪污、受贿等罪行者给以应有的惩治。会议同意这个条例草案。同年4月中央人民政府委员会公布施行。这年8月4日常务委员会举行第三十八次会议，毛泽东主持会议，在会上宣布“三反”、“五反”运动胜利结束。① 委员们对中共中央这一次把反贪污、反浪费、反官僚主义的斗争看作如同镇压反革命的斗争一样重要，采取发动群众的做法，并对犯有贪污罪行的人采取从严处置的方针，十分赞赏，认为这是一次防止腐蚀的重要行动。黄炎培在发言中回顾了1945年他去延安同毛泽东的一次谈话。在那次谈话中，他认为从中国的历史和他亲身的经历来看，无论哪一个朝代都逃不脱成功——腐化——失败这样一个周期的支配。他希望共产党能够走出一条跳出这个周期的道路来。那时毛泽东的回答是：我们能够跳出这个周期的支配，我们的办法就是民主，有了人民群众的监督，就可以避免这个周期的再现。黄炎培讲了当时这段谈话以后说：这次“三反”、“五反”，是靠群众的力量，不是少数人能办到的，证明毛主席的话是正确的。

1954年8月，第一届全国委员会常务委员会第五十九次会议审议了政务院财政经济委员会草拟的《公私合营工业企业暂行条例》草案。这个条例草案的提出，是在中国国民经济基本恢复，中共中央提出过渡时期总路线以后，为对资本主义企业进行社会主义改造而制定的。当时已经确定对资本主义工商业采取和平赎买的政策，并用公私合营这一国家资本主义的高级形式来完成私营企业由资本主义到社会主义的过渡。这个条例的基本精神是确立社会主义成分对公私合营企业的领导地位，同时保护私营工商业者的合法权益，

① 毛泽东在政协一届全国委员会常务委员会第三十八次会议上的总结发言中，在讲到“三反”、“五反”运动的经过之后说：“现在‘三反’‘五反’运动胜利结束，问题完全清楚了，天下大定。”（《毛泽东选集》第5卷第1版第66页）“三反”、“五反”运动的正式结束时间，应按中共中央1952年10月25日批准安子文、廖鲁言关于结束“三反”、“五反”问题的两个报告的这个日期为准。

对公私合营企业的股份、经营管理、盈余分配、董事会和股东会议等都作了明确的规定。讨论过程中，许多民族资产阶级代表人士、工商业者都认为制定这个条例是适时的，它给资本主义工商业指出了方向和道路；实行这个条例必将对进一步推动资本主义工商业的社会主义改造发挥重要作用。会议同意了这个条例草案。9 月 5 日，政务院公布施行。

（四）提出中华人民共和国国徽图案。

根据政协第一届全体会议的决定，第一届全国委员会对中华人民共和国国徽图案继续进行了研究设计。1950 年 6 月 23 日政协第一届全国委员会第二次会议在主席毛泽东的主持下，讨论通过了中华人民共和国国徽图案，提请中央人民政府核准公布。国徽图案的内容为国旗、天安门、齿轮和麦稻穗，象征中国人民自“五四”运动以来的新民主主义革命斗争和工人阶级领导的以工农联盟为基础的人民民主专政的新中国的诞生。这个国徽图案经中央人民政府委员会第八次会议通过，于 1950 年 9 月 20 日公布。

第二节　调整关系，巩固和增强人民民主统一战线内部的团结

一、新中国成立初期统一战线内部的阶级关系

新中国成立初期，中国人民民主统一战线是由工人阶级、农民阶级、小资产阶级和民族资产阶级组成的以工人阶级为领导的四个民主阶级的联盟。在这个范围广泛的联盟中，又包含着两个联盟：一是工人阶级与农民和其他劳动人民的联盟，即工农联盟，这是人民民主统一战线和人民民主专政的基础力量，没有这个联盟，人民民主统一战线和人民民主专政就不能巩固。另一个是工人阶级同一切可以合作的非劳动人民的联盟，在这个联盟中，主要是同民族资产阶级的联盟。正是由于结成了这样一个包含着四个民主阶级的广泛的统一战线，团结了全国广大的人民群众，才使新中国能够在建国后很短的时间内完成了极其繁重的任务，使新生的人民民主专政政权日益巩固，各方面工作都取得了迅速的进展。

在中国从新民主主义向社会主义转变的历史时期中，工人阶级同资产阶级的关系是统一战线的一个中心问题。民族资产阶级具有两面性。新中国成

立后，民族资产阶级接受了《共同纲领》，参加了人民民主统一战线，同工人阶级进行合作。当时，中国生产力还十分低下，为增加生产，发展经济，资本主义经济在新民主主义社会中还有其存在的价值和必要。这是民族资产阶级进步的、积极的一面。但是，民族资产阶级既然是资产阶级，就必然有其发展资本主义的强烈愿望，并且具有唯利是图、投机取巧、剥削工人取得利润的阶级本能，这是它的落后的、消极的一面。对于民族资产阶级，共产党和人民政府采取了团结、批评、教育的政策；对资本主义工商业采取了利用、限制、改造的政策。由于对于资本主义工商业消极的一面实行限制，这同资产阶级狭隘的阶级利益是冲突的，因此总是有一些人反对这种限制，这样，限制和反限制的斗争就成了新中国初期工人阶级同资产阶级之间阶级斗争的主要形式。1952 年的“五反”运动就是这种斗争的集中表现，其目的在于通过斗争帮助资本主义工商业者克服违法行为，在《共同纲领》的轨道上发挥其积极性。“五反”运动的结果，增强了统一战线内部的团结。

1953 年国家在过渡时期的总路线公布以后，开始了对资本主义工商业进行社会主义改造的新阶段。民族资产阶级“既是我们的朋友，又是要被消灭的阶级”；“整个社会主义改造的过程就是消灭资产阶级的过程，也是改造资本家个人的过程。”① 至于怎样消灭资产阶级的问题，中国采取的是和平赎买的政策，用国家资本主义的形式对资产阶级和资本主义企业进行社会主义改造。这样一种做法，是从中国民族资产阶级的历史和现状出发，在统一战线内部，在联合民族资产阶级的过程中，在团结、教育、改造工商业者个人的过程中消灭资产阶级，在利用、限制、改造资本主义工商业的过程中消灭资本主义。这样做，既照顾到同盟者的合法权益，又能够和平地实现社会主义革命的目标。这是中国用统一战线的方法进行社会主义革命的一个创举。

人民政协主要是作为巩固和发展四个民主阶级的团结，尤其是作为巩固和发展工人阶级同一切可以合作的非劳动人民的团结而建立起来的人民民主统一战线组织。它对调整各民主阶级、各民主党派之间的合作共事关系，担

① 《周恩来统一战线文选》第 222、269 页。

负着重要的使命。

二、人民政协在调整阶级关系中的作用

政协全国委员会是通过各民主党派、各人民团体和其他爱国民主人士来团结各民主阶级，主要是民族资产阶级和城市小资产阶级及其知识分子的。在人民政协这个组织中，通过各民主党派、各人民团体和其他爱国民主人士，可以比较集中地反映人民民主统一战线内部各阶级的关系和各种矛盾，并进而正确处理这种关系和矛盾。人民政协的这种作用，对于巩固和加强人民民主统一战线的团结是十分重要的。因此，在人民政协《组织法》中，把“协商并处理其他有关中国人民政协内部合作的事宜”（第十三条第七款），规定为政协全国委员会的一项重要职责。政协第一届全国委员会在五年任期之中，积极通过各民主党派和其他资产阶级代表人士，协助人民政府有意识地、主动地调整同民族资产阶级的关系，团结民族资产阶级，帮助其克服落后的、消极的一面，使之有利于国民经济的恢复和发展。

新中国诞生后，中央人民政府为在全国范围内改造半殖民地半封建的经济，对整个社会经济结构进行了重大的改组，没收了官僚资本主义企业并将其改变成为全民所有制的社会主义企业；建立了社会主义的国营商业和合作社经济；对私人资本主义经济采取了利用、限制的政策，并为恢复遭战争破坏的国民经济采取了一系列的重大措施。1950 年 3 月，政务院颁布了《关于统一国家财政经济工作的决定》，并采取清理仓库、控制投放、节约开支等措施。由于进行了这一系列工作，国家财政收支迅速接近平衡，通货膨胀得到制止，全国物价趋于稳定，国家的财政经济情况开始好转。就在这时，私营工商业却出现了困难。这首先是由于过去十多年通货膨胀的环境，许多工商业者为避免货币跌价的损失，竞相争购和囤积物资，有些工厂靠着这种虚假的市场需求维持了生产。一旦通货和物价稳定下来，他们不但不再争购囤积，而且还将过去囤积的物资竞相抛出，因而市场上一时出现供过于求，使他们销售困难，资金无法周转。其次，由于过去适应半殖民地经济而发展起来的若干工商业，现在市场没有了，商品不适合人民需要，转产还需要一定的时

间，再加上经营中的盲目性、同一行业内部盲目竞争、供求不协调等等原因，一时困难很多。这些困难都是在社会经济改组过程中必然出现的现象。1950年3月，政协全国委员会财政经济组召开了座谈会，一些工商界的委员反映了私营工商业的困难情况，并反映有些干部在执行“公私兼顾”的政策上有忽视私营经济的倾向。这些情况反映给中共中央和中央人民政府后，4月12日政协全国委员会常务委员会举行第四次会议，听取和讨论政务院副总理兼财经委员会主任陈云所作的关于财政情况和粮食状况的报告，毛泽东主持了这次会议，他在总结会议讨论情况时强调指出：“……现在财政经济情况是开始好转，到基本好转，要依靠调整经济和调整工商业。……公私兼顾还没有彻底解决。公顾的多，私顾的少。全国委员会财经组座谈会有人说私营经济感到自己是私生子，即无合法地位。其实《共同纲领》中已经规定五种经济成分要各得其所，在经营范围、原料、市场、价格、周转资金等方面，将私营经济看成是国家五种经济的一个组成部分，是一只手上的五个指头，虽然指头有大小，都应给予合理安排。”这次会议以后，中央人民政府采取了一系列措施，进行调整工商业的工作，帮助私营工商业渡过困难。到六月政协第一届全国委员会举行第二次会议时，政务院副总理兼财政经济委员会主任陈云在会上报告说：人民政府已经根据“公私兼顾、劳资两利、城乡互助、内外交流”的政策，开始对工商业进行合理调整，主要是公私关系和产销关系的调整。对资本主义工业主要采取加工、订货和收购产品的方式，使它们能够进行生产和扩大再生产，并把资本主义生产纳入国家计划；对资本主义商业，限制它们的投机活动，同时在批发零售差价、地区差价和经营范围等方面给它们以活动的余地，使之为活跃城乡物资交流服务。到这一年秋季，调整工商业的工作已经完成，帮助有利于国计民生的私营工商业克服了重重困难，恢复了正常的生产和经营，市场日益活跃，工业产品日益增多，同时加强了国家对资本主义经济的管理和国营经济的领导地位，促进了国家资本主义经济由初级形式（加工、订货、统购、包销）向高级形式（公私合营）的发展。

为了随时调整公私企业关系，协商各种有关公私企业的问题，在经过较长时间的酝酿之后，1951 年 10 月 22 日，政协第一届全国委员会常务委员会第三十次会议决定筹备成立全国工商业联合会，并指定陈叔通、李维汉、章乃器负责进行筹备。26 日，第一届全国委员会在第三次会议期间，又邀请参加会议的工商界代表人士举行了座谈。研商筹组全国工商业联合会的事宜，推定李烛尘、盛丕华、叶季壮等 9 人起草全国工商业联合会筹备办法。同年 12 月 27 日，第一届全国委员会常务委员会第三十三次会议通过了《中华全国工商业联合会筹备委员会筹备处章程》，规定筹备处的任务是筹备召开全国工商业联合会筹备代表会议，选出全国工商业联合会筹备委员会。接着，在 1952 年 1 月 5 日第一届全国委员会常务委员会第三十四次会议上，通过了《中华全国工商业联合会筹备代表会议组织条例》和《中华全国工商业联合会筹备代表会议地区代表产生办法》。4 月 26 日，常务委员会第三十七次会议经过协商，确定参加筹备代表会议的全部代表名额为 373 人，其中国营企业和合作社的代表 63 人，私营企业代表 310 人。1952 年 6 月，全国工商业联合会筹备代表会议在北京召开。周恩来到会作了关于学习《共同纲领》的报告，政务院副总理兼财政经济委员会主任陈云就私营工商业者最关心的加工订货的合理利润问题、税收问题、劳资关系问题、银行利息问题、活跃城乡交流和内外交流问题以及树立正确的经营思想问题作了报告。当时“五反”运动已基本结束，参加会议的私营工商业代表人多数在运动中受到过不同程度的批判，对政府的私营工商业政策一时还认识不清，心中还存有疑虑。他们听了周恩来、陈云和筹备处主任陈叔通在会上所作的报告后，普遍感到心里亮堂了，疑虑多时的有关私营工商业的各种问题终于获得了解决，因此增强了信心，认识到前途光明。这次会议团结了一切愿意服从国家法令的私营工商业者，提高了他们的经营积极性。会议选出了全国工商业联合会筹备委员会。

经过一年多的筹备，各地陆续建立了工商业联合会的组织。1953 年 10 月，在北京举行了中华全国工商业联合会会员代表大会。参加这次代表大会的有各种经济成分的代表 640 人，其中以私营工商业代表占多数。代表大会选出并正式成立了工商界的全国性组织——中华全国工商业联合会（简称全国工商联）。全国工商联是在中国共产党和人民政府领导下的群众性的团结、教育全国工商业者的人民团体，它的基本任务是代表私营工商业者的合法利益，向人民政府或有关部门反映工商业者的意见、建议和要求，同时以《共同纲领》和国家的政策法令教育全体工商业者，指导他们从事合法的生产和经营，帮助他们改造思想。中华全国工商业联合会从筹备到正式成立，都是在人民政协的协助下进行的，并且成为中国人民政治协商会议的一个参加单位。

到1952年年底，经过各项社会改革和恢复经济的工作，社会主义经济在国民经济中已经确立了领导地位，新民主主义革命的任务基本完成，国际形势也不断朝着有利于中国的方向发展。在这种情况下，社会主义改造和社会主义建设的问题便提到日程上来。

1953年，中共中央制定的过渡时期的总路线提出了社会主义前途的问题①，开始了一场变革资本主义所有制的社会主义革命。民族资产阶级立即产生了波动，出现了各种疑虑和不安乃至抵触，阶级关系又一次紧张起来。当时他们除了极少数人能看清国家的前途和工商业者的方向，带头走社会主义改造的道路外，多数人则是不了解社会主义改造如何进行，因而徘徊迟疑，消极等待。也有相当一部分人对于社会主义改造抵触情绪很大。有的怕没收财产，说“辛辛苦苦一生，这一下全完了”，因而纷纷抽逃资金，转移财产，准备停业。有的知道生活资料仍可私有，于是大吃大喝，尽情挥霍，大量抢购高级生活用品。鉴于此种情况，1953年9月8日至11日，政协第一届全国委员会常务委员会召开了第四十九次扩大会议，邀请了部分工商界代表人物列席会议。周恩来在会上作了关于过渡时期总路线的报告和总结讲话，传达了中共中央提出的过渡时期总路线，并针对资产阶级对社会主义改造的思想疑虑，系统地阐明了社会主义改造的方针步骤以及资本主义工商业的前途等问题。针对民族资产阶级所最关心的如何进行社会主义改造的问题，周恩来

---

① 1953年，中共中央在新民主主义革命所要完成的任务已经基本实现的基础上，提出“从中华人民共和国成立，到社会主义改造基本完成，这是一个过渡时期。党在这个过渡时期的总路线和总任务，是要在一个相当长的时期内，逐步实现国家的社会主义工业化，并逐步实现国家对农业、对手工业和对资本主义工商业的社会主义改造。”

在讲话中指明“国家资本主义是引导私营工商业走上社会主义的必经之路”，“经过国家资本主义，完成由资本主义到社会主义的改造。”周恩来详细阐述了国家资本主义在工业方面和商业方面的各种形式以及“四马分肥”① 的政策，并且指出，1952 年年底以前，已经有一些私营工商业实行了各种形式的国家资本主义，国家资本主义并没有取消资本主义所有制，也不是将私人企业收归国有，只是使资本主义所有制受到限制，所以叫做逐步过渡，和平过渡，只要因势利导，资本主义工商业就可以逐步走上国家资本主义的道路。这次会议是一次很重要的会议，使资产阶级上层代表人物对过渡时期的总路线和国家资本主义有了比较明确的认识。一些资产阶级代表人士表示：用和平的方法向社会主义转变，是使人“心悦诚服”的方法，从而消除了他们的疑虑，得到他们对总路线的赞同和拥护。

随后，在中华全国工商业联合会会员代表大会上，筹备会主任委员陈叔通作了《为实行国家总路线，正确地发挥私营工商业的积极作用而奋斗》的报告。11 月，中国民主建国会也召开了民主建国会总委员会全体会议，主任委员黄炎培就过渡时期总路线公布后民主建国会的方针、任务问题作了报告。这些会议对解除资本主义工商业者的疑虑和抵触，调动他们的积极性，也都产生了很大的影响。此后，政协全国委员会学习委员会和中华全国工商业联合会分别向各地协商委员会和工商业联合会部署了关于总路线的学习，帮助各地各界人士和工商业者加深对过渡时期总路线的理解。这些措施对于安定团结民族资产阶级，巩固人民民主统一战线内部的团结，起了重要的作用。

三、人民政协在协调党派关系中的作用

中国的各民主党派，在抗日战争和解放战争时期都曾分别代表民族资产

① “四马分肥”是对资本主义企业的利润分配形式的形象说法，即企业的利润，一份以税金形式交国家，一份以福利奖金形式分配给职工，一份以公积金形式作为再生产基金，一份以股息红利形式归资本家。在公私合营企业中，股息红利再按公私股份比例分配。1956 年全行业公私合营后被定息制度代替。

阶级、城市小资产阶级及其知识分子，作为中国共产党的同盟者和合作者，先后参加过民族民主革命的斗争，在中国人民的革命斗争中都有过光荣的历史和重要的贡献。1949 年 9 月，各民主党派又同中国共产党一道组成了中国人民政治协商会议，一同讨论制定了新中国成立初期具有临时宪法性质的《共同纲领》，并且有不少人参加了中央和地方各级人民政府的工作，担任了一些重要的领导职务。

1949 年年底和 1950 年，各民主党派相继召开了各自的全国性会议，都明确宣布接受中国共产党的领导，并决定以《共同纲领》作为自己的政治纲领，为它的实现而奋斗。这个事实表明，中国的民主党派与资本主义国家的政党有着根本的不同：在中华人民共和国，各民主党派不是反对党，也不是在野党，而是参加了以中国共产党为领导的中国人民民主统一战线，参加了这个统一战线的组织——中国人民政治协商会议以及人民民主专政的政权，从而形成了中国特有的多党合作的政治体制。

人民政协是各党派协商合作的重要组织形式。政协全国委员会从建立的那一天起，就为团结各民主党派做了大量工作，为协调各党派之间的合作共事关系进行了卓有成效的努力。这首先表现在对国家政治生活中的重大问题和统一战线内部的重要问题的民主协商。民主党派分别联系和代表着民族资产阶级和城市小资产阶级及其知识分子，这些阶级、阶层的思想、要求，通过民主党派反映到政协之后，经过协商，不同的思想认识，不同的意见和要求，有些趋于一致，有些经过采取或调整某些具体的政策或措施而得到解决，最终达到集思广益和增强团结的目的。前面关于调整阶级关系的一些事例，基本上都是通过各民主党派做的。

其次，政协全国委员会为帮助各民主党派开展工作积极提供条件。1950 年 5、6 月间，经各党派协商，政协全国委员会工作会议先后通过了《各民主党派地方组织经费供给暂行办法》和各民主党派地方组织专任工作人员的编制，提请政府核定实施，还成立了有各民主党派参加的经费委员会，多次讨论各民主党派中央和地方组织的经费预算和人员编制问题。

政协第一届全国委员会为密切委员之间、政协全国委员会和各民主党派之间的关系，增加人员的往来接触，并活跃精神生活，把组织文化娱乐活动做为日常的工作之一。1950 年接受民主党派的建议，政协全国委员会在北京南河沿成立了文化俱乐部，便利了各民主党派、各人民团体进行各种集会和聚会，促进了各方面人士的交谊和联系。

第三节 推动和帮助各界人士进行自我教育和自我改造

一、在变革世界的实践中人人需要改造

1949 年中华人民共和国的建立，结束了帝国主义、封建主义和官僚资本主义在中国的统治，中国人民摆脱了被压迫、被奴役的悲惨命运，成了自己国家的主人。这是一个翻天覆地的变化。在这个巨大的变化面前，无论哪一个阶级、阶层的人，都会产生如何认识和适应这个新世界的问题。除了坚持帝国主义、封建主义、官僚资本主义立场的反动阶级外，属于人民民主统一战线内部的四个民主阶级，对于这个新世界一般是欢迎的。但是由于旧社会的长期影响和某些阶级的局限性，许多人对于这个新世界一时还不能完全认识和适应。

正确地认识客观世界并不是一件容易的事情。因为从旧社会过来的人，都在不同程度上受到过剥削阶级的影响，有些人本身就属于剥削阶级，头脑里不同程度地存在着旧思想、旧意识；而传统的封建意识和资产阶级的教育，又使他们不可避免地持有许多旧的观点和偏见。只有经过认真的学习和实践，才能逐步改变旧思想和旧观点，逐步树立新思想和新观点，接受新事物，适应新情况。正是这个道理，在统一战线内部，人人都需要认真的学习，都需要通过学习和实践不断改造自己的主观世界，才能更好地为新社会服务。即使是工人阶级出身的人们，包括共产党员在内，也要在改造客观世界的同时改造自己的主观世界。这是因为工人阶级还和资产阶级生活在一个社会里，不能不受资产阶级思想意识的影响，更不能很快摆脱封建思想和习惯势力的影响。工人阶级在取得政权以后，更要认真地、不断地改造自己，只有不断提高自己的阶级觉悟和政治素养，加强组织纪律性，才能带领同盟者实现改造世界的任务。工人阶级还必须帮助全体劳动人民从剥削阶级的影响下解放

出来，必须逐步改造剥削者，使之成为自食其力的劳动者。马克思主义告诉我们，无产阶级只有解放全人类，才能解放自己。中国共产党正是在这个思想指导下，团结教育同盟者，帮助他们进行自我教育和自我改造。

组织和推动各民主党派成员、无党派民主人士以及各界代表人士进行自我教育和自我改造，是政协全国委员会的一项重要任务。

各民主党派的成员，大多来自民族资产阶级、城市小资产阶级和同这些阶级相联系的知识分子。尽管其中有不少已经是革命的知识分子，但就一般来说，都还具有这些阶级、阶层所固有的局限性和弱点。各民主党派成员为了克服自身的弱点，使自己的立场和思想适应新中国的需要，进而担负起协助共产党对各自所联系和代表的阶级、阶层的人们进行团结、教育、改造工作的任务，就不能不以《共同纲领》为准则进行自我教育和自我改造。

新中国诞生以后，在人民民主统一战线内部的自我教育和自我改造，主要是通过三种途径来进行的。一是通过各人所从事的工作和活动的实践，认识社会，认识世界。这种实践活动中得到的体会，对于知识分子的思想改造起着非常重要的作用。二是通过政治理论的学习，包括对时事政策和马列主义、毛泽东思想的学习。这种学习对于认清社会发展规律和对各项方针政策的理解，对于确立革命的人生观和科学的世界观，都具有决定的意义。三是通过参加各种社会改革和实际斗争，如土地改革，抗美援朝运动，“三反”、“五反”运动等，从接触社会、接触工农群众中吸取养分，推动自我教育和自我改造。经验证明，任何人不管通过什么途径，只要肯思索，主观上愿意接受教育，就一定会逐渐获得新知识，取得新认识，同时必然会对原有的旧知识、旧认识有所批判，有所扬弃。这种不断接受新思想、扬弃旧思想的自我教育过程，就是主观世界逐步得到改造的过程。凡是真诚要求进步的人，是乐于随着社会的前进而自觉地进行自我教育和自我改造的。

人的思想转变和进步，是属于精神世界的问题，因此不能用强制手段，而要靠自觉地进行自我教育和自我改造。政协全国委员会在组织马克思主义理论的学习或在组织参加社会实践的活动中，始终都坚持了自觉自愿的原则，绝不勉强。在方法上，根据毛泽东在第一届全国委员会第二次会议上所指出的，主要是用批评和自我批评的方法。批评和自我批评是一种民主的方法，它要求人们在平等的基础上，摆事实、讲道理，以理服人，不允许采取任何强迫手段和粗暴的方法。以势压人是错误的。用强迫的、粗暴的、错误的方法解决人民内部的思想问题，非但无效，而且十分有害。批评和自我批评，必须是从团结的愿望出发并以团结为归宿，是人民内部自我教育的方法。新中国成立后，参加人民政协的各民主党派、各人民团体和其他爱国民主人士运用这种方法，在自觉自愿的基础上进行自我教育和自我改造，取得了很好的成效。

二、组织学习，推动各界人士的自我教育和自我改造

政协第一届全国委员会成立后不久，就开始组织各民主党派、各人民团体的部分成员和各界爱国民主人士中部分有代表性的人物，进行理论和时事政策的学习。

1950 年 3 月 14 日，政协全国委员会第一次工作会议应各民主党派的要求，决定成立高级学习组，吸收政协全国委员会、中央人民政府委员会、政务院、各民主党派（包括无党派民主人士）和各人民团体在北京的高层人员，在自愿参加的原则下，学习马克思主义理论，定名为学习座谈会。4 月 20 日，双周座谈会第一次会议通过《政协全国委员会学习座谈会进行学习办法（草案）》，并建立了学习座谈会干事会，具体负责组织学习。4 月 27 日，学习座谈会的成立会通过了上述办法。周恩来在座谈会上作了关于理论联系实际和批评与自我批评问题的发言，他指出：学习理论的目的是要联系实际，解决问题，要运用批评和自我批评的武器，“打开学习之门”，但要实事求是，自觉自愿。5 月 13 日，刘少奇应邀在学习座谈会组织的报告会上，就学习马克思列宁主义和思想改造问题作了报告。这两次讲话都阐述了学习理论与思想改造的关系。学习座谈会先后组织学习了思想方法论、社会发展史，学习《共产党宣言》《实践论》《矛盾论》等。学习座谈会在组织理论学习的同时，还组织有关部门负责人作了关于土地改革、抗美援朝、镇压反革命、“三反”、“五反”等重大运动进行情况的报告，对时事和政策也进行了座谈、讨论和

学习。

各界人士采取理论联系实际和批评与自我批评的方法进行学习，取得了很大的成绩。1950年，在美帝国主义对朝鲜进行侵略战争时，不少人由于过去所受的种种影响，对美帝国主义的侵略本质认识不清；有些人认为美国有庞大的生产力和新式武器，是无法抵御的，甚至害怕抗美援朝会“引火焚身”。经过学习和抗美援朝斗争的实际教育，人们联系自己的认识，批判了亲美、崇美、恐美的思想，认识到侵略者必定以失败告终，武器不是决定战争胜败的唯一因素，更重要的因素是为正义而战的人民。各界人士经过学习，大大地振奋了民族自尊心和自信心，提高了爱国主义和国际主义的觉悟，这对于推进新中国的各项事业起了重要的作用。

1951年10月，第一届全国委员会举行第三次会议，毛泽东在开幕词中再次提出自我教育和自我改造的问题，并且强调：“思想改造，首先是各种知识分子的思想改造，是我国在各方面彻底实现民主改革和逐步实行工业化的重要条件之一。”在会议决议中又向社会各界发出了“广泛开展思想改造运动，有系统地组织对马克思列宁主义与中国革命实践相结合的毛泽东思想的学习运动”的号召。

1952年1月，第一届全国委员会常务委员会第三十四次会议通过《关于展开各界人士思想改造的学习运动的决定》，规定参加学习运动的范围是：民主党派人士，各级政府、人民团体和协商机关中的无党派人士，政府和企业机关中的专家，工商界人士和宗教界人士，以自愿参加为原则。学习的基本内容是：一、马列主义的基本理论和马列主义与中国革命实践相结合的毛泽东思想；二、《共同纲领》和重要政策文件；三、整风，即开展批评和自我批评。

根据上述决定，全国委员会成立了专门领导思想改造学习运动的学习委员会①与各级协商委员会一起组织上述五个方面的人士，从中央到地方，分别

① 政协第一届全国委员会在每个时期所组织的各种专门的学习中，大都曾成立过临时性的学习委员会领导学习，学习任务完成后，学习委员会即撤销。这同经常性的领导学习的机构学习座谈会干事会（后来在1955年改称学习委员会）是有区别的。

参加了“三反”运动和“五反”运动。1952 年 6 月，在“三反”、“五反”运动基本告一段落后，转入《共同纲领》的学习。

《共同纲领》是新民主主义时期全国人民的根本大法和行动的准则。学习《共同纲领》对于帮助各界人士提高政治认识，沟通政策思想和改进实际工作，具有十分重要的意义。为此，全国委员会专门发出通知，要求参加学习的人士“密切联系实际，即联系《共同纲领》的执行情况，各项政策的实施经验，并联系个人对《共同纲领》的思想认识与行动，适当地进行批评与自我批评”①。这实际上也是自我教育和自我改造的学习。

1953 年，国家在过渡时期的总路线宣布以后，针对资本主义工商业者思想波动的情况，周恩来在全国委员会常务委员会第四十九次扩大会议上就过渡时期总路线作了报告，随后李维汉向各界人士作了传达。全国委员会的双周座谈会、学习座谈会以及各工作组先后举行了座谈、讨论。中华全国工商业联合会会同中国民主建国会也及时在工商界中展开了总路线的传达、宣传和学习。经过学习，资产阶级中的大多数人提高了认识，认识到“社会主义是大势所趋”，接受了总路线和国家资本主义的道路。有的表示要“积极经营，争取利用；不犯五毒，接受限制；加强学习，欢迎改造”。这次学习，为以后社会主义改造高潮的出现打下了思想基础。

三、参加社会改革的实践，在实际斗争中改造思想

新中国成立初期，各民主党派、各人民团体和其他爱国民主人士广泛参加了土地改革、抗美援朝、镇压反革命、“三反”、“五反”、思想改造等政治运动，从这些运动中受到了最实际的教育。理论学习与实际相结合，成为自我教育和自我改造的重要途径。

在土地改革运动中，政协全国委员会经与各民主党派协商决定，组织各党派的一些成员参加了土改工作。民主党派和各方面人士参加土改工作，不仅直接支援了农民，壮大了反封建统一战线的阵容和声势，打击了封建势力，

---

① 1952 年 6 月 15 日《中国人民政治协商会议全国委员会关于学习〈共同纲领〉的通知》。

而且对于各方面人士更是一个很好的自我教育和自我改造的机会。人们通过参加土改，把自己置身于广大农民之中，同他们并肩战斗，得到了锻炼，经受了考验，更加清楚地认识到残酷的封建剥削制度是中国历史上贫穷落后的主要根源，封建土地所有制束缚着农村的生产力，“不搞土改，农民翻不了身，国家也前进不了”。参加土改后，许多人转变了立场，对农民有了感情，进一步坚定了为劳动人民服务的思想。

在抗美援朝运动中，人们经过学习并通过事实的教育，清除了崇美、亲美、恐美的思想，爱国主义和国际主义思想大为提高。

在“三反”、“五反”运动中，人们认识到干部中的贪污、浪费、官僚主义和资本家的“五毒”是对国家严重的危害。人们对于共产党和人民政府的坚决态度和廉洁作风，表示衷心的赞佩，从而大大增强了对共产党和人民政府的向心力。

1954年，在进行农业、手工业和资本主义工商业的社会主义改造期间，政协全国委员会组织各民主党派、各人民团体和其他爱国民主人士在自愿参加的原则下，参观了上海、沈阳等地的国营和公私合营企业，参加了北京、河北两个农业生产合作社的整社工作。通过这些社会实践活动，各民主党派和无党派民主人士增加了感性认识，提高了自我教育和自我改造的自觉性。

政协第一届全国委员会在五年多的任期中，通过组织各种学习和实践活动，推动和帮助各民主党派、各人民团体的成员和各界爱国民主人士进行自我教育和自我改造，取得了很大成效。这项工作坚持了这样几个基本做法：（一）思想改造主要靠自觉，即自我教育、自我改造，因此必须坚持自愿原则，不能强迫。（二）思想改造是长期的，不能急躁，不能粗暴。运用批评和自我批评的方法，要从实际出发，实事求是，要与人为善，从团结的愿望出发，并以团结为归宿。（三）学习中提倡自由辩论，摆事实，讲道理，以理服人，不同意见可以保留。由于坚持了这些原则和方法，使人们提高了思想，增强了团结，促进了人民民主统一战线的巩固和发展。

第四节　为召开全国人民代表大会进行准备

《共同纲领》规定："中华人民共和国的国家政权属于人民。人民行使国家政权的机关为各级人民代表大会和各级人民政府。各级人民代表大会由人民用普选方法产生之。……国家最高政权机关为全国人民代表大会。"新中国成立时，由于普选的条件尚不具备，因此由中国人民政治协商会议第一届全体会议执行全国人民代表大会的职权。在这以后，经过全国人民三年多的努力，到 1952 年，在全国范围内，残余的土匪已经肃清，军事行动基本结束，土地改革基本完成，国民经济得到根本好转，各界人民也都已组织起来，召开全国人民代表大会和地方各级人民代表大会的条件已经成熟。为了进一步发扬人民民主，保证人民群众行使管理国家的权利，充分调动人民群众参加国家建设事业的积极性，在 1952 年 12 月 24 日政协第一届全国委员会常务委员会第四十三次会议上，周恩来代表中国共产党提出了 1953 年召开全国人民代表大会及地方各级人民代表大会的建议，同时提出：《共同纲领》是新中国初期具有临时宪法性质的根本大法，它所规定的任务，在过去三年中大部分已经实现，有必要在《共同纲领》的基础上制定一部能够适应过渡时期总路线要求的宪法，用法律形式把中国过渡时期的总任务肯定下来。经过协商，会议一致同意中国共产党的建议，建议中央人民政府委员会即行筹备召开全国人民代表大会和地方各级人民代表大会，并起草宪法和选举法。

中央人民政府委员会接受了政协第一届全国委员会常务委员会的建议，于 1953 年 1 月通过并公布了《关于召开全国人民代表大会及地方各级人民代表大会的决议》，确定 1953 年召开由人民用普选方法产生的乡、县、省（市）各级人民代表大会，并在此基础上接着召开全国人民代表大会。中央人民政府委员会还决定成立以毛泽东为主席的宪法起草委员会和以周恩来为主席的选举法起草委员会。

1953 年 2 月，政协第一届全国委员会举行第四次会议，决定把积极准备地方各级人民代表大会和全国人民代表大会的选举、继续加强抗美援朝斗争和开展增产节约运动作为三大任务，号召全国各民族、各民主阶级、各民主党派、各人民团体、各界爱国民主人士为实现这三项任务团结奋斗。会议还讨论了召开第二届中国人民政治协商会议的问题，决定授权常务委员会负责进行各项准备工作，包括《共同纲领》和人民政协《组织法》的修改起草工作。

后来，由于1953年春秋两季自然灾害严重，农村全力投入抗灾生产工作，原定5月开始、10月完成的基层选举工作不得不推迟。为此，中央人民政府委员会于1953年9月18日做出了推迟召开全国人民代表大会及地方各级人民代表大会的决议，基层选举的完成日期也推迟到1954年2月底。

1954年3月，中国共产党中央委员会提出了宪法草案初稿，经宪法起草委员会接受后，提到政协全国委员会进行协商。3月16日，政协第一届全国委员会常务委员会第五十三次会议决定，组织在北京的各民主党派、人民团体的负责人和各界代表人士对宪法草案初稿进行讨论。与此同时，宪法起草委员会和政协全国委员会还在全国其他大城市组织各民主党派、各人民团体和社会各方面的代表人物进行讨论。参加宪法草案初稿讨论的共八千多人，经过两个多月的时间，提出了不少修改意见。宪法草案初稿经宪法起草委员会修改以后，中央人民政府委员会于1954年6月正式公布了中华人民共和国宪法草案，交付全国人民讨论。

1953年1月28日，选举法起草委员会委员邓小平在政协全国委员会作了关于《中华人民共和国全国人民代表大会及地方各级人民代表大会选举法（草案）》的报告。随后，在北京的政协全国委员会委员对选举法草案进行了座谈讨论。4月6日，政协全国委员会学习委员会向省、市协商委员会学习委员会发出通知，要求组织关于选举法及有关文件的学习。

宪法草案公布以前，政协全国委员会的政法、财经、文教、民族、宗教、华侨、外交各组分别对《共同纲领》和人民政协《组织法》的修改问题进行了多次讨论；宪法草案公布后，各组又组织了对宪法草案的讨论，先后提出了不少重要的修改意见。

1954年7月5日，第一届全国委员会常务委员会举行第五十六次会议，根据人民政协《组织法》第十三条第四款“协商并提出参加中国人民政协的各单位在全国人民代表大会代表选举中的联合候选名单”的规定，对《全国人民代表大会代表由中央提名的候选人名单》进行了最后的协商。在此之前，中共中央已与各民主党派、各人民团体的负责人和有关方面人士对提名的原则、方法和程序以及候选人名单进行过多次协商。根据选举法的规定，各党派、各人民团体可以按选举区域或选举单位联合提名；中央一级的代表候选人由政协全国委员会协商提名，然后再分别提到各选举区域（省、自治区、直辖市）或选举单位（华侨事务委员会、军队等）参加选举。经过协商，政协全国委员会通过了毛泽东、宋庆龄、李济深、张澜、何香凝、陈嘉庚等501人的全国人民代表大会代表候选人名单。

经过充分和周密的准备，从1954年3月开始，全国进行了各级人民代表大会代表的选举，并相继召开了地方各级人民代表大会。9月，第一届全国人民代表大会第一次会议在北京召开。会议通过并公布了《中华人民共和国宪法》。至此，作为代行全国人民代表大会职权的第一届中国人民政治协商会议，以圆满完成其历史使命而载入史册。

第二编

人民政协继续发挥统一战线组织的作用和所经历的挫折

1954 年 12 月，中国人民政治协商会议第二届全国委员会第一次会议在北京召开。第二届全国委员会作为中国共产党领导下的统一战线组织，在国家政治生活中继续发挥政治协商和团结人民的作用，为推动社会主义革命和建设事业的发展进行了一系列的工作。

政协第二届全国委员会为适应全国人民代表大会召开后的新形势与新任务，制定了《中国人民政治协商会议章程》。这部章程规定了人民政协的性质、任务和作用，成为人民政协各级组织进行工作和活动的依据和准则。

自政协第二届全国委员会到第四届全国委员会的 24 年中，尽管经历过一些挫折，“文化大革命”10 年中工作又曾陷于停顿状态，但在协助政府推动各方面力量，贯彻实施中共中央和国务院在各个时期所提出和制定的路线、方针、政策以及各种法令和重大措施方面，通过协商、建议、宣传、学习等多种方式和途径，还是做了很多工作，为国家的进步和发展做出了贡献。

1954 年到 1956 年，在贯彻国家在过渡时期的总路线和总任务的工作中，人民政协为推进国家工业化和对农业、手工业、资本主义工商业的社会主义改造，特别是对资本主义工商业的社会主义改造，从方针政策到若干具体措施都进行了协商。在此期间，阶级关系正处在深刻变化的过程中，人民政协为调整阶级关系，加强团结，实现对资本主义工商业的和平改造做出了一定的贡献。

生产资料私有制的社会主义改造基本完成以后，工人阶级同资产阶级之间的矛盾基本上得到解决。从 1956 年开始，国家进入大规模的社会主义建设时期，毛泽东适时地提出了向现代化进军的号召。要实现这一宏伟目标，国家需要大量的、优秀的科学技术人才，需要更好地调动广大知识分子的积极性，并团结一切可能团结的力量共同奋斗。为此，中共中央于 1956 年召开了关于知识分子问题会议。这次会议强调指出，社会主义建设除了必须依靠工人阶级和广大农民的积极劳动以外，还必须依靠知识分子的积极劳动，“必须依靠体力劳动和脑力劳动的密切合作，依靠工人、农民、知识分子的兄弟联盟。”这次会议还肯定了中国知识分子的绝大部分“已经是工人阶级的一部分”①。政协全国委员会为这次会议的准备作了认真的调查研究，会议以后为贯彻对知识分子的政策，进行了许多工作。

1956年，中共中央为继续巩固和扩大人民民主统一战线，继续加强同各民主党派、无党派民主人士的合作，提出了与民主党派“长期共存，互相监督”的方针。人民政协为贯彻这一方针所做的大量工作，进一步调动了各民主党派和各方面人士的社会主义积极性。许多政协委员在人民政协组织的各种会议和各种场合，怀着知识分子的爱国主义的责任感，对国家各个方面的工作提出了许多积极的、有益的建议和批评，对于推动和改善各方面的工作起了很好的作用，在一定程度上发挥了监督作用。

1957年反右派斗争中有一批爱国民主人士被错划为“右派分子”，人民政协的工作也因此受到影响。原来由于贯彻知识分子问题会议的决议和“长期共存、互相监督”的方针所带来的日趋活泼的政治局面，受到了严重的挫伤。

1958年年底，中共中央在开始纠正“大跃进”和人民公社化运动中已经发现的“左”倾错误的同时，着手调整了当时比较紧张的阶级关系和同民主党派的关系，人民政协工作转趋活跃。在1959年到1961年的3年困难时期中，人民政协在许多活动中运用形式比较自由、气氛比较宽松的“神仙会”的方式，贯彻了“不抓辫子、不戴帽子、不打棍子”的三不政策，并组织工商界和民主党派运用“神仙会”的方式对他们所关心的问题进行讨论，使人们畅所欲言，各抒所见，对一些问题提高了认识，统一了思想，从而极大地缓和了阶级关系和共产党同非共产党人士的关系，进一步增强了团结。1959年后，政协全国委员会根据中共中央和国务院决定，协商讨论了为右派分子摘帽问题；1962年又对在过去几次运动中被错斗的人进行了甄别平反。在3年困难期间，政协还对政协委员中的非共产党人士在生活和物资供应上给予

---

① 周恩来：《关于知识分子问题的报告》，《周恩来选集》下卷，人民出版社1984年第1版，第160、162页。

特殊照顾。这些，在政治上都起了安定团结的重要作用。

1962 年，毛泽东在中共八届十中全会上发出“千万不要忘记阶级斗争”的号召，强调阶级斗争“必须年年讲，月月讲，天天讲”。在这种情况下，人民政协的工作再次受到极大冲击，1959 年以来人民政协为调整关系所进行的一系列工作全部被否定。随后在政协委员中开展了以阶级教育为中心的学习，对一些人和事发动了错误的批判斗争。这种情况一直持续到 1966 年开始的“文化大革命”而达到顶峰。1966 年 8 月，在“红卫兵”的冲击下，人民政协被迫停止办公。

1976 年 10 月“四人帮”① 被粉碎，结束了长达十年的“文化大革命”这场空前的灾难。1977 年 12 月，政协第四届全国委员会常务委员会在相隔 11 年之后举行了第七次会议，会议作出了 1978 年春季召开政协第五届全国委员会第一次会议的决定。自此，人民政协迎来了新时期的春天。

① “四人帮”指王洪文、张春桥、江青、姚文元。

第五章
全国人民代表大会召开后人民政协的组织和职能的变化

第一节　关于召开政协第二届全国委员会的提出和准备

一、全国人民代表大会召开后人民政协作为统一战线组织仍有存在必要

1953 年 1 月，中央人民政府委员会接受政协全国委员会常务委员会的建议，决定召开全国和地方各级人民代表大会。这个决定公布后，引起了一部分人对于统一战线是否还要坚持，特别是作为统一战线组织的人民政协是否还有必要保留的疑问。有些人甚至主张“干脆取消”。1953 年 7 月，中共中央召开第四次全国统战工作会议，针对上述思想，强调做好统一战线工作，使人民民主统一战线得到巩固和发展，是顺利推进社会主义工业化和社会主义改造，实现中国共产党在过渡时期总路线的必要条件；人民政协作为统一战线组织，是贯彻执行中国共产党的统一战线政策，实现和巩固工人阶级领导权的重要形式，它对于动员和团结全国人民，巩固人民代表大会制度和人民民主专政的国家制度，反对国内外敌人，完成国家工业化和社会主义改造事业，有着重要作用和意义。会议明确指出，统一战线不但必须坚持，而且还应加强；人民政协不但不应取消，而且还应进一步巩固和加强。

实际上，早在 1949 年 10 月政协第一届全体会议通过的《共同纲领》中就已有明确的规定：“在普选的全国人民代表大会召开以后，中国人民政治协商会议得就有关国家建设事业的根本大计及其他重要措施，向全国人民代表大会或中央人民政府提出建议案”（第十三条）。这项规定肯定了在全国人民

代表大会召开以后，人民政协作为人民民主统一战线的组织继续存在，继续发挥多党合作和政治协商的作用。

人民政协是在新中国成立之初，在当时的政治、经济和历史条件下形成的以中国共产党为领导的、各民主党派和无党派民主人士参加的多党合作的统一战线的政治组织。在这种多党合作的统一战线的政治机制中，民主党派通过人民政协在中国政治生活中发挥其应有的作用，形成了具有中国特色的政治格局。这样一种机制，大大调动了各民主阶级、各民主党派、各人民团体和各方面人士的政治积极性，大大巩固了人民民主专政和人民民主统一战线。由此可见，人民政协在中国的政治机制中已经成为不可缺少的、相当重要的组成部分。

二、关于召开政协第二届全国委员会的决定

1953 年 2 月 7 日，政协第一届全国委员会第四次会议作出了召开政协第二届全国委员会的决定，同时提出做好以下三项准备工作：（一）《中国人民政治协商会议共同纲领》中有关国家的社会制度、政权制度、公民的权利和义务等基本内容，将要纳入国家宪法之中，因此《共同纲领》必须修改。(二)《中国人民政治协商会议组织法》中关于代行人民代表大会职权的条款应予取消，人民政协地方委员会的一些规定应予充实，其他各条也应根据以往的经验，重新加以研究；需要修改补充的，应加以修改和补充。（三）普选的人民代表大会即将召开，各界人民已相继组织起来，人民政协的组织形式也要随之调整；政协第二届全国委员会，将由各党派、各人民团体、国内少数民族、国外华侨及其他爱国人士组成；参加人民政协的单位、名额要根据实际情况作适当调整。根据人民政协《组织法》的规定，这次会议还决定：召开第二届第一次会议的准备和召集工作，包括提出《共同纲领》和《组织法》的修正草案，委托给常务委员会负责进行。

这次会议以后，全国委员会各工作组和工作会议分别就制宪和修改《共同纲领》《组织法》进行了研究和讨论。

1954 年 10 月，政协第一届全国委员会常务委员会举行第六十一次会议。

周恩来代表中共中央提出有关召开政协第二届会议的一些建议。常务委员会为了更广泛地了解各方面的态度，决定将中共中央的建议先交各民主党派、各人民团体研究并提出意见，然后在全国委员会工作会议上进行协商并提出具体方案，最后再提交常委会作最后决定。

各民主党派、人民团体经过研究并在工作会议上协商，一致同意中共中央的建议，即：（一）第二届中国人民政治协商会议的组织形式，由第一届的全体会议、全国委员会、常务委员会三个层次，改变为全国委员会和常务委员会两个层次，不再召集全体会议，但要适当扩大全国委员会的委员名额；（二）地区和军队由于已选出代表参加了全国人民代表大会，今后不再参加人民政协；（三）不再制定新的共同纲领，以原组织法为基础，另行起草人民政协章程。工作会议推定李维汉、王昆仑、章伯钧、罗隆基、章乃器、周建人、许德珩、郑振铎、邢西萍、易礼容、许之桢、曹孟君、于北辰 13 人组成章程起草小组。

随后，常务委员会连续举行第六十二次、第六十三次、第六十四次扩大会议，经过讨论，最后一致议定不再召集第二届全体会议，而由各民主党派、各人民团体及其他参加单位提出人选，经政协第一届全国委员会常务委员会协商确定后，直接召开第二届全国委员会第一次会议，并适当扩大委员名额，以利于广泛团结各方面的代表人物。会议经过协商，确定了第二届全国委员会的参加单位、名额和人选；通过了《中国人民政治协商会议章程（草案）》；决定了召开政协第二届全国委员会第一次会议的日期。

根据常务委员会的决定，政协第二届全国委员会由 11 个党派单位、8 个团体单位、9 个界别单位和一部分特别邀请人士组成，委员人数为 559 人。

11 个党派单位是：中国共产党、中国国民党革命委员会、中国民主同盟、中国民主建国会、无党派民主人士、中国民主促进会、中国农工民主党、中国致公党、九三学社、台湾民主自治同盟、中国新民主主义青年团。

8 个团体单位是：中华全国总工会、中华全国民主妇女联合会、中华全国民主青年联合会、中华全国工商业联合会、合作社、中国文学艺术界联合会、对外和平友好团体、社会救济福利团体。

9 个界别单位是：自然科学界、社会科学界、教育界、新闻出版界、医药卫生界、宗教界、农民、少数民族、华侨。

同政协第一届全体会议的参加单位比较，第二届全国委员会的参加单位有如下变化：（一）减少了 9 个地区单位（西北、华北、华东、东北、华中、华南 6 个解放区，内蒙古自治区，平、津两直辖市，待解放区民主人士）和 6 个军队单位（中国人民解放军总部，第一、第二、第三、第四野战军，华南人民解放军）。这是因为各省、市、自治区已选出人民代表参加全国人民代表大会，所以不再参加人民政协；人民解放军是国家的武装力量，不是政治团体，而且也已选出人民代表参加了全国人民代表大会，因而也不再参加人民政协。（二）减少了 3 个党派单位：中国人民救国会已宣告结束，中国国民党民主促进会和三民主义同志会已合并于中国国民党革命委员会。（三）新增了 3 个团体单位和一个界别单位：合作社、对外友好团体、社会救济福利团体和医药卫生界。

三、人民代表大会召开后关于人民政协的性质等问题的讨论

从 1952 年 12 月提出召开全国人民代表大会到决定召开政协第二届全国委员会第一次会议为止的两年之中，在人民政协和各民主党派内部先后展开了对宪法草案和对共同纲领与政协组织法如何进行修改，以及对人民政协章程草案的多次讨论和协商。讨论过程中，争论比较集中的问题是关于人民政协的性质、地位和作用的问题。一些人担心人民代表大会召开后，人民政协虽然继续存在，但不会再有多大作用，地位将不如过去，对此表现出疑虑和不满；一些人担心宪法上没有规定人民政协的地位，对人民政协以后如何进行工作感到没有明确依据；有的人甚至对人民政协是否还有存在的必要仍抱有怀疑；有一些人则认为人民政协应该具有一定的权力，应该使它具有国家权力机关或半权力机关的性质。

毛泽东在政协第二届全国委员会第一次会议开幕前，召集共产党、各民主党派和无党派民主人士几十人举行了座谈，对以上各种意见表明了自己的见解并进行了解释。他首先强调协商的必要性和人民政协在中国人民政治生

活中的作用，批驳了那种认为实行人民代表大会制以后人民政协就没有作用了的看法。他说：人民代表大会并不妨碍政协进行政治协商；新中国所做的事情虽然大体上都是正确的，但办法还很不完备，还需要各方面协商、讨论，各党派、各民族、各团体的领导人物，大家一起来协商新中国的大事非常重要。例如宪法草案就是经过协商、讨论，从而使得它更为完备；人民代表大会代表性虽然很大，但它还不能包括所有的方面，所以人民政协仍有存在的必要，并不是多余的。其次，他强调不能把人民政协搞成国家机关，批驳了那种认为应该使人民政协成为国家权力机关或半权力机关的意见。他说：人大和国务院是国家权力机关和国家管理机关，如果把人民政协也搞成国家权力机关，就成为二元论了，这样就重复了、分散了，民主集中制就讲不通了。人民政协是各党派的协商机关，共产党就是党派，也不是国家权力机关，但它的价值并不因此而有所降低。毛泽东的谈话，使各种意见归于一致，各方面人士取得了共识。这个谈话，随后又由中共中央委员、国务院副总理陈毅向更多的人作了传达。自此以后，关于人民政协的性质、地位、作用问题更加明确。这在政协第二届全国委员会第一次会议通过的人民政协章程中得到了充分反映。

第二节　政协第二届全国委员会的召开

1954 年 12 月 21 日，中国人民政治协商会议第二届全国委员会第一次会议在北京举行。

第二届全国委员会委员共 559 人，较之第一届全国委员会委员增加了 361 人（第一届委员 198 人）；较之第一届政协全体会议的代表（第一届全体会议代表除去地区和军队的人数为 475 人）还多 84 人。第二届全国委员会与第一届全国委员会相较，团结面和代表性都更加广泛。

在第二届全国委员会第一次会议上，周恩来作了关于国内外形势和第二届全国委员会的任务的报告。报告中说：政协第一届全国委员会随着全国人民代表大会的召开和宪法的颁布，已经完成了它的光荣的历史任务。政协第二届全国委员会是在中国人民民主统一战线更加广泛的基础上召开的。说它是在更广泛的基础上，是因为这五年，全中国人民在中国共产党和中央人民政府的领导下，在中国人民政治协商会议全国委员会的协助和推动下，广泛地进行了各种民主改革，完成了新民主主义革命的任务，同时进行了经济恢复和社会主义建设的工作，进行了反对国内外敌人的伟大斗争。所有这些工作使全中国人民在更广泛的基础上组织起来。工人阶级、农民、小资产阶级、民族资产阶级、一切爱国人士的团结，使政协第二届全国委员会的基础更加广泛，更加深入。全国人民今后需要更广泛地动员和更巩固的团结。人民政协作为人民民主统一战线的组织，将继续发挥重大作用。

周恩来在报告中也指出，一些人对人民政协曾经有过的两种不正确的想法，即一种认为全国人民代表大会已经召开了，宪法已经公布了，人民政协就没有存在的必要了；另一种是仍然把政协看作是政权机关。他认为这两种想法同出一源，就是不懂得政协本身是统一战线的组织，也就是党派性的联合组织。他说，政协第一届全体会议代行了全国人民代表大会的职权，但其本身并不是全国人民代表大会。现在全国人民代表大会第一次会议既已召开，人民政协代行全国人民代表大会职权的政权机关的作用就消失了，但人民政协本身的统一战线的作用仍然存在。他并指出：就过去五年来说，作为代行权力机关的只是第一届全体会议，几天会散了，权力已授给中央人民政府，所以代行政权的是全体会议，而经常工作的全国委员会、常务委员会则是统一战线组织；今后人民政协在中国共产党领导下，将继续作为团结各民族、各民主阶级、各民主党派、各人民团体、国外华侨和其他爱国民主人士的人民民主统一战线的组织，发挥它应有的作用。

第二届全国委员会第一次会议是在中国大规模的、有计划的经济建设即将进入第三个年头，社会主义工业化和社会主义改造的事业正在迅速发展的时候召开的。会上，许多委员热烈赞扬过去五年中国在共产党的领导下各条战线所取得的巨大成果和进步。史良在发言中说："我们的祖国有了空前飞跃的进步。五年的事实证明了中国共产党是我们国家的领导核心。没有中国共产党的领导，全国人民的力量是不可能团结、发挥和取得这样伟大成就的。"傅作义说："几年来我在各地亲眼看到许多使我感动的事情。建设祖国的奔放的热情，使蕴藏在人民心里的聪明智慧迸发出闪耀的光辉。”司徒美堂说：“祖国解放后，国际地位迅速提高，这确实使国外华侨感到无比的兴奋和自豪，大大鼓舞了华侨的爱国热情，也促进了国外华侨的大团结。”班禅额尔德尼·确吉坚赞在发言中说：“祖国蒸蒸日上，日益富强，成就是惊天动地的。”马叙伦说：“我们祖国在短短的五年中已经根本改变了面貌，作为一个中国人，我活了70年，从来没有像今天这样感到扬眉吐气，应该感谢中国共产党的指引和领导。”有些委员还以亲身的经历说明了自我改造的收获，表示了对中国共产党的各项政策的支持和拥护。李四光说：“解放以来，我们的学习和自我改造已经取得很大的收获，解放前遗留下来的宗派思想、个人英雄主义等等已经在科学界受到了广泛的批判。今后我们还要继续努力，肃清这些恶习残留下来的影响，进一步加强团结，发挥集体智慧，提倡集体创造，才能集中力量更有效地解决我国伟大的社会主义建设事业中必须解决的重大而复杂的科学问题。”刘文辉说：“1949年我以一个起义将领身份参加统一战线。经过各种运动和个人的思想斗争，我由一个拥有大量土地的地主成分，转变为坚决地拥护土地改革的人，由一个在中国多年内战中割据一方的旧军人，转变为人民政权的一名高级干部，由一个封建思想和资产阶级思想占统治地位的旧脑筋，转变为拥护国家过渡时期总任务的新脑筋。自然，我还正在不断地改造中。5年来，在共产党和毛主席的领导下，我真正得到了新生，我个人的这一经历，正说明了统一战线的作用。”周炳琳说：“我曾自以为自己一贯要求政治民主并且为政治民主作过斗争，无论如何总是站在人民方面的。我并自以为自己早就看到反动的蒋政权是注定要失败的，早已同它断绝关系。新局面的到来早在意料之中，自己觉得对于这新局面是不会有什么抵触的。但是实际上，当人民解放战争接近在全国范围内取得胜利的时候，众人欢腾，我却变得十分矜持。人民政府成立后，我的态度是冷眼观世变。但是，世事在演变，并且是在剧变中，自然在我的思想里就不能没有反映，没有斗争。……在参加广西省的土地改革期间，读了周总理对知识分子思想改造所做的讲演记录，觉得很有说服力。这时对于思想改造这一口号的提出，不唯不象解放初期那样表示反感，而且对其有了积极的评价。此时我才认真阅读毛主席的著作，特别是他的《新民主主义论》这一著作，根据这些著作来检查自己从‘五四’运动后第2年起30余年中自己的思想情况和所作所为。经过这番检查，我才初步批判了自己的旧的思想意识。……在我的思想改造过程中，主观愿望的形成固然是重要的一面，而中国共产党和毛主席的正确领导，群众的策励，则是出现要求改造这样一个愿望的物质基础。而有着更大影响的，当然还是解放以来我们祖国的飞速发展，在抗美援朝中祖国国防的益臻巩固，以及在多方面的民主改革的胜利。这一连串在中国历史上亘古少见的成绩，鼓舞了居住在新中国大陆上的每一个人。这就是在现实基础上引人入胜地向着理想的无剥削、无压迫的境地迈进。在这样美好的光景面前，凡是爱祖国的人谁能不受鼓舞而无动于衷?”

还有更多的委员在发言中赞扬共产党和人民政府的正确领导，特别是对共产党员和各级干部艰苦奋斗，吃苦在前，为公忘私，全心全意为人民服务的作风和精神，表示由衷的敬佩和拥护，并从中受到教育和鼓舞。

政协第二届全国委员会第一次会议的中心议题是讨论通过《中国人民政治协商会议章程》。鉴于宪法已经颁布实施，1949年政协第一届全体会议通过并实施的人民政协《共同纲领》的基本内容已经纳入宪法，《共同纲领》已为宪法所代替，因而人民政协不需要再制定新的象过去那样的共同纲领。同时，原有的政协组织法也已经不完全适合于发展了的情况，需要根据新的情况和过去五年的经验，重新研究和提出适合于人民政协今后作为统一战线组织这一性质的纲领和组织原则。第一届全国委员会常务委员会经过反复研究、讨论和协商，认为人民政协既是以各民主党派、各人民团体为基础所组成的人民民主统一战线组织，为避免同国家权力机关那种具有强制性的法律效力的“法”和“条例”相混淆，应当按照一般党派和人民团体所沿用的组织规章的习惯，把《中国人民政治协商会议组织法》改为《中国人民政治协商会议章程》，以代替原来的共同纲领和组织法。根据以上精神，常务委员会组织了专门小组进行章程起草工作。常务委员会第六十四次会议通过了《中国人民政治协商会议章程（草案)》，提请第二届全国委员会第一次会议审定。章程草案包括总纲和组织条文两部分，总纲部分规定人民政协的性质、基本任务和共同遵守的准则；组织条文部分规定人民政协包括全国委员会和地方委员会的基本组织原则。

章伯钧代表政协第一届全国委员会常务委员会在会上作了关于《中国人民政治协商会议章程（草案)》的说明。会议一致通过了这个章程。

会议发表了一项宣言，对美国政府于1954年12月2日与蒋介石集团签订所谓《共同防御条约》，表示了极大的愤慨和强烈的谴责，重申了中国人民解放台湾的决心。

会议选举周恩来为中国人民政治协商会议第二届全国委员会主席，宋庆龄、董必武、李济深、张澜、郭沫若、彭真、沈钧儒、黄炎培、何香凝、李维汉、李四光、陈叔通、章伯钧、陈嘉庚、班禅额尔德尼·确吉坚赞、包尔汉为副主席，邢西萍为秘书长，王芸生等65人为常务委员，推举第一届全国委员会主席毛泽东为第二届全国委员会名誉主席。

第三节 《中国人民政治协商会议章程》的主要内容

政协第二届全国委员会第一次会议通过的《中国人民政治协商会议章程》，对人民政协的性质、任务和共同遵守的准则以及各项基本组织原则都作了明确的规定。

一、人民政协的性质

《章程》总纲以及章伯钧在政协第二届全国委员会第一次会议上所作的《关于〈中国人民政治协商会议章程〉（草案）的说明》明确指出："中华人民共和国第一届全国人民代表大会第一次会议已经召开，中华人民共和国宪法已经颁布，中国人民政治协商会议共同纲领的基本内容已经列入宪法，这个共同纲领已经为宪法所代替。中国人民政治协商会议全体会议代行全国人民代表大会职权的任务已经结束。"因此，"今后中国人民政治协商会议的性质是团结全国各民族、各民主阶级、各民主党派、各人民团体、国外华侨和其他爱国民主人士的人民民主统一战线的组织"。人民政协的这一性质规定了它既不同于国家权力机关，也不同于一般的人民团体，而是党派性的包罗各个方面的人民民主统一战线的组织。

人民政协区别于国家权力机关之处，有这样几点：

（一）人民政协是统一战线的协商机关，人民代表大会和政府则是人民民主专政的国家权力机关和管理机关。国家权力机关颁布的法令有强制性，任何人都必须遵守执行；统一战线组织只能进行协商，而不具有国家权力机关的性质。

（二）人民政协只能代表统一战线各方面成员的意见和要求，对政府工作提出批评和建议，而没有国家权力机关所具有的那种对政府监督、质询、弹劾的权力。人民政协所反映的各方面人民群众的意见和批评、建议，虽然也是一种监督，但对政府不具有法律上的约束力。

（三）人民政协的基本原则是民主协商，各种事项和内部关系都是经协商确定的。人民代表大会从行使权力的意义上说，是按民主集中制原则和有关法律程序行事的。

（四）各级人民代表大会的代表由人民选举产生，受人民监督，人民有权撤换不称职的代表。参加人民政协的单位和人选，不是经过选举而是由各党派、团体协商产生；参加者有退出的自由，对于违反章程或决议的单位和个人，则由全国委员会给以不同的处分直至撤销其参加资格。

人民政协同人民代表大会尽管在权力上有以上区别，但在政治地位上是平等的。周恩来曾指出，二者“只有权力之分，并无高低之别”①。

人民政协的性质规定了它具有广泛的代表性、党派之间的合作性、协商性等特点。人民政协能够在中国的政治生活中发挥独特的重要作用，正是由于这些特点所决定的。

二、人民政协的任务和共同遵守的准则

人民政协《章程》总纲提出的人民政协的基本任务是：“在中国共产党领导下，继续通过各民主党派、各人民团体的团结，更广泛地团结全国各族人

① 1959 年 3 月 10 日周恩来在政协第二届全国委员会常务委员会第五十二次会议上的讲话。

民，共同努力，克服困难，为贯彻宪法的实施，建设一个伟大的社会主义国家而奋斗。”毛泽东曾经把人民政协的基本任务具体化为五项内容：第一，协商国际问题，进行国际活动，如对外发表宣言，反对侵略，保卫和平等；第二，各级人民政协协商同级人民代表大会代表的候选人名单，协商同级人民政协组成人员的人选；第三，联系人民群众，向有关的国家机关反映群众意见和提出建议；第四，协助国家机关，推动社会力量，为巩固工人阶级的领导，调整社会各阶级之间的相互关系问题，协商和处理人民政协内部和党派、团体之间的合作问题；第五，在自愿的原则下，学习马克思列宁主义理论，努力进行思想改造。这五项任务，是毛泽东在政协第二届全国委员会第一次会议开会前两天举行的座谈会上提出来的，总纲所列举的七项共同遵守的准则中，基本上包含了这些内容，周恩来在第二届全国委员会第一次会议上所做的报告中对此有所说明。

为实现人民政协的基本任务，《章程》总纲中规定下列七项为参加人民政协的各单位和个人共同遵守的准则：（一）拥护中华人民共和国宪法，全力贯彻宪法的实施；（二）巩固工人阶级领导的、以工农联盟为基础的人民民主制度，加强社会主义经济力量在国民经济中的领导地位；（三）协助国家机关，推动社会力量，实现国家关于社会主义工业化和社会主义改造的建设计划；（四）密切联系群众，向有关国家机关反映群众的意见和提出建议；（五）在全国各族人民中加强团结工作，发扬爱国主义精神，提高革命警惕性，保卫国家建设，坚持对国内外敌人的斗争；（六）继续巩固和发展中国同苏维埃社会主义共和国联盟、同各人民民主国家的牢不可破的友谊，增进中国同一切爱好和平的国家的友谊，加强中国人民同全世界爱好和平的人民的友谊，反对侵略战争，保卫世界和平，维护人类的正义事业；（七）在自愿的基础上学习马克思列宁主义的理论，积极学习国家的政策，提高政治水平，展开批评和自我批评，努力进行思想改造。《章程》规定的这七项准则，也就是全国各族人民、各民主党派、各人民团体和其他爱国民主人士团结奋斗的共同的政治基础。

毛泽东概括指出的人民政协的五项任务和《章程》总纲提出的七项准则，

体现了人民政协的性质和作用，规定了人民政协从这次会议开始的发展道路。

三、人民政协的组织结构

第一届人民政协的组织结构，分为全体会议、全国委员会和常务委员会三个层次。在第二届人民政协召开以前，第一届全国委员会常务委员会经过多次讨论，认为层次多必然造成会议过繁，而且全国人民代表大会已经召开，原来参加人民政协的许多人士已被选为全国人民代表大会的代表，在此情况下，人民政协根据本身的性质，没有必要再保留全体会议，因此决定将原有的三个层次改为只有全国委员会和常务委员会两个层次。政协第二届全国委员会第一次会议就是根据这一决定进行准备和召开的，《章程》中对此也作了明确规定。

政协第一届全国委员会的委员是由全体会议选举产生的。第二届人民政协既取消了全体会议这一层次，因此《章程》规定，改为全国委员会由各民主党派、各人民团体推出的代表和特别邀请的个人以及少数民族、华侨中的代表性人士组成；参加全国委员会的单位、名额和委员人选，由上一届全国委员会的常务委员会协商确定。

四、人民政协地方委员会的设置及上下级之间的关系

《章程》规定：在省、自治区、直辖市和市以及其他有必要的地方设立人民政协地方委员会。所谓有必要的地方，即指省、市以下的自治州、县、自治县和市辖区，应根据当地社会阶级关系和民族关系的实际情况和需要决定是否设立。一般农业区的县，社会关系比较简单，除少数情况特殊的县以外，大部分县在当时情况下不需要设立地方委员会。

《章程》规定：全国委员会和各级地方委员会对下一级地方委员会的关系是指导关系。其所以规定为指导关系而不是领导关系，是鉴于各地情况不同，工作发展不平衡，统一战线面临的问题也不尽相同，需要在当地中共党委领导下通过政治协商，因地制宜地进行工作，才能切合实际并充分发挥地方的积极性和创造性。但各级地方委员会都必须遵守和实行人民政协《章程》和

全国委员会作出的全国性的决议和号召。

政协第二届全国委员会第一次会议通过的这部《章程》，直到 1978 年 3 月第五届全国委员会第一次会议进行修改为止，一直成为第二、第三、第四届全国委员会和地方委员会遵守和实行的准则。

第六章
为实现过渡时期的总路线所进行的工作

第一节　协助政府推动对资本主义工商业的社会主义改造工作

1953 年，中共中央在新民主主义革命所要完成的任务基本实现的基础上，提出了要在一个相当长的时间内，即大约经过三个五年计划共十五年左右的时间，逐步实现国家的社会主义工业化，并逐步实现国家对农业、手工业和资本主义工商业的社会主义改造的总路线。1954 年第一届全国人民代表大会制定的中国第一部宪法，把这条总路线明确地载入序言中，成为全国人民的总任务。①

1954 年年底，政协第二届全国委员会第一次会议制定的《章程》，也明确地把“协助国家机关，推动社会力量，实现国家关于社会主义工业化和社会主义改造的建设计划”作为参加政协的各单位和个人共同遵守的一项准则。

人民政协作为中国共产党领导的人民民主统一战线组织，在巩固工人阶级同非劳动人民的政治联盟，协助政府贯彻和实施国家在过渡时期的总路线和总任务方面，特别是在贯彻、实施对资本主义工商业和工商业者的社会主义改造方面发挥了积极的作用。

一、协商有关调整公私关系的方针政策和法规

1954 年《宪法》序言中指出：“中华人民共和国的人民民主制度，也就

① 1954 年中华人民共和国宪法序言指出：“中华人民共和国成立到社会主义建成，这是一个过渡时期。国家在过渡时期的总任务是逐步实现国家的社会主义工业化，逐步完成对农业、手工业和资本主义工商业的社会主义改造。”

是新民主主义制度，保证我国能够通过和平的道路消灭剥削和贫困，建成繁荣幸福的社会主义社会。”到 1954 年，中国由于人民民主专政的政权日益巩固，并且有了日益强大的在整个国民经济中占主导地位的社会主义的国营经济，有条件在同民族资产阶级在政治上继续保持联盟的情况下，在经济上用说服教育并照顾其利益的方法，采取国家资本主义的形式和赎买的政策，实现对资本主义工商业的社会主义改造，也就是通过和平过渡的道路完成中国的社会主义革命的任务。因此，人民政府在过去几年对资本主义工商业实行利用、限制、改造政策的基础上，开始对资本主义工商业实行全面改造，有计划地扩展各种形式的国家资本主义，特别是国家资本主义中的高级形式的公私合营企业。

中国资本主义工商业实行公私合营的工作，大体经历了两个发展阶段。1955 年以前主要是进行各单个企业的公私合营。单个企业公私合营后，企业的生产资料由过去的资本家私人占有变为国家和资本家共同占有，而且社会主义经济成分居于主导地位。资本家在企业中的地位，由过去的主管者变为在公方领导之下参与经营管理的私方代表和职员。在分配方面，按照“四马分肥”的原则，全部利润除去上交国家的所得税、企业所留公积金和用于工人福利奖金三部分以外的约 1/4，再按公股、私股所占比例进行分配。这样，企业的生产关系就发生了重大的变化。在这个以单个企业公私合营为主的阶段中，政协全国委员会曾就总路线公布以后私营工商界的思想情况和业务上存在的问题，如公私合营企业的清产核资、“四马分肥”、公积金以及私方人员的职权等有关调整公私关系的方针政策进行了多次座谈讨论。例如 1954 年 8 月 23 日，政协第一届全国委员会常务委员会第五十九次会议对政务院提出的《公私合营工业企业暂行条例（草案）》进行了协商。这个《条例（草案）》是在总结前几年公私合营的政策和经验的基础上制定的一个重要法规，其基本精神是确立社会主义成分在公私合营企业中的领导地位，同时保护资本家的合法权益。为做好对这个重要法规的协商工作，广泛听取各方面人士的意见，常务委员会邀请了在京的政协全国委员会委员，中央人民政府委员、政务委员，各省、自治区、直辖市协商委员会负责人，各民主党派、工商联的负责人，工商界代表人士以及公私合营企业有关部门的负责人列席会议参加讨论。会议经过充分的研究和协商，提出不少积极的修改意见。《条例（草案)》的主要内容包括以下六点：(一）明确规定公私合营企业不是普通的合股企业，而是在社会主义经济直接领导下的、社会主义成分与资本主义成分直接合作的半社会主义企业，在企业中公方居于领导地位，私方接受公方的领导；（二）私方代表的合法权益受到保护，并负责参加企业的经营管理；(三）对企业原有的实职人员，量才使用，对工程技术人员和其他专家，发挥其专长；（四）企业吸收工人代表参加管理，对企业的管理制度逐步进行改革，汰除其不合理的管理制度；(五）私股的股息、红利加上董事、经理和厂长的酬劳金，共可占企业全年利润的25%左右，私股所得由个人自由支配；(六）企业的董事会是公私双方的协商议事机构，对企业的生产、经营、剩余分配及有关公私关系等事项进行协商。[①] 这个《条例（草案)》经协商、修改以后由政务院通过并公布施行。从而使中国对资本主义工业企业进行社会主义改造的原则和政策最后以法律的形式确定下来，有力地促进了私营工商业者接受社会主义改造，加快了全国范围的公私合营企业扩展的步伐。

1955年下半年，全国掀起了农业合作化的高潮。在农业合作化迅速发展的形势下，毛泽东又指出："中国的手工业和资本主义工商业的社会主义改造，也应当争取提早一些时候去完成，才能适应农业发展的需要"。[②] 在这个思想指导下，对资本主义工商业的社会主义改造工作大大加快，公私合营工作进入了迅猛发展的阶段。一些地方由单个企业的合营发展到整个行业的合营，特别是进入1956年以后，全国各大中城市迅速掀起了按行业进行全行业公私合营的高潮。首先是北京在1956年1月10日实现全市资本主义工商业的全行业公私合营，接着，天津、西安、沈阳、重庆、武汉、广州、南京、上海、成都、保定、鞍山等大中城市，也相继于1月20日前后完成全行业的公私合营。在这些大中城市的带动下，在1956年内，全国绝大部分地区对生产

① 李维汉：《回忆与研究》下册，中共党史资料出版社1986年版，第755页。

② 《中国农村的社会主义高潮》的序言，《毛泽东选集》第5卷，第223页。

资料私有制的社会主义改造基本完成。这就使中国农业、手工业、资本主义工商业的社会主义改造，比原来规定的进度大大地提前了。在这一时期中，推动社会主义改造也成了政协第二届全国委员会常务委员会的重要议程。1956年1月常务委员会第十四次会议协商讨论了《国务院关于对公私合营企业推行定息办法的决定（草案）》《国务院关于私营企业实行公私合营的时候对财产清理估价几项主要问题的规定（草案）》，为协助政府制定正确的方针政策，保证社会主义改造的顺利进行做出了贡献。

1956年的全行业公私合营，尽管存在着要求过急、改变过快、合营面过宽（小商贩、小手工业者也被带入）、改组后厂店撤并过多、对一些原工商业者的处理和使用也不很适当等缺点和偏差，但就其整个来说，仍然是一次意义重大的历史性变革，迈出了把资本主义私有制转变为社会主义公有制的决定性的一步。全行业实行公私合营以后，国家按照国民经济计划和统一的经营管理制度，对企业进行有计划的改造，并采取定息的办法来处理资本家的生产资料所有权问题。[①] 这样，合营企业实际上已经是社会主义性质的了。实行公私合营和定息办法后，资本家占有的生产资料已经全部转归国家使用和管理，资本家本人也由过去企业中的支配者、剥削者，开始以公职人员的身份在国家领导下为社会主义服务。他们虽然在一段比较长的时间里还拿定息，但到定息期满后，他们中间绝大部分有劳动能力的人就成为自食其力的社会主义劳动者了。

二、沟通思想，组织学习，推动工商业者的思想改造

1956年1月30日，政协第二届全国委员会第二次会议开幕时，工人、农民、手工业工人和工商界的代表组成的报喜队，向大会并分别向中共中央、全国人大常委会、国务院以及中共中央和国家的领导人毛泽东、周恩来等送来关于农业、手工业、资本主义工商业实现社会主义改造的报喜信。周恩来

---

① 定息是中国在资本主义工商业实行全行业公私合营后，对民族资本家的生产资料进行赎买的一种形式，即不论企业盈亏，统一由国家每年按照私股金额发给资本家固定的股息，一般是年息5%，从1956年起，7年不变，后又延长3年，1966年9月停止支付，共发了10年。

在这次会议上所作的政治报告中指出："我国在对农业、手工业和资本主义工商业进行社会主义改造方面取得的伟大成就，表明我国在进行社会主义革命也就是进行社会主义改造的途程上，已经向前迈进了一大步。可以说，在社会主义和资本主义两条道路的斗争中，胜负已经被决定了。马克思列宁主义早就指出过，在工人阶级领导的政权下，资本主义制度有可能在特定条件下和平地过渡到社会主义制度。我国人民的实践光辉地证实了这一可能。"

对资本主义工商业的社会主义改造，包括改造企业和改造人两个方面。企业的改造，即经过由低级到高级的国家资本主义形式，把资本主义工商业逐步改变为完全社会主义性质的企业。人的改造，即在改造企业的同时，通过各种工作，采取教育的方法，把资产阶级的人们逐步改造成为自食其力的劳动者。在企业实行公私合营以后，原来的资方人员都变成了企业的从业人员，即成为国家企业的干部了，因此，对他们的改造主要以企业为基地，进行耐心的思想教育工作，帮助他们认清社会前进的方向，取得思想上的不断进步，使他们所掌握的科学技术知识和经营管理经验能够用来为社会主义建设服务。对资产阶级的人们进行思想改造，是实现整个社会向社会主义和平转变的一个重要环节，也是实现马克思提出的无产阶级要解放全人类的伟大理想的一个重要组成部分。要做好人的改造工作，首先要正确贯彻执行有关资方人员的权益的各项政策，如清产定股、人事安排、利润分配等等。其次，在处理企业的生产、经营等各种问题时，公方代表要同资方人员进行协商，充分发挥资方人员在生产、经营上的积极性，在此基础上进行耐心的思想教育工作，帮助他们在工作实践中学习有关的各项方针政策，组织他们进行政治理论的学习。在学习中，对思想认识上的问题，要采取摆事实、讲道理、批评与自我批评的自我教育的方法，达到既提高认识又加强团结的目的。

1954 年 12 月，政协在第二届全国委员会第一次会议闭幕之后，召开了一次以政协工商界委员为主的私营工商业问题座谈会，会议由国务院副总理陈毅主持。座谈会上，委员们集中反映了私营工商业在社会主义改造中有关处理公私关系的许多问题和困难。随后陈云代表中共中央和国务院在座谈会上作了在社会主义改造中国家关于调整工商业公私关系的方针政策的报告，国务院各有关部门的负责人曾山、吴波、许涤新等分别就加工订货、税收和公私合营工作中的若干具体政策问题作了解答。这次座谈会，对于解除资本主义工商业者对公私合营工作的疑虑，起了很好的作用。座谈会后，参加座谈会的工商界人士一致反映，在中央负责人参加并领导下，运用人民政协处理国内阶级关系这一重大任务，是一个很好的做法，为开展人民政协的工作做出了榜样。他们还认为，在对资本主义工商业进行社会主义改造这一复杂的任务中，必然还会不断发生新的问题，需要不断地调整阶级关系，应该更多地发挥人民政协的作用。

为了帮助各界民主人士和工商业者进行学习，1956 年 3 月，政协第二届全国委员会常务委员会第二十次会议做出了《关于组织各界民主人士和工商业者进行政治学习和理论学习的决定》，同时根据《决定》调整全国委员会学习委员会并通过了委员名单。学习委员会的任务是协助常务委员会组织和管理有关学习的工作。《决定》还提出创办社会主义学院，组织民主人士分期分批地学习政治理论。此外，政协全国委员会还协助中国民主建国会和中华全国工商业联合会开办短期讲习班，组织资本主义工商业者结合在企业中的实践，学习国营企业的企业管理方法、时事政策和社会主义基础知识等。这些学习，都是以自愿参加为原则，着重于联系实际，自我教育，对于各界民主人士和工商业者的思想改造起了很重要的作用。1957 年夏季以后，由于掀起了全国范围的反右派斗争并严重扩大化，统一战线工作也在“左”的思想指导下，提出了“迅速前进，加速改造，以适应大跃进的形势”等错误口号，在思想改造工作中出现了不少违背思想工作规律的错误做法。这些错误的口号和做法虽然后来陆续得到纠正，但在许多人中遗留下不实事求是和不敢讲真话的恶果。这种现象一直到中共十一届三中全会以后才逐步得到扭转。

第二节　协商有关农业社会主义改造和其他方面的重大措施

在政协第二届全国委员会期间，中共中央和国务院继续将有关国家政治生活、经济建设和文化教育等方面的一些重要问题提到政协全国委员会的各种会议上进行协商。这一时期协商的问题除资本主义工商业的社会主义改造问题外，重要的还有以下七个方面的问题。

一、关于农业合作化的两个文件的协商

土地改革完成以后，全国农村立即开展了互助合作运动；1952 年又在互助合作的基础上，开始有计划地发展农业生产合作社。过渡时期总路线公布以后，加快了农业合作化的进程。1955 年 7 月，毛泽东在省、市、自治区党委书记会议上作了《关于农业合作化问题》的报告。随后，中共七届六中全会根据毛泽东的报告，通过了《关于农业合作化问题的决议》，加速了农村合作化高潮的到来。在 1955 年 10 月 22 日的政协第二届全国委员会常务委员会第七次会议上，就中共中央提出的《农业生产合作社示范章程（试行草案）》进行了协商。会议吸收了所有在北京的政协委员和全国人民代表大会代表进行了为时五天的讨论，与会者一致表示同意。草案经国务院第二十次会议最后通过，于 1955 年 11 月 7 日公布实行。1956 年中共中央根据农业生产合作社发展的情况，制定了《高级农业生产合作社示范章程（草案）》，于同年 6 月 11 日提到政协第二届全国委员会常务委员会第二十四次会议进行协商，全国人民代表大会常务委员会委员列席了会议。经过讨论协商，提出了一些修改意见，随后经第一届全国人民代表大会第三次会议批准并公布实行。到 1956 年年底，全国农村生产资料所有制的社会主义改造基本完成。农业社会主义改造是一件具有伟大历史意义的事情，但在实际工作中出现了发展过于迅猛的偏差。

二、关于《一九五六年到一九六七年全国农业发展纲要（修正草案）》的协商

1956 年 1 月，在农业合作化运动逐步深入之际，为发展农业生产，中共中央提出《一九五六年到一九六七年全国农业发展纲要（草案）》（简称《纲要（草案）》），规定了中国农村十二年内经济、文化、教育、卫生等各方面的发展目标，最高国务会议讨论并同意了这个《纲要（草案）》。1 月 25 日，《纲要（草案）》全文向全国人民公布，随即在广大农村中展开广泛讨论，在

全国范围掀起了农业生产的热潮。到1957年1月，《纲要（草案）》提出的全国农村基本实现高级形式的农业合作社的要求，提前一年实现。1957年9月，中共八届三中全会对《纲要（草案）》作了修正，于10月16日提到政协第二届全国委员会常务委员会第四十六次会议、第一届全国人大常务委员会第八十次会议联席会议上进行协商，中共中央书记处书记谭震林在联席会议上作了这个草案的修改说明。政协常委和人大常委对发展山区经济、发展农村文化教育、发展畜牧业和农产品加工工业，以及保护农村妇女儿童权益等问题提出了不少意见。接着，政协第二届全国委员会常务委员会第四十七次会议和第一届人大常务委员会第八十一次会议于10月22日再次举行联席会议，原则通过了这个修正草案，建议中共中央修改后提交全国人民讨论，而后再由全国人民代表大会通过实行。1960年4月，第二届全国人民代表大会第二次会议通过了《一九五六年到一九六七年全国农业发展纲要》，并由国家主席刘少奇发布命令公布施行。

三、关于《中华人民共和国农业税条例（草案）》的协商

全国农业合作化基本实现以后，由于农村的生产关系发生了根本变化，以个体经济为基础的农业税征收办法已经不再适用。因此，财政部从1956年开始酝酿起草新的农业税条例。1958年年初，财政部将拟定的《中华人民共和国农业税条例（草案）》提到政协全国委员会征询意见。3月11日，政协全国委员会组织政协常务委员会委员、全国人大常务委员会委员、全国人大法案委员会和民族委员会委员、国务院参事以及其他有关方面人员，对这个草案进行了座谈讨论。大家认为，新的农业税条例有利于农业生产的发展，有利于农业合作社的巩固，兼顾到国家、集体、个人三者的利益，并作到尽量简化税制，是适合当时需要的；新的条例实行比例税制，废止过去的累进税制，并取消按人口扣除免税额的规定，是中国农业税制度上的重大改革，有利于促进农业的发展。这个条例草案最后经全国人大常务委员会第九十六次会议通过，并于6月4日公布实行。

四、关于战犯、战俘处理问题的协商

中华人民共和国成立以后，到1956年，由于中国农村民主改革的彻底完成和镇压反革命的胜利，由于农业、手工业、资本主义工商业的社会主义改造基本完成和经济建设的不断发展，中国社会出现了空前未有的安定团结的局面。当时在押的国内外战犯战俘经过几年的改造，大多数人有了悔罪和改恶从善的表现。在当时形势下，已经有条件按照中国共产党的既定政策，对在押的战犯战俘实行宽大处理。在1956年3月14日政协第二届全国委员会常务委员会第十九次会议上，周恩来代表中国共产党就在押的外国的和本国的战犯战俘的教育改造情况和宽大处理的方针政策与实施的步骤方法提出协商。对于日本战犯的处理原则是：罪行严重的，由最高人民检察院提起公诉，最高人民法院军事法庭进行审判，依法处理；对于多数次要的或悔罪表现较好的战犯，可免予起诉，从宽处理，由中国红十字会协助遣返回国。经这次会议协商取得一致意见后，全国人民代表大会常务委员会做出了《关于处理在押日本战犯的决定》，并由各有关主管部门依照这个决定，对战犯分别作了判刑或释放的处理。

至于本国的战犯战俘，多数人在关押期间经过教育改造，对自己的罪行有了认识，不少人决心改造自己，立功赎罪。按照化消极因素为积极因素的教育改造反革命罪犯的一贯政策，可以对他们采取逐步宽赦的办法；在宽赦之前，可以组织他们参观工农业生产建设的成就，允许他们的亲友探视访问；将来释放之后，愿到香港的可以去，愿去台湾的也可以去，允许来去自由。这次常委会经过协商，对这些做法一致表示同意。

这次会议以后，为了更好地进行本国战犯战俘的处置工作，政协全国委员会决定在处置之前组织各界人士与战犯战俘谈话。3月27日，全国委员会常务委员会第二十次会议通过了组织各界人士与战犯战俘谈话的九人小组名单。从4月6日至5月10日，小组组织委员和各界人士30人，分3批与80名战犯战俘进行了谈话。通过谈话，战犯战俘对中国共产党和人民政府的宽大政策认识更加深化。主管部门随即组织他们到各地进行参观和学习。1959年，全国人大常务委员会根据中共中央的建议做出决定，对确实已经改恶从善的战犯分批实行特赦。中华人民共和国成立十周年国庆节前夕，国家主席刘少奇发布了特赦首批战犯 33 名的命令。到 1982 年，全部在押的原国民党的党、政、军、特人员都先后获得宽大释放，并得到人民政府的妥善安置。

五、关于宽大处理和安置城市残余反革命分子的协商

1955 年全国范围内进行了清查暗藏的反革命分子的群众运动（简称肃反运动）。经过这个运动，社会治安大为巩固，全国城市和农村更加安定。人民政府对清查出来的城市中的反革命分子采取了惩办和宽大相结合的政策，对一切坦白的、悔过的、立功的反革命分子给以宽大处理，并使他们在劳动中改造成为新人，以化消极因素为积极因素，有利于社会主义建设和城市治安。1956 年 7 月 11 日、12 日政协全国委员会常务委员会第二十六次、第二十七次两次会议协商讨论了国务院提出的《关于处理城市反革命分子的办法（草案）》。这项办法的出发点是通过政治教育和劳动生产，把反革命分子中的大多数争取改造过来。对于从宽处理、不予逮捕判刑的城市反革命分子，根据不同情况分别采取回乡生产、组织移民生产、就地就业、收容教养等办法，给以生活出路与职业安置。对于悔改好，有立功表现的，依照其所参加的工作，相应地给以工人、职员、店员、社员、教员、政府工作人员等称号。这项办法的基本精神在于使所有获得宽大处理的人各得其所，各安其业，在劳动生产中逐步改造自己，并同全国人民一起为建设社会主义服务。这两次会议在协商过程中，从政策原则、处理办法到文字措词都提出了不少意见与建议。对于肃反工作中的一些问题，会上也提出了意见，有些委员还提出了不同看法，经过反复讨论，最后趋于一致。例如关于成绩与错误的问题，大家认为成绩是主要的，但也有错误，主要是把一些本来不是反革命的某些人民内部矛盾也当成敌我矛盾，以致有一些人在运动中被错斗、错捕、错定；对于出现的这些错误，应该在实际工作中加以改正。为了更广泛地征求对办法草案的意见，政协全国委员会在会后又组织政协常务委员和全国人大常务委员自 7 月 15 日至 8 月 15 日用了一个月的时间，分别在北京、青岛、北戴河三地举行座谈，对办法草案进行了更加深入的研究、讨论。1956 年 11 月 16 日，

第一届全国人民代表大会常务委员会第五十一次会议与政协第二届全国委员会常务委员会第三十一次会议联席举行，最后在这次会议上，全国人大常委通过了《关于宽大处理和安置城市残余反革命分子的决定》。

六、关于文字改革问题的协商

中国文字改革，早在1949年10月新中国成立之初就在中国共产党的大力倡导下，成立了以吴玉章为会长的中国文字改革协会（后改为中国文字改革委员会，简称文改会），确定文字改革的任务是“简化汉字，推广普通话，制定和推行汉语拼音方案”，确定汉语拼音的字母形式采用国际通用的拉丁字母并加以必要的补充。关于汉字简化则提出了“约定俗成，稳步前进”的方针。

1955年3月，政协第二届全国委员会请中国文字改革委员会主任吴玉章对汉字简化工作作了报告，随即组织在京委员并邀请全国人大常务委员会委员及其他有关方面人士就中国文字改革委员会提出的汉字简化方案草案进行座谈。座谈中大家认为，汉字简化，古已有之，篆书改隶书，楷书变行书，均属简化，汉字简化是中国文字发展的趋势。尤其是若干异体字的废除，笔划的简化，更有利于普及教育，缩短劳动人民与文字的距离。但简化字必须统一和法定化，以避免随意造字，造成文字混乱。经过这次讨论以后，文改会对方案作了修改。1956年1月，国务院作出《关于公布汉字简化方案的决议》，将汉字简化方案公布。公布的汉字简化方案分三部分，第一部分230个简化字，立即使用；第二部分285个简化字，于1956年6月以后分批试用；第三部分汉字偏旁简化共54个，于方案公布之日起开始试用。

1956年3月5日，在政协全国委员会常务委员会第十八次会议上，吴玉章又作了关于《汉语拼音方案（草案）》的说明，提请人民政协组织讨论，提出意见。经会议决定，全国委员会和各省、自治区以及北京、天津、上海、沈阳、西安、武汉、广州、重庆8市的人民政协地方委员会组织有关人士对《汉语拼音方案（草案）》进行了讨论。各地在讨论中除对草案提出了一些具体意见外，总的方面一致认为，随着经济建设的发展，广大人民群众的文化教育急需普及与提高，同时为了开展国际文化交流，实行汉语拼音十分必要。推行汉语拼音方案的目的是为了求简、易学、易懂、易用，广泛推行汉语拼音方案，对克服中国方言的音差，促进汉语语言和语音的统一具有重要意义。这对于中小学语文教学以及妇女、儿童、国外华侨学习汉字和普通话，都能带来很大便利。但是必须肯定汉语拼音不是文字拼音，汉字本身不能废止。经过广泛讨论后，汉语拼音方案审订委员会对草案作了修正。1957 年 10 月 29 日，政协第二届全国委员会常务委员会第四十九次会议又就修正草案进行协商，取得一致意见。11 月 1 日国务院通过了《汉语拼音方案（草案)》，并于 12 月公布推行。

1958 年 1 月 10 日，政协全国委员会举行 3000 余人的大型报告会。周恩来作了《当前文字改革的任务》的报告，中国文字改革委员会委员胡乔木作了关于《汉语拼音方案（草案)》的几点说明。随后全国委员会又组织了 6 个宣传组，分赴华东、中南、西北、西南、东北、京津地区宣传文字改革和采用汉语拼音方案的意义。这些活动对于在全国推行简化字和汉语拼音的工作起了很大的作用。

七、关于建立宁夏、广西两个民族自治区的协商

中华人民共和国宪法规定，各少数民族聚居的地方实行民族区域自治，各民族自治地方都是中华人民共和国不可分离的部分。实行民族区域自治的政策，是在人民民主制度下体现各民族平等的主要标志，是中国解决民族问题的基本政策。1956 年，政协全国委员会协助政府在建立宁夏回族自治区和广西壮族自治区的工作中对少数民族代表人物进行了大量的工作，发挥了统一战线组织的作用。

（一）宁夏回族自治区的建立。

1956 年 2 月，中共中央提出了在甘肃地区建立省一级回族自治区的意见。经过一段时间的酝酿，1957 年 5 月，政协第二届全国委员会常务委员会连续举行第四十一次、第四十二次、第四十三次和第四十四次会议，协商关于建立广西壮族自治区和在甘肃东北部建立回族自治区问题，并在第四十四次常务委员会上作出决定，成立研究小组，对建立两个民族自治区的问题进行专

门的研究。研究小组于六月成立，随即展开调查研究工作。关于建立回族自治区的问题，中共甘肃省委和省人民委员会在原先拟定的几种方案的基础上，经过与各方讨论协商，建议以甘肃省的原宁夏省地区（蒙古族地区除外）为基础，再划入毗连的银川专区、吴忠回族自治州、平凉专区的泾原回族自治县、德隆县，共 17 个县、2 个市（县级），面积 7.78 余万平方公里，作为新的省级民族自治区，自治区名称为宁夏回族自治区，首府为银川。1957 年 6 月，第一届全国人民代表大会第四次会议通过了建立宁夏回族自治区的决议。1958 年 10 月，宁夏回族自治区正式成立。

（二）广西僮族自治区[①]的建立。

1956 年 10 月，中共中央提出在广西省建立民族自治区的意见，中共广西省委在同年 12 月召开的广西省政协第三次全体会议上，提出了建立广西僮族自治区的意见。协商结果提出了两个方案：第一个方案是广西省全境改建为省一级的民族自治区；第二个方案是将广西省划为两个部分，东半部为广西省，西半部建立省级民族自治区。

1957 年 3 月 17 日至 26 日，政协全国委员会邀请由广西省各界人士组成的代表团 37 人，广西籍及有关的政协委员和在北京、上海、广州、武汉、长春等地的广西籍各界人士 91 人，在北京举行协商座谈会，就建立广西僮族自治区问题进行协商。政协全国委员会副主席李济深、李维汉、陈叔通、章伯钧、包尔汉和全国人大民族委员会、国家民族事务委员会、政协全国委员会民族组等单位的负责人参加了座谈会，周恩来主持并讲了话。经过反复研究讨论，会上一致同意采取第一个方案。会后，广西代表团根据会议协议和周恩来讲话精神，向全省各州、市、县各界人士广泛进行了传达讨论。

为了进一步研讨广西僮族自治区的筹建工作，1957 年 5 月，政协全国委员会常务委员会第四十四次会议决定成立广西僮族自治区问题研究小组，与中共广西省委、省人民委员会一同进行工作。同年六月，第一届全国人民代表大会第四次会议通过建立广西僮族自治区的决议。1958 年 3 月，广西僮族

① 1965 年改为广西壮族自治区。

自治区正式成立。

政协第二届全国委员会除对上述各项重大举措进行协商以外，还对《中华人民共和国兵役法（草案）》《1957 年国家经济建设公债条例（草案）》国务院《关于发行新人民币的命令（草案）》《关于改进城市、工矿区猪肉供应的规定（草案）》《关于高级脑力劳动者食油补助供应的规定（草案）》等法令，以及对知识分子问题、右派分子的处理问题和 1957 年反右派斗争以后在各级政协、各民主党派内部进行整风运动等有关政策和工作等方面的问题进行过协商。

政协第二届全国委员会在四年多的任期中，共举行过 3 次全体会议，第一次在 1954 年 12 月，第二次在 1956 年 1 月，第三次在 1957 年 3 月。全国委员会常务委员会共举行过 55 次会议，协商过不少重要的问题。在 55 次常务委员会会议中，有 9 次是与第一届全国人民代表大会常务委员会的会议一起举行的联席会议，其中 5 次是讨论关于人大代表与政协委员进行联合视察工作的问题。政协在京常委或委员与全国人大在京常委或代表，在听取政府方面某些重要报告时，互相列席对方的各种会议也有十余次之多。这就是周恩来所说的人大、政协这两个会有不同之处，权力上有区别，但也只是权力上的区别，政治地位上并无高低之分的实际体现。

在国家进入社会主义建设和社会主义改造时期，人民政协的政治协商，体现着国家政治生活中的群众路线即政治民主的基本精神。政治协商的广度和深度如何，实际上从一个侧面反映着人民民主实行的程度如何。人民民主愈发展，愈能够调动一切积极因素，团结一切可以团结的力量，群策群力，为社会主义服务。这正是人民民主统一战线所追求的目的。从这个意义上来认识和对待政治协商，就必然会重视人民政协的作用，而这对于改善国家各方面的工作是极其有益的。第二届全国委员会继第一届全国委员会之后在中国政治生活中所发挥的重要作用，清楚地说明了这一点。

第三节　政协委员的视察工作

1955 年 8 月，第一届全国人民代表大会常务委员会为了组织人大代表了解并检查各级政府的工作，研究问题，提出意见，以利于推动和改进各方面的工作，作出了《关于全国人民代表大会和省、自治区、直辖市人民代表大会代表视察工作的决定》，从此确立了全国人民代表大会代表每年进行两次定期视察工作的制度。同年 11 月 10 日，全国人民代表大会常务委员会第二十五次会议与政协全国委员会常务委员会第八次会议举行联席会议，会上全国人大常务委员会副委员长彭真传达了国家主席毛泽东在最高国务会议上关于人大代表、政协委员共同进行视察工作的提议。毛泽东提出，在全国人民代表大会代表视察工作时，政协全国委员会委员，省、自治区、直辖市地方委员会委员，省、自治区、直辖市人民代表一同视察，这对行政、立法工作，法院和检察院等各方面的工作都有好处，对领导干部联系群众有好处，对下面干部可以起督促作用。根据这个提议，联席会议通过了《人大代表、政协委员关于一九五五年秋收后视察工作的通知》。在政协第二届全国委员会期间，全国人大常务委员会与政协全国委员会常务委员会先后举行过 5 次联席会议，专门商讨共同组织人大代表和政协委员联合视察工作的问题。

人大代表和政协委员每次出发视察工作之前，先按确定的视察内容，听取国务院各有关部门的工作报告，然后分别进行实地视察。人大代表和政协委员在视察中提出的问题和意见，属于地方的，由当地政府研究处理；属于中央各部门的，由全国人大常务委员会和政协全国委员会分别汇交各有关主管部门研究处理。对于意见比较集中的问题，还由人大代表和政协委员共同组成临时性的专题小组进行研究，提出材料，供人大代表和政协委员在人大和政协举行会议时讨论工作的参考。有一些在视察中发现的问题，代表或委员认为需要提到会议上讨论并做出决议的，还以提案的形式由代表或委员个人或多人联名分别向全国人民代表大会和政协全国委员会的全体会议或常务委员会提出。

人大代表和政协委员 1955 年秋后的视察工作，视察的内容有农业合作化、粮食生产、粮食统购统销、落后乡的改造、工商业的生产经营、私营工商业的社会主义改造、街道工作和“肃反”工作等问题。政协全国委员会常务委员会第十次会议还决定委托参加视察工作的部分政协委员，把各地有关知识分子的问题列为视察的重点。这次视察进行之前，全国人大常务委员会和政协全国委员会为使参加视察的人大代表和政协委员对各项视察内容的基本情况和方针政策有所了解，分别邀请农业部部长廖鲁言、粮食部部长章乃器、国务院工商行政管理局局长许涤新、手工业管理局局长白如冰等对有关问题作了报告。视察工作从11月中旬开始到12月为止，进行了1个多月的时间。视察时根据人大代表和政协委员各人自己选择的内容和地点，先集中到省、自治区、直辖市，听取省、自治区、直辖市负责人介绍情况后，再分成小组或个人分散到各自所要去的地方进行视察。

参加视察的人大代表和政协委员，一般都深入到市、县、区、乡的基层单位了解情况，听取干部和群众的意见。例如政协全国委员会副主席宋庆龄视察云南省的工作时，先后到了10个地方，直接向农业合作社、手工业合作社、粮食仓库和保育院等基层单位的工作人员和群众调查研究。政协委员朱学范、侯镜如和人大代表屈武等12人一同视察河南省的工作，先后在郑州、洛阳、孟津、新乡等地视察了3个不同类型的农业合作社、8个工厂和基本建设工地以及出土文物的保管情况等等，都了解到不少具体的实际情况。人大代表和政协委员在视察中发现的问题，除向当地中共省、市、县委和政府提出外，一般都分别提到全国人大常务委员会和政协全国委员会转送有关部门进行研究并处理。经过这次视察，人大代表和政协委员一致认为建立视察工作的制度是正确的、必要的，是个好制度。通过视察，代表和委员直接深入基层与广大群众见面，可以了解很多具体情况，及时发现许多问题，有助于帮助政府联系群众，改进工作，这对于改善领导，克服官僚主义和提高干部与群众的民主与法制观念都有很大好处。参加视察工作的人大代表和政协委员还指出，在视察工作中，要避免许多不必要的招待和应酬，不要增加群众的负担和麻烦，要树立一种好的政风。

政协全国委员会对委员的视察和所提的意见是重视的。如1955年秋后视察工作结束后，全国委员会根据委员对知识分子问题和地方政协工作问题所反映的情况、问题和意见，专门成立了知识分子问题和地方政协工作问题两个研究小组进行深入研究。1956年10月，在地方政协工作研究小组提出的报告的基础上，全国委员会工作会议拟订了《中国人民政治协商会议全国委员会地方工作委员会暂行组织简则（草案）》和《关于中国人民政治协商会议各级地方委员会编制的规定（草案）》。前一草案经政协全国委员会常务委员会第三十三次会议通过，成立了地方工作委员会，作为全国委员会的工作机构，加强了全国委员会和地方委员会的工作联系。

1956 年上半年和下半年，人大代表和政协委员进行了两次视察。由于人大代表和政协委员都来自社会各个方面，他们熟悉和感兴趣的问题是多方面的，因此这两次视察的内容除以农业合作化、工业生产和建设、私营工商业的社会主义改造为重点外，根据人大代表和政协委员所提的要求，视察内容实际上包括了各个方面的工作。

关于农业合作化问题，参加视察的人大代表和政协委员作了重点考察。1955 年全国基本实现了初级形式的农业合作化，1956 年各地正以很快的速度掀起由低级社转为高级社的运动。许多地方并乡并社的进度很快，小社纷纷并为大社，其中条件好的，工作比较顺利，但不少地方并乡并社后遇到了许多困难和问题。不少人大代表和政协委员在视察中发现了这一问题后，不仅如实反映了情况，而且提出了积极的建议。例如政协委员梁漱溟在视察安徽农村以后，认为许多县市并乡后，区划加大若干倍，值得考虑。“有的县原有 100 多个乡，已经合并为 40 多个，还准备合并为 20 多个。有的县一个大社多至 5000 户，管理困难。有的县山区多，交通不便，农业合作社成立的日子还浅，骤然扩大，问题很多。乡过大、社过大，是当前须要注意的一个问题。”刘瑶章、楚溪春、谢雪红、李一平等政协委员和人大代表也提出了类似的意见，认为大社、小社虽然各有优点，但在目前条件下，社办得过大，已经带来不少问题，事实上有一些大社已经自动一分为二，改为联社，他们建议对此加以认真研究。谢觉哉、李书城、李俊龙、张难先、许宝驹、张云川等人大代表和政协委员视察农村以后，反映不少基层干部工作方法简单，强迫命令的作风比较普遍，建议加强干部的民主和法制教育。他们指出：“有的省 70% 的乡不按期召开人民代表大会，说明干部的民主和法制观念不强。”他们认为“民主与法制不能分开，民主不开展，法制也很难推行，没有法制也很难保障民主。”谢觉哉提出：“干部的作风问题，只用奖惩的办法，不用人民监督是不行的。必须按期召开人民代表大会，认真检查工作。抗战期间，在陕北通过选举制度的推行，对干部教育很大。党的任务在于加强民主选举和人民当家作主的宣传教育，只要群众发动起来，他们会给干部提意见，监督干部的。”人大代表和政协委员在联合视察中提出的这些意见和建议，受到全国人大常务委员会和政府的重视，因而对贯彻法制，推进民主，改进干部作风都起到了推动的作用。

1956 年下半年视察工作结束以后，全国人大常务委员会和政协全国委员会为了沟通情况和更广泛地听取人大代表和政协委员的意见，于 1957 年 1 月联合组织在北京的人大代表、政协委员举行座谈会，就这次视察中所发现的问题进行探讨。座谈会按农业、工商业、文化教育、医药卫生、知识分子问题等专题分为 14 个组分组座谈，历时 1 个月。在座谈会进行期间，参加视察工作的政协委员又推出代表准备在即将举行的政协第二届全国委员会第三次会议上就视察中发现的问题和意见作发言。在此以前，1956 年 9 月举行的中国共产党第八次全国代表大会提出了共产党和各民主党派“长期共存、互相监督”的方针，使政协委员和各民主党派受到极大鼓舞。这次座谈会和 1957 年 3 月举行的政协第二届全国委员会第三次会议，都贯彻了这个方针的精神。许多委员将视察后提出的问题和意见坦诚地在会上提了出来，既充分肯定了各项工作中的成绩，也批评了工作中的缺点，并提出了积极的改进意见，体现了人民政协的多党合作、互相监督的作用。

1957 年 4 月 3 日，全国人大常务委员会第五十五次会议和政协全国委员会常务委员会第四十次会议举行联席会议，讨论并通过了 1957 年上半年视察工作的有关事项，会后联合发出了关于 1957 年上半年视察工作的通知。这次视察前，人大代表和政协委员听取了高等教育部部长杨秀峰、教育部副部长董纯才、水利部部长傅作义、农业部副部长刘瑞龙、最高人民法院院长董必武、最高人民检察院检察长张鼎丞、公安部部长罗瑞卿、司法部部长史良等所作各部门工作的报告。这次视察的内容同过去几次一样，包括各个方面的工作，政协委员还受政协全国委员会的委托，增加了对地方政协工作的视察内容。有 65 位全国政协委员视察了 16 个省、自治区、33 个市以及部分县、市属区的政协，反映了很多问题。如，根据“长期共存、互相监督”的方针，政协如何发挥监督作用，政协与各方面的关系，包括与国家机关、民主党派、人民团体等方面的关系如何处理，民主协商精神如何发挥，等等。政协全国委员会地方工作委员会为听取政协委员视察地方政协工作的情况和意见，从 5 月到 6 月，邀请参加此项视察的委员，连续举行了 7 次座谈会。接着，地方工作委员会从 6 月到 8 月先后开了 14 次会议，研究委员在座谈会上所反映的问题和意见，对各级地方政协的工作有很大推进作用。

1957 年下半年因受反右派斗争的影响，视察工作未能进行。直到 1959 年 3 月，政协第二届全国委员会常务委员会第五十二次会议决定召开政协第三届全国委员会第一次会议，并决定在会议召开前，与全国人民代表大会常务委员会共同组织人大代表和政协委员进行视察（第二届全国人民代表大会第一次会议与政协第三届全国委员会第一次会议均在 1959 年 4 月同时召开），政协委员的视察工作才重新恢复。从这次视察开始，人大代表和政协委员的视察工作由每年两次改为每年一次。

第七章
知识分子政策、“长期共存、互相监督”方针的贯彻

第一节　知识分子政策的贯彻执行

一、知识分子问题的提出

知识分子问题，是关系中国革命和建设事业的一个重大问题。进行社会主义建设，除了必须依靠工人阶级和广大农民的积极劳动以外，还必须依靠知识分子的积极劳动，必须依靠体力劳动和脑力劳动的密切合作，依靠工人、农民、知识分子的兄弟联盟。新中国成立以后，中国共产党对从旧社会过来的知识分子实行了团结、教育、改造的政策，不仅团结了广大知识分子，使他们积极投入了国家的各项建设事业，为人民做了许多有益的工作，而且推动和帮助知识分子在政治上和思想上获得了很大进步，成绩是显著的。但是，有些共产党的干部由于对知识分子政治上的进步和他们在社会主义建设中的作用估计不足，对政策执行不力，因而对知识分子特别是对从旧社会来的高级知识分子存在着排斥和歧视的心理；在学术思想批判中，往往态度简单粗暴，伤害了他们的自尊心。这种错误倾向，妨碍了对知识分子团结、教育、改造政策的深入贯彻。

1955 年，随着中国生产资料私有制社会主义改造的顺利发展，集中力量发展社会生产力便日益成为全国人民的主要任务。因此，纠正在实际工作中对待知识分子的某些“左”的错误，调动广大知识分子的积极性，加强和改进共产党对整个科学文化工作和知识分子工作的领导，就提到了社会主义建设的重要议事日程。1955 年年底，中共中央由周恩来负总责，成立了研究知

识分子问题十人小组，并通知各省、市、自治区党委专门召开会议，讨论和研究知识分子问题。

1955 年 11 月 14 日、25 日，政协第二届全国委员会常务委员会先后召开第十、十一次会议，讨论关于召开本届全国委员会第二次会议的问题。周恩来在会上着重说明了知识分子思想改造和充分发挥知识分子作用问题的重要性以及在贯彻知识分子政策中存在的问题。经过讨论，会议决定：将知识分子问题列为第二次会议政治报告的重点之一；并将这个问题列为 1955 年秋收后人大代表和政协委员视察工作的一个项目。周恩来在会上委托部分政协委员将此项内容作为视察重点，并对他们提出：要细心视察和了解这方面的问题，不要只是座谈，还要进行个别访问，以便发现问题。

参加这次视察的政协委员带着周恩来的委托，着重对知识分子的情况进行了解，发现在贯彻执行知识分子政策中确实存在着不少问题，其中主要是对知识分子在社会主义建设事业中的作用估计不足，在政治上、工作上信任不够，对一些人的安排使用不当、用非所长，以及党群之间有隔阂、新老教师之间存在着不团结现象等等问题，并举出了不少具体事例。

12 月 1 日，政协全国委员会秘书长徐冰邀集有关民主党派和一部分文教界人士座谈，希望他们共同来做知识分子问题的调查研究，并提出意见和解决办法。随后，中国民主同盟中央通过个别谈心、交朋友等方式，对高级知识分子工作中存在的困难和问题进行了调查了解，并归纳为“六不”，即：估计不足，信任不够，使用不当，安排不妥，待遇不公，帮助不够。中国农工民主党中央也提出了一份《关于知识分子团结改造问题的几点建议》。这些情况和意见为中央了解知识分子情况提供了一些材料，也为政协第二届全国委员会第二次会议讨论知识分子问题作了比较充分的准备。

1956 年 1 月 14 日至 20 日，中共中央召开了关于知识分子问题的会议，周恩来在会上作了《关于知识分子问题的报告》。他依据当时国家社会主义建设的实际情况，指出：“知识分子已经成为我们国家的各方面生活中的重要因素”，充分地动员和发挥他们的力量，是“完成过渡时期总任务的一个重要条件”。他对中国知识分子的阶级属性做出了正确的估计和判断，明确指出：

“知识界的面貌在过去六年来已经发生了根本的变化”，并代表中共中央郑重宣布：中国知识分子的绝大部分“已经成为国家工作人员，已经为社会主义服务，已经是工人阶级的一部分”①。他批评了中国共产党内存在的对待知识分子的宗派主义倾向，提出了如何最充分地动员和发挥知识分子力量的意见。毛泽东在会议的最后一天讲了话，他号召全党努力学习科学知识，同非共产党的知识分子团结一致，为迅速赶上世界科学先进水平而奋斗。这次会议鼓舞了广大知识分子，激发了他们的政治热情和工作积极性，对改善中国共产党同知识分子的关系产生了重要作用。

1月25日，毛泽东在最高国务会议第六次会议上发出了向现代化宏伟目标进军的号召。他说：“我国人民应该有一个远大的规划，要在几十年内，努力改变我国在经济上和科学文化上的落后状况，迅速达到世界上的先进水平。为了实现这个伟大的目标，决定一切的是要有干部，要有数量足够的、优秀的科学技术专家；同时，要继续巩固和扩大人民民主统一战线，团结一切可能团结的力量。”② 这个号召指明了社会主义革命基本胜利后继续前进的方向，也指出了知识分子在社会主义建设事业中的重要作用。

二、推动和贯彻知识分子政策的一次会议——政协第二届全国委员会第二次会议

中共中央关于知识分子问题的会议闭幕不久，1956年1月30日，政协第二届全国委员会召开了第二次会议。这次会议的重要议程之一，是讨论知识分子问题。周恩来在会上所作的《政治报告》中着重阐述了这个问题，他说：什么是当前的知识分子问题呢？这就是中国现有的知识分子无论在数量方面、在业务水平方面、在政治觉悟方面，都还不能适应社会主义事业急速发展的需要；而若干政府部门对于知识分子的使用和待遇还有某些不合理现象，又

① 周恩来：《关于知识分子问题的报告》，《周恩来选集》下卷，人民出版社1984年第1版，第160—163页。

② 毛泽东：《社会主义革命的目的是解放生产力》，《毛泽东著作选读》下册，人民出版社1986年8月第1版，第717、718页。

在不同程度上妨碍了知识分子力量的充分发挥。这就需要我们加强领导，克服缺点，采取一系列有效的措施，最充分地动员和发挥现有知识分子的力量，不断地提高他们的政治觉悟和业务水平，大规模地培养新生力量来扩大他们的队伍，以适应国家对于知识分子的不断增长的要求。他再次宣布：“现有知识分子的绝大多数已经成为国家工作人员，已经为社会主义服务，已经是工人阶级的一部分。”他在报告中批评了某些国家机关和国家工作人员由于低估了知识分子的进步和作用，在对待知识分子方面还存在一些缺点之后，提出：“第一，应该改善对知识分子的使用和安排，使他们能够发挥对于国家有益的专长；第二，应该对知识分子给以应有的信任和支持，使他们能够积极地放手工作；第三，应该给知识分子以必要的工作条件和适当待遇，使他们能够集中主要精力于自己的业务。”他还指出，帮助知识分子进行自我改造，对于充分动员和发挥知识分子力量，具有极其重大的意义；希望“知识分子能够在中国共产党的领导下，采取自我教育的方法，通过社会生活的观察和实践、业务的实践和马克思列宁主义理论的学习这样三个互相联系的途径，逐步地成长为全心全意地为社会主义服务的知识分子”。①

1 月 31 日，政协全国委员会副主席、中国科学院院长郭沫若在会上作了《在社会主义革命高潮中知识分子的使命》的报告，阐述了关于知识分子贡献力量、扩大队伍、提高水平、自我教育、加强团结五个方面的问题，希望知识分子不要辜负中国共产党和人民政府的期望，要很好地完成伟大祖国给与的光荣而艰巨的任务。

会议对知识分子问题进行了认真的讨论。委员们把视察中了解的情况和问题，反映到会议中来，丰富了讨论的内容。参加这次会议的许多知识分子委员怀着兴奋的心情表示要努力提高自己的水平，贡献出自己所有的知识和力量。一些科技界的委员提出要勇敢地向科学进军，迅速提高中国的科学技术水平，2 月 7 日全体会议通过的关于政治报告的决议充分体现了这次会议关于知识分子问题的精神。决议号召全国知识分子进一步团结在中国共产党的

① 《中国人民政治协商会议资料选编》第一集，第 119—121 页。

周围，向现代科学进军，迅速提高中国的科学文化水平，争取在12年内使中国最急需的科学部门能够接近世界的先进水平；积极改善对知识分子的使用和安排，给他们以应有的信任和支持，以及必要的工作条件和适当的待遇，以充分发挥知识分子的潜在力量；知识分子要自觉地继续进行自我教育和改造，全心全意地为社会主义服务。

这次会议对知识分子工作是一个很大的推动。全国人民特别是高级知识分子热烈响应周恩来在《政治报告》中发出的“向现代科学大进军”的号召，迅速地掀起了向科学进军的热潮。

三、知识分子政策在政协工作中的贯彻落实

为了进一步落实知识分子政策，政协全国委员会在第二次会议闭幕后立即成立了知识分子问题研究小组，对1955年下半年政协委员关于知识分子问题的视察报告和第二次会议的提案和发言中关于知识分子问题的反映材料进行研究，并提出处理办法。小组由罗隆基、王芸生、曾昭抡、易礼容、徐伯昕、楼邦彦、李俊龙、潘光旦、吴景超、于刚10人组成，以罗、王二人为召集人。小组自3月初开始工作，经过多次研究讨论，最后根据工作会议的决定，将视察报告和发言中提出的问题和意见分送各有关单位审阅处理或研究参考；对于提案的处理意见，则报请主席或常委会批准。这些材料不但反映的问题比较多，而且涉及28个中央单位和13个省、市。由于当时距中共中央召开知识分子问题会议和政协全国委员会举行的第二次会议都为时不久，各方面正在逐步采取措施贯彻对知识分子的政策，因而各部门、各地区对所反映的问题都非常重视，认真对待，凡是能解决的，一般都立即着手解决；一时不能解决的也如实说明情况或表示以后设法解决。这项工作对解决知识分子的实际问题起了很好的作用。

政协第二届全国委员会第二次会议闭幕后，各工作组也积极开展了贯彻会议精神的活动。华侨组连续召开座谈会，座谈归侨知识分子中存在的问题。会上反映了一些在归侨知识分子中存在的信任不够、使用不当的问题，如有人在会上反映归侨中有的工程技术人员被分配去搞行政工作，甚至有的人回

国后很长时间，工作问题一直未能解决。教育组召开座谈会着重听取了教育界中高级知识分子对国家机关落实知识分子政策的各项措施的反映和意见。会上普遍反映经过落实知识分子政策后，对高级知识分子中存在的“六不”现象有所改进，比较满意。但认为有些问题还需进一步解决，如保证 5/6 的业务时间问题虽然有了规定，但未能很好地执行。其他各组也都分别邀请有关方面的人士座谈，听取意见。

此后，政协委员在 1956 年上半年和下半年两次视察中，进一步了解到更多关于落实知识分子政策后的情况。各方面普遍反映，落实知识分子政策后，大多数的知识分子表现是好的，业务上、技术上要求提高，政治上要求进步，并且努力向科学进军，愿意为迅速赶上世界科学先进水平而努力奋斗。这种情况表明知识分子政策的贯彻落实工作，取得了很好的效果。

第二节　“长期共存、互相监督”方针的提出和贯彻

一、“长期共存、互相监督”方针的提出及其重要意义

中国的民主党派主要是在抗日战争时期形成的，并且长期同中国共产党保持着合作关系，对人民革命事业都曾有所贡献。新中国成立以后，这种关系有了进一步发展。1956 年 4 月 25 日，毛泽东在中共中央政治局扩大会议上作了《论十大关系》的讲话，在谈到中国共产党与民主党派的关系时，提出究竟是一个党好还是几个党好的问题。他说：“现在看来，恐怕是几个党好。不但过去如此，而且将来也可以如此，就是长期共存，互相监督。”①

6 月，全国人民代表大会常务委员会副委员长、中共中央统一战线工作部部长李维汉在第一届全国人民代表大会第三次会议上作了题为《继续巩固和扩大人民民主统一战线》的发言，对这个方针进行了阐述，他说：“中共中央已经提出了共产党和民主党派长期共同存在，互相监督，首先是对共产党起监督作用的方针。这是一个重大的方针，这个方针的提出，同时就是再一次

① 毛泽东：《论十大关系》，《毛泽东著作选读》下册，人民出版社 1986 年 8 月第 1 版，第 733 页。

地宣告，同党外人士实行民主合作，是共产党的一条‘固定不移’和‘永远不变’的原则。”他还指出，“我国的民主党派和人民团体在政治上有着互相协商、互相帮助和互相监督的传统，我们应当继续发扬这个传统。为要发扬这个传统，就必须严格地尊重各民主党派和人民团体在宪法赋予的权利义务范围内的政治自由和组织独立性，任何党派和团体对其他党派和团体的这种自由和独立都没有权利加以干涉。”①

9月，中国共产党召开第八次代表大会，邓小平在大会上所作的《关于修改党章的报告》中论述与党外的民主人士合作共事的问题时指出：“这些党外的民主人士，能够对于我们党提供一种单靠党员所不容易提供的监督，能够发现我们工作中的一些我们所没有发现的错误和缺点，能够对于我们的工作做出有益的帮助。在社会主义改造取得了决定性的胜利以后，在他们的立场和我们的立场比以前更接近以后，他们可以给我们的帮助只有越来越多。”②李维汉在这次代表大会的发言中又进一步提出：“必须创造一切必要的条件，以便利民主党派和无党派民主人士对我们进行监督。”他指出：“充分发扬政治协商和共同工作的民主传统，就同时有利于互相监督”；还指出：“组织定期的和不定期的视察；在人民代表大会、人民政治协商会议和其他国家机关的会议上充分展开批评和自我批评；各机关内部的共产党组织同民主党派组织和民主人士之间、各有关机关同有关的民主党派、民主人士和人民团体之间，进行座谈和协商；这些行之有效的方法，应当更广泛更认真地来做，并形成制度。”③《中国共产党第八次全国代表大会关于政治报告的决议》中明确提出：“必须按照长期共存、互相监督的方针，继续加强同各民主党派、无党派人士的合作，并且充分发挥人民政治协商会议和各级政协机构的作用。”④

1957年2月毛泽东在最高国务会议第十一次（扩大）会议上《关于正确处理人民内部矛盾的问题》的讲话中，对“长期共存、互相监督”方针的提

① 李维汉：《继续巩固和扩大人民民主统一战线》，《人民日报》，1956年6月27日。

② 《中国共产党第八次代表大会文件》，人民出版社1956年10月第1版，第131页。

③ 李维汉：《进一步加强党的统一战线工作》，《人民日报》，1956年9月26日。

④ 《中国共产党第八次全国代表大会文件》，人民出版社1956年10月第1版，第87页。

出及其重要意义作了深刻的阐述。他说：“这个口号并不是突然提出来的，它已经经过了好几年的酝酿。”“为什么要让资产阶级和小资产阶级的民主党派同工人阶级政党长期共存呢？这是因为凡属一切确实致力于团结人民从事社会主义事业的、得到人民信任的党派，我们没有理由不对它们采取长期共存的方针。”“为什么要让民主党派监督共产党呢？这是因为一个党同一个人一样，耳边很需要听到不同的声音。大家知道，主要监督共产党的是劳动人民和党员群众。但是有了民主党派，对我们更为有益。”①

1957 年 4 月 24 日周恩来在中共浙江省委扩大会议上的一次讲话中对这个方针阐述得更为透彻。他说：“各民主党派联系群众的方面不同，可以听到一些不同意见，对中国革命和建设是有利的。比如民革，它就是跟原国民党出身的曾经当过政的一些人有联系，不管是上层的、中层的或下层的意见，它都可以听到，而这些正是共产党不大容易听到的。又如民盟，它在知识分子圈里可以听到更多的意见。有一次我来杭州，回去时在飞机上看了费孝通先生的一篇文章《知识分子的早春天气》，把知识分子心灵深处的一些想法都说出来了。共产党内也有不少能写文章的知识分子，但这样的文章我看是写不出来的，就是有这样的想法也是不写的。再如九三学社联系的科学家比较多；民建主要是联系资产阶级工商业者；民进联系中小学教员方面。它们都有各自不同的对象和特点。不仅在现在的社会主义建设时期，就是社会主义建成以后，由于成分来源的不同，人们的思想动态还会有不同的。”“认为只要有一个共产党，问题就都可以解决了，这是一个简单化的想法。这样做必然会使我们的耳目闭塞起来。”②

中共中央领导人的这些讲话表明，“长期共存、互相监督”方针的提出，是从中国具体的历史条件出发的，它正确地反映了中国社会的客观实际，符合中国社会历史发展，也符合中国社会的现实情况和需要，可以使中国共产

---

① 毛泽东：《关于正确处理人民内部矛盾的问题》，《毛泽东著作选读》下册，人民出版社 1986 年 8 月第 1 版，第 790 页。

② 周恩来：《长期共存、互相监督》，《周恩来统一战线文选》，人民出版社 1984 年 12 月第 1 版，第 349 页。

党更好地团结和帮助各民主党派发挥他们的作用，也可以使中国的社会主义民主更加发展和完善，因而它是中国共产党对各民主党派的一项基本政策和既定方针。

二、“长期共存、互相监督”方针的宣传、推动和贯彻

“长期共存、互相监督”方针的提出，使共产党广大党员对人民民主统一战线重要性的认识大大提高了一步，也深使各民主党派、民主人士受到鼓舞。然而也有些共产党员对这个方针认识不清，说民主党派有什么必要和我们长期共存呢？民主党派有什么资格对我们进行监督呢？在非中共人士中也有些人对这个方针能否贯彻表示怀疑，如有人说“共产党里面有人不重视民主党派，民主党派里面也有人不重视民主党派”，因而认为长期共存没有必要，互相监督没有可能；甚至有人认为这个方针不过是安定民主党派人心的一种策略而已。针对这种情况，宣传和贯彻这个方针就成为一项十分重要的工作。作为人民民主统一战线组织的政协全国委员会，在中共中央提出这个方针后不久，即举行工作会议，研究如何根据这个方针开展工作的问题。会议建议常务委员会增加会议次数，充实会议内容，除进行政治协商外，并可听取国家有关部门、民主党派、人民团体和本会各单位的工作报告。会议还决定设立地方工作委员会，以加强对地方政协工作的调查研究和经验推广。各工作组也在各项活动中注意搜集各界人士对于“长期共存、互相监督”方针的反映，并组织座谈如何贯彻执行这个方针，更好地发挥监督作用。

1957 年 3 月 5 日，政协第二届全国委员会召开第三次会议。会议之前，与会人员应邀参加了最高国务会议第十一次（扩大）会议，听取了毛泽东《关于正确处理人民内部矛盾的问题》的讲话，并进行了认真的学习和讨论。他们对于毛泽东对社会主义社会矛盾的精辟分析和提出的正确处理人民内部矛盾的原则和方针表示拥护，对于讲话中关于“长期共存、互相监督”方针的进一步阐述也受到鼓舞，普遍认为这个讲话对于中国共产党团结全国人民胜利地从事社会主义建设，对于开展人民政协工作，都具有重大的指导意义。

这次会议的政治决议中明确指出：“我们必须根据中国共产党和各民主党

派‘长期共存、互相监督’的方针，继续发扬民主，健全国家政治生活；必须大力克服官僚主义。”会议关于常务委员会工作报告的决议也指出：“中国人民政治协商会议当前的主要任务，是在中国共产党的领导下，根据‘长期共存、互相监督’的方针，进一步加强全国人民大团结，扩大民主生活，调动一切积极因素，为建成一个伟大的社会主义工业国而奋斗。”“要进一步扩大团结面，扩大民主生活，发挥互相监督的作用。通过日常活动和视察工作，密切联系群众，反映意见，向有关国家机关提出建议和批评。”

会后，政协全国委员会积极采取措施认真贯彻这次会议的精神。4 月 3 日政协第二届全国委员会常务委员会第四十次会议与全国人民代表大会常务委员会第五十五次会议举行了联席会议，讨论决定了 1957 年上半年的视察工作，并联合发出关于视察工作的通知。

这次视察工作结束时，整风运动已经开始，但政协全国委员会各工作组仍结合视察工作，分别组织《关于正确处理人民内部矛盾的问题》的学习座谈，就视察观感所及广泛交换意见，并将所提意见和建议，由办公室分别加以整理，送请政府各有关部门研究处理。地方工作委员会多次邀请参加视察地方政协工作的委员座谈，讨论视察中反映出来的问题。如“长期共存、互相监督”方针提出后，政协在正确处理人民内部矛盾中如何更好地发挥作用问题；政协与国家机关、民主党派、人民团体等各方面的关系问题；如何发挥民主协商精神问题；如何发挥监督作用问题等等。地方工作委员会随后又连续召开多次会议，就这些问题进行讨论研究，并在有些问题上取得了较为一致的认识。实践证明，视察工作是政协贯彻“长期共存、互相监督”方针的一条重要渠道。

为了配合“长期共存、互相监督”方针的宣传和贯彻，《政协会刊》这段时期连续刊登了民主人士对改进政协工作的意见和对“长期共存、互相监督”方针的认识等文章。如邵力子的《中国人民民主制度发展的必然趋势》，周建人的《略谈关于民主党派长期共存、互相监督及其他》，熊克武的《对“长期共存、互相监督”的方针的一些初步认识》，顾颉刚的《改进政协工作的一些建议》，他们这些文章对“长期共存、互相监督”方针的宣传和贯彻，都具有积极作用。学习委员会也于6月20日发出建议各级地方政协学习单位学习《关于正确处理人民内部矛盾的问题》的通知，但由于整风反右运动已经开始，形势有了重大的变化，这项学习布置未能贯彻执行。

1956年中共中央适时提出的落实知识分子政策和中国共产党与各民主党派"长期共存、互相监督"的方针，极大地调动了广大知识分子和民主党派成员为社会主义建设服务的积极性。政协全国委员会由于这些重大方针政策的贯彻，工作日趋活跃，然而，受反右派斗争扩大化的冲击，不能不使政协各方面的工作受到了极大的挫折。

第三节　整风、反右派斗争和交心运动

一、帮助共产党整风和反右派斗争扩大化及其后果

1957年3月20日，政协第二届全国委员会第三次会议闭幕。4月27日，中共中央发布了《关于整风运动的指示》，决定在全党进行一次以正确处理人民内部矛盾为主题，以反对官僚主义、宗派主义和主观主义为内容的整风运动。为了推动非共产党人士帮助共产党整风，4月30日，毛泽东在天安门城楼邀集各民主党派负责人举行座谈会。毛泽东在会上号召他们揭露教育、卫生等部门的官僚主义，并就高等学校的领导体制、非共产党人士有职有权和学校党委制的问题征求意见。毛泽东的讲话，鼓舞了非共产党人士帮助中国共产党整风的政治积极性。

座谈会后，为进一步发动非共产党人士帮助共产党整风，中共中央统战部于5月初和5月中旬分别召开了部分政协委员、各民主党派、无党派人士座谈会和工商界人士座谈会。前者先后开会13次，后者先后开会25次。有些参加1957年上半年视察工作的政协委员和人大代表，刚刚从外地视察归来，就参加了座谈。在这两个座谈会上，非共产党人士对共产党提出了大量的批评、意见和建议，其中大部分是正确的、很好的意见。如张奚若在发言中批评共产党内滋长了骄傲情绪，主要表现是：好大喜功，急功近利，鄙视既往，迷信将来；陈叔通提出，"矫枉过正"是否金科玉律，值得怀疑；刘

斐、杨明轩提出党政应分开，不能以党代政，等等。这些意见都是切中时弊的。但是，这次座谈会上也出现了一些违反社会主义制度的错误言论，还有极少数资产阶级右派分子乘机散布反党反社会主义的言论，向中国共产党和新生的社会主义制度发动进攻，掀起一股反对中国共产党、反对社会主义的思潮。他们虽然人数极少，但能量不小，在他们煽动的反党、反社会主义的思潮影响下，民主党派、知识界、工商界中一部分人思想动摇，有的迷失方向，一些地方发生少数人罢工、罢课、闹事，而且有蔓延之势。在当时形势下，为了在全国人民中间澄清根本的大是大非，维护新生的社会主义制度，对某些严重违反社会主义利益的错误言论进行批评，对极少数右派分子的进攻予以回击，是完全必要的。然而由于共产党的领导对阶级斗争形势估计得过于严重，未能认真区分人民内部矛盾和敌我矛盾，把一些人所提的许多正常的甚至善意的批评和建议，也视为右派进攻，对他们进行批判斗争。这样，反右派斗争被严重地扩大化了。

政协全国委员会没有在政协委员中开展反右派斗争，但是在全国各地和各个单位被划为右派分子的政协全国委员会委员共有 78 人，占当时全国政协委员 729 人的 10.7%，比例是相当大的。根据各单位定案的结论，1958 年 3 月 10 日，政协第二届全国委员会常务委员会第五十次会议做出关于停止右派分子章伯钧政协全国委员会副主席职务以及撤销 8 个常务委员职务和 12 个委员在政协所任职务的决定。

这次反右派斗争扩大化的后果是严重的，不仅把一批长期同中国共产党合作的知识分子、民主人士错划为“右派分子”，使他们本人长期蒙受不白之冤，家属受到连累，使他们的聪明才智受到压抑，不能在社会主义建设事业中发挥应有的作用，而且也给国家造成了损失。反右派斗争以后，正常的民主生活也由于有相当一部分人不敢再提批评意见而受到破坏。

在反右派斗争后期，从 1957 年 12 月开始，到 1958 年 1 月 24 日，各民主党派、无党派人士双周座谈会曾就右派分子的处理问题进行了 7 次协商，先后协商讨论过《中共中央、国务院关于在国家薪给人员和高等学校学生中的右派分子处理原则的规定（草案）》《对96名右派分子的处理意见（草案）》[①]《各民主党派中央关于处理党派内部右派分子的若干原则规定（草案）》。对于右派分子的处理问题，虽然经过双周座谈会的多次讨论和协商，但是在“左”倾思想指导下所做出的规定和处理意见，仍不免打击面过大，处理也过于严重。

对于反右派斗争扩大化，民主党派和全国工商联某些负责人在一开始就曾提出意见。政协全国委员会副主席、中国民主建国会主任委员黄炎培6月15日即曾表示：不要树敌过多，要把可能拉过来的人拉过来，而不要把这样的人推到反对共产党的那一边去。政协全国委员会副主席、中华全国工商业联合会主任委员陈叔通也在6月中旬说：不能因对共产党提了意见就作为右派。政协全国委员会常务委员、民革中央常务委员邵力子说：现在有许多问题处理方法太硬，得人心很难，失人心很易。他表示对民革中央的反右派斗争要来个沉默抵抗。然而由于“左”倾思想的影响，民主人士这些正确的意见，当时并没有引起重视。[②]

二、民主党派和无党派民主人士的整风交心运动的影响

1958年1月，毛泽东在最高国务会议上讲话时指出，社会革命要天天革，整风还要整，不能松劲，各民主党派也要整风，要整得适合人民的要求。

1月24日，各民主党派、无党派人士双周座谈会根据毛泽东的讲话开始讨论各民主党派和全国工商联如何开展整风的问题。随后在2月27日举行的扩大座谈会上，协商讨论并原则通过了《各民主党派中央关于在各个民主党派内部进一步开展整风运动的意见（草稿）》。李维汉在会上说：“要通过整风掀起一个自我改造的运动，来一个自我改造的大竞赛，在立场上和思想上

---

① 这是1958年1月中共中央统战部会同中共中央宣传部、组织部等有关部门选择比较知名的96名右派分子作为标兵，提出的《对一部分右派分子处理的初步意见》，在双周座谈会上协商时称为《对96名右派分子的处理意见（草案）》。参见李维汉：《回忆与研究》下册，中共党史资料出版社1986年版，第838页。

② 参见李维汉：《回忆与研究》下册，中共党史资料出版社1986年版，第838页。

来一个大跃进。”①

从3月1日开始，几天之内，各民主党派响应中共中央号召，先后举行了“开展自我改造大竞赛”的动员大会。各民主党派、无党派民主人士还在北京天安门举行了“社会主义自我改造促进大会”，通过了“自我改造公约”，表示要“把心交出来”。各民主党派的地方组织也纷纷起而响应。这样，民主党派和无党派民主人士的交心运动，就在北京及各地迅速开展起来。

3月10日，政协第二届全国委员会常务委员会第五十次会议通过了政协全国委员会整风领导小组名单和《中国人民政治协商会议全国委员会关于整风办法的规定》，确定在各民主党派、工商联等人民团体的反右派斗争告一段落并转入整风之后，要“就各方面辩论中有关政治、经济、文化教育、民族和政协工作等带有根本性和共同性的问题，有计划地组织大辩论”。整风领导小组随即拟定了整风学习的办法和进度，并决定无党派民主人士的整风学习由政协全国委员会整风办公室组织。

4月，各民主党派、无党派人士双周座谈会组织了两次交心运动的经验交流会，除由一些人汇报个人交心的经验和体会外，会上还号召大家要“再接再厉，交深交透”，“彻底破资本主义，立社会主义”，对交心运动起了推波助澜的作用。

这次在民主党派和无党派民主人士中开展的整风交心运动，同样由于指导思想上阶级斗争的弦绷得很紧，要求过高过急，因而出现了形式主义、虚假浮夸的现象。不少地方在交心运动中又把一些人自己交心的材料作为依据，把他们打成“右派分子”，这就带来了更为严重的后果。

在这种“左”的思想指导下，在统一战线工作中也出现了与中共“八大”的正确论断相矛盾的一些错误提法，例如：把同共产党长期合作并且早已宣布具有阶级联盟性的民主党派，简单地宣称为“它们过去和现在都是资产阶级政党”；把在1956年年初已经宣布为工人阶级的一部分的知识分子，重新戴上“资产阶级知识分子”的帽子；对于已经交出生产资料、处于由剥

① 参见李维汉：《回忆与研究》下册，中共党史资料出版社1986年版，第846页。

削者向劳动者转变过程的工商业者，说成是“基本上没有抛弃资本主义的反动立场”①。这种错误的估计使1956年提出的中国共产党同民主党派“长期共存、互相监督”的方针和对知识分子的政策无法贯彻，而且严重挫伤了各民主党派、知识界、工商界的积极性。

1958年5月，中国共产党第八次全国代表大会第二次会议，通过了“鼓足干劲、力争上游、多快好省地建设社会主义”的总路线，随后又轻率地发动了“大跃进”运动和农村人民公社化运动，使“左”倾错误愈益严重地泛滥开来。在这种形势下，1958年下半年政协全国委员会组织委员和各界民主人士参加劳动锻炼和到外地参观工农业生产“大跃进”与人民公社化运动时，也都强调要学习劳动人民建设社会主义的革命干劲和创造精神，加速进行自我改造。这就更加深了他们的紧张情绪，政协的日常活动也因此而出现了低潮。

政协第二届全国委员会在整个任期中，在中国共产党的领导下，根据自己的章程，为实现过渡时期的总路线、总任务，就国家的各项重大举措进行了协商，对于协助中国共产党和人民政府完善各种决策，对于推动各方面力量贯彻执行中国共产党和人民政府的路线、方针、政策、法令等方面，都发挥了重要的作用。但是，受反右派斗争扩大化的影响，使政协委员发表意见的积极性受到挫伤，以致有很多人不再敢讲真心话，在统一战线内部政治生活中造成不正常的状况，这对于中国的社会主义建设事业不能不是个很大的损失。

---

① 参见李维汉：《回忆与研究》下册，中共党史资料出版社1986年版，第838页。

第八章
调整关系，加强团结

从1958年年底到1959年7月，中共中央多次召开政治局扩大会议和中央全会，领导全党认真纠正“大跃进”和人民公社化运动中已经察觉的“左”的错误。1958年，毛泽东在一次和政协全国委员会副主席陈叔通的谈话中引用《礼记》上“文武之道，一张一弛”这句话，提出要贯彻“弛”的方针，以调整几年来比较紧张的阶级关系和同民主党派的关系。1959年年初，中共中央统战部副部长、政协全国委员会秘书长徐冰根据刘少奇的指示，向工商界宣布了“五不变”政策（即定息政策不变，高薪不变，政治上适当安排的方针不变，学衔制不变，根本改造的政策不变）。9月，毛泽东又在各民主党派负责人座谈会上明确指出：知识分子大有进步，民主党派大有进步，工商界也大有进步，并宣布在非共产党人士中不开展“反右倾”运动。[①] 这对工商界、知识界和各民主党派都起了团结稳定作用。尽管当时中国共产党内“左”的指导思想并未根本扭转，但政协全国委员会自1959年以后，由于贯彻了“弛”的方针，在推动各民主党派、各界人士积极参加国家政治生活和社会主义建设，继续进行政治思想教育方面，做了不少工作，对调整关系、加强团结，活跃统一战线内部的民主生活，促进国内安定团结的政治局面，发挥了统一战线组织特有的重要作用。特别在三年经济暂时困难时期，由于中国共产党同民主党派、知识界、工商界的关系有所缓和，统一战线内部的团结有所加强，从而使各界人士在国内经济十分困难和国际上帝国主义和各

---

① 1959年7月，中共中央政治局庐山会议在后期错误地发动对彭德怀的批判，进而在全党开展了“反右倾”运动。

国反动派的压力面前，经受住了考验。这不仅为保证统一战线的稳定做出了贡献，而且调动了各界人士的积极性，为克服暂时困难增加了助力。

为了发展统一战线，增强同各界人士的联系，在国庆十周年时，政协全国委员会接待了回国观光的华侨代表和港澳国庆观礼团，接待了各民族观礼团负责人和各省、市、自治区来京观礼的各界人士；1961 年 10 月适逢辛亥革命 50 周年，政协全国委员会常务委员会决定隆重纪念，并成立了以董必武为主任委员的辛亥革命五十周年纪念筹备委员会，于 10 月 9 日组织首都各界人士在人民大会堂举行了纪念辛亥革命五十周年的盛大集会，同时还出版了辛亥革命史料，举办了辛亥革命历史文物展览会。在外事活动方面，这个时期接待了来自亚洲、非洲、拉丁美洲的各国友好代表团和友好人士多起，增进了同各国人民的友好关系。

第一节　政协第三届全国委员会第一次会议的召开

一、一个扩大的、团结前进的委员名单

1958 年 12 月 27 日，政协第二届全国委员会常务委员会举行第五十一次会议，做出即行筹备第三届全国委员会，不再召开第二届全国委员会第四次会议的决定。1959 年 3 月 10 日，政协第二届全国委员会常务委员会举行第五十二次会议，协商政协第三届全国委员会委员名单。周恩来在会上指出："在开国的政协《共同纲领》上，以后的宪法上，以及'中共八大'会议决议上，都指出了人民民主统一战线越来越巩固和扩大，要把全国人民团结起来一道建设社会主义，向共产主义前进。在这样的任务下，政协组织应扩大团结面。"他对这届委员名单的特点作了四点说明：一是扩大了的名单。他说，第二届政协委员由第一次会议的 559 人增加到第三次会议的 729 人，是一个很大的增加。[①] 这次协商的名单为 1060 人，比二届三次会议的 729 人，多 331 人。在原来的 729 人中，有的因被选为全国人民代表，不再兼政协委员，有

① 第一次会议为 559 人；第二次会议时有 14 人逝世，增补 119 人，为 664 人；第三次会议时有 11 人逝世，增补 76 人，为 729 人。

的成为右派分子，不再提名，还有其他各种原因不再提名的和逝世的共200人，实际上原来的729人中，只保留了529人，新提名的有531人，翻了一番，说明政协委员增加了，统一战线扩大了。二是不寻常的、打破成规的名单。他说，这次名单与历次不同，有特点，打破成规。过去是先弄好比例，按照比例提名。这次几个党派有点比例，团体单位没有比例，有代表性有需要就提名。科学界增加最多，说明我们重视科学；文联也不少，说明“百花齐放、百家争鸣”；教育界也不少；卫生界也很多，说明我们注意了各方面的团结，而不注重比例。三是团结的名单。他说，政协召开的目的不是为了分裂而是为了团结。怎样才能达到团结呢？并不是名单里的人的政治思想作风都一样，这个名单的成分是形形色色，左、中、右都有①，我们不隐讳这一点，我们要反映这一点。政协不同于人民代表大会，政协为了团结面更广泛，要把能够团结和希望团结的人都团结起来。如右派，我们希望他能改造，但是否能改造，决定于他自己，门是开着的，我们要从团结出发，经过斗争，达到团结。四是前进的名单。他说，政协负有团结的任务，而且要带领大家共同前进，名单的组成可以达到这个保证。名单中左派和中间偏左占多数，可以带领队伍前进。

这次常委会协商的名单1060人，会上原则通过后作了两点保留：（一）各党派、团体、单位容许个别调换；（二）特邀名单容许个别增补。4月11日，常委会第五十四次会议最后决定的委员名单为1071人。

二、政协第三届全国委员会第一次会议与第二届全国人民代表大会第一次会议同时召开

1959年4月17日，政协第三届全国委员会第一次会议在北京召开。会议之前，3月10日召开的政协第二届全国委员会常务委员会第五十二次会议，曾就政协第三届全国委员会第一次会议准备与第二届全国人民代表大会第一次会议同时召开，全体委员列席人大会议的问题进行协商，并经第一届全国

① 这次名单中有被划为右派分子的38人。

人民代表大会常务委员会一〇七次会议、政协第二届全国委员会常务委员会第五十三次会议举行的联席会议通过。周恩来在会上谈到这个问题时说：两个大会联合起来开会是一个新形式。但要说明这个会是又联合，又有区别。主要议程是合着的，但是人大要实行它的权力，这些权力政协是没有的，但是多吸收些意见，归入决议中去，可以集思广益把工作做得更好。“人大、政协两个会有不同之处，权力上有分别，但应该说两会只有权力之分，无高低之别。……不只是人大的报告政协可以听，政协有好报告人大也可以听。”他还指出：人大、政协合开有好处，“这样开会，各方面都节约，有利于生产，有利于工作。”

从政协第三届全国委员会第一次会议开始，历次大会都与全国人民代表大会同时召开，并列席人大会议。只有在“文化大革命”期间召开第四届全国人民代表大会第一次会议时，政协全国委员会因未恢复工作，未能同时开会。

政协第三届全国委员会第一次会议期间，李维汉受政协第二届全国委员会常务委员会的委托，作了第二届常务委员会工作报告。报告指出：四年多来，本会和各地方委员会，在中国共产党的领导下，在反对国内外敌人的斗争中，在经济战线、政治战线和思想战线上的社会主义革命运动中，在社会主义建设事业中，在贯彻执行中国共产党同各民主党派“长期共存、互相监督”的方针和帮助各界民主人士进行自我改造中，做了许多工作。会上经过讨论，认为常务委员会的工作是有巨大成绩的，今后应当根据报告中提出的任务，加强工作，更好地发挥人民政协在人民民主统一战线中的作用。

这次会议期间，全体委员列席了第二届全国人大第一次会议，听取了国务院总理周恩来的政府工作报告、副总理李富春关于 1959 年国民经济计划草案的报告、副总理李先念关于 1958 年国家决算和 1959 年国家预算草案的报告，并进行了讨论。此外，全体委员还列席了人大会议的大会讨论，列席了人大选举和决定国家领导人员的会议和人大会议闭幕式。委员们在讨论中肯定了政府工作报告中指出的中国第一个五年计划时期和第二个五年计划的第一年——1958 年的伟大成就，同意报告中提出的第二个五年计划的第二年

——1959 年各条战线上的任务。知识界的委员对于政府工作报告中提出的“有些资产阶级知识分子在长期地认真地进行自我改造以后，已经开始转变为工人阶级的知识分子，他们中间的一些先进分子陆续地加入了中国共产党”这一评价，很受鼓舞，表示要加强自我改造，争取早日成为一个工人阶级知识分子。工商界的委员也表示要争取早日成为一个自食其力的劳动者。对于政府工作报告中指出的“今后在我国仍然需要在为社会主义服务的基础上继续巩固和发展人民民主统一战线。在承认共产党领导的前提下，共产党和各民主党派‘长期共存、互相监督’，对于人民事业仍然是有益的”这些话，民主党派成员认为是“重申了中国共产党的既定方针”，感到共产党“对民主党派的期望是很深切的”。这次会议开得十分热烈，除小组讨论外，还有大会讨论，在大会讨论发言的有 220 人，包括联合发言在内，共达 353 人次。

这次会议推举毛泽东为名誉主席，周恩来当选为主席，彭真、李济深、郭沫若、沈钧儒、黄炎培、李维汉、李四光、陈叔通、陈嘉庚、包尔汉、陈毅、康生、帕巴拉·格列朗杰、阿沛·阿旺晋美 14 人当选为副主席，徐冰当选为秘书长，王从吾等 143 人当选为常务委员。

这次会议召开以前，中共中央已经开始注意纠正“大跃进”和人民公社化运动中的“左”倾错误，并收到了一定的成效。但由于当时“左”的指导思想没有根本转变，这次会议仍然贯穿了“大跃进”的精神。

三、政协全国委员会增设新的工作机构

政协第三届全国委员会第一次会议于 1959 年 4 月 29 日闭幕。5 月 12 日常务委员会举行第一次会议，决定除原有机构外，增设联络委员会和文史资料研究委员会。

在 1957 年政协第二届全国委员会第三次会议上，有些委员特别是一些外地委员反映有些地方不重视政协工作，说政协是“开会轰轰烈烈，闭会冷冷清清”，要求政协全国委员会同委员加强联系。为了密切同政协委员和各界代表性人士的联系，常务委员会决定增设联络委员会，邵力子为主任委员，龚饮冰、胡子昂、易礼容、辛志超、金城为副主任委员。联络委员会第一次全

体会议通过了《政协全国委员会联络委员会工作要点》，确定了“加强联系，交换意见，反映问题，宣传政策”的工作方针。

文史资料研究委员会是在周恩来的倡导下成立的。政协第三届全国委员会第一次会议闭幕之后，周恩来为招待60岁以上的委员举行了一次茶话会。他在这次会上号召大家把“自己的知识和经验留下来，作为对社会的贡献”。他说：“戊戌以来是中国社会变动极大的时期，有关这个时期的历史资料要从各方面记载下来”，“使后人知道老根子”①，并且指示政协要注意组织这项工作。政协全国委员会随即根据周恩来的倡议，决定成立文史资料研究委员会，范文澜为主任委员，李根源、王世英、杨东莼、申伯纯、顾颉刚为副主任委员，积极着手开展文史资料的征集工作。

第二节　三年经济暂时困难时期贯彻“弛”的方针

1959年到1961年，由于“大跃进”和“反右倾”的错误，以及自然灾害和苏联政府撕毁合同，撤走专家的影响，中国国民经济发生了严重困难，工农业生产大幅度下降，粮食、副食品和日用品供应十分紧张。在国际上，中苏分歧日益加剧；美国和印度政府一再掀起反华合唱。在国内外形势如此严峻的形势下，各民主党派、知识界、工商界中大多数人思想相当紧张。政协全国委员会根据毛泽东指示的精神，认真贯彻“弛”的方针，在缓和阶级矛盾、克服暂时困难方面做了不少工作。

一、推动和运用“神仙会”方法进行形势教育和思想教育

（一）“神仙会”的提出和基本特征。

1959年年底到1960年年初，中国民主建国会第二次全国代表大会和中华全国工商业联合会第三届会员代表大会在北京联合举行。当时正值中国共产党党内开展“反右倾”运动，有的地方把运动推行到党外，在各界民主人士

① 周恩来：《把知识和经验留给后代》，《周恩来选集》下卷，人民出版社1984年11月第1版，第296、297页。

中搞了重点批判，因此会议开始时，与会人员思想很紧张。许多人对于 1957 年反右派斗争以来的一些“左”的做法，仍然谈虎色变，十分害怕批判斗争。一些人对于国内形势和当时称作“三面红旗”的总路线、大跃进、人民公社，有许多怀疑、不满以至抵触；对国际形势和中苏两党大论战，也有很多疑虑和担忧；生活上由于供应紧张，也有不满。但他们顾虑重重，心情压抑，不敢讲真心话。为此，中共中央统一战线工作部部长、政协全国委员会副主席李维汉向“两会”领导人建议采用“神仙会”的方法，以解除顾虑，开好这次会议。“两会”采用了这种方法，并取得了良好的效果。

“神仙会”是一个形象化的用语，其实质是用和风细雨、说服教育的方法去分析问题，解决问题，从而达到明辨是非，提高认识，改造思想，加强团结的目的。毛泽东在《关于正确处理人民内部矛盾的问题》中说：“凡属于思想性质的问题，凡属于人民内部争论问题，只能用民主的方法去解决，只能用讨论的方法、批评的方法、说服教育的方法去解决，而不能用强制的、压服的方法去解决。”“神仙会”就是用“三自”和“三不”的办法来体现这种精神的一种会议形式。“三自”，即自己提出问题，自己分析问题，自己解决问题；“三不”，即不打棍子，不戴帽子，不抓辫子；用“三不”来保证“三自”，用“三自”“三不”达到敞开思想，讲心里话，实事求是，以理服人。“三自”的“自”是个集体。实行“三自”就是主要依靠一定的集体自己的努力，来解决政治思想方面存在的问题。可以说，“神仙会”就是创造一种条件，使那些思想上有顾虑的人，能够解除顾虑，敞开思想，并在集体的帮助下，达到提高认识、自我改造的目的。“神仙会”也有批评与自我批评。对问题有争论，有不同意见，有正确和不正确的看法，就会有批评与自我批评。不过这种批评是在“三不”的条件下进行的，比较自然，因而“神仙会”就使人感到既解决问题，又心情舒畅。

（二）“神仙会”的推广和运用。

“神仙会”是首先从工商界开始采用的，随后很快便在各民主党派中开展起来。

从 1960 年 7 月下旬到 9 月上旬，中国国民党革命委员会、中国民主同盟、中国民主促进会、中国农工民主党、中国致公党、九三学社 6 个民主党派分别召开了中央委员会扩大会议。参加这些会议的共有 1800 多人，大部分是知识分子。当时国内的经济困难还在发展，而国际上中苏的分歧已扩大到国家关系，更加尖锐、激烈。面对这样的国内外形势，民主党派中多数人忧心忡忡。各民主党派这次中央会议，都采取了“神仙会”的方法，使与会的广大知识分子讲出心里活，互相帮助，互相启发，消除了疑虑，增强了信心，因此会议开得十分成功。各民主党派和工商界基层组织接着也相继采用这种方法，以后又扩展到宗教界①以及统一战线的其他许多方面，其规模之大，范围之广，由此可以概见。

1961 年 6 月，周恩来在文艺工作座谈会和故事片创作会议上的讲话中谈到思想改造问题时说：“毛主席讲：凡是思想改造学习，都要和风细雨，采取神仙会的形式漫谈。”②“神仙会”更加普遍开展起来。

政协全国委员会首先在学习工作上采用了“神仙会”的方法。1960 年 7 月，政协全国委员会召开的政治、理论学习工作会议，总结了“神仙会”的经验，认为“神仙会”有利于认真、细致、深入地讨论和解决思想问题，提高人们的自觉性和积极性，是贯彻和风细雨精神的一种良好经验，应在学习工作上加以推广。此后，各级政协的政治、理论学习都普遍采用了这种方法。9 月，政协全国委员会常务委员会第十一次会议通过《关于推动和组织各民主党派成员、无党派民主人士、工商界、知识界学习毛主席著作的决议》。学习委员会按照这项决议通过了《关于组织本会在京委员、各民主党派、全国工商联在京中央委员和各界民主人士学习毛主席著作的意见》，明确要求各单位采取“神仙会”的方法，敞开思想，自由辩论，互相帮助，共同提高。学习委员会还专门召集会议，探讨在学习中如何贯彻“神仙会”的问题。1962 年 1 月，政协全国委员会在哈尔滨召开了东北和华北地区政治理论学习工作座谈

① 1961 年 6 月政协第三届全国委员会常务委员会曾邀请中国基督教三自爱国运动委员会主席吴耀宗介绍基督教界运用“神仙会”方法进行政治思想工作的经验。

② 周恩来：《在文艺工作座谈会和故事片创作会议上的讲话》，《周恩来选集》下卷，人民出版社 1984 年 11 月第 1 版，第 335 页。

会，讨论自1960年政治理论学习工作会议以来，政协学习工作所取得的成绩与存在的问题，进一步肯定了这种方法。

政协全国委员会各工作组的活动，也普遍采用了“神仙会”的方法。有的组还增加了漫谈会的形式，提出“自由出席、自由议论、不作记录、不作结论”的方法，因此这一时期工作组的活动十分活跃。据统计，从1960年政协三届二次会议到1962年三届三次会议期间，各工作组共组织各种座谈会和报告会有390多次，是工作组成立以来活动极为活跃的时期。

各民主党派、无党派人士双周座谈会多次交流和总结了各民主党派开展“神仙会”的经验，并认真讨论了“神仙会”的意义和作用，肯定了“神仙会”方法是进行自我教育和自我改造的一种有效方法，并且双周座谈会本身也采取了这种方法进行座谈讨论。

“神仙会”方法能够比较好的贯彻和风细雨的精神，便于使参加会议的人解除顾虑，提高认识，在三年困难时期，各界人士能够在国内物质生活条件十分困难和国外的压力面前经受住考验，并且团结在中国共产党的周围，为克服暂时困难贡献力量，“神仙会”是起了一定作用的。

二、结合国民经济调整工作，广泛听取意见，沟通政策思想，改善关系

1960年冬，中共中央决定对国民经济实行“调整、巩固、充实、提高”的八字方针，国民经济进入了调整阶段。政府各部门都按照这个方针进行了调整工作，并制定了一些具体工作条例。如《农村人民公社工作条例（草案）》（简称“农业六十条”）、《国营工业企业工作条例（草案）》（简称“工业七十条”）、《关于改进商业工作的若干规定（试行草案）》（简称“商业四十条”）、《教育部直属高等学校暂行工作条例（草案）》（简称“高教六十条”）、《关于自然科学研究机构当前工作的十四条意见（草案）》（简称“科技十四条”）、《关于当前文学艺术工作若干问题的意见（草案）》（简称“文艺八条”）等。实行的结果，各方面工作都有了改进，形势逐步好转。

为了宣传贯彻国民经济调整方针和了解各条战线调整工作的情况和问题，政协全国委员会在1961年到1962年组织了多次报告会，请中央各部门负责

人报告各方面调整工作的情况和问题，并组织座谈，听取各方面人士的意见，如卫生部副部长张凯报告《关于医药卫生工作方面的几个问题》；商业部副部长胡子婴报告《关于市场供应问题》；轻工业部部长李烛尘报告《关于轻工业生产问题》；文化部副部长齐燕铭报告《关于文化工作情况》；教育部副部长周荣鑫报告《教育工作的调整精简问题》；劳动部部长马文瑞报告《关于减少职工和城镇人口问题》；中央工商行政管理局局长许涤新报告《关于调整国民经济问题》等。这些报告不仅有助于各界人士对八字方针的了解，而且座谈会上所提的意见和建议，对于帮助中共中央和政府了解情况，发现问题，调整关系，改进工作，也起了积极作用。各工作组还多次召开各种专业座谈会，听取各方面的意见，并结合有关具体工作条例的公布，及时传达并组织座谈。科学技术组在“科技十四条”公布后邀请科技界人士就科技界工作情况和如何培养科技人才等问题进行座谈。文化教育组在“高教六十条”公布后，座谈了高等学校贯彻这项条例的情况。各组听了《关于减少职工和城镇人口问题》的报告后，都及时结合报告座谈了精简问题。

1961 年，文化教育组和医药卫生组曾联合召开了一次扩大座谈会，了解各方面对于文化教育、医药卫生政策和工作上的意见，参加座谈会的有在文教、医药卫生岗位工作的政协委员，还有文教、医药卫生工作方面的有关人士，共 494 人。分组座谈前，由文化教育组副组长、国务院文教办公室副主任徐迈进报告了几年来文教和医药卫生工作的成绩、问题、经验和 1961 年文教、医药卫生工作的安排。随后，分 15 个小组进行座谈，前后共开了 72 次座谈会。这些座谈会采取“神仙会”的方法，与会者各抒己见，畅所欲言，对贯彻“百花齐放、百家争鸣”（简称“双百”）方针、共产党与非共产党人士的合作共事关系、青老关系等问题提出了不少批评、意见和建议。如会上反映对“争鸣”仍有顾虑，怕把学术问题当成政治问题；在合作共事问题上，有人感到共产党员对他们不够放手，因而在工作上缩手缩脚；在青老关系问题上，主要是反映青年教师对老年教师尊重不够，有时提意见简单粗暴等等。这些意见都经政协全国委员会及时转给了有关单位参考。有的人原来思想上对一些具体问题有意见，如有人抱怨买不到自己需要的参考书籍和资料，有人抱怨到医院看病排队挂不上号等等，通过座谈了解到这是调整工作过程中出现的暂时困难，是可以逐步克服的，从而提高了认识，消除了埋怨情绪。与会者对这次扩大座谈会都感到满意，认为既认清了文教战线的形势，也解决了一些思想问题。

为了了解编译出版界知识分子工作的情况和意见，文化教育组还邀请了在北京的国家机关领导的37个出版单位的编辑、出版、翻译工作者200余人，分10个小组进行了40余次座谈。会上对编译出版工作方面的问题，如进一步加强政治上与业务上的领导问题，编译工作者的社会地位、进修培养和提高问题，充实骨干力量问题，开展学术活动问题等，提出了不少意见和建议。这些意见和建议经政协全国委员会及时送给有关部门后，受到了有关部门的欢迎和重视。与会者普遍反映这次会议对于协助有关部门了解编译出版界的情况，沟通政策思想，交流经验，改进工作以及提高编译工作者的思想认识，都起了很好的作用。

医药卫生组还分别邀请部分在各医院负责护理工作的人员、部分联合诊所和私人开业医生，座谈他们工作中存在的困难和问题。座谈会后，医药卫生组负责人和有关人士又就这些问题共同协商，帮助他们解决一些实际困难，一时不能解决的也向他们说明情况，作了解释。

在国民经济调整时期，政协全国委员会举行的各种报告会、座谈会，既广泛听取了各界人士对各项工作的意见，又帮助一些人解决了思想认识问题和工作中存在的实际困难，提高了他们为社会主义服务的积极性，效果是显著的。

三、对非共产党的政协委员、各界有代表性人士及其家属给予各种生活照顾

在三年经济暂时困难时期，市场上日用品、副食品供应紧张。为了帮助非共产党的政协委员和各界有代表性人士克服困难，政协全国委员会根据中共中央和国务院的要求，积极采取各种措施，为他们提供各种生活照顾，在政治上起到了安定团结的作用。

（一）对非共产党的政协委员和各界有代表性人士，除按照国家对高级干部和高级知识分子给予适当照顾的规定进行照顾外，对一些年老多病或生活上有特殊需要的人给以额外照顾。三年困难时期政协全国委员会机关设立了服务科，帮助委员解决一些生活中存在的具体困难；设立了餐厅、小吃部、百货部等为委员和各界有代表性人士提供方便。

（二）从 1960 年暑期开始，每年组织供给关系在政协全国委员会的委员、民主党派中委和少数需要照顾的各界有代表性人士以及他们的家属，到避暑胜地休养，以增进身体健康。

（三）从 1960 年开始，每年元旦，政协全国委员会都设便宴招待在北京的非共产党政协委员、人大代表、各民主党派负责人、国务院各部门负责人和国务院参事室参事中 70 岁以上的老人，以示敬老。1961 年在一次宴请老人的宴会上，周恩来即席指出：对于这些老人，包括其家属，在生活方面要加以照顾。根据这个意见，政协全国委员会拟定了一个对 70 岁以上老人及其家属的照顾办法，给他们以生活照顾。

（四）对已故的非共产党政协全国委员会委员和全国人大代表的夫人，除每年春节的例行宴请外，对她们生活上有困难的，也给予一定的照顾，并制定了《对已故政协委员的家属生活照顾的规定》。许多遗属对政协全国委员会的关怀照顾十分感激，有的人说："旧社会是人在人情在，新社会不同了，丈夫已去世几年，政协还一直在联系和照顾。"这些生活照顾体现了组织的关怀，给她们送去了温暖。

四、协商讨论右派分子的摘帽和在非共产党人士中进行甄别平反问题

从 1959 年到 1964 年，根据 1959 年 9 月 16 日中共中央、国务院《关于确实表现改好了的右派分子的处理问题的决定》，全国先后分五批摘掉了大部分右派分子的帽子。在此期间，各民主党派、无党派人士双周座谈会对在北京的全国人大代表、政协委员、国务院司局长以上干部和民主党派中委、候补中委范围内的非共产党的 90 名右派分子的摘帽问题，进行了协商讨论，从 1959 年起到"文化大革命"前，先后共摘掉 84 人的右派帽子。

1961 年 9 月，中共中央统战部副部长平杰三在各民主党派、无党派人士双周座谈会上传达了“全国改造右派分子工作会议”的精神和这次会议对右派分子的生活、劳动、政治学习、工作安排等方面提出的具体改进措施。根据这一精神，政协全国委员会秘书长办公会议建议各民主党派对党派内部的右派分子生活上有困难、工作安排不当的要注意解决。但在当时“左”的思想影响之下，这项建议没有取得相应的效果。①

1962 年，中共中央统战部提出了在非共产党人士中进行甄别平反工作的意见，确定凡是在 1958 年交心运动中受了处分或者被划为右派分子的，一律平反；在“拔白旗”②、“反右倾”运动中受到了批判、斗争、处分或者戴了帽子的，凡是批判错了或者基本错了的都予以平反；凡是平反的都摘掉帽子，恢复原来的工作或者安排其他相当的职务。对于 1958 年以来在其他运动中受到重点批判、处分或者戴了帽子的非共产党人士，经过甄别，凡是完全错了或者基本错了的，也予以平反，不留尾巴。根据这个精神，1962 年 7 月 17 日政协全国委员会秘书长办公会议，建议各民主党派根据中共中央统战部提出的意见进行甄别。这项工作解开了不少非共产党人士的思想疙瘩，增强了统一战线内部的团结。

第三节　采取措施进一步调动各方面人士的积极性

一、加强联络工作，密切与政协委员及各界人士的联系，增强团结，调动他们为社会主义服务的积极性

人民政协是各方面代表人物进行政治活动的重要场所，是联系各民主党派和各界人士的一个重要纽带。各工作组、各委员会都分别联系着不同方面的人士，人民政协通过各工作组、各委员会的日常活动，可以同他们保持经

---

① 1978 年 4 月，中共中央决定全部摘掉右派分子的帽子，并于同年 9 月决定本着有反必肃、有错必纠的方针，把错划为右派分子的人改正过来，为他们恢复名誉，并根据政策对他们的工作和生活待遇作妥善安排。中共中央这两项决定贯彻实施后，对错划右派分子的改正问题才彻底得到解决。

② 在 1958 年开始的“大跃进”过程中，由于“左”倾思想的影响，曾把一些坚持实事求是、反对浮夸的人，以及一些所谓具有资产阶级学术观点的人都作为“右倾保守思想”的反面人物，作为“资产阶级白旗”加以批判、斗争甚至处分。当时把这种作法叫做“拔白旗”。

常接触，及时听取和反映他们的意见。1959年政协第三届全国委员会第一次会议后，又增设了联络委员会，加强了这方面的工作。联络委员会以联系在京委员为主，重点是在京委员中因年龄和健康关系，较少参加社会活动的委员。对住在外地的政协委员除采取通信联系外，还趁他们来京开会、参观或联络委员会正副主任委员、联络委员到外地出差的机会进行联络。联络委员会的活动方式比较灵活，以个别访问、谈心为主，也可结合国内外政治形势和重大的方针政策，组织听报告或座谈，如组织过时事座谈、政协工作座谈、台湾工作座谈、中印边界问题座谈等等。此外，还适应少数委员的兴趣和要求，举办过书法座谈会、古典音乐欣赏会、古代文学专题报告会，以及组织老年委员到公园赏花赋诗、作画、茶叙等各项活动。联络工作由于注意贯彻了“神仙会”精神，联系的方式又以个别访问为主，便于敞开思想探讨问题，能够比较及时和广泛地听取到一些因年龄和健康关系参加社会活动较少的政协委员和各界人士对重大方针政策的反映，有助于贯彻政策和改进工作，同时也帮助他们解决了一些政治思想、工作关系、个人生活等方面的问题。

1958年11月，政协全国委员会同山东省委员会在济南联合召开了一次县政协工作现场会议。会上介绍了山东省郓城县开展社会人士工作的经验。社会人士是指散居在城乡的旧军政人员、在旧社会为统治阶级服务的知识分子、退休的工商业者、房产主等。他们中许多人在解放后政治地位和经济地位都有很大变化，对社会主义制度有所怀疑和不满，但都属于人民内部矛盾。随着社会主义革命的深入和社会主义建设的发展，他们也受到教育，逐渐有了学习新事物、跟上新形势的愿望。他们当中不少人既有一定的劳动能力和文化知识技能，在资产阶级和其他阶层中又有若干联系和影响。因此，对他们采取团结、教育、改造的方针，组织他们学习，对于巩固人民民主专政和调动一切积极因素，化消极因素为积极因素，为社会主义服务，都是有好处的。政协第三届全国委员会期间，在联络委员会之下成立了社会人士工作小组，组织推动这项工作。这个小组通过组织学习座谈、听报告、参加各种活动等方式，帮助社会人士提高了认识，调动了他们为社会主义服务的积极性。许多人还响应周恩来的号召，撰写了不少有价值的文史资料。

二、在贯彻“百花齐放、百家争鸣”方针中调动各界人士的积极性

“百花齐放、百家争鸣”方针是毛泽东在1956年提出来的，以后又在《关于正确处理人民内部矛盾的问题》的讲话中作了系统的阐述。这个方针提出后，曾经引起强烈的反响，学术、文化各部门都显示出生气勃勃的景象。政协全国委员会的日常活动，也由于贯彻了这个方针，出现了活跃的气氛。

1959年4月，周恩来在第二届全国人民代表大会第一次会议上代表国务院所作的《政府工作报告》中，再次强调指出：为了科学和艺术的健全发展，应当在为社会主义服务的基础上贯彻执行“百花齐放、百家争鸣”的方针。

会后，政协全国委员会积极采取措施贯彻这个方针。各民主党派、无党派人士双周座谈会上多次对如何贯彻“双百”方针问题交换意见，并邀请文教科技界一部分高级知识分子参加。会议开得十分热烈，发言踊跃，出现了不同意见的争鸣。李维汉在最后一次座谈会上发言时说：“双百”方针是繁荣文化、学术、艺术的方针，而不是用来整任何人的手段。他提出在政协的活动中应该做到百花齐放，百家争鸣。

文化教育组在制定工作计划时就把贯彻“双百”方针作为工作重点。当时郭沫若所写的为曹操翻案的剧本《蔡文姬》，曾引起了文艺界、史学界的争论。文化教育组为此组织本组的委员观看了这部话剧的演出，然后座谈观后感。座谈会上发言踊跃，不同意见针锋相对。有人说，“以郭老这样的权威，敢于对他提出不同的意见，充分说明是真正做到了百家争鸣。”科学技术组在一次讨论科学技术界在贯彻“双百”方针中存在的问题时，会上有人说，1956年提出这个方针时，有人曾引陆游“近闻下诏通言路，已卜余年见太平”的诗句，来表示自己欢欣鼓舞的心情，但整风反右之后，由于有的人因学术问题被当作政治问题而受到批判，所以有不同意见也就不敢争了，现在这个方针再次提了出来，使大家又有了思想解放之感。还有人以马寅初的问

题为例，认为这本来是学术问题，但批来批去成了政治问题[①]，认为要把争鸣搞起来，必须把“神仙会”的方法引用到学术领域中来，并建议政协全国委员会请些有不同意见的人来作报告，以便开展争鸣。

为了开展学术活动，促进“百花齐放、百家争鸣”方针的贯彻，政协全国委员会各工作组从1961年11月起举办了“双周讲座”。《双周讲座工作简则》规定：本会工作组为了体现百花齐放、百家争鸣的精神，特增加一项“双周讲座”的活动，以适应各界人士的不同兴趣和要求，并广泛交流思想，增进知识。讲座内容，可以是学术性的，也可以是不属于学术性范围的。“双周讲座”从1961年11月起，到1964年3月为止，共举办了38次，讲座内容大致可分为以下几方面：一种是对学术界有争论，又为各方面人士所关心的问题进行争鸣。如史学界对中国社会历史的分期问题，历史人物的评价问题，中国历史上的民族关系等问题，都有不同的观点。讲座就针对这些问题请历史学家吴晗、吕振羽分别作了题为“历史人物的评价问题”和“中国历史的几个特点”的报告。文学界历来对《红楼梦》持有不同观点，讲座就请红学家吴世昌、吴组缃分别介绍关于这一问题的一些看法。在“双周讲座”的报告中尽管对某些问题的看法不尽相同甚至完全不同，但可以各抒己见，自由争鸣，不同的学术见解都有同等的发表机会，充分体现了“百花齐放、百家争鸣”的精神。一种是关于中国的科学新成就和科学知识的报告，如请心脏外科专家吴英恺报告“心脏外科的新发展”；请建筑学家梁思成报告“新中国的建筑”；请北京大学教授黄昆报告“半导体的发展及其应用”等等。一种是配合重大政治活动和文化纪念活动而举办的专题报告。如1962年6月为纪念毛泽东《在延安文艺座谈会上的讲话》发表二十周年，邀请音乐家马可介绍有关延安文艺座谈会的情况以及他自己对毛泽东所指示的文艺工作方针的体会。在纪念世界文化名人、中国伟大的诗人杜甫诞生1250周年时，请北京大

① 马寅初（1882—1982年），浙江嵊县人，经济学家，1957年因发表《新人口论》，提出要控制人口数量，提高人口质量，主张节制生育，而遭到错误的批判。1958年前在学术范围内批判，1959年后发展到从学术到政治全面性的批判，被迫辞去了北京大学校长职务，并被罢免了全国人民代表大会常务委员会委员的职务。1979年9月，经中央批准，由中共北京大学委员会做出决定，为马寅初彻底平反，恢复名誉。

学教授冯至作了关于诗人杜甫的报告。一种是请参加国际友好访问与文化交流的人士作报告，如请国家对外文委副主任楚图南报告“中国文化友好代表团访问日本的观感”，请著名泌尿科专家吴阶平报告“中国医疗组访问印度尼西亚的情况”。此外，还请北京大学教授侯仁之介绍“历史上的北京城”，请气功学家焦国瑞讲“气功”等等。

“双周讲座”题材广泛，内容丰富多彩，适合各界人士不同的兴趣和要求，而且主讲人多是国内外知名的学者、专家，因此受到各方面的欢迎和好评。特别是讲座在方式上比较活泼，报告后可以即席讨论，可以自由交换意见，有利于交流学术思想，活跃学术空气。

政协第三届全国委员会为贯彻“双百”方针所采取的各种措施，不仅丰富了政协活动的内容，而且对于调动各界人士的积极性产生了良好的作用。

三、对特赦人员进行安置

1959 年 9 月 17 日，第二届全国人民代表大会常务委员会第九次会议通过了《全国人民代表大会常务委员会关于特赦确实改恶从善的罪犯的决定》，并于同日公布了中华人民共和国主席刘少奇发布的特赦令。根据特赦令，最高人民法院于 12 月 4 日特赦了首批改恶从善的战争罪犯。

12 月 14 日，周恩来接见了被特赦的爱新觉罗·溥仪（原清朝末代皇帝、伪满洲国“皇帝”）、杜聿明（原国民党政府东北保安司令部中将司令、徐州“剿总”中将副司令）、宋希濂（原国民党政府川湘鄂边区绥靖公署中将副主任）等 11 人，对他们作了语重心长的谈话，要求他们站稳民族立场，热爱新中国，树立并加强劳动观点、集体观点、群众观点，走社会主义共产主义道路，做新人，勉励他们努力改造，努力工作，不断进步。并指示关于他们的工作、生活、劳动、学习、参观等问题，由政协全国委员会和中共中央统战部负责安排。[①]

① 周恩来：《接见首批特赦战犯溥仪等十一人时的谈话》，《周恩来统一战线文选》，人民出版社 1984 年 12 月第 1 版，第 396—400 页。

1960年1月26日，周恩来单独接见了爱新觉罗·溥仪及其在京家属，谈溥仪的工作安排问题。周恩来称赞溥仪写的《我的前半生》有价值，“是旧社会的一面镜子”，并鼓励他努力学习，搞出点成绩来。① 随后溥仪被安排在中国科学院香山植物园劳动，其他特赦人员被安排在北京郊区红星人民公社劳动。在首批特赦人员劳动期间，政协全国委员会曾多次组织他们座谈参加劳动锻炼的体会和学习的情况，并安排他们参加了一些节日庆祝活动。每次座谈，政协全国委员会和中共中央统战部的负责人都向他们宣传有关国家政策和当时政治生活中的一些重要问题。

同年10月19日，周恩来趁张治中在颐和园休养之便，请张治中以黄埔军校教育长身份，邀请在北京特赦人员中的黄埔同学到颐和园聚会。首批被特赦的杜聿明、宋希濂、周振强（原国民党政府浙西师管区中将司令兼金华城防指挥）、王耀武（原国民党政府第二绥靖区中将司令兼山东省政府主席）、郑庭笈（原国民党政府第四十九军中将军长）、杨伯涛（原国民党政府第十八军少将军长）6位黄埔同学应邀参加。这次聚会中，周恩来再次勉励和告诫几位特赦人员说：“你们是第一批特赦的，要做为改造的标兵。你们被特赦了，但是过去的历史罪恶还是客观存在，不能改变的，不能因为特赦就一起抹掉了。当然人的思想行为是可以改变的。赦人不赦罪，大家要引以为戒，继续改造自己。”②

1960年11月28日，特赦第二批战犯。这时第一批特赦人员劳动已满一年，中共中央统战部于1961年2月邀集第一批、二批特赦人员一起座谈，中共中央统战部副部长、政协全国委员会秘书长徐冰在会上宣布：第一批特赦人员中在北京的爱新觉罗·溥仪、杜聿明、宋希濂等7人，由政协全国委员会安排为文史资料研究委员会专员。

特赦人员在被特赦并安排了工作以后，他们没有辜负中国共产党和全国人民的期望，表现良好。在1961年12月5日举行的政协第三届全国委员会第

① 周恩来：《同溥仪及其家属的谈话》，《周恩来统一战线文选》，人民出版社1984年12月第1版，第403页。

② 郑洞国等著：《杜聿明将军》，中国文史出版社1986年4月第1版，第160页。

二十二次常务委员会，讨论第一、二批特赦人员的工作情况和释放第三批战犯问题时，公安部副部长徐子荣对他们作了如下的评价：“第一批、二批释放后一般表现是好的。他们在工作中、劳动中表现积极、热情，思想上也继续在巩固。”

政协全国委员会还设法为安排为政协全国委员会文史专员的特赦人员解决家庭团聚问题。1960 年爱新觉罗・溥杰（原伪“满洲国宫内府侍从武官”，溥仪之弟）被特赦后，在周恩来的关注下，他的妻子嵯峨浩很快由日本回到了中国。不久其他特赦人员和他们在国外或在外地居住的眷属的团聚问题，也都得到了解决。1963 年 11 月 10 日，周恩来和陈毅接见特赦人员和他们的眷属时，陈毅在讲话中肯定了他们在政协全国委员会工作的成绩，并祝愿他们在新中国的时代里过一个幸福的晚年。周恩来再次勉励大家要跟上时代，不断前进。

从 1959 年到“文化大革命”前夕，政府先后特赦了 6 批战犯，其中有 19 人被安排为政协全国委员会文史专员。他们在文史资料和祖国统一工作方面做了不少工作，成绩是显著的。

1964 年 12 月，杜聿明、爱新觉罗・溥仪、宋希濂、范汉杰（原国民党政府东北“剿总”中将副司令兼锦州指挥所主任）、王耀武、廖耀湘（原国民党第九兵团中将司令）6 人被安排为政协第四届全国委员会委员。周恩来在第一次常务委员会上说：“我们要关心改造好了的新人，要‘敢教日月换新天’，人在一定条件下，不管什么出身，是可以改造好的，这是社会发展的规律。溥仪就是最好的例子。”溥仪从 1961 年年初任文史专员后，多次接受来自世界各国的外宾的访问。他以自己的亲身经历、改造过程以及特赦后的工作、学习、生活情况，向外宾现身说法。许多外宾在访问后，称赞中国共产党把一个“末代皇帝”改造成为新人，是一个人间奇迹。

在周恩来的亲自关怀下，特赦人员的工作、生活都得到了妥善的安置，使这些重新回到人民队伍中来的人，得到了进一步的改造和提高，并在社会主义建设中贡献出自己的力量，在国际、国内的影响是很大的。

第四节　贯彻政协第三届全国委员会第三次会议精神

一、关于人民民主统一战线新发展的讲话和对人民政协工作的部署

1962年3月23日到4月18日，政协第三届全国委员会召开了第三次会议。这次会议是在“七千人大会”① 之后召开的，充分发扬了民主和团结的精神。周恩来在同时召开的第二届全国人民代表大会第三次会议上所作的《政府工作报告》中再次为知识分子“脱帽加冕”②，宣布中国知识分子的绝大多数“属于劳动人民的知识分子”。列席全国人大这次会议的政协委员们听了这个报告，无不欢欣鼓舞，他们在讨论中畅所欲言，提出了许多好的意见。这次会议提案之多，也是过去历次会议所没有的。

4月18日周恩来在闭幕会上作了《我国人民民主统一战线的新发展》的讲话。他说：“进入了社会主义建设阶段，人民民主统一战线的任务就更重了，就要负起新的任务（当然，同时还有社会主义改造的任务），就要有新的发展。就是说，它在社会主义改造和社会主义建设取得伟大成果的基础上，现在要团结一切可以团结的力量，动员更多可以动员的因素，来参加社会主义建设，扩大我们的民主生活。这就是我们的新任务。不要把我们人民民主统一战线看成只是进行社会主义改造的，它的作用，不但表现在社会主义改造方面，而且表现在社会主义建设方面。我们要把建设的任务担当起来。”“为着更好地实行民主集中制，我们首先要扩大和发扬民主生活，这也是我们人民民主统一战线要担当的任务。……我们这个统一战线，要动员广大的力量来发扬民主生活，参加建设。”他还说：“要实现民主生活，还要求共产党员多交党外的朋友”。他提出政协工作一要多组织一些调查研究工作，让大家更多的了解实际情况，二要多开展

① 1962年1月11日至2月7日，中共中央在北京举行了扩大的工作会议，参加会议的有中央、各中央局、各省市自治区党委及地委、县委、重要厂矿企业和部队的负责干部7000多人。因此又称“七千人大会”。这次会议在发扬民主的基础上，初步总结了“大跃进”中的经验教训，进一步统一了全党认识。

② “脱帽加冕”指脱去资产阶级知识分子的帽子，戴上劳动人民知识分子的帽子。

学术性的报告和讨论，并有意识地邀请学术界的朋友参加。他说："我们是政协机关，可以同时提出各种不同的意见，争论的结果，不一定得出一致的结论，要将不同的意见提交有关方面，如政府机关、科学研究机关、教育机关或者其他学术团体。这些不同意见的提出，表现了'百花齐放、百家争鸣'的方针在这里的贯彻。"①

这次政协大会之后，双周座谈会连续举行三次，讨论如何贯彻人大、政协会议精神以及如何进一步发扬民主等问题。政协全国委员会常务委员会也就如何进一步加强人民政协的工作问题进行了讨论。7 月 5 日，李维汉在第二十三次常务委员会会议上，对如何开展政协工作作了具体部署。他说，政治协商会议按它的实质来说，应该是统一战线总部，对政协这样理解，工作的范围就广了。他列举了扩大团结、政治协商、调整关系、贯彻"长期共存、互相监督"方针、学术活动、组织各界人士学习、处理人民来信、国际活动、文史资料征集工作、文娱活动等方面的工作，提出政协工作应从多方面开展起来。他指出工作中要做些调查研究；要发扬民主，贯彻民主集中制；进行活动的方式要多种多样，要百花齐放；讨论问题要自由辩论、百家争鸣。他还强调指出："政协是统一战线组织，可以提出各种问题，可以发表各种意见，讲错了也没关系，出气也可以，发牢骚也可以。总之，政协要民主、自由一些，随便一点，像个民主之家吧！"他说，毛主席说的"又有集中、又有民主、又有纪律、又有自由、又有统一意志、又有个人心情舒畅、生动活泼，那样一种政治局面"，政协应该首先实现。最后他说，政协工作的目的还是团结一切可以团结的人，调动一切可以调动的积极因素为社会主义服务。②

对于这些指示和意见，政协全国委员会正准备在工作中贯彻执行的时候，情况却发生了变化。

---

① 周恩来：《我国人民民主统一战线的新发展》，《周恩来统一战线文选》，人民出版社 1984 年 12 月第 1 版，第 431—436 页。

② 李维汉：《使政协工作活跃起来》，《李维汉选集》，人民出版社 1987 年 10 月第 1 版，第 452—456 页。

二、“左”倾错误思想对政协工作的影响

1962年9月，中国共产党召开了八届十中全会。毛泽东在会上提出了“千万不要忘记阶级斗争”的口号，强调阶级斗争“必须年年讲，月月讲，天天讲”。在这种“左”的错误思想影响下，1962年、1964年，中共中央统战部对部长李维汉进行了两次错误的批判，[①] 把李维汉在社会主义改造基本完成以后对统战工作提出的一些正确的见解，说成是“鼓吹阶级斗争熄灭论”“对资产阶级的投降主义。”由于李维汉长期主持全国政协的日常工作，这些错误的批判，不能不使政协工作受到很大影响。

从此以后，政协工作即大幅度地向“左”转，在各项工作中都强调要以阶级斗争为纲，阶级斗争这根弦又被绷得紧紧的。首先在学习工作上提出要在各界人士中进行一次以阶级教育为中心的爱国主义、国际主义和社会主义思想教育（简称“三个主义”教育）。1962年12月5日常务委员会讨论通过的“关于组织在京的政协全国委员会委员、各民主党派中央委员、全国工商联执行委员和各界民主人士进行爱国主义、国际主义和社会主义思想教育的计划”，就是根据八届十中全会以阶级斗争为纲的精神制定的。1963年11月政协第三届全国委员会第四次会议的常务委员会工作报告指出：“这一期间有不少人在国内外阶级斗争的风浪中产生了又一次政治思想上的大反复”，认为在政协内部曾经发生过一部分人主张“三和一少”（对帝国主义、各国反动派和现代修正主义要和，对民族解放运动支援要少）、“三自一包”（多留自留地，多搞自负盈亏企业，多搞自由市场，包产到户）以及拒绝改造等错误的反动思想，同中国共产党的社会主义建设总路线和对外政策总路线是不相容的。1964年1月29日，政协第三届全国委员会常务委员会第四十三次会议讨论通过的《中国人民政治协商会议全国委员会常务委员会关于在各界人士中进一步开展爱国主义、国际主义和社会主义思想教育计划大纲》，又强调这个

① 1980年11月，中共中央批准中央统战部《关于李维汉同志问题的复查报告》，将两次错误批判中送中央的有关批判李维汉的几个报告，连同1964年12月25日中央决定撤销李维汉担任的中央统战部部长职务的通知，一并撤销。

学习是全民的社会主义教育运动的一个重要方面，是人民政协、各民主党派、工商联和有关团体今后一个时期内的一项中心任务，提出要为革命而学，为改造而学，为过好社会主义关而学。这次学习批判了“三和一少”“三自一包”、“恐美联苏、怕战求和”等思想，甚至抓住片言只语无限上纲，进行批判斗争，损害了自我教育和自我改造的优良传统。

各工作组的活动也强调要以阶级斗争为纲进行形势教育。如科学技术组座谈国际形势和反帝反修问题，并请人报告参加农村“四清”（指清政治、清经济、清组织、清思想）运动的情况和体会；宗教组讨论现代修正主义产生的根源，还请人报告关于“三个主义”教育的学习问题；工商组也座谈关于“三个主义”教育学习的体会。本来是以开展学术活动为主的“双周讲座”，也请人报告“国际科学界两条道路的斗争”。加上1963年至1965年间在意识形态领域中开展的错误的、过火的政治批判的影响①，工作组的活动不但减少了，过去那种“百花齐放、百家争鸣”、“神仙会”的精神和气氛也不见了。文史资料工作、联络工作等也都强调要以阶级斗争为纲。于是政协的全部工作急剧地向“左”转，而且愈演愈烈，直到“文化大革命”开始，政协全国委员会终于被迫停止了工作。

① 1963年至1965年间，在意识形态领域对一些文艺作品、学术观点和文艺界、学术界的一些代表人物进行了错误的、过火的政治批判，这种批判破坏了“百花齐放、百家争鸣”的方针，妨碍了文艺事业和学术工作的健康发展，并使许多知识分子受到了伤害。

第九章
十年动乱中的人民政协

第一节　政协第四届全国委员会第一次会议的召开和“文化大革命”的冲击

1964年12月20日至1965年1月5日，政协第四届全国委员会第一次会议在北京举行。这一届全国委员会共有委员1199名。全体委员列席同时召开的第三届全国人民代表大会第一次会议，听取和讨论了国务院总理周恩来的《政府工作报告》和其他工作报告。会议选举周恩来为第四届全国委员会主席，彭真、陈毅、叶剑英、黄炎培、陈叔通、刘澜涛、宋任穷、徐冰、高崇民、蔡廷锴、韦国清、邓子恢、李四光、傅作义、滕代远、谢觉哉、沈雁冰、李烛尘、帕巴拉·格列朗杰、许德珩、李德全、马叙伦为副主席，平杰三为秘书长，于树德等135人为常务委员。会议推举毛泽东继续担任第四届全国委员会名誉主席。

政协第四届全国委员会第一次会议召开时，中国的部分农村和少数城市基层单位正在开展社会主义教育运动。城乡社会主义教育运动，亦称“四清”运动，是1963年至1966年间中国共产党发动和领导的一次大规模群众运动。这次运动旨在解决干部作风和经济管理等方面的问题，但是，由于这次运动是中共八届十中全会提出的关于阶级斗争的错误理论在相当大范围内的一次实践，因而进一步发展了“左”的错误；1965年年初，由于错误地强调这次运动的重点是整所谓“党内走资本主义道路的当权派”，使不少基层干部受到不应有的打击。与此同时，在意识形态领域也对一些文艺作品、学术观点和文艺界、学术界的一些代表人物进行了错误的政治批判。在这种形势下，第四届全国委员会在1966年“文化大革命”开始前这段时间里，主要的活动是在政协委员、各民主党派、无党派民主人士中进行社会主义教育，要求克服事实上并不存在的所谓“大反复”①。政协委员们在日常活动中已经不能畅所欲言，各抒所见。到1966年春季，政协全国委员会也开始了对《文史资料选辑》编辑方针的错误批判。

在中国共产党内“左”倾错误思想占统治地位的情况下，作为统一战线组织的人民政协此时已无法开展更多的工作。这一年多内，政协全国委员会只有两项比较重大的活动。其一是纪念孙中山诞辰100周年。1965年10月，常务委员会第三次会议决定隆重纪念孙中山诞辰100周年，会上通过了以刘少奇为首的271人的筹备委员会，并决定在筹委会秘书长廖承志领导下，设立筹委会办公室。经过一年的筹备工作，1966年11月12日在人民大会堂举行了孙中山诞辰100周年纪念大会，董必武在会上致开幕词，周恩来、宋庆龄、何香凝以及日中友好协会理事长宫崎世民等在会上讲话。周恩来在讲话中阐述了列宁、毛泽东对孙中山的正确估价。中国共产党和国家领导人刘少奇、朱德、邓小平等也出席了大会。这是中华人民共和国主席刘少奇遭林彪、江青反革命集团残酷迫害病故前最后一次参加的大型政治活动。

另一项活动是1965年8月政协全国委员会为前国民党政府代总统李宗仁从海外归来举行欢迎茶会。李宗仁归来具有重大的政治意义，对国内外有很大影响。他于7月21日到达北京时，受到中国共产党和国家领导人、政协全国委员会和各民主党派负责人以及各方面人士的盛大欢迎。李宗仁在机场宣读了回国声明，表达自己毅然回国，以有生之年参加祖国社会主义建设的决心，并寄语海外友好，希望他们拥护祖国，幡然归来。政协全国委员会于8月6日举行盛大欢迎茶会，周恩来亲自主持，彭真在会上致欢迎词，对李宗仁的归来给以极高的评价和热烈的欢迎，同时重申对于在台湾的国民党人员和旅居海外的各方人士爱国一家、爱国不分先后、来去自由的政策。

① 在中共八届十中全会的阶级斗争扩大化和绝对化的“左”倾思想指导下，各界民主人士的政治思想被错误地估计为出现了“大反复”。

1966年5月，“文化大革命”开始不久，政协全国委员会常务委员会与全国人民代表大会常务委员会于7月7日举行联席会议，决定第三届全国人民代表大会第二次会议与政协第四届全国委员会第二次会议不定期延期举行。自此以后，第四届全国委员会未再召开第二次全体委员会议。

1966年8月，中共八届十一中全会在毛泽东主持下通过《关于无产阶级文化大革命的决定》（即“十六条”），正式肯定了“文化大革命”的“左”倾指导方针。这个决定，提出要扫除“剥削阶级的旧思想，旧文化，旧风俗，旧习惯”，要“斗垮走资本主义道路的当权派，批判资产阶级和一切剥削阶级的意识形态”。在“左”倾错误路线支持下，到处制造动乱的红卫兵组织风起云涌，遍及全国。北京各学校的红卫兵冲击了各民主党派和民主人士。在这种局面下，政协机关已不能正常办公。为了保护政协机关免遭红卫兵的冲击，政协全国委员会机关根据主席周恩来的指示，从8月30日零时起停止办公。政协各级地方委员会在“文化大革命”期间也被迫停止办公，有的甚至被“扫地出门”，连会址也被占用。

在这场长达十年之久的大动乱中，林彪、江青反革命集团肆意践踏统一战线政策，说人民政协是“牛鬼蛇神的窝子”，“政治岂能协商”，对大批政协委员和各界爱国民主人士进行打击和迫害，使政协工作陷于停顿，统一战线遭到严重的破坏。

第二节　周恩来采取措施保护民主人士

周恩来一贯坚持统一战线的优良传统，坚持对各界爱国民主人士要执行统一战线政策。十年动乱中，他在个人处境非常艰难的情况下，不仅保护了一大批被林彪、江青反革命集团残酷迫害的共产党内的领导干部，而且为保护民主党派负责人、无党派的代表人士和各界爱国人士作了极大的努力。

“文化大革命”初期，群众性的极“左”狂热与林彪、江青反革命集团的倒行逆施，使不少政协委员和民主人士受到猛烈的冲击，人身无保障，人格遭侮辱，住宅被查抄，连知名人士邵力子、章士钊、荣毅仁等也未能免于劫难。当周恩来获悉中央文史馆馆长、无党派民主人士章士钊于1966年8月

29 日夜被红卫兵抄家后，严厉批评了有关人员，责令立即送回抄走的全部书籍，并派人保护章宅。同时，他拟出了一份应予保护的名单，范围包括：全国人大常委会副委员长和常委，国家副主席，全国政协副主席，国务院副总理、部长、副部长，最高人民法院院长和最高人民检察院检察长，各民主党派负责人，具体名单中有宋庆龄、郭沫若、章士钊、程潜、何香凝、傅作义、张治中、邵力子、蒋光鼐、蔡廷锴、沙千里、张奚若、李宗仁等爱国民主人士。9 月 1 日，他又命令解放军总医院准备接受章士钊、程潜、傅作义、蔡廷锴、李宗仁等入院，以住院治疗名义保护他们的安全。

1967 年年初，“文化大革命”进入所谓“夺权阶段”后，夺权之风刮遍全国，更加剧了局势的混乱，各部门各地方的党政组织陷于瘫痪或半瘫痪之中，工矿企业停产或半停产，武斗成风。在这种严重的形势下，毛泽东决定人民解放军执行“三支两军”任务[①]，以稳定局势。1968 年 4 月，政协全国委员会机关和各民主党派机关陆续进驻了人民解放军的代表。军队实行“三支两军”任务的实质在于稳定局势，但是他们不能不执行“文化大革命”的错误方针，因而必然带来一些消极的后果。例如，政协机关和各民主党派机关自军代表进驻后，民主人士特别是各民主党派领导人仍然随时受到军代表支持的所谓“左派群众”的批斗、殴辱。1968 年 10 月底，一个民主党派的副主席在病中被勒令去该党派中央“学习”，并遭群众的批斗。周恩来知道这一情况后，为了保护民主党派的领导人，于 1969 年 5 月 4 日向驻政协全国委员会机关军代表下达了“不要斗批民主党派的领导人”的指示，明确指出，各民主党派机关的群众“不要去斗批民主党派的领导人，即他们的中央委员、省市党部委员。如他们中间出现了现行的反革命分子，自当别论，但也需先报告军管代表，得中央或省、市革委会同意后，方能采取行动。”[②] 1971 年 9 月，周恩来又指示，下放到人大、政协机关“五七”干校劳动的民主党派中

---

① “三支两军”即：支持左派广大群众，支援工业，支援农业，军事管制，军政训练。

② 周恩来：《不要斗批民主党派的领导人》，《周恩来选集》下卷，人民出版社 1984 年 11 月第 1 版，第 454 页。

央委员[1]，应让他们返回北京。这些民主党派的中央委员才得以免除干校的劳动惩罚和迫害，回到北京与家人团聚。

1970年春，周恩来开始亲自部署对民主人士落实政策的工作。根据周恩来的指示，政协全国委员会机关与全国人大常委会机关联合成立了一个专门小组，调查研究在北京的部分民主人士被红卫兵查封和抄走的财物的情况，并在此基础上起草了《对在京部分统战对象被查抄财物的处理意见》，呈报中共中央，经毛泽东审阅同意后，1971年2月以中共中央〔1971〕第12号文件转发全国。这个专门小组随即会同各民主党派中央机关，根据《处理意见》，对一批在北京的重要统战对象进行了清退被查抄财物的工作。尽管这个《处理意见》的内容仍含有不少“左”的指导思想，但在当时的条件下，已开始迈出了落实政策的艰难的第一步。被落实政策的人士不仅收回了被抄财物，更重要的是经过这项工作使他们在政治上恢复名誉，也使那些暂时还未落实政策的人看到了希望。特别是有些人士看到他们最珍爱的藏书、文物和手稿失而复归，更是喜出望外。例如政协委员梁漱溟被抄家时，不仅有些藏书被红卫兵当场烧毁，而最令他感到痛心的是凝聚着他多年心血写成的书稿失落了。当经办人员将他尚未发表的《人生与人心》这部著作的手稿找到并发还给他时，这位平日感情不易外露的老学者激动地把稿子捧在手中，连声说“这比什么都重要，这比什么都重要”。由此可见，1971年开始的为统战对象落实政策、清退查抄财物的工作虽然还不够彻底，但其政治影响是相当大的。

“文化大革命”打乱了原有的社会秩序、工作秩序和生活秩序，干部的医疗关系特别是老干部和民主人士的原有医疗关系也被打乱，不少人患病得不到必要的医疗条件。为了使民主人士生活上得到照顾，1972年4月，周恩来指示政协全国委员会机关对上层爱国民主人士的医疗状况、生活状况进行调查，然后又指示卫生部门对他们普遍进行身体检查，恢复原有的医疗待遇。

---

① “文化大革命”期间，以贯彻1966年5月7日毛泽东给林彪的信中关于党政机关干部也要学农、学工的指示为名，把干部集中下放劳动的场所称为“五七”干校。林彪、江青反革命集团利用它对一大批干部进行劳动惩罚和迫害。当时，各民主党派在共中央机关工作的中委曾随同他们的机关干部一同下放到全国人大和全国政协机关在湖北沙洋合办的“五七”干校劳动。

对上层爱国民主人士的住房以及已故人士遗属的照顾等，也逐层逐步落实了政策。

第三节　政协工作初步恢复

1971 年 9 月 13 日，林彪策划反革命武装政变的阴谋败露，叛国外逃，摔死在蒙古温都尔汗以后，周恩来主持中共中央日常工作。为减少"左"倾错误在各个领域造成的危害，消除林彪反革命集团对国家造成的恶果，周恩来在江青反革命集团仍在干扰破坏的非常困难的情况下，作了坚持不懈的努力，使各方面的工作有了转机。作为爱国统一战线组织的政协全国委员会，在周恩来的直接领导下，也开始恢复了一些活动。

一、组织民主人士学习、参观

原来由政协全国委员会学习委员会领导的各民主党派中央、全国工商联和政协无党派民主人士学习组，于 1971 年恢复了经常性的时事政策学习，并由政协组织参加学习组的民主人士听取重要报告和文件的传达。尽管在当时的条件下，还不可能贯彻过去政协所坚持的"不打棍子、不戴帽子、不抓辫子"的"三不"方针，但是大家通过学习可以定期相聚，了解当前国内外大事和方针政策，结束了"文化大革命"以来相互隔绝与封闭的状态，因而还是受到民主人士的欢迎。

1971 年 12 月，政协全国委员会组织著名民主人士宋庆龄、傅作义等数十人参加了中共中央召集的关于林彪反革命事件的座谈会。会上，周恩来、叶剑英用两个半天详细传达了林彪反革命集团阴谋夺取最高权力、策动反革命武装政变的经过，然后进行分组座谈。中共中央委员李富春等 10 人参加了各小组的讨论。1972 年年初，政协全国委员会又将上述周恩来、叶剑英的讲话，原原本本地向参加各民主党派中央、全国工商联和政协直属的无党派民主人士学习组的成员传达，并组织他们讨论，帮助他们了解林彪事件的真相和提高认识。1972 年，政协全国委员会还成立了学习领导小组，负责各民主党派中央、全国工商联和政协直属学习组的工作。

1973年以后，政协全国委员会曾多次组织民主人士在北京和到一些省、市参观工农业生产和文化教育、经济建设等方面的情况。在组织参观过程中，遵照周恩来的指示，排除极“左”思想，采取了适合民主人士年老体弱状况的具体措施。这使“文化大革命”以来多年蛰居首都的民主人士获得了接触实际的机会，而且在参观中得到应有的照顾和尊重。这项活动不但以事实表明了中共中央的统一战线政策仍在继续发挥作用，对当时社会上存在的否定统一战线的错误思想，也起到了一定的纠正效果。

二、组织纪念活动和参加重大节日活动

1972年11月12日，在政协全国委员会的组织和推动下，北京、南京、上海、广州分别举行了各界人士纪念孙中山诞辰一百零六周年仪式。这项在“文化大革命”期间被中断的每年一度的孙中山诞生和逝世的重要纪念活动，从此得到恢复。其他如纪念台湾人民“二二八”起义等项活动也相继恢复。

从1949年10月1日举行开国大典时，政协第一届全国委员会全体委员登上天安门参加首都三十万军民的庆祝盛会以来。历年的国庆日，政协全国委员会都组织委员参加庆祝活动。“文化大革命”开始后，政协委员的这项活动也陷于停顿，直到1973年，在京的全国政协委员才重新作为一个重要方面，参加国庆和“五一”国际劳动节的大型庆祝活动。随后，人民政协各级地方委员会也陆续重新组织委员参加当地的重大活动。

三、协商全国人民代表大会代表名单

1973年10月，叶剑英代表中共中央召集座谈会，部分政协全国委员会常务委员应邀参加，就爱国人士参加第四届全国人民代表大会的代表候选人名单进行了协商，这是十年动乱中的第一次协商名单。

上述情况表明，“文化大革命”后期，人民政协已从瘫痪状态中初步恢复了一些工作，开始出现了一些转机。

1976年1月8日，中国人民的好总理、敬爱的政协全国委员会主席周恩来，为人民鞠躬尽瘁，不幸逝世，全国各族人民陷入无限悲痛之中。政协委

员和各民主党派、无党派民主人士怀着极其悲痛的心情参加了吊唁和追悼大会。

1976年10月，中共中央政治局执行中国共产党和人民的意志，毅然粉碎了江青反革命集团，结束了“文化大革命”这场灾难。政协全国委员会组织各民主党派、无党派人士参加了首都军民的庆祝大会和群众游行，热烈庆祝粉碎“四人帮”篡党夺权阴谋的伟大胜利。人民政协从此结束了长达十年的停顿状态，开始为全面恢复工作进行准备。

第三编

人民政协工作的恢复和发展

粉碎“四人帮”之后，1978 年 2 月，政协第五届全国委员会举行第一次会议，邓小平当选为主席，政协工作从此开始全面恢复。中共十一届三中全会后，1979 年 6 月，政协第五届全国委员会举行第二次会议，邓小平发表了有重要意义的开幕词，指出中国进入了新的历史时期，统一战线也进入了新的历史发展阶段，中国共产党和国家的工作重点已经转移到社会主义现代化建设上来，中国的社会阶级状况发生了根本变化，并据此阐明了新时期统一战线的性质任务和方针政策，指导人民政协沿着正确轨道健康发展。1982 年 12 月，政协第五届全国委员会举行第五次会议，通过了人民政协的第三部章程，明确了政治协商、民主监督是人民政协的主要职能。政协第五届全国委员会进行了大量的拨乱反正工作，在新形势下积极发挥作用，许多工作有新的发展。1983 年 6 月，政协第六届全国委员会举行第一次会议，邓颖超当选为主席。这次会议的突出特色是体现了中华民族大团结大统一的精神。在 1984 年 5 月举行的政协第六届全国委员会第二次会议上，邓颖超强调要发扬政治协商、民主监督、合作共事、广交朋友和自我教育等统一战线的优良传统和作风。政协第六届全国委员会为政协委员认真落实各项政策，切实发挥人民政协的职能作用，全面开创工作新局面。新时期以来人民政协的工作，是历史上的最好时期之一。

第十章
人民政协工作进入新的发展阶段

第一节　人民政协恢复工作

一、粉碎“四人帮”反革命集团后政协开始恢复工作

1976 年 10 月，中共中央执行党和人民的意志，采取果断措施，一举粉碎了江青反革命集团，结束了“文化大革命”这场灾难。从此，人民政协开始恢复工作。

1976 年 11 月，政协全国委员会常务委员列席第四届全国人大常务委员会第三次会议，听取关于粉碎“四人帮”反革命集团的报告，并进行热烈讨论。在 1977 年 3 月的中共中央工作会议和同年 8 月的中共十一大会议上，中共中央提出在召开第五届全国人大的同时召开政协第五届全国委员会第一次会议的建议。同年 12 月 27 日至 29 日，政协第四届全国委员会常务委员会举行第七次扩大会议。这是政协恢复活动后举行的第一次常委会，中共中央十分重视这次会议的召开。中共中央主席华国锋，副主席叶剑英、邓小平、李先念等和在京的中共中央政治局委员，人大常委会副委员长，国务院副总理出席了会议。政协第四届全国委员会主席、副主席、常务委员共 159 人（已故 62 人，因各种原因不能出席的 34 人），出席会议 63 人。各有关单位、各民主党派负责人、无党派爱国人士等 47 人参加了会议。会上。中共中央副主席、政协全国委员会副主席叶剑英作了重要讲话；国务院副总理方毅作了关于科学和教育事业情况的报告；中共中央统战部长乌兰夫受中共中央委托向会议提出召开政协第五届全国委员会第一次会议的建议，并就政协第五届全国委员会的组成单位和名额分配等问题作了说明。会议通过了在 1978 年春召开政协

第五届全国委员会第一次会议的决议。叶剑英在讲话中指出，五届人大和五届政协的召开，将是中国各族人民政治生活中的一件大事，是从政治上、组织上巩固和发展粉碎“四人帮”的胜利成果，实现安定团结，达到天下大治的一个重要部署；并指出应当恢复和发扬毛泽东、周恩来为统一战线树立的民主协商的优良传统，继续执行中国共产党同各民主党派“长期共存，互相监督”的方针，正确实行中国共产党的知识分子政策和民族、宗教、侨务政策。他重申对台湾国民党军政人员“爱国一家”“爱国不分先后”的一贯政策，希望台湾人民与全国人民一道共同完成统一祖国大业。会上，各民主党派负责人和各界爱国人士、各人民团体负责人先后发言，一致认为叶剑英的讲话对恢复统一战线工作有重要指导意义。

1978 年 2 月，政协第四届全国委员会常务委员会举行第八次会议，在充分协商的基础上，通过了政协第五届全国委员会委员名单、工作报告草稿和政协章程修改草案，以及政协第五届全国委员会第一次会议召开的时间等事项。

这两次常务委员会会议，为政协第五届全国委员会第一次会议的召开从政治上、组织上作好了准备。

二、政协第五届全国委员会第一次会议的召开

政协第五届全国委员会第一次会议于 1978 年 2 月 24 日至 3 月 8 日在北京举行。这次会议距 1964 年 12 月召开的四届一次会议已有 13 年多。本届全国委员会共有 1988 位委员。比上届委员人数增加 2/3，其中有中国共产党的代表，有从新民主主义革命到社会主义革命时期同中国共产党长期合作、共过患难、对中国人民革命事业做出贡献的各民主党派和各界爱国人士，有几十年南征北战、为革命艰苦奋斗的老干部，有战斗在各条战线上的英雄模范人物，有为国家做出贡献的科学技术、教育、文化、卫生、体育等各界的专家和优秀工作者，有全国各兄弟民族的代表，有工人、农民、妇女、青年的代表，有台湾同胞、港澳同胞、归国侨胞的代表。这届委员会组成的广泛性充分体现了各族人民和各种爱国力量在中国共产党领导下的大团结。会议期间，

全体委员列席了五届人大会议，听取和讨论了政府工作报告和关于修改宪法的报告，讨论了宪法修改草案和国民经济发展十年规划草案。会议总结了政协第四届全国委员会的工作，通过了人民政协的新章程，即第二部章程。①

这次会议选举邓小平为政协第五届全国委员会主席，乌兰夫、韦国清、彭冲、赵紫阳、郭沫若、宋任穷、沈雁冰、许德珩、欧阳钦、史良、朱蕴山、康克清、季方、王首道、杨静仁、张冲、帕巴拉·格列朗杰、周建人、庄希泉、胡子昂、荣毅仁、童第周为副主席，齐燕铭为秘书长②，会议还选举了常务委员 244 名。

三、积极开展各项活动，政协工作逐步恢复

政协第五届全国委员会第一次会议闭幕后，政协工作逐步恢复，积极开展了各项活动，到五届二次会议前，主要工作和活动有以下三个方面：

（一）了解国家大事，进行座谈讨论。

在京常务委员多次列席全国人大常委会会议和全国人大常委会组织的报告会、座谈会，听取政府有关部门的工作报告和专题报告，增进了对国内外形势和中共中央的路线、方针、政策及其实施情况的了解。每次报告会后，都组织座谈讨论，将讨论中提出的意见和建议及时送中央领导人、人大常委会和有关部门参考。

（二）工作组开展活动，反映民意，提出意见和建议。

政协第五届全国委员会参照已往经验并根据工作发展需要，建立了 12 个工作组，参加工作组的委员占在京委员的 80% 以上。在五届全国委员会一次会议至二次会议的一年多时间里，共组织近百次有关国内外形势、经济建设、民主与法制、科学技术、文教卫生、侨务、民族、宗教、工商业等问题的报告会、座谈会。委员们在座谈会上提出了不少好的意见和建议。例如，文化

① 这部章程，对于恢复和开展政协工作起了积极作用，但在某些内容上受到“左”的指导思想的影响，沿袭了“文化大革命”的错误理论和提法。

② 齐燕铭于 1978 年 10 月 21 日病逝，刘澜涛继任秘书长。

组在1978年6月1次会议上，一些委员冲破“两个凡是”① 的“禁区”，大声疾呼，带头提出为“天安门事件”② 平反，为“二月提纲”③、吴晗和“海瑞罢官”平反的意见。他们解放思想，放胆直言，以事实说明了伟大的“四五”运动的真相，驳斥了“四人帮”反革命集团的诬蔑诽谤，揭露了他们的鬼蜮伎俩和残酷打击迫害革命干部、知识分子和广大革命群众的罪行，实事求是地提出了为“天安门事件”等问题平反的建议。他们的建议符合全国各族人民的心愿和要求，引起了各方面的强烈反响和重视。这些问题后来均已得到平反。

（三）组织委员参观，了解实际情况。

1978年9月，政协全国委员会组织部分在京委员和文史专员在北京市参观工业、农业、文教、卫生、科技、部队、街道等12个单位，并在参观前听取了中共北京市委负责人关于北京市经济工作情况的介绍。参观结束后，北京市主要负责人邀请在京参观的全国人大常委会副委员长、政协全国委员会副主席许德珩，全国人大常委会副委员长、政协全国委员会常委胡厥文，政协全国委员会副主席史良、季方、王首道、荣毅仁等43人座谈，听取意见。委员们在调查研究的基础上，就北京市经济建设、科学教育、文体卫生等各方面的工作，提出意见和建议共327件，北京市对这些意见和建议十分重视，都作了及时处理。

政协全国委员会于1978年还组织部分在京委员和上层爱国人士分赴四川、上海、福建、天津等省、市参观，参加的有胡厥文、周建人、胡子昂、胡愈之、班禅额尔德尼·确吉坚赞、董其武等50多人。他们通过近1个月的

---

① “两个凡是”是指当时任中共中央主席的华国锋提出的“凡是毛主席作出的决策，我们都坚决维护；凡是毛主席的指示，我们都始终不渝地遵循”的错误方针。

② 1976年4月在全国范围内掀起的以天安门事件为代表的悼念周总理、反对“四人帮”的强大抗议运动，被错误地定为“反革命事件”。由于这个抗议运动在4月5日达到高潮，群众又称之为“四五”运动。

③ “二月提纲”是指1966年2月12日中共中央批转的《文化革命五人小组关于当前学术讨论的汇报提纲》。这个提纲在“文化大革命”中受批判时称为《二月提纲》，是以彭真为组长的“文化革命五人小组”于2月3日开会讨论后拟订的。提纲试图对当时《海瑞罢官》的批判，以及由此而展开的学术讨论中“左”的偏向略加限制。

实地参观，进一步看到“四人帮”倒行逆施对各方面的严重破坏，也为一年多来所取得的可喜成绩所鼓舞。

去各地参观的人士大都年过古稀，他们一再表示，要在有生之年充分发挥自己的所能和专长，为祖国的社会主义建设事业尽力。

四、积极开展真理标准问题的学习讨论

1978年5月思想政治战线开展的关于真理标准问题的讨论，是一次马克思主义思想运动。实践是检验真理的唯一标准，这是马克思主义的一个基本原则。坚持这一原则，就是对“两个凡是”的否定，意义非常重大。政协全国委员会组织部分委员、各民主党派负责人和各界爱国人士近200人分别进行了认真的学习，并两次组织联组讨论会进行了热烈讨论。讨论中，大家联系实际，充分发表意见，一致认为，检验一种理论、一条路线、一个方针、一项政策是否正确，要以实践作为检验真理的唯一标准，而不是根本不考虑是否符合客观实际，以“本本”、批示、讲话甚至被歪曲了的话为依据，照抄照转，“句句照办”。大家认为，这次学习讨论，对于解放思想，破除迷信，发扬民主，开动机器，实事求是，端正思想路线；对于肃清林彪、“四人帮”在统一战线方面的流毒，调动一切积极因素，团结一切可以团结的力量，团结起来向前看，以及对于提高觉悟，改造思想，都收到了积极的效果。

从粉碎“四人帮”到中共十一届三中全会前，各项工作由于受“左”的错误指导思想的影响，还处在徘徊中前进的阶段。在这种形势下，政协工作只是刚刚恢复，开展一些必要的活动，还不可能真正拨乱反正，开创工作新局面。

第二节　人民政协工作的新阶段

1978年12月中国共产党召开了具有伟大历史意义的十一届三中全会。这次会议从根本上冲破了长期“左”倾错误的严重束缚，在思想上、政治上、组织上全面恢复了马克思主义的正确路线。这次会议做出了重大战略决策，把全党全国工作的重点转移到社会主义现代化建设上来，为社会主义事业的

健康发展规定了正确的航道，也为人民政协工作的发展指明了正确方向。这是中国现代历史上的一个伟大转折，从此中国进入了以实现四个现代化为中心任务的新的历史时期，中国统一战线和人民政协工作也进入了一个新的历史发展阶段。

中共十一届三中全会公报，号召全党、全军、全国各族工人、农民、知识分子、各民主党派和无党派爱国民主人士向着四个现代化的宏伟目标前进。政协全国委员会组织在京的常务委员对公报进行了学习，常委们热烈拥护中共十一届三中全会作出的战略决策，并且认为政协工作的重点也必须随之转移，表示要在中国共产党的领导下，做到“风雨同舟，患难与共，团结一致，振兴中华”。政协全国委员会努力贯彻中共十一届三中全会精神，在为各方面拨乱反正，推动社会主义建设和促进祖国统一以及加强人民政协的自身建设等方面做了大量的工作。

一、政协第五届全国委员会第二次会议在新形势下提出新的方针和任务

1979 年 6 月 15 日，邓小平主席在政协第五届全国委员会第二次会议上发表了具有重要历史意义的开幕词。邓小平指出：“今年是伟大的中华人民共和国建国 30 周年，也是中国人民政治协商会议成立 30 周年。我们的国家进入了以实现四个现代化为中心任务的新的历史时期，我国的革命统一战线也进入了一个新的历史发展阶段。”他科学地分析了中国社会阶级状况的根本变化，阐明了新时期统一战线的性质和人民政协的根本任务。他说：“在这 30 年中，我国的社会阶级状况发生了根本变化。我国工人阶级的地位已经大大加强，中国农民已经是有 20 多年历史的集体农民。工农联盟将在社会主义现代化建设的新的基础上更加巩固和发展。我国广大的知识分子，包括从旧社会过来的老知识分子的绝大多数，已经成为工人阶级的一部分，正在努力自觉地为社会主义事业服务。”“我国各兄弟民族经过民主改革和社会主义改造，早已陆续走上社会主义道路，结成了社会主义的团结友爱、互助合作的新型民族关系。各民族的不同宗教的爱国人士有了很大的进步。”“我国的资本家

阶级原来占有的生产资料早已转到国家手中，定息也已停止13年之久。他们中有劳动能力的绝大多数人已经改造成为社会主义的自食其力的劳动者。”“台湾同胞、港澳同胞和国外侨胞心向祖国，爱国主义觉悟不断提高，他们在实现统一祖国大业，支援祖国现代化建设和加强国际反霸斗争方面，日益发挥着重要的积极作用。”他还指出，中国的统一战线、民主党派的性质也发生了根本性变化。中国的统一战线“已经成为工人阶级领导的、工农联盟为基础的社会主义劳动者和拥护社会主义的爱国者[①]的广泛联盟”；中国各民主党派“都已经成为各自所联系的一部分社会主义劳动者和一部分拥护社会主义的爱国者的政治联盟，都是在中国共产党领导下为社会主义服务的政治力量”。邓小平强调指出，中国革命的爱国统一战线具有空前的广泛性，它在社会主义和爱国主义基础上更加巩固和发展了。新时期统一战线和人民政协的任务，“就是要调动一切积极因素，努力化消极因素为积极因素，团结一切可以团结的力量，同心同德，群策群力，维护和发展安定团结的政治局面，为把我国建设成为现代化的社会主义强国而奋斗。”他还强调了人民政协在发扬社会主义民主中的特殊作用，指出：“人民政协是发扬人民民主、联系各方面人民群众的一个重要组织。中国的社会主义现代化建设事业，继续需要政协就有关国家的大政方针、政治生活和四个现代化建设中的各项社会经济问题，进行协商、讨论，实行互相监督，发挥对宪法和法律实施的监督作用。”他还指出人民政协在人民内部广泛地进行思想政治教育方面的重要作用，“要发扬自我教育、自我改造的传统，按照团结、批评、团结的公式，继续进行思想改造的工作。”[②] 他还强调了人民政协在实现祖国统一、开展人民外交方面的光荣任务。邓小平的讲话，是新时期统一战线和人民政协工作的行动纲领，具有重要的意义。

邓小平的讲话在委员中产生了强烈的反响，许多民主党派人士和爱国民

---

① 1980年8月28日邓小平在政协第五届全国委员会第三次会议上的讲话中又加上“拥护祖国统一的爱国者”。

② 邓小平：《在政协第五届全国委员会第二次会议上的开幕词》，《中国人民政治协商会议第五届全国委员会第二次会议文件》，人民出版社1979年7月第1版，第1、2、3页。

主人士在讨论中认为，这是又一次的政治解放。他们说，邓主席为我们“脱帽加冕”，使我们真正成为国家和社会的主人。有的委员激动地说，1949 年共产党使我们从国民党反动统治下得到解放，1976 年 10 月和五届一次会议使我们从“四人帮”枷锁下得到解放；这次是从阶级关系、政治地位上彻底得到解放，使我们真正成为社会主义劳动者、工人阶级一部分，真是扬眉吐气。有的民主党派领导人提出了“老牛明知夕阳短，不用扬鞭自奋蹄”等感人的行动口号。

这次会议增选刘澜涛、陆定一、李维汉、胡愈之、王昆仑、班禅额尔德尼·确吉坚赞为政协全国委员会副主席。刘澜涛并被选为秘书长。

这次会议后，人民政协工作沿着正确轨道蓬勃发展，揭开了新的历史篇章。

二、政协工作为三大任务服务取得显著成绩

在 1980 年政协全国委员会元旦茶话会上，邓小平就 80 年代中国人民要做的三件大事发表了重要讲话。他讲的第一件事是在国际事务中反对霸权主义，维护世界和平；第二件事是台湾回归祖国，实现祖国统一；第三件事是加紧四个现代化建设。三件事的核心是现代化建设。邓小平指出的这三件大事，也是人民政协在新的历史时期的光荣任务。依据邓小平讲话精神，政协第五届全国委员会围绕这三件大事从各方面积极开展工作，取得了显著成就。

（一）发扬政治协商、民主监督的优良传统，积极参加国家政治活动。

1. 举行各民主党派和无党派代表人士座谈会。

1979 年 9 月 14 日至 21 日，政协全国委员会举行各民主党派和无党派人士座谈会，中共中央主席华国锋出席座谈会并讲了话。座谈会听取了中共中央副秘书长胡乔木关于叶剑英委员长准备在国庆 30 周年大会发表讲话的内容的说明，并交换了意见。继由国务院副总理姚依林就调整部分农副产品购销价格和提高部分职工工资等问题的方针、政策作了说明。与会人士本着知无不言的精神，进行了热烈讨论，提出不少好的意见和建议。同年 12 月 25 日至 27 日，在第二次座谈会上，国务院副总理康世恩就国民经济的形势和任务问题作了介绍，大家在讨论中又提出了不少积极建议。

2. 召开知识分子问题专题座谈会和进行专题调查。

为了进一步落实知识分子政策，1979 年 10 月至 1980 年 1 月，政协全国委员会和各民主党派先后联合召开了 24 次知识分子问题座谈会，分别邀请了 200 多位专家、学者参加座谈。这些座谈会比较集中地反映了当时在知识分子中普遍存在的问题，其中包括知识分子的入党难问题，工作安排使用问题，工资待遇低问题，夫妻两地分居问题，住房困难问题，子女上学和就业问题等。在座谈会上，大家也提出了很多积极的建议。座谈会中提出的问题和建议，政协全国委员会都反映给中共中央和有关部门，为研究和解决知识分子问题提供了重要的参考，其中有些问题经中共中央领导人作了批示，责成中央有关部门专门开会进行研究，促进了一些问题的解决。

1982 年 5 月，政协全国委员会组成调查组，就中年知识分子情况赴上海、浙江、江苏、山东作了为期一个半月的调查，得出的总的印象是，中共十一届三中全会以来，知识分子政策逐步落实，老年知识分子的问题相对地解决得较好，但中年知识分子的工作和生活条件还是不好，有四个问题比较突出：第一，工资偏低；第二，居住条件差；第三，健康状况普遍不良；第四，缺乏进修机会，业务难以提高。调查组将上述情况向政协全国委员会主席、副主席办公会议作了汇报后，出席会议的副主席刘澜涛、陆定一、许德珩、康克清、季方、周建人、胡子昂、肖克、钱昌照、董其武在会上先后发言，认为在中国长期的革命和建设事业中，知识分子发挥了重要作用，今后的社会主义现代化建设事业更需要大量的知识分子，中国知识分子不是多了，而是太少了；当前中国中年知识分子面临着“三重一低”的情况：教学、科研任务重，基层党政工作担子重，经济负担、家务劳动重，工资收入、生活水平低。大家认为，不解决中年知识分子现在存在的困难问题，将会影响当前和今后事业的发展；中年知识分子是国家的宝贵财富，解决好中年知识分子的工作和生活条件问题是急需的人才投资，是基本的基本建设，尽管当前国家还有许多困难，但也要在条件许可的范围内，努力为中年知识分子解决一些问题。调查组通过简报反映上述情况后，引起中共中央和有关方面的重视。中共中央政治局常委陈云看到简报和另一封北京航空学院的一位教师写给中共中央书记处研究室的信后，于1982年7月1日写信给政治局其他常委，指出："这两份材料都反映中年知识分子生活、工作负担重，但工资收入低，很多人健康水平下降。我认为这是国家的一个大问题，确实要下大决心，在今明两年内解决，不能再按部就班地搞。"这次调查情况经新华社和各大报纸发表后，在全国引起普遍反响，认为政协说出了知识分子的心里话。

3. 就政治生活、社会生活中的重要问题发挥政治协商和民主监督作用。

新时期政治协商、民主监督的渠道逐渐增多，内容亦趋丰富。以内容而言，既有国家的大政方针和统一战线内部关系问题，也有不少政治生活、社会生活中的重要问题，都在政协进行讨论协商。1980年11月至1981年1月，政协全国委员会先后举行主席扩大会议、副主席座谈会、有关工作组座谈会，就林彪、江青反革命集团两案的审判问题和最高人民法院特别法庭对林彪、江青反革命集团案10名主犯判决问题进行了讨论。在政协第五届全国委员会期间，各工作组曾就政府各部门提请征求意见的各项法规草案以及社会生活方面存在的各种问题进行了座谈讨论。在教育方面，有《增订汉字简化方案》《关于民主党派、社会团体办学试行办法》《关于社会力量举办高等院校和中等专业学校试行条例》《全国重点高等院校、全日制中学、小学暂行工作条例试行草案》等；在文化方面，有《图书、期刊、版权保护试行条例》《图书出版合同》《约稿合同》《稿费试行规定（征求意见稿）》《关于严禁进口、复制、销售、播放反动黄色下流录音、录像制品的规定》及文艺体制改革问题等；在卫生方面，有《关于进一步改进中药业管理工作的建议（讨论稿）》，关于中药加工问题，关于公共卫生、食品卫生等问题；在文物古迹保护方面，有《第三批全国重点文物保护单位名单（征求意见稿）》、风景名胜区保护问题；在青少年教育方面，有在青年中进行革命传统教育问题，失足青年教育改造问题，青少年犯罪问题等；在群众生活方面，有提高部分职工工资问题，调整农副产品购销价格问题，环境保护、防止水源污染问题，物价问题等；在经济建设方面，有北京市城市总体规划、城市建设规划、发展城镇集体经济及北京安置待业青年等问题。特别是在法制建设方面，各工作组除对宪法修改草案进行了多次讨论外，还就政府有关部门送请征求意见的中华人民共和国民法通则、刑法、刑事诉讼法、外国人投资法、中外合资经营企业法实施条例、婚姻法、计划生育法、公共卫生法、民事诉讼法、森林法、继承法、兵役法、文物保护法等草案或征求意见稿，进行了座谈讨论。在这些讨论中，委员们都积极提出有益的意见，在协助国家机关实行科学决策、加强法制建设、纠正工作中的缺点和失误、改进工作、克服官僚主义等方面，有效地发挥了政治协商和民主监督的作用。

（二）通过参观、座谈、专题调查等多种方式，为社会主义现代化建设服务。

政协第五届全国委员会围绕实现社会主义现代化建设的总任务，组织了各种不同内容的调查、座谈。在政协第五届全国委员会第二、三次会议期间的一年多时间内，曾先后组织报告会 64 次，座谈会 93 次，其他活动 47 次。除先后两次组织 400 多名委员在北京、天津进行参观调查外，还组织委员分成若干小型专题调查组，到北京、上海、安徽、四川、广东、湖南、山东、陕西、湖北、云南、广西、杭州、承德等省、市、自治区就农业生产责任制、经济体制、城市建设、企业管理等问题进行了专题调查。有的工作组还就知识分子、民主人士、原工商业者安排使用问题，落实原国民党起义投诚人员政策问题进行了调查、座谈。各组调查和座谈讨论情况都写出专题报告，分别送交各有关部门参考。

各工作组还对社会生活中人民群众所关心的问题分别进行了调查、座谈。文化组曾多次座谈保护文物古迹问题，几位副主席和委员分别到北京、承德进行了调查。在这项调查研究基础上，1980 年 7 月政协第五届全国委员会常务委员会第十次会议通过了向全国人大常委会和国务院提出的尽快制订关于《文物保护法》和保护文物古迹的建议，引起了社会上广泛的注意和关切。对社会上普遍关心的青少年犯罪问题，法制组在北京、广东进行了调查研究，为青少年的健康成长和挽救犯罪少年提出了综合治理的建议。与此同时，该组还就待业青年问题、保护人民民主权利问题以及维护社会秩序、生产秩序、工作秩序等问题进行座谈，向各有关部门提出了建议。

这些调查、座谈活动，为充分发挥人民政协和民主党派的协商、监督作用提供了新的有益的经验，不仅有利于委员更多地接触实际，联系群众，而且密切了政协全国委员会和地方委员会的关系，比较深入地了解了中国共产党和政府的方针、政策、任务的执行情况，发挥了专家学者的才智，对更有效地为四化服务起了有益的作用。

（三）组织讨论《中华人民共和国宪法修改草案》。

政协章程的修改工作是与宪法的修改工作同步进行的，政协章程的修改必须以修改的宪法为依据。为了做好政协章程的修改工作，就必须认真讨论、研究中华人民共和国宪法修改草案（简称宪法修改草案）。

1982 年 4 月 26 日，五届全国人大常委会通过了关于公布《中华人民共和国宪法修改草案》的决议，将宪法修改草案交给全民讨论。在此之前，政协全国委员会在京常委曾举行了 4 次座谈会讨论宪法修改草案（讨论稿），提出了许多修改意见。同年 4 月 22 日，政协全国委员会在京常务委员 120 多人列席了五届全国人大常委会第二十三次会议，听取了宪法修改委员会副主任彭真《关于中华人民共和国宪法修改草案的说明》。4 月 23 日，政协全国委员会常委会就修改宪法问题举行了座谈会。4 月 30 日，政协全国委员会根据全国人大常委会通过的关于公布《中华人民共和国宪法修改草案》的决议提出的要求，发出了《关于认真讨论〈中华人民共和国宪法修改草案〉的通知》，要求政协全国委员会各学习组、各民主党派中央依据全国人大常委会的决议，弄清这次宪法修改的必要性和重要意义、宪法修改草案的基本精神和主要内容，并逐条进行讨论。这次讨论共进行了 3 个月。在讨论中，大家以主人翁的态度，充分发表自己的意见，对宪法修改草案不仅在内容上提出了一些修改意见，在文字技术上也提出了不少意见。这些意见都及时送宪法修改委员会参考。

为了加强对宪法修改草案的宣传，推动各方面人士深入开展对宪法修改草案的学习和讨论，政协全国委员会于 1982 年 6 月 15 日至 7 月 8 日邀请部分在京常委和委员举行了七次专题座谈会，就统一战线和人民政协问题、社会主义经济制度和社会主义现代化建设问题、社会主义民主和法制问题、文教事业和知识分子作用问题分别进行座谈，刘澜涛、荣毅仁、钱昌照、王首道、董其武、陆定一、杨秀峰、康克清、包尔汉9位副主席先后主持，50多位常委和委员发了言，其中有各民主党派、工商联和有关方面的负责人以及法学专家和各界知名人士。他们事先都作了充分准备，提出了不少很有见地的看法和建议。对这七次专题座谈会，新华社、中国新闻社、中央人民广播电台每次都作了报道，国际电台用38种语言向国外广播，《人民日报》《光明日报》以大量篇幅刊登专稿，香港的《大公报》《文汇报》作了连续报道，民主党派的报刊选登了委员的发言，政协全国委员会会刊编印专辑摘要发表了所有委员的发言。这七次座谈会，对于宪法修改草案的讨论和政协工作的宣传，在国内外都产生了良好的政治影响。

通过座谈讨论，与会者一致认为，这个宪法修改草案以中共十一届三中全会和中共十二大所确定的路线为指导思想，总结了中国30多年来社会主义革命和社会主义建设的经验，正确反映了中国形势的重大变化和现实情况，指明了今后的基本任务，符合国情，是一部比较完善的宪法修改草案。与会者还认为，全民讨论宪法修改草案是中国政治生活中的一件大事，体现了人民行使当家做主的权利，也是一次广泛的社会主义民主和法制的教育，再一次生动证明社会主义制度有巨大的优越性。在座谈中，一些委员还对宪法修改草案提出了不少有益的修改意见。

（四）大力开展争取台湾回归祖国的宣传工作。

实现祖国统一是全国各族人民的历史使命，也是新时期爱国统一战线的一项重要任务。政协第五届全国委员会在促进祖国统一，宣传有关的方针、政策，广交朋友方面积极开展工作，产生了良好的影响。

1979年元旦，全国人大常委会发表《告台湾同胞书》，提出了解决台湾问题的基本方针。当天下午，政协全国委员会举行大型座谈会，邓小平主席在会上指出，台湾归回祖国、完成祖国统一的大业已提到具体日程上。1980年元旦，邓小平主席在政协全国委员会新年茶会的讲话中，又把完成祖国统一大业作为全国各族人民在80年代要做的三件大事之一，强调要始终放在重要议事日程。同年春节，政协全国委员会发表的《致台湾同胞春节慰问信》，表达了对台湾同胞的亲切关怀，重申了反对“两个中国”，反对“台湾独立”，反对分裂，实现祖国统一的坚定立场，希望台湾各界人士继续努力，敦促国民党当局接受中国共产党关于和平解决台湾问题的主张；也希望台湾当局认清形势，顺应民意，共同走爱国统一的道路。政协全国委员会除对台湾同胞、港澳同胞、海外侨胞开展多种形式的联谊工作，广交朋友，宣传政策外，还协同有关部门多次为台湾同胞、港澳同胞举行座谈会、招待会、茶会、联欢会，组织各界人士听取有关台湾问题的报告，协助和推动有关人士开展对台工作，积极地为台湾归回祖国的神圣事业贡献力量。

（五）积极开展人民外交活动。

按照中共中央“建立联系，增进友谊，交流经验”的要求，政协第五届全国委员会积极开展了人民外交的活动。1979 年 12 月，应罗马尼亚社会主义民主团结阵线的邀请，以杨静仁副主席为首的中国人民政协代表团到罗马尼亚进行了友好访问。同月，日本大平正芳首相来华访问期间，应邀在政协全国委员会发表演说，表达了中日两国世世代代友好相处的共同愿望。1980 年 8 月，约旦全国协商会议代表团应政协全国委员会邀请前来中国访问，邓小平主席会见了代表团，双方一致谴责以色列的侵略扩张政策，增进了两国人民的相互了解和友谊。1980 年 10 月，应南斯拉夫劳动人民社会主义联盟的邀请，以王首道副主席为团长、孙起孟为副团长的政协全国委员会代表团，到南斯拉夫进行了友好访问。1980 年 10 月，应政协全国委员会邀请，罗马尼亚社会主义民主团结阵线执行主席塔玛拉·多布林为团长的代表团来中国访问，邓小平主席会见了代表团全体成员。1981 年 10 月，应罗马尼亚社会主义民主团结阵线的邀请，以周培源副主席为团长的政协全国委员会代表团访问了罗马尼亚。1981 年 10 月，应美中关系全国委员会的邀请，以王首道副主席为团长的政协全国委员会代表团赴美国访问，访问期间布什副总统会见了代表团成员。1982 年 5 月，应日中协会邀请，以周培源副主席为团长的政协全国委员会代表团赴日本访问。1982 年 7 月 21 日，政协全国委员会邀请民主柬埔寨主席诺罗敦·西哈努克亲王发表演讲。此外，政协全国委员会还先后接待了南斯拉夫、泰国、菲律宾、埃及、比利时、荷兰、法国、奥地利、冰岛、委内瑞拉、圭亚那等国的一些友好人士。人民政协通过出访和接待来访工作，宣传了中国的各项政策，介绍了统一战线和人民政协的情况，增进了中国同世界人民的相互了解和友谊。

第三节　适应新形势，修改政协章程

如本章第一节所述，政协第五届全国委员会第一次会议曾经对1954年制定的人民政协第一部章程进行了修改，通过了第二部章程。1982年12月11日，政协第五届全国委员会第五次会议又根据新的形势和任务对第二部章程进行了修改，制定了第三部章程。新章程在总结人民政协成立以来正反两方面经验的基础上，依据中华人民共和国宪法和中国共产党十一届三中全会以来的方针政策以及中共十二大确定的宏伟纲领，对中国人民政协的性质、任务、作用以及工作总则和组织总则等问题作出了正确的规定，是一部比较完善的章程。

一、认真组织章程修改工作

政协第五届全国委员会第五次会议制定第三部章程，主要有三个原因。首先，第二部章程是在粉碎“四人帮”后不久制定的，这部章程对于恢复和开展政协工作虽然起了一定的作用，但在某些内容上受到“左”的指导思想的影响，沿袭了“文化大革命”中一些错误理论和提法，如“坚持无产阶级专政下的继续革命”，肯定“无产阶级文化大革命胜利结束”，继续沿用“刘少奇资产阶级司令部”等等，这些理论和提法显然都是错误的，必须加以删改。其次，中共十一届三中全会以来，随着国家在政治、经济、文化方面的巨大变化，人民政协的组织和工作有了很大的发展，统一战线和人民政协的工作进入了一个新的历史发展阶段，这就需要把新的形势和任务在人民政协的章程中反映出来，使政协更好地适应新阶段的要求。再次，随着阶级关系的根本变化，爱国统一战线已经成为包括全体社会主义劳动者、拥护社会主义的爱国者和拥护祖国统一的爱国者的广泛联盟。爱国统一战线的各个组成部分为社会主义现代化建设服务的一致性空前增强，中国共产党与各民主党派、无党派民主人士的关系进一步发展成为“肝胆相照，荣辱与共”的亲密关系。爱国统一战线要高举社会主义、爱国主义两面旗帜，发展和加强中华民族的大团结大统一，建设具有中国特色的社会主义。总之，新时期爱国统一战线的性质、任务、基本方针等都有了重大变化和发展。为了适应中共十一届三中全会后的形势和要求，反映这些新内容，都需要修改政协章程，以指导政协工作继续前进。为此，1980 年 9 月，政协五届全国委员会三次会议做出了关于修改政协章程的决议，并成立了以邓小平为主任委员，刘澜涛、朱蕴山、史良、胡厥文为副主任委员的政协章程修改委员会。接着，政协章程修改委员会举行了第一次会议，邓小平在会上对修改章程的方针和任务作了明确的阐述。章程修改委员会经过认真反复讨论，广泛征求各方面意见，对政协章程修改稿先后作过 14 次较大的修改，做了大量认真细致的工作。

1982 年 6 月，政协章程修改委员会举行第二次会议，讨论通过了《中国人民政治协商会议章程修改草案》（简称政协章程修改草案）。同年 7 月，政协五届全国委员会常务委员会第十九次会议通过决议，将政协章程修改草案交付全国各级政协以及各民主党派、人民团体讨论。各方面提出的建设性修改意见，归纳起来共 330 条。同年 11 月中旬，政协章程修改委员会先后举行了第三次、第四次会议，根据讨论中提出的修改意见，并以中共十二大精神为指导，对章程修改草案又作了最后修改补充。这次政协章程修改草案征求意见的工作在全国各地广泛展开，其参加人数之多，方面之广，影响之深，在政协历史上是空前的。这既是一次对政协章程的大讨论，也是一次对统一战线理论和政策的再学习。

二、新章程的重要特点

新章程的基本精神，在于充分体现了中共十一届三中全会以来的方针政策，排除了 1978 年章程中“左”的错误理论和提法，既总结了 30 多年来人民政协工作的基本经验，又反映了在新的历史发展阶段对统一战线和人民政协的要求，因而是一部比较完善的章程。这部章程有如下几个重要特点：

第一，进一步阐明了人民政协的性质。中华人民共和国宪法序言中规定：“中国人民政治协商会议是有广泛代表性的统一战线组织。”新的政协章程的总纲指出："中国人民政治协商会议是中国人民爱国统一战线的组织。"政协章程对于人民政协性质的规定同宪法序言的阐述是完全一致的。中国的爱国统一战线是在长期的革命和建设进程中形成和发展起来的。在新的历史时期中，统一战线的对象不是越来越少，而是越来越多；统一战线的工作范围不是越来越狭小，而是越来越宽广。统一战线仍将是中国人民团结战斗、建设祖国、统一祖国的一个重要"法宝"，仍然具有强大的生命力。根据长期的历史经验和新时期统一战线的需要，人民政协仍然是巩固和发展爱国统一战线的卓有成效的组织形式。

第二，明确了人民政协在新的历史阶段的任务。中国共产党第十二次全国代表大会通过的中央委员会的报告指出，党在新的历史时期的总任务是：团结全国各族人民，自力更生，艰苦奋斗，逐步实现工业、农业、国防和科学技术现代化，把中国建设成为高度文明、高度民主的社会主义国家。新的政协章程总纲规定："中国人民政治协商会议要在热爱中华人民共和国，拥护中国共产党的领导和拥护社会主义事业的政治基础上，尽一切努力，进一步巩固和发展爱国统一战线，调动一切积极因素，团结一切可能团结的人，同心同德，群策群力，维护和发展安定团结的政治局面，促进社会主义民主和法制的建设，为全面开创社会主义现代化建设的新局面，实现我国各族人民的总任务而奋斗。"新章程的第一章《工作总则》根据总纲规定的总任务和以往经验，对人民政协的具体任务分别作了明确规定。

第三，明确阐述了人民政协的主要职能作用。

刘澜涛在政协章程修改草案的说明中强调，"根据历史经验，人民政协的主要职能是对国家的大政方针和地方重要事务以及群众生活、统一战线内部关系等重要问题进行政治协商，并通过提出建议和批评，发挥民主监督的作用"，这是在政协历史上第一次关于人民政协的主要职能的明确阐述。

统一战线组织内部的政治协商，是中国人民在中国共产党领导下发展社会主义民主的一种重要形式，也是中国政治生活中的一项优良传统。政协全国委员会和各级地方委员会的全体会议、常务委员会会议和其他各种会议，都是进行政治协商的重要形式。通过认真协商，集思广益，有助于中国共产党和人民政府在工作中坚持真理，修正错误；有助于调整好统一战线各方面的关系，充分调动各方面的积极性，同心同德，把国家的事情办好；有助于使国家的政策、法律为群众所掌握，从而转化为社会主义现代化建设的物质力量。

人民政协以及各民主党派、人民团体和各界人士就国家事务提意见，作批评，这就是监督。这也是中国政治生活中的一项优良传统。这种监督，不同于人民代表大会的监督。人大运用国家权力实行监督，具有法律的约束力。人民政协的监督不具有国家权力的性质，没有法律约束力，而是一种民主监督。但是，这种区别对于建设高度的社会主义民主来说，恰恰可以起到相辅相成的积极作用。

新章程规定的人民政协的主要职能作用，为开创新时期人民政协工作的新局面提供了最重要的依据。

第四，进一步规定了学习的自愿原则。推动和组织学习，历来是人民政协的一项重要工作。为了实现社会主义现代化建设这个中国历史上空前宏伟的事业，既需要有丰富的现代的文化科学知识，更需要有正确的先进的思想作为指导，因此组织和推动委员学习马克思列宁主义、毛泽东思想，便成为人民政协的一项重要任务。但是这种学习一定要坚持自愿的原则，不能强加于人，否则就不能取得实效。要发挥理论联系实际的优良学风，解放思想，实事求是，坚持“百花齐放、百家争鸣”的方针，切实做到“不打棍子、不戴帽子、不抓辫子”。章程规定的学习的自愿原则和人民政协开展学习的优良学风及方法，充分体现了自我教育、自我改造的精神。章程根据新时期的要求，还规定要“学习和交流业务和科学技术知识”。

除上述特点外，新章程还就人民政协各级组织的关系、主席会议、地方委员会的设立等问题，根据爱国统一战线不断发展的需要，分别作了适当的规定。

第四节　认真贯彻“十六字方针”，加强与民主党派的联系

十年动乱期间，在林彪、江青两个反革命集团的摧残下，人民政协和各民主党派的工作陷于停顿，组织濒于解体。粉碎“四人帮”之后，中国共产

党立即帮助各民主党派恢复了原有的组织。1977 年 10 月，各民主党派在整顿组织的基础上，成立了各自的临时领导小组，分别宣布恢复组织活动。各省、自治区、直辖市各民主党派的地方组织也相继成立了临时领导机构，恢复了活动。

当时粉碎“四人帮”不久，被“四人帮”颠倒的许多理论政策，需要一一加以纠正。1977 年 12 月，在政协四届全国委员会常委会第七次扩大会议上，叶剑英代表中共中央讲话，他重申统一战线是中国共产党一贯坚持的政策，重申中国共产党坚定不移地贯彻同民主党派“长期共存、互相监督”的方针，并肯定了民主党派的贡献，肯定了统一战线工作的巨大成绩。叶剑英的讲话由于适时解决了当时迫切需要解决的问题，所以影响很大。政协随即扩大了各民主党派在政协委员中所占的名额，1978 年 2 月举行政协五届全国委员会第一次会议时有委员 1988 名，其中代表民主党派参加的 245 名（不包括其他方面委员中的民主党派成员）。1979 年 6 月，邓小平在政协第五届全国委员会第二次会议上的开幕词中强调说，“我国各民主党派，在民主革命中有过光荣的历史，在社会主义改造中也作了重要的贡献。这些都是中国人民所不会忘记的。现在它们都已经成为各自所联系的一部分社会主义劳动者和一部分拥护社会主义的爱国者的政治联盟，都是在中国共产党领导下为社会主义服务的政治力量。”邓小平的讲话正确地阐明了民主党派的性质问题，这是指导思想上的拨乱反正，对于提高新时期民主党派为社会主义服务的积极性具有重要作用。

1979 年下半年，各民主党派和全国工商联分别召开了代表大会。政协全国委员会、中共中央统战部为全体代表举行了招待会，邓小平在会上说：“在我国新的历史时期，我们的革命的爱国的统一战线也进入了一个新的历史发展阶段。统一战线仍然是一个重要的法宝，不是可以削弱，而是应该加强，不是缩小，而是应该扩大。”他强调说：“各民主党派和工商联，都是我国革命的爱国的统一战线的重要组成部分。各民主党派和工商联同我们党有过长期合作、共同战斗的历史，是我们党的亲密朋友。”“建设和发展社会主义事业，已经成为各民主党派、工商联和我们党的共同利益和共同愿望。在新的历史时期中，各民主党派和工商联仍然具有重要的地位和不容忽视的作用。”邓小平指出，“在中国共产党的领导下，实行多党派的合作，这是我国具体历史条件和现实条件所决定的，也是我国政治制度中的一个特点和优点。”“我们热忱地希望各民主党派和工商联都以主人翁的态度，关心国家大事，热心社会主义事业，就国家大政方针和各方面的工作，勇敢地、负责地发表意见，提出建议和批评，做我们党的诤友，共同把国家事情办好。”

为了进一步推动各民主党派的工作，1980 年 9 月 12 日政协五届全国委员会第三次会议的决议中提出，“参加政协的各党派、各团体，都有宪法赋予的权利和义务范围内的政治自由、组织独立和法律上平等的权利，都有权在政治上、组织上对自己的问题做出决定，独立负责地开展工作。”在新的历史时期重申这一方针，对于调动各民主党派的积极性、主动性和创造性，更好地为三大任务贡献力量，起了鼓舞和策励作用。各民主党派根据各自的条件，进一步推动成员和所联系的群众，面向社会，积极开拓新的工作领域。他们举办和赞助的各类业余学校、培训班、社会服务事业，有了显著的发展。他们在统一祖国的大业中做出了自己的贡献。各民主党派的组织也有了较大的发展。

1982 年 9 月，中国共产党召开第十二次全国代表大会，70 多位各民主党派领导人应邀作为来宾参加了大会。邓小平在开幕词中说：“中国各民主党派在民主革命时期同我们党共同奋斗，在社会主义时期同我们党一道前进，一道经受考验。在今后的建设中，我们党还要同所有的爱国民主党派和爱国民主人士长期合作。”胡耀邦在大会的政治报告中指出：“在民主革命时期，统一战线是使我国革命得到胜利的一个重要‘法宝’，在社会主义建设时期，它仍然发挥着十分重大的作用。我们党要继续坚持‘长期共存，互相监督’，‘肝胆相照，荣辱与共’的方针，加强同各民主党派、无党派民主人士、少数民族人士和宗教爱国人士的合作。必须尽一切努力，进一步巩固和加强由全体社会主义劳动者、拥护社会主义的爱国者和拥护祖国统一的爱国者组成的，包括台湾同胞、港澳同胞和国外侨胞在内的最广泛的统一战线。”中共十二大闭幕后，政协五届全国委员会常委会通过了学习十二大文件的决议，各民主党派也做出了相应的决定，认真学习、贯彻十二大的精神。有的委员说：“在‘中国号’这艘航船上，中国共产党是舵手，各民主党派是责有专司的船员，为了振兴中华这个共同目标，乘长风破万里浪，不避艰险，共同前进。”

同年12月，全国人大通过了新宪法，在这部根本大法的序言中把爱国统一战线和人民政协的作用固定下来。同时举行的政协五届全国委员会第五次会议通过的第三部章程也明确规定了新时期政协的性质、任务和组织原则。章程强调了民主党派的地位和作用，指出各民主党派在人民革命和建设事业中同中国共产党一道前进、一道经受考验并做出重要贡献，在新的历史时期日益发挥着重要作用。这个章程是参加人民政协各单位和个人共同遵守的准绳。各民主党派参照这个新章程分别改订了各自的章程。

在以往革命年代里，各民主党派在中国共产党的指引和影响下，保持了正确的政治方向，经历了民主革命和社会主义革命两个历史阶段，从爱国主义走上社会主义道路，经受了锻炼和考验，获得了不断的进步。在社会主义现代化建设时期，各民主党派已经发展成为各自所联系的一部分社会主义劳动者和拥护社会主义的爱国者的政治联盟，成为为社会主义服务的政党。回顾所走过的路程，各民主党派都认为今天的成就是来之不易的，今后应该更加团结在中国共产党的周围，同心同德，群策群力，为祖国的四化建设，为统一祖国、振兴中华而进行不懈的努力。

粉碎“四人帮”以后，各民主党派在参政议政，协助中共和政府落实政策，以及为“四化”服务等方面，做出了可喜的成绩，开创了工作的新局面。大批民主党派成员被选为各级人民代表和政协委员。根据1987年的统计，被选为全国人大代表的有299人，占全国人大代表的10%，其中7人担任全国人大常委会副委员长。被推选为政协全国委员会委员的共676人，占委员人数的33.5%，其中14人担任政协全国委员会副主席。这样多的民主党派成员担任人大代表和政协委员，这就为参政议政、政治协商、民主监督创造了更为有利的条件。

协助中国共产党和政府落实统战政策，是十多年来民主党派的一大工作成绩。由于中共统战部门、民主党派和有关部门的通力合作，全国已改正错划右派54万多人，从原工商业者86万人中区分出70万原为劳动者的小商贩、手工业者；认定了近50万人的起义投诚人员身份，并为其中的15万人在政治上平了反，为10多万被错划判刑的人撤销了原判；还清退和补偿了大量的在“文化大革命”期间被查抄或占用的个人财产。以上这些落实政策的成绩，民主党派起了它应起的一部分作用。

各民主党派努力开展为四化服务的活动，从而开拓了新的工作领域，成绩斐然，受到社会的赞誉。各民主党派根据成员中高级知识分子多的特点，创办了不少的高等、中等学校和各种业余学校、补习班、培训班、科技讲座；还开展了经济技术咨询，为“老、少、边、贫”地区（老解放区、少数民族地区、边远地区、贫困地区）提供技术、知识服务。

以四川省为例。四川的各民主党派和工商联尽心竭力地为四化建设服务，举办了全日制和业余学校约150所，各类培训班2000多个，技术讲座1000多场次，各类学校、培训班的学员达到56万人。民盟创办的凉山大学，自1984年以来为当地培养专业人才近千人，受到四川人民的高度赞扬。为了积极实施“星火计划”①，四川的民主党派和工商联对省内的甘孜、阿坝、凉山等7个地、州、市和陕、甘、新、滇、黔、藏等省、自治区共完成了支援项目643个，培训专业人员10.3万多人，促进了这些地方的经济建设和文化、教育、科技事业的发展。

再以贵州省为例。为了开发智力、开发人才，改变贵州的贫困面貌，中共贵州省委于1983年5月成立了由省政协、省委统战部、各民主党派、工商联、省民委、教委、科协、社联等单位组成的智力支边联系小组，由一位副省长任组长，在全省建立了支边联系点53个。其中，各民主党派在威宁、赫章、沿河等11个极贫困县分别建立固定联系点，开展咨询培训。到1987年7月，深入到少数民族边远地区支边人员已达6847人，完成项目2100多个，取得较好的效果。民主党派还派出专家学者参加部分市、县的宏观咨询，也

① 星火计划是国家科委提出，1986年经中共中央和国务院批准实施的一项旨在推动农村经济走依靠科学技术发展道路的科技计划。

收到较好的效果。如六盘水市邀请九三学社成员100余人，举行全市农村经济发展考察论证会，通过两次论证，制定出切合实际的发展农业规划。贵州省各地农业生产中的部分问题，如改造耕作制度、种植业和养殖业的良种选育、疫病防治等技术，通过各民主党派提供的技术咨询，得到较好解决。如雷山县政协于1985年组织政协委员中的科技人员帮助交腊村推广水稻良种，仅此一项就使该村的粮食产量翻了一番。贵州省各民主党派和有关的人民团体还采取多种形式传授文化科学知识，为人才开发做了大量工作。他们帮助培训了中小学、幼儿园的师资，培训了大专院校的行政人员，培训了医药护理人员，培训了农业科技人员，还培训了厂长、经理和财会人员。全省接受培训的达50多万人次。

民建会和全国工商联在全国范围内初步形成了以工商专业为主、多层次多形式的、兼有成人教育和职业教育的培训网络，为国家培训了数以百万计的各种专业人才。这项工作还在继续发展：一是培训范围不断扩展，从大中城市发展到县、镇、农村，并延伸到边疆少数民族地区；二是培训对象越来越多，从待业青年发展到企业职工、机关干部、部队指战员和农民；三是培训形式灵活多样，办学的路子越走越宽。

人民政协是以民主党派、人民团体和无党派民主人士为基础组成的，毛泽东在50年代曾说过，政协是各党派的协商机关。周恩来也强调人民政协是“党派性的，是党派的联合，人民团体的联合”。人民政协章程指出了各民主党派在中国革命和建设事业中的重要地位和作用，规定人民政协要认真贯彻中国共产党同民主党派和无党派民主人士“长期共存、互相监督”，“肝胆相照、荣辱与共”的方针，要处理好统一战线各方面的关系和人民政协的内部合作。

政协第五届全国委员会在各方面的工作中都注意发挥民主党派的作用，密切和民主党派的联系，支持和协助民主党派开展工作。例如：

——充分发挥政协委员中的民主党派成员的作用，使他们在履行政治协商、民主监督的主要职能方面做出贡献。民主党派成员在政协全国委员会的全体会议、常委会议和其他各种会议以及参观视察、专题调查和各项重大政治活动中，提出许多有益的批评、意见和建议。

——推动和协助各民主党派开展社会办学。1981 年至 1983 年期间，政协全国委员会教育组为推动、支持各民主党派开展社会办学做了不少工作，包括召开各民主党派、全国工商联、中华职业教育社办学会议，扩大宣传，交流经验，反映存在的困难和问题，促请政府有关部门重视和支持民主党派办学；组织各民主党派、全国工商联、中华职业教育社有关负责人座谈国务院法制局提出征求意见的《关于民主党派、社会团体办学试行办法》草案，等等。

——政协全国委员会及所属工作机构与民主党派、全国工商联联合举行报告会、座谈会、茶话会等，共同开展活动。

——从物质上支持和帮助各民主党派，为它们顺利开展工作提供必要的条件。

人民政协和各民主党派都是中国共产党领导的统一战线组织，各民主党派又是人民政协的重要组成单位，人民政协与民主党派密不可分。人民政协不断增强与民主党派的联系，尽力发挥各民主党派的政治作用，已经成为实现中国共产党领导的多党合作和政治协商制度的重要政治形式和组织形式，成为各民主党派参政议政、发扬社会主义民主的重要渠道。人民政协为贯彻“长期共存、互相监督”，“肝胆相照、荣辱与共”的方针做出了应有的努力。

第十一章
开创人民政协工作新局面

第一节　政协第六届全国委员会第一次会议新阵容的产生

中国人民政治协商会议第六届全国委员会共开了五次全体会议。1983 年 6 月 4 日至 22 日，中国人民政治协商会议第六届全国委员会第一次会议在北京举行，这届政协具有空前广泛的代表性，包括了各民主党派、无党派人士、各人民团体、各界代表人物、少数民族、台湾同胞、港澳同胞、归国侨胞、特邀人士等 31 个方面。人员的构成较之过去有很大变化，在大团结、大统一的精神下囊括了各方面有代表性的人物，充分体现了爱国统一战线的扩大和发展。

一、协商通过参加单位和委员名单

1983 年，政协第五届全国委员会的任期届满。4 月 25 日至 28 日，常务委员会举行第二十三次会议，根据政协章程的规定，协商第六届全国委员会的参加单位、委员名额和人选问题。会上，中共中央统战部部长杨静仁受中共中央委托，就第六届全国委员会委员名单（草案）和有关问题作了说明，主要内容有：（一）政协第六届全国委员会委员名单草案是在反复协商酝酿的基础上产生的。1982 年 9 月以后，中共中央和各民主党派中央、各有关人民团体分别成立了人事安排小组，进行提名、推荐和协商。（二）中共中央决定，共产党员已是中共中央委员会委员、中共中央顾问委员会委员、中共中央纪律检查委员会委员，或在党政部门有实际领导职务的，除少数因工作需要的人外，不再担任政协全国委员会委员。政协第六届全国委员会中共产党员的比例要从五届的60%降到40%，以便安排更多的各民主党派、无党派爱国人士和各方面的非党代表人物担任政协委员。（三）政协五届全国委员会和五届全国人大中，有些人既是人民代表又是政协委员，这次则无论党员或非党员，原则上都只保留其中一项职务。（四）关于政协第六届全国委员会的组成单位问题，为了适应形势的需要，建议将“台胞联谊会”和“港澳同胞”在本届政协中分别列为政协的一个参加单位。（五）关于参加政协的一些单位名称问题，建议将“农民”单位改为“农林界”，以便包括从事农林牧渔各界的科学技术专家和一部分与此有关的领导干部；将“文学艺术界”改为“文化艺术界”，这样可以包括文化界所有部门有代表性的人士。与会常委表示赞成杨静仁代表中共中央所作的说明，对第六届全国委员会委员名单草案进行了反复酝酿、协商，基本上赞成这个名单草案，同时也提出了对个别委员人选进行调整的意见。

5月6日，政协全国委员会召开主席会议，根据中共与各民主党派、人民团体协商后的意见，对政协第六届全国委员会名单草案作了一些调整。

5月29日至30日，常务委员会举行第二十四次会议，协商通过了政协第六届全国委员会委员名单，委员总数为2039人。组成单位除原有的29个方面外，增加了“中华全国台湾同胞联谊会”和“港澳同胞”两个方面，共为31个方面。委员的构成较之第五届有了很大的变化与发展，主要表现在以下4个方面：（一）委员中共产党员的比例从60%降为40%，非共产党员占了委员的大多数；（二）委员中知识分子的数量大幅度增加，而且选入了一批在四化建设中做出显著成绩的比较年轻的代表人物；（三）台胞联谊会和港澳同胞新增为政协的参加单位，台湾和港澳爱国同胞的委员人数是历届政协最多的；（四）委员中还有台湾国民党当局在大陆上的爱国亲属，有著名历史人物的后裔，有为中国革命和建设事业长期工作的中国籍的原国际友人。这个新阵容，生动地体现了中国社会主义建设事业的新发展和中华民族的大团结大统一。

二、选举产生新的领导机构

5月31日至6月1日，中共中央召开由总书记胡耀邦主持的民主协商会，政协全国委员会、各民主党派、各人民团体的负责人和无党派人士代表参加了会议。会议就如何开好第六届全国人民代表大会第一次会议和政协第六届全国委员会第一次会议的问题，以及将在两个大会上选举和决定的国家各方面领导人和政协全国委员会领导人的人选问题进行协商，取得了一致意见。

6 月 3 日，政协第六届全国委员会第一次会议举行预备会议，通过主席团和秘书长名单。同日，主席团举行会议，推举邓颖超等 29 人为主席团常务主席。

6 月 4 日，政协第六届全国委员会第一次会议开幕。大会主席团常务主席邓颖超致开幕词。她在肯定政协第五届全国委员会五年来的工作成绩后指出，今后爱国统一战线的方针任务，就是要高举爱国旗帜，发展和加强中华民族的大团结大统一，为实现社会主义现代化建设，完成祖国统一大业，维护世界和平做出新的贡献。邓颖超还就实行多党合作、知识分子政策、民族政策、宗教政策、祖国统一等问题进行了阐述。会议一致认为，这个开幕词是继续巩固和发展新形势下的爱国统一战线、开创人民政协工作新局面的重要文件。

会议期间，与会委员列席了第六届全国人民代表大会第一次会议，听取了《政府工作报告》、关于《一九八二年国家决算的报告》和《关于一九八三年国民经济和社会发展计划的报告》，并在讨论中提出了许多有益的意见和建议。

6 月 17 日全体会议以无记名投票方式选举常务委员会组成人员。邓颖超当选为第六届全国委员会主席，杨静仁、刘澜涛、陆定一、程子华、康克清、季方、庄希泉、帕巴拉·格列朗杰、胡子昂、王昆仑、钱昌照、董其武、陶峙岳、周叔弢、杨成武、肖华、陈再道、吕正操、周建人、周培源、包尔汉、缪云台、王光英、邓兆祥、费孝通、赵朴初、叶圣陶、屈武、巴金 29 人当选为副主席，彭友今当选为秘书长，丁玲等 266 人当选为常务委员。

常务委员会的组成，具有广泛的代表性，其中中共党员所占的比例，从五届的 70% 降为 36%，各民主党派和各界爱国人士的比例从五届的 30% 上升到 64%，文化知识界的代表人物超过了 1/3，少数民族和台湾同胞、港澳同胞、国外侨胞的代表都比上届有所增加，并新增加了加入中国籍的原国际友人。这个新阵容体现了中华民族大团结大统一的精神，有利于中国爱国统一战线和人民政协工作的进一步发展。

6月22日，政协第六届全国委员会第一次会议举行全体会议，通过了《中国人民政治协商会议第六届全国委员会第一次会议决议》。至此，会议完成了预定的各项议程。会议结束前，邓颖超主席致闭幕词，她说："这次会议，是进一步发展和加强中华民族大团结大统一，致力振兴中华的大会。""政协第六届全国委员会任期的五年，正是我国80年代历史发展上最重要的五年。""人民政协作为我国人民爱国统一战线的组织，在争取实现80年代三大任务的伟大斗争中，肩负着光荣的重大的历史使命。"最后她说："我和各位副主席、常务委员受各位委员的重托和信任，深感责任重大，任务艰巨。但是我们的工作都是大势所趋，人心所向，展望未来，我们的前途充满了光明。我们一定要团结一致，群策群力，兢兢业业，做好工作，力求不负于各位委员和国内外各界人士的期望。"

第二节　进一步发挥政治协商、民主监督的职能

在政协第五届全国委员会第五次会议上，刘澜涛在《关于〈中国人民政治协商会议章程〉（修改草案）的说明》中，第一次提出人民政协的主要职能是政治协商、民主监督，已如前述。在政协第六届全国委员会第二次会议开幕会上，邓颖超主席发表重要讲话时又指出："我国统一战线在长期革命和建设的实践中形成了一套优良传统和作风，这主要是政治协商、民主监督、合作共事、广交朋友和自我教育的传统和作风。"政协六届全国委员会始终把进一步发挥政治协商、民主监督的职能作用，作为开创人民政协工作新局面的中心环节，并在实践中逐步推动政治协商、民主监督向经常化、制度化的方向发展。

一、定期召开全体委员会议和常务委员会议、主席会议

政协六届全国委员会期间，坚持每年召开一次全体委员会议，听取常务委员会工作报告、提案委员会工作报告和其他有关报告，协商统一战线内部的重要事务。同时，列席全国人民代表大会的会议，听取每年的政府工作报

告、国民经济与社会发展计划、国家财政预算等重要报告，对有关国计民生的重大问题进行讨论协商。在此期间，为了更好地发挥政治协商、民主监督的作用，对全体委员会议进行了一些改进。（一）从六届一次会议开始恢复了大会发言制度，委员不但在小组会上可以畅所欲言，还可以在全体会议上对各方面的工作发表意见，提出建议，进行批评。委员的大会发言，通过广播、电视、报刊等新闻媒介向国内外公开发表，往往能引起强烈的反响，因此很受欢迎，并且不断发展。六届一次会议时在大会发言的有 7 人，六届五次会议时增加到 144 人（均包括大会口头发言和大会书面发言）。（二）从六届二次会议开始，每次会议由会议秘书处举行新闻发布会，向中外记者、港澳记者介绍会议的主要内容，回答记者提问；开放部分小组，允许中外记者旁听小组讨论会。（三）六届一次会议以后建立了提案工作的常设机构，将原先只在大会期间设立的提案审查委员会改为常设的提案工作委员会，委员在大会期间和大会闭幕后随时都可以提出提案。

政协全国委员会的常务委员会会议，一般每季度举行一次。在六届期间，共召开 17 次常务委员会会议。常务委员会会议的任务，基本上包括 3 个方面：一是听取中共中央、国务院及有关部门领导人的报告，并进行讨论，提出建议和意见；二是研究和决定会务工作中的重大问题；三是审查参观考察、专题调查、出国访问等报告，其中第一项是进行政治协商、民主监督的重点。

在六届期间，常务委员会会议先后十多次听取中共中央、国务院及有关部门负责人的报告。这些报告大体分为三类：（一）中共中央召开重要会议和做出重要决定后，由中共中央或有关部门负责人到政协全国委员会常务委员会会议通报情况并作说明。如中共十二届三中全会通过《中共中央关于经济体制改革的决定》后，国家经委主任吕东在政协六届全国委员会常委会第七次会议上作了关于经济体制改革情况的报告；中国共产党全国代表会议通过《中共中央关于制定国民经济和社会发展第七个五年计划的建议》后，中共中央政治局委员李鹏在政协六届全国委员会常委会第十次会议上传达了这次会议和中共十二届四中、五中全会精神；中共十二届六中全会通过《中共中央关于社会主义精神文明建设指导方针的决议》后，中共中央政治局委员习仲勋在政协六届全国委员会常委会第十三次会议上作了关于中共十二届六中全会精神的报告。常委会在听取这些报告后，都进行多次小组讨论和大会发言，进行认真的协商，并将意见和建议用简报的形式反映给中共中央和有关部门；会议还分别做出学习和贯彻中共中央重大决策的政治决议。（二）国务院及有关部门负责人到会通报重要情况，如：公安部副部长俞雷在政协六届全国委员会常委会第二次会议上作关于社会治安情况的报告；国务委员兼国家计划委员会主任宋平在政协六届全国委员会常委会第三次会议上作关于经济建设情况的报告；国务院副总理李鹏在政协六届全国委员会常委会第四次会议上作关于中国经济形势和能源建设问题的报告；外交部副部长周南在政协六届全国委员会常委会第七次会议上作关于香港问题的报告；劳动人事部部长赵东宛在政协六届全国委员会常委会第十六次会议上作关于改善知识分子待遇的报告。（三）具他有关报告，如中共中央书记处书记、中宣部部长邓力群在政协六届全国委员会常委会第二次会议上作关于学习《邓小平文选》的报告；国务委员兼外交部部长吴学谦在政协六届全国委员会常委会第三次会议上作关于国际形势的报告；中国社会科学院院长马洪在政协六届全国委员会常委会第四次会议上作关于抓住机会迎接新的技术革命的报告。

政协全国委员会的主席会议，在政协五届全国委员会五次会议通过的政协章程中首次作为一项制度明确确定下来。此后，逐渐形成每月召开一次的例会，在处理常务委员会的重要日常工作中起了很好的作用。

二、组织和参加各种民主协商会

在政协第六届全国委员会期间，由政协全国委员会组织或有政协全国委员会负责人参加的民主协商会、各种座谈会和茶话会有几十次，从协商讨论的内容来看，大体有以下几个方面：（一）中共中央的大政方针和重大决策。这类民主协商会一般由中共中央组织，邀请各民主党派负责人、无党派民主人士的代表参加，中共中央主要负责人出席介绍情况，听取意见。如中共中央关于整党的决定、关于精神文明建设的指导方针的决议、中共十三大报告等在正式做出决定之前，都曾邀请政协全国委员会、各民主党派中央负责人和无党派民主人士代表进行协商讨论。（二）关系到国计民生的重大问题以及有关爱国统一战线的重要问题。如1985年3月30日，政协全国委员会部分副主席和各民主党派中央负责人应邀参加中共中央召开的党外人士座谈会，就物价问题、工资问题和教育体制改革问题进行讨论协商。1987年11月14日，政协全国委员会副主席，各民主党派中央和全国工商联负责人，无党派民主人士和少数民族、宗教界及其他方面人士的代表参加中共中央举行的党外人士茶话会，就统一战线的问题以及中国共产党和国家的一些重要工作问题进行对话。（三）重要人事安排。政协六届全国委员会一次会议和七届全国委员会一次会议召开前，中共中央都召开了有政协全国委员会、各民主党派、各人民团体的负责人和无党派民主人士代表参加的民主协商会，协商即将在全国人民代表大会和政协全国委员会会议上选举和决定的国家各方面领导人、政协全国委员会领导人的人选问题。（四）统一战线内部的重要问题。如1985年11月17至27日，政协全国委员会、中共中央统战部联合召开座谈会，协商讨论沿海开放城市和经济特区的统战、政协工作。1986年2月20日至27日，政协全国委员会召开包括各省、自治区、直辖市和部分市（州）、县（区）政协负责人参加的全国地方政协工作座谈会，协商讨论了如何进一步开展人民政协工作新局面的问题。会后，中共中央书记处以中办〔1986〕10号文件转发了政协全国委员会机关党组关于这次会议情况的报告。1987年6月5日，政协全国委员会与各民主党派、无党派民主人士、全国工商联等有关部门负责人举行座谈会，座谈改进和加强统一战线的宣传报道工作问题。

第三节　发挥人才聚集的优势，为改革开放和两个文明建设献计出力

人民政协是人才荟萃的所在，政协委员中拥有各个方面的专家、学者、权威人士，他们学有专长，有真知灼见，是人民政协为社会主义现代化建设服务的一个优势。政协第六届全国委员会在五年任期之中，充分发挥了这种人才聚集的优势，为改革开放和两个文明建设做出了应有的贡献。

一、大兴调查研究之风，主动献计献策

在政协第六届全国委员会期间，各工作组（委）采取灵活多样的工作方式，发挥委员代表性强、联系面广、知识和经验丰富的优势，主动深入到国家政治、经济和社会生活的各个领域，围绕国家的中心任务和群众关心的重要问题，大力开展了专题调查和专题研讨活动。从1983年到1988年，各工作组（委）共举行各种活动904项（次），在调查研究的基础上，提出专题报告77件，专题建议80件，综合性材料95件。专题调查和专题研讨的内容十分广泛，包括国家的建设规划和重大建设项目、工业企业管理体制的改革、财政金融和物价管理体制的改革、科技体制改革、教育体制改革、医疗卫生体制改革、城乡经济体制改革、发展能源与交通事业、控制基建规模、保护森林资源、保护生态环境、注重农业投资和粮食生产、发展乡镇企业、经济特区建设、老少边贫地区的建设等等。不少专题调查和专题研讨的内容，都是国家改革和建设中亟待解决的重大的问题。如1986年下半年，经济建设组和农业组邀请了几十位长期从事经济领导工作和经济理论研究工作的委员、专家、学者及中国人民银行、建设银行、工商银行等有关部门的负责人，在1个多月的时间里，召开7次专题座谈会，讨论如何控制基本建设规模太大的问题。会上，委员们和专家们提出，基建投资规模过大会给工农业生产的正常进行和人民群众生活带来极为不利的影响，如不及时采取切实有力的措施，很可能会造成国民经济的比例关系失调。大家提出，要改革投资管理体制，建立适应多元化投资主体的管理机制，进一步清理在建项目，对整个经济工作进行预防性调整，发挥各种经济杠杆对投资规模、结构、方向的控制、调节和引导作用。会后，与会委员和专家向国务院递送了报告。这些建议得到了国务院领导的重视，并将这份报告转送中共中央领导人参阅。

又如，长江三峡水利枢纽工程是一项举世瞩目的重大工程，委员们十分关心。在1984年5月政协六届全国委员会二次会议上，不少委员提出，三峡工程需要投入大量资金，对整个国民经济影响很大，应在开工前广泛听取各方面的意见。同年10月，经济建设组连续召开5次座谈会，研究水利电力部

提供的《长江三峡工程简要情况》，认为三峡工程尚存在技术可靠性和经济合理性两方面的重大问题，需要慎重考虑，建议推迟工期，积极论证，条件具备后再行上马。1985 年 4 月，政协六届全国委员会三次会议期间，除大会、小组发言外，有 167 位委员就这个问题单独或联合提出 17 件提案，建议对三峡工程“慎重审议”，“不要匆促上马”。会后，根据委员们的要求，政协全国委员会组成有各方面专家参加的专题调查组，赴四川、湖北进行了为期 40 天的实地调查。在调查中，他们先后召开了 40 多次座谈会，参加座谈会的有政协全国委员会委员、有关地方的政协委员以及经济建设、交通运输、水利电力、地质、地震、气象、水文等部门的负责人和有关方面的专家、学者等 400 余人次。调查组广泛听取意见，查阅资料，对该项工程的经济合理性、技术可行性方面存在的问题进行了认真的分析研究，然后写出调查报告，提出建议。调查组的建议得到中共中央和国务院领导的重视，对加强这一工程的科学论证工作起了推动作用。还有不少专题调查和专题研究对促进地区的建设和经济的发展，以及解决与当地群众生活密切相关的问题，也起到了积极的作用。例如，1984 年和 1985 年，政协全国委员会组织委员中的科技、教育、经济等方面的专家，两次深入海南岛进行调查研究和咨询服务。他们对海南岛的教育、港口建设、电力安排、热带亚热带经济作物的种植以及铁矿、有色金属的开发利用等进行了实地考察，提出了有关海南岛开发规划的建议。中共中央领导人对这个建议作了批示，水利电力部、城乡建设环境保护部和广东省有关部门已将建议中某些内容分别列入本部门或者本省的“七五”计划。又如，中共中央提出“种草种树，发展畜牧，改造山河，治穷致富”的号召后，政协全国委员会同各民主党派一起，先后多次组织调查组深入西北、内蒙古各地进行调查研究，并在甘肃中部会宁县建立工作联系点和种草养畜综合治理示范站，为改变当地的面貌，治穷致富献计出力。1985 年 7 月，在吕正操副主席主持下，政协全国委员会在兰州召开了西北各省、自治区以及内蒙古政协“种草种树”工作经验交流会，总结交流了政协在协助中共党委和政府贯彻执行“种草种树”方针方面的经验。会后，6 个省、自治区政协都结合本地区情况进一步加强了这项工作。政府有关部门反映，“政协抓这件事抓得好”。再如，针对北京市长期存在的“做衣难”、“乘车难”、“吃饭难”等问题，经济建设组组织了对北京市第三产业的专题调查，杨成武、费孝通副主席和50多位委员参加了调查活动。根据调查的情况，调查组对首都群众的衣、食，住、行方面存在的问题提出了改进的意见和建议。中共北京市委、市政府的领导人听取了调查组的意见，决定了改善和发展首都的第三产业的具体措施。他们认为，政协全国委员会经济建设组的这次调查对首都发展第三产业是个有力的支持和推动。

二、组织委员参观视察，促进地区经济建设

参观视察比专题调查和专题研讨可以容纳更多的委员，接触面更广，既可以使更多的委员亲自看到国家实行改革开放以后的社会实际情况，又有利于委员直接为各地区的改革和建设献计出力，很受委员的欢迎。从1983年到1988年，政协第六届全国委员会先后组织参观视察团49个，参加参观视察活动的委员达2000多人次，分别在全国26个省、自治区、直辖市进行了参观视察。在参观视察中，委员们就视察地区的经济体制改革、经济发展战略、资源开发、教育、科技、文化事业、医疗卫生等方面的发展，提出了意见和建议，并较系统地整理出30多份视察报告，提供中共中央、国务院和有关部门、有关地区参考，对促进各地区经济建设起到了很好的作用。

为了更有效地促进“老、少、边、贫”地区生产建设的发展，1985年以来，政协全国委员会将这些地区列为委员参观视察的重点地区，先后组织参观视察团分赴广西壮族自治区桂北地区、广东省海南岛、福建省西部龙岩地区、山东省临沂地区、江西省井冈山地区、湖北省红安和麻城两县、山西省太行地区、陕西省延安地区等老革命根据地，和新疆维吾尔自治区、宁夏回族自治区南部山区、贵州省黔东南苗族侗族自治州、青海省循化撒拉族自治县、互助土族自治县等进行参观视察。委员们在这些地区参观视察学校、工厂、农村，走访农牧民家庭，召开有当年老区干部、老游击队员及少数民族干部、群众参加的座谈会，了解当地的生产建设情况和人民生活情况，听取群众的意见和要求，并对尽快使老区、少数民族地

区脱贫致富，加快开发、建设的步伐，提出了许多有益的建议和意见。委员们建议，对老区和贫困的少数民族地区，国家应根据各地特点实行不同于其他地区的特殊的灵活的政策和措施，增加一些资金和物质方面的支援，以促进工农业生产的发展，加快这些地区建设的步伐；各级政府在制订建设计划时，要首先考虑调整这些地区的经济结构，把自然资源潜在的优势逐步变为现实的经济优势，大力发展商品生产，提高经济效益，发展对外贸易，搞活流通渠道。委员们还认为，彻底改变这些地区贫穷落后面貌的根本问题在于培养人才，要重视智力开发，在抓紧培养高等科技人才的同时，也要大力加强普及教育，普及科技知识，要制定政策吸引外地人才，加强对边远贫困地区的智力支边工作，组织专家讲学，培训师资。委员们还提出，要加强这些地区交通运输和能源建设及其他基础建设；要把这些地区的许多具有独特的自然条件和民族风情的地方或有纪念意义的革命旧址充分利用起来，大力发展旅游业；要加强对少数民族干部的培养工作，提高干部素质，加强民族团结工作。这些建议和意见，对“老、少、边、贫”地区的发展发挥了积极的作用。

三、通过多种方式推动社会主义精神文明建设

1986 年 10 月，中共十二届六中全会通过的《中共中央关于社会主义精神文明建设指导方针的决议》，阐明了社会主义精神文明建设的战略地位、根本任务和基本指导方针。1986 年 10 月 17 日，政协第六届全国委员会常务委员会召开了第十三次会议，做出《关于学习和贯彻中国共产党十二届六中全会精神的决议》。决议指出：人民政协应当充分利用自己的优势，在以团结和建设为主导思想的精神文明建设中做出重要的贡献；各级政协在认真学习中共中央的决议的基础上，要积极推进中国社会主义民主，健全社会主义法制，对经济体制改革、政治体制改革和精神文明建设提出应兴应革的建议，切实发挥政治协商、民主监督的职能；要组织和鼓励委员参加思想建设和文化建设活动，为提高全国各族人民的思想道德素质和科学文化素质共同努力；要通过各种宣传渠道和各种活动方式，进行社会主义、爱国主义和有理想、有

道德、有文化、有纪律的宣传教育，对封建主义、资本主义的腐朽思想和不利于改革、开放的行为进行坚决的批评和抵制；各级政协还要发扬自我教育的优良传统，根据自愿的原则组织委员学习马克思主义，加强自身的精神文明建设。

在社会主义精神文明建设中，人民政协也具有很大的优势，政协全国委员会委员中，教育、科技、文化艺术界的委员占有较大比例，他们中许多人是从事科研工作、教育工作和文化艺术工作等精神产品的生产和精神文明的传播工作的卓有成绩的专家、学者、知名人士。他们在政协的组织下，对历史文化名城保护问题、中年知识分子问题、肝炎防治问题、中小学体育教学问题、全面贯彻教育方针问题、中等职业技术教育问题等，进行了比较深入的调查，就如何解决存在的问题、改革旧的体制、提高全民族的思想道德素质和科学文化素质，提出许多建议。不少建议很快就被采纳，如1985年5月政协全国委员会文化组与北京市政协文化组联合对卢沟桥进行了实地调查后，建议让卢沟桥“退役”，以保护这座具有800年历史的元代建筑。北京市政府采纳了调查组的意见，决定从1985年8月24日起，禁止一切机动车辆和畜力车在桥上通过，并成立了卢沟桥历史文物修复委员会。又如，文化组对内蒙古大窑文化遗址的调查，引起有关领导部门的重视。为保护好该遗址，内蒙古自治区已拨款100万元进行维修，国务院主管部门也在人力、技术和经费上给予了帮助。再如，1984年10月，科技组对归国留学生问题进行调查后，反映了在归国留学生的工作安排、生活待遇、管理体制等方面存在的问题，并提出了建议。这次调查是在中共中央和国务院有关部门准备研究留学生管理体制改革的前夕进行的，中共中央科技领导小组和国家科委认为这次调查的结果，对他们了解留学生工作中的问题和研究改革留学生管理体制很有帮助。

政协委员以及政协所联系的各界人士，具有青少年所缺乏的生活、工作阅历，其中有许许多多是对振兴中华有迫切愿望和强烈责任感的英雄楷模与仁人志士，他们为社会主义四化建设和祖国统一大业竭忠尽智，埋头苦干，奋进不息，甚至不惜献出宝贵的生命。这样的先进人物是当代中国人民中的优秀代表。政协十分注意发挥这部分委员的作用，以他们的亲身经历、先进事迹和真实体会，向群众特别是年轻一代进行爱国主义、革命传统和共同理想的宣传教育。1985年9月，《人民政协报》报道了优秀知识分子的代表、辽宁省台安县政协副主席潘恩良历经坎坷，革命意志丝毫没有动摇，海外丰厚的物质享受和优越的工作条件也不能改变他献身祖国的坚强信念的先进事迹，在全国各地特别是港澳地区和广大华侨中，引起了强烈的反响。政协全国委员会还召开了在京部分委员和各党派负责人学习潘恩良的座谈会，组织了学习潘恩良、李树楠先进事迹报告会。1986年1月，又会同中共中央统战部联合发出《关于学习和宣传先进典型的通知》，号召各级地方政协积极开展学习和宣传统一战线中先进典型的活动。1986年《人民政协报》陆续刊载了统一战线中23位先进人物的事迹，扩大了影响，在社会上引起了较好的效应。在进行爱国主义和思想道德教育，促进社会主义精神文明建设方面，政协的文史资料工作也发挥了重要的作用。从1983年到1988年的5年中，政协第六届全国委员会除继续整理、出版《文史资料选辑》及有关资料外，还配合重大历史事件和历史人物的纪念活动，与有关民主党派和地方政协合作，及时编印了有关专题史料或画册、文集，如：孙中山、陈嘉庚，杨虎城、李济深、张治中、邓演达、傅作义、邓宝珊、马叙伦、徐悲鸿、田汉、黄炎培、卫立煌、邵力子等人的传记，以及黄埔军校、护国讨袁战争、西安事变等专题资料和原国民党将领抗战亲历记丛书等资料。这些资料大多是作者以历史见证人的身份，将亲身经历、亲见、亲闻的中国现代史中的重要人物和事件告诉人们，比较客观地反映了历史人物的爱国思想发展的历程和历史事件的真实情况，实事求是地评价了历史人物和历史事件。这些出版物由于生动、具体、可读性强，有较大的感染力和真实感，是对人民群众特别是青年进行历史知识教育、爱国主义教育、革命传统教育和共同理想、道德情操教育的生动教材，受到社会有关方面及各界人士的重视和欢迎。

第四节　大力推动为政协委员落实政策的工作，进一步巩固和扩大爱国统一战线

从50年代后期起，由于“左”的错误指导思想的影响，统一战线也不断受到冲击。在各次政治运动中，统一战线中有许多人士遭到错误的批判。特别是十年动乱期间，林彪、“四人帮”反革命集团疯狂破坏统一战线，制造了大量冤、假、错案，使统一战线中许多人士在政治上、经济上蒙受了严重的损害，挫伤了他们的积极性。政协第五届全国委员会在落实政策方面虽然做了许多工作，取得了很大成绩，但还有不少问题需要解决。主要问题是：一、历次政治运动中处理错了的问题，虽然进行了纠正，做出了结论，但还留有这样那样的“尾巴”；二、“文化大革命”中被查抄的财物清退得不彻底，遗留的问题较多；三、被侵占的私房有许多还没有退还。此外，非共产党员的委员在“知情”方面还存在着不能及时阅读中共中央有关文件和听到有关报告的传达问题。

政协第六届全国委员会十分重视落实各项统一战线政策的工作。六届一次会议决议强调指出：“当前特别要督促和协助有关部门全面落实统一战线政策和其他各项政策，这是开创统一战线和人民政协工作新局面的关键，必须抓紧抓好。”1983年9月，政协第六届全国委员会常务委员会第二次会议集中讨论和部署了落实各项统战政策的工作，决定对政协委员在知情、出力和落实政策等方面的问题进行调查，并会同有关部门和单位研究解决。会后，政协全国委员会会同中共中央统战部和各民主党派中央组织了8个调查组（共70多人），分赴除新疆以外的28个省、自治区、直辖市进行调查，调查的重点是对政协全国委员会委员和省一级政协委员落实政策的情况和问题。调查组到各地后，在当地中共党委的领导下，邀请当地的政协、中共统战部、民主党派负责人和一部分住在当地的政协全国委员会委员作为调查组的成员一同工作。调查组通过召开各方面人士的座谈会、进行重点访问和接待来访等方式了解情况。对于政协委员和各方面人士提出的意见和要求，凡属当时能够解决的，都配合有关部门立即解决；有些一时不能解决的问题，则提出处

理意见和建议，供有关部门参考解决。调查组经过认真调查，对落实政策问题了解了大量情况，做了许多工作，主要起到了三个作用：一是使各地方有关部门感到共产党和人民政府对落实政策的工作十分重视，起到了宣传贯彻、督促检查的作用；二是对地方党政领导机关进一步重视和做好落实政策工作，起到了积极的促进作用；三是解决了一些“老大难”问题，起到了鼓舞和坚定信心的作用。

1983 年 12 月，政协全国委员会和中共中央统战部召开有各省、自治区、直辖市政协副主席和统战部长参加的落实政策工作座谈会。中共中央政治局委员、书记处书记习仲勋出席会议并讲了话，他提出要按照中共中央规定的方针和原则，进一步从思想上高度重视，从工作上切实抓紧，从政策上做出具体规定，进一步做好落实政策工作，处理好历史遗留问题，善始善终地完成这一任务。中共中央领导人的指示和讲话，对落实政策工作给予了很大的支持和推动。

此后，政协全国委员会又多次派出调查组分赴东北、华北、西北、华东、中南、西南各省、自治区、直辖市，督促检查各地落实政协委员政策的工作，协助地方解决老大难的问题，推动和促进各项统战政策的落实。政协全国委员会主席会议和主席办公会议多次听取了调查组的工作汇报，向中共中央反映了一些落实政策工作中存在的问题。1984 年 3 月，中共中央统战部转发了上海市《关于向党外人士传达中共中央文件和市委文件的范围》的通知，供各地参照执行，进一步解决了政协委员的“知情”问题。中共中央办公厅批转了中共中央统战部和政协全国委员会机关党组《关于妥善处理“文化大革命”中查抄财物遗留问题的意见》，为进一步解决落实政策中的问题提供了依据。在政协全国委员会的带动下，各地方也加强了对政协委员落实政策的工作。各省、自治区、直辖市都在当地中共党委的统一领导下，成立了有政协、统战部、民主党派和有关部门负责人参加的落实政策领导小组，分别组织检查团或检查组就有关对政协委员及各界人士落实政策的情况进行了全面的大规模的检查，从而摸清了存在的问题，采取了解决问题的各种措施，积极推动了落实政策工作。

政协全国委员会落实政策的工作，在中共中央的关怀下，并在中共中央统战部密切合作和各民主党派以及各地方党政领导支持下，取得很大的成果。先后提出落实政策要求的政协全国委员会委员有530名，提出各类涉及落实政策的问题共687件，包括政治复查问题138件，工作问题7件，工资待遇问题53件，查抄财物问题328件，私房问题138件，其他问题23件。截至1988年3月，已有522人的问题得到了解决，按人计算，已落实98.4%。其中政治上的冤、假、错案已全部作了平反改正，政治结论留"尾巴"的问题，通过清理档案，也全部得到解决。"文化大革命"中被挤占的房屋和被查抄的财物问题，都作了较为妥善的处理。非中共党员的政协委员阅读中共中央有关文件和听有关传达报告的问题，也得到解决。政协全国委员会还协同民主党派和有关人民团体，协助有关部门认真落实中国共产党对知识分子的各项政策，通过座谈、讨论、访问等各种方式，加强同各方面知识分子的联系，了解、反映知识分子的情况和问题，为切实改善他们的工作条件和生活条件，充分发挥他们的才华和智慧，做了许多工作。

1983年年底，政协全国委员会成立落实政策办公室，负责组织对落实政策工作的督促检查及处理落实政策的日常事务。政协全国委员会落实政策办公室先后转发和处理各方面人士的申诉信5000余件，接待上访3000余人次，并且直接经办和解决了一些有代表性人士的落实政策问题。政协全国委员会的有关工作组还分别就宗教、台湾同胞、港澳同胞、归国侨胞、去台人员家属、原国民党起义和投诚人员政策等问题，进行专题调查，向有关部门反映情况和提出建议，推动落实各项政策，帮助有关单位改进工作。

对政协委员落实政策的工作，是拨乱反正的一项重要内容，为一个人落实了政策，就能够团结一大批人，调动更多人的积极性，对巩固和发展安定团结的政治局面，扩大爱国统一战线，调动各方面人士的积极性为社会主义事业服务，都具有重要意义。这项工作在国内外都产生了良好的政治影响。

落实政策，实际上是中国共产党的统一战线政策的一次再教育。十年浩劫使中国共产党的统一战线政策受到严重的破坏，造成思想混乱。为政协委员落实政策的事实，正确体现了中国共产党的统一战线政策，调动了各阶层人士投身四化建设和统一祖国事业的积极性。有的委员在政治上的冤案得到平反后激动地说：“共产党给了我新的生命，我余生要为国家尽力。”有的委员在落实政策后说：“我要的不是钱，而是党同我们肝胆相照的心，有了这个，我就愿意把终生献给祖国。”由于落实了政策，许多委员在思想上放下了包袱，经济上得到补偿，生活上得到照顾，因而欢欣鼓舞，心情舒畅，决心将余生为祖国的四化建设服务。

落实政策，激发了广大侨胞、台胞、港澳同胞的爱国热情，扩大了新时期的爱国统一战线。政协委员中许多人有广泛的社会联系和海外关系，一人落实了政策，往往使许多亲属也得到解放，亲朋挚友奔走相告，起到了宣传中国共产党政策的作用。一些归侨和台胞在落实政策后去国外探亲，还动员其亲属回国观光，了解祖国的大好形势。不少海外侨胞、港澳同胞在落实政策后，热情赞扬祖国经济建设的大好形势，帮助引进国外先进技术，回国投资，或通过其他方式支援祖国四化建设。不少台胞说，过去由于“左”的思想影响，我们这些人都是被怀疑的对象，现在政策落实了，我们由衷地感激共产党，拥护共产党的政策，一定要为祖国统一大业尽力。

第五节　贯彻“一国两制”方针，促进祖国和平统一

按照“一国两制”的方针实现祖国和平统一，是中国各族人民的共同愿望和历史使命，也是爱国统一战线和人民政协工作的一个重点。中共十一届三中全会以后，中共中央根据实事求是的思想路线，逐步形成了“一国两制”的构想，并据此解决了历史遗留下来的香港和澳门问题，使这一构想开始成为现实，从而对台湾问题的解决产生了积极的影响和推动作用。政协第六届全国委员会运用自己的优势，进一步开展促进祖国统一的工作，加强同台湾同胞、港澳同胞、海外侨胞的联络，通过广交朋友，广泛宣传“一国两制”的基本国策，推动了和平统一祖国事业的发展，在国内外产生了积极的影响。

一、发扬爱国精神，为促进祖国和平统一做出贡献

在政协六届全国委员会一次会议上，邓颖超主席说："我们尊重历史，尊重现实。我们充分考虑台湾各族人民的愿望和台湾当局的处境。我们不仅考虑到现在，也考虑到将来。祖国统一之后，中国共产党和中国国民党将持久合作，长期共存，互相监督。祖国统一之后，台湾作为特别行政区，可以实行同大陆不同的制度，互为补充，互相支援。"六届一次会议一致赞同邓颖超主席在开幕词中阐明的关于实现祖国和平统一的立场和方针，并在决议中指出："这是真诚为了国家的富强和民族的兴旺，是尊重事实的，合情合理的。""人民政协要高举爱国主义旗帜，把一切赞成祖国统一的人都团结起来，齐心协力，为实现祖国和平统一而共同奋斗。"1984 年，按照"一国两制"的原则，中英两国关于香港问题协议正式签署，为和平统一祖国开辟了广阔的前景。同年 11 月，政协第六届全国委员会常务委员会举行第七次会议，一致通过《关于赞同中英两国政府草签的关于香港问题的联合声明的决议》。决议指出，按"一国两制"的构想，使香港问题圆满解决，是中国现代史上的一个重大事件，是实现祖国统一的一个重大步骤，有利于促进祖国统一大业的早日完成。1987 年，中国政府和葡萄牙政府草签关于澳门问题的联合声明。对此，政协第六届全国委员会第五次会议政治决议指出，这是按照"一国两制"的方针解决祖国统一问题的另一个成功范例，是朝着最终全面实现祖国统一大业迈出的又一大步。委员们殷切希望广大台湾同胞、港澳同胞和海外侨胞继续发扬爱国精神，为促进祖国统一做出贡献；也希望台湾国民党当局以国家和民族利益为重，为祖国和平统一大业采取切实的步骤。

为了把促进祖国统一工作作为政协的一项经常工作进一步开展起来，经政协第六届全国委员会主席会议决定，并由常务委员会第二次会议批准，1983 年 9 月，政协全国委员会成立祖国统一工作组。祖国统一工作组成立后，积极开展了工作。1987 年 2 月 6 日至 10 日，在北京召开部分省、自治区、直辖市政协祖国统一联谊工作座谈会，广东、广西、福建、浙江、江苏、上海、山东、河北、天津、北京和辽宁 11 个省、自治区、直辖市政协负责祖国统一

联谊工作的同志参加了会议。会议认为，几年来，人民政协在推动委员及各方面人士学习有关方针政策，研究对台工作的情况，开展海外联谊活动，落实有关统战政策，协助有关部门为四化建设引进资金、技术和人才等方面做了许多工作，取得了一定的成绩。会议认为，近年来台湾情况也有变化，僵硬的政策有所松动，人民政协应利用这个有利时机，开展多形式、多层次、多渠道的联谊工作，在统一祖国、振兴中华这个总目标下，发挥应有的作用。会后，政协全国委员会向各省、自治区、直辖市转发了这次会议的纪要，进一步推动了各级政协的祖国统一联谊工作。

二、对台湾同胞、港澳同胞、海外侨胞开展多种形式的联络工作，广交朋友，宣传政策

政协第六届全国委员会充分利用委员中许多人社会联系广，海外关系多的有利条件，按照立足大陆、面向台湾、面向港澳、面向海外的精神，不断扩大与台湾同胞、港澳同胞、海外侨胞（简称“三胞”）的友好接触，如派代表团出国访问，组织有代表性人物出访，出国讲学，探亲访友，邀请“三胞”中知名人士来访，接待“三胞”中回国观光、探亲、访友、扫墓、讲学、经商的各方面人士等，通过多层次、多渠道、多形式的宣传和联系，结交了大量台湾同胞、港澳同胞和国外侨胞。他们之中，有原国民党的党、政、军界人士或其亲属，也有许多工商界、文化教育界、科学技术界人士。这些人不仅在国内外有不少亲友，有的还是各种团体的领导人或主持人，在当地有一定的政治经济地位，或在科技、学术上有一定成就。政协全国委员会在同这些人士接触的过程中，对待不同信仰和见解的旧友新朋，本着能谈则谈，愿聚则聚、宽松自然、适可而止的精神，既有思想交流，又有观点交锋，但方式是和平的，友好的。同时，通过广泛接触，还大力宣传了“一国两制”以及有关祖国统一的方针、政策，介绍了祖国大陆的建设成就，澄清了台湾当局和台湾地方势力对大陆情况的歪曲，使他们了解了国内改革、开放政策和人民生活状况，并把这些信息传播出去，吸引着越来越多的人对祖国建设和统一大业的关注。

三、通过各种活动，增进海峡两岸人民的相互了解和同胞情谊

政协第六届全国委员会多次邀请台湾同胞、港澳同胞、海外侨胞中的有关人士参加各种纪念活动，如纪念民主革命先驱人物和著名爱国人士诞辰、逝世的集会（纪念孙中山诞辰120周年和逝世60周年，纪念黄兴诞辰110周年，纪念陈嘉庚诞辰110周年，纪念于右任逝世20周年等）；纪念有关两次国共合作事件的集会（纪念北伐战争誓师60周年、纪念黄埔军校建校60周年、纪念国民党“一大”60周年、纪念西安事变50周年、纪念抗日战争和世界反法西斯战争胜利40周年等）；纪念有关台湾重大事件的集会（纪念台湾光复40周年等）。有些重要纪念活动由中共中央、国务院和政协全国委员会共同举办，十分隆重。如1986年11月12日，首都各界纪念孙中山诞辰120周年大会在人民大会堂举行，胡耀邦、彭真、邓颖超、乌兰夫等中共中央和国家领导人、海内外来宾和首都各界人士1万多人参加大会。此外，逢年过节，政协全国委员会还多次为台胞、台属、侨胞举办新年联欢会、新春同乐会、中秋茶话会、国庆联欢会等活动。还利用侨胞回国探亲、旅游、讲学或大陆学者出国讲学之便，通过亲属、师生、旧僚属、袍泽故旧、同窗好友等关系，向海外征集史料，有些稿件发表后，侨胞反映很好，认为这是中国共产党实事求是地评价历史人物的真诚表现，从而增加了对中国共产党的好感和信任。这些做法，对发展爱国统一战线以及促进祖国和平统一工作，发挥了特殊的作用。

第六节　开展人民外交活动，增进同各国人民的友谊

人民政协的对外友好工作，是中国人民外交活动的一个重要方面。政协六届全国委员会第一次会议的《决议》指出：“面对复杂的国际形势，我们需要争取一个有利于进行建设的和平环境。为此，人民政协要更加积极主动地开展人民外交活动。要充分运用各民主党派、人民团体和各界人士在国际上有广泛联系和影响的有利条件，扩大和加强同更多国家，特别是第三世界国家的友好组织和友好人士的团结合作，为反对霸权主义、维护世界和平而贡

献力量。”根据《决议》的精神，政协全国委员会设立了外事工作组，利用政协组织的特点和委员的有利条件，进一步开展人民外交活动，不断增进了同各国人民的友谊。

一、多渠道、多形式地开展人民外交活动，联系范围不断扩大

政协全国委员会的人民外交活动，原来是以与社会主义国家的对口组织和第三世界国家的友好组织发展友好关系为重点的。1984 年年底，邓颖超主席指出，政协的外事工作不要只限于对口组织，政协对友好国家可派出代表团、参观团、学习团等团组，灵活多样地开展工作。根据这一指示，政协全国委员会不断增加对外联系渠道，拓宽接触面，进一步开展了外事活动。到 1988 年时，政协全国委员会共组派 23 个团（组）到一些国家进行友好访问，邀请 25 个外国团（组）来访，与亚洲、非洲和大洋洲的 20 个国家的有关政治组织或团体建立了友好关系。此外，政协全国委员会还派出一些代表团参加国际性会议和学术交流活动，如周培源副主席率团赴波兰参加世界知识分子和平会议；费孝通副主席等赴日本参加联合国大学国际会议；杨拯民副秘书长等应邀参加在美国举行的西安事变 50 周年学术研讨会。同时，政协全国委员会还邀请一些国家的友好人士来访，如邀请泰国王姐干拉雅妮・瓦塔娜和披雅颂等人访华；邀请英国前首相卡拉汉为团长的国际商业信贷银行友好人士代表团访华；以康克清副主席的名义邀请“联邦德国—中国友好协会”名誉会长安娜利泽・马腾斯夫人访华等等。

政协全国委员会还配合全国人大、外交部、对外友协、外交学会、中联部、文化部、广播电影电视部、国务院宗教局、中国社会科学院、新华社、全国妇联、全国青联等单位，与来自 50 多个国家的政治、经济、外交、军事、新闻、教育、文艺、科技、青年、体育、宗教等方面的人士进行了会见和座谈，总共 500 多场次，1300 多人次。

从 1985 年起，政协全国委员会每年举行迎春招待会，邀请各国驻华使节参加，每年召开全体会议时也邀请各国驻华使节到会旁听。通过这些方式，逐步增进了各国驻华使节对中国人民政协的了解和友谊。

二、积极宣传国家的各项政策和社会主义建设成就，增进各国人民对中国的了解

政协全国委员会的人民外交活动，除了发展中国人民与各国人民之间的友好关系外，还根据不同的对象，有针对性地宣传中国的各项政策，以增进各国人民对中国的了解。对第三世界的朋友，着重阐明中国独立自主的和平外交政策的基本原则，说明中国是发展中的国家，同属第三世界，希望第三世界各国人民团结一致，为维护世界和平贡献力量。政协全国委员会对第三世界国家开展的这些活动，得到了这些国家的信任和高度评价。赤道几内亚的朋友说，中国人民是真正爱好和平的人民，我们非常赞赏中国人民反对霸权主义的理论和实践。对于第二世界的朋友，则以阐明中国希望有一个和平的国际环境进行社会主义四化建设作为宣传重点。如 1987 年 11 月政协代表团访问德意志联邦共和国、奥地利共和国和比利时王国时，针对这三个国家反对军备竞赛，希望经济繁荣、扩大贸易、开拓市场的共同要求，在访问中强调说明中国执行独立自主的外交政策，目前正在进行四化建设，因而需要一个和平的国际环境，中国要为维护世界和平做出不懈努力。代表团的谈话获得了对方的积极响应和赞赏。无论是组团出访还是接待来访，政协全国委员会都十分注意宣传中国坚持改革开放、坚持四项基本原则和四化建设所取得的成就。针对许多国家的朋友在称赞中国取得的成就的同时，又担心中国对外开放后会不会受资本主义思想侵蚀，青年一代会不会受到不良思想的影响，改革经济体制会不会削弱共产党领导的情况，政协全国委员会的有关负责人耐心地向外国朋友解释说明，中国实行的是有中国特色的社会主义，在坚持改革开放的同时，仍始终坚持四项基本原则，而不是全盘西化，使外国朋友对中国的开放和改革的政策加深了解。政协全国委员会还积极宣传中国人口政策和民族政策。如 1985 年正当美国国会攻击中国的计划生育政策的时候，美国人口理事会主席乔治·泽登斯坦曾就计划生育和人口问题访问政协全国委员会。政协全国委员会请人口问题专家叶恭绍、邬沧萍两委员与他座谈，介绍中国计划生育政策，以及关于如何控制人口，改变人们的传统观念，

如何做到上下一条心执行计划生育的政策等问题。通过座谈，泽登斯但认为中国的计划生育政策能为10亿人民接受是了不起的，并祝贺中国在人口控制方面取得的成就。他说：“我访问过许多国家，计划生育控制人口，在许多国家都做不到，只有在中国才能做到，全世界都应该向中国学习。”鉴于很多外国朋友关心中国的民族问题，政协全国委员会与外国友人交谈这方面的问题时，就邀请有关专家、学者和少数民族委员参加，收到很好的效果。泰国下议院第二副议长比亚纳·瓦差拉蓬在听到政协全国委员会介绍中国民族政策后说，中国对少数民族平等对待，这是很英明的政策；中国民族问题处理得好，不像别的国家经常发生民族纠纷。

政协全国委员会进行的人民外交活动，增进了中国人民与各国人民之间的友谊，促进了各国人民对中国的了解。有的外国朋友说，“我们非常高兴接待政协代表团，我们和中国是真正的朋友，我们之间的关系不像有的人那样，说的是一回事，做的又是另一回事。”还有的外国朋友说，中国人民是伟大的人民，中国的成就关系着整个人类的命运。政协全国委员会在对外交往中，无论组团出访或接待来访外宾，既注意介绍中国改革、开放和四化建设的成就，也实事求是地介绍改革、开放进程中的困难和问题，这种实事求是的作风给外国朋友留下了深刻的印象。通过耳闻目睹，许多外宾表示，相信中国人民在中国共产党和中国政府领导下，将在21世纪成为世界强国。

三、在对外交往中注意体现政协的特点，不断扩大政协的影响

人民政协荟萃了中国各民主党派、无党派民主人士、各人民团体及各界学者名流，他们在国内外都有不同程度的影响，这是人民政协开展人民外交活动的有利条件。政协全国委员会在外事活动中，不论是组团出访或是接待来访，不论是平时与外宾的礼节性会见或是就有关专题与外宾进行座谈，都注意发挥各界委员的作用。如1985年11月，政协代表团访问巴基斯坦，代表团的团员有民主党派成员、学者、教授、画家、歌唱家，其中还有4位穆斯林人士。巴方友人对于代表团的这种组成十分赞赏，他们说：“你们把这么多的著名人士团结起来的经验，我们要很好地学习。”代表团中的4位穆斯林

人士，更是特别引起巴基斯坦人民的关注。在伊斯兰堡一清真寺，4 位中国穆斯林人士同巴基斯坦穆斯林人士一起做礼拜，并向清真寺奉献中国精印的古兰经等经书，轰动了全寺的穆斯林。在拉合尔皇家大清真寺，中国穆斯林团员进入大殿后，高诵古兰经，在场的巴基斯坦穆斯林也随着朗诵经文。这种活动既尊重了巴基斯但这个信仰伊斯兰教国家的宗教习俗，又以实际行动宣传了中国的宗教政策。又如，1986 年 4 月，政协代表团访问泰国，代表团 12 名成员中包括 5 个党派、4 个人民团体的代表。同时，他们还分别是与泰国有密切关系的傣族的代表、潮州人的代表、归国华侨的代表、佛教界的代表，还有专家和学者。泰国外长西提说：“我知道政协是由各党派、各界别组成的，可以说是中国人民的代表。”

许多国家对于中国人民政协这个组织以及民主党派的情况都缺乏了解，人民政协开展的外交活动，使外国朋友对中国共产党领导的多党合作和政治协商制度有了进一步的了解。如美国、奥地利、瑞典、联邦德国、巴基斯坦等国家的朋友在听完政协全国委员会的介绍后都表示对政协的情况很感兴趣。他们说，政协是不同党派、不同组织的著名人士的联合政治组织，各党派、各方面人士都可以参与国家大事，提出自己的意见，经过协商，达到一致，这在世界上是不多见的。巴基斯坦的朋友说，“政协的工作是促进各党派、各民族大团结，共同进行社会主义建设。几十年来一些西方国家的宣传说，中国把有才能的人都杀光了。通过与你们交谈，使我们真正了解了政协，了解了中国。”原瑞典驻中国大使松德菲尔特说，“政协汇集了各方面的意见，使共产党能够听到全面的建议和意见，各项工作就会做得更好。政协是个很好的组织，在实现中国三大任务方面起着很大的作用，但国外还不熟悉政协。”他表示回国后一定为政协作宣传，让更多的人了解。博茨瓦纳共和国副总统穆西在政协全国委员会有关负责人向他介绍政协情况后非常感慨地说，“许多第三世界国家特别是非洲国家，很需要像政协这样的组织。”“中国政协的经验是非常宝贵的。”

1988 年 3 月 24 日，在政协第七届全国委员会第一次会议上，钱学森副主席代表政协第六届全国委员会常委会所作的工作报告中，对政协六届全国委员会的工作作了全面总结。报告指出，政协第六届全国委员会的工作在第五届工作的基础上，继续遵循邓小平提出的新时期统一战线和人民政协的工作方针，紧紧围绕国家的中心任务，根据政协组织的特点，为巩固和发展安定团结的政治局面，推动改革、开放和两个文明建设，健全社会主义民主和法制，促进祖国统一，积极开展了各项工作。

在常委会报告中说，人民政协是中国政治体制中发扬社会主义民主，实现共产党领导的多党合作和政治协商制度的重要组织形式，它的主要职能是对国家的大政方针和群众生活的重大问题进行政治协商，并通过建议和批评，对宪法和法律的实施，对国家机关的工作进行民主监督。在中国这样一个幅员辽阔、人口众多的多民族的社会主义大国，凡是关系到国计民生的重大问题，一方面由人民代表大会行使国家权力，作出决定；一方面经过人民政协的讨论协商，广泛听取各民主党派和社会各方面代表人士的意见，对于实现决策的民主化、科学化，具有十分重要的意义。5 年来，政协全国委员会在广泛开展各项活动的过程中，把发挥政治协商、民主监督主要职能作用作为中心环节，把事关国计民生的重大问题作为政治协商、民主监督的主要内容，使政治协商、民主监督深入到政治、经济和社会生活的各个领域，形式方法更加灵活多样，效果也更为显著。这是中国社会主义民主建设不断发展，人民政协作用不断加强的具体体现。

常委会报告在回顾与总结政协六届全国委员会的工作中，还讲了一些体会，主要是：

（1）切实发挥人民政协的主要职能作用，逐步使国家大政方针和群众生活重大问题的政治协商、民主监督经常化、制度化。中国政治体制改革的长远目标，是建立高度民主、法制完备、富有效率、充满活力的社会主义政治体制。在建设社会主义民主政治的过程中，人民政协负有重要的历史责任。在今后相当长的时期内，各级政协组织都要围绕社会主义初级阶段的基本路线和基本任务，开展政治协商和民主监督，并使之向经常化、制度化方向发展。要认真研究与总结历史经验，逐步建立与完备各种制度和规则，其中包括协商、监督的内容、形式、各种会议的议事规则和工作程序，以及人民政协自身的思想、作风和组织建设等，使政治协商、民主监督有章可循，有法可依，以便更好地发挥其在国家政治生活中的重要作用。

（2）发扬社会主义民主，把民主协商、团结合作的精神贯彻于人民政协的一切工作之中。人民政协作为发扬社会主义民主、实现共产党领导的多党合作和政治协商制度的重要组织形式，必须充分体现最广泛的爱国统一战线组织的特点，坚定不移地贯彻"长期共存、互相监督、肝胆相照、荣辱与共"的方针，在建设有中国特色的社会主义中做出应有的贡献。在组织上，要保证各民主党派、各方面代表人物在政协委员中占有相当的比例，并使他们能够知情出力，更好地参政议政。在工作中，要切实搞好共产党员与各民主党派成员、无党派爱国人士的合作共事。在重大问题协商之前，要使参加协商的各方面人士了解有关情况和材料，并有充分时间进行考虑或酝酿。在协商过程中，要鼓励各方面人士畅所欲言。各级政协组织都要贯彻邓小平在政协五届全国委员会二次会议上讲话的精神，发扬民主，广开言路，让各方面的意见、要求、批评和建议充分反映出来，以利于集中正确意见，及时发现和纠正工作中的缺点、错误，把各项事业推向前进。

（3）发挥主动精神，在中国共产党的领导下进一步开创政协工作新局面。中共党委的重视和加强领导是做好政协工作的保证。20 世纪 80 年代以来，中共中央和许多地方的中共党委对人民政协的作用愈益重视，把政协作为同各方面人士协商对话的主要渠道，重要情况及时向政协通报，重大问题及时交政协协商。这对政协工作发展，改善共产党的领导，实行民主决策和科学决策具有重要意义。人民政府及其所属部门的支持与帮助，是做好政协工作的另一个重要条件。人民政协要充分发挥积极性和主动性，自觉接受和积极争取中共党委的政治领导，搞好与政府的配合协作，以改革的精神，开展政协工作，围绕贯彻执行社会主义初级阶段的基本路线以及中共党委和政府当前的重要任务，把政治协商、民主监督搞得更深入、更扎实、更有成效，进一步开创政协工作的新局面。

第四编

政协全国委员会的经常性活动

政协全国委员会为实现人民政协《章程》（第一届政协为《组织法》）规定的各项任务，除每年举行一次的委员全体会议，讨论国家的重大事务以及群众生活、统一战线内部关系等方面的重要问题之外，还需要委员在闭会期间参加各项日常工作。因此，历届全国委员会都根据工作需要，经常务委员会决定设立若干以委员为主体的工作机构，开展经常性的活动。这些工作机构有自第一届全国委员会即开始按照国家事务分门别类而设立的各工作组（1988年6月以后改为专门委员会）；有自第二届全国委员会开始设立的学习委员会；有自第三届全国委员会开始设立的文史资料研究委员会；有自第六届全国委员会开始设立的提案工作委员会（后改称提案委员会）。这些工作机构设立以来，做了大量工作，成为政协全国委员会工作的重要组成部分。

第十二章
各工作组的工作

第一节　工作组的创建

工作组是政协全国委员会最早建立的进行日常工作和统一战线活动的工作机构。[①] 在 1949 年 10 月 9 日举行的政协第一届全国委员会第一次会议上，周恩来首先提出建立工作小组的建议。他说，全国委员会不仅在定期开会期间讨论重大问题，而且在平时也要进行工作，实现人民政协《组织法》第十三条规定的 7 项任务[②]，平时有准备，到全国委员会开定期会议的时候，才能有更好的议案提出；常务委员会是主持日常工作的机构，但是单单是常务委员会还不够，有很多工作要大家来参加。因此，建议建立工作小组，在常务委员会指导下和在秘书长的具体领导下，使政协工作能够分类进行；经过小组研究讨论，将审议意见提到常务委员会，由常务委员会考虑，成为议案或者不成为议案，或者仅作为一种意见提到政府；建立这种工作小组，就是为了配合政府各种机构进行工作。

1949 年 10 月 18 日，政协第一届全国委员会常务委员会第一次会议通过了《中国人民政治协商会议全国委员会工作条例》，其中第三、四条就是关于工作组的规定：

第三条　中国人民政协全国委员会分设下列各组，在秘书长领导下，进

---

① 各工作组于 1988 年政协七届一次会议以后改为专门委员会，即：经济委员会、教育文化委员会、科学技术委员会、医卫体委员会、法制委员会、民族委员会、宗教委员会、妇女青年委员会、华侨委员会、祖国统一联谊委员会、外事委员会。

② 人民政协《组织法》第十三条规定的全国委员会的 7 项任务中，与工作组的任务有关的一项是“协商并提出对中央人民政府的建议案”。

行研讨和审议工作：

一、政治法律组；

二、财政经济组；

三、文化教育组；

四、外交组；

五、国防组；

六、民族事务组；

七、华侨事务组；

八、宗教事务组。

各组应将其研讨和审议的意见作成报告或提案，提交常务委员会审核处理。

第四条 中国人民政协全国委员会的每一委员得参加前条各组中之一组或数组，进行工作，其不常驻北京者，得以书面提供意见。每组设组长 1 人，副组长 2 至 3 人。由常务委员会指定之。

在这次常委会议上任命的各工作组组长是：政治法律组组长许德珩，财政经济组组长章乃器，文化教育组组长郑振铎，外交组组长罗隆基，国防组组长徐向前，民族事务组组长乌兰夫，华侨事务组组长费振东，宗教事务组组长董鲁安。除在京委员自愿报名参加各组外，还根据工作需要聘请了各界权威人士 15 人为组员。

通过工作组这种组织形式把政协委员组织起来经常开展活动，对于发扬民主，加强协商监督，发挥委员的积极性，为国家的政治生活、经济生活和社会生活做出更多的贡献，都具有重要的作用。

第二节 工作组的工作概况

工作组建立以后，周恩来和其他政协领导人采取了许多措施加强领导。例如建立“组长联席会议”，讨论各组共同的问题；吸收各组组长参加秘书长主持的全国委员会工作会议，参与政协日常工作的领导活动；工作组提出的重大问题，提到常务委员会讨论研究等。周恩来在担任政协全国委员会副主席、主席期间，对各组的工作，各组组长、副组长人选，活动方针和重大活动，都亲自过问。1965 年在政协第四届全国委员会常务委员会第一次会议上，周恩来还专门就各组工作问题作过详尽指示，要求工作组“多做些工作”，发挥更大的作用。

随着人民政协工作的不断发展，工作组的组织不断扩大，活动领域日益扩展。从政协第一届全国委员会到第六届全国委员会，工作组从 8 个发展到 15 个；组员从 100 多人发展到 800 多人；活动的领域、内容和方式也日益多样化。

工作组工作的发展过程大体可分为三个阶段，分述如下。

一、政协第一届全国委员会的工作组

政协第一届全国委员会工作组的任务，主要是协助政府审议法案，提出建议，反映意见，以及宣传、解释政策法令。由于全国人民代表大会尚未召开，政府各部门提出的重要法案或政策性文件在提到政协全国委员会常务委员会协商以前，一般都先送政协全国委员会有关工作组征询意见。有些不需要提到政协全国委员会常务委员会协商的法案，也常常送政协全国委员会有关工作组征询意见。为便于讨论，政务院各部门除供给各组必要的材料外，还派人出席工作组的会议介绍情况。各工作组对审议的法案曾提出了不少有益的意见，对于政府各部门的工作有很大帮助。

新中国成立初期，许多工作需要立法，因此工作组的工作偏重于审议法案，后来由于必要的法规逐步制定，政府送请审议的法案逐渐减少。针对这种情况，1952 年年底，政协全国委员会工作会议确定了新的方针，即“工作组基本性质是统一战线的组织，今后各工作组应加强统一战线方面的活动”。随即由秘书长李维汉向常务委员会提出了关于改进各工作组工作的报告。报告指出：“依据全国委员会的性质，各组工作应逐渐转到以统战活动为中心内容，并依此来加强其与各方面的联系，以求充实。（一）密切各组与中央人民政府各部门的联系。除继续协助政府审议法案外，拟将主要工作逐渐转到协助政府搜集反映人民意见，并研究某些情况和问题，提出建议。（二）密切本会与各地方委员会的联系及各组与地方委员会的专门委员会（或组）之间的联系，了解各地的情况、问题和人民意见。（三）加强本会各组与有关民主党派、人民团体和有关各界代表性人物的联系，配合各种活动，并采取各种适当方式，以听取人民意见或向其宣传、解释政策法令等。（四）协助中央人民政府研究本会全体会议提案的处理情况。（五）各组设定若干专题，进行比较系统的研究。”常务委员会批准了这个报告，决定以此作为工作组开展活动的方针。

从1953年起，各工作组的活动有显著增加，内容也较前丰富。有些组经常举行座谈会、报告会，宣传解释政府的政策法令；有些组根据需要拟定专题召集组会或座谈会搜集反映；有的组加强与地方协商委员会联系，了解有关问题；有些组协助有关部门处理委员提案。

二、政协第二届全国委员会到“文化大革命”前的工作组

以政协第二届全国委员会第一次会议的召开为标志，人民政协完成了代行全国人民代表大会职权的历史任务，但作为统一战线组织仍继续存在和发挥作用。随着这一任务的变化，工作组的活动内容也有所变化和发展。1955年10月，政协全国委员会工作会议根据第一部《章程》提出了《关于本会各工作组组织和任务的规定（草案）》，在此基础上，1958年3月10日第二届全国委员会常务委员会第五十次会议制定了《政协全国委员会工作组组织简则》（简称《简则》），明确规定：“工作组是在秘书长领导下协助常务委员会进行日常统一战线活动的机构。它应充分发挥民主协商、协调关系、团结教育和互相监督的作用。”《简则》并规定了工作组的六项具体任务：

（一）对交工作组协商研究的国家政策、法令和重要措施进行讨论，提出意见；

（二）对国家的政策、法令以及社会主义建设计划和成就，进行宣传教育；

（三）对重大的时事政治问题，进行讨论、研究；

（四）密切联系群众，广泛了解情况，发现问题，认真进行分析研究，并

可以提出意见或者建议；

（五）根据规定的委员视察制度，结合各组业务，有计划有目的地进行视察；必要的时候可以随时组织专题调查研究；

（六）研究大会闭会后交办的提案和发言，提出初步处理意见。

关于工作组的组织机构、活动方式、与各方面的关系等等，《简则》也分别作了规定。

在这一阶段中，各工作组的活动每每随着国内政治形势的推移变化而起伏不定，有时活跃，有时停滞。自1954年年底政协第二届全国委员会第一次会议以后，特别是自1956年4月毛泽东在《论十大关系》中提出中国共产党和民主党派“长期共存、互相监督”以及调动一切积极因素，化消极因素为积极因素的方针以后，各工作组积极发挥与各方面有广泛联系的优越条件，利用多种多样的方式开展了活动。仅在1956年1年之内，各组即曾就第一个五年计划问题、向科学进军问题、贯彻“长期共存、互相监督”、“百花齐放，百家争鸣”的方针问题以及知识分子问题等，举行了100多次座谈会，还组织了报告会、参观访问等多项活动，工作相当活跃。1957年反右派斗争扩大化，使人民政协的工作受到严重影响，工作组的活动也几乎陷于停滞。

1960年至1962年3年经济困难时期，由于贯彻了缓和阶级关系的“弛”的精神，在各项活动中，强调“不打棍子、不戴帽子、不抓辫子”，敞开思想，畅所欲言，工作组重新活跃起来，为协助中共中央贯彻“调整、巩固、充实、提高”的方针，克服和纠正各方面工作中的“左”的错误，提出了许多积极的意见与建议。各工作组对政府各部门制定的一些重要工作条例如《关于自然科学研究机构当前工作十四条意见（草案）》、《教育部直属高等学校工作条例（草案）》等，都进行了讨论。有的活动规模很大，除在京政协委员外分别吸收了医务工作者、工商业者、华侨、少数民族、宗教界和各界爱国人士以及民主人士家属参加，广泛听取意见。例如，文化教育组、医药卫生组为讨论文教、医药卫生方面的调整工作问题而联合召开的扩大座谈会，除文化教育组、医药卫生组组员外，还邀请从事文教和医药卫生工作的政协委员，中国民主同盟、中国民主促进会、九三学社的有关成员，以及和文教、医药卫生工作有关的代表性人士，共约500多人参加，并按界别专业和所属党派分为15个小组，采用“神仙会”的方式，在1961年和1962年2年内，举行了近200次的座谈会，对中国共产党的文化教育、医药卫生政策进行了学习和讨论，对工作中的问题和缺点提出了不少批评和建议。在座谈过程中，文教组组长胡愈之、医卫组组长傅连暲在各民主党派和无党派民主人士双周座谈会上汇报了两组联合举行扩大座谈会的情况。政协全国委员会常务委员会举行了扩大会议，听取文化部、教育部、卫生部负责人就两组扩大座谈会上提出的问题和意见所作的报告。这一系列活动对于沟通思想，加强团结，推动“双百”方针的贯彻，起了良好作用。

为了贯彻“双百”方针，各工作组从1961年起举办了学术性的“双周讲座”，内容有时事政治、国际友好访问、学术思想、科学知识、历史人物评价、文物保护等等。许多著名学者如周培源、茅以升、黄家驷、吴晗、冯友兰、梁思成等都担任过主讲。

1962年至1964年，在以“阶级斗争为纲”的错误方针指导下，各工作组在3年经济困难时期所进行的活动被诬称为“资产阶级大反复”，“工作组变为向社会主义进攻的合法场所”，等等。工作组的指导方针也被改为“以阶级斗争和两条道路斗争为纲”，要求“做好对资产阶级人们的兴无产阶级思想和灭资产阶级思想的教育和思想改造工作”。在这种“左”的思想严重干扰下，各工作组的活动又趋于停滞。这种局面一直延续到1966年“文化大革命”爆发，工作组的活动终于随着政协被迫停止工作而完全停顿。

三、政协第五届全国委员会开始后的工作组

经过十年动乱之后，1978年2月政协第五届全国委员会举行第一次会议，政协工作全面恢复。中国共产党召开十一届三中全会以后，随着中国阶级状况的根本变化和全国工作重点的战略转移，爱国统一战线进入了新的历史发展阶段，人民政协在国家政治生活和四化建设中的作用日益加强。政协各工作组紧紧围绕以社会主义现代化建设为中心的二大任务，开辟新的活动领域，工作的广度和深度都比以前有明显的发展，开创了新的局面。

一是随着人民政协在组织上的大发展，工作组的联系面不断扩大。1978年政协第五届全国委员会第一次会议召开后，重建了12个工作组，即国际问题组、文化组、教育组、工商组、医药卫生组、华侨组、民族组、科学技术组、宗教组、妇女组、法制组、对台宣传组。1979年五届二次会议以后，为了适应全国工作重点转移的需要，更好地发挥人民政协在以经济建设为中心的四个现代化中的作用，增设了经济建设组、农业组、城市建设组以及体育组。1983年政协第六届全国委员会第一次会议后，为促进祖国统一大业，成立了包括政协委员、各民主党派成员和无党派民主人士以及有关方面知名人士在内的祖国统一工作组，代替了原来的对台宣传组；同时为适应开展人民外交工作的需要，成立了外事工作组；并将原来的工商组、城市建设组合并到经济建设组。这样，第六届全国委员会设立的工作组共为15个：祖国统一工作组、经济建设组、农业组、科学技术组、文化组、教育组、医药卫生组、体育组、外事工作组、法制组、妇女组、民族组、宗教组、华侨组、国际问题研究组。第五、六两届全国委员会参加各组的委员均占在京委员的80%左右，他们都具有广泛政治代表性、丰富的阅历和知识专长。

二是工作组的活动领域已深入到政治、经济和社会生活的各个方面，内容也越来越丰富充实。如前所述，政协第一届全国委员会的工作组，主要的任务是就政府交议的法案和方针政策问题进行审议讨论，搜集和反映人民意见，提出建议。政协第二、三、四届全国委员会工作组主要以开展统一战线活动为中心内容。政协第五届全国委员会以后，在新的历史条件下，各工作组围绕经济建设和改革开放的中心任务，开展了题材广泛、形式多样的活动。其内容主要是：学习、宣传中国共产党的方针政策和国内外形势；听取委员和各界人士对国内外大事和国家大政方针的意见；就各项方针政策和法规的制定、实施以及重大改革措施的决策，进行研讨；推动各项统战政策的贯彻落实；参与经济、文化、教育、科技等方面发展规划和重大工程项目的综合讨论；为引进人才、技术和资金提供信息和协助；对台湾同胞、港澳同胞和海外侨胞开展多种形式的联系工作，广交朋友，宣传政策；根据人民政协的特点，开展人民外交活动，同外国有关组织和学者专家、社会知名人士发展友好往来；推动、协助委员和各界人士开展各种咨询服务等等。工作组活动开辟的这些新领域，为发挥委员的爱国热情和集体智慧提供了广阔的天地。

三是把委员的学习与实践、知情与出力①紧密结合起来。在此期间，组织委员就国家政治、经济和社会生活中的重要问题进行调查和研究，是政协工作组工作的重点之一。早在1962年政协第三届全国委员会第三次会议上，政协主席周恩来即曾强调“要多组织一些调查研究工作”。第五届全国委员会第二次会议以后，各工作组充实了这一方面的工作，从1980年开始，分别就经济建设、文化教育、科学技术、民族宗教、法制建设、华侨工作、体制改革以及群众生活中的重大问题进行了一百多项专题调查，提出的报告和建议受到了中共中央和国务院有关部门的重视。

工作组进行专题调查时，有时是某一个组单独进行，有时是两个以上的组联合进行，有些问题还与地方政协的有关工作组共同进行。工作组的研讨课题，主要由各组根据需要提出，有些是根据委员的提案择定的。工作组有些重要的调查报告还提到政协全国委员会主席会议或常务委员会议讨论，如政协第五届全国委员会常务委员会第十次会议决定向人大常委会和国务院提出的关于尽快制定文物保护法的建议案，就是在文化组经过调查提出的报告的基础上形成的。

四是密切同国家机关的联系，增强工作实效。政府各部门对政协各工作组的意见和建议很重视，常常主动征求工作组的意见，或要求与工作组合作进行某些调查研究。工作组也主动与政府各有关部门加强联系与合作。工作组加强这方面的联系合作，有利于委员“知情、出力”，有利于与当时的实际工作相结合，有利于提高工作的效益，有利于发挥政治协商、民主监督作用。

工作组在这一阶段的活动情况，显示了政协经常工作的充实和深化，证明工作组是人民政协发挥统一战线组织的作用的一个重要机构。

---

①“知情”是指知不知道情况，能不能看到中国共产党和政府的文件；“出力”是指能不能出力，有没有事情做。见1983年8月3日中国共产党总书记胡耀邦在甘肃省统战政协座谈会上所作的“政协委员要知情出力”的讲话。

第三节　新时期工作组的活动内容

政协第五届、六届全国委员会期间各工作组的活动内容，主要有以下6个方面：

一、采取宣传和学习相结合的方针，宣传、贯彻国家宪法、法律和各项方针、政策，学习现代科学文化知识

各工作组经常组织各种问题的报告会及“经济建设讲座”“科技讲座”“教育讲座”“老年保健讲座”等等。报告会和讲座的报告人，许多是政府各部门的负责人，他们在报告中既宣传国家的政策、工作成绩，也讲缺点和问题，会后还征询到会委员的意见。如水利电力部负责人报告“南水北调”问题后，有十几位委员写了书面意见，对“南水北调”的几个方案提出自己的建议。报告人有些还是专家、学者，他们在报告中常常联系实际，提出改进工作的建议。例如工商组举行国外咨询工作情况报告会时，报告人结合中国的情况，提出了开展咨询工作的重要建议。上述这些报告会和讲座都贯彻“百花齐放、百家争鸣”的方针，报告人和委员都能畅所欲言，各抒己见。

二、反映政协委员和各界人士的意见和建议

政协全国委员会的十几个工作组犹如十几条渠道，广泛联系着各阶层、各党派、各团体、各民族和各界人士，特别是各方面的知识分子。各工作组经常通过座谈会、讨论会和调查研究等方式，收集和反映各方面提出的意见和建议。这些意见和建议绝大部分同当时的形势有关，所以深受各有关部门的重视。在中共十一届三中全会前后，各工作组围绕当时拨乱反正、落实政策等问题反映了不少重要的意见。如1978年一部分委员在文化组首先提出为“天安门事件”平反，为“二月提纲”和《海瑞罢官》平反的建议，这些建议冲破了当时还是属于“禁区”的问题，引起了强烈反响。

随着国家工作重点的转移和改革、开放、搞活的总方针、总政策的实施，

各工作组更着重就国家建设事业提出兴利除弊的意见与建议。例如，经济建设组对举世瞩目的长江三峡水利枢纽工程的经济合理性和技术可行性进行了几次调查研究，提出了缓建该项工程的建议，得到中共中央和国务院的重视，并组织了大批专家对这一工程又作了进一步的科学论证。又如，经济建设组、农业组为防止长江水系污染组织调查组赴川、湘、鄂三省进行了环境保护的专题调查，针对长江上游两岸森林过量砍伐带来严重后果的状况，提出了四川林业应由用材林转向水源涵养林为主，以保护水资源和防止水土流失的建议；针对土法炼硫磺造成环境严重污染的状况，提出了停止土法生产硫磺的建议。根据这些意见和建议，国家环境保护委员会召开会议，听取了调查组的意见，表示要加强领导，综合治理，采取措施，逐步解决，并由政府有关部门决定拨出专款推动四川的林业转向工作。再如，为了促进教育体制改革，1986 年教育组在京、津地区对高等院校毕业生分配制度改革的实施情况和高、中等师范教育的改革问题，进行了专题调查，其中关于师范教育的调查报告，被国家教委作为全国中等师范教育会议的参考文件印发。科学技术组为了推进科技体制改革，1987 年开始对科研单位进入企业的问题在北京、上海、江苏、辽宁、吉林等地进行了调查研究，提出了应当多渠道发展科研单位与企业的横向联系，以解决体制上存在的相互脱节问题的建议，此项建议也受到有关部门的重视。

三、通过多种途径促进社会主义精神文明建设

“两个文明一起抓”是中共中央的一项重大政策。在 1982 年通过的第三部政协章程的工作总则中也有推动社会力量积极参加“高度的社会主义精神文明的建设事业”和“积极传播先进思想，开展爱祖国、爱人民、爱劳动、爱科学、爱社会主义的公德以及革命的理想、道德和纪律的宣传教育工作”的规定。各工作组在这方面所做的主要工作是：（一）积极宣传社会主义精神文明建设的方针、政策。中共中央《关于社会主义精神文明建设指导方针的决议》公布以后，政协全国委员会有 11 个组召开了座谈会进行学习讨论，有的组还举行了有关精神文明建设的报告会。例如教育组与有关部门联合举办

的《教育讲座》，曾以“开展精神文明教育和五讲四美[1]活动问题”、“社会主义精神文明与语言美”等为报告题目。（二）积极促进文化教育事业的发展。教育组、文化组、体育组以及科学技术组，分别就社会力量办学、民族教育、师范教育、业余体育训练等问题进行了调查研究，提出了积极建议。（三）采取多种形式，提倡发扬优秀的民族文化传统，进行爱国主义和社会主义思想教育，反对精神污染，抵制有害青少年身心健康的音像制品出版。1982 年中共中央、国务院《关于严禁进口、复制、销售、播放反动黄色下流录音、录像制品的规定》公布后，文化组立即响应，组织在京文化界知名人士，谴责不良现象，积极倡导开展健康的文化活动。为了发扬祖国优秀文化传统，文化组等有关组持续进行了卓有成效的关于文物保护的座谈讨论和专题调查研究。1980 年，政协第五届全国委员会常务委员会第十次会议根据这项调查研究，向全国人大常委会、国务院提出尽快制定《文物保护法》，抢救、保护文物古迹的建议。1981 年文化组提出“关于山西、陕西、河南三省文物保护的调查报告”，经中共中央书记处和国务院批示，有关部门采取了加强文物保护工作的措施。有 800 年历史的北京卢沟桥能于 1987 年“退役”、修复，也是政协全国委员会文化组与北京市政协文化组联合呼吁的结果。

四、开展法制宣传，协助法制建设

为了协助法制建设，各有关工作组曾就经济立法、教育立法、科技立法等提出意见，并就涉外经济合同法、森林法等有关问题作过调查研究，向立法机关和有关部门提出建议。各工作组还就全国人大法律委员会和国务院法制局送来征求意见的不少法律草案，进行了讨论，其中比较重要的有《婚姻法（草案）》《民法通则（征求意见稿）》《义务教育法（草案）》《继承法（草案）》《工会法（草案）》《发展中医法（草案）》《中华人民共和国技术合同法（草案）》《关于惩治贪污、受贿罪的补充规定（草案）》等。法制组还

① 五讲，即讲文明、讲礼貌、讲卫生、讲秩序、讲道德；四美，即心灵美、语言美、行为美、环境美。

推动社会力量关心青少年犯罪问题。1980 年这个组在邀请有关单位介绍青少年违法犯罪情况的同时，到北京市的监狱、少年犯管教所、工读学校进行了参观调查。这些包括老法律工作者、专家、老干部的政协委员同青少年罪犯、工读学生进行语重心长的谈话时，许多失足青少年深受感动。西城区工读学校第十班学生写了一封热情的信，表示决不辜负委员们的期望，一定要在学校、老师的帮助和教育下，成为祖国的栋梁。以后，法制组又到广东专门就这个问题作了调查，提出"综合治理"的建议。这些活动通过报纸、电台的宣传报道，对于推动全社会关心青少年犯罪问题起到了积极促进的作用。后来法制组又到北京市少年犯管教所和北京市第一监狱考察，对于向失足青少年进行爱国主义、道德观念和法制教育以及劳改工作的改革和综合治理问题进行了探讨。

五、采取多种形式加强联络，增强团结，为巩固和发展爱国统一战线服务

密切联系各方面人士，广交朋友，是人民政协的重要任务。新时期以来，工作组利用本身的有利的条件，在这方面作了许多工作，例如：

一为按界别聚会，联络感情。各工作组曾先后多次举办过科技界、妇女界、华侨界、经济界、农林界、文化界、教育界、体育界等各界知名人士的联谊活动。有的工作组利用节日举行聚会，如每年的"三八"国际劳动妇女节，妇女组都单独或与有关方面联合举行活动，邓颖超、康克清等政协全国委员会领导人曾多次出席讲话，同女委员和民主党派中的妇女知名人士共庆节日。

二为推动落实政策工作。从 1979 年以来，各工作组为贯彻落实知识分子政策，做了大量的工作。例如，1979 年第四季度各有关工作组与各民主党派中央联合召开了 24 次各方面知识分子的座谈会；1981 年对湖北民主党派和工商界知识分子的安排使用问题作了调查；1982 年对上海、江苏、浙江、山东中年知识分子问题作了调查；1984 年年初就科研单位领导班子新老交替中的知识分子政策问题召开了 4 次座谈会；1984 年下半年对留学生归国后存在的

问题进行调查，等等。其中，1982 年 5 月在对中年知识分子问题进行调查后，根据中年知识分子工作、生活负担重而待遇过低，导致健康状况恶化的情况，写了《中年知识分子的健康状况普遍恶化》的简报。中共中央政治局常委陈云看到这份材料后，连同另外一份材料，于 1982 年 7 月 1 日写信给其他政治局常委，指出中年知识分子“是今天以及今后一个时期各条战线的中坚力量”，“改善他们的工作条件，应当看成是基本建设的一个项目，而且是基本的基本建设”，并指出“这两份材料都反映中年知识分子生活、工作负担重，但工资收入低，很多人健康水平下降。我认为这是国家的一个大问题，确实要下大决心，在今明两年内解决，不能再按部就班地搞。”这次关于中年知识分子的调查报告，经新华通讯社和各主要报刊刊登后，在全国引起了很大的反响。工作组收到全国各地寄来的 2000 多封信，一致反映调查报告说出了知识分子的心里话。

又如，1984 年 8 月和 10 月，宗教组为了了解国务院 1983 年 60 号文件关于汉族地区佛、道教全国重点寺、观交由僧、道管理的决定的贯彻落实情况，曾两次在四川、陕西、湖北和北京市进行了调查。调查组由政协全国委员会副主席、宗教组组长赵朴初带队，有中国佛教协会、中国道教协会、中国天主教爱国会、中国基督教三自爱国运动委员会和中国伊斯兰教协会的领导人参加。调查组所到之处，引起了当地党政领导的重视，促进了数十项老大难问题的解决。调查组向中共中央及有关单位提出了专题报告，着重反映了文物、旅游、园林等部门，在落实这项政策方面存在的矛盾问题。为解决这些问题，中共中央特委托政治局委员习仲勋召集文物、旅游、园林等部门负责人专门研究解决办法，并发了文件。

六、开展“三胞”联谊工作和对外友好活动

按照“一国两制”的原则，实现祖国统一，是爱国统一战线和人民政协的一项重要工作。各工作组依据各自的特点，积极开展对台湾同胞、港澳同胞、国外侨胞的联谊工作。1983 年政协全国委员会设立了祖国统一工作组以后，积极宣传统一祖国的方针政策，并采取走出去、请进来等多种方式，尽

可能扩大与台湾同胞、港澳同胞和国外侨胞的友好接触，增进相互了解和民族感情，并通过举办有关纪念活动和各种联谊活动推动相互之间的文化学术交流，为促进祖国统一做出努力。

开展人民外交活动，是人民政协的另一项重要工作。政协第五届全国委员会召开以来，各工作组配合有关部门，与来中国访问的各国政治、经济、文化、教育、科技、宗教等各界人士，进行了多次的会见和座谈，增进了相互之间的了解和友谊。1983 年设立了外事工作组以后，进一步加强了外事工作的研究和领导。随着中国对外开放政策的实行，政协全国委员会的人民外交活动日益开展，同政协全国委员会建立友好关系的外国组织逐步增加，在外事工作组成立后的五年中，政协全国委员会先后派出了 23 个团（组）到外国出访，邀请 25 个外国代表团（组）来中国访问。在此期间，有些工作组也同外国有关单位建立了联系。1985 年科学技术组代表团应英国议会与科学委员会的邀请，访问了英国；1986 年英国议会与科学委员会代表团来华进行回访，科学技术组组长裴丽生同英国议会与科学委员会会长斯基特在北京签署了关于建立经常联系的协议。医药卫生组在美国强生公司“强生基金”的赞助下，与卫生部联合发起召开了 1985 年北京国际消毒会议，有 20 个国家近 200 名专家出席会议。工作组开展的对外友好活动，对于扩大人民政协的影响，进一步开展人民外交发挥了积极的作用。

1987 年 6 月政协全国委员会召开了包括政协全国委员会工作组在内的“全国地方政协工作组（委）工作会议”①，肯定了已取得的成绩，交流了工作经验。这次会议确定工作组（委）的共同任务是：（一）学习、贯彻中共十一届三中全会以来的路线、方针、政策，坚持四项基本原则，坚持改革、开放、搞活的社会主义现代化建设总方针、总政策，反对资产阶级自由化和僵化；介绍国际形势和国内各条战线的形势以及现代科学文化发展趋势等重要信息。（二）开展多种多样的社会活动，广泛联系委员和各界人士，增进友谊和团结，调动一切积极因素，巩固和发展爱国统一战线。（三）听取和反映

① 当时有些政协地方委员会的工作组已改称委员会。

委员和各界人士对国内外大事和国家大政方针以及贯彻落实各项统战政策的意见，发挥民主渠道的作用。（四）就国家政治、经济、文化和社会生活以及统一战线内部的重要问题，开展座谈讨论、专题研讨、专题调查、考察访问、咨询服务等活动，向国家机关以及其他有关组织提出建议。（五）开展对台湾同胞、港澳同胞和海外侨胞联络情谊、宣传政策的活动，推动“一国两制”方针的实施；在统筹安排下，有步骤、有重点地开展人民外交活动。

各工作组成立以来的实践表明，工作组是人民政协广泛联系委员和各界人士的纽带，发扬社会主义民主、发挥民主监督作用的渠道，学习、宣传中国共产党和政府方针政策的场所。工作组在人民政协发展爱国统一战线，发扬社会主义民主，为“四化”贡献智慧，开展人民外交活动等方面，正在日益发挥重要的作用。

第十三章
提案工作

人民政协的提案工作，是对政协委员提案进行收集、整理、审查、交办和推动办理落实的工作，在政协的全体会议和经常工作中，占有重要的地位。

政协提案，是政协委员就国家大政方针、地方重大事务、群众生活和统一战线中的重要问题提出的并经提案委员会审查立案的书面意见和建议。它是人民政协行使政治协商、民主监督职能的一个重要方面；是政协委员行使民主权利、参政议政、为两个文明建设献计出力的一种重要方式；也是协助党政部门联系各方面代表人士，听取意见，改进工作，实现决策科学化、民主化的一条重要渠道。40 年来，政协委员通过提案提出了很多好的意见和建议，对于巩固人民民主政权，恢复和发展国民经济，促进社会主义现代化建设和各项事业的发展，推进改革开放，维护安定团结，发挥了积极作用。

第一节　提案工作的历史概况

人民政协的提案工作是从第一届全体会议开始的。以后历届全国委员会的各次大会，除一届一次、二届一次、五届一次会议外，都有提案和提案的审查工作。从五届三次会议开始，提案的审查工作已不限于大会期间。政协第六届全国委员会常委会第二次会议决定成立常设的提案工作委员会后，提案工作已不仅是大会期间的一项工作，而且成为人民政协的一项经常性的工作。40 年来，提案工作经历了三个时期。

一、新中国成立初期的提案工作

人民政协第一届全体会议由于代行全国人民代表大会职权，提案工作有与以后各届政协不同的特点。会议规定：代表提出提案，必须有两名附署人；参加人民政协的单位也可以提出提案。这次会议共提出提案 14 件，其中大部分是有关新中国成立后的经济建设、教育、卫生工作以及侨民福利方面的意见和建议。这些提案由大会主席团选出的代表提案审查委员会审查后，并由大会主席团常务委员会向大会提出审查报告，经大会通过，交由新成立的中央人民政府执行，或由中央人民政府转交有关机关采择施行。其中要求急电联合国否认国民党反动政府及其驻联合国代表的提案，在中央人民政府成立后，即由外交部部长周恩来致电联合国，宣告中华人民共和国中央人民政府为中国人民唯一合法政府，否认所谓“中国国民政府代表团”代表中国人民参加联合国的权利。这件提案的实施，为维护中华人民共和国在联合国的合法地位而载入史册。

政协第一届全国委员会召开了四次全体会议，第一次会议主要是选举政协领导人，没有提案提出。第二次会议时，大会设立政治、军事、财政经济、税收、文化教育、法院工作、会务、国徽审查、提案审查共九个组，负责审查大会的各项报告、重要议案及各项提案、建议案，各组审查意见由常委会加以讨论和整理、修改后向大会提出报告。第三次会议时，常委会作出决定，取消提案必须有附署人的连署制。第三次、第四次会议时，由大会成立提案审查委员会负责审查提案，并向大会提出提案审查报告。

代行全国人民代表大会职权的政协第一届全体会议，对中央人民政府有法定的约束力。因此第一届全体会议代表提案的处理办法，或是交中央人民政府执行，或是请中央人民政府转交有关机关采择施行。一届全体会议产生的全国委员会，是统一战线的组织，不是权力机关，大会通过的对提案的审查意见不具有法定的约束力，而是建议性的，其处理办法一般是建议中央人民政府核办或参考、注意。政协一届全国委员会虽不具有国家权力机关的职权，但由于全国人民代表大会尚未召开，各次会议的提案处理情况均由中央人民政府以书面报告形式在下次会议提出。政协一届全国委员会从第二次至第四次会议，共提出提案 193 件，大多是有关恢复和发展遭受战争破坏的国民经济的意见、建议。

二、社会主义改造和建设时期的提案工作

1954 年 9 月，第一届全国人民代表大会召开以后，人民政协不再代行全国人民代表大会的职权，而作为统一战线的组织继续存在。从 1954 年至 1965 年，在政协全国委员会第二、三、四届期间，除二届一次会议外，每次会议都设立提案审查委员会。委员会对提案的处理办法，有建议国务院交有关部门审核办理、研究办理、研究和交常委会负责同有关部门协商处理四种处理办法。由于第一届全国人民代表大会已经召开，国务院只向全国人民代表大会负责，不再向政协全国委员会提出办理提案的书面报告，而由各部门分别就所承办的具体提案做出答复。

在政协全国委员会第二、三、四届期间，委员提案共 1341 件，内容基本上是围绕如何贯彻实施过渡时期总路线、社会主义建设总路线和国民经济“调整、巩固、充实、提高”的方针提出的，对各方面工作起到一定的推动作用。

在此期间，政协全国委员会主席周恩来曾多次对提案工作作出指示。1957 年 2 月，他在政协第二届全国委员会常委会第三十四次会议上指出：“要允许不同的意见在大会上讨论。讨论的结果，几个人可以商量，产生提案，有些提案可以变成决议案。”1962 年 4 月，他在政协第三届全国委员会第三次会议所作的报告中，强调加强调查研究工作时指出，要“产生一些提案、意见和建议，使得各方面力量都动员起来。”周恩来还十分关心提案审查委员会的工作，他在政协第三届全国委员会常委会第八次会议上说，“提案审查委员会每次会议都要设立，要由会议通过”，“这是件苦差事，每件提案都要看，都要审查”，“提案要有个截止日期便于审查。”

十年动乱期间，人民政协被迫停止活动，提案工作也随之中断。

三、新时期的提案工作

粉碎“四人帮”以后，政协第五届全国委员会于 1978 年 2 月召开了第一

次会议，这次会议没有提案提出。1979 年政协五届全国委员会召开二次会议，恢复了提案工作。五届三次会议取消了对委员提案的时间限制，即委员不仅在大会期间可以提出提案，平时也可以提出提案。1980 年 8 月，政协第五届全国委员会常委会第十一次会议做出了相应的决定，确定提案审查委员会的任务是“负责进行本次大会期间及大会闭幕后委员提案的审查工作”。对提案的审查意见，也自五届三次会议开始，由过去的“审核办理、研究办理、研究、协商处理”简化为“研究办理”。

政协第六届全国委员会常委会第二次会议决定，将大会期间的提案审查委员会改为常设的提案工作委员会，负责大会期间以及会后的提案审查和处理工作。提案工作委员会成立后，于 1983 年 10 月通过《组织简则》作为工作准则。1988 年 1 月，又在总结政协第六届全国委员会提案工作的基础上，制定了《全国政协提案工作试行条例（草案)》。

政协第六届全国委员会主席邓颖超主持工作期间，对提案工作作过多次指示，还亲自在会议期间下小组听取意见，鼓励委员将建议和意见写成提案，并指出：“要认识到，委员们所提的事，是有代表性的”，“对分送各单位的提案，要在一定的时间内向有关单位催问一下办的情况怎么样，办不到的要有一个交代，说明情况”，“要在一得到结果时就通知委员”。新时期以来，提案工作有了很大发展。

第二节　新时期提案工作的发展

新时期以来，在中国共产党以经济建设为中心，坚持四项基本原则，坚持改革开放的路线指引下，在调动一切积极因素，团结一切可以团结的力量，巩固发展爱国统一战线，为社会主义现代化建设服务的基本方针鼓舞下，随着社会主义民主法制建设的发展和人民政协政治协商、民主监督职能的更加明确，政协委员参政议政、为四化建设出谋献策的积极性空前高涨，委员提案数量也随之大幅度增加。从 1979 年政协第五届全国委员会第二次会议恢复提案开始，到 1988 年七届一次会议前的九年中，政协委员共提出提案 1. 1189 万件，为“文化大革命”前 17 年委员提案 1534 件的 7. 3 倍，而且呈逐年上升的趋势。政协第五届全国委员会平均每次会议有提案882件，六届一次会议为1085件，二次会议为1476件，三次会议为1500件，四次和五次会议均为1800件。提出提案的委员人数由“文化大革命”前不足委员总数的15%，发展到五届委员总数的37%，六届委员总数的65%。提案内容涉及面很广，既有国家大政方针、地方重要事务，又有人民群众普遍关心的具体问题；既有对社会主义现代化建设、改革开放的献计献策，也有针砭时弊的批评意见。不少提案是政协委员在调查研究基础上，围绕中国共产党和政府各个时期的中心工作提出来的意见和建议。在粉碎“四人帮”以后的几年里，提案突出的内容是要求平反冤、假、错案，落实各项政策，要求加强法治，维护安定团结。在这以后，提案内容很多是为“六五”“七五”计划的献计献策和为经济、科技以及其他领域的体制改革出主意、提建议。有相当多的提案是关于制订稳定的农业政策，重视教育工作，切实管好物价等方面的建议。许多委员还从改革的全局出发，提出了加强政治思想工作，加强精神文明建设，狠刹不正之风，保持党政廉洁等内容的提案。总之，提案内容与各个时期的形势紧密相关，不仅提出了大量的有助于国家决策的建议，同时也反映出政治、经济、文化生活中迫切需要解决的问题和人民群众的呼声和要求。这种情况表明，政协提案已成为传递信息的一条重要渠道。

新时期以来在委员提案大发展的形势下，提案工作也有了很大改进。

一、进一步明确了提案的性质及其在国家政治生活中的地位和作用

新时期以来，随着提案的大量增加，办理提案任务也越来越繁重。为适应形势发展的需要，政协全国委员会1984年11月召开的中央和国家机关办理政协委员提案工作座谈会和1985年1月召开的各省、自治区、直辖市政协提案工作座谈会，在总结新时期以来提案工作经验基础上阐明了提案的性质及其在国家政治生活中的地位和作用，明确指出：“提案是人民政协行使政治协商、民主监督职能的一个重要方面；是政协委员行使民主权利，参政议政，为两个文明建设献计出力的一种重要方式；也是协助党政部门联系各方面代表人士，听取意见，实现决策科学化、民主化的一条重要渠道。”1985年3月

政协全国委员会六届三次会议的提案工作报告进一步肯定了上述对提案的性质、地位、作用的概括。这样就把政协委员提案和提案工作提到应有的重要位置，不仅增强了委员通过提案的渠道实现参政议政的积极性，而且大大增强了办理提案工作同志的政治责任心和积极主动精神。

二、建立了提案工作常设机构——提案工作委员会，提出对委员提案实行“三不限制”的原则

政协第五届全国委员会常委会第十一次会议决定，每次大会期间的提案审查委员会在大会闭幕后继续存在，并成立提案办公室，负责日常工作。政协第六届全国委员会常委会第二次会议进一步决定，将提案审查委员会改为常设的提案工作委员会，任何时候都可以受理提案。提案工作常设机构的建立，标志着提案工作已发展成为政协的一项经常工作。在政协六届全国委员会三次会议的提案工作报告中提出了对委员提案实行“三不限制”的原则，即内容不限，人数不限，时间不限。这个原则，是对历来做法的集中概括，对于各级政协提案工作的发展起了重要的推动作用。

三、密切同承办单位和政协委员的联系，通过多形式、多渠道，推动提案的办理和落实

第一，从1985年政协六届全国委员会三次会议开始，在交办提案工作上，改变过去通过邮寄交办的做法，实行由全国人大常委会办公厅、国务院办公厅、全国政协办公厅联合召开承办单位办公厅主任会议交办提案。第二，在交办和办理工作中实行了三个结合，即集中交办和个别协调交办相结合，普遍催办和重点催办相结合，审查书面办复函件和实地考察、跟踪检查办理情况相结合。第三，注意沟通信息交流，如向委员和各承办单位编发提案工作简报，通报各单位办理提案进度，并适时地召开承办单位办理提案的座谈会，交流经验，推动办理提案工作。第四，对于某些提案办理难度大、提案人和承办单位相互不够理解的问题，则创造条件，推动有关单位与提案人直接见面，协商解决办法。如六届五次会议上有270多位委员联名提出严厉查

处取缔社会上日益增多的嫖娼卖淫现象的提案，提案工作委员会组织了座谈会，邀请公安部负责人到会向委员通报有关情况，介绍公安、司法部门采取的措施以及存在的问题，委员们也在会上提出了许多如何解决这个问题的好意见。第五，利用《人民政协报》及其他报刊，经常报道提案工作情况，宣传委员提案的内容和承办单位认真办理落实提案的情况。

四、加强了政协内部工作的配合和协作，使提案工作与工作组的活动相结合，并密切了与地方政协的联系

政协六届全国委员会二次会议以后，提案委员会对于重点提案实行了与有关工作组或与有关政协协作配合的办法，以推动提案的处理。如 1984 年六届二次会议时委员提出的关于调整交通运输结构、发展协调的综合交通运输体系的提案；1985 年六届三次会议时委员提出的关于适应四化建设要求，改进邮电工作落后状况的提案；1986 年六届四次会议时委员提出的建议加强节水措施，解决北京市水资源严重紧缺的提案；提案委员会都主动与本会有关工作组联系，或者与北京市政协提案工作委员会联系，共同组织了包括提案人和承办单位在内的专题调查研究活动。1984 年以来，政协全国委员会先后派人到一些省、市政协对提案工作进行调查，并于 1985 年召开了各省、自治区、直辖市政协提案工作座谈会，总结交流经验，研究讨论政协提案工作中带共同性的问题。为推动地方政府重视办理地方政协提案，1986 年 11 月，又邀请部分省市政府有关领导人就办理政协委员提案工作举行了座谈会，并将这次会议的文件、经验材料汇编成册，转发全国各级政府和政协。

五、在总结工作经验的基础上，进行提案工作的制度化建设

1988 年年初，提案工作委员会，参考了历次会议制定的提案工作方案、有关工作程序的规定和 1983 年以来制定的提案处理办法、提案工作委员会组织简则等，制定了《全国政协提案工作试行条例（草案）》，对提案及提案工作的性质、地位、作用、工作方针作了明确的阐述，对提案工作机构的设置、职责、工作任务作了必要的规定，对提案的提出、审查、交办、办理提出了

规范化要求，并将征求委员意见列入工作程序，以使提案工作有章可循，有法可依。

新时期以来，人民政协提案工作的发展与政府有关部门的重视和支持是分不开的。1982 年国务院就认真办理提案签发了文件，1987 年国务院办公厅秘书局编印下发了《关于办理全国人大代表建议、政协委员提案问答》，对推动和帮助各级政府部门办好提案，都起到很好作用。国务院总理李鹏 1988 年 2 月在国务院办公厅秘书局《关于六届五次全国人大代表建议、全国政协委员提案办理情况的报告》上批示，要“重视人大代表建议、政协委员提案，以监督和改进政府工作，是发扬民主和加强法制的重要内容，希望今后办公厅继续努力，把这项工作做得更好。”不少承办单位把办理提案工作同改进本部门工作结合起来，同接受监督、改进工作结合起来。有越来越多的承办单位已不满足于“你问我答、文来文往”的被动做法，而是主动征求委员意见，沟通情况，增进了解。北京市政府和天津市政府还进一步采取办复前走访、办复后再征求意见的做法，使委员提案的作用得到更好的发挥。

第三节　提案在新时期的作用

根据粗略的统计，政协第五、六届全国委员会收到的 1. 1189 万件提案，基本得到解决或列入计划准备解决的为 6715 件，约占总件数 60%；所提问题部分解决或留作研究参考的 3356 件，约占 30%；所提问题因条件限制不能解决的 1118 件，约占 10%。委员提案在党政部门重视和支持下，在各承办单位积极努力下，一般都得到了认真处理，做到了“件件有答复，有交代”。

在经济文化建设和改革开放方面，许多提案提出的一些重要意见和建议，已为有关部门所采纳。举世瞩目的长江三峡水利枢纽工程问题，不少委员表示关心并提出提案，要求进行充分论证。国务院和有关部门采纳了这个建议，决定按照不同专题，组成专家组再次进行调查论证。有的委员为解决贵州省经济发展的问题，提出开发乌江水运的提案。贵州省政府认为此项提案，提出了关系贵州省经济发展的重大问题，决定列入省政府议事日程，成立“贵州省乌江流域综合开发研究领导小组”，并从各有关部门抽调专家和干部组成调查组，对乌江流域进行考察和论证，提出了对乌江流域进行梯级开发，逐步改善航运条件的初步规划。一些委员提出的开发福建省湄洲湾为深水港的提案，已由国家计委补列入“六五”计划基建重点项目的前期工程计划。深水港建成后不仅对福建省经济发展有重大意义，而且将对上海、黄埔、湛江等港口起货物分流作用。一部分委员建议恢复教师节以造成尊师的社会风气的提案，受到教育部和有关单位的重视，对国家决定每年 9 月 10 日为教师节，起了促进作用。有些委员赴海南岛调查后，提出呼吁中央和地方拨款，抢修海南岛中小学危房的提案。经国务院决定，由中央及地方共同拨款 1.5 亿元，争取在三年内全面修复。不少委员通过提案，要求减轻学生课业负担，纠正片面追求升学率。国家教委很重视这个问题，与有关单位联合成立了克服片面追求升学率倾向的调查组，在调查研究基础上公开发表了调查报告。国家教委后来还印发了《关于全日制普通中学端正办学方向、纠正片面追求升学率倾向的督导评估的几点意见》，要求各地注意解决这个问题。国家科委参照委员提案的意见，起草了《技术合同法》，发布了与科技体制改革相配套的六项行政法规，为技术市场的健康发展提供了立法上的保证；还参照委员提案反映的问题，起草了《科学技术成果鉴定法》，改进了成果鉴定和管理办法。一些委员所提的“国家应继续编纂、公开出版国家大地图集”的提案，经国务院批准将这一工作列入国家重点科研项目，成立了编辑委员会，汇集了各方专家和有关人员分头设计、编纂了各种地图集。在医疗卫生方面，委员们在提案中列举了医院滥开大处方、药品浪费严重、公费医疗费用超支等问题，提出改革公费医疗制度的建议，卫生部会同有关部门组成公费医疗制度改革研讨小组，进行了公费医疗和劳保医疗同步改革的试点工作。

在精神文明建设方面，委员们建议改进和加强政治思想工作，狠煞不良风气，保持党政机关廉洁的提案不断增多。委员们在提案中列举了社会上的种种不良现象、丑恶现象、腐败现象，提出了加强精神文明建设的要求。对于中央决定开展扫除六害、加强政治思想教育起到一定的促进作用。

在落实各项政策、发展爱国统一战线方面，不少委员在提案中提出关于知识分子落实政策，改善工作条件，提高生活待遇等建议，对推动有关部门解决这些问题起了很好的作用。一些委员提出“关于追认在民族民主革命斗争中牺牲的民主党派成员为革命烈士”的提案，“建国前民主党派成员参加民主党派时间应计算革命工龄”的提案，受到有关部门的重视，促进了上述问题的妥善解决。有些委员提出对港澳同胞、台湾同胞、海外华侨来内地探亲旅游收费标准与国内公民不同等对待的提案，有关方面已研究解决了这一问题。有些委员提出要求简化海外华侨、港澳同胞入出境手续的提案后，公安部接受了意见，于1985年将海外华侨、港澳同胞入出境要申请签证的做法，改为凭他们有效护照和其他有效证件入出境。这一改革措施，受到“三胞”一致好评。有的委员提出“建议加强两岸经济技术交流”的提案，经贸部已在《鼓励台湾同胞在大陆投资的规定》中吸收了委员们的意见。工商界一些委员提出民建、工商联接受咨询应免予缴税的提案，财政部已同意这部分收入可以暂不征收工商税和所得税。还有一些委员提出要求解决“文化大革命”期间云南锡业公司部分工商业者被扣减工资的提案，中共云南省委和有色金属总公司经过认真研究，已一次性补发近百人工资共38万元。宗教界一些委员提出归还被占房屋、以保证正常宗教活动等提案，也得到部分的落实。这些问题的解决，在统一战线中产生了良好的影响。

有些委员对党政机关存在不正之风提出提案，对廉政建设起了积极作用。

总起来说，人民政协的提案作为委员参政议政的一个方式和发挥政治协商、民主监督职能作用的一个方面，它所起的作用可以概括为：对党政领导部门的重要决策起参谋、咨询作用；对经济、文化建设的计划有补充完善作用；对既定政策的贯彻执行情况有信息反馈作用；对改进工作作风、克服官僚主义有民主监督作用。随着中国社会主义民主法制建设的发展，共产党领导的多党合作和政治协商制度的进一步完善，这项工作必将起到更大的作用，前景是十分广阔的。

第十四章
学习、教育和宣传工作

第一节　学习工作

一、学习工作是政协的一项重要任务

组织和推动各方面人士在自愿的基础上学习马克思列宁主义、毛泽东思想，进行自我教育、自我改造，是人民政协的一个优良传统。做好这项工作，历来是政协日常工作中的一项重要任务。

政协的学习工作是适应形势的发展和各界人士的要求开展起来的。1949年中国人民革命的胜利，引起了中国社会各方面的深刻变革。各民主党派成员、无党派民主人士和各界人士都深切感到需要有新的观点来认识问题，使自己的思想跟上时代的发展，提高为人民服务的能力，因此迫切要求学习政治理论、时事政策，进行自我教育和自我改造。正如毛泽东主席所指出的，“事变是发展得这样快，以至使很多人感到突然，感到要重新学习。”[①] 1950年3月14日，在各民主党派总部发起和提议下，政协全国委员会工作会议决定成立高级学习组，并进行筹备工作。4月20日，各党派负责人和无党派民主人士举行第一次双周座谈会，协商通过了《政协全国委员会学习座谈会进行办法（草案）》，并成立了学习座谈会干事会。参加学习座谈会的成员范围很广泛，包括政协全国委员会、中央人民政府、政务院、各党派及无党派民主人士、各人民团体5个方面在京的高级人士。当时自愿报名参加者有202人，编成6个组，学习内容为思想方法论、社会发展史、国家学说、中国革

---

① 毛泽东：《论人民民主专政》，《毛泽东选集》第4卷，人民出版社1991年6月第2版，第1472页。

命问题。

1951 年 10 月，政协第一届全国委员会主席毛泽东在一届三次会议的开会词中指出："思想改造，首先是各种知识分子的思想改造，是我国在各方面彻底实现民主改革和逐步实行工业化的重要条件之一。"[①] 同时，这次会议的决议提出了"广泛开展思想改造运动，有系统地组织对马克思列宁主义与中国革命实践相结合的毛泽东思想的学习运动"的号召。为此，1952 年 1 月 5 日召开的政协全国委员会常务委员会第三十四次会议通过了《中国人民政治协商会议全国委员会关于开展各界人士思想改造的学习运动的决定》。按照这个决定，学习包括 3 项基本内容：（一）学习理论，即学习马克思列宁主义的基本理论，学习毛泽东思想，以求了解中国革命的前途，取得正确的革命的观点；（二）学习政策，即学习《共同纲领》、中央和各大行政区的重要政策文件；（三）整风，即实行批评和自我批评，以求纠正违反国家利益、人民利益和革命利益的错误思想和错误行为。全国委员会和各地协商委员会还根据这个决定设立了学习委员会，[②] 专门领导各界人士的学习。

1954 年政协二届全国委员会一次会议通过的第一部《中国人民政治协商会议章程》，把学习工作列为政协的重要任务，在总纲中明确规定："在自愿的基础上学习马克思列宁主义的理论，积极学习国家的政策，提高政治水平，开展批评和自我批评，努力进行思想改造。"1955 年 4 月政协第二届全国委员会常务委员会第五次会议决定设立学习委员会，取代学习座谈会干事会。当时学习委员会的主要任务是：办理政协全国委员会所举办的学习座谈会、报告会的工作，检查和督促政协各省、自治区、直辖市委员会的学习工作；同各民主党派、人民团体和有关方面协商有关学习的重要事项等。政协学习委员会的成立，起到了全面推动和组织学习工作的重要作用；对于政协各级地方委员会的学习工作也起到了推动、指导的作用。

随着社会主义建设的持续发展和社会主义革命的不断深入，整个社会生

① 毛泽东：《三大运动的伟大胜利》，《毛泽东选集》第 5 卷，人民出版社 1977 年 4 月第 1 版，第 49 页。

② 这个学习委员会于 1954 年 4 月 24 日经常务委员会决定撤销。

活处在急剧变革之中。各级政协委员、各民主党派成员、无党派民主人士、工商业者、知识分子，乃至一般社会人士，都感到处在这样的历史条件下，必须努力学习，改造思想，才能跟上时代的步伐，从而学习的自觉性、迫切性愈来愈高。

政协全国委员会为适应这种学习要求，在1956年至1966年这10年间，大力加强了对学习工作的组织领导，多次在常务委员会会议上讨论学习工作，并做出相应的决定；对重要的学习任务，还多次做出正式决议，号召各级政协委员和各界人士努力进行学习。为适应高级民主人士和高级知识分子系统学习革命理论的要求，政协全国委员会在北京创办了一所被称为“民主党派的高级党校”的社会主义学院。各省、自治区、直辖市和一些大城市的政协也建立了固定的学习组，并相继创办了政治学校（有的后来改为社会主义学院）。民主建国会和工商业联合会的各地方组织在当地中共党委的领导和政协的帮助下，普遍举办了各种形式的工商界政治学校、工商界讲习班，吸收工商界中上层人士、部分家属和部分具有代表性的小业主参加学习。中国国民党革命委员会的各地方组织在当地中共党委的领导和政协的帮助下，组织了散处在社会上的旧时代的中上层社会人士学习时事政策。这些多形式、多层次、多类型的学习组织，把上述各方面的非中共人士都组织起来，有组织、有计划、有领导地进行了政治理论和时事政策的学习。1960年10月，《毛泽东选集》第4卷出版。为了帮助各界人士系统地、完整地学习毛主席著作，领会毛泽东思想，政协第三届全国委员会常务委员会第十一次会议于9月26日，作出了《关于推动和组织各民主党派成员、无党派民主人士、工商界、知识界学习毛主席著作的决议》，号召“本会各级组织、民主党派、无党派民主人士、工商界和知识界把学习毛主席著作当作自己的重大政治任务，采取积极的行动，把政治、理论学习引向一个新的高潮”。政协全国委员会还多次召开全国性的学习工作座谈会、经验交流会等，以沟通情况，交流经验，总结工作，布置任务。1958年9月15日至22日，政协全国委员会学习委员会在北京召开了各地短期政治学校工作汇报会议。11月8日至23日，政协全国委员会在山东召开了爱国主义、社会主义、国际主义教育经验交流会。1960

年7月1日至17日，政协全国委员会在北京召开了政治、理论学习工作会议；1962年1月15日至29日又在哈尔滨召开了学习工作会议。参加这些会议的，有来自全国各地方政协主管学习工作的负责人，有各民主党派和工商联主管学习工作的负责人，有的会议还有学员代表参加。各次会议对于交流情况、总结经验、统一思想、提高认识、明确任务、推动工作，都起到了很好的作用。

1966年“文化大革命”开始后，人民政协和民主党派被迫停止了活动，学习工作也随之陷于停顿。

1978年12月，以中共十一届三中全会为标志，中国进入新的历史时期。政协五届全国委员会主席邓小平在五届二次会议上的讲话中指出：“需要在人民内部广泛地加强思想政治教育。政协在这一工作中无疑将继续发挥重要作用。统一战线和人民政协要发扬自我教育、自我改造的传统，按照团结、批评、团结的公式，继续进行思想改造的工作，帮助各方面的人士和群众在为社会主义服务的共同基础上不断增强团结，取得新的进步。”① 1982年召开的政协第五届全国委员会第五次会议通过的第三部《中国人民政治协商会议章程》规定：“中国人民政治协商会议全国委员会和地方委员会组织和推动委员在自愿的基础上学习马克思列宁主义、毛泽东思想，学习时事政治，学习和交流业务和科学技术知识，增强为祖国服务的才能。”

政协六届全国委员会主席邓颖超也十分重视和关心政协的学习工作，她在1984年5月12日政协六届全国委员会二次会议上强调指出，自我教育、自我改造是中国统一战线在长期革命和建设的实践中形成的优良传统和作风，一定要坚持下去。

为了加深对新时期学习工作的必要性、重要性的认识，加强对学习工作的组织领导，明确新时期学习工作的指导思想和方针原则，政协全国委员会于1985年6月19日至24日在北京召开了学习工作会议，参加会议的有各省、

① 邓小平：《新时期的统一战线和人民政协的任务》，《邓小平文选》（1975—1982年），人民出版社1983年7月第1版，第173页。

自治区、直辖市政协和各民主党派、全国工商联、中华职教社的主管学习工作的负责人。会议通过的会议纪要总结了新中国成立以来人民政协学习工作的基本经验，强调指出了新时期学习工作的必要性和重要性，并进一步解决了学习工作的指导思想问题、学习的自愿原则问题、参加学习的成员问题、学习的内容问题、学风和学习方法的问题和培养学习骨干的问题，要求各级政协加强对学习工作的领导，健全工作机构。

这次会议明确规定各级政协学习委员会是在同级政协常务委员会的领导下，负责组织和推动委员和各界人士进行学习的工作机构。学习委员会的主要职责是：一、贯彻执行学习工作方针，研究解决带普遍性的重大问题；二、开展对学习工作的调查研究，总结经验，培养骨干；三、加强同下级政协学习委员会以及同级各民主党派、有关人民团体的联系，沟通情况，交流经验；四、根据学习要求，组织调查、参观、报告会等活动；五、组织直属学习组和中心组的学习活动；六、及时向上级和有关方面反映学习中提出的意见、问题和建议；七、编印学习资料和其他辅助材料；八、根据需要和可能，开展有利于学习的其他活动。

这次学习工作会议，使人民政协的学习工作继拨乱反正之后，又有了新的进步。

二、学习工作发挥了积极作用

随着中国革命和建设事业的发展，人民政协的学习工作不断深入，各界人士的认识也不断提高。通过学习，各界人士逐步适应了从旧社会到新社会、从新民主主义到社会主义的“两个”转变，并且在国际、国内的严重斗争中经受住考验，维护了共产党领导的爱国统一战线的团结，调动了他们为社会主义改造和建设贡献力量的积极性。

（一）新中国成立初期，人民政协组织各界人士一方面学习《共同纲领》和时事政策，一方面组织他们参加土地改革、抗美援朝、镇压反革命等革命实践，提高政治觉悟，而以《共同纲领》为统一思想的政治基础。

毛泽东在1950年政协一届全国委员会二次会议闭幕词中，明确要求各界人士“过三关”，并建议以批评和自我批评的方法进行自我教育和自我改造。毛泽东指出：“战争一关，已经基本上过去了，这一关我们大家都过得很好，全国人民是满意的。现在是要过土改一关，我希望我们大家都和过战争关一样也过得很好。……只要战争关、土改关都过去了，剩下的一关就将容易过去的，那就是社会主义的一关，在全国范围内实行社会主义改造的那一关。”① 他还说：“要达到革命统一战线的目的，必须采取批评和自我批评的方法。采取这种方法时所用的标准，主要是我们现时的根本大法即共同纲领。”② 毛泽东“过三关”的形象化比喻，成为各界人士自我教育、自我改造的行动标准，也是一种鼓励。

为了提高各界人士学习马列主义理论和思想改造的积极性，学习座谈会请中共中央书记处书记刘少奇于1951年5月13日作了报告。他在报告中对于民主人士所提的非无产阶级是否可以学习马列主义并掌握它的问题，从理论上和实践上作了阐述和解答。他说，马克思主义是无产阶级的学说，只有站在无产阶级立场上，而且是为了无产阶级的解放和斗争，才能够学好它、运用它；非无产阶级出身的人可以学习马克思主义，但是当着人民利益和本阶级利益发生矛盾时，必须离开你原来的那个阶级，也就是要改变立场，才能学会马克思主义，认识真理。刘少奇的讲话，鼓舞了各界人士学习马列主义、改造非无产阶级立场的信心，也指明了思想改造的方向。

在组织各界人士学习的同时，各界人士踊跃参加了抗美援朝、土地改革和镇压反革命“三大运动”，并在斗争中得到了锻炼。不少人报名参加土改工作团，深入农村，投身到这场伟大斗争中。他们亲身体验到，旧中国的封建土地制度极不合理，贫雇农和大多数中农终年辛勤劳动，却不得温饱，这个制度如不彻底改变，农村的生产力就不能得到解放，新中国的工业化就没有实现的可能，人民也不能得到革命胜利的基本果实。抗美援朝运动开始后，各民主党派发表联合宣言，坚决支持抗美援朝的正义行动，许多人积极投身

---

① 毛泽东：《做一个完全的革命派》，《毛泽东选集》第5卷，人民出版社1977年4月第1版，第27页。

② 同上书，第28页。

到这一伟大斗争中，并通过学习，清除了崇美、亲美、恐美的旧思想，不少人还亲赴朝鲜前线参加工作或慰问中国人民志愿军，极大地提高了爱国主义觉悟。

从 1949 年到 1953 年这段时期政协的学习工作，帮助绝大多数各界人士基本上划清了敌我界限，加强了爱国主义的认识，对《共同纲领》和人民政府的政策法令有了更多的了解，并通过批评与自我批评，批判了不利于人民的思想和行为，进一步接受了承认工人阶级为领导的思想，实现了从旧社会到新社会的转变。

（二）1954 年开始，中国进入社会主义改造和社会主义建设时期，政协的学习工作在推动资产阶级人们自觉接受社会主义改造以及提高各界人士社会主义建设积极性方面发挥了重要作用。

在这一时期，对资产阶级工商业者进行的自我教育和自我改造，是采取民主的方法，说服教育的方法，坚持又团结、又斗争的政策，结合企业的改造进行人的改造，使他们放弃剥削，逐步地从剥削者改造成为自食其力的劳动者。1955 年 10 月毛泽东邀请民主建国会、全国工商联的领导人谈话，向他们阐述了中国共产党的和平改造和赎买政策，殷切希望资产阶级人们要认识社会发展规律，主动掌握自己的命运，进一步接受社会主义改造。周恩来多次勉励他们说，阶级消灭，个人改造，最后都变成工人，得到愉快的前途。

1956 年年初，政协全国委员会副主席陈叔通在二届二次会议上作了《关于资本主义工商业的社会主义改造》的报告，提出：在对资本主义工商业的社会主义改造基本完成后，人的改造必须相应地跟上去；做好学习的组织和领导工作，是完成这个任务的关键。此后，政协第二届全国委员会常务委员会第二十次会议通过了《关于组织各界民主人士和工商业者进行政治学习和理论学习的决定》，要求各级政协分别不同对象，根据当地情况，采取各种办法，组织各界民主人士和工商业者在自愿的基础上进行政治学习和理论学习，并对不同对象的学习方式分别作了不同的安排，提出不同的要求。当时组织工商业者学习的规模很大，影响极广。通过学习及其他途径的教育，民族资产阶级人们逐步提高了接受改造的觉悟，大多数成员在思想上初步认识了什么是资本主义和什么是社会主义，以及工商业者为什么要接受社会主义改造等道理，从而涌现出日益增多的拥护共产党领导和接受社会主义改造的积极分子。有的代表人物说：对中国共产党的领导经过畏服、信服、悦服三个阶段。这些积极分子在带动民族资产阶级人们接受社会主义改造的长期工作中，发挥了积极作用，对社会主义改造事业的胜利做出了可贵的贡献。

1956 年中共中央召开关于知识分子问题的会议，周恩来在会上作了《关于知识分子问题的报告》。他明确指出：中国知识界的面貌过去六年已经发生了根本变化，“他们中间的绝大部分已经成为国家工作人员，已经为社会主义服务，已经是工人阶级一部分。”

1959 年，毛泽东肯定了知识分子、民主党派、工商界都大有进步。

1960 年，政协全国委员会常务委员会向各界人士提出学习毛主席著作、逐步改造世界观的号召，推动各界人士在改造客观世界的同时，改造自己的主观世界。民主党派成员、无党派民主人士、工商界和知识界人士通过学习，提高了对社会发展规律的认识和自我改造的自觉性，在三年困难时期经受住了考验，坚定不移地为社会主义建设贡献了自己的力量。

（三）以 1978 年中共十一届三中全会为标志，中国进入新的历史时期，随着社会阶级状况发生根本变化，全国工作重点转移到以经济建设为中心，政协的学习工作也随之有了新的要求。按照政协章程规定，除继续学习“马列主义、毛泽东思想和时事政策”外，还增加了“学习和交流业务和科学技术知识”，以增强为祖国服务的才能。学习的根本目的是，不断提高思想水平和业务能力，为祖国的社会主义现代化建设事业和祖国统一大业贡献力量。

新时期人民政协的学习工作，主要是在中国共产党十一届三中全会提出的解放思想，实事求是，一切从实际出发，理论和实际相结合的马克思主义思想路线指导下进行的。政协委员、民主党派成员、无党派民主人士、原工商业者、知识分子、少数民族和宗教界上层人士等，在拨乱反正中学习情绪高涨，对许多理论问题、政策问题、历史问题都希望通过学习提高思想，统一认识。大家积极热情地参加学习讨论，除经常学习中共中央、国务院有关文件外，先后对真理标准问题，坚持四项基本原则问题，新时期国内阶级状况的根本变化问题，国民经济实行“调整、改革、整顿、提高”的方针，“一国两制”的构想，新时期统一战线的变化发展，新时期人民政协的性质、地位、作用以及国际上的重大问题，进行了认真的学习讨论。政协学习委员会为了帮助大家做到理论同实际相结合，多次组织参观访问，把学习与调查研究、参观访问结合起来，与参政议政、知情出力、反映情况、献计献策结合起来，与落实政策、解决实际问题结合起来。这些作法，受到参加学习的成员普遍欢迎，也收到了显著的学习效果。

三、学习工作的基本经验

30 多年来，人民政协的学习工作积累了丰富的经验，也有不少的教训。主要的经验教训有以下几点：

一是必须充分认识学习工作的重要性。历届政协全国委员会主席都很重视政协的学习工作并作过重要指示，使学习工作得以在正确思想指导下，沿着正确方向开展。在新的历史时期，建设具有中国特色的社会主义，进行经济体制、政治体制及其他领域的改革，这是中国的又一次革命，其意义不下于生产资料所有制的改变。对外开放、“一国两制”等等政策的提出和实施，出现了一系列新情况、新问题，新生事物层出不穷。坚持四项基本原则与反对资产阶级自由化的斗争将不断深入发展。在世界范围内还存在着众多的矛盾和复杂的斗争，同时新技术革命正向中国人民提出严峻的挑战。在客观世界迅速发展和变化的形势下，学习工作仍然是政协的一项重要任务。政协各级组织必须积极帮助各方面人士以马克思主义的立场、观点和方法武装自己的头脑，在改造客观世界的同时改造自己的主观世界。改造主观世界的目的也是为了更好地认识和改造客观世界。客观世界的发展是无穷的，主观世界的改造也是无止境的，正确的态度应当是如周恩来所说的“活到老、学到老、改造到老”。

新时期学习工作的必要性和重要性，加重了人民政协在这方面的责任。各级人民政协都在加强对学习工作的领导，逐步使学习成为一种重要的政治生活，成为更好地进行政治协商、民主监督的一个重要条件，为实现建设具有中国特色的社会主义做出新的贡献。

二是组织和推动政协委员和各界人士学习，必须坚持自愿原则。自愿原则是学习工作的基本原则。学习要靠本人自觉，不能强加于人，否则就不能取得实效。是否参加学习或参加哪种方式的学习，要由本人自定。但是，这个原则在历史上曾几次受到“左”的干扰。如1957年反右派斗争严重扩大化以后，学习工作违背了学习自愿原则，把是否参加学习活动视为衡量一个人的政治态度的尺度；在学习讨论中，混淆认识问题同政治问题的界限、思想问题同立场问题的界限，甚至抓住片言只语，无限上纲，打棍子、戴帽子、抓辫子，进行批判斗争，使得政治理论、时事政策的学习工作不能正常进行，严重挫伤了学习成员为社会主义服务的积极性。

坚持自愿原则并不意味着放松对学习工作的组织和领导，而是要根据参加学习成员的特点，更有成效地抓好学习工作。这是对学习工作提出的更高的要求，要精心组织，学有所得，不走过场，使大家通过学习真正得到提高，自觉进行自我教育和自我改造，增强共识，巩固、发展爱国统一战线。

三是根据爱国统一战线的特点，人民政协的学习应当以社会主义教育和爱国主义教育为中心，以坚持四项基本原则的教育为重点。政协章程规定，学习的具体内容是马克思列宁主义、毛泽东思想，时事政治以及业务和科学技术知识，侧重点应放在时事政治和理论学习上。在相当长的时期内，应着重学习中国共产党的基本路线和重要方针、政策，学习有关改革开放的理论和政策，学习统一战线的理论和政策。多数地区采取学习时事政治与学习马克思列宁主义、毛泽东思想基本原理相结合的办法，这是一种理论联系实际的好方法。有些地区还采用短期脱产集中学习理论的办法，也收到良好的效果。至于学习业务和科学技术知识，可与参加学习成员的本职工作或政协各有关工作组（委）活动相结合，也可以组织专题报告、讲座等活动。

四是要发扬理论联系实际的学风，研究新情况，解决新问题。学习中要贯彻“百花齐放、百家争鸣”的方针，在坚持四项基本原则的前提下，提倡解放思想，畅所欲言，各抒已见，和风细雨，自由讨论。对于不同意见可以求同存异，不要强求一致，以实践作为检验真理的唯一标准。要坚持“三自”

原则，实行“三不”政策，使学习成为一种心情舒畅、生动活泼的政治生活。根据政协学习成员的特点，学习方法要灵活多样，不拘一格，讲求实效。除了固定小组定期学习讨论这种形式外，参观考察、组织座谈、听报告、交流学习心得体会以及个人在家自学等，都是行之有效的学习方法。

人民政协的学习工作是人民政协的很有特色的一项重要工作，40 多年来取得了很大成绩，积累了正反两方面的经验。经过这种长期的自愿学习，各界人士在自我教育、自我改造中不断取得进步，思想政治觉悟不断提高，从而为中国的社会主义革命、社会主义建设做出了积极贡献，为巩固安定团结的政治局面，贯彻实施中共中央和国家的路线、方针、政策发挥了积极作用。

第二节 统一战线系统的最高学府——中央社会主义学院

一、中央社会主义学院的建立和发展

1956 年，中国基本上实现了生产资料所有制的社会主义改造的任务。为了适应形势发展的需要，进一步组织和推动高级民主人士和高级知识分子学习马列主义、毛泽东思想；进行自我教育自我改造，政协全国委员会在北京创办了社会主义学院。随后，全国各地也陆续兴办了社会主义学院或政治学校和工商业者短期讲习班。

社会主义学院创办前，各民主党派的一些负责人向中共中央统一战线工作部部长李维汉提出：党有党校，团有团校，党外人士却没有学习马列主义的学校，建议举办一所党外人士的学校，名为“毛泽东思想学校”。李维汉向毛泽东主席报告后，毛泽东对办学表示赞同，并定名为“社会主义学院”。

1956 年 3 月 27 日，政协第二届全国委员会常委会第二十次会议通过《中国人民政治协商会议全国委员会关于组织各界民主人士和工商业者进行政治学习和理论学习的决定》，其中关于社会主义学院的规定如下：“社会主义学院，由本会委托中国人民大学在北京举办，吸收和中共高级党校学员的职务或者级别大体相当的民主人士（包括在中央的和地方的）分期分批入学。每期定为一年。学习内容，第一期暂定辩证唯物主义和历史唯物主义、政治经济学和中国革命史三门课程。此外，还要组织一些重要的时事、政策的学

习。”

由于社会主义学院学员的职务、级别和校舍、设备标准与中共中央高级党校相当，因此人们习惯称呼社会主义学院为“党外的高级党校”或“民主党派的高级党校”。

1956 年 7 月 7 日，政协二届全国委员会常委会通过《关于社会主义学院学员条件的暂行规定》，学员的职务范围主要是全国政协委员，省、市、自治区政协常委，各民主党派中央委员、候补中央委员、中央直属各部委正副负责人，各民主党派省、市、自治区正副负责人，全国性人民团体的委员、正副秘书长，全国人民代表大会代表，国务院所属各机关相当正副司、局长以上职位的人员，省、市、自治区人民委员会委员和正副厅、局长以上人员，高等院校正副校院长，以及其他条件相当的民主人士。①

在这次常委会上，还通过了《关于社会主义学院学习方法的规定》，指出：“根据社会主义学院的性质，为了使学员学习的效果更好，在学习方法上应该采取自由、自愿、自觉的原则。”“为了追求真理，提倡人尽其言，言尽其意，在学术上允许各种见解的存在和争辩。反对教条主义和形式主义的学习方法，对学员的学习不作任何硬性的规定和要求，‘反对把人们的思想束缚在一条绳子上面’。务必使每一个学员在这里学习的时候情绪是轻松愉快的，所求得的马列主义真理的知识和觉悟的提高都是经过自觉自愿的努力钻研，然后自然而然地获得的。”为保证上述原则的实现，在教学行政上确定了若干措施，如入学时不考试，不审查历史，不检查思想，结业时不考试、测验，写学习心得与否，写的字数多少，皆依个人自愿。实践证明，以上所规定的教学方针、学习方法，对爱国民主人士的学习是完全必要的、正确的，收到了良好的学习效果。

1956 年 9 月 30 日，政协全国委员会常委会通过任命中国人民大学校长吴玉章为社会主义学院院长，邵力子、杨明轩、聂真、千家驹为副院长，刘孟

① 1960 年 9 月 26 日，政协三届常委会通过新的社会主义学院学员条件的规定，为适应各界民主人士的学习要求，放宽了学员条件，如省、市、自治区政协委员也可到中央社会主义学院学习。

纯为秘书长。

1956 年 10 月 15 日，社会主义学院第一期正式开学。1961 年 7 月，北京的社会主义学院冠以“中央”二字，以便与地方所办的社会主义学院有所区别。中央社会主义学院从 1956 年到 1965 年，共办了 6 期，参加学习的有 1800 余人。

中央社会主义学院创办后，各省、市、自治区（除西藏外）也都陆续举办了社会主义学院或政治学校和工商业者短期讲习班。据不完全统计，到“文化大革命”前，全国各地共约 300 所，参加学习的达 5 万人以上，学员主要是各级地方政协委员、民主党派人士、各族各界爱国人士和工商业者。

举办社会主义学院是中国教育史上的创举。“文化大革命”前，它对帮助民主党派成员、各族各界民主人士系统学习马列主义、毛泽东思想基本原理，学习中国共产党和国家的路线、方针、政策，提高爱国主义、社会主义觉悟，推动思想改造，调动为社会主义服务的积极性，巩固和发展革命统一战线，都起了重要作用。

社会主义学院在组织民主人士的政治学习和理论学习方面逐步积累了一些有益的经验，如坚持学习马列主义、毛泽东思想的基本原理，从理论上提高认识，在世界观上解决问题，并和学习中国共产党的路线、方针、政策相结合，贯彻理论联系实际的原则；坚持自觉、自愿的教学方针，实行“四不”（不查历史、不查思想、不考试、不做鉴定）的具体措施；坚持自我教育、自我改造的优良传统，在学习中提倡自己提出问题，自己分析问题，自己解决问题，对学习中提出的不同意见不打棍子、不戴帽子、不抓辫子，造成心情舒畅、自由争辩的学习空气，等等。

1957 年整风，发生反右扩大化以后，社会主义学院的教学工作也受到“左”的错误影响，如一度采用大鸣、大放、大字报、大辩论的方法和所谓“交心运动”的方法进行学习，实际上是强迫检查思想。这些错误的学习方法都与当时社会上开展的政治运动有关，使社会主义学院的教学工作偏离了正确的原则。

“文化大革命”的 10 年，中央和地方的社会主义学院、政治学校都被迫停办。这在社会主义学院的历史上是一次重大的挫折。

二、中央社会主义学院的恢复和进入新的发展阶段

1978年人民政协恢复活动以后，各民主党派、无党派民主人士和许多政协委员，强烈要求恢复中央社会主义学院。1982年2月，中共中央书记处根据新时期统一战线新形势的要求，决定恢复中央社会主义学院。随后，经全国政协、中共中央统战部决定，成立中央社会主义学院筹备组。

1983年9月，政协全国委员会常委会会议通过，任命孙晓村为中央社会主义学院院长。

1983年11月7日，中央社会主义学院恢复后的第一期干部培训班举行隆重的开学典礼，邓颖超、乌兰夫、宋任穷、许德珩、胡厥文、朱学范、周谷城、严济慈、肖克、胡子昂、钱昌照、董其武、包尔汉、缪云台、费孝通、屈武等领导人出席。孙晓村院长主持典礼，中共中央政治局委员宋任穷代表中共中央作重要讲话，他说："中央社会主义学院在停止办学十八年之后，今天重新开学了。它标志着中央社会主义学院进入了一个新的发展阶段，也是在中国共产党的十二大路线指引下开创统一战线工作新局面所取得的一个新成果。"他追述了中央社会主义学院的历史，指出："这是一所具有中国特色的高等学院，是我国民主党派的高级党校，在国内外享有良好的声誉。""现在，党中央根据新时期的形势和任务的要求，决定恢复中央社会主义学院，并批准逐步恢复各省、市、自治区的社会主义学院或政治学校。这是我国爱国统一战线进入新的历史发展阶段后的一件喜事，值得我们共同庆贺。"宋任穷又指出："中央社会主义学院重新开学以后，应该适应我国爱国统一战线进入新的历史发展阶段的要求，成为政协委员和民主党派、工商联以及无党派民主人士系统学习马列主义、毛泽东思想，学习新时期党的路线、方针和基本政策的一个重要阵地，同时，社会主义学院也要成为培养、提高统战干部，特别是民主党派的年轻干部的学校，以适应'长期共存，互相监督'，'肝胆相照，荣辱与共'方针的需要。"这就指明了中央社会主义学院恢复后要承担新的更繁重的任务。

中央社会主义学院恢复后边办学边建校，到1987年年底，举办了各种类型的班次近20期，参加学习的共有800余人。

1983年后，有21个省、自治区、直辖市也陆续恢复了社会主义学院、政治学校。

中央社会主义学院恢复后，取得了较好的教学效果，学员反映有以下主要收获：

一为通过学习马列主义、毛泽东思想基本原理，学习中国共产党和国家的路线、方针、政策，提高了运用马克思主义的立场、观点、方法认识问题、分析问题、解决问题的能力，特别是提高了对建设有中国特色的社会主义、坚持四项基本原则和改革、开放的认识，进一步从理论上加深了对中共十一届三中全会以来的路线、方针、政策的理解，增强了贯彻执行的自觉性。

二为通过学习统一战线理论和政策，进一步认识了马克思主义关于统一战线的基本思想，中国共产党关于统一战线的基本理论、基本政策和历史经验；明确了新时期统一战线的性质、目标、任务、方针和政策；明确了共产党领导的多党合作和政治协商制度的必要性、重要性，增强了做好统战工作的责任感和信心。

三为通过学习，进一步明确了新时期人民政协、民主党派的性质、任务、地位和作用，改变了有些学员入学时认为政协、民主党派工作无关紧要、可有可无的模糊认识，懂得了为实现统一祖国、振兴中华的总目标，需要人民政协、民主党派长期存在，从而明确了加强民主党派自身建设和在新时期统一战线中的光荣职责，提高了为“三大任务”服务的积极性、自觉性。

中央社会主义学院经过几年的恢复，在建设新校舍和办学方面取得了显著成绩，积累了一定经验，但是还存在一些困难和问题。随着中国各项事业的发展，特别是爱国统一战线的进一步巩固、扩大，社会主义学院在中国共产党的正确领导下，将会不断克服前进道路上的困难，进一步开创新局面，完成历史赋予的新任务。

第三节　爱国统一战线的喉舌——《人民政协报》

《人民政协报》是由政协全国委员会主办的爱国统一战线报纸，是以宣传并贯彻执行中国共产党的统一战线政策，宣传和介绍人民政协、民主党派、无党派爱国人士及有关人民团体的工作和海外侨胞、台湾同胞、港澳同胞以及民族、宗教等各方面活动情况为主要内容的唯一的全国性的爱国统一战线报纸。

创办《人民政协报》是中国新时期政治形势发展的需要。十年动乱后的1978年2月，政协全国委员会恢复活动，并召开了五届一次会议。同年12月，中国共产党召开了十一届三中全会，制定出正确的政治路线、思想路线和组织路线，把中国共产党和国家的工作重点转移到社会主义现代化建设上来，实现了伟大的历史转变，同时也为政协工作的开展创造了极为有利的条件。在邓小平的主持下，人民政协积极贯彻了中国共产党十一届三中全会的路线、方针、政策，工作有了很大发展，全国各级政协组织和委员人数大幅度增加，爱国统一战线的范围也越来越广泛。因此，深入进行统一战线的宣传教育，提高广大群众和干部特别是各级领导干部对新时期政协工作重要性的认识，就成为一项迫切的任务。1980年和1981年，在政协五届全国委员会三次会议和四次会议上，委员们先后提出了由政协全国委员会创办一份报纸的建议。1982年3月20日，政协全国委员会学习委员会办公室起草了《关于创办〈政协导报〉的意见》，对报纸的名称、性质、内容、组织机构和出版发行等提出了初步意见。在大量调查研究的基础上，1982年政协五届全国委员会五次会议作了创办《人民政协报》的决议。

经过一段筹备工作，《人民政协报》于1982年10月试刊，1983年4月6日正式创刊，每周出版一期，对开四版，当时发行3.5万份。邓小平为报纸题写了报名，陆定一、许德珩、胡厥文、史良、王昆仑、胡愈之、胡子昂等领导人写了贺词。

《人民政协报》创刊后，在加强统战理论学习、落实统战政策方面，在体现“政治协商、民主监督”的职能、宣传民主党派与地方政协工作经验方面，以及在报道先进典型、提高言论质量及深化报刊改革等方面，一直做着有益的探索。

《人民政协报》创刊之初，许多“左”的思想残余尚未肃清；中国共产党的统战政策还有待于进一步落实。因此，加强统战理论学习，以提高人民对新时期统一战线的认识，宣传落实统战政策的重要意义，使统一战线更加巩固，就成为《人民政协报》创刊初期所面临的重要任务。1983 年，报上连续发表了《新时期统一战线的根本性质与人民政协的重要作用》等理论性文章。为了配合学习，还就“如何全面开展人民政协工作新局面”的问题邀请部分省、市政协副主席座谈，并将发言摘要发表。在介绍理论学习的同时，《人民政协报》还注意在理论与实践的结合上报道一些政协组织的先进经验，并开辟《工作经验交流》专栏，以推动工作。为把理论学习进一步引向深入，1984 年《人民政协报》发表了《普遍深入地进行统一战线宣传教育的重要性》一文，并配发编者按，指出：“要进一步做好统战工作，必须使党内外的同志充分认识统战工作在新时期的重要性。要采取多种形式，进行统一战线理论、政策的宣传教育。”该报还创立了《统一战线基本知识讲话》专栏，着重宣传和阐述中国共产党统一战线的理论，受到广大读者的欢迎。

统一战线理论的学习，为落实中国共产党的统一战线政策提供了必要条件。十一届三中全会后，全国开始拨乱反正，各地在为政协委员落实政策和落实其他统战政策方面做了很多工作。但由于“左”的思想和其他种种原因，政协委员在“知情”、“出力”和落实政策等方面，还存在着不少问题。1983 年 7 月 13 日《人民政协报》发表了《辽宁省全面检查统战政策落实情况》的消息，对各地落实统战政策工作起了推动作用。以后又陆续发表了《邓颖超谈政协工作和落实政策问题》等文章，并配发《落实政策工作要一抓到底》的社论。为了推动这项工作的进展，该报又开辟了《抓紧落实政策，主动解决问题》的专栏，刊登了许多落实统战政策方面的文章，有力地促进了落实统战政策工作的胜利完成。

充分体现“政治协商、民主监督”的职能，以经济建设为中心，坚持四项基本原则，坚持改革开放的方针，动员政协委员和各界人士为四化建设献计出力，是《人民政协报》的显著特色。《人民政协报》发表了《全国政协经济建设组和工商联部分成员在调查研究的基础上提出发展北京市城镇集体经济的六项建议》、《杭州市政协委员和专家组成调查组，提出防治运河污染的措施》、《全国政协文化组、文化部、文联召开座谈会，探索文艺演出团体的改革道路》等多篇文章，为政协委员投身四化建设、献计出力提供舆论阵地。

《人民政协报》还抓住人民群众生活当中的重大问题，积极反映政协委员的建议。1985 年 2 月，《人民政协报》在头版开辟了《搞好城市经济改革，加快发展第三产业》的专栏，就城市居民做衣难、吃饭难、乘车难、流动人口住宿难等问题，连续报道了全国政协经济建设组和北京市政协经济建设组对北京市第三产业的专题调查综述。这些报道从人民生活的实际问题入手，找出生产结构上种种不合理原因，提出改进的办法和措施，对解决北京居民的生活问题，发展第三产业的经济建设起了促进作用。

委员们不仅对国家大事提出建议，也对阻碍社会发展的问题提出批评。这是新闻报道中的重要课题，《人民政协报》以积极稳妥的态度对此进行了探索。1985 年 5 月 17 日，《人民政协报》发表了《抢救卢沟桥和先农坛刻不容缓》的头条消息，反映了政协委员对不爱护文物现象的批评意见和抢救祖国珍贵遗产刻不容缓的强烈呼吁。随后，该报又陆续发表了《怎样对待祖国的文物遗产》的评论员文章和政协全国委员会委员单士元《关于保护文物的公开建议》的文章。这些报道促进了有关部门对保护卢沟桥的重视。此后，《人民政协报》又围绕社会生活中的一系列重大问题，从民主监督的角度，积极反映了政协委员的建议和批评，如《特大森林火灾教训沉重，必须迎头痛击官僚主义》《绝不能让祖国宝贵文物毁于一旦》《生猪生产下降究竟原因何在?》《人口素质关系到祖国和民族的兴衰》等项报道。这些报道不仅在社会上产生了反响，而且有些问题经有关部门查处得到了解决。

《人民政协报》在抓社会重大问题的同时，始终把报道地方政协的工作经验做为主要的任务之一，从报纸创刊以来，已刊登了 28 个省级政协专页，还着重报道了一些县、市政协的工作经验，开辟了《实践与探讨》专栏，增设了“基层工作”“理论研究”“调查研究”“咨询台”等栏目。

对各民主党派、工商联及有关人民团体的宣传报道，是《人民政协报》的经常性任务。早在创刊之初，《人民政协报》就陆续刊登了对各民主党派的介绍性文章，以后又开辟了《民主党派工作简讯》专栏，对民主党派的日常活动情况进行了广泛的报道。1986 年 7 月，在纪念“长期共存、互相监督”方针提出三十周年之际，《人民政协报》在头版头条位置发表了题为《多党派亲密合作，发展爱国统一战线》的文章，并配发了《让民主空气更浓厚》的评论，以后又陆续发表了《增强党外民主人士主人翁责任感，发挥民主党派在高校建设中的作用》等多篇文章。在此基础上，《人民政协报》又开辟了《民主党派与人民团体》专栏，稿件由民主党派提供，每期集中报道一个民主党派的工作情况，受到各民主党派的普遍欢迎。

大力宣传报道统一战线各方面在四化建设中涌现出的大批先进典型，无疑会推动政协工作向前发展。1985 年 9 月，《人民政协报》发表了该报记者采写的《热血洒在辽河湾的香港人》的长篇通讯，报道了知识分子的优秀代表、辽宁省台安县政协副主席潘恩良的先进事迹，并配发了《学习潘恩良》的评论员文章。此项报道和文章发表后，在社会上特别是知识界中引起了强烈反响，许多读者称赞潘恩良是当代知识分子的表率，纷纷表示要向潘恩良学习。1985 年 10 月 1 日，《人民政协报》围绕着向潘恩良学习什么和怎样向潘恩良学习的问题开辟专栏，组织学习和讨论。10 月 18 日，《人民政协报》又以如何学习潘恩良为题邀请部分政协全国委员会常委进行座谈。11 月，中共辽宁省委转发省政协中共党组、省委统战部的报告，号召全省知识分子和共产党员学习潘恩良。卫生部、国务院侨务办公室也做出决定并相继向全国所属单位发出向潘恩良学习的通知。12 月，在全国各地学习潘恩良的热潮中，《人民政协报》发表了《做爱祖国、爱人民、有理想、有道德的人》的社论，把学习推向深入。1986 年 1 月 4 日，政协全国委员会、中共中央统战部发出了《关于学习和宣传先进典型的通知》，号召“各级政协委员、各民主党派和工商联成员、各界爱国人士以及各级政协机关和统战部门的工作人员都要学习和宣传先进典型，争做潘恩良式的爱祖国、爱人民、有理想、有道德、为社会主义四化建设奋进不息的人”。通过广泛深入的宣传报道，潘恩良的事迹走向全国、走向海外，一个学典型、当先进的热潮蓬蓬勃勃地在统一战线各方面人士中以至全国开展起来。在宣传潘恩良的过程中，《人民政协报》不断总结经验，得出了“以典型引路，不失为一个好方法”的结论。在此基础上，该报又陆续发表了四十多位先进典型的报道。

除此之外，《人民政协报》还立足统战，配合形势开展了一系列有意义的专题纪念活动。在中国抗日战争胜利40周年之际，为了振奋民族精神，促进中华民族的大团结、大统一，《人民政协报》向社会各界广泛开展了《抗战一事》征文活动，并于1985年7月2日推出《抗战一事》专栏，徐向前、聂荣臻及其他几十位参加过抗日战争的领导人题了词。在不到半年的时间里，编辑部共收到文稿3000余篇，选登了150多篇，并将其中一些有教育意义和有珍贵史料价值的好文章编辑成《华夏壮歌》一书向全国发行。《抗战一事》的征文活动，历史地再现了中国共产党领导的统一战线在抗日战争中的威力，对广大人民进行了一次生动的爱国主义教育。此后，在纪念孙中山诞辰120周年、纪念“七七”事变50周年、纪念“西安事变”50周年、纪念“中国工农红军长征胜利50周年”等重大政治活动中，《人民政协报》均以较多的篇幅进行了宣传，效果显著。

为了加强统战理论的学习和介绍典型人物的事迹，《人民政协报》还编印了介绍政协工作经验和有关民主党派知识的小册子，受到各级政协组织、政协委员和各界人士的欢迎。

《人民政协报》自1985年改为周二刊以来，版面和栏目不断改进，影响日益扩大，不仅面向全国，而且走向海外，走向世界。截至1988年年底，发行量已达19.6万余份，比创刊时增长了6倍。

随着爱国统一战线工作发展的需要，部分地方政协也相继创办了各自的报纸。如《山西政协报》、上海《联合时报》、浙江《联谊报》、《黑龙江政协报》、吉林《协商新报》、《湖南政协报》、《四川政协报》、《陕西政协报》、甘肃《民主协商报》、《哈尔滨政协报》、南京《爱国报》、《成都政协报》、《重庆政协报》、本溪《相知报》等。

第十五章
文史资料工作

第一节 文史资料工作的开创

人民政协的文史资料工作，是根据周恩来在担任政协全国委员会主席期间向各方面老年人发出的“把知识和经验留给后代”的号召而开创的一项工作。1959年4月29日，周恩来在招待60岁以上政协全国委员会委员的茶话会上说：“戊戌以来是中国社会变动极大的时期，有关这个时期的历史资料要从各方面记载下来。”“新的东西总是从旧的基础上发展起来的。……从最落后到最先进的都要记载下来。”“要勇于暴露旧的东西，……使后人知道老根子，这样就不会割断历史。”他希望“过了60岁的委员都能把自己的知识和经验留下来，作为对社会的贡献”，并指示政协全国委员会成立工作组时，其中要“有收集历史资料的组”。①

1959年7月21日，政协全国委员会根据周恩来的指示，成立了文史资料研究委员会（1988年4月改称“文史资料委员会”），随后各省、自治区、直辖市政协也相继成立了文史资料工作机构，先后开展工作。

政协全国委员会文史资料研究委员会成立后，在各地方政协的协同和有关单位的协助下，向曾经在晚清、北洋、国民党统治时期具有各方面亲身经历的人士征集了大量的回忆录性质的文稿，并且选编了一部分稿件，出版了《文史资料选辑》和其他文史资料刊物，工作不断获得进展。1962年下半年，文史资料研究委员会将开展工作3年来的一些认识、体会和经验集中起来，

---

① 周恩来：《把知识和经验留给后代》，《周恩来选集》下集，人民出版社1984年第1版，第296—298页。

写成了《关于文史资料工作若干问题的意见》，并于同年12月20日召开了第一次全国文史资料工作会议，就这项工作的方针任务、意义和作用、工作成绩的估计、工作前途以及一些具体工作问题进行了研讨。会议认为，“三年多来，政协系统的文史资料工作在中国科学院近代史研究所、文史馆和参事室等有关机关的协同下，所取得的成绩是巨大的。首先，我们团结了全国各地数以万计的老年人士，调动了他们的积极因素，为我国近代历史提供了大量的史料，并且通过研究整理、编辑出版等方面的工作，为一部分有价值的资料流传后代创造了有利条件。其次，经过各级政协组织的共同努力，在三年多的实践过程中积累了一些工作经验，摸索出了一条前进的道路，具体体现了周恩来主席的号召，开创了一项历史上从所未有的新型的史料工作。”①

第二节　文史资料工作的任务

文史资料工作的任务，按照政协章程的规定，是征集、研究和出版中国近代史、现代史资料。作为历史资料工作，它具有历史工作部门的某种职能，但有其特点，即：它所征集、研究和出版的资料，主要是历史事件当事人和见证人根据亲身经历和见闻所写的回忆录性质的资料。不仅如此，作为人民政协工作的组成部分，它还负有巩固和扩大统一战线的任务。

一、文史资料的征集

征集工作是全部文史资料工作的基础，因此文史资料研究委员会一开始就把征集放到全部工作的首位，在成立之初就拟定了关于历史事件、政治派系和反动组织、各民主党派、军事学校和军阀派系、历史人物、外交等方面的206个征集参考题目，采取“广征博采”的办法，着手进行征集工作。

关于文史资料的征集范围、重点、类型及征集原则，历届文史资料研究

① 《全国文史资料工作会议总结》，《文史资料选辑》第36辑，中华书局1963年6月第1版，第242页。

委员会都根据具体情况有所规定，并不断加以完善。

文史资料的征集范围，"文化大革命"前的规定是以从清末到新中国成立前这一时期为主，凡属有关这五六十年间的政治、军事、外交、财政、经济、文化、教育、卫生、民族、宗教、华侨、社会生活等方面的史实和人物，以及其他足以反映这一时期中国社会面貌及其变化的各种史料，只要是以亲身经历为依据，内容真实具体，都广泛征集。但对这五六十年间的不同历史时期，内容有所侧重，关于旧民主主义革命时期，革命斗争方面和反动统治方面的史料都需要征集。至于新民主主义革命时期，则着重征集反动统治阶级方面的史料，关于中国共产党所领导的人民革命斗争的史料，因为已另有各个专设机关从事搜集、整理和研究，政协文史资料研究委员会不作为征集重点。

"文化大革命"以前征集到的一亿多字资料，各个方面还不平衡，以属于国民党政权统治时期军事、政治方面的居多，其他方面较少。"文化大革命"期间，文史资料工作因受到冲击而陷于停顿，致使许多珍贵资料由于无法征集而淹没失传，成为无可弥补的损失。

1978 年，停顿了 12 年的文史资料工作重新恢复。由于政协第五届全国委员会委员中增加了一批中共老同志，他们撰写革命回忆录的热情很高，而当时还没有专门搜集这方面资料的机构，所以在这一届文史资料工作中增加了革命史资料的内容。中共中央党史征集委员会成立后，纯属中共党史的资料由他们征集，但中国共产党领导下的群众运动和统一战线方面的资料仍由政协文史资料部门征集。随着统战工作的发展和"左"的影响的逐渐清除，特别是党的十一届三中全会以后，征集面进一步扩大。政协第六届全国委员会文史资料研究委员会于 1983 年和 1986 年连续举行两次全国文史资料工作会议，根据新时期统战工作的特点，拓宽了征集资料的范围，进一步明确：对于历史人物，不论他们的阶级地位、党派关系、政治态度、世界观和学术观点如何，只要他们在近代历史上有一定影响，都积极征集或出版他们的资料。

文史资料工作于 1978 年恢复以后，在征集时限上也有所变化。为了及时将中华人民共和国成立以后的历史资料征集到手，政协第五届全国委员会文史资料研究委员会决定：征集时限可顺延到"文化大革命"结束。经过一段实践后，由于“文化大革命”的史料征集工作比较复杂，1983 年召开的第四次全国文史资料工作会议决定将下限改为“文化大革命”以前。

文史资料按照内容区分，大致有四种类型：（一）记述本人亲身经历的回忆录；（二）向有亲身经历的人士调查访问的记录；（三）个人或集体通过向亲身经历者调查访问整理的对某一人物或某一事件比较完整的资料；（四）根据本人亲身经历对各种文献资料或别人写的资料所作的考证、订正或补充。此外还有少量的函电、日记和图书等资料。

文史资料工作重新恢复以后，根据新形势的要求，征集工作的视野也在进一步扩大，不仅注意征集的重点，还特别注意薄弱环节文史资料的征集。对于当前社会主义现代化建设和促进社会风气好转，提高社会思想道德有直接借鉴作用的资料，也采取了优先征集的措施。

随着统战工作视野的扩大和海外统战工作的加强，全国政协和部分省市政协已积极稳妥地开展了港、澳、台及海外的文史资料征集工作。这是一个新的工作领域，根据一些地方的经验，发挥政协委员和各民主党派成员海外联系面广的优势，通过私人通信联络、出国探亲访友和海外人士回国的机会开展征集工作，是行之有效的方法。充分运用各涉外部门的工作条件，加强协作，通过多领域、多渠道、多形式、多层次广泛开展工作，把征集史料同开展海外统战工作，促进对外开放，推进“一国两制”的构想有机地结合起来，也是开展这项工作的有效措施。

与台湾史料的交流，是一项十分必要的工作，正在逐步开展。台湾方面不断引用、转载或翻印了大陆出版的文史资料文章。台湾出版的近现代史书刊，其中内容比较客观公正的，大陆文史资料刊物也适当予以选载，以互通有无，取长补短，增进海峡两岸史学工作者的相互了解，共同担当整理祖国历史遗产的任务。

征集文史资料，最基本的要求是如实反映历史事实的本来面目。但是，这项工作所征集的主要是关于旧中国各方面的史料，征集对象又以老年人士居多，要求他们把过去几十年的亲身经历，特别是关于旧中国种种阴暗面的事实真相作如实的叙述，不仅有不少思想顾虑需要加以消除，也有一定的困难需要帮助克服。为此，文史资料研究委员会开展征集工作之初，即规定了“三要、四不、三给”的征稿原则：

——“三要”：要真实，要具体，要大胆直书；基本精神在于要求撰稿人破除顾虑，以实事求是的态度按照历史事实的本来的面目作如实的叙述而不加以增饰、回护和任情褒贬。

——“四不”：撰写史料可以不限体裁（语体文言、长篇短篇均可），不求完整（知道多少就写多少，不一定要有首尾完整的叙述），不拘观点（不要求撰稿人一定要用历史唯物主义的观点来撰写史料），不扣帽子（不因撰稿人揭露历史上某些真相而使其担负政治上、法律上的责任）。

——“三给”：对撰稿人给以稿酬，在撰稿工作上给以必要的帮助，处理稿件时对撰稿人所提的要求（如要求保密，要求不发表或不以本人名义发表，等等）给以尊重。①

文史资料工作开创以来的实践证明，“三要、四不、三给”的原则是切合实际、行之有效的，对于使各方面人士明确撰稿要求、解除顾虑、发挥撰写史料的积极性等方面，都具有良好作用。

1986年11月17日，政协全国委员会副主席兼文史资料研究委员会主任杨成武在第五次全国文史资料工作会议上所作的报告中就征集原则作了进一步的阐明：“要求撰稿人如实记述自己的亲历、亲见、亲闻，‘不拘观点，不拘体裁，不拘长短’。不把某一种固定观点强加于作者，或要求他们用一种固定模式去写资料。在评述历史是非时，不要求当事人做自我检讨。由于记忆有误而造成的某些史料失实，既允许读者提出质疑，也允许作者自己订正。充分尊重历史见证人从不同侧面记录的事实，允许多说并存，继续探讨。”

二、文史资料的整理研究

人民政协系统征集到手的近现代史资料已达五亿余字，要让这些资料发

① 《关于文史资料工作若干问题的意见》，《文史资料选辑》第36辑，中华书局1963年6月第1版，第224—225页。

挥作用，整理研究工作成了一项繁重的任务。“文化大革命”前，这项工作即已着手进行。全面的整理研究工作是恢复工作以后开始的，包括分类编目和专题化、系统化整理研究两部分。分类编目，是按照晚清、北洋、国民党时期的政治、军事、工商经济、文化教育、社会等方面进行分类，登记制卡，编印成册。分类目录又分了细目，每篇资料都有内容提要。这项工作的完成不仅便于调阅、使用稿件，而且也便于随时掌握资料的征集状况，进行分析，不仅为重点征集提供方便，同时也为系统化、专题化整理研究创造了有利条件。

系统化、专题化整理研究是第四次全国文史资料工作会议作为开创新局面的议题提出来的。所谓系统化、专题化整理研究，就是把已征集到手的资料，按照历史阶段、历史事件和历史人物进行分类集中，形成专题，经过加工整理，鉴别、核实，去粗取精，去伪存真，使之成为翔实、客观、具有参考价值的专题资料或专门著作。这些专题史料仍然保持文史资料“三亲”为主的特点，也可适当补充一些文献资料或帮助读者阅读的大事记、图片等。这次会议以前，政协全国委员会已经进行了尝试，编印了《淮海战役亲历记——原国民党将领的回忆》，各方面反映很好。

为了调动政协系统文史资料工作者的积极性，群策群力，共同协作，有计划地进行这项工作，1984 年 7 月 15 日至 22 日，政协全国委员会在山西省太原市召集第一次各省、自治区、直辖市文史资料研究委员会办公室主任会议，共同商定采取各单位自愿结合的办法，并签订了 30 多个专题整理协作合同。会后，各单位进一步清查了自己的资料库，陆续又签订了一些协议，系统化、专题化整理工作终于全面铺开。经过两年多的工作，这些专题大部分已经完成，其中以土地革命战争、抗日战争和解放战争国民党战场方面的军事资料系列专题最为丰富。

两年多的实践表明，系统化专题整理的好处是：一、可以给读者提供比较完整的资料；二、可以摸清库存资料的底数，使许多呆滞的资料活用起来；三、可以进一步了解现有资料的薄弱环节，从而开展更有针对性、计划性的重点征集；四、有些资料可以及时找健在的有关当事人帮助核实、补充、订正，以提高资料的真实性。

三、文史资料的编辑出版工作

编辑出版工作是推动文史资料工作的一个重要环节，既可以积累和流通资料，及时提供给历史研究部门和其他有关方面参考，更有助于扩大稿源，促进征集，提高资料质量和密切同各有关方面的关系。

1960 年 1 月，政协全国委员会文史资料研究委员会在已经征集到一部分资料的基础上，创刊了《文史资料选辑》。该刊第一辑的发刊词，就该刊的编辑方针作了如下的说明："历史资料不同于历史，前者只是为后者的编写提供真实详尽的素材。因此，我们不要求作者对他们所提供的资料内容一定要用马克思列宁主义的观点加以分析和评价。我们所要求于作者的，只是真实和具体的事实，主要在于作者把亲身经历过的和亲自闻见的史实毫无顾虑地、如实地反映出来。……历史科学工作者将会运用科学的历史观点和方法，来对各种不同历史资料进行综合分析，考证异同，辨别真伪，并从而得出正确的结论来。"

《文史资料选辑》从 1960 年 1 月创刊，到 1966 年"文化大革命"开始后被迫停刊为止，共编印了 55 辑，选入有关政治、军事、财政、文教、人物、社会生活等方面回忆录性质的资料共 943 篇，约 860 万字。上海、四川、广东等十几个省市政协也先后编印了文史资料刊物。从 1961 年开始，为了纪念辛亥革命 50 周年，全国政协文史资料研究委员会在广泛专题征集的基础上编印了《辛亥革命回忆录》6 集，共 253 万字。这些出版物不仅为历史研究部门提供了许多有价值的研究资料，对于文史资料工作本身的开展也起了积极推动的作用。但是，《文史资料选辑》第 43 辑由于编辑工作的失误，选入了一些不宜于公开发表的关于社会生活方面的资料，造成了不良的影响。

1965 年 4 月 18 日，周恩来在政协第四届全国委员会常委会第一次会议上就文史资料工作的问题作了重要指示。他在肯定文史资料工作的同时，就《文史资料选辑》出现的质量问题提出了批评，指出："有的内容有问题，甚至是低级趣味、黄色的东西也出来了"，并指出："文史资料的工作方向要对头，要存真，要实事求是”，“研究文史资料要有个方向，用历史知识教育启发后代”，“不要哗众取宠，故作惊人之笔”。

文史资料研究委员会根据周恩来的指示，检查了《文史资料选辑》的质量，并于1966年2月召开了第二次全国文史资料工作会议，传达了周恩来的指示，听取了关于《文史资料选辑》编辑工作初步检查情况的汇报，并经过讨论，进一步明确了文史资料工作的方向，解决了一些具体问题。但是，这次会议提出了在文史资料工作中贯彻以阶级斗争为纲的口号，使原来在文史资料工作中就存在的“左”的倾向得到了肯定。不久，“文化大革命”开始，文史资料工作陷于停顿，一直到“文化大革命”结束，这项工作方始恢复。

1978年《文史资料选辑》恢复出版后，由于文史资料征集范围增加了革命史资料的内容，《文史资料选辑》也增加了革命史资料部分。1981年，根据有关方面的意见，革命史部分与《文史资料选辑》分开，单独以《革命史资料》丛刊出版。各省、自治区、直辖市政协的《文史资料选辑》也恢复编印，一些县市政协也开始编印文史资料书刊。据初步统计，到1986年年底，全国各级政协编印的文史资料书刊达500余种。

为了满足社会对文史资料的需要，加快出版速度，经政协全国委员会办公厅申报国家出版局批准，于1980年1月成立了文史资料出版社。1985年年底，文史资料出版社更名为中国文史出版社，出版业务进一步扩大。主要出版的书刊除《文史资料选辑》《革命史资料》《文化史料》《工商经济史料》等丛刊外，还有定期的青年文史读物《纵横》以及经系统化、专题化研究整理的各类专题、专著，还出版了与统战有关的大型画册及统战部门和兄弟单位委托出版的其他书籍。到1986年年底，共出版各类书刊500余种，并修订重印了《文史资料选辑》1至100辑，装成合订本发行。

提高文史资料刊物的质量是编辑出版工作的关键问题，从选稿到编辑加工都必须用正确的观点加以整理和选择，除了史实应翔实可靠外，对于不利于统战工作，违背四项基本原则的资料决不予发表，在文字上也要求通顺，把好政治关、史实关和文字关。邓颖超在第四次全国文史资料工作会议上提出了要“广征精选”的原则，并一再指示要提高文史资料质量。这些指示的贯彻，使文史资料出版物从选题到编辑出版的质量不断得到提高。

第三节　文史资料工作的方针

文史资料工作在历届文史资料研究委员会和全体文史资料工作者的努力下，加上各有关单位和各方面人士的支持，为社会提供了大量的近现代历史资料，并为巩固和发展爱国统一战线做出了很大的贡献。这一切与在工作中贯彻了正确的指导方针是分不开的。

文史资料工作在开创之初，即以周恩来的号召作为指导方针，并根据这个方针规定了这项工作的任务和一系列具体措施。1962 年 12 月召开的第一次全国文史资料工作会议就这项工作方针作了进一步的阐明。这次会议的总结指出：“应该根据 3 年多来的工作实践，进一步明确以周恩来主席的号召作为指导我们全部工作的总方针。根据这个总方针，我们的任务不只是动员全国为数众多的阅历丰富的老年人士把他们的亲身经历记录下来，而且还要通过整理研究、编辑出版等等一系列的工作，使他们写下来的纪录能够很好地传给我们的后代。我们不但要充分发动各方面有关人士撰写史料，而且还要充分调动他们的积极因素，运用他们有丰富的亲身经验这个有利条件，尽量及时弄清一切可以弄清的事实真相。只有这样，才能正确、全面地体现周恩来主席的号召，才能完满地完成把各方面人士所写的史实记录传给我们后代的任务。”

1983 年 9 月召开的第四次全国文史工作会议，根据邓颖超在政协第六届全国委员会常委会第一次会议上建议全国政协和地方政协“对文史资料研究工作做一次总结”的指示，在以周恩来的号召作为总方针的基础上，进一步明确了文史资料工作的指导方针是高举爱国主义旗帜，坚持实事求是原则。这个方针既是对文史资料工作历史的总结，又是新时期爱国统一战线发展的需要，对开创文史资料工作新局面有着重要的指导意义。

爱国主义是中华民族的光荣传统和崇高美德，是推动祖国历史前进的一种巨大精神力量，它具有强大的向心力和凝聚力，也是实现祖国大团结、大统一的思想基础。把高举爱国主义旗帜作为文史资料工作的方向，并把它贯穿在征集、整理研究、编辑出版的全过程，不仅有利于文史资料工作的发展，也有利于促进爱国统一战线的巩固和发展。

实践证明，在文史资料工作中把握住爱国主义旗帜这个方向，工作就有发展，反之就停顿，甚至退步。周恩来关于“研究文史资料要有个方向，用历史知识教育后代”的指示蕴含着深刻的爱国主义思想，曾作为指导方针贯彻到初期的文史资料工作中，使这项工作开展不久就获得巨大的进展。后来用“以阶级斗争为纲”的口号取代了正确的指导方针，致使工作受到严重影响，以至“文化大革命”期间把文史资料作为“大毒草”加以铲除，因而使这项工作停顿了12年之久。这是一个深刻的历史教训。

第四次全国文史资料工作会议总结了这正反两方面的历史经验教训，鲜明地提出“高举爱国主义旗帜，是政协文史资料工作的方向”，成为开创文史资料工作新局面的巨大动力，从而使工作进入了蓬勃发展时期。

在文史资料工作中贯彻实事求是原则，是指导方针不可缺少的一个方面。文史资料工作在开创之初，文史资料研究委员会主任委员范文澜即曾强调指出，撰写史料“要做到字字有根，句句落实，言不二价，童叟无欺，归根到底要达到真实的目的。”文史资料研究委员会开展工作后所提出的“要真实、要具体、要大胆直书”的“三要”原则，其基本精神如前所述，“在于要求撰稿人破除顾虑，以实事求是的态度按照历史事实的本来面目作如实的叙述而不加以增饰、回护和任情褒贬”。周恩来1965年关于文史资料“要存真，要实事求是”的指示，更明确指出了实事求是原则的重要性。

实事求是作为一条文史资料工作的根本方针，必须贯穿在征集、整理研究和编辑出版的全过程。但是，过去在“左”的思想影响下，这个方针未能得到很好的贯彻。特别是在提出文史资料工作要“以阶级斗争为纲”之后，给一些撰稿人造成了一种框框，写敌人只能写反动罪恶、写打败仗的一面；写工商类，只能写剥削工人的一面；写自己往往还要加一些自我检讨，在编审工作中也存在“宁左毋右”的思想，因而使不少宝贵的史料被淹没失传。

中共十一届三中全会坚决废除“以阶级斗争为纲”的口号，恢复和确立了实事求是的思想路线，使文史资料工作坚持实事求是原则有了可靠的保证。

根据20多年文史资料工作正反两方面经验教训总结出来的“高举爱国主义旗帜，坚持实事求是原则”的指导方针，既符合新时期爱国统一战线工作的特点，也符合历史实际。在这一方针的指导下，文史资料工作的视野更加开阔，路子越来越宽，工作越来越活，大大调动了各界人士的积极性，从而进一步达到了积累历史资料和通过这项工作促进爱国统一战线巩固和发展的目的。

当前，中国的现代化建设正在蓬勃发展，改革工作正在全面推进，对外开放日益扩大，爱国统一战线正处于一个更加广泛发展的新时期。中共十二届六中全会以来，社会主义精神文明建设被提到构成中国社会主义现代化建设总布局的战略地位。作为社会主义精神文明建设一部分的文史资料工作，必须适应这个新形势，跟上时代的步伐，开拓前进。

第五次全国文史资料工作会议根据中共中央关于社会主义精神文明建设的指导方针，提出了新目标，要求文史资料工作把有利于推动社会主义现代化建设，促进全面改革和对外开放，坚持四项基本原则，促进民族团结和祖国统一，作为自己工作的基本方向；把发展历史科学和适应社会主义现代化需要，培养有理想、有道德、有文化、有纪律的社会主义公民，提高整个中华民族的思想道德素质和科学文化素质，作为文史资料工作的根本任务。要求文史资料工作要着力发扬一切有利于建设四化、振兴中华、统一祖国的积极思想和精神，一切有利于民族团结、社会进步、人民幸福的积极思想和精神，一切用诚实劳动争取美好生活的积极思想和精神。这是高举爱国主义旗帜、坚持实事求是原则指导方针在新时期的具体化，政协系统的文史资料工作部门正采取措施进一步落实。

第四节　文史资料工作的作用

人民政协系统的文史资料工作，既是一项统一战线工作，也是一项文化建设事业。第一次全国文史资料工作会议对这项工作的意义和作用，在会议总结中作了如下的表述：

关于文史资料的意义和作用，会议同意政协全国委员会文史资料研究委员会的基本看法，即：这项工作是一项有重要意义的创举；通过这项工作，不仅可以为历史科学研究工作提供丰富的资料来阐述我国近代社会的发展规律，并且可以使我们获得许多关于旧中国各方面生动具体的历史知识，从中吸取有益的经验教训，更好地为社会主义建设事业服务。同时，通过这项工作，可以团结全国为数众多的阅历丰富的老年人士，调动他们的积极因素为社会主义事业服务。各方面人士撰写史料，既可以为社会主义事业作出贡献，同时通过对于过去的回忆和今昔的对比，也可以加速自己的进步，更加坚定跟着党走社会主义道路的信心。会议认为，根据三年多来文史资料工作所取得的成就，这种看法是符合实际的。

1986 年 9 月 28 日中共中央通过《关于社会主义精神文明建设指导方针的决议》后，政协全国委员会文史资料委员会为了在文史资料工作中贯彻《决议》精神，于 1986 年 11 月 17 日召开了第五次全国文史资料工作会议。邓颖超在给会议发来的贺电中指出："社会需要你们，你们也需要社会，要在工作中多交朋友，尤其多交新朋友，同国内外各界人士一道，为促进社会主义精神文明，为发展爱国统一战线，为统一祖国、振兴中华这个目标努力奋斗！"政协全国委员会副主席兼文史资料研究委员会主任杨成武作了题为《进一步发挥文史资料工作在社会主义精神文明中的作用》的报告。根据这个报告，人民政协的文史资料工作在社会主义精神文明建设中所发挥的作用，可以概括为以下 4 个方面：

一、近百年来，中国社会处于大变动时期，经历了旧民主主义、新民主主义、社会主义三个不同的革命发展阶段，结束君主专制和建立社会主义两次大的腾飞。斗争内容之丰富，发展道路之曲折，是中国历史上任何时期所不能比拟的，有许多值得总结的经验和教训。整理和研究这一时期的历史资料，是精神文明建设的重要任务。目前，中共党史研究、革命史资料、民国史研究和地方史志的编写工作正在大力开展，不但需要大量的历史文献资料，也需要大量历史事件参与者与见证人的回忆资料作为辅助和印证。人民政协联系和团结着一大批阅历丰富、学有专长、国内外联系面广的各界人士，让他们把自己的亲身经历和亲见、亲闻的重大历史事件记录下来，对近、现代史研究将起重要的作用。

二、以亲历、亲见、亲闻为特色的文史资料，生动、具体，可读性强，有较大的感染力和真实感。特别是中国近百年来涌现了大批时代风云人物，有许多革命先驱站在时代前列，具有较高的思想境界和高尚的道德情操。用他们的事迹在全国人民特别是在青年中进行历史知识教育，爱国主义、革命传统教育和共同理想、道德情操教育，树立高度的民族自尊心和自信心，是社会主义精神文明建设的重要内容。周恩来在倡建文史资料工作时就指出："研究文史资料要有个方向，用历史知识教育启发后代。"文史资料工作在这方面发挥着重要作用。

三、文史资料坚持实事求是原则，客观公正地记述历史事件和历史人物，往往能收到征集出版一篇资料，团结教育一大片的社会效果。同时，撰写文史资料的过程，又是总结历史经验教训，进行新旧社会对比，接受爱国主义教育的过程。因此，文史资料对促进爱国统一战线的巩固和发展，有着其他史料部门所不能替代的作用。

四、文史资料反映的中国经济、科学、教育、文化等方面的经验，尤其是原工商界人士管理企业、办金融、办外贸方面的经验，有不少可以直接作为四化建设的借鉴。80 年代编辑出版工商经济史料丛刊、专题史料达 400 多万字，受到了经济部门和经济研究人员的重视和欢迎。

文史资料工作的重要作用决定了它在社会主义精神文明建设中的地位。因此，在建设有中国特色的社会主义事业中，进一步做好文史资料工作，以发挥其更大的作用，是人民政协光荣的历史责任。

第五编

人民政协地方委员会

第十六章
政协地方委员会的沿革

第一节　各界人民代表会议协商委员会

各界人民代表会议，是1954年普选的地方人民代表大会召开以前，代行地方人民代表大会职权的组织形式；协商委员会既是各界人民代表会议的常设机关，又是代行人民政协地方委员会职权的人民民主统一战线组织。

各界人民代表会议的前身是各界代表会议。1947年11月13日，中共中央根据解放战争迅速发展的形势发出指示，要求在新解放的城市中由军事管制委员会和临时人民政府出面，以聘请的形式邀请若干人为各界代表，组织各界代表会议，作为军事管制委员会和临时人民政府在军事管制初期联系群众、传达政策的协议机关；军管会和临时人民政府的各项政策及一切市政措施，均可向各界代表会议征询意见，并经过讨论和建议，再由军管会和市政府做出最后决定，付诸实施。

1949年7月，中共中央再次发出指示，督促各新解放的城市迅速召开各界代表会议，并具体规定凡30万以上人口的城市在解放2个月至迟3个月后，即应召开各界代表会议，作为共产党与人民政府密切联系群众的重要方法之一。

7月29日，北京市召开了各界代表会议，分别聘请了各民主党派、各团体、各界人士的代表以及驻北平的军队和机关工作人员的代表参加。中共中央主席毛泽东到会祝贺并发表讲话，希望全国已解放的各大中城市都能迅速召开同样的会议，以利于加强地方政府同人民的联系，克服各种困难，为普选的人民代表大会准备条件。其他新解放的城市也都先后召开了各界代表会议。

上述情况表明，各界代表会议作为新解放城市联系群众、传达政策的协议机关，实际上具有政治协商会议的某些功能，并为新中国成立初期实行的各界人民代表会议制度打下了基础。

对各界人民代表会议制度，《中国人民政治协商会议共同纲领》第14条作了如下的原则规定：

> 凡人民解放军初解放的地方，应一律实施军事管制，取消国民党反动政权机关，由中央人民政府或前线军政机关委任人员组织军事管制委员会和地方人民政府，领导人民建立革命秩序，镇压反革命活动，并在条件许可时召集各界人民代表会议。
>
> 在普选的地方人民代表大会召开以前，由地方各界人民代表会议逐步地代行人民代表大会的职权。

1949年10月1日中华人民共和国宣告成立后，中央人民政府根据《共同纲领》的规定，于12月2日分别公布了省、市、县各界人民代表会议的《组织通则》，除就各级各界人民代表会议的召集办法、参加单位、代表名额和资格等项以及代行各级地方人民代表大会的职权作了规定外，并规定省、市、县各界人民代表会议体会期间，分别设置省、市协商委员会和县常务委员会作为常设机构。省、市协商委员会的职权为：

一、协助省、市人民政府实行各界人民代表会议的决议；

二、协商并提出对省、市人民政府的建议；

三、协助省、市人民政府动员人民支援前线，建立革命秩序，镇压反革命并参加建设工作；

四、负责进行省、市下属各界人民代表会议的准备工作；

五、负责进行本省、市的民主统一战线工作。

县各界人民代表会议常务委员会的职权为：

一、协商并提出对县人民政府的建议；

二、联系代表，协助政府动员人民推行各种工作；

三、负责进行下属各界人民代表会议的准备工作。

此外，中央人民政府于1950年11月3日和12月8日分别公布了大城市区、县辖区各界人民代表会议和乡人民代表会议的《组织通则》。除大城市区各界人民代表会议设协商委员会，协助区人民政府进行各项工作并负责进行本区人民民主统一战线工作外，县辖区各界人民代表会议和乡人民代表会议均不设常驻机关，亦无进行统一战线工作的任务。

1950年6月23日，政协第一届全国委员会第二次会议根据《中国人民政治协商会议组织法》关于在中心城市、重要地区及省会设立地方委员会的规定，通过了《关于地方委员会的决定》，规定在普选的省、市人民代表大会召开以前，政协省、市地方委员会由省、市各界人民代表会议所产生的省、市协商委员会代行其职权。该项决定并规定了全国委员会和省、市协商委员会的相互关系。全国委员会对省、市协商委员会的关系是：

一、接受并处理协商委员会的报告与建议；

二、搜集并研究协商委员会的工作资料，并交流经验；

三、协助协商委员会解答关于《共同纲领》及中央人民政府的政策法令在执行中发生的问题；

四、协助协商委员会加强同当地各民主党派、各人民团体及各民族之间的团结与合作。

省、市协商委员会对全国委员会的关系是：

一、接受全国委员会的各种工作指示；

二、有重点地分别报告每届人民代表会议及协商委员会开会的经过及各项决议案的实施情况；

三、搜集并汇报有关政法、财经、文教、土改以及统一战线工作的情况；

四、汇报县、市及县以下各界人民代表会议开会经过及其工作。

据1951年上半年的统计，全国各级协商委员会与政协全国委员会发生联系的有98个省、市单位。全国已经组成的省（行署区）、市各界人民代表会议协商委员会的分布情况是：华北区19个，西北区10个，东北区27个，华东区22个，中南区22个，西南区12个，共计112个单位。7月19日，政协第一届全国委员会常务委员会第二十五次会议根据人民政协《组织法》和

《关于地方委员会的决定》做出决议，确定了代行地方委员会职权的各界人民代表会议协商委员会的地区范围如下：

一、大行政区各界人民代表会议协商委员会；

二、省（行署）及相当于省级的民族自治区各界人民代表会议协商委员会；

三、中央直辖市及大行政区辖市各界人民代表会议协商委员会；

四、省会市（行署及省级民族自治区政府所在地）各界人民代表会议协商委员会；

五、满25万人口的市各界人民代表会议协商委员会；

六、本会认为必要，经常委会指定代行地方委员会职权的地方各界人民代表会议协商委员会。

该项决定并说明："除上列规定外，其他地方各界人民代表会议协商委员会均不代行本会地方委员会的职权，但在工作上可与本会建立联系关系。"

1951年4月21日至5月8日，政协全国委员会召开全国省、市协商委员会秘书长会议，讨论统一战线工作、各级协商委员会的联系、协商委员会的工作机构与工作方法问题。会议着重就在认识上存在着原则性的分歧的协商委员会的性质及其与各方面的关系问题进行了讨论，取得了共同认识，并据以通过了《关于省、市各界人民代表会议协商委员会工作的意见》。这项文件指出：

> 协商委员会是各民主党派、人民团体和民主人士的政治协商机关，又是经过各民主党派和民主人士去团结各民主阶级的统一战线组织。因此协商委员会的任务是一方面要协助政府联系和动员人民，审议和推行政策法令；又一方面要加强各民主党派、人民团体和民主人士的团结进步工作，经过他们去团结和教育各民主阶级的人民。这两方面的任务是不可分离的。缺了一个方面，任务就不完全；缺了这一方面，另一方面的工作也就做不好。在同人民政府的关系上，应该明确协商委员会不是政府机关，也不是政府的隶属机关，而是协商建议机关，它对政府的关系是协商、建议和协助政府联系人民推动工作的关系。在同各民主党派

和人民团体的关系上，协商委员会不是它们的领导机关，而是它们的协商和团结合作的机关，协商各民主党派和人民团体的一切带有共同性的或互相有关的事情，取得协议，共同推行，而不干涉它们的内部事务。协商委员会与中共统一战线工作部之间，也是协商和团结合作的关系，中共统一战线工作部自当尽量协助协商委员会的工作和活动。

省、市协商委员会秘书长会议依据上述关于协商委员会性质的了解和各地实际经验，按照省、市协商委员会《组织通则》的有关规定，在这项文件中将协商委员会的工作具体地列举了11项。

此外，这次会议还通过了《关于各级协商委员会的关系向中央人民政府政务院的建议》，政务院采纳后于8月18日公布了《关于地方各级协商委员会关系的决定》。政务院并根据这次会议通过的《关于县各界人民代表会议常务委员会工作的意见》，于同日发布命令对县各界人民代表会议常务委员会的职权作了7项补充规定，主要是补充了县常务委员会负责进行人民民主统一战线工作，加强各民主党派、人民团体和民主人士团结与合作的有关内容。

省、市协商委员会秘书长会议的召开和通过的各项文件，对于推动地方协商机关的工作起了显著的作用。

1954年地方各级人民代表大会召开以后，各级协商机关即不再具有各级人民代表会议常设机构的职能；而作为人民民主统一战线的地方机构，将来应怎样设立，亦须待人民政协第二届全体会议重新规定。为了使人民民主统一战线的地方机构及其工作，在地方各级人民代表大会召开之后和人民政协第二届全体会议做出规定之前不致中断，经政协全国委员会与中央人民政府政务院联合发出通知，各级协商机构一律暂时保留，其名称和编制皆不变动，继续进行统一战线工作，以待政协第二届全体会议做出决定。

第二节 政协地方委员会

1954年12月政协第二届全国委员会第一次会议通过的《中国人民政治协商会议章程》（简称章程），在第三章中就地方委员会的设置、组成、性质和任务、职权等项作了规定，其要点为：

一、省、自治区、直辖市和市分别设置地方委员会，其他地方有必要时也可设立地方委员会。

二、地方委员会由当地各民主党派、各人民团体推出的代表组成，有必要时可以邀请个人参加，当地少数民族应有适当的名额。

三、地方委员会是人民民主统一战线的地方组织，它们的任务是遵守中国人民政治协商会议章程，推行中国人民政治协商会议全国委员会的全国性的决议和号召，协商和进行地方的人民民主统一战线的工作。

四、必须由地方委员会全体会议行使的职权是（一）选举地方委员会主席、副主席、秘书长（设秘书长的地方）和常务委员；（二）听取和审查常务委员会的工作报告。

五、为了有利于保持人民政协各级组织的政治上的统一性，又有利于各级地方委员会因地制宜，充分发挥地方的积极性和创造性，《章程》在《组织总则》这一章中规定：全国委员会和各级地方委员会和各级地方委员会对下一级地方委员会的关系是指导关系。《组织总则》还规定地方委员会对全国委员会的全国性的决议和号召，都有遵守的义务。

关于地方委员会的任期、会议制度、工作机构，《章程》也分别作了规定。

政协第二届全国委员会第一次全体会议通过《章程》以后，各省、自治区、直辖市和省辖市相继按照《章程》的规定，在各界人民代表会议协商委员会的基础上建立了政协各级地方委员会。据政协全国委员会地方工作委员会办公室 1955 年 11 月 18 日统计，政协地方委员会已经建立起来的各级组织总数为 533 个，其中省委员会 22 个，直辖市委员会 3 个，相当于省级的自治区委员会 2 个，省、自治区和直辖市委员会的委员总数为 4902 人；省辖市委员会 140 个，盟委员会 7 个，自治州委员会 17 个，县级委员会 322 个，矿区委员会 1 个，镇委员会 3 个，相当于县级的行政区委员会 2 个，自治县和相当于县级的自治区、旗委员会 14 个（西藏自治区未包括在内）。

1959年4月，政协第三届全国委员会第一次会议召开前夕，政协各级地方委员会的组织为：省委员会22个，自治区委员会3个，直辖市委员会3个，省辖市委员会151个，盟委员会8个，自治州委员会21个，县委员会400个，相当于县级的镇委员会2个，相当于县级的自治区委员会3个，自治县委员会18个，旗委员会20个，总计为651个。与1955年年末的533个相比，增长了22.13%。

1964年年末，亦即政协第四届全国委员会第一次会议召开的前夕，政协各级地方委员会的组织已发展到1077个，其中省委员会21个，自治区委员会5个，直辖市委员会2个，省辖市委员会174个，盟委员会7个，专区委员会（西藏自治区所辖）6个，自治州委员会27个，县委员会711个，自治县委员会35个，相当于县级的自治区委员会2个，旗委员会25个，矿区委员会2个、市辖区委员会60个。与1955年的533个相比，1964年增加了544个，增长了100.3%。

“文化大革命”的十年动乱，使人民民主统一战线工作受到严重摧残，政协全国委员会和各级地方委员会的活动都陷于停顿，直到1976年粉碎“四人帮”，拨乱反正以后，才陆续重新恢复工作。

政协全国委员会恢复工作以后，曾经对政协章程作过两次修订，即1978年3月8日第五届第一次会议通过的第二部章程和1982年12月11日同届第五次会议通过的第三部章程，已见前述。第三部章程体现了中国共产党十一届三中全会以来的方针政策，排除了第二部章程中“左”的错误理论和提法，既总结了30多年来人民政协工作的基本经验，又反映了统一战线和人民政协在新的历史发展阶段的要求。这部章程关于地方委员会的规定，内容上也较第一、二两部章程有了较大的修改和补充。

首先，第三部章程规定自治州，设区的市、自治县，不设区的市和市辖区，凡有条件的，都可以设立地方委员会，这比原来的规定在指导思想上有了很大的发展。

其次，就各级地方委员会组成的广泛性而言，这部章程规定“地方委员会的组成，得根据当地情况，参照全国委员会的组成决定”。根据这项规定，地方委员会的组成突破了前两部章程所规定的各民主党派、各人民团体、各界代表、特邀人士和少数民族的范围，可以参照包括台湾同胞、港澳同胞和归国华侨的代表在内的全国委员会的组成，根据各该地方的具体情况，决定其组成。

再次，关于地方委员会全体会议行使的职权，除原有的选举地方委员会领导成员、听取和审查常务委员会的工作报告之外，增加了“讨论并通过有关的决议”和“参与对国家和地方事务的重要问题的讨论，提出批评和建议”这两项职权。对各级地方委员会常务委员会的职权，这部章程列举了6项规定，这也是前两部章程所没有的。

最后，关于全国委员会同地方委员会的关系，除保留第一、二两部章程原有的规定之外，这部章程还在《工作总则》中规定“全国委员会加强同地方委员会的联系，沟通情况，交流经验，研究地方委员会带共同性的问题”，以发挥上级组织对下级组织的指导作用。

1983年1月25日，中共中央办公厅根据中共中央的指示，下达了《关于县（市）和市辖区设立政协问题的通知》，指出：“现在统一战线工作正在逐步深入到基层。统战工作的对象，有相当大的数量在县里。一般县（市）和市辖区都有相当数量的非共产党知识分子干部；很多县（市）和市辖区还有人数不等的原工商业者、少数民族、宗教界爱国人士，去台人员家属、亲友，归侨、侨眷，国民党起义投诚人员；有些县（市）和市辖区还有民主党派和无党派民主人士以及台湾同胞等等。我们要加强同他们的团结和合作，把他们中间有适当条件的、有代表性的人士，吸收到政协中来，以利于打开统战工作的新局面。”为此，中共中央认为，没有设立政协的县（市）和市辖区，统战对象较多的可以设立政协，统战对象很少的也可以不设立政协，中共各省、自治区、直辖市党委可根据当地情况确定，不强求一律。

人民政协第三部章程关于地方委员会的各项规定，加上中共中央《关于县（市）和市辖区设立政协问题的通知》，对于新时期地方政协的发展壮大，起到了积极促进作用。这从下列1982年、1985年、1988年各年统计数字的对比中可以得到说明。

1982 年据不完全统计，除全国 29 个省、自治区、直辖市已经建立了人民政协省委员会、自治区委员会和直辖市委员会外，有 172 个省辖市建立了市委员会，44 个盟、自治州建立了盟、自治州委员会，101 个市辖区建立了区委员会；1450 个县、自治县、旗建立了县、自治县、旗委员会。地方各级政协委员人数已发展到 19.6299 万人。

据 1985 年 12 月底统计，省、自治区、直辖市、省辖市、盟、自治州、县、旗、自治县和市辖区的地方委员会已发展到 2799 个，委员人数已达 34.9146 万人，其中非共产党委员占委员总数的 63.1%。与 1955 年政协地方委员会刚建立时的 533 个相比，1985 年增加了 4.25 倍；与政协第四届全国委员会第一次会议召开前夕相比，组织机构增加了 1003 个，委员人数增加了 15.2844 万人。

截至 1988 年 10 月，据政协全国委员会研究室统计，包括全国委员会在内的各级政协组织共有 2931 个，其中省级政协 30 个，市、县（区）级政协 2900 个。省级政协比 1985 年增加 1 个（海南省政协），市、县（区）级政协增加了 130 个。包括全国委员会委员在内的各级政协委员共有 41.6146 万人，其中省级政协委员 1.7426 万人，比 1985 年增加了 653 人，增长了 3.9%；市、县（区）级政协委员 39.6637 万人，比 1985 年增加了 6.4228 万人，增长了 19.3%。在地方各级政协委员中，非共产党员（除西藏外）所占的总比例约为 62.5%。

上列各年的统计数字生动地表明，在中国共产党十一届三中全会以来的方针路线指引下，各级政协组织正在不断发展壮大，新时期的统一战线工作正在越来越广泛地深入到基层。各级政协委员中非共产党员占多数这一事实，体现了中国共产党同各民主党派、无党派民主人士及其他爱国人士团结合作的进一步加强，是“长期共存、互相监督”，“肝胆相照、荣辱与共”的方针在政协的具体贯彻，同时也是新时期人民政协组织上的重要标志之一。

1988 年中国人民政治协商会议各级地方委员会组织概况

表 2

单 位	政 协 组织数	政 协 委员数	单 位	政 协 组织数	政 协 委员数
北京市	19	4032	湖北省	105	18443
天津市	19	4094	湖南省	131	20599
河北省	185	22245	广东省	107	15601
山西省	114	9370	海南省	20	2475
内蒙古自治区	111	12070	广西壮族自治区	99	12174
辽宁省	113	17868	四川省	225	40371
吉林省	67	11128	贵州省	93	13181
黑龙江省	142	17715	云南省	138	22270
上海市	22	5644	西藏自治区	35	2387
江苏省	115	21041	陕西省	111	12555
浙江省	80	15661	甘肃省	93	7330
安徽省	115	17276	青海省	48	3229
福建省	80	9858	宁夏回族自治区	23	1882
江西省	107	14995	新疆维吾尔自治区	98	8282
山东省	145	27614			
河南省	170	22728	总 计	2930	414063

第十七章
政协地方委员会的政治协商、民主监督

第一节　协商委员会的活动

新中国成立初期，全国各地相继召开了各界人民代表会议，代行地方人民代表大会的职权；地方各界人民代表会议，分别设置省、市协商委员会和县常务委员会，作为其常设机关，并有若干省、市协商委员会代行政协地方委员会的职权。根据省、市、县各界人民代表会议的《组织通则》等有关规定，各界人民代表会议协商委员会主要有以下两个方面的工作：一、协商并提出对同级人民政府的建议（包括统一战线内部的协商工作）；二、接受人民的建议、询问、要求、申诉和批评，并负责加以适当的处理。

一、协商并提出对同级人民政府的建议

各地协商委员会的协商工作，主要是审议同级人民政府交议的文件和议案，协商并提出对同级人民政府的建议，协商地方重要事务和统一战线内部的重要事务。

在 1954 年地方各级人民代表大会召开以前，各级政府的许多重要文件和议案，如政府组织大纲、政府工作报告、施政方针、财政预决算报告以及其他有关重要问题（市政建设、社会治安、发展生产、文化教育、医疗卫生、发行公债、稳定物价以及其他一些群众普遍关心的问题），事先都经过同级协商委员会协商讨论。当地人民政府在通过这些文件和议案之前，一般先将草案分送协商委员会各委员，搜集各方面的意见和反映，做好准备，然后协商委员会召开会议进行讨论，提出意见和建议，送交政府参考。1951 年后开展

的抗美援朝、土地改革、镇压反革命、“三反”、“五反”等各项政治运动，也都是各地方协商委员会进行政治协商的重要内容。如上海市协商委员会在本市郊区土地改革前，协商讨论了《本市郊区土地改革实施办法》草案，提出不少修正意见，特别是对如何处理工商业者在郊区土地的问题所提的意见，有助于郊区土地改革的顺利进行。四川省协商委员会在协商镇压反革命运动中的量刑问题时所提的意见，也有助于正确量刑，避免偏差。地方政府公布的重要政策法令，一般也是事先经过协商委员会协商讨论的。如上海市协商委员会在成立后的两年多时间里，曾先后参加关于《工商业税征收办法》、《公共房屋租赁修正办法》、《私有房屋地产租赁办法》、《加强市场管理取缔投机办法》、《1950年所得税估征办法》、《私营重估财产、调整资本实施办法》、《上海市财经、监察、市政建设委员会章则》、《劳动保险条例》、《年终双薪或奖金处理办法》等地方性法规草案的协商。有的协商委员会在全体会议召开之前，还先召开常务委员会；常务委员会召开前，又先由各民主党派开会讨论中心议题。经过这样反复协商，各方面人士有了充分酝酿准备，往往能收到很好的效果。有些省、市协商委员会还设立了专门委员会或专门小组，进行经常的、有计划的协商。如上海市协商委员会曾先后设立过税制、工商、文教、劳资关系、市政建设、财政、经济、政法等专门委员会；有时为解决临时性问题，如胜利折实公债推销、税务复议、城乡物资交流、地价评议、反革命案件审查等，还设立特种委员会进行协商。各专门委员会由协商委员会委员、各界人民代表会议代表、各民主党派、各界民主人士等组成，每次会议都邀请政府有关部门负责人参加；会后还要将会议情况及所反映的问题，分送有关部门负责人及有关单位，并要求政府有关部门提出处理意见。专门委员会还经常研究一些专门问题，参加审议政府交议的文件。许多提交全体会议审议的文件，也先由专门委员会进行研讨，然后由全体会议协商。

地方各级协商机关除了审议同级人民政府交议的文件和议案外，还主动提出对人民政府的建议案。有些地方的重要文件和议案，是由协商委员会和同级人民政府共同协商产生的。例如在“五反”运动中，北京市5万余户工商业中，被检举和坦白的违法户有4.2万户，其中用行贿、偷工减料、窃取国家经济情报等不法手段，获取国家财产在1亿元（旧币）以上的有192家。北京市协商委员会和市人民政府召开联席会议就如何处理这些违法户的问题进行协商，拟订了《北京市人民政府对违法工商户分类处理的标准和办法》草案，对守法和基本守法户、半守法户、完全违法户，分别规定了不同的处理原则。这个办法草案报经中央人民政府批准后，成为全国各地在“五反”运动中处理违法工商户的依据。

在北京、上海、天津、广州、武汉等大城市，民族资本主义占有较大的比重，这些城市的协商委员会在对资本主义工商业改造的过程中，充分发挥委员中的民主党派成员和人民团体成员的作用，协商讨论与提出了许多有关议案，推动了对民族资本主义工商业的和平改造。如上海市协商委员会对于“工商业税征收办法”、“私有房地产租赁办法”、“加强市场管理及取缔投机办法”、“关于棉纺统购办法”等议案，一般都通过座谈方式，广泛听取各方面人士的意见，有时还由专门委员会邀请各行业代表进行座谈和研究，充分发扬民主，反复协商，提出意见，最后由市协商委员会讨论决定，提请市人民政府讨论通过后颁布实施。当时上海市是全国税收工作的重点城市，占全国税收的比重很大，但私营工商业者偷税漏税的现象极为严重。为了正确处理这一问题，市协商委员会协助政府通过协商讨论，成立评议委员会，依靠行业评咨的原则，分别评定应纳的税额，使该市比较顺利地完成了税收任务。

在内蒙古、新疆、广西、宁夏、甘肃、青海等一些民族关系比较复杂的地区，协商委员会根据民族方面的代表人士比较多的特点，把民族问题作为同政府协商的重要内容。如甘肃省协商委员会在土地改革运动中，提出对少数民族中地主成分的上层人士给予照顾的建议，即一方面说服这些人向人民低头认罪，自动献出土地，赔偿人民劳动果实；另一方面劝导农民对这些人用谈判方式解决问题，免除面对面的斗争，以使少数民族中的上层人士顺利过关，实现和平改革。这样，既孤立和打击了极少数煽动民族对立和民族分裂的反动分子，又加强了各民族之间的团结统一。如何正确对待和尊重少数民族的风俗习惯，在中国这样一个拥有55个少数民族的国家，是关系到加强民族团结的一个重要问题。在一些少数民族比较集中的地区，当地协商委员会对于疏通和改善民族关系，减少民族隔阂，形成团结友爱、平等互助的新型民族关系，都曾提出了不少积极的建议。

许多地方的协商委员会把协商统一战线内部的重要事务和联系各民主党派、人民团体、民主人士并协助他们解决相互有关的问题，作为一项重要的协商内容。协商的方法主要有以下几种：（一）结合各项政治运动和政府的中心工作，组织各民主党派、人民团体、民主人士参加视察团、监察团等，然后进行座谈；（二）举行双周座谈会，邀请各民主党派、人民团体、民主人士参加；（三）举行民主党派联席会议；（四）举行统战工作座谈会；（五）协商委员会开会时，邀请不担任委员的各民主党派、人民团体负责人及民主人士列席。协商的内容主要是协助各民主党派、人民团体和民主人士解决相互有关的问题，党派之间的关系问题，如关于各民主党派的发展问题、党派训练干部问题等等。对这些问题的协商，有助于加强各民主党派、人民团体和民主人士的团结与合作。

不少地方中共党委和人民政府对于协商委员会的工作都十分重视，有些中共省委书记和省人民政府主席亲自兼任协商委员会主席，负责主持政治协商工作。如广东省人民政府主席、副主席分别兼任省协商委员会正、副主席，经常出席并主持协商委员会会议。1952 年年底，广东省协商委员会召开二届五次会议，协商讨论本省 1953 年的几项中心工作，政府各部门负责人都列席了会议。会议先由政府负责人就中心议题做报告，然后由各界委员进行协商讨论，提出修正和补充意见，以供政府采纳。这种协商方式既充分发挥了政协组织的作用，政府也吸收了不少好的意见和建议。

二、接受与反映人民的意见

各级人民代表大会召开之前，人民对政府的监督，除了通过代行人大职权的各界人民代表会议、各级共产党的组织和行政监察机关来进行之外，各级协商委员会也是接受与反映人民意见，对政府进行民主监督的一条重要渠道。

1951 年 7 月，政协一届全国委员会常务委员会第二十五次会议通过了

《中国人民政治协商会议全国委员会及省、市协商委员会关于处理人民意见的试行办法》，规定：

（一）中国人民政治协商会议全国委员会与省、市协商委员会应以接受与处理人民意见为其重要工作，并指定专人管理。

（二）人民意见包括建议、询问、要求、申诉、批评等事项，无论是口头或书面提出，均须认真处理，务使有着落、有交代。

（三）全国委员会或省、市协商委员会对于人民意见，应按其性质自行处理或分别交由人民政府、民主党派、人民团体等有关负责机关处理。

（四）前项有关负责机关对全国委员会或省、市协商委员会转送的人民意见，务须尽速予以处理和复函，以便转致原提意见人。倘久延未办，全国委员会或省、市协商委员会应注意催促。

（五）全国委员会或省、市协商委员会对于人民所提意见，一时不易解决者，应先函复原提意见人预作声明。其因情形特殊不能处理者，亦应函告其原因和理由。

（六）全国委员会或省、市协商委员会对于处理人民意见的工作，应每半年作总结一次，省、市协商委员会并须将总结报告全国委员会。

（七）县各界人民代表会议常务委员会及大城市区各界人民代表会议协商委员会对于人民意见得参照本办法处理之。

这项文件下达后，对各地协商委员会发挥民主监督的作用，起到了有力的指导与推动作用。有的协商委员会明确表示，反映和处理人民意见的工作，不是一项单纯的技术工作，而是一项重要的政治工作，要认真抓好这项工作。有的省还参照政协全国委员会的文件，制定了更加具体的《省各界人民代表会议协商委员会关于处理人民意见的试行办法》。

人民意见反映的内容十分广泛，政治、经济、法律、文化、卫生、福利、干部作风等等，几乎无所不包。例如，山西省协商委员会 1952 年下半年共收到人民反映意见的来信 175 件，包括对政府的要求、批评、建议等 219 项，其中关于镇压反革命及公安、司法 41 项；关于灾情 29 项；关于文教卫生 28 项；关于工农业生产及水利 21 项；关于抗美援朝运动 12 项；关于税收负担 11

项；关于干部作风11项；关于民主建政10项；关于交通贸易9项；关于优抚代耕工作5项；其他42项。人民反映意见的内容之广，由此可见一斑。

各地协商委员会接受人民意见的途径大体有以下几个方面：

一是各种会议。协商委员会的全体会议，一般都设立提案审查委员会，参加会议的委员可以通过提案，把人民意见反映上来。此外，有些协商委员会还通过常委会议、主席会议、秘书长办公会议、各专门委员会（专门小组）会议和各种座谈会，搜集人民意见。

二是通讯联系。一些协商委员会明确规定，协商机关要每月或每半个月给代表和委员写一次信，主动征求意见。有的协商委员会发给代表和委员专门的信纸、信封和邮票，让他们随时反映人民意见。有的省协商委员会还拟定了“通讯联络办法”，委托各市、县协商机关代为邀集住在该市、县内的省各界人民代表，组织通讯小组，搜集并及时反映人民意见。

三是组织代表小组。许多县各界人民代表会议常务委员会采取了“驻会常委——中心小组长——代表小组长”三连环的代表小组联络办法，即驻会常委按行政区分片负责与中心小组长联系，中心小组长负责与代表小组长联系。一般每个区设一中心小组，每个乡或大的自然村设一代表小组。代表小组的代表一般都比较集中，随时都可以向代表小组长反映所搜集到的人民意见；各代表小组长则利用集市日每半月或十天在区公所所在地接头一次，把各代表小组搜集到的人民意见反映给中心小组长，再由中心小组长把意见反映给驻会常委。这种办法解决了代表住地分散和部分代表写信不便的困难，沟通了代表反映意见的渠道。

四是设立有关信访机构。有的协商委员会除了广泛搜集代表和委员反映的人民意见外，还设立“人民问事处”或印发“人民意见提供簿”，直接搜集人民群众的意见。

此外，还有些协商机关经常组织人员到基层单位直接听取群众意见。群众的意见反映到协商机关后，一般都能得到比较满意的答复和处理，因而协商机关在群众中的威信也比较高。有时协商机关的干部下了乡，群众高兴地说：“咱们说话机关的人又来了”，接着就向他们围拢来，纷纷提出意见。

各地协商委员会接受和反映人民意见的工作，对于帮助中共各级党委和政府及时了解各地群众的各种要求和有关部门执行政策的情况，纠正各种偏差发挥了积极的作用。如河北省一位渔民代表写信给省协商委员会，要求政府将在东北代购的木樯提前送到，以免耽误渔期。河北省协商委员会与省人民政府经过多次协商，并请政协全国委员会协助，使这一问题得到圆满解决。又如，一位农民代表向河北省协商委员会写信反映，有些地方发放救济粮出现偏差，致使有些户十分困难，妨碍了生产。省协商委员会及时把这个问题反映到省救灾委员会，经调查核实后，重新补发了救济粮。各地协商委员会通过这项工作进一步密切了各级中共党委和人民政府同人民群众的关系，保证了中国共产党和人民政府各项方针政策的贯彻落实。

新中国成立初期，各地协商委员会在中国共产党的领导下，做了很多工作，取得很大的成绩，但发展很不平衡。正如陈叔通在政协一届全国委员会四次会议上所作常委会关于会务的报告中的估计，协商委员会的工作大体可分为三类，“第一类较好，它们的工作机构较为健全，有适当数量和质量的工作干部，有一定的业务活动费，特别是当地领导方面给予了充分的重视和支持，因而建立了经常工作。它们在协助政府动员人民推动各项运动和中心工作上，在联系人民，反映和处理人民意见以及组织各界人士进行学习等工作上，均获得了相当的成绩，发挥了协商机关应有的作用。这类省、市协商机关在目前还只是少数。第二类较差，它们进行了部分工作，但不够经常，不够全面。这与当地领导方面重视不够和机构编制不充实是有密切关系的。这类省、市协商机关在目前还是多数。第三类最差，机构很不健全，干部既少又不固定；会议既不常开，开会又往往流于形式；经常活动很少，甚至完全没有。这类省、市协商机关虽然不多，但亟应引起各地领导方面的注意，而加以改进。”

第二节　政协地方委员会的重要会议和调查研究工作

1954年，地方各级人民代表大会相继召开以后，各界人民代表会议由于完成了代行人民代表大会职权的历史使命而不复存在，各界人民代表会议协商委员会则作为统一战线组织继续保留。各省市根据同年 12 月制定的人民政协第一部章程的有关规定，在原来协商委员会的基础上，成立了人民政协地方委员会，继续发挥作用。

一、开好政协各种会议，协商地方重要事务

政协地方委员会召开的各种会议，是各级地方政协组织参与协商地方重要事务的主要场所，也是实施民主监督的重要渠道。1955 年 1 月，中共中央在《关于统一战线工作的指示》中指出：政协各省、市地方委员会全体会议，每年至少应开会一次；对于有关国家政治生活和统一战线的重大问题，特别是关于资本主义工商业改造、人民代表大会代表和人民政府委员的候选名单、政协地方委员会的各种名单等，应提到适当的会议上进行协商。这种对重大问题的协商会议每年至少要有四次，即平均每季有一次；此外还应有一些对若干个别问题的协商会议。这一指示解决了地方各级人民代表大会召开后出现的忽视地方政协工作的倾向，为地方政协工作的继续开展铺平了道路。

从 1959 年以后，政协各级地方委员会的全体会议，一般和同级人民代表大会同时召开并列席人大的有关会议，听取当地政府工作报告、财政预决算报告和其他有关重要报告，参与地方重大事务的协商并进行民主监督。这种协商和监督，主要是通过三个环节实现的：一是全体会议的分组讨论；二是全体会议的大会发言；三是委员提案。

全体会议的分组讨论，一般是在列席人大会议后进行的。分组讨论一般是以党派、团体、少数民族等界别为单位分别进行，能较深入地反映各自所代表的界别的意见。各组讨论的意见，以简报、快报等形式，迅速反映到当地中共党委、人大、政府和有关部门。有的地方政协还把分组讨论中所提出的比较重要的意见、建议和批评，归纳整理成若干个重点问题，正式报送中共党委、人大、政府和有关部门。

全体会议的大会发言，有的是分组讨论中比较重要发言的进一步展开，有的是有关界别、有关专门委员会、有关专题调查组经过认真调查研究后形成的重要意见和建议，许多发言都能针砭时弊，言之有物，有较高的质量。

大会发言时，许多地方政协还邀请中共党委、人大和政府部门一些主要负责人参加，有些重要的大会发言还要通过新闻媒介全文或摘要发表，往往能引起社会的广泛关注。如天津市政协委员罗耀星在市政协七届一次会议上关于天津地面沉降发展速度很快，对城市的发展威胁极大，呼吁尽快采取有力措施加以控制的发言，引起很大反响。会后，市政协邀请部分委员和有关专家进行专题座谈，提出了 9 条控制地沉的具体措施的建议。这项建议经市政府批转市城乡建设委员会处理后，市城乡建设委员会召集有关部门开会研究，认为应采取有效的行政手段、经济手段和技术措施，并决定由各有关部门分头编制《控制地沉措施规定》《地形形变测量规划》《农灌地下水开采规划》，以防止过量开采地下水，控制地面下沉。

委员提案也是全体会议的一项重要内容。1983 年以前，各地方政协都在全体会议期间成立提案审查委员会，征集和审查委员的提案，提出审查报告，全体会议闭会后，提案审查委员会即自行消失。1983 年以后，地方政协相继将全体会议期间设立的提案审查委员会改为常设的提案工作委员会，并设立了提案工作办公室，委员提案成为各级地方政协的一项经常性工作。但是，征集和审查委员提案，仍然是全体会议的一项重要内容。各级地方政协每年在全体会议期间征集和审查的委员提案，大都占全部提案的 2/3 以上。各地方政协在全体会议召开前 1 个月，一般都通知委员就地视察，调查研究，准备提案，或者把平时收集到的各种意见加以充实和系统化。有的地方政协在全体会议期间，对大会发言和小组讨论中比较好的意见，还建议委员进一步加以集中，形成提案，向有关部门正式提出。许多委员提案产生了实际效果。如宁夏回族自治区政协委员洪清国等所提出“加速修建引黄扬水工程，以解决宁南山区干旱问题”的提案，引起中共中央和宁夏回族自治区领导的重视，着手修建了扬水工程。吉林省政协委员刘光提出“建议长春市中共宽城区委停止在上海路小学修建住宅，按照国务院规定退还占用小学场地”的提案后，省教育厅不仅立即查实制止，而且下发文件，要求全省各地教育行政部门从中汲取教训，并组织力量对本地的学校被占用情况进行一次全面检查，从而促进了各地占用校舍问题的解决。实践证明，提案工作作为各级政协行使政治协商、民主监督职能的一个重要方面，既是各级政协委员行使民主权利，对中共各级地方党委和政府工作提出建议和意见，参与地方重要事务管理的一种方式，也是中共各级地方党委和政府联系人民群众，听取人民意见的一条重要渠道。

政协各级地方委员会的常务委员会议，也是各级政协组织行使政治协商、民主监督职能的一种重要形式。常务委员会一般每个季度举行一次，议题范围很广，也比较灵活。中共中央和中共地方党委、国务院和地方政府召开重要会议，作出重大决议后，各地政协都及时召开常务委员会议进行讨论。如中共中央 1986 年 9 月召开十二届六中全会，作出《关于社会主义精神文明建设指导方针的决议》后，各地政协普遍召开了常委会议进行传达贯彻，并对当地党委提出的加强社会主义精神文明建设的具体措施进行协商讨论，提出修改意见。各地政协举行常务委员会议，有时还邀请当地中共党委和政府的负责人到会作报告或通报情况，并进行有针对性的协商讨论，提出建设性的意见。有些地方政协对于地方某些重要事务和有关群众生活的重大问题，还专门召开扩大会议进行协商。如山东省政协 1961 年 10 月召开以生产救灾为中心的常委扩大会议，对当时的经济形势作了全面的分析，既实事求是地肯定了成绩，又客观地分析了工作中的缺点，对于沟通思想，统一认识，调动各界人士克服困难，进行生产自救的积极性，发挥了积极作用。又如，1986 年 1 月，辽宁省政协召开五届五次常委扩大会，对省政府拟订的《辽宁省“七五”计划轮廓设想》草案，按行业、分问题进行了充分的讨论，提出了有情况、有分析、有措施的 12 个方面 136 条意见和建议。此外，各地政协的常务委员会议，对于本会一些重要的视察报告、调查报告、建议案等，也要进行协商讨论，形成正式文件后，再送交有关部门；一些地方性法规、条例的草案也往往在常委会上协商修改；统一战线内部的一些重要事务和群众普遍关心的一些问题，也常常在常委会上协商讨论并作出决议。

政协各级地方委员会的主席会议，于 1982 年正式载入政协章程后成为一种例会制度，主要任务是负责处理常务委员会的重要日常工作。主席会议可以说是一种较高层次的小型协商会，许多地方的重要事务，包括地方的重大决策、重要人事安排和群众普遍关心的问题，都常常在主席会上讨论协商；在常委会闭会期间，一些以政协组织名义向当地中共党委、人大、政府提出的重要建议案，也要经主席会议协商决定。

政协各级地方委员会的工作组（委）会议，是全体会议闭会期间组织委员进行经常性活动的工作机构，也是政协地方委员会开展经常性政治协商、民主监督工作的一条重要渠道。工作组（委）是按政治、法律、经济、文教、科技等不同领域以及统一战线各个方面的内容划分的，参加工作组（委）活动的除政协委员外，还邀请非委员的各界代表性人士参加，其中包括各方面的专家、学者和有丰富实践经验的老干部。工作组（委）的许多议题都是经过反复调查研究以后提出的。因此，工作组（委）讨论的内容不但比较专，而且协商讨论也比较深，提出的意见和建议具有一定的科学性、系统性和可行性，很受各方面的欢迎。工作组（委）会议的形式多种多样，有专题座谈，有专题研讨，有专题论证，有时还和当地各对口的委、办、局等政府职能部门联席召开会议，进行协商。

此外，政协各级地方委员会还通过其他一些会议，进行政治协商和民主监督。如早在五六十年代就曾经召开过“双周座谈会”、曾提出过许多好的意见和建议。进入新的历史时期后，一些地方政协又创造了“意见听取会”“献计献策会”“民主人士座谈会”等等会议形式，有的已经形成制度，有的则根据需要随时召开。政协各级地方委员会还通过列席同级中共党委、人大、政府部门的有关会议，直接参与一些重要问题的讨论。

二、深入调查研究，主动献计献策

调查研究是充分发挥各级人民政协组织政治协商、民主监督作用的重要前提、依据和保证。各级地方政协十分重视开展深入的调查研究，为各级中共党委和政府决策科学化、民主化献计出力。调查研究的形式多种多样，如组织参观视察、专题调查、专题座谈、系列调查、协作调查、跟踪调查等等。参观视察，一般是根据各地方政协全体会议的决议，选定若干地区和若干视察项目组织视察，或者是在下次政协全体会议召开前，围绕会议即将讨论的主要议题和准备提案，在本地区就地组织视察。视察的特点是能一次吸收较多委员参加调查研究活动，委员们有机会同一些地区或部门的主要负责人直接见面和对话，有利于委员了解宏观和感性的材料，也有利于开好政协全体会议和贯彻全体会议的决议。专题调查和专题座谈，大多是根据地方政协全体会议和常务委员会议提出的各项任务，选定地方重大事务或统一战线内部的重要问题以及人民群众普遍关心的问题，以某一专门委员会为主，组织比较精干的专题小组，进行深入细致的调查研究和研讨。其特点是比较精干灵活，能深入到人民群众之中，听取人民群众的呼声，能集中解决好一两个比较重要的问题。专题座谈则偏重于在专题调查基础上的研讨，由于委员们对讨论的专题具有专业知识基础，又有专题调查得来的第一手材料，往往能够把问题议深议透。系列调查、协作调查和跟踪调查，都是围绕某一重要课题，采取多方位、多层次的综合性、系统性的调查方式。此外，还有许多地方政协根据需要，组织各种形式的检查组，如落实政策检查组、为政清廉检查组等，或者是政协单独组织，或者是与有关单位联合组织。这种调查形式既深入了解了情况，又是一种民主监督的有效手段。

政协地方委员会在实践中还创造出许多进行调查研究的方法，从选题到调查、论证直至递交调查报告，都有一些很好的办法和措施。

各地方政协普遍认为：选好题、选准题，是搞好调查研究的前提条件；既然人民政协的主要职能是对“大政方针和群众生活的重要问题进行协商，并通过建议和批评发挥民主监督作用”。在选定调查研究题目时，就应该以选择宏观的、全局性的、长远性的、各条战线急需解决的重大问题和人们普遍关注的问题为主。有时即使选择一些局部问题，也必须是对全局有指导意义的“小中见大”的课题，而不是搞四面出击和面面俱到。山西省政协还总结出几条选题原则：一是凡属人民群众希望中共党委和政府部门办而没有办，或者拟办但没有充分把握的事，政协就抓住这样的问题，进行深入的调查研究，积极向中共党委和人民政府提出建设性的意见，进行政治协商；二是凡属中共党委和政府部门不该办而办了或者该办而没办好、各界群众有强烈意见的事，政协也应及时抓住这样的问题，进行深入调查研究，建议中共党委和政府部门改正和纠正，以发挥民主监督的作用；三是凡属中共党委和政府部门在一些重大问题上主动征求政协意见，或者委托政协调查研究的事，政协也应该认真调查研究，进行科学论证，为领导机关决策科学化献计出力。

中共十一届三中全会后，随着全国工作重点转移到社会主义现代化建设方面，各级地方政协也把注意力转到围绕四化建设这一中心任务，特别是围绕地方发展的宏观战略和重大建设项目，进行深入的调查研究，为发展地方经济出谋献策。如北京市政协在1985年到1987年6月2年多时间内，以首都发展战略为研究重点，先后进行了多次专题调查，并会同中共北京市委统战部召开两次全市统战系统的首都发展战略讨论会，围绕首都发展战略指导思想、城市建设规划、产业结构调整等问题进行研讨，提出了不少具有重要参考价值的意见。又如四川省政协在1984年到1986年，抓住四川经济发展中的一个薄弱环节——“老、少、边”地区（革命老根据地地区、少数民族地区、边远山区）连续三年进行了三次专题调查，提出了占四川省总面积80%的“老、少、边”地区是本省经济发展战略中的一个影响很大的制约因素这样一个新概念，并且提出了一系列的切合实际的对策。

一些沿海开放城市和经济特区的政协组织，利用政协委员对国内外的有关情况比较熟悉，在海内外有广泛的社会联系和影响的特殊优势，侧重在贯彻对外开放方针问题的调查研究，为本地区的经济开放搞活献计献策。如上海市政协在本市刚出现第一家与港商合资的企业“上海联合毛纺织公司”时，针对当时一些部门对合资企业的看法不完全一致，从中央到地方还缺少一套与合资企业发展要求相适应的规章制度，有些具体政策还不够明确等问题，到该厂进行实地考察，对于统一对合资企业的认识和解决一些具体问题都起到了一定作用。此后两年，上海市政协又两次到这家公司进行专题调查，向有关单位反映问题，提出建议。国务院有关工作会议在讨论合资法实施条例草案时，曾参考了上海市政协委员所提的意见。

少数民族地区的政协组织，则根据民族地区的特点，围绕如何促进民族经济文化的发展和繁荣、加强民族团结等问题进行调查研究。如内蒙古自治区政协先后对蒙文蒙语使用、蒙医蒙药事业、民族干部培养、民族教育状况、少数民族妇幼保健事业等问题进行调查，分别写出调查报告，分析了存在的问题，提出了不少意见和建议。广西壮族自治区政协针对少数民族聚居地区经济落后的状况，把帮助这些地区脱贫致富作为调查研究的一项重要课题，曾多次深入少数民族贫困县考察，对如何利用山区资源，发展山区工农业、乡镇企业、林业、畜牧业生产以及发展山区文化教育事业等问题进行调查研究。新疆维吾尔自治区政协把调查研究和配合中共党委和人民政府贯彻民族政策，增进民族团结结合起来，每年都组织各族委员深入机关、学校、医院、厂矿、商店、农贸市场和多民族聚居地区，调查了解贯彻民族政策、增强民族团结的情况。宁夏回族自治区政协也积极进行有关民族问题的调查研究。1980 年 6 月，自治区政协根据一些委员和回族群众的反映，深入到银川市几个肉食生产和经销单位进行调查研究，写出《关于银川市副食品单位执行民族政策情况的调查报告》，经中共自治区委据此责成中共银川市委和有关部门研究解决，银川市商业局为此专门发了文件，使问题得到较好的解决。

在进行调查研究的过程中，各地政协都注意既知上情，又知下情；既重视理论、经验，又重视实践的检验。知上情，就是在就某一问题进行调查研究时，首先了解中共中央、国务院以及当地中共党委和政府部门的文件、部署精神及有关方针政策，有一个对大政方针准确、全面的理解，避免协商、监督的无的放矢。知下情，就是通过深入的实地调查，了解基层组织对有关文件、政策的看法及贯彻落实的情况，倾听群众的呼声，找出存在的问题和困难等等，掌握典型材料。调查人员多是一些专家、学者和有丰富经验的老干部，他们对一些理论问题、国内外的情况都比较熟悉，但是不拘泥于现成的结论，而是从实际出发，掌握第一手材料，进行研究，提出符合实际的建议。

各地政协在对调查的课题进行论证时，都注意发扬民主协商的传统，进行反复论证，多方协商，提出有情况、有问题、有分析、有建议的调查报告。有些专题还要邀请调查所涉及的单位、有关专家和当地中共党委、政府部门的负责人到会听取意见，多方面共同进行协商。对于调查报告，也要进行反复修改，有些比较重要的调查报告还要经过政协常委会或主席会议讨论通过后，以政协常委会或主席会议建议案的形式向有关部门提出。

各级地方政协通过调查研究，一方面主动力地方中共党委和政府部门决策科学化、民主化献计出力，另一方面又及时发现地方中共党委和政府部门决策中的一些失误，以及贯彻有关决策过程中的偏差，提出批评建议。许多地方政协通过调查论证后提出的意见和建议被采纳后，产生了很好的经济效果和社会效果。有的地方政府负责人亲切地称赞政协委员是“找上门的智多星”，许多地方政府负责人还经常到政协“登门问计”。地方政协在群众中也有很高的威信。有的群众反映说，政协办事很公道，政协的人懂政策、不偏袒，还可以帮助解决一些很棘手的老大难问题，因此，很多群众都愿意找政协反映问题。一些地方政协的干部也深有感触他说，“不出门，无所作为；走出门，大有可为。”有的地方政协也改变了过去“坐等协商”、“从旁监督”的局面，通过调查研究，直接“参与其事”，“共谋其政”，在协助中共党委和政府部门正确决策，并帮助他们及时发现和克服工作中的缺点和失误方面发挥了积极作用。

第三节　政协地方委员会政治协商、民主监督的发展过程

政治协商、民主监督工作作为政协地方委员会的一项主要职能，并且逐步向经常化、制度化方向发展，是经历了一个发展过程的。当协商委员会这种组织形式在各地出现之初，人们对它的性质、任务和作用的认识很不一致。有的地方政府把协商委员会看成是政府的隶属机关，对它颁发指示或命令；有的地方则把协商委员会看成代议机关，凡是政府要做的工作都要提交协商委员会通过或追认；有的地方协商委员会的工作和会议与政府的工作和会议搅在一起，或则代办了政府的工作，或则放松了本身的职责。有些地方协商委员会在与当地中共党委统战部和各民主党派、人民团体的关系上，也有些模糊认识。针对这些问题，政协全国委员会于 1951 年 4 月召开全国省、市协商委员会秘书长会议，明确了协商委员会是统一战线的政治协商的组织，是人民政府经常进行协商与取得建议的机关。政协全国委员会秘书长李维汉在会议的总结报告中还明确指出：协商机关的专责就是搞政治协商。这次会议

虽然还没有明确提出各级协商机关具有民主监督职能的问题，但是，从会议把各级协商机关接受和反映人民意见，对政府工作提意见、建议和批评作为一项重要工作这一事实可以看出，各级协商机关已经具有了民主监督的职能。

1954 年各级人民代表大会相继召开后，毛泽东及时指出，人大是权力机关，并不妨碍我们成立政协进行政治协商。1955 年，根据毛泽东的指示和第一部政协章程的有关规定，各省、自治区、直辖市和部分市、县成立了政协地方委员会。1956 年 4 月，毛泽东在著名的《论十大关系》一文中提出了各民主党派与中国共产党“长期共存，互相监督”的方针。同年 12 月，中共中央批准中央统战部《关于加强政协地方委员会工作的意见》中指出，各级政协的主要作用是：“（一）安排人物。无论在哪个方面有一定代表性和影响的人士，只要拥护社会主义，或者只要爱国，就可以考虑从政协加以安排，以便于团结和改造他们以及他们所联系的群众。（二）政治协商。通过政协更便于我党同民主党派、民主人士进行政治协商，以达到政治上、行动上的一致和发挥党外人士的积极作用。（三）调整关系。统一战线内部的各种关系问题（包括民族关系问题），常常从政协反映出来，经过讨论和处理，就能够发挥调整关系的作用。（四）监督作用。通过政协能够比较集中地和广泛地发挥民主党派、民主人士对党和国家机关的工作的监督作用；同时也便于实行党对民主党派、民主人士的监督。（五）推动和组织民主人士和资产阶级分子进行学习和自我改造。（六）参加国际活动，协助进行国际统一战线工作。”这个文件除进一步肯定了各级政协具有政治协商的职能作用外，还明确提出了各级政协具有监督的作用。但是，随之而来的反右派斗争扩大化，严重地影响了全国各级地方政协组织行使政治协商职能的积极性，以致一些县的政协产生了政治协商不需要了，甚至县政协也可以撤销了的思想。在这种情况下，1958 年 11 月，政协全国委员会会同政协山东省委员会在济南召开了一次县政协工作现场会。会议明确指出，“有人认为不需要政治协商了，这个意见是不对的。通过协商可以沟通各方面的政策思想，宣传、贯彻中国共产党和国家的政策，既能教育提高各界人士，又能充分反映各方面意见，集思广益，这是正确处理人民内部矛盾的重要方法，同时也是中国共产党同各民主党派、无党派民主人士实行互相监督的重要方法，今后还应当重视政治协商工作。”但是，由于“左”的思想不断冲击，地方政协的政治协商和民主监督也不断受到干扰，到“文化大革命”时各级地方政协被迫停止了工作。

粉碎“四人帮”以后，政协各级地方委员会重新恢复工作，工作重心开始转移到为四化建设服务的轨道上来，政治协商、民主监督作为各级政协的主要职能也逐渐明确下来，并且开始向经常化、制度化方向发展。

1979 年 6 月，邓小平在政协五届全国委员会二次会议开幕词中提出了新时期的统一战线和人民政协的任务，他说：“中国的社会主义现代化建设事业，继续需要政协就有关国家的大政方针、政治生活和四个现代化建设中的各项社会经济问题，进行协商、讨论，实行互相监督，发挥对宪法和法律实施的监督作用。”① 这实际上已经把政治协商和民主监督提到了各级人民政协组织主要职能的地位。1982 年 12 月制定的人民政协第三部章程进一步明确规定，人民政协的主要职能是“对国家的大政方针和群众生活的重要问题进行政治协商，并通过建议和批评发挥民主监督作用”。

在 1986 年 2 月 20 日至 27 日举行的全国地方政协工作座谈会上，各地政协负责人共同交流了新时期地方政协工作经验，讨论了今后如何进一步开创人民政协工作新局面的问题。会议明确指出，政治协商和民主监督，是人民政协的主要职能，应当经常化和制度化。会后，中共中央办公厅转发了以政协全国委员会机关党组名义起草的《关于全国地方政协工作座谈会情况的报告》，要求各级中共党委和政府从巩固统一战线、建设高度的社会主义民主、发挥政协综合人才库的整体功能为两个文明建设服务的高度，充分发挥政治协商和民主监督的作用。这一文件下发后，对各级地方政协的政治协商、民主监督工作起了很大的推动作用。许多地方中共党委和政府就改善和加强对政协的领导和支持问题作出了一些规定。不少地方政协也根据以往的实践经

① 邓小平：《新时期统一战线和人民政协的任务》，《邓小平文选》，人民出版社 1983 年 7 月第 1 版，第 173 页。

验，对如何履行政治协商、民主监督的基本职能制定了一些制度。这些规定和制度，对政治协商、民主监督的内容、形式、程序和条件等都作了具体的规定，标志着地方政协的政治协商、民主监督向经常化、制度化方向迈出了一大步。

综合各地有关规定，政治协商、民主监督的主要内容，大体有以下一些方面：一、贯彻中共中央和国家大政方针的部署和重大措施；二、本地全局性的重大改革开放方案、重大决策和重要方针政策的制定及其执行情况；三、同级人民政府的政府工作报告、财政预决算报告；四、本地经济和社会发展的总体规划；五、本地物质文明建设和精神文明建设的重大问题；六、地方性的重要法案和行政法规；七、本地行政区划的变动；八、本地人大、政府和政协等方面的重要人事安排；九、有关群众生活的重大问题；十、有关台湾同胞、港澳同胞和海外侨胞工作方面的方针政策；十一、统一战线内部的共同事务及重要问题；十二、其他方面的重要问题。

各级地方政协进行政治协商、民主监督，主要有以下一些形式：政协地方委员会全体会议、常务委员会议、主席会议、工作组（委）会议；根据需要召开的地方各民主党派、无党派爱国人士、人民团体、少数民族和各界爱国人士代表参加的民主协商会、专题座谈会、专题论证会和意见听取会等；政协地方委员会和地方各民主党派、人民团体秘书长联席会，各专门委员会同地方政府有关职能部门的协商会；地方各级政协负责人应邀列席同级中共党委、人大、政府及其他有关方面的重要会议；政协地方委员会组织委员视察以及参加地方政府有关部门统一组织的某一方面的调查和检查活动；政协委员持证视察、提案、举报及其他各种形式的书面或口头意见。

有的地方政协还制定了政治协商、民主监督的程序，对议题、形式、研究、论证、处理等都作了具体规定。政治协商的议题和采取的形式，可以由地方中共党委、政府或人大提出，也可以由政协地方委员会提出；经过双方协商确定议题后，有关方面要将与议题有关的文件资料、情况说明等尽早提交参加协商的有关人员，以便了解情况。政协地方委员会要根据协商的议题，组织参加协商的委员熟悉有关文件，收集有关资料，搞好调查研究。政协地方委员会就某一方面议题进行研究讨论时，可以邀请中共党委、政府及有关部门负责人出席会议，介绍情况，听取意见。政协地方委员会协商后形成的意见、建议或提出的批评，由政协办公厅（室）或工作组（委）以正式文件形式送交有关部门；特别重要的意见，要经常委会、主席会甚至全体会议通过决议案和建议案，送中共党委和政府研究处理。

随着中国政治体制改革的不断深化，人民政协作为中国政治体制的一个重要组成部分，在发挥政治协商、民主监督职能方面，已经取得了可喜的成绩。但是，各地方政协的政治协商、民主监督工作在发展上还很不平衡。不少地方政协的政治协商、民主监督工作存在着因人而异的现象，或者取决于当地中共党委和政府主要领导人的“开明”与否，或者取决于政协主要领导人声望的大小。有的地方政协的政治协商、民主监督工作甚至流于形式。即使在一些政治协商、民主监督工作开展得比较好的地方，继续充实和完善已经初步形成的一些规定和制度，逐步实现政治协商、民主监督的经常化和制度化，仍然是一项长期的任务，需要进一步发挥各级人民政协组织和各级党政领导机关两个方面的积极性。实践证明，哪里的中共党委加强了对政协工作的领导，政府部门加强了对政协工作的支持，那里的政治协商、民主监督工作就开展得比较活跃，并且逐步走上经常化、制度化的轨道。同时，政治协商、民主监督工作开展得比较好的地方，那里的民主政治建设就搞得比较好，就能调动更多的积极因素，团结更多的人民群众，推进各方面工作的顺利开展。因此，各级人民政协的政治协商、民主监督工作，不断向经常化、制度化方向发展，是中国民主政治发展的必然趋势。

第十八章
政协地方委员会的各项重要工作

政协各级地方委员会为适应各地进行的社会主义革命和建设的需要，在履行政治协商、民主监督的同时，还在许多方面进行了大量的工作。在“文化大革命”以前，地方政协的主要工作着重在促进地方各族人民大团结，巩固人民民主专政，发展国民经济，帮助各界人士进行自我教育和自我改造。十年动乱结束后，各级地方政协在中国共产党第十一届三中全会的正确路线指引下，为建设社会主义物质文明和精神文明，为统一祖国，振兴中华，不断开辟新的工作领域，在当地的政治生活、经济生活和文化生活各方面都做出了重要的贡献。

第一节　促进人民大团结，巩固人民民主专政

一、团结地方各界人士，继续完成民主革命的任务

中华人民共和国成立后，各地相继召开了各界人民代表会议，并建立了省、市协商委员会和县常务委员会，在协助地方政府肃清国民党的残余武装，镇压反革命活动，建立革命秩序，进而在完成减租减息，征粮征税，恢复和发展生产，恢复和发展文化教育事业等方面做了大量工作，对于促进地方人民大团结，巩固新生人民政权发挥了积极的作用。

从1950年下半年开始，全国先后开展了大规模的土地改革运动、抗美援朝运动、镇压反革命运动。这三大运动对社会上一部分人士震动很大。有的本人拥有较多的土地，或者和封建剥削有联系；有的有崇美、亲美、恐美思想，对人民志愿军和人民的力量估计不足，害怕招致灾祸；有的过去和国民

党反动派关系密切，唯恐在镇压反革命中受到牵连。面对这些复杂情况，如何解除这些人的顾虑，取得他们对三大运动的支持，成为各地协商委员会和常委会的重要工作任务。

（一）推动各界人士支持、参加土地改革运动。

1950年6月在全国范围内开展的土地改革运动，是一场激烈的阶级斗争，牵涉到各阶级、各阶层的人。各地协商委员会和常委会为了推动地方各界人士支持和参加土地改革运动，曾多次召开各界人士座谈会，邀请负责当地土地改革工作的干部，结合当地情况讲解有关土地改革的政策法令，帮助各界人士了解土地改革的必要性、重要性，并分期分批地吸收他们到农村参加或参观土地改革工作，使他们在实际斗争中提高了认识。许多人积极向自己的亲戚朋友中的地主宣传土地改革政策，使那些对土地改革持对立态度的地主有所转化，减少了对于土地改革运动的阻力。

各地协商委员会和常委会在土地改革中，还设立了由各界代表参加组成的“城乡联络委员会”或“城乡调解委员会”，处理了大量城乡人民之间的矛盾问题，有助于土地改革运动的顺利进展。例如，按照在土地改革中对小土地出租者和华侨实行妥善照顾的政策和对城镇工商业实行保护的政策，“城乡联络委员会”或“城乡调解委员会”同当地农民协会密切配合，既坚决支持农民的反封建斗争，动员和说服有关各界人士包括工商界人士把属于封建剥削的土地财产归还给农民，又坚决保护属于工商业方面的生产资料和生活资料，并且在政治上保护那些在民主革命斗争中有所贡献的民主人士和国民党的起义人员。这项工作合理地解决了城乡各界人士同农民之间的矛盾，适当地协调了城乡人民之间的关系，使土地改革运动进行得比较有秩序，从而有助于土地改革任务的胜利完成。

（二）推动各界人士积极投入抗美援朝运动。

1950年6月美国政府派遣军队对朝鲜战争进行武装干涉后，中共中央为了援助朝鲜人民的抗美救国斗争，保卫刚刚诞生的新中国，做出了“抗美援朝、保家卫国”的战略决策，中国人民派出了志愿军开赴朝鲜前线，同朝鲜人民军并肩战斗，打击美国侵略军。在中国共产党和各民主党派于11月4日发表抗美援朝的联合宣言后，各地协商委员会和常委会根据政协全国委员会关于积极参加和推动抗美援朝、保家卫国运动的通知，立即组织各界人士座谈讨论联合宣言和政务院总理周恩来在政协一届全国委员会常委会第十八次会议上所作“抗美援朝，保卫和平”的报告，以提高认识，克服恐美思想，增强保家卫国的决心。此后，许多地方的协商委员会和常委会还邀请志愿军英雄向各界人士作报告，介绍志愿军的高度爱国主义、国际主义精神和打击美国侵略者不断取得胜利的光辉事迹。有的省、自治区、直辖市协商委员会的委员和各界代表参加了赴朝慰问团，到朝鲜前线进行慰问活动；赴朝慰问团归来后，又向各界人士报告慰问情况以及在前线的见闻和感受。这些活动提高了各界人士的爱国热情和胜利信心，他们积极为志愿军捐献飞机大炮，深入街道农村慰问志愿军烈属、军属，并制定爱国公约，以实际行动支援抗美援朝斗争，力争取抗美援朝的伟大胜利做出了积极的贡献。

（三）推动各界人士积极参加镇压反革命运动。

1950 年 10 月，中共中央领导全国人民大张旗鼓地开展了镇压反革命运动。在这次运动中，各地协商委员会和常委会积极组织各界人士座谈讨论中共中央《关于镇压反革命活动的指示》和中央人民政府颁布的《中华人民共和国惩治反革命条例》，参观反革命罪行展览，参加群众揭发控诉反革命分子大会；有些地方的协商委员会还邀请当地公安、检察、法院等部门负责人报告当地镇压反革命工作的情况，组织各界人士代表参加讨论反革命案件的判决案例。各界人士通过以上的活动，提高了觉悟，增强了积极性，有的由原来担惊害怕或冷眼旁观，转变为积极揭发检举；有的由原来与亲戚朋友中的反革命分子划不清界限，转变为耐心向他们讲解政策，动员他们悔过自首，走坦白立功的道路，支持和拥护政府稳、准、狠地打击一小撮最凶恶最顽固的反革命分子。

各地协商委员会和常委会在三大运动中所进行的各项工作，对于提高各地各界人士的爱国主义觉悟，划清敌我界限，从而为巩固新生的人民政权，彻底完成民主革命任务，做出了积极贡献。

二、调整关系，促进团结

协助共产党和人民政府及时地调整各种关系，不断增进统一战线内部的团结，是人民政协的一项重要工作。各级地方政协在调整阶级关系、民族关系、宗教关系、共产党员同党外人士的合作共事关系等方面，都做了很大的努力，为促进各方面的团结，缓和矛盾发挥了重要作用，其中以调整阶级关系、民族关系和宗教关系方面的工作较为突出。

（一）调整工人阶级同民族资产阶级之间的关系。

新中国成立初期，上海等大城市的资本主义工商业者乘当时敌人封锁，运输困难之机，抢购囤积物资，哄抬物价，从事黄金、银元、美钞等投机活动，致使物价猛涨，币值下跌，人心不稳。为了稳定局势，人民政府果断地运用正确的经济政策，打击了操纵市场，扰乱金融的首恶分子，控制了金融市场，同时采取了迅速建立国营商业机构和合作社，以控制主要商品等措施。到 1950 年 3 月，国家完成了财政统一管理，制止了通货膨胀，稳定了物价。但由于资本主义工商业者原来囤积的大量物资又倾吐到市场上来，市场上出现了供过于求的情况。私营工商业生意萧条，发生困难，有的导致倒闭。与此同时，国家为逐步消灭经济领域中的盲目性和无政府状态，对社会经济实行改组。民族资产阶级面临这些情况，困难加深，思想波动，表示不满，因而他们同工人阶级的关系很紧张。针对这一情况，毛泽东指示："革命胜利引起了经济改组。这种改组是必要的，但暂时也给我们带来很重的负担。……现在我们跟民族资产阶级的关系搞得很紧张"，"对民族资产阶级，我们要通过合理调整工商业，调整税收，改善同他们的关系，不要搞的太紧张了。"①1950 年 6 月政务院副总理陈云在政协第一届全国委员会第二次会议上的讲话，着重分析了当时中国经济形势，指出私营工商业产生困难的原因，提出了政府将向私营工商业进行加工订货，调整批发和零售差价，调整税收，联合公

---

① 毛泽东在中国共产党第七届中央委员会第三次会议上的讲话，《毛泽东著作选读》下册，1986 年 8 月第 1 版，第 695—696 页。

私力量，组织资金周转等调整公私关系的措施。随后，政务院发出了关于调整工商业的指示。上海等大城市的协商委员会配合国家对工商业的调整，以协商委员会为主吸收有关人士参加，组成“工商调整委员会”和“税收工作改进研究会”等临时机构，调查反映私营工商业者的困难和意见，协助有关单位落实加工订货、税收、资金等问题，帮助私营工商业改变过去那种投机的经营思想和经营办法，使它们在国营经济领导下，本着公私兼顾、劳资两利的原则，协调一致，发展生产。经过调整，私营工商业不但渡过了困难，而且有了一定的发展，阶级关系趋于缓和。

新中国成立初期，共产党和国家机关的一部分工作人员，经不起资产阶级思想作风的侵袭，出现了贪污、浪费和官僚主义倾向，有的甚至蜕化变质。针对这种情况，中共中央于1951年11月决定在全国各机关、团体、国营企业事业单位、部队、学校普遍开展反对贪污、反对浪费、反对官僚主义的“三反”运动。同年12月9日，政协全国委员会向各省市协商委员会发出了关于增产节约运动与反贪污、反浪费、反官僚主义斗争的指示。地方各级协商机关立即组织和推动各界人士投入“三反”斗争。1952年2月，全国开展了反行贿、反偷税、漏税、反盗骗国家财产、反偷工减料和反盗窃国家经济情报的斗争，即“五反”运动。地方各级协商机关在“五反”运动中，都召开了工商界人士座谈会，劝导工商业者端正态度，接受本地增产节约委员会的检查，动员有违法行为的工商业者坦白检举，对于减少阻力，推动运动的开展起到了积极作用。各地经过检查，大多数工商业户在不同程度上犯有“五毒”行为。据北京、上海、天津、武汉、广州、重庆、西安、沈阳八个城市的统计，犯有“五毒”的工商业户占受审查工商业户总数的76%。

当“五反”运动把工商界违法情况揭露出来以后，各地工商界人士思想混乱，经营消极，误以为是要提前实行社会主义，抵触情绪很大，阶级关系又出现紧张。各省、市协商委员会针对这一情况，于当年五六月先后召开扩大会议，吸收了省、市和省、市所辖各县工商界代表参加，由省、市增产节约检查委员会负责人向他们说明开展“五反”运动，打退资产阶级猖狂进攻的重大意义，说明私营工商业者只要遵守《共同纲领》，接受国营经济的领导，不犯“五毒”，政府将继续予以保护和扶持。会后，各县普遍作了传达，使绝大多数工商业户放下了包袱，重新端正了生产经营态度，阶级关系再度趋于缓和。

从1953年开始，全国人民在过渡时期总路线的指引下，为把资本主义所有制逐步改造成为社会主义全民所有制，进行了巨大的努力。到1955年下半年在全国一些大城市出现了一些资本主义工商业全行业公私合营的新情况，一个行业几十家乃至几百家企业一齐实行公私合营，加快了改变资本主义生产资料所有制的步伐。民族资产阶级的人们见来势迅猛，加以合营中对私营工商业户清产核资工作粗糙，估产偏低，因而他们普遍动荡不安。各省、市协商委员会和县常务委员会根据中共中央指示的精神，分别同当地工商业联合会召开了若干次工商界人士以及有代表性的工商界家属的座谈会、谈心会，并邀请地方有关部门负责人向他们宣传社会主义的好处和由社会主义代替资本主义是社会发展的必然规律，宣传中国共产党的和平改造和赎买政策等等。各地通过大力宣传解释，深入说服教育，虽然仍有人思想认识不通，但动荡不安的情绪大为减少，社会保持了安定，为迎接全国的全行业公私合营高潮打下了思想基础。

在1956年公私合营高潮中，政协各级地方委员会积极向政府反映工商界的合理要求，协助政府妥善处理清产核资和对资本家的人事安排等方面的问题，积极调整关系，减少阻力，为加快全面公私合营的进程做出了贡献。1956年秋，全国基本完成对资本主义工商业的社会主义改造以后，国内主要矛盾已不是工人阶级同资产阶级之间的矛盾。政协各级地方委员会对民族工商业者的工作，也转到协助他们继续加强思想上的自我教育和自我改造，以及推动他们为社会主义建设服务，使广大民族工商业者由剥削者逐步转变成为名副其实的自食其力的社会主义劳动者的轨道上去。

（二）调整民族关系。

在协助共产党和政府调整民族关系方面，政协地方委员会的工作，主要是积极宣传贯彻民族政策，组织委员和有关民族代表性人物学习《共同纲领》和宪法中有关民族方面的内容，学习中国共产党和中央人民政府有关民族问题的文件和中央领导人关于民族问题的报告等，以帮助大家提高认识，克服大汉族主义和狭隘地方民族主义两种错误思想倾向。

政协各级地方委员会曾多次组织少数民族上层代表人物到祖国首都北京和全国一些省市参观访问，并且组织同一地区的不同民族的代表人物互相访问，扩大各民族之间的接触和交往，以增进了解，消除民族间的猜疑，沟通民族感情，增强信心。新疆、甘肃、青海等省、自治区，有的县政协还协助有关单位建立“民族团结月”，在每年的团结月期间，举行座谈会、报告会、民族传统文艺会演、各民族经济文化展览等多种形式的活动，以促进各民族之间的团结。有些少数民族内部或多民族的杂居地区，有时发生集体冲突。对于这种问题，政协地方委员会都及时派员到冲突现场，协助有关单位进行说服劝导工作。许多事实证明，由地方政协和地方民族上层人士出面调解民族争端，能较快平息集体冲突，促成民族和解。

在“文化大革命”中，民族政策遭到破坏，民族冲突时有发生。粉碎“四人帮”以后，政协各级地方委员会陆续恢复工作，民族地区的地方政协把调解民族纠纷、制止民族冲突视作一项重要职责，使一些地方可能酿成严重后果的民族纠纷得以及时消弭，维护了当地安定团结的局面。

（三）调整宗教关系。

政协各级地方委员会在宣传贯彻宗教政策，团结宗教界人士和广大信教群众积极参加反帝爱国斗争和为社会主义建设服务的工作中发挥了重要的作用，并产生了很好的影响。

1. 积极推动天主教、基督教中爱国的神职人员参加反帝爱国斗争。

中国天主教、基督教中的宗教团体，长期以来在经济上依靠外国宗教团体的津贴捐助，在宗教事务方面受其支配控制，其中有的外国传教士是披着宗教外衣的帝国主义分子，他们在新中国成立后，利用宗教作掩护，进行反革命活动。1950 年年初，北京、天津、上海、南京、广州等城市的军事管制委员会，陆续驱逐了一批披着宗教外衣从事间谍活动的帝国主义分子出境。同年 12 月 29 日，中央人民政府政务院发出通知，要求凡接受外国津贴的宗教团体、学校、医院和救济单位，一律停止收受外国宗教组织和个人的津贴及捐助。宗教界人士和教徒误认为政府将要消灭宗教，思想波动很大。各地协商委员会和县常务委员会及时举行报告会，召开座谈会，反复讲解和宣传政府采取这些措施，是为了维护国家主权独立，反对帝国主义通过外国宗教组织和个人插手干涉中国宗教事务，而不是反对宗教本身。对于那些披着宗教外衣搜集中国政治、经济、军事情报以及挑唆神职人员和教徒反对人民政府的帝国主义间谍分子，协商委员会和常委会则推动爱国神职人员起来揭发声讨。这样就使广大宗教界人士和信教群众提高了认识，减少了对人民政府的对立抵触情绪。与此同时，各地协商委员会和常委会还积极协助有关单位推动宗教团体开展“自治、自养、自传”的“三自”革新运动，进一步肃清帝国主义对中国宗教的影响，使天主教和基督教的所有宗教团体在经济上组织上彻底与帝国主义割断联系，坚持走独立自主办教会的道路。这一运动受到广大爱国神职人员和爱国教徒的拥护，很快从少数城市普及到全国各地。通过“三自”革新运动，宗教界代表人士和教徒的爱国主义觉悟和民族觉悟有了显著提高。

但是，外国宗教反动势力仍然企图继续向中国的宗教团体进行渗透，干涉中国内政。特别是他们利用 1960 年以来中国发生暂时困难以及 1979 年以来中国实行开放政策的时机，多次向中国一些地方的教堂任命神职人员，或向一些宗教团体提出经济捐助。这些地方的政协地方委员会积极配合有关单位推动宗教爱国团体和爱国神职人员及爱国教徒，对他们干涉中国内政的行为进行了坚决的抵制，拒不承认他们任命的任何神职人员，拒绝收受附有任何条件的捐赠，从而维护了国家的主权和民族的尊严。

2. 协助调解有关宗教的各种矛盾。

新中国成立以来，地方各派宗教之间信守互不干涉、各自办好教务的情况是比较好的，教与教之间没有出现大的问题，而且各教在爱国和拥护社会主义的前提下，加强了政治团结，共同为发展中国的社会主义建设事业做出了贡献。但是，有些教派之间的矛盾也时有起伏，其中以伊斯兰教新老教派之间的矛盾比较突出，有时导致双方发生激烈对抗，严重影响社会安定和生产秩序。政协地方委员会每遇有这种情况，即与有关部门配合，首先做好宗教上层人士的工作，推动他们向自己的教徒施加影响以制止冲突，缓和矛盾，恢复秩序。每年开斋节前，新疆、宁夏两个自治区所属的许多县政协会同当地中共统战部、伊斯兰教协会等单位，深入到信教群众中去做细致的思想工作，劝说各教派穆斯林群众一起到当地清真大寺举行会礼，逐步建立起新老教派之间的团结和睦关系。

政协各级地方委员会为正确贯彻宗教信仰自由政策，还积极调整信教与不信教群众之间的关系，一方面加强宣传，使大家正确理解《共同纲领》和宪法中规定的宗教信仰自由的政策，另一方面积极协助解决发生的一些具体问题。如有的地方有的单位领导人员把信仰宗教的职工参加正当宗教活动当作迷信活动而加以禁止；有的地方排斥信教群众，不许他们参加集体所有制的合作社、工厂和商店等等。对这些问题政协都协助有关方面做好工作，加以解决。

在“文化大革命”的十年动乱中，宗教政策遭到破坏，很多寺庙、教堂被迫关闭，甚而被捣毁，宗教界人士受到冲击，引起信教群众的不满。粉碎“四人帮”后，政协各级地方委员会积极协助有关部门，有计划、有步骤地修复和开放了许多寺庙、教堂，请回了神职人员，恢复了正常的宗教活动。如政协西藏自治区委员会从1980年以来，先后多次组织有政协委员参加的调查组，实地考察了昌珠寺、桑鸢寺、雍布拉康、敏珠寺、藏王墓、楚布寺等宗教文物的维修情况，提出了如何解决问题的建议。自治区中共党委和政府对这些建议非常重视，陆续修复和开放了许多寺庙，为西藏宗教界人士和广大信教群众提供了进行佛事活动的场所，受到自治区各界的热烈拥护。

三、落实各项政策，加强爱国统一战线

1957年以后，由于“左”的影响，在各项政治运动中伤害了不少民主人士，特别是在“文化大革命”的十年浩劫中，很多爱国人士受到冲击，遗留下一大批问题有待解决。1976年粉碎“四人帮”以后，各省、自治区、直辖市政协即指定专人，对于在“文化大革命”中受到冲击、供给关系在政协机关的政协委员的问题，进行了清理，重新作出正确的结论，恢复名誉；对已经死亡的受害者，分别补开了追悼会。对供给关系在其他工作单位的政协委

员，则由政协督促其所在单位迅速进行清理并做出结论。在解决这些政协委员的政治方面问题的同时，各地政协还协助有关单位解决了他们被查抄的财物和住房问题。

1983 年 9 月，政协全国委员会和中共中央统战部、各民主党派联合组织了 8 个落实政策调查组，分赴全国 28 个省、自治区、直辖市，了解和督促落实统战政策的工作。同年 12 月，政协全国委员会和中共中央统战部联合召开了各省、自治区、直辖市的政协副主席和统战部长参加的落实政策座谈会，研究了落实政策中的问题，交流了经验。会后政协各级地方委员会成立了“落实政策办公室”，加强了领导，充实了工作人员，进一步的认真开展了落实政策的工作。其主要做法是：

（一）了解情况，反映意见，提出建议。

政协各级地方委员会利用各工作组联系面广泛的特点，由各有关工作组分别召开党派、民族、宗教、文教、科技、原工商业者、原国民党起义投诚人员、台胞台属和归国华侨及侨眷等方面一系列的座谈会，听取各方面人士对落实政策的意见和要求。各工作组还分别组织调查组，深入到知识分子集中的科研单位、大专院校、大企业、大医院进行调查，广泛了解落实政策的情况，并在掌握实际情况的基础上，经过分析研究，提出书面建议分送各有关单位。这些建议都受到各有关单位的重视，有的地方中共党委还加上按语，通报当地各单位参照政协的建议执行。

（二）参加督促检查。

1984 年以来，政协各省、自治区、直辖市委员会曾多次指派专人同各民主党派和无党派民主人士代表一道参加当地中共党委统战部、组织部、宣传部等单位组织的有中共领导干部和党外人士一起参加的落实政策检查团，分区分片到各省、自治区、直辖市所辖的市、州、县检查统战政策落实情况。有许多市、州、县也组织检查团，到所属县、区、乡进行检查。检查团除检查对政协委员和各民主党派成员落实政策的情况外，还就落实知识分子政策、民族宗教政策、原工商业者政策、侨务政策和原国民党起义投诚人员政策的情况进行了检查。检查团每到一处，除听取有关部门的汇报和邀请各方面人士座谈外，还深入到有关人士家中访问，直接听取本人及其家属的意见和要求。有的还调阅档案，同当地有关部门共同研究，提出建议，供当地有关部门参考。这项检查活动有力地督促和推动了各地落实统战政策的工作。

（三）直接参与对地方政协委员落实政策的工作。

政协各级地方委员会对各该地方政协委员落实政策都很认真。对于在“文化大革命”中被定了错误的政治结论的人的平反昭雪工作，于1978年基本结束。对于被抄走的存款和生活物资的清理赔偿工作也相继基本落实。至于被抄走的文物、图书、字画和被挤占的私有房屋的落实工作，则困难很大。1984年中共中央指示，凡是抄家后移交给博物馆、文化馆、图书馆等单位的文物、图书、字画，一律清理退还给本人，如确有自愿捐赠给国家者，也应当另办手续，给以奖励。这些单位经过当地政协的联系和协助，对上述物品进行了彻底清理，在内部展出，由被抄的政协委员前往查找认领。有些落入群众手中的物品，也由政协协助清查收回后，退还给本人。至于政协委员被挤占的私有房屋的处理，主要是由政协配合有关部门动员挤占户限期搬走，腾出房屋退还原主；退房确有困难的，则由城市新建的住宅中拨出一部分来落实政策。有的省、市由财政部门给政协拨出专款修建新房，为委员落实了政策。

政协各级地方委员会的落实政策工作在中共各级地方党委的重视和政府有关部门支持之下，经过不懈的努力，取得了很大成绩，不仅对各级政协委员基本上落实了政策，而且还带动了其他方面统战政策的落实。

第二节　组织学习，推动自我教育和自我改造

组织各界人士进行时事政治学习和马列主义基本理论学习，逐步提高认识，改造思想，不断清除资本主义和封建主义的思想影响，树立新观念，以适应社会发展的需要，是人民政协的一项重大任务。多年以来各级地方政协在这方面进行了大量工作，取得了很大成绩，并且已经形成了政协的优良传统和作风。

一、学习组织机构的情况

50年代初，各地协商委员会依据省、市各界人民代表会议的《组织通则》的规定组织各界人士进行了时事政策和理论的学习，有些地方还成立了“学习干事会”负责学习的组织工作。1955年政协各级地方委员会成立后，又普遍设立了“政协学习委员会”。1956年社会主义改造基本完成以后，为了帮助各界人士适应新形势的需要，政协第二届全国委员会常务委员会第二十次会议通过了《关于组织各界民主人士和工商业者进行政治学习和理论学习的决定》。根据这一决定的要求，参加学习的人员除政协委员和各界民主人士外，还包括了各民主党派成员、工商业者和各界人士。在各省、自治区、直辖市除已有的政协学习委员会外，还建立了地方各民主党派、工商联、参事室、文史馆以及妇女界、宗教界、少数民族、归国华侨等各界的学习分会。各学习分会在政协学习委员会统一计划和帮助下，分别具体组织各自的成员和所联系的人士的学习。

二、学习的形式、内容和参加者

地方各界人士的学习有两种形式，一是经常性的业余学习，一是短期离职学习。

（一）经常性的业余学习有两种方式：

1. 紧密围绕当时国际国内的重大事件举行时事报告会或座谈会。参加时事座谈会的，主要是各方面的代表人士。参加报告会的范围比较广泛，除参加省、自治区、直辖市学习委员会学习的人士外，还扩大吸收参加各学习分会学习的人士参加。

2. 经常性的、有计划的学习。这种学习，都有每一个时期的学习计划。以自学为主，辅以必要的报告和问题解答报告，每周进行一次或两次小组讨论。学习内容是以时事和政策为主，结合学习马克思列宁主义著作和毛泽东著作中的有关部分。参加学习的人员分为几个层次，省一级的非共产党员的副省长、正副厅局长，政协副主席、副秘书长和不担任实际工作职务的政协常务委员、委员，以及各民主党派正副主任、工商联正副主任委员、参事室正副主任、文史馆正副馆长、有关团体的负责人和各界人士的代表，由省政协学习委员会组织学习；各民主党派委员、工商联委员、参事室参事、文史馆员及其他各界人士，则由各学习分会自行负责组织。省级以下的非共产党员的副市长、副县长、副区长、局长、科长、政协副主席和不担任实际工作职务的政协委员以及各民主党派、工商界和其他各界有关代表人士，则由市、县和市辖区政协学习委员会负责组织学习。有的市、县政协不但组织住在城市的各界人士学习，还在所属乡、镇建立政协学习组，把居住在乡、镇和农村的非劳动人民的政协委员、各界代表和社会人士组织起来学习。如山东省郓城县政协于1956年建立了33个乡、镇学习组，经常有300多人参加学习。乡、镇学习组由县政协学习委员会发给统一的学习计划和学习文件，供学习组就地组织学习讨论，并由县政协学习委员会及时派人作辅导报告和解答学习中提出的问题。

（二）短期离职学习。

1956年，为适应各界人士学习马克思列宁主义基本知识的要求，政协各级地方委员会继政协全国委员会创办中央社会主义学院之后，陆续开办了政治学校、社会主义学校、工商讲习班、毛主席著作读书班等形式的短期离职学习。到1962年4月，各地开办的政治学校、社会主义学校、讲习班和读书班发展到430所，学员14万多人。

省一级的政治学校、社会主义学校，主要是吸收省级民主党派和工商联委员、参事、文史馆员，非中共党员的副专员、副县长、县政协副主席，县民主党派和工商联正副主委等参加学习。学习时间为每期半年或一年。学习内容以中国革命史、历史唯物主义、政治经济学、哲学为主，结合学习时事政策。专区政治学校、社会主义学校或工商讲习班，分别吸收专区所辖各县工商联委员、公私合营企业的私方经理、厂长、科长和工商界代表人士，以及他们之中具有一定文化程度的家属，学习时间每期3个月。学习内容以学习工商业者政治读本为主，结合学习时事政策。市、县的政治学校、社会主义学校主要吸收当地非中共党员的人民代表、政协委员和有影响的社会人士、工商界人士、宗教界人士等，学习时间每期3个月。学习内容以社会发展史、中国革命和中国共产党为主，结合学习时事政策。

在组织各界人士经常学习或离职学习的同时，各地还结合学习内容，组织各界人士到农村、工厂或街道参观访问，帮助他们接触实际，接触群众，以增进感性知识，巩固学习效果。如在学习中共十一届三中全会以来的有关经济体制改革的文件时，各地曾多次组织参加学习的各界人士到农村先后参观了以生产队为基础的联产承包责任制、以家庭为单位的承包制、专业户、个体户和各种经营联合体等，到工厂参观了从实行利润提成到利改税和租赁承包的改革情况。通过一系列的学习参观，各界人士不仅从理论上而且从实际中认识到改革的重大意义和所取得的成果，从而对共产党坚决抛弃各种陈旧的模式观念，建设具有中国特色的社会主义的路线、增强了信心。

三、学习的方针和方法

政协全国委员会在历次有关各界人士学习的决定和通知中，都明确指出：在学习中必须贯彻自愿参加、自觉学习、自由辩论的“三自”原则。为了给参加学习的人士创造良好的学习气氛，减少思想压力，1956 年政协全国委员会在关于组织各界民主人士和工商业者进行政治学习和理论学习的决定中，还规定在学习中不查历史，不查思想，不举行考试，不做鉴定。为使学习能真正起到改造思想的作用，还特别强调在学习中必须认真贯彻理论联系实际，坚持摆事实、讲道理、以理服人，和风细雨、开展批评与自我批评的方法。1960 年又广泛推广了开“神仙会”的方法，即在学习中采取自己提出问题，自己分析问题，自己解决问题和不打棍子、不戴帽子、不抓辫子的方法。

政协各级地方委员会在贯彻以上的方针方法时，结合当地情况创造了许多好经验，概括起来主要有五点：1. 反复交待政策，解除顾虑，启发自觉；2. 把大家所提出的问题按性质分类，整理成专题，梳成辫子进行讨论，防止指名道姓批评个人的作法；3. 由三五人自由结合交换意见，互相启发，互相帮助；4. 采取大会小会交替结合讨论的办法，以达到共同提高、统一认识的目的；5. 学习文件进行讨论与参观访问相结合，以增加实感、巩固收获。

政协各级地方委员会在组织各界人士进行自我教育、自我改造的过程中，有一段时间因受“左”的影响，曾经有过错误的做法，没有很好地坚持“三自”和“三不”的原则，如要求学员订立个人的改造规划，提倡开展“交心”竞赛等。有的地方在组织各界人士学习期间过多地参加体力劳动，甚而有的政治学校竟以劳动代替了学习。特别是中共八届十中全会提出“以阶级斗争为纲”的错误口号以后，有的地方把和风细雨地开展批评与自我批评开成了批判会，错误地批判了一些参加学习的人，引起各界人士紧张不安，对学习普遍产生消极厌倦的情绪。

政协各级地方委员会组织各界人士进行政治学习和理论学习的工作，尽管曾经受到一些挫折，所取得的成绩仍然是很显著的，主要表现在以下三个方面：

一是参加学习的各界人士中，有很多人出身于剥削阶级家庭，受的是资产阶级教育，过去经常受到反动统治阶级的宣传和影响，没有或者很少接触马列主义理论，他们在开始学习时视参加学习为畏途，害怕“改造”，但是经过了一段时间的学习之后，亲身感受到每学一个问题，都有新的提高，新的收获，新的进步，因而他们对学习的态度逐步地由勉强转变到比较自觉。随着中国社会主义建设事业的蓬勃发展，社会不断前进，新事物层出不穷，他们之中有越来越多的人认识到不参加学习，不加强自身的思想改造，就跟不上形势发展的要求。因而一般都产生了参加学习的积极性，并且逐步认识到，只有认真学习马克思列宁主义，同时参加工作实践和社会实践，才能逐步改造世界观。通过学习，他们也逐步学会用辩证唯物主义和历史唯物主义的立场、观点和方法，观察、分析和处理问题，思想感情也逐渐发生了变化，在克服个人主义，走与工农相结合的道路，树立为人民服务的观念等方面都有长足的进步。

二是参加学习的各界人士中的许多人，由于过去长期受封建主义和资本主义的思想影响，或者其本人就是剥削者，他们面对各项社会改革和各项方针政策，开始总是抱有怀疑乃至抵触和不满，但是经过不断学习之后，在思想认识上都有不同程度的进步，在政治态度上也有明显的转变。他们从最初对新中国所抱的消极态度转变为积极态度，进而把自己看成为建设新中国的一员，能够支持、赞成和积极参加各项运动，积极拥护和执行共产党和政府的各项方针政策，愿意在共产党的领导下不断前进，为新中国贡献自己的力量。

三是参加学习的各界人士一般都曾亲眼看到过中国过去在帝国主义、封建主义和官僚资本主义的统治压迫下，国家贫弱、人民痛苦的种种现象。解放以后，他们亲身体验到新中国在共产党的领导下，荡涤了旧社会遗留下的污泥浊水，开展了大规模的社会主义建设，不断改变着贫穷落后的面貌，出现了繁荣富强的新气象。加之，他们通过学习，掌握了一些马克思列宁主义的基本理论知识，因而对共产党、对社会主义的信念日益增强，愿意在共产党领导下走社会主义道路。中共十一届三中全会以后，各界人士认真学习了共产党在新的历史时期的总路线、总任务和坚持四项基本原则、坚持改革开放等一系列方针政策，对于建设有中国特色的社会主义，要在20世纪末把中国建设成为一个现代化的强国，进一步增强了信心。

第三节　组织各界人士为社会主义物质文明和精神文明建设服务

1978年12月，中国共产党十一届三中全会决定把党的工作着重点转移到社会主义现代化建设上来，从此中国进入了以社会主义现代化建设为中心的新的历史时期。政协各级地方委员会也开始把工作重点转移到为社会主义经济建设服务的轨道上来。1982年中国共产党第十二次全国代表大会提出了新时期的总任务，明确了中国经济建设的战略目标、战略重点和战略步骤，并且强调在建设高度物质文明的同时，一定要努力建设高度的精神文明，以保证中国始终沿着老一辈无产阶级革命家开创的社会主义道路继续前进。政协各级地方委员会按照中共十二大的要求积极组织和推动各方面人士为社会主义物质文明建设和社会主义精神文明建设服务，并且做出了成绩。

一、组织推动各方面人士为社会主义物质文明建设服务

（一）开展专题调查和专题座谈，为振兴地方经济献计献策。

自1980年以来，政协各级地方委员会围绕当地执行“六五”计划和编制执行“七五”计划的要求，以改革、开放、搞活中急需解决的重大问题为课

题，组织政协委员和所联系的学者、专家及有一定专长的行家里手，深入工厂、农村进行各种调查，并举行各种专题讨论会、论证会，为开发当地经济提出了大量有益的建议。例如政协湖北省委员会从 1983 年到 1986 年间，曾组织专题调查和举行专题讨论 50 余次，写出各种调查报告和讨论会的建议材料 70 多份，提出建议 200 多条。政协上海市委员会从 1984 年到 1985 年先后组织专题调查 10 多次，写出《关于老企业的改造问题的建议》《关于如何增强大中型企业活力的建议》《关于用活外汇资金和重视利用侨资的建议》《关于促进轻工业产品生产和进一步开拓国际市场的建议》等有参考价值的建议。政协江苏省镇江市委员会的委员和专家 20 多人，对镇江市总体规划中关于建设深水新港、废弃老港这一带战略性的问题，用五个月时间进行了周密调查，搜集整理了十几万字的资料，作了全面科学论证，权衡利弊，提出了积极整治老港的可行性方案，得到中共市委、市政府的采纳和省里的批准，避免了实行原方案的巨大经济损失和社会影响。政协黑龙江省委员会科技工作组同该省经济研究中心联合邀请 30 多位亚麻专家，举行了 6 次长达七个月的论证会，写出《二〇〇〇年黑龙江省亚麻发展战略规划》。政协吉林省图们市委员会为图们市制定经济建设总体规划，举行了振兴图们经济建设献计献策大会，动员了有关委员和有关人士深入实际，具体研究探讨，共提出 100 多项有理有据的设想、建议和方案，受到了中共图们市委和市政府的重视。政协青海省委员会组织农牧专家分赴海东 8 个县进行了两个多月的考察，写出《发展青海畜牧业的几个关键问题》。政协新疆维吾尔自治区委员会多次邀请专家就如何加快种草种树、促进生态良性循环问题进行座谈，最后提出《关于加速新疆种草种树步伐的几点建议》等意见。政协河南省商丘市委员会为振兴商丘市的经济进行了 5 个月的调查研究和论证，提出了关于商丘市经济发展的战略方针的建议，受到中共地、市委和市政府的高度评价。政协各级地方委员会所提出的各种调查、论证的建议和意见，有的是关系到当地全局性战略性问题的综合建议，有的是对一个或几个问题的专题建议。这些建议都是从当地实际出发，掌握了大量第一手资料，进行了科学分析论证提出的，因此一般都受到当地中共党委和政府的重视。有的被采纳并付诸实施，已取得较好的经济效益，有的被纳入当地“七五”计划，还有的被作为当地长远规划的蓝本。这些事例表明，政协各级地方委员会在当地的经济决策中起到了重要的参谋作用和助手作用。

（二）紧密配合有关方面，开展咨询服务。

政协各级地方委员会因地制宜，采取不同的方式开展了这项工作。有的地方把委员和各民主党派、工商联人士以及退休的工程师、教师、医师、农艺师、会计师、老技术人员等调动起来，同工作组相结合，建立常年性的咨询服务队伍；有的地方根据需要组成临时咨询班子；有的地方采取由各民主党派、工商联独自开展咨询活动，而政协地方委员会则成立“咨询服务中心”，为他们疏通渠道，牵线搭桥，落实项目，定期召开会议，互通情报，交流经验。各地所开展的咨询服务，主要是面向乡镇企业、城镇集体小工厂、农村多种经营和发展商品生产开展活动，为振兴地方经济做了许多产生实效的工作。

1985 年，中共中央在关于制定国民经济和社会发展第七个五年计划的建议中，针对中国农村加工工业长期落后的情况，特别强调“发展乡镇企业是振兴我国农村经济的必由之路”，从此乡镇企业开始有了很大的发展。各地的一些具有地方特色的工业、手工业，在“坚持国家、集体、个人一齐上”的方针指导下，像雨后春笋般地蓬勃发展起来。但是由于许多乡镇企业和集体小厂一般都设备简陋，技术力量不足，经营管理不善，产品单一，质量不好，难以经受商品经济的严峻挑战。为此很多政协地方委员会给他们派出技术顾问，向他们传授新技术和科学管理方法，淘汰落后产品和发展新产品，帮助亏损企业“会诊”亏损原因，制定扭亏计划，经常为他们提供市场商品供需信息和科技信息，帮助这些乡镇企业巩固和发展起来。例如：政协江西省景德镇委员会针对景德镇的集体瓷厂遍布城乡，而设备简陋，技术人才和管理人才严重不足的状况，组织有关委员和陶瓷行家帮助集体工厂培养技术和管理人才，并且到瓷厂传经，接受咨询服务，帮助走上健康发展的轨道。有些政协地方委员会除在本地开展咨询服务外，还派人到外地进行横向的咨询服务。例如政协上海市静安区委员会 1984 年先后派出 300 多人次到 14 个省的

100多个县、市为300多个工厂提供了咨询服务，在针织、机电、电子、家具生产等方面解决了许多关键性的技术问题和经营管理问题，为发展当地工业生产贡献力量，受到当地广大职工和领导的好评。

在农村，各级地方政协主要是根据当地自然条件，为农民提供科学的种植和养殖技术，促进农村经济的发展。例如政协天津市大港区委员会帮助大港区内的石化公司、大港油田、建设公司等中央大企业单位，把他们的财力、技术同远郊区农村劳动力、自然资源结合起来，联合开发滩涂、坑塘，共同合作举办养殖、种植、畜牧、林果等业的生产，收到了很大的效益。中国很多地方属于“老、少、边、贫”地区，这些地区的特点是交通不便，人才缺乏，文化技术落后，信息不灵，人民的经济收入普遍偏低。这些地区的政协地方委员会为了协助当地政府尽快改变本地区的面貌，积极组织推动有一定专门知识的各方面人士深入山区，因地制宜地开展咨询服务活动。有的为改变落后的农作物耕作技术，到这些地区去推广科学栽培和管理技术，提高单位面积产量；有的为帮助发展多种经营送去各种经济作物的先进栽培技术和先进的养殖技术；有的为帮助农村多余劳力发展乡镇企业，送去农产品加工技术；有的为帮助发展当地的教育事业，举办各种师资培训班，提高中小学教师水平。例如：政协浙江省委员会同各民主党派、工商联从1984年开始，组织专家、学者99批共519人次，前往山区和海岛开展各种农业技术、医药、教育等方面的咨询服务，到1986年完成136个项目的支援。政协云南省委员会多次到贫困州县进行调查和咨询，1986年和1987年连续到寻甸、镇雄两县对当地农林、畜牧、矿产开发和乡镇企业的发展提供咨询和建议，为两县中共党委和政府所采纳。政协广西壮族自治区委员会自1984年以来组织委员和专家深入百色、河池、南宁、柳州等地区的20多个贫困县进行调查研究，为各县脱贫致富献计献策，并且多次提供科学技术的咨询服务，效果显著，深受山区广大群众的欢迎。其他一些政协地方委员会也都为帮助发展“老、少、边、贫”地区的经济和文化教育事业开展咨询服务，做了许多工作，受到当地政府和群众的欢迎。

政协各级地方委员会通过咨询服务，使原来经营较好的企业更加提高，取得更好的效益；使一些濒临倒闭的企业得到挽救，有了生机活力；使一些贫穷落后的地方有较多的农民运用科技知识向致富之路前进。政协各级地方委员会通过组织各种调查论证、献计献策和咨询服务，利用“人才聚集”的优势，发挥了科学技术对国家经济建设的促进作用，同时也扩大了政协地方委员会在社会上的影响。

二、组织推动各方面人士为社会主义精神文明建设服务

在社会主义精神文明建设中，政协各级地方委员会为发展地方教育事业、文化事业和树立良好的社会风气做出了贡献。

（一）为发展地方文化教育事业积极贡献力量。

发展社会主义文化教育事业，普及和提高科学文化知识，培养有理想、有道德、有文化、有纪律的公民，是社会主义精神文明建设的根本任务。中共十二大以来，为了使中国的教育事业能够适应四化建设需要，国家制定了一系列改革教育的决策。政协各级地方委员会在这方面的任务，主要是协助当地中共党委和政府宣传贯彻教育体制改革，发展地方教育事业。

1. 组织政协委员、各民主党派中的教育工作者，到当地大、中、小学和幼儿园进行考察或举行教育改革座谈会，并针对考察和座谈所反映的情况，提出关于教育体制改革的建议。有的政协地方委员会自1978年以来，对一些地方不重视教育工作，挪用教育经费，使一些学校的危房得不到修理，教学设备简陋，以及打骂侮辱教师等情况，不仅在政协的各种会议上提出批评建议，而且还通过当地报纸等宣传手段向社会呼吁，造成舆论影响，使上述情况逐步得到一定的克服和纠正。

1985年5月中共中央关于教育体制改革的决定，把实行九年制义务教育当做提高民族素质和国家兴旺发达的一件大事提出来。有的政协地方委员会开展了协助政府推动实施九年制义务教育的活动。例如政协北京市委员会专门组织委员到城区及远郊区县，进行实地调查，并经常务委员会数次研究论证，最后提出了《北京市普及义务教育条例草案》和《北京市远郊区县普及九年制义务教育的建议案》，受到市人大常委会和市人民政府的采纳。政协安

徽省委员会对该省的一些经济发展比较落后的地区不顾财力不足和教师缺乏而急于普及初中教育的情况，进行了调查，向当地教育部门提出了要实事求是，量力而行，逐步积极发展普及初中教育的建议。政协山西省委员会对该省高等院校发展方向问题进行了调查论证，提出了近期不宜建立新校，应充实发展老校的建议，受到了省政府的采纳，改变了“七五”计划关于省高校的布局和投资的重点。政协河北省委员会对于地方职业教育所设置的专业不对口，所学非所用的情况，经过调查研究，提出了职业教育要针对当地社会需要设置专业，进行“定向培养”，以及发展地方职业教育可由教育部门和用人单位联合办学的建议。

为适应地方教育事业发展的需要，解决教师缺乏和教学力量不足的问题，许多政协地方委员会举办了业余师资培训班，邀请有教学经验的教育工作者授课，或者组织特级教师和优秀教师到一些学校进行示范教学，通过这些办法协助教育部门提高当地教师业务水平。还有许多政协地方委员会组织委员中的革命前辈和各方面的先进人物到学校讲述革命历史，介绍革命英雄事迹，对学生进行“四有”① 教育和爱国主义教育，受到广大师生的欢迎。

2. 为积极响应共产党和人民政府广开门路办学的号召，许多政协地方委员会独自举办或会同民主党派联合举办文化补习学校、技术培训班，为当地青年的升学和就业创造条件。例如政协广州市委员会举办的业余外国语学校，从 1980 年到 1985 年的 6 年间，招收学生 4400 多人入学，经过学习后获得工作的有 800 多人。其他各地也培养了大批适应改革、开放新形势需要的人才。实践证明，发挥政协的人才聚集的优势，采取多种形式办学，是对国家教育事业的重要补充，也是为国家社会主义现代化建设培育人才的一条重要途径。

3. 积极呼吁重视历史文物保护工作。新中国成立以来，国家十分重视对文物的保护和研究工作，一大批历史文化遗址被定为国家级和省级重点文物保护单位。但是有的文物在“文化大革命”中遭到破坏，有的因保护不力，受到自然侵蚀，逐渐损坏。1980 年以来许多政协地方委员会为恢复和加强对

---

① “四有”，即有思想、有道德、有文化、有纪律。

文物的保护工作，提出了很多建议和呼吁。例如对甘肃省的嘉峪关、魏晋墓、昌马石窟群、莫高窟、西千佛洞以及阳关、玉门关，北京的周口店猿人遗址、卢沟桥和宛平县城，内蒙古自治区大窑文化遗址等全国重点文物和文化遗址所在地的省、市政协，都提出了保护的建议。除此之外，政协陕西、辽宁、河北、浙江、福建等省地方委员会对当地的文物保护也都提出了建议。所有建议都被当地政府有关部门接受，并采取了积极保护措施。

（二）为树立和发展社会主义道德风尚，开展宣传教育活动。

树立和发展社会主义道德风尚，改变不良社会风气，提高人们抵制封建主义和资产阶级思想侵袭的能力，是社会主义精神文明建设的重要内容和长期任务。政协各级地方委员会积极配合有关部门向各界人士及有关群众广泛开展了这方面的宣传教育活动，收到一定成效。

1. 配合普及法律知识教育，开展法律宣传和咨询活动。在粉碎“四人帮”以后，为了普及法律知识，政协各级地方委员会的法制工作组或法制委员会，普遍举办了法律知识讲座，邀请有关委员、法学专家和政法机关有关负责人员向各界人士宣传解释各种法律的基本精神和学法守法的重要意义。许多政协地方委员会还组织推动研究法律的代表性人物与当地公安、检察、法院等部门的干部联合组成普及法律知识宣传队，走上街头闹市向广大人民群众宣传法律知识，开展法律咨询，造成群众性的学习法律、遵守法律的声势，增强广大人民群众的法律意识。

为了对犯罪青少年进行教育和挽救，许多政协地方委员会组织委员到当地少年犯管教所、拘役所、审查站进行考察，向犯罪青少年赠送图书，同他们举行座谈会，对他们进行社会主义道德教育和守法教育，勉励他们努力改造，争取早日回到人民中来，使很多犯罪青少年感受到社会对他们的关怀，增强了改造自己的信心。政协河南省商丘县委员会对于犯罪青少年的教育问题，除组织委员进行考察外，还调阅部分犯罪青少年的档案，进行分析研究，并且走访一些犯罪青少年的家庭，深入交谈，总结青少年走上犯罪道路的原因和教训，提出综合治理的建议，经有关部门采纳，在实际工作中收到较好的效果，受到社会的赞扬。

2. 开展提高职业道德和尊师敬老教育。根据广大人民群众对行业的不正之风的强烈反映，许多政协地方委员会组织报告会，召开座谈会，研究讨论职业道德问题，以委员中具有高尚职业道德，全心全意为人民服务的先进售货员、服务员、教师、医护人员等的先进事迹为榜样进行宣传。并且组织委员到群众反映问题较多的单位进行考察，对他们提出有关职业道德问题的改进的意见和建议。有的政协地方委员会对于少数文艺团体传播低级庸俗的作品等不健康现象，经过调查写成建议。推动主管部门对这种不健康现象进行了整顿和纠正。

随着国家开放政策的实施和经济建设的发展，营业性质的舞厅日益增多，由于管理不力，有些舞厅歪风邪气上升，并且有地下舞厅出现，群众对此十分不满。上海、福州、广州等地的政协地方委员会对舞厅的混乱情况都组织委员视察，提出了整顿的建议。主管部门接受建议后，对舞厅加强了管理，对工作人员进行了职业道德教育，并对地下舞厅严加取缔，使舞厅真正成为健康的群众娱乐场所。政协各级地方委员会还通过各种会议和活动，大力宣传提倡尊师重教、敬老爱幼的传统美德，经常反映社会上存在的关于这方面的问题，提出积极建议。并且每逢有关传统节日，积极开展敬老、慰劳教师、慰问烈属等活动，为逐步改变不良社会风气，树立社会主义道德风尚做出贡献。

（三）征集编写文史资料。

自 1959 年以来，政协各级地方委员会响应政协全国委员会主席周恩来的号召，陆续建立了文史资料工作机构，向各界人士征集他们的亲历、亲见、亲闻的、具有一定历史价值的文史资料。随着征稿工作和编辑工作的开展，各界人士积极投稿，稿源不断扩大，质量逐步提高。各地征集的文史资料，各有其地方特色。如政协四川省委员会征集出版的有关戊戌变法的史料，政协湖北、湖南、广东等省委员会分别征集出版的有关辛亥革命的史料；政协云南省和贵州省委员会征集出版的有关护国讨袁的史料；政协天津市委员会征集出版的自晚清以来各帝国主义国家在天津强占“租界地”和开设洋行、银行的史料；政协河北、山东、山西等省委员会征集出版的抗日战争史料；

政协西藏自治区委员会征集并用汉、藏两种文字出版的、有关第十三世达赖喇嘛领导西藏僧俗人民坚决抗击英国帝国主义武装侵略西藏的史料；政协北京市委员会征集出版的《平津战役亲历记》《七七事变亲历记》《北京的黎明》《驰名京华老字号》《燕都艺谭》等文史资料，都受到社会广大读者的欢迎。

第四节　为统一祖国、振兴中华开展宣传联谊活动和“三引进”工作

为了争取台湾早日回归祖国，政协各级地方委员会继全国委员会之后普遍设立了“对台宣传工作组”，组织推动对台湾有一定影响的人士和在大陆的台胞、台属以及去台人员家属，撰写了大量介绍大陆实况的稿件和信件，提供给中央人民广播电台和福建前线台以及内地、香港一些报纸采用，不断把大陆建设成就、家乡新貌、亲人故旧动态如实地传播出去，使越来越多的台湾同胞和港澳同胞、海外侨胞以及去台人员加深了对祖国大陆的了解。

自“一国两制”的方针提出以后，政协各级地方委员会为适应新形势发展的需要，将原“对台宣传工作组”改为“祖国统一联谊工作组（委员会）”或“三胞联络组”，紧紧围绕统一祖国、振兴中华这一总目标积极开展了联谊工作，并且为引进资金、技术、人才（简称“三引进”）做了大量的工作。

一、解除顾虑，广交朋友，积极开展“三胞”联谊活动

“三胞”历来有热爱祖国的优良传统和强烈的民族意识，他们时刻系念着祖国的兴衰荣辱，热切希望祖国繁荣强盛。他们不少人曾积极支持祖国人民反对帝国主义和反对封建主义的斗争，也乐于为祖国和家乡的建设捐输解囊。但是，由于某些政策上的失误和国民党当局的歪曲宣传，致使一些“三胞”对大陆存有不少误解和疑惧。国内各方面人士在“左”的影响下，也有种种思想顾虑，不愿意也不敢与“三胞”直接接触，更不愿与之交朋友。为了消除这种隔阂，政协各级地方委员会在中共中央十一届三中全会以后，组织委员和各方面有关人士，认真学习和平统一祖国和对外开放的方针政策，联系

实际，清除“左”的影响，放手开展了“三胞”联谊活动。自 1980 年中国实施开放政策以来，回大陆探亲、旅游、讲学、洽谈贸易的“三胞”一年比一年多。湖南省衡东县是一个内地山区小县，从 1985 年到 1986 年的 2 年间，即有 100 多“三胞”回乡探亲或洽谈贸易，其他沿海城市和大城市为数更多。广东省中山市从 1984 年到 1986 年，去该市参观旅游的“三胞”每年平均多达 60 万人次。政协各级地方委员会对回乡探望的“三胞”都积极协助有关部门热情接待，主动访问，实事求是地介绍情况，因此赢得了“三胞”的友谊。许多人非常感动，他们对自己初来时那种多疑和不安表示惭愧，有些人回到居留地以后，纷纷给政协地方委员会来信表示感谢，并积极参与当地促进祖国统一的活动，充分表现了一颗热爱祖国、热爱家乡的赤子之心。

政协各级地方委员会在当地有关部门的支持下，还利用各种纪念日和传统节日，邀请“三胞”中的一些有代表性的人士和留居海外的历史名人后裔回来参加纪念活动，进一步促进了彼此之间的团结。有的政协地方委员会还接受香港、澳门和海外华人社团的邀请，派人前往参加在当地举行的同乡会、恳亲会、同学会以及宗教团体的活动。通过这些接待和互相交往，同海外“三胞”交流了思想，增进了了解，疏通了关系，建立了友谊，并为经济合作打下了基础。

二、为“三引进”牵线搭桥

随着对外开放政策的实施，许多地方政协委员中的民主党派成员、“三胞”和“三胞”家属，积极写信动员自己的亲人好友回乡投资办企业、洽谈贸易或讲学。有的政协地方委员会派人到香港、澳门和海外与商界财界有关人士联系，为他们回乡投资当“红娘”；有的趁“三胞”回乡探亲旅游之机，介绍当地需要引进的项目，积极为“三引进”穿针引线、铺路搭桥，都取得了一定的成绩。

不少政协地方委员会为了帮助各方面人士做好牵线搭桥的工作，还邀请有关部门的负责人向他们传达讲解国家对外开放的政策，介绍本地区的资源优势和需要引进的项目，并举行对外经济法规报告会，使他们既了解政策，又了解本地区需要引进的项目和要求，做到心中有数，以便于更好地向自己的亲友介绍情况，做好联系工作。如：政协上海市卢湾区委员会1985年以前已为该区引进外资7816万美元、2.25亿港币，促成67名外籍华人专家来国内讲学和进行学术交流。政协广州市委员会通过委员、各民主党派成员及有关人士作媒介，1985年以前已为广州市引进大小项目2400多项，引进资金总额达10多亿美元；此外还邀请从香港、澳门和海外回广州市探亲旅游的“三胞”中的学者专家举行学术座谈会、报告会和技术操作表演等共140多人次。政协广东省中山市委员会自中共十一届三中全会以来，经过不断努力，到1986年已吸收“三胞”为兴办地方事业捐赠的港币2.6亿元；引进外资97项、1.1亿美元；引进设备3万多台，创汇7000万美元；签订合同7000多宗，收工缴费7000多万美元。政协厦门市委员会发挥政协、侨联、工商联、台联和各校友会、同乡会的作用，开展“三引进”工作，到1986年已办起“三胞”投资企业达210多家，从海外和港澳到厦门工作的外商和科学技术人员、管理人员达1000多人。随着改革开放的深入发展，政协地方委员会为改革开放和经济建设服务的工作也更加活跃。如政协厦门市委员会在1989年到1990年6月就引进72个项目，引进资金2.7亿元人民币、6亿多元港币、1500万美元。政协广东省顺德市委员会仅在1991年就引进19个项目，引进人才67名。其他地方特别是沿海城市的政协地方委员会，都为本地方牵线引进了资金、技术设备和人才，从而迅速提高了地方企业的生产技术、管理水平和职工素质，为促进地方经济的发展发挥了重要作用。

结束语

人民政协自1949年9月成立以来，已经走过了40多年发展变化的历程。在毛泽东、周恩来先后担任政协全国委员会主席期间，这个广泛的爱国统一战线组织为建立新中国，巩固人民民主政权，进行社会主义革命和社会主义建设，发挥了重要的历史作用。进入新时期以后，邓小平、邓颖超相继担任政协全国委员会主席，这个广泛的爱国统一战线组织，在拨乱反正、巩固发展安定团结的政治局面中，在推进改革开放和两个文明建设中，在发扬社会主义民主、健全社会主义法制中，在发展爱国统一战线、促进祖国统一和对外友好活动中，继续做出了重大的贡献，开创了政协工作的新局面。

1988年3月政协第七届全国委员会举行第一次会议后，人民政协的历史又揭开了新的一页。这次会议选举李先念为主席，王任重等28人为副主席，周绍铮为秘书长（1990年因病辞职，1991年3月第七届全国委员会第四次会议选举宋德敏为秘书长），丁轸宇等280人为常务委员。在这一届政协委员的构成中，知识分子所占比例有了较大的增长，其中有一批是在社会主义物质文明和精神文明建设中做出显著成绩的比较年轻的代表人物。

政协第七届全国委员会第一次会议召开后，为了进一步开展工作，首先从以下两个方面加强了自身的建设：

一、在组织建设方面，对原有工作机构进行了重要的调整和改革，即将原来的15个工作组和3个委员会改建为14个专门委员会：提案委员会、学习委员会、文史资料委员会、经济委员会、教育文化委员会、科学技术委员会、医卫体委员会、法制委员会、民族委员会、宗教委员会、妇女青年委员会、华侨委员会、祖国统一联谊委员会、外事委员会，作为在常务委员会和主席会议领导下组织委员进行经常性活动的工作机构。同时，各专门委员会均由一位副主席兼任委员会的主任。这些措施加强了对专门委员会的领导，增加了各专门委员会的活力。

二、在制度建设方面，以政治协商、民主监督经常化、制度化作为主要内容，建立和健全了各种规章制度。随着中国社会主义民主政治建设的发展，人民政协进行政治协商、民主监督的渠道逐渐增多，内容益趋丰富，对国家和地方一些重大决策的形成和贯彻起了积极的作用。但由于制度不够健全，工作中还存在一定程度的随意性。政协七届全国委员会常务委员会根据中共十三大提出的政治体制改革的方针和政协章程，在认真总结历史经验并广泛征求有关单位意见的基础上，制定了《政协全国委员会关于政治协商、民主监督的暂行规定》。这个规定进一步明确了政治协商、民主监督的目的、主要内容、主要形式和基本程序，为人民政协更好地履行自己的主要职能提供了重要的依据。这个规定得到了中共中央的重视和支持，中共中央专门发了通知要求各级党委参照执行。在中共各级地方党委的支持下，许多政协地方委员会也结合当地情况相继做出规定，使人民政协的工作向着经常化、制度化迈出了一大步。

政协第七届全国委员会第一次会议以来，还制定了《常务委员会工作规则》、《专门委员会组织通则》、各专门委员会的《工作简则》、《全国政协委员视察简则》、《关于全国政协京外委员参加全国政协和地方政协活动的意见》等若干规则。在《常务委员会工作规则》中，规定了常委会议和主席会议的任务和工作程序等，使常务委员会的活动有章可循，使主席会议加强了对政协全国委员会日常工作的领导。这个规则还首次确立了常务委员专题座谈会的形式。常务委员专题座谈会既可根据当前国家形势和需要，就某项专门问题听取有关部门的报告，进行协商，也可就政协各项视察、调查和提案中提出的重要问题进行座谈讨论，提出建议和意见。这种形式比较灵活，开会更可及时，是常委会议的有效补充。《专门委员会的组织通则》明确了专门委员会的性质、任务、组织和工作制度等，从制度上保证了专门委员会工作的顺利开展。随着一系列规章制度的建立，以《关于政治协商、民主监督的暂行规定》为中心，政协全国委员会初步形成了比较完整、相互配套的制度体系。

这些规章制度使常委会议、主席会议、常委专题座谈会等各种会议与专题调查、委员视察、委员提案等活动相结合，互为补充，互相促进，进一步推动了政协全国委员会各项工作的开展。

1990 年 2 月《中共中央关于坚持和完善中国共产党领导的多党合作和政治协商制度的意见》的公布和实施，是中国政治生活中的一件大事，对于推进中国政治体制改革，加强社会主义民主政治建设，巩固和扩大爱国统一战线，促进全国各族人民大团结，实现国家的总任务具有重要的意义。人民政协是爱国统一战线组织，是实行共产党领导的多党合作和政治协商的一种重要组织形式，也是各党派、各人民团体、各界代表人物团结合作、参政议政的重要场所，对这个文件的贯彻实施，人民政协负有重要的责任。同时，这个文件的贯彻实施，也给人民政协的工作创造了许多有利条件，为人民政协工作的开展提供了重要的保证。

政协第七届全国委员会在协助中国共产党和政府稳定政治局势方面，做了许多卓有成效的工作，取得了很大成绩。1989 年春夏之交，极少数坚持资产阶级自由化的人，利用学潮掀起了一场政治动乱，进而在北京发展成为反革命暴乱，妄图推翻中国共产党的领导，颠覆社会主义的中华人民共和国。在这场政治风波中，政协全国委员会旗帜鲜明地反对动乱和暴乱，坚决支持中共中央和国务院所采取的一系列正确措施。在中共中央和国务院决定在北京部分地区实行戒严以后，李先念及时召开了政协全国委员会主席会议，表示坚决支持中共中央和国务院的正确决策，号召政协委员、各民主党派和各级政协组织，努力团结各族人民群众和各方面人士，共同做好制止动乱和维护社会安定的工作，并强调各级人民政协组织要加强学习工作，以消除疑虑、统一思想，提高坚持四项基本原则的自觉性。在平息反革命暴乱前后，李先念又两次委托部分副主席代表政协全国委员会慰问执行戒严任务的解放军和看望在执行戒严任务中负伤的战士，明确表达政协全国委员会的严正态度。在中共十三届四中全会召开后，政协全国委员会常务委员会又举行了第七次会议，专门作出决议，表示完全赞同和拥护中共中央和国务院在这场严肃的政治斗争中作出的决策和采取的一系列重要措施，拥护中共中央对中央领导机构部分成员进行的调整和以江泽民为总书记的新的中央领导集体。实践证明，中国人民政治协商会议这个爱国统一战线组织是经得起大风大浪的考验并且发挥了重要作用的。

政协七届全国委员会在促进治理整顿、深化改革方面，也作了很大的努力。在七届一次会议到七届四次会议期间，政协全国委员会通过大量的调查研究工作以及政协委员的视察、提案工作，提出了不少有关国计民生的重要意见和建议。例如：1989 年，经济委员会对中国当前农业的形势和发展问题经过充分调查和广泛讨论所提出的建议，经主席会议审议后，向中共中央和国务院提出了《关于发展农业的意见与建议》。在 1989 年的政治风波后，教育文化委员会针对高等院校思想政治工作被严重削弱的状况，同北京市政协联合对 11 所高校进行为期两个月的调查研究而后写成的关于高校思想政治工作问题的调查报告，提出了加强高校思想政治工作，加强教育立法等 10 项具体建议。同年，经济委员会依据不少政协委员在会议发言和提案中的建议，会同部分地方政协对工业企业的经济效益问题组织了广泛调查，政协全国委员会又在此基础上召开了有国务院有关部门负责人参加的常委专题座谈会，经过认真讨论后，向中共中央、国务院提出了《关于提高工业经济效益的意见和建议》的报告。科技委员会围绕科学技术在社会经济发展中的战略地位问题，经过为期两年的调查研究后，于 1990 年提出了《依靠科技发展国民经济应作为一项基本国策》和《进一步完善和深化科技体制改革》的专题报告。所有这些意见和建议，对于中共中央、国务院的科学决策和民主决策，对于促进治理整顿、深化改革和经济建设以及对于制定和实施十年规划和“八五”计划，都起到了重要的参考作用。

自政协七届全国委员会一次会议以来，在推进精神文明和民主法制建设，组织委员视察和办理委员提案，开展祖国统一联谊活动和开展人民外交，搜集、整理、编辑、出版文史资料，组织委员学习，宣传统一战线等方面，都做了大量工作，取得了新的成就。这一届全国委员会在任期届满以前，必将继续做出更多的成绩。

人民政协的历史是同中华人民共和国的历史紧密相联的。43 年前，由中国共产党、各民主党派、各人民团体、各地区、人民解放军、各民族和国外华侨及其他爱国民主人士的代表共同组成的中国人民政治协商会议，执行全国人民代表大会的职权，通过了具有临时宪法性质的《中国人民政治协商会议共同纲领》，选举了中央人民政府，宣告中华人民共和国成立。43 年来，人民政协走过了光辉的历程，参加人民政协的各党派、团体和各族各界代表人物，风雨同舟，和衷共济，为国家的昌盛和民族的兴旺，为社会主义宏伟大业的实现，写下了光辉的篇章，人民政协也由此而获得人民的信任。进入 90 年代，中国人民在中国共产党的领导下，坚持以经济建设为中心，坚持四项基本原则，坚持改革开放，自力更生，艰苦创业，为把中国建设成为富强、民主、文明的社会主义现代化国家迈开了更大的步伐，继续前进。人民政协作为中国人民爱国统一战线的组织和中国共产党领导的多党合作和政治协商制度的重要形式，在社会主义现代化建设、和平统一祖国和维护世界和平的伟大事业中，必将进一步做出更大的贡献。

附录一

中国人民政治协商会议全国委员会大事年表

（1948—1990 年）

1948 年

4 月 30 日 中共中央发布《纪念“五一”劳动节口号》，号召“各民主党派、各人民团体及社会贤达，迅速召开政治协商会议，讨论并实现召集人民代表大会，成立民主联合政府”。5 月 1 日，中共中央主席毛泽东致电中国国民党革命委员会主席李济深、中国民主同盟中央常委沈钧儒，提出先行召开新的政治协商会议，希望民革、民盟与中共共策进行。中共中央的号召当即得到民革、民盟和其他民主党派、各人民团体、海外华侨团体、无党派民主人士的热烈响应。从八月起，各方面代表陆续到达解放区，与中共代表共同进行新政协的筹备工作。

1949 年

6 月 15 日至 19 日 新政治协商会议筹备会在北平成立并举行第一次全体会议。参加会议的包括中国共产党和各民主党派、无党派民主人士、各人民团体、各界民主人士、国内少数民族和海外华侨等 23 个单位，共 134 人。会议通过了《新政治协商会议筹备会组织条例》，选出毛泽东等 21 人组成新政协筹备会常务委员会，负责处理日常事务。常务委员会推选毛泽东为主任，周恩来、李济深、沈钧儒、郭沫若、陈叔通为副主任，李维汉为秘书长。

在常委会领导下设立 6 个小组，分别进行拟定参加新政治协商会议的单位及其代表名额、起草新政协会议组织条例、起草共同纲领、拟定中华人民共和国政府方案、起草宣言以及拟定国旗、国徽、国歌方案的工作。19 日，筹备会全体会议通过了《关于参加新政治协商会议的单位及其代表名额的规定》。

9 月 17 日 新政治协商会议筹备会举行第二次全体会议，通过了中国人民政治协商会议组织法草案、中国人民政治协商会议共同纲领草案、中华人民共和国中央人民政府组织法草案，授权常务委员会将这 3 个草案提交中国人民政治协商会议第一届全体会议审议。会议还授权常务委员会决定中国人民政治协商会议第一届全体会议的开幕日期并负责召集。常务委员会第八次会议决定于 9 月 21 日召开中国人民政治协商会议第一届全体会议，并通过了第一届全体会议的议程。

9 月 21 日至 30 日 中国人民政治协商会议第一届全体会议在北平举行。参加这次会议的有党派代表、区域代表、军队代表、团体代表等共 45 个单位，其中正式代表 510 人，候补代表 77 人；还有特别邀请人士 75 人，共计 46 个单位，662 位代表。

新政协筹备会主任、中国共产党中央委员会主席毛泽东宣布大会开幕并致开幕词。毛泽东在开幕词中论述了这次会议的历史任务。他说，“中国人民政治协商会议宣布自己执行全国人民代表大会的职权。”“我们的工作将写在人类的历史上，它将表明：占人类总数 1/4 的中国人从此站立起来了。”会议通过了《中国人民政治协商会议组织法》、《中华人民共和国中央人民政府组织法》和起临时宪法作用的《中国人民政治协商会议共同纲领》。通过了关于中华人民共和国国都，纪年、国歌、国旗的 4 个决议案。会议选举毛泽东等 180 人为政协第一届全国委员会委员；选举了中央人民政府委员会，毛泽东当选为中央人民政府主席，朱德、刘少奇、宋庆龄、李济深、张澜、高岗当选为副主席，陈毅等 56 人当选为中央人民政府委员。

会议通过《中国人民政治协商会议第一届全体会议宣言》，庄严地宣告了中华人民共和国的成立。中国的历史，从此开辟了一个新时代。会议还通过在北京天安门外建立人民英雄纪念碑的决议及纪念碑的碑文，全体代表在天安门广场举行了人民英雄纪念碑的奠基典礼。会议结束时，朱德致闭幕词。

10月1日 中国人民政治协商会议第一届全体会议代表在天安门参加开国大典。首都30万人齐集天安门广场隆重举行庆祝中华人民共和国中央人民政府成立典礼。中央人民政府主席毛泽东庄严宣布中华人民共和国中央人民政府成立，并宣读了《中华人民共和国中央人民政府公告》。

10月9日 中国人民政治协商会议第一届全国委员会举行第一次会议。会议选举毛泽东为中国人民政治协商会议第一届全国委员会主席，周恩来、李济深、沈钧儒、郭沫若、陈叔通为副主席，李维汉为秘书长；选举毛泽东等28人为常务委员。会议通过向中央人民政府的建议案，建议定10月1日为中华人民共和国国庆日。

10月18日 政协第一届全国委员会常务委员会举行第一次会议，通过了《中国人民政治协商会议全国委员会工作条例》。根据工作条例规定，全国委员会分设政治法律组、财政经济组、文化教育组、外交组、国防组、民族事务组、华侨事务组、宗教事务组8个工作组，进行研讨和审议工作。会议任命了各工作组的组长，还根据政协组织法任命了全国委员会副秘书长。

11月29日、30日 政协第一届全国委员会常务委员会举行第二次会议，讨论1950年全国收支预算概算书和发行人民胜利折实公债的决定草案。中央人民政府委员、政务院政务委员列席会议。

1950年

3月14日 政协第一届全国委员会工作会议举行第一次会议。参加会议的有政协全国委员会秘书长、副秘书长、各工作组组长，各民主党派秘书长。会议决定：一、为充实政协全国委员会的日常工作，由秘书长每周召集一次工作会议。二、采取以下办法加强各民主党派间的联系：1. 属于各民主党派共同事务性质的问题，如有一方提议，政协全国委员会秘书长得召集各民主党派秘书长联席会议，进行协商。2. 有关重要宣传事项，需经各方协商者，得由政协全国委员会秘书长邀请各有关单位宣传部门开会商讨。3. 同意各民主党派的提议，由参加政协的各民主党派、人民团体所推派的代表为主体组成双周座谈会，主要目的是沟通思想，对政策时事、统一战线工作交换意见。三、成立高级学习组，推定王昆仑、章乃器、邢西萍三人拟订计划和方案，并进行筹备工作。四、成立文化俱乐部。

4月10日、12日　政协第一届全国委员会常务委员会举行第三、四次会议，听取政务院总理兼外交部部长周恩来所作的关于签订中苏友好同盟互助条约的报告，政务院副总理兼财经委员会主任陈云所作的关于财政情况和粮食状况的报告。会议还讨论了中华人民共和国婚姻法草案。中央人民政府委员、政务院政务委员列席会议。

4月20日　双周座谈会举行第一次座谈会，讨论中共中央发表的斯大林、毛泽东论共产党员要善于和非党群众团结合作的两个文件；通过政协全国委员会学习座谈会进行学习办法草案，推定王昆仑、章乃器、邢西萍、沈志远、郭则沉、于振瀛、于光远、胡华、王惠德9人组织学习座谈会干事会。

4月27日　学习座谈会举行成立会，周恩来副主席出席会议并作关于学习问题的讲话。会上通过了《政协全国委员会学习座谈会暂行办法》。参加学习座谈会学习的，有中央人民政府、政协全国委员会、各民主党派和各人民团体在京的高级人员，共200余人，分为6个组。

4月29日　为庆祝中华人民共和国成立后第一个“五一”国际劳动节，政协全国委员会举行有4500余名干部参加的大会。大会由周恩来副主席主持。中共中央书记处书记刘少奇在会上发表演说，讲述了当前的形势和任务。

5月20日至6月13日　政协第一届全国委员会常务委员会举行第五至第九次会议，讨论有关召开政协一届二次会议的各项准备工作。

6月14日至23日　中国人民政治协商会议第一届全国委员会举行第二次会议。会议的中心议题是土地改革问题。会上，政协全国委员会主席毛泽东致开幕词，副主席陈叔通作《人民政协全国委员会常务委员会工作报告》，中共中央书记处书记刘少奇作《关于土地改革问题的报告》，政务院总理周恩来作《政治报告》，政务院副总理陈云作《关于经济形势、调整工商业和调整税收诸问题》的报告，政务院财经委员会副主任薄一波作《关于调整税收问题》的报告。人民革命军事委员会代总参谋长聂荣臻作《军事报告》，政务院副总理郭沫若作《关于文化教育工作的报告》，最高人民法院院长沈钧儒作《人民法院工作报告》。会议审议通过中共中央提出的中华人民共和国土地改革法草案，建议中央人民政府委员会审核通过，颁布施行；通过国徽图案，请中央人民政府委员会核准公布；还通过《中国人民政治协商会议全国委员会关于地方委员会的决定》、《中国人民政治协商会议全国委员会号召全国人民展开保卫世界和平签名运动的办法》和《关于同意各项工作报告的决议文》。毛泽东主席致闭幕词。

在会议期间常务委员会曾举行第十次会议，讨论委员们对土地改革法草案的修改意见。

7 月 13 日、27 日、31 日 政协第一届全国委员会常务委员会举行第十一至十三次会议，讨论农民协会组织通则草案、人民法庭组织条例草案、政务院关于划分农村阶级成分的决定草案。中央人民政府委员、政务院政务委员列席会议。

7 月 27 日 政协全国委员会工作会议讨论各民主党派参加土改工作问题。

8 月 22 日、28 日 政协第一届全国委员会常务委员会举行第十四、十五次会议，连续讨论新解放区农业税暂行条例草案。在第十五次会议上，周恩来副主席作了关于外交情况的报告。

9 月 30 日 政协全国委员会举行庆祝建国一周年大会。大会由李济深副主席主持。政务院总理周恩来在会上作了题为《为巩固和发展人民的胜利而奋斗》的重要报告。周总理在报告中谴责美国政府侵略朝鲜和中国台湾以及干涉亚洲事务的行为，代表中国政府庄严表示："中国人民决不能容忍外国的侵略，也不能听任帝国主义者对自己的邻人肆行侵略而置之不理。"

10 月 12 日、19 日 政协第一届全国委员会常务委员会举行第十六、十七次会议，听取政务院参事室主任廖鲁言所作的关于农村债务纠纷处理办法草案的说明，劳动部部长李立三所作的关于中华人民共和国劳动保险条例草案的说明，并分别对两个草案进行了讨论。

10 月 24 日 政协第一届全国委员会常务委员会举行第十八次会议，讨论抗美援朝问题。政务院总理周恩来在会上作《抗美援朝、保卫和平》的报告。

参加会议的常务委员、各民主党派和人民团体负责人、无党派民主人士一致赞同组织中国人民志愿部队援助朝鲜。11 月 2 日，常务委员会举行第十九次会议，讨论各民主党派关于抗美援朝联合宣言草稿。11 月 4 日《联合宣言》发表。

12 月 21 日、22 日　政协第一届全国委员会常务委员会举行第二十次会议，听取政务院总理周恩来所作的关于抗美援朝的报告，政务院副总理兼财经委员会主任陈云所作的关于 1951 年财经总方针问题的报告，并进行了讨论。在京政协委员、中央人民政府委员、政务院政务委员列席会议。

12 月 23 日、24 日、26 日　政协第一届全国委员会常务委员会举行第二十一、二十二次会议，听取政务院财经委员会副主任兼财政部部长薄一波所作的关于中华人民共和国合作社法草案的报告和政务院财经委员会秘书长薛暮桥所作的关于中华人民共和国私营企业暂行条例草案的报告，并对两个草案进行了分组讨论。在京政协委员、中央人民政府委员、政务院政务委员列席会议。

1951 年

1 月 4 日　政协全国委员会工作会议决定创办《中国人民政治协商会议全国委员会会刊》，推定郑振铎等 7 人组成编辑委员会。

4 月 16 日　政协第一届全国委员会常务委员会举行第二十三次会议，决定今后全国重要纪念节日发布口号由政协全国委员会提出，并通过中国人民政治协商会议全国委员会庆祝 1951 年五一国际劳动节口号。

4 月 21 日至 5 月 8 日　全国省、市协商委员会秘书长会议在北京举行。会议讨论的中心议题是：一、统一战线工作；二、各级协商委员会的联系；三、协商委员会的工作机构与工作方法。这次会议是与政务院召集的全国省、市人民政府秘书长会议同时举行的。会议期间，政务院总理周恩来作了政治报告。政务院秘书长李维汉作了政府机关统战工作的报告。会议通过了《关于各地协商委员会（地方委员会）工作的意见》《关于各级协商委员会的关系向中央人民政府政务院的建议》《关于省、市协商委员会及县常务委员会机构编制向中央人民政府政务院的建议》《关于县各界人民代表会议常务委员会工作的意见》《中国人民政治协商会议全国委员会暨省、市协商委员会关于处理人民意见试行办法》草案等。

4月 政协全国委员会工作会议决定，由梅龚彬等8人组织“参加三大运动（抗美援朝、土地改革、镇压反革命）筹备委员会”，具体筹划各民主党派和人民团体参加三大运动的工作。筹备委员会随即召开会议，推定朱早观、梅龚彬、金城为召集人。

5月13日 刘少奇在学习座谈会作《关于学习马列主义、改造主观世界问题》的报告。

6月5日 政协第一届全国委员会常务委员会举行第二十四次会议，讨论清理机关工作人员问题。会议决定成立总的临时学习委员会，负责领导北京的这一学习运动，并推定彭真为主任，李维汉、章伯钧、蔡廷锴为副主任，安子文为秘书长；决定政协全国委员会与民主党派组织临时学习分会。中央人民政府委员、政务院政务委员列席会议。

7月19日 政协第一届全国委员会常务委员会举行第二十五次会议，批准秘书长李维汉提出的全国省、市协商委员会秘书长会议各项建议案的报告，通过《关于各省、市各界人民代表会议协商委员会工作的意见》《中国人民政治协商会议全国委员会暨省、市协商委员会关于处理人民意见的试行办法》《关于保护国家机密的决议》。周恩来副主席在会上作了关于时事问题的报告。中央人民政府委员、政务院政务委员列席会议。

7月23日至8月上旬 以越南国民联合战线副主席、劳动总联团主席黄国越为团长的越南人民访华团应政协全国委员会邀请来华访问。

8月30日 政协第一届全国委员会常务委员会举行第二十六次会议，讨论中华人民共和国人民法院暂行组织条例草案、中央人民政府最高人民检察署暂行组织条例草案和各级地方人民检察署组织通则草案。中央人民政府委员、最高人民法院和最高人民检察署负责人列席会议。

9月22日 政协第一届全国委员会常务委员会举行第二十七次会议，通过《庆祝中华人民共和国成立两周年口号》；会上还讨论了动员中央人民政府各部门、各民主党派、人民团体和京、津两市机关、团体、学校干部参加土改运动的问题，决定充实“参加三大运动筹备委员会”的组织机构以进行动员和组织工作，推定安子文任筹备委员会主任委员，杨尚昆、章乃器、邢西萍任副主任委员。中央人民政府委员列席会议。

10月4日、17日、22日 政协第一届全国委员会常务委员会举行第二十八至三十次会议，讨论政协一届三次会议的准备工作，决定以增产节约、继续加强抗美援朝运动为一届三次会议的中心议题。还决定筹备成立全国工商业联合会，推定陈叔通、李维汉、章乃器邀集有关方面进行研究，以陈叔通为召集人。

10月23日至11月1日 中国人民政治协商会议第一届全国委员会举行第三次会议。毛泽东主席致开会词和闭会词。会上，政务院总理周恩来作《政治报告》，政务院副总理陈云作《关于经济工作和财政工作的报告》，副总理郭沫若作《关于文化教育工作的报告》，陈叔通副主席作《中国人民政治协商会议全国委员会常务委员会工作报告》，彭真作《关于抗美援朝保家卫国运动的报告》。会议通过《关于中央人民政府各项工作报告的决议》《关于抗美援朝工作的决议》《关于支持五大国缔结和平公约的要求的决议》，还通过郭沫若等关于为纪念中国人民志愿军出国作战一周年制发抗美援朝纪念章的建议。

会议期间常务委员会曾举行第三十一、三十二次会议，协商决定增补达赖喇嘛·丹增嘉措、班禅额尔德尼·确吉坚赞、熊克武、包尔汉等18人为政协全国委员会委员；还决定全国委员会的会期由半年召集一次延长为一年召集一次。

11月4日 政协全国委员会举行报告会，刘少奇作关于《共产党员八个条件》的报告。

12月20日 双周座谈会座谈反贪污、反浪费、反官僚主义问题。

12月27日 政协第一届全国委员会常务委员会举行第三十三次会议，通过《关于充实全国委员会各组工作的办法》《关于联系全国委员会委员的办法》《中国人民政治协商会议全国委员会对省、市协商委员会的联系办法》

《中华全国工商业联合会筹备会筹备处章程》。

12 月 29 日 政协全国委员会发出《关于增产节约运动与反贪污、反浪费、反官僚主义斗争的指示》，指出："目前各级政府正在大张旗鼓、雷厉风行地展开反贪污、反浪费、反官僚主义的斗争。各地协商机关必须通过各民主党派、各人民团体，大力地协助这一运动"。

1952 年

1 月 5 日 政协第一届全国委员会常务委员会举行第三十四次会议，通过《中华全国工商业联合会筹备代表会议组织条例》《中华全国工商业联合会筹备代表会议地区代表产生办法》《中国人民政治协商会议全国委员会关于展开各界人士思想改造的学习运动的决定》《中国人民政治协商会议全国委员会学习委员会组织办法》。周恩来副主席在会上报告正在全国开展的反贪污、反浪费、反官僚主义运动的情况。同日，政协全国委员会向各地协商委员会发出学习问题的通知，规定当前各界人士的思想改造的学习，以反贪污、反浪费、反官僚主义为内容，要求各地协商机关迅速成立学习委员会，领导这个学习运动。

1 月 22 日 政协第一届全国委员会常务委员会举行第三十五次会议，讨论中华人民共和国惩治贪污条例修正草案。政务院政法委员会副主任彭真作关于起草惩治贪污条例的报告，中央节约检查委员会主任薄一波作关于处理浪费问题的报告。在京政协委员，中央人民政府委员、政务院政务委员及各部委负责人，最高人民法院、最高人民检察署负责人，军委各大部负责人及民主党派、人民团体负责人列席会议。

2 月 19 日 政协全国委员会成立学习委员会，负责领导各民主党派人士，各级政府、人民团体和协商机关中的无党派人士，政府和企业机关中的专家，工商界人士，宗教界人士关于思想改造的学习运动。学习委员会由林伯渠、马叙伦、王昆仑等 25 人组成，林伯渠任主任委员。马叙伦、王昆仑任副主任委员。（这个学习委员会于 1954 年 4 月 24 日结束）

3 月 6 日 政协第一届全国委员会常务委员会举行第三十六次会议，听取中央节约检查委员会副主任李富春所作的关于处理“三反”运动中贪污、浪费问题的意见的报告和北京市节约检查委员会主任彭真所作的关于北京市“五反”运动情况的报告，并对两个报告进行了座谈。在京政协委员，中央人民政府委员、政务院政务委员及各部委负责人，最高人民法院、最高人民检察署负责人，军委各大部负责人及民主党派、人民团体负责人列席会议。

3月8日 政协全国委员会和各民主党派联合发表《中国各民主党派对于美帝国主义进行细菌战的抗议》。

3月20日 政协全国委员会发布《颁发抗美援朝纪念章办法》。

4月26日 政协第一届全国委员会常务委员会举行第三十七次会议，通过《中国人民政治协商会议全国委员会庆祝一九五二年“五一”国际劳动节的口号》，听取中华全国工商业联合会筹备处主任陈叔通关于召开筹备代表会议各地代表分配名额问题的报告。

6月30日 学习座谈会举行报告会，周恩来副主席作《关于共同纲领问题的报告》。

8月4日 政协第一届全国委员会常务委员会举行第三十八次会议，听取政务院总理周恩来所作的关于外交、人事、预算等问题的报告，并进行了座谈。毛泽东主席在会上作了关于团结起来，划清敌我界限的讲话。在京政协委员、中央人民政府委员、政务院政务委员及各部委负责人列席会议。

9月20日 政协第一届全国委员会常务委员会举行第三十九次会议，讨论中华人民共和国惩治毒犯条例草案。会议听取了公安部部长罗瑞卿关于禁毒工作和条例起草经过的报告、法制委员会副主任委员许德珩关于条例草案修改小组的意见的几点说明。在京政协委员、中央人民政府委员和最高人民法院、最高人民检察署负责人列席会议。

9月23日 政协第一届全国委员会常务委员会举行第四十次会议，讨论通过《中国人民政治协商会议全国委员会庆祝中华人民共和国成立三周年的口号》。在京政协委员、中央人民政府委员、政务院政务委员列席会议。

10月3日 政协第一届全国委员会常务委员会举行第四十一次会议，听取政务院总理周恩来关于中苏商谈经过的报告，并进行了座谈。在京政协委员，中央人民政府委员、政务院政务委员及各部委负责人，最高人民法院、最高人民检察署负责人列席会议。

10 月 27 日 政协第一届全国委员会常务委员会举行第四十二次会议，听取中苏友协总会总干事钱俊瑞关于“中苏友好月”的报告，通过政协全国委员会关于庆祝俄国十月社会主义革命35周年纪念动员全国各界人士参加“中苏友好月”活动给各级协商委员会的通知。

11 月 10 日至 12 月 3 日 政协全国委员会召开部分地方协商委员会工作汇报会议（山西、山东、绥远三省和北京、保定、济南、青岛、徐州五市协商委员会）。会议期间，周恩来副主席作了国内外形势的报告。

12 月 24 日 政协第一届全国委员会常务委员会举行第四十三次会议，讨论关于筹备并召开各级人民代表大会问题。周恩来代表中国共产党说明1953年召开全国人民代表大会及地方各级人民代表大会的提议，各民主党派、人民团体负责人在会上一致表示赞同。会议决定由政协全国委员会向中央人民政府委员会建议，根据《中央人民政府组织法》第七条十款所规定的职权，筹备并召开全国人民代表大会和地方各级人民代表大会。在京政协委员、中央人民政府委员、政务院政务委员及各部委负责人、最高人民法院及最高人民检察署负责人列席会议。

1953 年

1 月 12 日 政协第一届全国委员会常务委员会举行第四十四次会议，讨论中央人民政府委员会关于召开全国人民代表大会及地方各级人民代表大会的决议草案和召开中国人民政治协商会议第一届全国委员会第四次会议的问题。周恩来副主席在会上作了说明。会议同意关于召开人民代表大会的决议草案，并决定召开政协第一届全国委员会第四次会议。在京政协委员、中央人民政府委员及政务院政务委员列席会议。1 月 30 日，常务委员会举行第四十五次会议讨论有关政协一届全国委员会第四次会议的各项准备工作。

1 月 28 日 政协全国委员会举行报告会，选举法起草委员会委员邓小平作关于中华人民共和国全国人民代表大会及地方各级人民代表大会选举法草案的报告。29 日，在京政协委员进行分组讨论。

2 月 4 日至 7 日 中国人民政治协商会议第一届全国委员会举行第四次会议。会上，周恩来副主席作《政治报告》，陈叔通副主席作《中国人民政治协商会议全国委员会常务委员会关于会务的报告》，世界人民和平大会中国代表团副团长郭沫若作《关于世界人民和平大会的经过和成就的报告》；会议通过《关于政治报告的决议》《关于支持世界人民和平大会各项要求的决议》等，增选林伯渠、邓小平、张治中、许广平等 23 人为常务委员。

会议期间常务委员会举行了第四十六次会议，讨论各项决议草案。

2 月 9 日 政协第一届全国委员会常务委员会举行第四十七次会议，政务院财经委员会副主任兼财政部部长薄一波作《关于一九五三年国家预算的报告》；毛泽东主席就国家预算问题讲了话。中央人民政府委员、政务院政务委员及各大区负责人列席会议。

2 月至 12 月 各工作组陆续分别讨论即将制定的宪法对有关政策应作何规定，以及制宪后如何修改共同纲领的问题。

4 月 20 日 政协第一届全国委员会常务委员会举行第四十八次会议，通过《中国人民政治协商会议全国委员会庆祝一九五三年“五一”国际劳动节口号》。

7 月 29 日 政协全国委员会、中国人民抗美援朝总会和北京市抗美援朝分会联合召开首都各界庆祝朝鲜停战协定签字大会。

9 月 8 日至 11 日 政协第一届全国委员会常务委员会举行第四十九次会议，政务院总理周恩来报告过渡时期的总路线及第一个五年建设计划的基本任务，副总理兼财政经济委员会主任陈云报告关于财政经济工作问题；政务院财政经济委员会副主任李富春报告关于与苏联政府商谈苏联对中国经济建设的援助问题。会议对这三项报告进行了分组讨论。最后，周恩来作了关于讨论过渡时期总路线的总结报告。在京政协委员、中央人民政府委员、政务院政务委员及各大城市工商联负责人列席会议。

9 月 23 日 政协第一届全国委员会常务委员会举行第五十次会议，通过《中国人民政治协商会议全国委员会庆祝中华人民共和国成立四周年口号》。

11月30日　政协第一届全国委员会常务委员会举行第五十一次会议，政务院副总理邓小平作关于发行1954年国家经济建设公债问题的报告，会议同意1954年国家经济建设公债条例草案及中央人民政府政务院关于发行1954年国家经济建设公债的指示草稿。在京政协委员，中央人民政府委员、政务院政务委员及各委、部、局负责人，军委各大部负责人，最高人民法院，最高人民检察署负责人，各民主党派、人民团体负责人，在京的工商界代表性人士列席会议。

12月25日　各民主党派、无党派人士举行双周座谈会，听取粮食部部长章乃器所作的关于粮食统购统销及市场管理问题的报告，元旦后又对粮食统购统销及市场管理问题进行座谈。

1954年

2月5日　政协第一届全国委员会常务委员会举行第五十二次会议（与中国人民抗美援朝总会常务委员会联合举行），廖承志常委报告关于组织慰问团慰问中国人民解放军的计划，会议通过关于组织全国人民慰问解放军代表团的决议和代表团总团长、副总团长及秘书长名单。

3月16日　政协第一届全国委员会常务委员会举行第五十三次会议，研究如何组织讨论宪法草案的问题。会议决定邀请各民主党派、人民团体的负责人和各界代表人士组成17个小组，讨论宪法草案初稿，并通过分组座谈的名单。

4月24日　政协第一届全国委员会常务委员会举行第五十四次会议，通过《中国人民政治协商会议全国委员会庆祝一九五四年“五一”国际劳动节口号》和《关于人民代表大会制实行后，对地方协商机关暂时保留的建议》。会上还通过林伯渠常务委员提出的关于撤销学习委员会的建议，决定今后地方协商委员会组织的学习，由地方学习领导机关统一布置；学习座谈会干事会仍保留，以负责学习座谈会的工作。

5月13日　政协全国委员会与中央人民政府政务院联合发布关于在地方各级人民代表大会召开后各级协商机构暂时保留的通知。

6 月 10 日 政协第一届全国委员会常务委员会举行第五十五次会议，政务院副总理邓小平作关于 1954 年国家预算草案的报告和关于大区一级行政机构撤销问题的说明，会议同意 1954 年国家预算草案和撤销大区一级行政机构，提请中央人民政府委员会审核通过。中央人民政府委员、政务院政务委员及大区主席、副主席列席会议。

7 月 5 日 政协第一届全国委员会常务委员会举行第五十六次会议，讨论《全国人民代表大会代表由中央提名的候选人名单》，李维汉秘书长对名单作了说明。会议决议：一、通过《全国人民代表大会代表由中央提名的候选人名单》；二、关于选区调整工作委托中央选举委员会统一进行；三、该项名单委托中共中央转达有关选举单位。中央人民政府委员和政务院政务委员列席会议。

7 月 8 日 政协第一届全国委员会常务委员会举行第五十七次会议，听取政务院总理周恩来所作的关于出席日内瓦会议以及访问印度、缅甸和举行中越会谈等项问题的报告，并进行了座谈。在京政协委员，中央人民政府委员、政务院政务委员及政府各部门负责人，各人民团体负责人，高等院校负责人列席会议。

8 月 18 日 政协全国委员会举行宴会，欢迎以艾德礼为首的英国工党代表团。

8 月 20 日至 22 日 政协第一届全国委员会常务委员会举行第五十八次会议，听取和讨论政务院总理周恩来关于目前国际局势、外交政策和解放台湾问题的报告。会议通过了《中华人民共和国各民主党派各人民团体为解放台湾联合宣言》。在京政协委员，中央人民政府委员、政务院政务委员，各民主党派、人民团体负责人，省、自治区、直辖市协商委员会负责人列席会议。

8 月 23 日 政协第一届全国委员会常务委员会举行第五十九次会议，讨论公私合营工业企业暂行条例草案。

9 月 14 日 政协全国委员会副主席李济深、郭沫若、陈叔通接见达赖喇嘛·丹增嘉措、班禅额尔德尼·确吉坚赞。

9 月 25 日 政协第一届全国委员会常务委员会举行第六十次会议，讨论

《中国人民政治协商会议全国委员会庆祝中华人民共和国成立五周年的口号》。邓小平常务委员临时动议：今年国庆节正值第一届全国人民代表大会第一次会议通过了各项重要文件，对各方面的工作都已提出了号召和指示了方向，因此建议今年不发布国庆节口号。会议决定将此项建议报请毛泽东主席决定。毛泽东主席批示今年国庆节口号不予发布。

10 月 28 日 政协第一届全国委员会常务委员会举行第六十一次会议。国务院总理周恩来作关于中国政府与印度政府会谈的报告。之后，周恩来代表中共中央提出关于召开第二届中国人民政治协商会议准备工作的建议：（1）第二届政协的组织形式将原来的全体会议、全国委员会、常务委员会三层，改为全国委员会和常务委员会两层，全国委员会由各民主党派、各人民团体推出的代表为基础组成。（2）共同纲领大部分内容已纳入宪法，第二届政协不再制定共同纲领。今后，各民主党派、人民团体除根据宪法规定的目标奋斗外，在修改的政协组织法的前面规定几条共同遵守的原则作为总纲。会上决议：以上建议由各民主党派先在内部进行酝酿讨论，然后在政协全国委员会工作会议进行协商，拟出方案，提请全国委员会常务委员会批准。在京政协委员，在京全国人大常委，国务院副总理、部长、国防委员会委员列席会议。

11 月 3 日 各民主党派、人民团体代表在政协全国委员会工作会议上报告，对中共中央关于召开第二届政协的建议均表示赞同。经过协商，初步拟定第二届政协的单位为 29 个：中共、民革、民盟、民建、无党派、民进、农工、致公、九三、台盟、青年团、全总、农民、妇联、青联、合作社、工商联、自然科学团体、社会科学团体、文联、教育团体、医药卫生、新闻出版、对外和平友好团体、社会福利团体、宗教团体、民族、华侨、特邀人士；商定各民主党派、人民团体先在自己组织内部酝酿讨论参加第二届政协的人选，10 日内提出初步名单。会上推定李维汉等 13 人组成修改政协组织法小组。在 12 月 2 日的工作会议上，又对政协第二届全国委员会特别邀请人士名单草案进行了协商。

12 月 4 日、15 日、21 日 政协第一届全国委员会常务委员会举行第六十二至六十四次会议，讨论有关政协二届全国委员会第一次会议的各项准备工作。周恩来副主席报告了关于会议的筹备情况。会议决定 12 月 20 日召开政协二届一次会议，并通过《中国人民政治协商会议第二届全国委员会委员名单》、《中国人民政治协商会议第一届全国委员会工作报告》、《中国人民政治协商会议章程》草案和政协二届一次会议议程草案等。

12 月 21 日至 25 日　中国人民政治协商会议第二届全国委员会举行第一次会议。本届委员共 559 人。会上，周恩来作《政治报告》；陈叔通作《中国人民政治协商会议第一届全国委员会工作报告》；章伯钧作关于中国人民政治协商会议章程草案的说明。这次会议通过了《中国人民政治协商会议章程》、《中国人民政治协商会议第二届全国委员会第一次会议宣言》和《中国人民政治协商会议第二届全国委员会第一次会议关于第一届全国委员会工作报告的决议》。会议推举毛泽东为政协第二届全国委员会名誉主席；选举周恩来为政协第二届全国委员会主席，宋庆龄、董必武、李济深、张澜、郭沫若、彭真、沈钧儒、黄炎培、何香凝、李维汉、李四光、陈叔通、章伯钧、陈嘉庚、班禅额尔德尼·确吉坚赞、包尔汉 16 人为副主席，邢西萍（徐冰）为秘书长，王芸生等 65 人为常务委员。

12 月 27 日　政协第二届全国委员会常务委员会举行第一次会议，讨论中华人民共和国兵役法草案。国防委员会副主席聂荣臻对草案作了说明。

1955 年

1 月 12 日　政协第二届全国委员会常务委员会举行第二次会议，听取并座谈周恩来主席关于与联合国秘书长哈马舍尔德会谈情况的报告。

2 月 12 日　政协第二届全国委员会常务委员会与中国人民保卫世界和平委员会常务委员会举行联席扩大会议，出席世界和平理事会常委会扩大会议的中国代表团团长郭沫若作《加强和平力量，粉碎原子战争的威胁》的报告；中国人民保卫世界和平委员会副主席廖承志宣读《世界和平理事会常委会告全世界人民书》和关于开展全国人民反对使用原子武器签名运动的计划草案；中国人民保卫世界和平委员会主席郭沫若宣读《关于反对使用原子武器签名运动的报告提纲》。会议通过《关于发动反对使用原子武器签名运动的决议》，决定成立中国人民反对使用原子武器签名运动委员会，并推选郭沫若为这个委员会的主席。到会人员当场在反对使用原子武器签名册上签名。

2月16日 政协第二届全国委员会常务委员会举行第三次会议，听取和讨论中国人民银行行长曹菊如关于发行新人民币的说明，周恩来主席作重要发言。

3月11日 政协全国委员会在中南海怀仁堂举行孙中山逝世30周年纪念大会。周恩来主席致开会词，董必武副主席等讲话。

3月15日 政协全国委员会举行报告会，中国文字改革委员会主任吴玉章作关于汉字简化问题的报告，文改会委员胡乔木作关于汉字简化和改革问题的报告。22日，政协组织在京委员及全国人大常委会、中国文字改革委员会等有关方面人士分组座谈。

4月6日 政协第二届全国委员会常务委员会举行第四次会议，听取和讨论周恩来主席关于中国参加亚非会议问题的报告。

4月15日 政协第二届全国委员会常务委员会举行第五次会议，决定：一、设立国际问题、文化、教育、科学技术、工商、华侨、宗教、社会福利8个工作组，并通过各组组长名单；二、设立工作会议，由秘书长、副秘书长、各工作组组长和学委会负责人组成，请各副主席参加指导；三、将双周座谈会改为不定期的座谈会；四、学习座谈会干事会改称学习委员会。

4月26日 政协第二届全国委员会常务委员会举行第六次会议，通过《中国人民政治协商会议全国委员会庆祝一九五五年“五一”国际劳动节口号》。

8月20日 政协全国委员会举行廖仲恺逝世30周年纪念大会。

10月7日 政协全国委员会举行欢迎会，欢迎世界和平理事会副主席、意大利社会党总书记彼特罗·南尼。南尼在会上发表演说。

10月22日 政协第二届全国委员会常务委员会举行第七次会议，周恩来主席作关于目前时局的报告；农业部部长廖鲁言作关于《农业生产合作社示范章程》的试行草案修正稿的说明。在京政协委员、人大代表及有关方面人士列席会议。24日至28日对报告和章程试行草案修正稿进行分组座谈。

11月10日、12日 政协第二届全国委员会常务委员会第八、九次会议与全国人民代表大会常务委员会第二十五、二十八次会议联席举行，决定1955年秋收后组织人大代表和政协委员进行视察工作。会后联合发出视察通知。

11月14日、25日 政协第二届全国委员会常务委员会举行第十、十一次会议，讨论召开政协第二届全国委员会第二次会议的有关问题。决定将知识分子思想改造问题作为政治报告的重点之一，同时作为人大代表和政协委员视察工作的一个项目，委托赴各地视察的部分政协委员对此项工作进行视察。并决定推迟视察工作期限到1956年1月10日左右结束。

11月17日 政协全国委员会副主席董必武、李济深、沈钧儒、陈叔通、章伯钧、包尔汉和各民主党派代表，与以片山哲为团长的日本拥护宪法国民联合会访华代表团举行座谈。26日，片山哲在政协全国委员会的讲演会上发表《日本宪法与和平主义》演说。

12月22日 全国人民代表大会常务委员会和政协全国委员会常务委员会举行联席会议，座谈签订中国和民主德国友好合作条约等问题。会上，周恩来总理作关于国际和国内几项情况的讲话；外交部副部长张闻天作关于签订中德友好合作条约问题的说明。

1956年

1月10日、24日 政协第二届全国委员会常务委员会举行第十二、十三次会议，讨论召开政协第二届全国委员会第二次会议的各项准备工作。协商通过政协第二届全国委员会增补委员名单。

1月26日 政协全国委员会举行报告会，国务院副总理陈毅作1956年到1967年全国农业发展纲要的报告。

1月28日 政协第二届全国委员会常务委员会举行第十四次会议，讨论国务院关于对公私合营企业推行定息办法的决定草案和国务院关于私营企业实行公私合营的时候对财产清理估价几项主要问题的规定草案。国务院第八办公室副主任许涤新、孙起孟在会上分别对上述两个文件作了说明。

1月30日至2月7日 中国人民政治协商会议第二届全国委员会举行第二次会议。在开幕式上，全国工人、农民、手工业工人和工商界代表组成的关于农业、手工业、资本主义工商业社会主义改造的报喜队，分别向中共中央、毛泽东主席、全国人大常委会、国务院、周恩来总理、政协全国委员会、中国民主建国会、全国总工会和全国工商联献报喜信、保证书和喜幛。会上，周恩来主席作政治报告，李济深副主席作政协第二届全国委员会常务委员会工作报告，政协全国委员会副主席、中国科学院院长郭沫若作《在社会主义革命高潮中知识分子的使命的报告》，政协全国委员会副主席、中华全国工商业联合会主任委员陈叔通作《关于资本主义工商业的社会主义改造的报告》，政协全国委员会副主席、最高人民法院院长董必武作《关于肃清一切反革命分子问题的报告》，中共中央农村工作部副部长陈伯达作《中国农业的社会主义改造的报告》。会议通过《关于政治报告的决议》等，增选达浦生等4人为政协第二届全国委员会常务委员。

会议期间，常务委员会曾举行第十五、十六、十七次会议，协商增选常务委员候选人名单和各项决议草案。

3月5日 政协第二届全国委员会常务委员会举行第十八次会议，讨论汉语拼音方案草案。中国文字改革委员会主任吴玉章在会上作关于汉语拼音方案草案的报告。会议通过政协全国委员会和各省、自治区委员会及北京、天津、上海、沈阳、西安、武汉、广州、重庆八市委员会组织讨论该项草案的计划。3月12日，政协全国委员会组织在京委员、全国人大常委会委员及文改会、文化部、高等教育部、教育部、科学院的有关负责人，分组座谈汉语拼音方案草案。

3月14日、15日 政协第二届全国委员会常务委员会举行第十九次会议，周恩来主席说明关于战犯战俘的处理问题，公安部部长罗瑞卿作关于战争罪犯处理问题的发言，最高人民检察院副检察长谭政文作关于日本战争罪犯处理问题的补充发言。会议进行了讨论。

3月27日 政协第二届全国委员会常务委员会举行第二十次会议，通过《中国人民政治协商会议第二届全国委员会关于组织各界民主人士和工商业者进行政治学习和理论学习的决定》、《中国人民政治协商会议第二届全国委员会学习委员会名单》、《中国人民政治协商会议第二届全国委员会增设工作组和组长人选名单》和《组织各界人士与战犯、战俘谈话的小组名单》等。

4 月 27 日　政协第二届全国委员会常务委员会举行第二十一次会议，听取和讨论全国妇联书记处书记曹冠群《关于全国工商业者家属和女工商业者代表会议情况》的报告。

5 月 8 日　政协第二届全国委员会常务委员会第二十二次会议与全国人大常委会第三十九次会议联席举行，通过人大常委会和政协全国委员会关于1956 年上半年视察工作的通知。

5 月 10 日　政协第二届全国委员会常务委员会举行第二十三次会议，听取和讨论华侨事务委员会副主任方方所作的《在社会主义建设和社会主义改造中的侨务工作》的报告。

6 月 8 日　政协全国委员会代表李纯青和各民主党派代表宁武等 9 人，应最高人民法院特别军事法庭的邀请，在沈阳参加审理日本侵略中国战争中的战争犯罪分子的旁听。

6 月 11 日　政协第二届全国委员会常务委员会举行第二十四次会议，农业部部长廖鲁言作关于农业生产合作社示范章程草案的说明。全国人大常委会委员列席会议。会后，对章程草案进行分组座谈。

7 月 7 日　政协第二届全国委员会常务委员会举行第二十五次会议，通过政协全国委员会《学习委员会组织简则》《关于社会主义学院学习方法的规定》《社会主义学院学员的暂定条件》，并决定社会主义学院隶属政协全国委员会，受常务委员会直接领导，委托中国人民大学举办。

7 月 11 日、12 日　政协第二届全国委员会常务委员会举行第二十六次、二十七次会议，讨论关于处理城市反革命分子的办法草案。公安部部长罗瑞卿作草案的说明，周恩来主席在会上讲话。会后，组织政协常务委员和全国人大常委会委员在北京、北戴河、青岛分组座谈这个办法草案。

9月7日 政协第二届全国委员会常务委员会举行第二十八次会议，史良常务委员报告《访问捷克斯洛伐克的体会》、钱端升常务委员报告《加拿大之行》，刘王立明委员报告《出席西德世界妇女节制会第二十届代表大会的情况》。

9月30日 政协第二届全国委员会常务委员会举行第二十九次会议，王芸生常务委员报告去日本参加禁止原子弹氢弹第二次世界大会的情况。会议通过李维汉、陈叔通、章伯钧和包尔汉为政协全国委员会常务副主席。

10月4日 全国人民代表大会常务委员会与政协全国委员会常务委员会举行联席会议，欢迎印度尼西亚总统苏加诺。苏加诺总统在会上发表演说。

10月22日 政协第二届全国委员会常务委员会举行第三十次会议，讨论纪念孙中山诞辰90周年的筹备工作。会议决定：一、由周恩来等87人组成孙中山诞辰90周年纪念筹备委员会，周恩来任主任；二、举行纪念大会，组织参谒，出版专刊、选集，发行纪念邮票，举办展览会，发表纪念文章，制发纪念章，拍摄纪念影片等。

11月2日 政协全国委员会举行欢迎会，欢迎缅甸联邦反法西斯自由同盟主席吴努。吴努在会上发表演说。

11月5日 政协全国委员会在京常委列席全国人大常委会第五十六次会议，听取周恩来总理关于外交问题和国际形势的报告，并就中缅边界问题进行座谈。

11月11日 政协全国委员会举行孙中山诞辰90周年纪念大会。毛泽东、刘少奇、周恩来等党和国家领导人参加了大会。参加大会的还有海外华侨、港澳同胞40余人和31个国家的外宾160余人。政协全国委员会主席周恩来致开会词，中共中央政治局委员林伯渠、民革中央主席李济深、政协全国委员会副主席何香凝讲了话；邵力子代表大会主席团宣读了外国领袖和著名人士的来电和来信；13个国家的外宾在会上讲了话；朝鲜和蒙古的代表向大会赠送了红旗和孙中山先生油画像。大会结束后放映了影片《伟大的孙中山》。

会后，中央谒陵代表团赴南京参谒中山陵；首都各界代表人士参谒碧云寺中山纪念堂。

11 月 16 日　政协第二届全国委员会常务委员会第三十一次会议与全国人民代表大会常务委员会第五十一次会议联席举行，讨论人大代表、政协委员1956 年下半年视察工作问题。

12 月 26 日　政协第二届全国委员会常务委员会举行第三十二次会议，讨论 1957 年国家经济建设公债条例草案，会议一致同意这个条例草案。

1957 年

1 月 5 日　全国人民代表大会常务委员会和政协全国委员会联合发出关于组织在京人大代表、政协委员和国务院参事分组座谈 1956 年下半年视察中所发现的问题的通知。随后，全国人民代表大会常务委员会和政协全国委员会组织上述人员，分为农业、工商业、医药卫生、文化教育、科学技术、工矿交通、城市建设与城市服务、政协工作、政法工作、社会福利工作、妇女儿童、民族宗教、侨务工作、知识分子问题 14 个组，于 1 月 12 日至 2 月 14 日连续举行座谈。

1 月 21 日、2 月 17 日、23 日、25 日　政协第二届全国委员会常务委员会举行第三十三、三十四、三十六、三十七次会议，讨论召开政协二届三次会议的准备工作。还通过了政协全国委员会《地方工作委员会暂行组织简则》和地方工作委员会委员名单。

2 月 19 日　政协第二届全国委员会常务委员会举行第三十五次会议，听取国务院总理周恩来所作的《关于访问亚洲和欧洲十一国的报告》，并进行分组讨论。全国人大常委会委员、国务院组成人员和其他方面负责人列席会议。

2 月 27 日　政协第二届全国委员会第三次会议的出列席人员，应邀参加最高国务会议第十一次扩大会议，听取毛泽东主席关于正确处理人民内部矛盾问题的讲话。28 日，进行分组讨论。

3 月 2 日　政协第二届全国委员会第三次会议举行预备会，国务院副总理李富春作关于发展国民经济的第二个五年计划的建议的说明。4 日，进行分组讨论。

3 月 5 日至 20 日 中国人民政治协商会议第二届全国委员会举行第三次会议。会议听取和讨论了国务院总理周恩来所作的《关于访问亚洲和欧洲十一国的报告》和《中缅边界问题》两个报告，陈叔通副主席所作的政协常务委员会工作报告。会议通过《政治决议》《关于增产节约问题的决议》《关于常务委员会工作报告的决议》等，增选王绍鏊等八人为政协第二届全国委员会常务委员。

会议于 3 月 12 日举行欢迎会，欢迎捷克斯洛伐克共和国代表团，并请代表团团长西罗基总理发表演说。

会议期间常务委员会曾举行第三十八、三十九次会议，协商增选常务委员会候选人名单和各项决议草案。

3 月 17 日至 26 日 政协全国委员会邀请广西籍各界知名人士开会，协商建立壮族自治区的问题。周恩来主持会议。会议一致赞同建立省一级壮族自治地方。

4 月 3 日 政协第二届全国委员会常务委员会第四十次会议与第一届全国人大常委会第五十五次会议联席举行，讨论人大代表和政协委员 1957 年上半年视察工作问题。会后联合发出视察通知。

5 月 27 日至 31 日 政协第二届全国委员会常务委员会举行第四十一次至四十三次会议，讨论关于建立省级壮族自治区和回族自治区问题。全国人民代表大会常务委员会委员、来京参加协商的广西代表团和甘肃代表团及其他有关人士列席会议。经过讨论，会议一致赞同建立广西壮族自治区和在甘肃东北部建立省级回族自治区（即现在的宁夏回族自治区）以及两个自治区的区划方案。6 月 11 日至 13 日，政协全国委员会临时成立关于建立广西壮族自治区问题和建立回族自治区问题研究小组，分别座谈建立自治区的有关问题。

7 月 7 日 各民主党派负责人和无党派民主人士举行座谈会，周恩来主席在会上谈关于整风和批判右派的问题。

9 月 24 日 政协全国委员会举行欢迎会，欢迎印度尼西亚前副总统穆罕默德·哈达博士。周恩来主席主持会议并致欢迎词，哈达博士在会上发表题为《面向着未来》的演说。

9 月 26 日 政协第二届全国委员会常务委员会第四十五次会议与第一届全国人大常委会第七十九次会议联席举行，讨论通过《关于庆祝伟大的十月社会主义革命四十周年的决议》和庆祝 10 月革命 40 周年筹委会名单。

10 月 16 日、22 日 政协第二届全国委员会常务委员会第四十六、四十七次会议与第一届全国人大常委会第八十、八十一次会议联席举行，讨论《一九五六年至一九六七年全国农业发展纲要》的修正草案。会议听取了中共中央书记处书记谭震林所作的关于修正草案的说明，并进行分组讨论。会议原则通过《一九五六年至一九六七年全国农业发展纲要》的修正草案，并决定这个纲要草案经中共中央考虑修改后，提交全国人民展开讨论。12 月 7 日、9 日，政协全国委员会组织了部分在京委员，分组座谈这个纲要的修正草案。

10 月 24 日 政协第二届全国委员会常务委员会举行第四十八次会议，讨论通过国务院关于改进城市、工矿区猪肉供应的规定草案和国务院关于高级脑力劳动者食油补助供应的规定草案，决定对汉语拼音方案组织分组讨论。会上，国务院副总理李先念作了关于生猪和食油补助情况的说明，汉语拼音方案审订委员会代表郭沫若作了关于汉语拼音方案修正草案的说明。

12 月 14 日、18 日、28 日 各民主党派、无党派人士双周座谈会举行会议，座谈关于全国人大代表中的右派分子和民主党派内部右派分子的处理问题。

12 月 31 日、1958 年 1 月 3 日 政协全国委员会根据各民主党派、无党派人士双周座谈会的建议举行座谈会，座谈中共中央、国务院关于在国家薪给人员和高等学校学生中的右派分子处理原则的规定草案，中共中央书记处候补书记胡乔木在会上对草案作了说明。

1958 年

1 月 10 日 政协全国委员会举行报告会，周恩来主席作《当前文字改革的任务》的报告，中国文字改革委员会委员胡乔木作关于汉语拼音方案草案的几点说明。会后，政协全国委员会组织了华东、西北、中南、西南、东北、京津 6 个宣传组，前往各大城市进行文字改革和汉语拼音方案的宣传工作。

1月10日至24日 各民主党派、无党派人士双周座谈会连续举行四次会议，讨论《各民主党派中央关于处理党派内部右派分子的若干原则规定》和《对96名右派分子的处理意见》的草案。

2月27日 各民主党派、无党派人士双周座谈会举行会议，讨论并原则通过《各民主党派中央关于在各民主党派内部进一步开展整风运动的意见》草稿，决定由起草小组负责收集意见加以修改，送各民主党派负责人传阅后，即作为正式文件发出。

3月10日 政协第二届全国委员会常务委员会举行第五十次会议，通过《中国人民政治协商会议全国委员会关于整风办法的规定》和政协全国委员会整风领导小组名单。会议还通过了《关于撤销周鲸文政协全国委员会委员资格的决议》和《关于停止右派分子章伯钧政协全国委员会副主席职务的决定》等。

3月11日 政协全国委员会组织常务委员、全国人大常委会委员及有关负责人员座谈中华人民共和国农业税条例草案。

8月23日 全国人民代表大会常务委员会与政协全国委员会举行联席会议，欢迎柬埔寨王国首相西哈努克亲王。西哈努克亲王在会上发表演说。

10月30日 全国人民代表大会常务委员会与政协全国委员会常务委员会举行扩大的联席会议，听取中国人民志愿军司令员杨勇所作的《中国人民志愿军八年来抗美援朝工作报告》，会议通过《中华人民共和国全国人民代表大会常务委员会、中国人民政治协商会议全国委员会常务委员会扩大的联席会议关于中国人民志愿军八年来抗美援朝工作报告的决议》。

11月8日至23日 政协全国委员会和政协山东省委员会在济南联合召开县政协工作现场会议，讨论人民公社化以后县政协的设立和县政协的工作问题。27个省、市、自治区和山东省各市、县政协负责人参加会议。

12月15日 政协第二届全国委员会常务委员会举行座谈会，座谈毛泽东提出不再作为下届中华人民共和国主席候选人的问题。会上，周恩来对中共八届六中全会同意毛泽东建议的决定作了说明。全国人民代表大会常务委员会委员、国务院非共产党员的部长、副部长及其他有关人士参加了会议。

12 月 27 日 政协第二届全国委员会常务委员会举行第五十一次会议，决定不再召开政协第二届全国委员会第四次会议，并通过关于筹备召开政协第三届全国委员会第一次会议的决定。

1959 年

1 月 22 日 政协全国委员会举行欢迎会，欢迎墨西哥前总统拉萨罗·卡德纳斯。

3 月 10 日 政协第二届全国委员会常务委员会举行第五十二次会议，协商政协第三届全国委员会委员名单草案和讨论召开政协三届一次会议的问题。会议决定政协第三届全国委员会第一次会议于 4 月 17 日和第二届全国人大第一次会议同时召开，全体委员列席二届全国人大一次会议，并决定在大会召开前政协委员与人大代表一起进行视察。3 月 11 日，政协常委会第五十三次会议与全国人大常委会第一〇七次会议联席举行，讨论召开政协三届一次会议和二届人大一次会议的有关问题。

4 月 11 日、16 日 政协第二届全国委员会常务委员会举行第五十四、五十五次会议，通过政协第三届全国委员会委员名单，并讨论政协三届一次会议的各项准备工作。

4 月 17 日至 29 日 中国人民政治协商会议第三届全国委员会举行第一次会议。本届委员 1071 人。周恩来主持开幕式，李维汉作《中国人民政治协商会议第二届全国委员会常务委员会工作报告》。全体委员列席第二届全国人民代表大会第一次会议，听取和讨论国务院总理周恩来所作的《政府工作报告》、国务院副总理李富春所作的《关于一九五九年国民经济计划草案的报告》和副总理李先念所作的《关于一九五八年国家决算和一九五九年国家预算草案的报告》。会议通过政治决议、关于常务委员会工作报告的决议等；推举毛泽东为政协第三届全国委员会名誉主席；选举周恩来为政协第三届全国委员会主席，彭真、李济深、郭沫若、沈钧儒、黄炎培、李维汉、李四光、陈叔通、陈嘉庚、包尔汉、陈毅、康生、帕巴拉·格列朗杰、阿沛·阿旺晋美 14 人为副主席，徐冰为秘书长，王从吾等 143 人为常务委员。

4 月 29 日 周恩来主席举行茶话会，招待 60 岁以上的政协全国委员会委员，号召大家把亲身经历记载下来，把知识和经验留给后代。

5 月 12 日 政协第三届全国委员会常务委员会举行第一次会议，推定康生、李维汉、陈叔通、包尔汉四人为常务副主席，通过副秘书长和各工作机构负责人名单。会议还讨论了组织在京政协委员和各民主党派中央委员参加劳动锻炼问题。

7 月 20 日 文史资料研究委员会举行成立会，通过《中国人民政治协商会议全国委员会文史资料研究委员会工作办法》。

9 月 23 日 政协第三届全国委员会常务委员会举行第二次会议，听取教育部部长杨秀峰所作的《我国教育事业的大发展大革命和当前工作任务》的报告。

10 月 19 日 政协第三届全国委员会常务委员会第三次会议和第二届全国人大常委会举行联席会议，邀请匈牙利人民共和国主席团主席道比・伊斯特万发表演说。

10 月 24 日、11 月 7 日、11 日 政协第三届全国委员会常务委员会举行第四至六次会议，分别听取农业部部长廖鲁言、冶金工业部部长王鹤寿、中共中央交通工作部副部长张邦英所作的关于农业问题、钢铁工业生产形势、交通邮电事业发展情况的报告。

1960 年

2 月 29 日 政协第三届全国委员会常务委员会第七次会议和第二届全国人大常委会第二十二次会议联席举行，讨论关于召开第二届全国人民代表大会第二次会议、政协第三届全国委员会第二次会议和组织代表、委员视察工作问题。

3 月 27 日 政协第三届全国委员会常务委员会举行第八次会议，讨论有关政协三届二次会议的各项准备工作。

3 月 29 日至 4 月 11 日 中国人民政治协商会议第三届全国委员会举行第二次会议，陈叔通副主席作《中国人民政治协商会议第三届全国委员会常务委员会工作报告》。全体委员列席第二届全国人民代表大会第二次会议，听取和讨论国务院总理周恩来《关于国际形势和我国对外关系的讲话》、副总理李富春《关于一九六〇年国民经济计划草案》的报告、副总理李先念《关于一九五九年国家决算和一九六〇年国家预算草案》的报告、副总理谭震林《为提前实现全国农业发展纲要而奋斗》的报告。会议通过《中国人民政治协商会议第三届全国委员会第二次会议的决议》，补选何香凝为政协第三届全国委员会副主席。

会议期间曾举行常务委员会第九次会议，讨论各项决议草案和协商补选副主席的候选人名单。

4月23日 政协第三届全国委员会常务委员会举行第十次会议，听取林业部部长刘文辉所作的《总路线光辉照耀下的中国林业建设》的报告。

7月1日至17日 政协全国委员会召开政治理论学习工作会议。参加会议的有政协各省、市、自治区委员会和有关方面负责政治理论学习工作的人员及一部分参加政治理论学习的各界人士。会议讨论了政治理论学习的方针、任务、教学方法等问题，并交流了工作经验。

8月13日 政协全国委员会举行报告会，周恩来主席作《关于当前国内外形势的报告》。

9月26日 政协第三届全国委员会常务委员会举行第十一次会议，讨论通过《关于中国人民政治协商会议全国委员会政治、理论学习工作会议的报告》、《关于推动和组织各民主党派成员、无党派民主人士、工商界、知识界学习毛主席著作的决议》等。

1961年

1月5日至7日 政协全国委员会组织在京人大代表、政协委员和民主党派中央委员分组座谈《中共中央关于农村人民公社当前政策问题的紧急指示信》。

1月19日至2月25日 各民主党派、无党派人士双周座谈会连续五次座谈民主党派的工作和贯彻“神仙会”精神与“双百方针”等问题。中共中央统战部部长李维汉在2月25日的会上作“当前形势和统一战线中的几个重要政策问题”的讲话。

1月20日至4月底 文化教育组和医药卫生组联合举行座谈会，就近年来文教卫生工作交换意见。参加座谈会的有从事文教、医卫工作的政协委员，民盟、民进和九三学社文教、科技委员会的委员以及有关人士共494人。按专业和所属民主党派分为15个小组进行座谈。

2月23日 政协全国委员会秘书长办公会议决定安排第一批特赦人员溥仪等7人任文史资料研究委员会专员。

3月25日至4月15日 科学技术组连续举行11次座谈会，与在科技界工作的政协委员和科技界部分人士就当前科技工作交换意见。

4月1月至13日 文化教育组连续举行三次座谈会，座谈如何贯彻“百花齐放、百家争鸣”的方针问题。

4月14日 政协第三届全国委员会常务委员会举行第十二次会议，听取地方工作委员会、文史资料研究委员会工作汇报。

4月20日至5月26日 政协第三届全国委员会常务委员会举行第十三至十八次会议，卫生部副部长张凯、商业部副部长胡子婴、轻工业部部长李烛尘、文化部副部长齐燕铭、教育部副部长蒋南翔分别报告医药卫生、市场供应、轻工业生产、文化工作、教育工作的情况和问题，中国妇女访日代表团团长许广平报告访日观感。

6月20日 政协第三届全国委员会常务委员会第十九次会议和第二届全国人大常委会第三十九次会议联席举行，讨论农村人民公社工作条例修正草案。

6月27日 政协第三届全国委员会常务委员会举行第二十次会议，中国基督教三自爱国运动委员会主席吴耀宗作《一年来基督教界在神仙会中进行自我教育和自我改造的一些收获》的报告。

9月15日 政协第三届全国委员会常务委员会举行第二十一次会议，决定隆重纪念辛亥革命50周年：一、1961年10月9日在北京举行纪念大会，各省、自治区、直辖市于10月10日举行纪念会。二、组织辛亥革命50周年纪念筹备委员会，董必武任主任委员，宋庆龄等任副主任委员，由政协全国委员会邀请各方面人士参加，共同进行筹备工作。各省、自治区、直辖市可仿此办理。

9月21日　各民主党派、无党派人士双周座谈会座谈对右派分子的改造工作问题。

10月9日　辛亥革命50周年纪念大会在北京隆重举行。首都各界人士一万多人参加。政协全国委员会主席周恩来致开会词。国家副主席董必武和各民主党派、无党派民主人士、全国工商联代表何香凝等先后在会上讲话。晚上，董必武宴请参加纪念大会的辛亥老人。辛亥革命历史文物展览会同日在中国革命博物馆展出。辛亥革命50周年学术讨论会于16日至21日在武汉举行。

11月2日　政协全国委员会秘书长办公会议通过《政协全国委员会“双周讲座”工作简则》。“双周讲座”是各工作组为了体现“百花齐放、百家争鸣”的精神而增加的一项活动。

11月28日　政协全国委员会宴请在京的政协委员、人大代表、各民主党派中央委员中70岁以上的老人。周恩来主席出席宴会并讲了话。

12月5日　政协第三届全国委员会常务委员会举行第二十二次会议，决定政协第三届全国委员会第三次会议延期召开；会议还讨论了第一、二批特赦人员的工作情况和释放第三批战犯问题。

12月20日至1962年1月3日　政协全国委员会在上海召开山东、江苏、浙江、福建、安徽、江西、河北七省和上海市政协工作座谈会，讨论如何加强政治协商、组织和推动各界人士进行政治理论学习、密切政协同各方面人士的联系等问题，并交流工作经验。

12月25日　政协第三届全国委员会常务委员会第二十三次会议和第二届全国人大常委会第四十九次会议联席举行，讨论二届全国人大三次会议和政协三届三次会议开会日期和组织人大代表、政协委员参观访问问题。

1962 年

1 月 15 日至 29 日 政协全国委员会在哈尔滨市召开东北和华北地区政治理论学习工作座谈会，讨论自 1960 年政治理论学习工作会议以来政协学习工作所取得的成绩与存在的问题，并对今后的学习工作交换意见。

2 月 1 日 政协全国委员会举行郑成功收复台湾三百周年纪念会。纪念会由陈毅副主席主持，何香凝、范文澜、田富达在会上讲话。

2 月 15 日 政协第三届全国委员会常务委员会第二十四次会议和第二届全国人大常委会第五十次会议联席举行，讨论政协第三届全国委员会第三次会议和第二届全国人民代表大会第三次会议召开的日期问题以及人大代表、政协委员参观访问后组织座谈问题。

3 月 2 日、10 日、22 日 政协第三届全国委员会常务委员会举行第二十五至二十七次会议，听取七省一市政协工作座谈会和东北、华北地区政治理论学习工作座谈会的情况汇报，讨论政协三届三次会议的各项准备工作。

3 月 23 日至 4 月 18 日 中国人民政治协商会议第三届全国委员会举行第三次会议。周恩来主席致开幕词和闭幕词。陈叔通副主席作《中国人民政治协商会议第三届全国委员会常务委员会工作报告》。全体委员列席第二届全国人民代表大会第三次会议，听取和讨论国务院总理周恩来的《政府工作报告》。会议通过《中国人民政治协商会议第三届全国委员会第三次会议决议》等。

会议期间常务委员会曾举行第二十八、二十九次会议，讨论会议有关工作和决议草案等。

6 月 7 日 政协第三届全国委员会常务委员会举行第三十次会议，劳动部部长马文瑞报告《关于减少职工和城镇人口问题》。

6 月 19 日 政协第三届全国委员会常务委员会举行第三十一次会议，讨论进一步加强政治协商工作和学习工作的问题。

6 月 23 日 政协第三届全国委员会常务委员会举行第三十二次会议，陈毅副主席报告关于国民党当局准备军事冒险窜犯大陆沿海地区的问题。

7月5日 政协第三届全国委员会常务委员会举行第三十三次会议，继续讨论进一步加强人民政协的工作问题。

7月16日 政协第三届全国委员会常务委员会举行第三十四次会议，教育部副部长周荣鑫报告教育工作的调整精简问题。

7月19日 政协第三届全国委员会常务委员会举行第三十五次会议，中国佛教协会副会长巨赞报告中国佛教第三届代表会议情况和佛学院情况，中国天主教爱国会主席皮漱石报告中国天主教爱国会第二届代表会议情况，中国道教协会会长陈撄宁报告中国道教协会第二届代表会议情况。会上中共中央统战部副部长张执一就进一步贯彻宗教信仰自由政策问题作了发言。

8月4日 政协第三届全国委员会常务委员会第三十六次会议和第二届全国人大常委会第六十次会议联席举行，国务院副总理陈毅作关于解决老挝问题的扩大的日内瓦会议情况的报告。

9月19日至10月18日 文化教育组召开编译工作者座谈会，座谈编译、出版方面的问题。参加会议的有在京的37个出版单位的编辑、翻译工作者200余人。

12月1日、5日 政协第三届全国委员会常务委员会举行第三十七、三十八次会议，讨论通过《关于组织在京的本会委员、各民主党派中央委员、全国工商联执行委员和各界民主人士进行爱国主义、国际主义和社会主义思想教育的计划》。

12月20日至1963年1月11日 政协全国委员会召开全国文史资料工作会议，讨论3年多来各级政协文史资料工作的开展情况和问题，并交流经验。

1963年

2月21日 各民主党派、无党派人士双周座谈会协商右派分子摘帽子的名单。

3月7日 政协全国委员会举行首都各界妇女庆祝“三八”国际劳动妇女节大会，全国政协常委、妇女组组长许广平主持，全国妇联副主席邓颖超作题为《怎样做中华人民共和国的一个名实相符的国家主人》的讲话。

同日 政协第三届全国委员会常务委员会举行第三十九次会议，决定撤销章乃器的政协第三届全国委员会委员资格。会议还听取了中央社会主义学院副院长聂真关于第四期学员学习情况的汇报。

8月5日 政协全国委员会举行报告会，国务院副总理李先念报告《关于一九六一年和一九六二年国民经济调整的成就和当前的主要任务》。在京全国政协委员、非共产党员的全国人大代表、各民主党派中委、候补中委等参加报告会。

8月26日至9月3日 政协全国委员会召开山西、山东、河北、辽宁、北京、天津、四省二市爱国主义、国际主义、社会主义教育工作座谈会，并就“三个主义”教育工作中的问题交换意见。

10月10日 政协第三届全国委员会常务委员会第四十次会议和第二届全国人大常委会第一〇四次会议联席举行，决定第二届全国人民代表大会第四次会议、政协第三届全国委员会第四次会议于11月中旬在北京同时召开，会前组织代表、委员进行视察。

11月10日 政协全国委员会主席周恩来和副主席陈毅接见在政协全国委员会文史资料研究委员会任专员的特赦人员及其眷属。

11月14日 政协第三届全国委员会常务委员会举行第四十一次会议，讨论政协第三届全国委员会第四次会议的各项准备工作。

11月17日至12月4日 中国人民政治协商会议第三届全国委员会举行第四次会议，陈叔通副主席作《中国人民政治协商会议第三届全国委员会常务委员会工作报告》。全体委员列席第二届全国人民代表大会第四次会议，听取和讨论国务院副总理李富春《关于一九六三年国民经济计划执行情况和一九六四年国民经济计划草案的报告》、副总理李先念《关于一九六三年国家预算草案和预计执行情况、一九六四年国家预算初步安排的报告》与总理周恩来、副总理陈毅、贺龙关于国内外形势和方针政策的讲话。会议通过《中国人民政治协商会议第三届全国委员会第四次会议决议》等。

会议期间常务委员会举行第四十二次会议，讨论政协三届四次会议决议草案等。

1964 年

1 月 29 日 政协第三届全国委员会常务委员会举行第四十三次会议，讨论通过《中国人民政治协商会议全国委员会常务委员会关于在各界人士中进一步开展爱国主义、国际主义和社会主义思想教育计划大纲》。

5 月 12 日至 14 日 政协全国委员会举行报告会，国务院副总理陈毅作关于周恩来总理率领中国政府代表团访问 14 国和第二次亚非会议筹备情况的报告。

7 月 6 日至 26 日 政协全国委员会召开全国学习工作会议，交流和研究开展爱国主义、国际主义和社会主义思想教育运动的经验和问题。各省、自治区、直辖市以及沈阳等九大城市的政协委员会，各民主党派中央、全国工商联和其他有关人民团体，中央有关部门的代表出席了会议。

7 月 27 日、29 日 各民主党派、无党派人士双周座谈会协商第三届全国人民代表大会代表、政协第四届全国委员会委员的提名原则。

9 月 30 日至 10 月中旬 应政协全国委员会的邀请，老挝爱国战线党副主席西吞·库马丹率老挝爱国战线党与中立派联合友好代表团对中国进行友好访问。

11 月 18 日 政协第三届全国委员会常务委员会举行第四十四次会议，协商决定中国人民政治协商会议第四届全国委员会委员名单。

11 月 28 日 政协第三届全国委员会常务委员会第四十五次会议和第二届全国人大常委会第一百三十四次会议联席举行，讨论决定召开第三届全国人民代表大会第一次会议、政协第四届全国委员会第一次会议的日期。

12 月 19 日 政协第三届全国委员会常务委员会举行第四十六次会议，讨论召开政协第四届全国委员会第一次会议的各项准备工作，并决定增加 2 名政协第四届全国委员会委员。

12 月 20 日至 1965 年 1 月 5 日 中国人民政治协商会议第四届全国委员会举行第一次会议。本届委员 1199 人。郭沫若作《中国人民政治协商会议第三届全国委员会常务委员会工作报告》。全体委员列席第三届全国人民代表大会第一次会议，听取和讨论国务院总理周恩来的《政府工作报告》、最高人民法院院长谢觉哉《关于最高人民法院工作报告》和最高人民检察院检察长张鼎丞《关于最高人民检察院工作报告》。会议推举毛泽东为政协第四届全国委员会名誉主席；选举周恩来为政协第四届全国委员会主席，彭真、陈毅、叶剑英、黄炎培、陈叔通、刘澜涛、宋任穷、徐冰、高崇民、蔡廷锴、韦国清、邓子恢、李四光、傅作义、滕代远、谢觉哉、沈雁冰、李烛尘、帕巴拉·格列朗杰、许德珩、李德全、马叙伦22人为副主席，平杰三为秘书长，于树德等135人为常务委员。会议通过《中国人民政治协商会议第四届全国委员会第一次会议决议》等。闭幕前，周恩来主席在会上讲话。

1965年

3月18日 政协第四届全国委员会常务委员会举行第一次会议，推举第四届全国委员会常务副主席，通过副秘书长名单及第四届全国委员会的工作机构和负责人名单。

4月18日 政协全国委员会、中国亚非团结委员会、中国人民保卫世界和平委员会、中国人民对外文化协会联合举行大会，纪念第一次亚非会议召开十周年。党和国家领导人刘少奇、邓小平、彭真、李先念、郭沫若等出席。

5月15日 政协第四届全国委员会常务委员会举行第二次会议，通过《中国人民政治协商会议全国委员会支持多米尼加人民反对美国武装侵略的声明》。声明于当日发表。

8月6日 政协全国委员会举行茶会，欢迎李宗仁和夫人郭德洁以及程思远。周恩来主席主持茶会并讲话，彭真副主席致欢迎词。

9月3日 政协全国委员会、人民解放军总政治部、全国总工会、全国妇联、全国青联、中国人民保卫世界和平委员会联合举行首都各界人民庆祝抗日战争胜利20周年大会。刘少奇、周恩来、朱德、邓小平等党和国家领导人、政协全国委员会常务委员、中央有关部门负责人出席了大会。中国人民解放军总参谋长罗瑞卿在大会上讲话。

10月15日、16日 各民主党派、无党派人士双周座谈会，座谈“备战、备荒、为人民”问题。国家副主席董必武在会上就国内外形势和“备战、备荒、为人民”问题作了讲话。

10 月 24 日 政协第四届全国委员会常务委员会举行第三次会议，决定隆重纪念孙中山诞辰 100 周年，并通过以刘少奇为首的 271 人的筹备委员会名单。

10 月 31 日 孙中山诞辰 100 周年纪念筹备委员会举行第一次会议，讨论通过《关于孙中山先生诞辰一百周年纪念的方案》。刘少奇主持会议并讲了话。

12 月 30 日 政协第四届全国委员会常务委员会第四次会议和第三届全国人大常委会第二十四次会议联席举行，决定第三届全国人民代表大会第二次会议、政协第四届全国委员会第二次会议延期召开。

1966 年

2 月 10 日至 25 日 政协全国委员会召开第二次全国文史资料工作会议，通过《关于文史资料工作若干问题的意见》、《关于进一步加强文史资料工作协作问题的初步意见》。

7 月 7 日 政协第四届全国委员会常务委员会第五次会议和第三届全国人大常委会第三十三次会议联席举行，康生在会上作关于人大、政协大会延期召开的说明，会议决定中国人民政治协商会议第四届全国委员会第二次会议不定期延期召开。

7 月 8 日、9 日 各民主党派、无党派人士双周座谈会讨论关于“文化大革命”问题。会议由董必武主持。中共中央统战部部长徐冰和各民主党派负责人在会上发言。

7 月 21 日 政协第四届全国委员会常务委员会举行第六次会议，讨论通过中国人民政治协商会议全国委员会给越南祖国战线中央委员会的支持电，并推选刘宁一代表各民主党派、无党派民主人士和各人民团体在 22 日支持越南人民抗美救国斗争的百万人大会上讲话。

8 月 30 日 由于“红卫兵”的冲击，政协机关已不能进行工作，政协全国委员会机关根据周恩来主席指示从即日零点起暂停办公。

11月12日 孙中山诞辰100周年纪念大会隆重举行。刘少奇、周恩来、朱德、邓小平等领导人出席大会，董必武致开幕词，周恩来、宋庆龄、何香凝以及日中友协理事长官崎世民等在会上讲话。

1969年

5月4日 鉴于有的民主党派发生群众批斗领导人的问题，周恩来总理向驻政协全国委员会机关的人民解放军代表下达不要批斗民主党派的领导人的指示。

1973年

2月28日 政协全国委员会举行座谈会，纪念台湾省人民“二二八”起义二十六周年。到会的各界人士对“二二八”起义的烈士表示深切悼念，对台湾同胞表示亲切问候。

3月12日 政协全国委员会组织首都各界人士在中山公园中山堂举行集会，纪念孙中山逝世48周年。

5月至6月 政协全国委员会组织在京部分爱国人士分赴中南、华东地区和在北京参观工农业生产和文化教育战线情况，以及落实有关干部政策、知识分子政策、经济政策的情况。

11月12日 政协全国委员会组织首都各界人士在中山公园中山堂举行集会，纪念孙中山诞辰107周年。

1974年

10月30日至11月19日 政协全国委员会组织在京部分爱国人士分别在北京、天津参观工农业生产和各条战线的形势。

1975 年

5 月 5 日 政协全国委员会与港澳爱国新闻界参观团举行座谈会。

5 月底 政协全国委员会组织在京部分爱国人士赴四川参观工农业生产情况。

7 月 政协全国委员会组织在京部分爱国人士分赴山东、辽宁等省参观工农业生产情况。

1976 年

1 月 8 日 中共中央副主席、国务院总理、政协全国委员会主席周恩来在北京逝世，终年 78 岁。1 月 15 日，在人民大会堂隆重举行周恩来追悼大会，中共中央副主席、国务院副总理邓小平致悼词。

1977 年

2 月 18 日 政协全国委员会举行春节联欢会，党和国家领导人叶剑英、李先念、吴德、乌兰夫、邓颖超、阿沛·阿旺晋美、周建人、许德珩、胡厥文等出席。沈雁冰副主席在会上致词。联欢会充满了粉碎“四人帮”后欢度第一个春节的热烈气氛。

12 月 27 日至 29 日 政协第四届全国委员会常务委员会举行第七次扩大会议，讨论召开政协第五届全国委员会第一次会议的问题。中共中央主席、副主席、政治局委员和候补委员，全国人民代表大会常务委员会委员长、副委员长、国务院总理、副总理，以及各民主党派负责人和无党派民主人士的代表参加了会议。会议由韦国清、宋任穷副主席主持，中共中央副主席、政协全国委员会副主席叶剑英作了重要讲话，他重申了党的统一战线政策的重要性。国务院副总理方毅作了关于科学和教育事业情况的报告。中共中央统战部部长乌兰夫受中共中央委托向会议提出召开政协第五届全国委员会第一次会议的建议，并就政协第五届全国委员会的组成单位和名额分配等问题作了说明。会议决定1978年春在北京召开政协第五届全国委员会第一次会议，并通过政协第四届全国委员会会务工作报告起草小组名单、修改政协章程并起草修改章程报告的小组名单。

1978年

2月13日至16日 政协全国委员会组织部分在京政协委员和各民主党派、无党派爱国人士，分组座谈《中华人民共和国宪法》的修改草案。

2月16日至18日 政协第四届全国委员会常务委员会举行第八次会议，协商通过政协第五届全国委员会委员名单，决定政协第五届全国委员会第一次会议于2月24日在北京召开。会上还通过了政协第五届全国委员会第一次会议议程草案、政协第四届全国委员会常务委员会工作报告、中国人民政治协商会议章程修改草案和关于修改章程的说明等。中共中央统战部部长乌兰夫在会上就政协第五届全国委员会委员名单作了说明。各民主党派、人民团体负责人和无党派民主人士，以及有关部门负责人列席了会议。

2月24日至3月8日 中国人民政治协商会议第五届全国委员会举行第一次会议。本届委员1988人。许德珩作《中国人民政治协商会议第四届全国委员会工作报告》、韦国清作《关于修改中国人民政治协商会议章程的说明》。全体委员列席第五届全国人民代表大会第一次会议，听取和讨论国务院总理华国锋所作的《政府工作报告》、中共中央副主席叶剑英所作的《关于修改宪法的报告》。会议通过《中国人民政治协商会议第五届全国委员会第一次会议决议》和《中国人民政治协商会议章程》，选举邓小平为政协第五届全国委员会主席，乌兰夫、韦国清、彭冲、赵紫阳、郭沫若、宋任穷、沈雁冰、许德珩、欧阳钦、史良、朱蕴山、康克清、季方、王首道、杨静仁、张冲、帕巴拉·格列朗杰、周建人、庄希泉、胡子昂、荣毅仁、童第周22人为副主席，齐燕铭为秘书长，丁光训等244人为常务委员。

4月14日、15日 政协第五届全国委员会常务委员会举行第一次会议，通过政协第五届全国委员会副秘书长和各工作机构负责人名单。会议听取外交部副部长何英所作的关于国际问题的报告，并进行了分组座谈。

5 月 8 日　政协全国委员会举行各工作组组长联席会议，讨论通过《政协全国委员会工作组组织简则》。

5 月 27 日至 6 月 26 日　政协全国委员会组织部分在京委员分赴四川和上海、福建参观遭受“四人帮”破坏的严重情况和粉碎“四人帮”后拨乱反正的大好形势。

6 月 8 日　文化组举行座谈会，提出为“天安门事件”平反和为吴晗昭雪的建议。

8 月 18 日、19 日　政协第五届全国委员会常务委员会举行第二次会议，听取和讨论国家计划委员会副主任顾明关于经济情况的报告。

12 月 16 日　政协全国委员会部分常务委员和委员、各民主党派负责人和部分爱国人士分别座谈中美两国建交问题，一致表示拥护中国政府关于中美建交的声明。

1979 年

1 月 1 日　政协全国委员会举行大型座谈会，座谈《中华人民共和国全国人民代表大会常务委员会告台湾同胞书》。在京政协全国委员会常务委员、各民主党派负责人和爱国人士 200 多人出席。座谈会由乌兰夫副主席主持，邓小平主席在会上作了重要讲话，指出完成祖国统一大业已提到具体日程上来。

2 月 28 日　政协全国委员会举行首都各界纪念台湾省人民“二二八”起义 32 周年座谈会。全国人大常委会副委员长廖承志、政协全国委员会副主席许德珩、各界代表和台湾同胞代表在会上讲话。许德珩在讲话中宣布，政协全国委员会邀请台湾各界人士来大陆参观访问，同时也准备组织大陆上的各界人士代表团去台湾参观访问，就祖国统一问题交换意见。

4 月 11 日至 5 月 14 日　以政协全国委员会副主席荣毅仁为团长的政协全国委员会代表团前往德意志联邦共和国参加汉诺威博览会开幕式并对联邦德国进行友好访问。代表团还顺访了瑞士和法国。

5 月 4 日至 7 日　政协第五届全国委员会常务委员会举行第三次会议，听取外交部部长黄华所作的关于国际形势的报告，国家经济委员会副主任马仪所作的关于工业交通形势的报告，会议在刘澜涛代秘书长报告政协第五届全国委员会第一次会议以来的工作情况和对1979年工作意见后，就政协第五届全国委员会第二次会议的筹备工作进行了讨论。

6月4日至14日 政协第五届全国委员会常务委员会举行第四、五次会议，讨论政协五届二次会议的各项准备工作，协商通过政协第五届全国委员会增补委员名单。会议还听取和讨论了荣毅仁副主席所作的《全国政协代表团访问西德的情况报告》、农业部部长霍士廉所作的关于农业情况的报告。

6月15日至7月2日 中国人民政治协商会议第五届全国委员会举行第二次会议。邓小平主席致开幕词，他指出：我们的革命统一战线已进入一个新的历史发展阶段。由于中国的社会阶级状况发生了根本的变化，中国的统一战线已成为工人阶级领导的、以工农联盟为基础的社会主义劳动者和拥护社会主义的爱国者的广泛联盟。新时期统一战线和人民政协的任务，就是要调动一切积极因素，努力化消极因素为积极因素，团结一切可以团结的力量，同心同德，群策群力，维护和发展安定团结的政治局面，为把中国建设成现代化的社会主义强国而奋斗。许德珩副主席作《中国人民政治协商会议第五届全国委员会常务委员会工作报告》。全体委员列席第五届全国人民代表大会第二次会议，听取和讨论国务院总理华国锋所作的《政府工作报告》、副总理余秋里所作的《关于一九七九年国民经济计划草案的报告》、财政部部长张劲夫所作的《关于一九七八年国家决算和一九七九年国家预算草案的报告》、全国人大常委会副委员长兼法制委员会主任彭真所作的关于地方各级人民代表大会和地方各级人民政府组织法、全国人民代表大会和地方各级人民代表大会选举法、人民法院组织法、人民检察院组织法、刑法、刑事诉讼法、中外合资经营企业法7个法律草案的说明。会议通过各项决议，增选刘澜涛、陆定一、李维汉、胡愈之、王昆仑、班禅额尔德尼·确吉坚赞为政协全国委员会副主席，补选刘澜涛为秘书长，增选马文辉等40人为常务委员。朱蕴山、史良已由第五届全国人民代表大会第二次会议增选为副委员长，不再担任政协全国委员会副主席职务。乌兰夫副主席致闭幕词。

会议期间常务委员会曾举行第六、七次会议，讨论各项决议草案，协商增补第五届全国委员会副主席、秘书长、常务委员候选人名单和决定增补委员名单。

9月14日至21日 政协全国委员会举行各民主党派和无党派人士座谈会，就调整部分农副产品的购销价格和提高部分职工工资问题、加速农业发展问题以及总结新中国成立以来的工作问题，进行座谈和协商。座谈会由政协全国委员会副主席、中共中央统战部部长乌兰夫主持。中共中央主席华国锋在座谈会开始时讲话，国务院副总理姚依林就调整部分农副产品的购销价格和提高部分职工的工资问题作了说明，中共中央副秘书长胡乔木就总结新中国成立以来的工作问题作了专题发言。

9月27日 政协全国委员会举行庆祝中华人民共和国和中国人民政治协商会议成立30周年大会。大会由乌兰夫副主席主持，刘澜涛副主席作关于政协简史的报告。

10月5日至7日 政协第五届全国委员会常务委员会举行第八次会议，通过《中国人民政治协商会议第五届全国委员会常务委员会关于认真学习和贯彻、执行中共十一届四中全会公报和叶剑英同志在庆祝中华人民共和国成立三十周年大会上的讲话的决议》。

10月19日 政协全国委员会、中共中央统战部联合举行茶话会，招待各民主党派和全国工商联的全国代表大会的代表。中共中央副主席、政协全国委员会主席邓小平在会上讲话，他强调坚持实行同各民主党派“长期共存，互相监督”的方针，为“四化”和统一祖国大业共同奋斗。

10月下旬至1980年1月底 政协全国委员会分别同各民主党派中央、全国工商联联合举行知识分子问题座谈会，邀集各该党派在京部分成员和所联系的知识分子，就如何进一步推动知识分子为“四化”建设贡献力量，以及继续落实知识分子政策的问题交换意见。200多位知识界的代表人士先后参加了座谈。

12月6日至21日 应罗马尼亚社会主义民主团结阵线的邀请，政协全国委员会副主席杨静仁率政协代表团访问罗马尼亚。

12月7日 政协全国委员会举行报告会，正在中国访问的日本国首相大平正芳应邀作题为《迈向新世纪的日中关系——为求新的深度和广度》的演讲。

12 月 25 日至 27 日 政协全国委员会举行各民主党派和无党派人士座谈会，讨论中国当前工业交通生产形势。国务院副总理康世恩在会上介绍 1979 年工业交通生产的形势和 1980 年经济建设任务。

1980 年

1 月 1 日 政协全国委员会举行新年茶话会。中共中央副主席、政协全国委员会主席邓小平在会上作重要讲话，指出：80 年代是十分重要的年代，是我们实现四个现代化的重要年代。在 80 年代中，我们要在国际事务中起到自己的作用，还要把台湾归回祖国，完成祖国统一大业始终放在重要议事日程上。

1 月 15 日 政协全国委员会举行主席会议，讨论通过《政协全国委员会致台湾同胞春节慰问信》。慰问信于当日发出，信中提出：希望台湾各界人士敦促国民党当局接受中国共产党关于和平解决台湾问题的主张，首先实现通邮、通商、通航。

3 月 5 日 政协全国委员会举行纪念蔡元培逝世 40 周年大会。全国人大常委会副委员长、纪念蔡元培逝世 40 周年筹委会主任委员宋庆龄主持大会并致词，政协全国委员会副主席许德珩讲话。

3 月 24 日至 29 日 政协第五届全国委员会常务委员会举行第九次会议，学习、讨论中共十一届五中全会公报和各项决议。乌兰夫副主席主持会议并作了《关于学习和贯彻中国共产党第十一届五中全会精神的报告》，刘澜涛副主席作了关于政协全国委员会工作的讲话。会议一致通过拥护中共十一届五中全会的决议。

7 月 21 日至 23 日 政协第五届全国委员会常务委员会举行第十次会议，各专题调查组分别汇报关于文物保护问题、关于四川省扩大企业自主权问题、关于安徽省农业生产形势和建立生产责任制问题、关于江苏省教育工作、关于湖南落实对原国民党起义投诚人员政策的工作、关于广东省青少年的违法犯罪问题的调查情况。会议通过了关于保护文物问题向全国人民代表大会常务委员会和国务院的建议。

8 月 8 日　中共中央总书记胡耀邦、中共中央书记处书记彭冲，政协全国委员会副主席康克清、杨静仁、班禅额尔德尼·确吉坚赞等接见应政协全国委员会邀请来内地参观的西藏自治区政协参观团。

8 月 15 日至 22 日　应政协全国委员会的邀请，以约旦全国协商会议主席艾哈迈德·塔拉维奈为团长的约旦协商会议代表团来中国进行友好访问。在访华期间，邓小平主席会见了代表团。

8 月 25 日、26 日　政协第五届全国委员会常务委员会举行第十一次会议，讨论召开政协第五届全国委员会第三次会议的各项准备工作。决定 8 月 28 日召开政协第五届三次会议，并协商通过了第五届全国委员会增补委员名单。

8 月 28 日至 9 月 12 日　中国人民政治协商会议第五届全国委员会举行第三次会议。邓小平主席致开幕词，许德珩副主席作政协第五届全国委员会常务委员会工作报告。全体委员列席第五届全国人民代表大会第三次会议，听取和讨论国务院副总理兼国家计划委员会主任姚依林所作的《关于一九八〇、一九八一年国民经济计划安排的报告》、财政部部长王丙乾所作的《关于一九七九年国家决算、一九八〇年国家预算草案和一九八一年国家概算的报告》、江华院长所作的最高人民法院工作报告、黄火青检察长所作的最高人民检察院工作报告、全国人大常委会法制委员会副主任武新宇、顾明所作的关于婚姻法、国籍法等 4 个法律草案的说明，以及国务院总理华国锋关于国务院领导成员的调整问题和今明两年政府的主要工作的讲话。会议通过《政治决议》、《关于修改政协章程的决议》和章程修改委员会名单等，增选何长工、肖克、程子华、杨秀峰、沙千里、包尔汉、周培源、钱昌照为政协第五届全国委员会副主席，王力等 28 人为常务委员。班禅额尔德尼·确吉坚赞已由第五届全国人民代表大会第三次会议增选为副委员长，不再担任政协全国委员会副主席职务。

会议期间常务委员会曾举行第十二次会议，讨论各项决议草案，协商增补第五届全国委员会副主席、常务委员的候选人名单。

9月29日 中国人民政治协商会议章程修改委员会举行第一次会议，章程修改委员会主任委员邓小平在会上讲话。会议决定设立政协章程修改委员会秘书处；通过李维汉为章程修改委员会顾问，刘宁一为章程修改委员会秘书长。

10月7日 政协第五届全国委员会常务委员会举行第十三次会议，通过《关于隆重纪念辛亥革命七十周年的决定》和以叶剑英为主任委员的辛亥革命70周年纪念筹备委员会名单。

10月23日至11月7日 应政协全国委员会邀请，以罗共中央委员、罗马尼亚社会主义民主团结阵线执行主席塔玛拉·多布林为团长的罗马尼亚社会主义民主团结阵线代表团来中国进行友好访问。在访问期间，邓小平主席会见了代表团。

10月27日至11月10日 应南斯拉夫劳动人民社会主义联盟邀请，以王首道副主席为团长的政协全国委员会代表团赴南斯拉夫进行友好访问。

11月26日至12月6日 政协全国委员会举行第三次全国文史资料工作会议。政协全国委员会副主席、文史资料研究委员会主任王首道作题为《解放思想，进一步开展文史资料工作》的报告。会议肯定了文史工作取得的成绩，强调了开展文史工作与统一战线工作的密切关系，并就文史资料的征集、出版、保管以及培养专职干部等问题进行了讨论。

12月29日、30日 政协第五届全国委员会常务委员会举行第十四次会议，听取政协全国委员会代表团访问南斯拉夫的报告，听取关于第三次全国文史资料工作会议情况的汇报并批准这次会议的会议纪要。会议决定将政协全国委员会秘书处改为政协全国委员会办公厅。

1981年

1月29日 政协全国委员会举行主席扩大会议，就最高人民法院特别法庭对林彪、江青反革命集团案十名主犯的判决进行座谈。

2月25日至3月6日 政协第五届全国委员会常务委员会举行第十五次

会议，听取宪法修改委员会副秘书长张友渔关于宪法修改情况的介绍和政协章程修改委员会秘书长刘宁一关于政协章程修改情况的介绍。全体常委列席第五届全国人大常委会第十七次会议，听取国务院副总理姚依林关于调整1981年国民经济计划和国家财政收支的报告，民政部部长、全国县级直接选举工作办公室主任程子华关于全国县级直接选举工作情况的报告，最高人民法院院长兼特别法庭庭长江华关于审判林彪、江青反革命集团案主犯的情况报告，并进行了分组讨论。会议通过《政协第五届全国委员会常务委员会拥护关于调整一九八一年国民经济计划和国家财政收支报告的决议》。

会议期间，部分副主席、常务委员参加赵紫阳总理召集的座谈会，就目前调整方针和姚依林副总理的报告交换意见。

4月7日、24日 政协全国委员会举行报告会，邀请委内瑞拉基督教社会党最高领导人拉斐尔·卡德拉和圭亚那人民全国大会党主席、副总统拉姆萨罗普分别作报告。

6月22日至24日 政协全国委员会非共产党员常委参加中共中央召开的座谈会，座谈《关于建国以来党的若干历史问题的决议》的修改稿。

10月5日 辛亥革命70周年纪念筹备委员会举行会议，通过关于辛亥革命70周年纪念活动筹备情况的报告。会议决定除在北京举行万人纪念大会外，全国各省、自治区首府、直辖市以及香港、澳门同时举行大规模纪念活动，并在武汉举行辛亥革命学术讨论会。会议还决定修复有关辛亥革命的文物。会议由邓颖超副主任委员主持。

10月9日 首都各界人士1万多人举行辛亥革命70周年纪念大会。中共中央主席胡耀邦在会上讲话，他指出：尽快结束台湾同祖国大陆分离的要求，已成为日益高涨而不可抗拒的历史潮流。他以中国共产党负责人身份向蒋经国等人发出邀请，欢迎他们回大陆和故乡看看。胡厥文、屈武、缪云台、李默庵在大会上发言。叶剑英、邓小平等出席了大会。10日，辛亥革命70周年纪念筹备委员会举行茶话会，招待来京参加辛亥革命纪念活动的国内外来宾。筹备委员会副主任委员邓颖超主持茶话会并讲话。

10月15日至22日 应罗马尼亚社会主义民主团结阵线邀请，以周培源副主席为团长的政协全国委员会代表团访问罗马尼亚。

10月18日 政协全国委员会举行陶行知九十诞辰纪念会。邓颖超主持大会并讲话。

10月28日 应美中关系全国委员会的邀请，以王首道副主席为团长的政协全国委员会代表团赴美国访问。

11月21日至24日 政协第五届全国委员会常务委员会举行第十六次会议，讨论召开政协第五届全国委员会第四次会议的各项准备工作。决定政协五届四次会议于11月28日召开，协商通过增补政协第五届全国委员会委员名单。

11月24日、25日 政协全国委员会部分副主席、常务委员参加中共中央召开的民主协商会，协商如何开好第五届全国人民代表大会第四次会议和政协第五届全国委员会第四次会议问题以及增补全国人大常委会副委员长和政协全国委员会副主席的人选问题。

11月28日至12月14日 中国人民政治协商会议第五届全国委员会举行第四次会议，许德珩副主席作政协第五届全国委员会常务委员会工作报告。全体委员列席第五届全国人民代表大会第四次会议，听取和讨论国务院总理赵紫阳所作的《当前的经济形势和今后经济建设的方针》的报告、财政部部长王丙乾所作的《关于一九八〇年国家决算和一九八一年国家概算执行情况的报告》、人大常委会副委员长杨尚昆所作的民事诉讼法等3个法律草案的说明等。会议通过各项决议，增选刘斐、董其武为政协第五届全国委员会副主席，叶笃义等19人为常务委员。

会议期间常务委员会曾举行第十七次会议，讨论各项决议草案，协商增补副主席、常务委员候选人名单。

12月12日 政协全国委员会举行纪念西安事变45周年茶话会，刘澜涛副主席主持会议并讲话，他在讲话中高度评价西安事变和平解决的重要历史意义，并代表政协全国委员会和中共中央统战部向身在台湾的张学良将军致以衷心的问候，向张学良、杨虎城将军的亲朋故旧表示慰问。

1982 年

3 月 8 日、9 日 政协第五届全国委员会常务委员会举行第十八次会议，讨论赵紫阳总理关于国务院机构改革问题的报告。会议通过决议表示一致拥护。

3 月 10 日至 13 日 政协全国委员会在京常务委员分组座谈《中华人民共和国宪法》的修改草案讨论稿。

5 月 10 日 应日中友好协会邀请，以周培源副主席为团长的政协全国委员会代表团赴日本进行为期十天的友好访问。

6 月 15 日至 7 月 8 日 政协全国委员会连续举行七次《中华人民共和国宪法》的修改草案专题座谈会，讨论统一战线和人民政协问题、中国社会主义经济制度和社会主义现代化建设问题、发扬社会主义民主和维护社会主义法制问题、教育和文化事业以及知识分子在四化建设中的作用问题、公民的基本权利和义务问题、民族、宗教、国旗、国徽问题。

6 月 22 日至 29 日 政协章程修改委员会举行第二次会议，讨论通过《中国人民政治协商会议章程》的修改草案，建议政协全国委员会常务委员会把修改草案交全体委员以及政协各级地方委员会讨论。

7 月 2 日至 6 日 政协第五届全国委员会常务委员会举行第十九次会议，政协章程修改委员会秘书长刘宁一在会上作关于政协章程修改委员会一年多来工作情况的报告和对章程修改草案的说明，会议对政协章程修改草案进行了讨论，通过将政协章程修改草案交付政协全国委员会委员和政协各级地方委员会讨论的决议。

7 月 14 日 政协全国委员会主席会议通过《政协全国委员会关于会议工作的几项暂行规定》。

7 月 21 日 政协全国委员会举行集会，请民主柬埔寨主席西哈努克亲王发表演讲。

8 月 29 日 全国人民代表大会常务委员会，政协全国委员会联合举行缅怀廖仲恺、纪念何香凝逝世十周年大会。人大常委会副委员长彭真主持大会，邓颖超、王昆仑、史良、康克清在会上讲话。邓小平、李先念、王震、乌兰夫、廖承志等出席大会。8月30日，廖仲恺、何香凝纪念馆在广州揭幕。

9月16日至21日 政协全国委员会召开各民主党派、全国工商联和中华职业教育社办学座谈会，杨静仁、刘澜涛、杨秀峰、胡子昂、钱昌照副主席、各民主党派中央负责人、办学单位代表和有关部门负责人出席座谈会。

9月24日至26日 政协第五届全国委员会常务委员会举行第二十次会议，学习讨论中国共产党第十二次全国代表大会文件，通过《政协全国委员会关于学习中国共产党第十二次全国代表大会文件贯彻十二大精神的决议》。会议决定政协第五届全国委员会第五次会议于1982年11月24日召开。

9月29日 政协全国委员会举行集会，庆祝中日邦交正常化十周年，日本首相铃木善幸应邀作题为《丰富多彩的交流与不可动摇的友好》的讲演。

11月18日 政协章程修改委员会通过《中国人民政治协商会议章程》的修改草案修改稿及关于修改章程的说明。

11月20日、21日 政协第五届全国委员会常务委员会举行第二十一次会议，讨论政协五届五次会议的各项准备工作，协商决定增补政协第五届全国委员会委员名单。

11月24日至12月11日 中国人民政治协商会议第五届全国委员会举行第五次会议，邓小平主席主持开幕并讲话。会议听取了政协章程修改委员会副主任委员刘澜涛关于章程修改草案的说明，讨论了《中国人民政治协商会议章程》的修改草案，听取和审议了胡子昂副主席关于常务委员会的工作报告。全体委员列席第五届全国人民代表大会第五次会议，听取宪法修改委员会副主任委员彭真关于宪法修改草案的报告，讨论中华人民共和国宪法修改草案，听取和讨论赵紫阳总理《关于第六个五年计划的报告》以及其他报告和法律草案。会议通过关于《中国人民政治协商会议章程》的决议和《团结起来，为贯彻实施宪法和全面完成第六个五年计划而奋斗》的政治决议，增选马璧、范寿康为政协第五届全国委员会常务委员。

会议期间常务委员会曾举行第二十二次会议，讨论各项决议草案和协商增补常务委员候选人名单。

1983 年

2 月 21 日至 26 日 政协全国委员会召开各省、自治区、直辖市政协秘书长座谈会，对 1978 年以来政协全国委员会和各地方委员会的工作进行估计，总结交流经验，并对今后开创政协工作新局面提出设想。中共中央政治局委员习仲勋，政协全国委员会副主席乌兰夫、许德珩在会上讲话。

4 月 6 日 《人民政协报》创刊发行，邓小平主席为该报题写报头。

4 月 25 日至 28 日 政协第五届全国委员会常务委员会举行第二十三次会议，协商通过政协第六届全国委员会委员名单，决定 6 月 4 日召开政协第六届全国委员会第一次会议。

5 月 12 日至 19 日 应约旦全国协商委员会的邀请，以程子华副主席为团长的政协全国委员会代表团赴约旦进行友好访问。

5 月 30 日 政协第五届全国委员会常务委员会举行第二十四次会议，讨论召开政协六届一次会议的各项准备工作，追认 5 月 6 日、29 日主席会议调整后的第六届全国委员会委员名单。

5 月 31 日至 6 月 1 日 政协全国委员会、各民主党派、各人民团体的负责人和无党派人士代表参加中共中央召开的民主协商会，协商如何开好第六届全国人民代表大会第一次会议、政协第六届全国委员会第一次会议与即将在两个大会上选举和决定的国家各方面领导人、政协全国委员会领导人的人选问题。

6 月 4 日至 22 日 中国人民政治协商会议第六届全国委员会举行第一次会议，本届委员 2039 人。邓颖超致开幕词，她指出：今后爱国统一战线的方针任务，就是要高举爱国旗帜，发展和加强中华民族的大团结大统一，为实现社会主义现代化建设、完成祖国统一大业、维护世界和平做出新的贡献。全体委员列席第六届全国人民代表大会第一次会议，听取和讨论了国务院总理赵紫阳所作的《政府工作报告》、副总理兼国家计划委员会主任姚依林《关于一九八三年国民经济和社会发展计划的报告》、财政部部长王丙乾《关于一九八二年国家决算的报告》。会议选举邓颖超为政协第六届全国委员会主席，杨静仁、刘澜涛、陆定一、程子华、康克清、季方、庄希泉、帕巴拉·格列朗杰、胡子昂、王昆仑、钱昌照、董其武、陶峙岳、周叔弢、杨成武、肖华、陈再道、吕正操、周建人、周培源、包尔汉、缪云台、王光英、邓兆祥、费孝通、赵朴初、叶圣陶、屈武、巴金29人为副主席，彭友今为秘书长，丁玲等266人为常务委员。会议通过《中国人民政治协商会议第六届全国委员会第一次会议决议》等。邓颖超主席致闭幕词。

6月24日 政协第六届全国委员会常务委员会举行第一次会议，通过第六届全国委员会副秘书长名单。会议决定，关于政协全国委员会工作机构及其领导成员调整问题，授权主席会议同有关方面研究协商做出决定，然后提请常务委员会第二次会议追认。8月26日主席会议任命政协第六届全国委员会的3个委员会和15个工作组的领导成员。

9月4日 政协全国委员会副主席刘澜涛、胡子昂、钱昌照、费孝通、秘书长彭友今与尼泊尔王国国务会议常委会主席巴曼·辛格·卡尔基等举行会谈。刘澜涛与卡尔基相互介绍了各自组织的情况。

9月11日至13日 政协第六届全国委员会常务委员会举行第二次会议，听取和讨论中共中央书记处书记、中宣部部长邓力群所作的关于学习《邓小平文选》的报告、公安部副部长俞雷所作的关于当前社会治安情况的报告，通过《关于进一步认真学习〈邓小平文选〉的通知》和《关于严厉打击刑事犯罪活动的决议》。会议还听取了关于检查为各级政协委员落实政策工作的安排意见，批准政协第六届全国委员会各委员会主任、副主任、委员和各工作组组长、副组长、组员名单。

9月18日至24日 政协全国委员会举行第四次全国文史资料工作会议。政协全国委员会副主席、文史资料研究委员会主任杨成武在会上作了《高举爱国主义旗帜开创文史资料工作新局面》的讲话，会议认真讨论了全国文史资料工作的总结稿，交流了工作经验。会议提出，要把高举爱国主义旗帜作为文史资料工作的方向，充分发挥文史资料工作在扩大爱国统一战线和进行爱国主义教育方面的作用。邓颖超主席出席闭幕会并讲了话。

9月21日至10月27日 政协全国委员会同中共中央统战部、各民主党派、无党派人士组织的六个调查组分赴东北、华北、华东、中南、西南、西北地区，调查与推动为政协委员落实政策的工作。

9月29日 祖国统一工作组成立。该组宗旨是推动消除台湾同祖国大陆的分裂状态，实现祖国的完全统一。

10月17日至27日 应政协全国委员会邀请，以执行主席塔玛拉·多布林为团长的罗马尼亚社会主义民主团结阵线代表团来中国进行友好访问。

10月21日至26日 政协全国委员会、各民主党派负责人和无党派民主人士代表参加中共中央召开的党外人士座谈会，讨论中共十二届二中全会关于整党的决定和思想战线不能搞精神污染的问题。

11月7日 中央社会主义学院干训班举行开学典礼，中共中央、政协全国委员会和各民主党派领导人邓颖超、乌兰夫、宋任穷、许德珩、胡厥文、朱学范、周谷城、严济慈、肖克、胡子昂、钱昌照、董其武、包尔汉、缪云台、费孝通、屈武等出席。孙晓村院长主持开学典礼，宋任穷代表中共中央讲话。

11月26日 政协全国委员会举行杨虎城诞辰90周年纪念会。纪念会由邓颖超主席主持，中共中央政治局委员王震等在会上讲话。

12月1日至5日 政协全国委员会和各民主党派中央召开“支援西北种草种树”经验交流会。

12月1日至13日 应埃及协商会议主席哈基姆的邀请，以肖华副主席为团长的政协全国委员会代表团赴埃及进行友好访问。

12月14日 政协全国委员会举行报告会，请英国坎特伯雷大主教伦西博士作题为《英国基督教徒在中国的经历》的学术报告。

12月15日 政协全国委员会、九三学社中央、中国科学技术协会等联合举行纪念会，纪念杰出的林学家、教育家和政治活动家梁希诞辰一百周年。

12月17日至28日 政协全国委员会、中共中央统战部联合召开各省、自治区、直辖市政协和统战部落实政策工作座谈会。会上，彭友今秘书长作了关于检查对政协委员落实政策情况的汇报，各省、自治区、直辖市政协的负责人交流了工作情况和工作经验，并就解决查抄财物的问题进行了专题讨论。中共中央政治局委员习仲勋在讲话中指出，落实政策决不仅仅是政协、统战等几个部门的事情，而是全党的任务，是各级党政领导机关的一项重要工作。

12 月 28 日至 31 日 政协第六届全国委员会常务委员会举行第三次会议，听取国务委员兼国家计划委员会主任宋平关于经济建设情况的报告、国务委员兼外交部部长吴学谦关于国际形势的报告、彭友今秘书长关于为政协委员落实政策情况的调查报告，并进行分组讨论。会议通过关于为政协委员落实政策情况的调查报告和关于全国文史资料工作会议情况的报告。

1984 年

1 月 1 日 政协全国委员会举行新年茶话会，邓颖超主席在茶话会的讲话中再次向台湾当局和台湾同胞发出邀请，欢迎他们以各种方式来大陆看看，大陆人民将给以热情、亲切的接待，保证来去自由。她表示欢迎台湾同胞对祖国建设问题提出宝贵意见。

3 月 22 日、24 日 政协第六届全国委员会常务委员会举行第四次会议。听取和讨论国务院副总理李鹏所作的关于中国经济形势和能源建设问题的报告、中国社会科学院院长马洪所作的关于抓住机会迎接新的技术革命的报告。会议通过关于召开政协第六届全国委员会第二次会议的决定。

4 月 27 日 政协全国委员会举行谢觉哉诞辰一百周年纪念会。

5 月 7 日至 9 日 政协第六届全国委员会常务委员会举行第五次会议，讨论政协六届二次会议的各项准备工作，协商通过第六届全国委员会增补委员名单。

5 月 10 日 政协全国委员会、各民主党派、各人民团体负责人和无党派人士代表参加中共中央召开的民主协商会，协商增补政协全国委员会副主席和常务委员的人选问题。

5 月 10 日至 25 日 应罗马尼亚社会主义民主团结阵线的邀请，以杨成武副主席为团长的政协全国委员会代表团赴罗马尼亚进行友好访问。

5 月 12 日至 26 日 中国人民政治协商会议第六届全国委员会举行第二次

会议，邓颖超主席主持开幕式并作了重要讲话，她着重阐述了统一战线的优良传统和作风以及普遍深入地进行统一战线的宣传教育问题。会议听取并审议并通过了胡子昂副主席所作政协第六届全国委员会常务委员会工作报告。全体委员列席第六届全国人民代表大会第二次会议，听取和讨论了国务院总理赵紫阳所作的《政府工作报告》以及其他报告和法律草案。会议通过各项决议，增选马文瑞、茅以升、刘靖基为政协第六届全国委员会副主席，刘海粟等6人为常务委员。

会议期间常务委员会曾举行第六次会议，讨论各项决议草案，协商增选副主席、常务委员候选人名单。

6月16日 政协全国委员会举行黄埔军校建校60周年纪念会。会上正式成立黄埔军校同学会，并通过同学会章程和理事会名单。同日，黄埔同学会理事会举行第一次会议，徐向前会长主持。

7月29日至8月6日 应政协全国委员会邀请，巴基斯坦联邦咨询委员会主席萨夫达尔率代表团来中国进行友好访问。

9月28日 政协全国委员会主席邓颖超举行招待会，欢迎来京参加建国35周年庆祝活动的台湾同胞、港澳同胞和海外侨胞。

10月16日至30日 应政协全国委员会的邀请，以朝鲜最高人民会议常设会议副议长、朝鲜祖国统一民主主义战线中央委员会书记局长吕燕九为团长的朝鲜祖国统一民主主义战线代表团来中国进行友好访问。

10月21日 政协全国委员会举行陈嘉庚诞辰110周年纪念大会。

11月5日至7日 政协全国委员会举行中央和国家机关有关部门办理政协委员提案工作座谈会。出席会议的有123个单位。

11月10日至15日 政协第六届全国委员会常务委员会举行第七次会议，通过关于认真学习和贯彻执行《中共中央关于经济体制改革的决定》的决议、关于赞同中英两国政府草签的关于香港问题的联合声明的决议。这次会议学习了中共中央十二届三中全会通过的《中共中央关于经济体制改革的决定》，听取了国家经委主任吕东所作的关于经济体制改革情况的报告、外交部副部长周南所作的关于香港问题的报告。

11 月 13 日 《人民政协报》第一次全国特约记者工作会议开幕。杨静仁、屈武副主席出席并讲话。

11 月 17 日至 27 日 政协全国委员会、中共中央统战部联合召开沿海开放城市和经济特区统战、政协工作座谈会。会议期间，政协全国委员会副主席、中共中央统战部长杨静仁和国务委员谷牧、中共中央书记处书记习仲勋先后到会并讲话。

1985 年

1 月 19 日至 26 日 政协全国委员会召开全国各省、自治区、直辖市政协提案工作座谈会。

2 月 25 日 政协全国委员会办公厅举行迎春酒会，招待各国驻华使节和联合国驻京机构代表以及他们的夫人。酒会由彭友今秘书长主持，杨静仁副主席代表邓颖超主席讲话，程子华副主席介绍了人民政府的性质、作用和任务。

3 月 15 日至 19 日 政协第六届全国委员会常务委员会举行第八次会议，讨论召开政协第六届全国委员会第三次会议的各项准备工作，协商通过第六届全国委员会增补委员名单。

3 月 25 日至 4 月 8 日 中国人民政治协商会议第六届全国委员会举行第三次会议，邓颖超主席主持开幕并讲话，胡子昂副主席作政协第六届全国委员会常务委员会工作报告，杨静仁副主席作落实政策工作情况的报告。全体委员列席第六届全国人民代表大会第三次会议，听取和讨论国务院总理赵紫阳所作的《当前的经济形势和经济体制改革》的报告，以及其他报告和法律草案。会议通过各项决议，增选华罗庚为政协第六届全国委员会副主席，郝诒纯等四人为常务委员。

会议期间，常务委员会曾举行第九次会议，讨论各项决议草案，协商增补副主席、常务委员候选人名单。政协全国委员会部分副主席和各民主党派中央负责人在会议期间出席了中共中央召开的党外人士座谈会，就物价和工资问题、教育体制改革问题交换意见。

5月14日至31日 应政协全国委员会的邀请，泰国王姐干拉雅妮·瓦塔娜公主一行对中国进行友好访问。

5月16日 应朝鲜祖国统一民主主义战线中央委员会邀请，马文瑞副主席率政协全国委员会代表团赴朝鲜进行为期10天的友好访问。

6月19日至24日 政协全国委员会召开学习工作会议。各省、自治区、直辖市政协和各民主党派中央、全国工商联学习工作负责人出席。

6月27日 政协全国委员会举行纪念傅作义诞辰90周年座谈会。

7月7日至12日 政协全国委员会在兰州举行西北六省、区政协支援“种草种树”工作经验交流会。

7月30日至8月10日 应政协全国委员会邀请，泰国下议院副议长比亚纳·瓦差拉蓬率泰国各党派议员访华团来中国进行友好访问。

8月8日 应尼泊尔国务会议常委会主席阿尼鲁达·普拉萨德·辛格邀请，帕巴拉·格列朗杰副主席率政协全国委员会代表团赴尼泊尔进行为期一周的友好访问。

8月30日 政协全国委员会举行林则徐诞辰200周年纪念会。

9月3日 为纪念抗日战争和世界反法西斯战争胜利40周年，全国人民代表大会常委会和政协全国委员会隆重举行纪念会，胡耀邦等党和国家领导人出席。大会由全国人大常委会副委员长许德珩主持，委员长彭真在会上发表重要讲话，政协全国委员会副主席胡子昂、全国总工会副主席陈俊生分别代表各民主党派和各人民团体发言。

10月4日至8日 政协第六届全国委员会常务委员会举行第十次会议，听取和讨论中共中央政治局委员、国务院副总理李鹏传达的中国共产党全国代表会议和中共十二届四中、五中全会精神，通过《关于学习和贯彻中国共产党全国代表会议文件精神的决议》。会议根据邓颖超主席的建议，还通过了《关于筹备纪念孙中山先生诞辰一百二十周年的决议》。

10月25日 政协全国委员会召开首都各界纪念台湾光复四十周年大会。中共中央政治局委员习仲勋主持大会，国家副主席乌兰夫讲话，民革中央、台盟总部、全国台联、台湾同学会的代表先后在会上发言。

11 月 7 日 应巴基斯坦参议院邀请，杨成武副主席率政协全国委员会代表团赴巴基斯坦进行为期一周的友好访问。

11 月 16 日至 28 日 应“英国议会和科学委员会”邀请，政协全国委员会科学技术组访英代表团赴英国进行友好访问。

12 月 2 日至 10 日 应政协全国委员会邀请，罗马尼亚社会主义民主团结阵线执行局主席塔玛拉·多布林率罗民主团结阵线代表团来中国进行友好访问。

1986 年

2 月 20 日至 27 日 政协全国委员会召开全国地方政协工作座谈会。杨静仁副主席在开幕时致词。邓颖超主席、中共中央政治局委员习仲勋在闭幕会上讲话。会议交流了新时期地方政协工作的经验，讨论了今后如何进一步开创人民政协工作新局面的问题。

3 月 7 日至 22 日 应泰国下议院的邀请，以吕正操副主席为团长的政协全国委员会代表团赴泰国进行友好访问。

3 月 13 日至 18 日 政协第六届全国委员会常务委员会举行第十一次会议，讨论召开政协第六届全国委员会第四次会议的各项准备工作，协商通过第六届全国委员会增补委员名单。会议还听取了关于全国地方政协工作座谈情况的汇报。

3 月 23 日至 4 月 11 日 中国人民政治协商会议第六届全国委员会举行第四次会议。邓颖超主席主持开幕式，胡子昂副主席作政协第六届全国委员会常务委员会工作报告、程子华副主席作政协第六届全国委员会外事工作组关于外事工作情况的报告、杨成武副主席作政协第六届全国委员会文史资料研究委员会关于文史资料工作情况和当前任务的报告。全体委员列席第六届全国人民代表大会第四次会议，听取和讨论了国务院总理关于第七个五年计划的报告以及其他报告和法律草案。会议通过各项决议，增选王恩茂、钱学森、雷洁琼为政协第六届全国委员会副主席，阎明复等 16 人为常务委员，选举周绍铮为政协全国委员会秘书长。

会议期间常务委员会曾举行第十二次会议，讨论各项决议草案，协商增选副主席、常务委员和补选秘书长候选人名单。

4 月 5 日 政协全国委员会和国家教育委员会在天津南开大学举行张伯苓诞辰一百一十周年纪念大会。

5 月 20 日至 6 月 3 日 应政协全国委员会邀请，以郑信革议长为团长的朝鲜祖国统一民主主义战线代表团来中国进行友好访问。

5 月 29 日至 6 月 5 日 应罗马尼亚社会主义民主团结阵线的邀请，马文瑞副主席率政协全国委员会代表团赴罗马尼亚进行友好访问。

7 月 11 日、12 日 政协全国委员会与中共中央统战部联合举行座谈会，纪念“长期共存，互相监督”方针提出三十周年。

8 月 12 日至 26 日 应政协全国委员会邀请，以阿扬·吕克主席为团长的喀麦隆经社理事会代表团来中国进行友好访问。

9 月 19 日至 27 日 应政协全国委员会科学技术组邀请，由会长斯基特率领的英国议会和科学委员会代表团来中国进行友好访问。为加强对有关科学与技术的公共政策进行了解与评价方面的合作，双方于 9 月 27 日在北京签署了《中国人民政治协商会议全国委员会科学技术组、联合王国议会与科学委员会访问代表团联合声明》。

10 月 9 日 政协全国委员会与中共中央统战部联合举行纪念辛亥革命七十五周年座谈会。

10 月 13 日至 18 日 政协第六届全国委员会常务委员会举行第十三次会议，中共中央政治局委员习仲勋在会上作关于中共十二届六中全会精神的报告，会议学习和讨论了《中共中央关于社会主义精神文明建设指导方针的决议》，通过《关于学习和贯彻中共中央十二届六中全会精神的决议》。

10 月 15 日至 27 日 应联邦德国参议院、奥地利联邦议会、比利时参议院的邀请，以杨静仁副主席为团长的政协全国委员会代表团对三国进行友好访问。

10 月 16 日至 24 日 应政协全国委员会邀请，以主席扬·多布拉钦斯基为团长的波兰民族复兴爱国运动全国委员会代表团来中国进行友好访问。

10 月 17 日 政协全国委员会举办在京委员活动日。（此后，每月 20 日为委员活动日）。

10 月 23 日至 11 月 5 日 应捷克斯洛伐克民族阵线中央常委会邀请，程子华副主席率政协全国委员会代表团赴捷克斯洛伐克进行友好访问。

11 月 2 日至 10 日 应政协全国委员会邀请，以主席伊沙克·汗为团长的巴基斯坦参议院代表团来中国进行友好访问。

11 月 4 日至 6 日 提案工作委员会在湖南长沙召开部分省、自治区、直辖市人民政府办理政协委员提案工作座谈会。

11 月 12 日 首都各界纪念孙中山诞辰 120 周年大会在人民大会堂隆重举行。胡耀邦、彭真、邓颖超、乌兰夫等党和国家领导人，海内外来宾和首都各族各界人士 1 万多人参加大会。纪念大会由政协全国委员会主席邓颖超主持，全国人大常委会委员长彭真讲话。同日下午，孙中山铜像揭幕典礼在北京中山公园举行。11 月 11 日，《纪念孙中山先生诞辰一百二十周年展览》在中国革命博物馆开幕。

11 月 17 日至 22 日 政协全国委员会召开第五次全国文史资料工作会议。会议听取和讨论了全国委员会副主席兼文史资料研究委员会主任杨成武所作的《进一步发挥文史资料工作在社会主义精神文明建设中的作用》的报告，交流了文史资料工作经验。

11 月 21 日至 28 日 应政协全国委员会邀请，以南斯拉夫劳动人民社会主义联盟主席奈纳德·布钦为团长的南社盟代表团来中国进行友好访问。

12 月 12 日 首都各界集会纪念“西安事变”50 周年。纪念会由政协全国委员会副主席杨静仁主持，中共中央政治局委员习仲勋在会上讲话，首都各界人士、西安事变的亲历者，张学良、杨虎城两将军的亲属和事变其他主要参与者的亲属以及部分海外朋友等 1000 多人参加。

12 月 12 日至 19 日 应政协全国委员会副主席费孝通邀请，英国前首相卡拉汉一行到中国进行友好访问。

1987 年

2 月 6 日至 8 日 政协全国委员会召开部分地方政协祖国统一工作座谈会。

2 月 6 日至 14 日 应政协全国委员会邀请，以总书记波日高伊·伊姆雷为团长的匈牙利爱国人民阵线代表团来中国进行友好访问。

3 月 15 日至 20 日 政协第六届全国委员会常务委员会举行第十四次会议，听取和讨论中共中央代理总书记、国务院总理赵紫阳就经济形势、反对资产阶级自由化、统一战线政策和政协工作等问题所作的讲话。会上，还讨论了召开政协第六届全国委员会第五次会议的各项准备工作，协商通过第六届全国委员会增补委员名单。

3 月 24 日至 4 月 8 日 中国人民政治协商会议第六届全国委员会举行第五次会议，邓颖超主席主持开幕式并讲话。费孝通副主席作政协第六届全国委员会常务委员会工作报告。全体委员列席第六届全国人民代表大会第五次会议，听取和讨论赵紫阳总理的政府工作报告以及其他报告。会议通过各项决议，增选汪锋、钱伟长为政协第六届全国委员会副主席，张春男等 12 人为常务委员。

会议期间常务委员会曾举行第十五次会议，讨论各项决议草案，协商增选副主席、常务委员候选人名单。

5 月 21 日至 28 日 以副主席托马什·特拉夫尼切克为团长的捷克斯洛伐克民族阵线中央委员会代表团来中国进行友好访问。

6 月 20 日至 26 日 政协全国委员会召开全国地方政协工作组（委）工作会议，总结交流新时期以来工作组（委）工作的经验，讨论工作组（委）的性质、任务和今后的工作方向。杨静仁副主席主持开幕并致词，中共中央政治局委员习仲勋到会讲话，周绍铮秘书长作《新时期工作组（委）工作的几个问题》的报告。

7 月 7 日 首都各界隆重举行“七七”事变 50 周年纪念会，会议由政协全国委员会副主席杨静仁主持。

8月31日至9月17日 应匈牙利爱国人民阵线和保加利亚祖国阵线的邀请，王恩茂副主席率政协全国委员会代表团前往两国进行友好访问。

9月7日至20日 应朝鲜祖国统一民主主义战线中央委员会的邀请，杨静仁副主席率政协全国委员会代表团赴朝鲜进行友好访问。

9月28日至10月6日 应政协全国委员会邀请，以约瑟夫·乌格拉尔为团长的罗马尼亚社会主义民主团结阵线代表团来中国进行友好访问。

10月1日至13日 应南斯拉夫劳动人民社会主义联盟和波兰民族复兴爱国运动委员会的邀请，马文瑞副主席率政协全国委员会代表团赴两国进行友好访问。

11月2日至13日 应政协全国委员会邀请，以议长赫尔嘉·希登·索梅尔为团长的奥地利联邦议会代表团来中国进行友好访问。

11月14日 政协全国委员会副主席，各民主党派中央和全国工商联负责人，无党派人士，部分少数民族和宗教界人士及其他方面人士参加中共中央举行的党外人士茶话会。就党和国家当前工作进行座谈。

11月16日至20日 政协第六届全国委员会常务委员会举行第十六次会议，讨论关于学习和贯彻中国共产党第十三次代表大会精神的问题。会议通过《关于学习贯彻中国共产党第十三次全国代表大会精神的决议》。会上还听取和讨论了劳动人事部部长赵东宛所作的关于改善知识分子待遇的报告。

11月23日至25日 政协全国委员会召开全国各省、自治区、直辖市政协主席工作座谈会，交流地方政协工作的经验并听取地方政协对政协第六届全国委员会工作的意见和建议。邓颖超主席出席会议并讲了话。

1988年

1月6日至18日 应政协全国委员会邀请，意大利全国游击队员协会主席阿利戈·博尔德里尼一行来中国进行友好访问。

2月13日至3月4日 应美中关系协会全国委员会邀请，钱伟长副主席率政协全国委员会代表团赴美国访问。

3月1日至8日 政协第六届全国委员会常务委员会举行第十七次会议，

讨论召开政协第七届全国委员会第一次会议的各项准备工作。会议讨论了《政府工作报告》的讨论稿；听取了中共中央书记处书记、中央统战部部长阎明复关于政协第七届全国委员会参加单位、委员名额和人选的说明，协商通过政协第七届全国委员会委员名单。

3月24日至4月10日 中国人民政治协商会议第七届全国委员会举行第一次会议，李先念主持开幕，钱学森作政协第六届全国委员会常务委员会工作报告。全体委员列席第七届全国人民代表大会第一次会议，听取和讨论国务院代总理李鹏所作的《政府工作报告》以及其他报告。会议通过政协第七届一次会议政治决议，选举李先念为第七届全国委员会主席，王任重、阎明复、方毅、谷牧、杨静仁、康克清、帕巴拉·格列朗杰、胡子昂、钱昌照、周培源、缪云台、王光英、邓兆祥、赵朴初、屈武、巴金、马文瑞、刘靖基、王恩茂、钱学森、钱伟长、胡绳、孙晓村、程思远、卢嘉锡、钱正英、苏步青、司马义·艾买提为副主席，周绍铮为秘书长，丁畛宇等280人为常务委员。李先念主席致闭幕词。

会议期间，李先念主席主持分别召开了各民主党派、无党派民主人士及全国工商联负责人参加的座谈会和参加七届一次会议的各界代表人士座谈会。

4月12日 政协第七届全国委员会常务委员会举行第一次会议，审议通过政协第七届全国委员会设置专门委员会的决定、副秘书长名单以及第七届全国委员会增补委员名单。

4月13日 李先念主席主持召开各省、自治区、直辖市政协主席工作座谈会。

4月18日 政协全国委员会及北京市委员会宗教界委员和宗教界知名人士同美国基督教福音派领袖葛培理一行举行座谈会。

5月6日至20日 应政协全国委员会邀请，以主席潘乔·库巴丁斯基为团长的保加利亚祖国阵线代表团来中国进行友好访问。5月20日，周培源副主席和库巴丁斯基主席分别代表政协全国委员会和保加利亚祖国阵线全国委员会签署了双方合作协议。

6月6日至9日 政协第七届全国委员会常务委员会举行第二次会议，讨论通过《政协全国委员会常务委员会工作规则》、《政协全国委员会专门委员会组织通则》以及各专门委员会主任、副主任、委员名单。会议还听取了政协全国委员会副主席、香港特别行政区基本法起草委员会副主任委员胡绳关于《中华人民共和国香港特别行政区基本法（草案）征求意见稿》的说明。

6月7日至20日 应政协全国委员会邀请，以副主席巴谷·符达信为团长的泰国枢密院代表团来中国进行友好访问。

7月14日至31日 应政协全国委员会邀请，以主席卡劳伊·久拉为团长的匈牙利爱国人民阵线休假团到中国进行友好访问。

7月16日至8月7日 钱正英副主席率政协全国委员会代表团赴卢旺达、布隆迪、喀麦隆三国进行友好访问。

8月22日至31日 应政协全国委员会邀请，以书记局长柳浩俊为团长的朝鲜祖国统一民主主义战线代表团到中国进行友好访问。

8月25日至9月13日 应匈牙利爱国民族阵线邀请，杨静仁副主席率政协全国委员会代表团赴匈牙利进行考察访问。

9月13日 李先念主席会见应祖国统一联谊委员会邀请来访的台湾“中国统一联盟”名誉主席、著名学者胡秋原及夫人。

9月19日至27日 应政协全国委员会邀请，以最高秘书处成员阿迪勒·卜杜拉为团长的伊拉克全国民族进步阵线代表团到中国进行友好访问。9月25日，宋德敏副秘书长代表政协全国委员会、阿迪勒·卜杜拉代表伊拉克全国民族进步阵线签署了双方合作协议。

10月3日至17日 应捷克斯洛伐克民族阵线和罗马尼亚民主团结阵线邀请，周培源副主席率政协全国委员会代表团赴捷、罗两国进行友好访问。在访问期间，周培源副主席代表政协全国委员会与捷克斯洛伐克民族阵线签署了双方合作协议。

10月10日至22日 应政协全国委员会邀请，塞拉利昂总统事务国务部长阿·卡·图雷夫妇到中国进行友好访问。

10月12日至16日 政协第七届全国委员会常务委员会举行第三次会议，中共中央书记处书记、政协副主席阎明复传达中共十三届三中全会精神，中共中央政治局委员、国务院副总理田纪云介绍当前经济形势和经济工作的指导方针及其落实情况，会议通过《关于贯彻执行中国共产党十三届三中全会精神的决议》和《政协全国委员会工作要点》。在会议期间，部分副主席、常委参加了中共中央举行的党外人士座谈会，就如何贯彻十三届三中全会精神及治理经济环境、整顿经济秩序、全面深化改革等进行了协商讨论。

10 月 29 日至 11 月 5 日　应政协全国委员会邀请，以主席库奈为团长的荷兰社会经济理事会代表团到中国访问。

11 月 2 日至 14 日　应政协全国委员会邀请，意大利全国游击队员协会代表团到中国进行友好访问。

12 月 11 日至 13 日　政协全国委员会办公厅同全国人大常委会办公厅、国务院办公厅联合召开全国办理人大代表建议、政协委员提案工作经验交流会。

12 月 21 日至 23 日　政协第七届全国委员会举行第一次常委专题座谈会，讨论教育文化委员会关于高等院校教育投资、教师待遇问题的调查报告。

1989 年

1 月 23 日至 27 日　政协第七届全国委员会常务委员会举行第四次会议，听取和讨论国务院副总理姚依林关于当前中国的经济情况和 1989 年计划安排的报告。会议审议通过《政协全国委员会关于政治协商、民主监督的暂行规定》和各专门委员会副主任、委员增补名单，会议还通过关于召开政协第七届全国委员会第二次会议的决定。

2 月 17 日　王任重副主席率政协全国委员会代表团前往澳大利亚进行为期十五天的友好访问。

3 月 12 日至 14 日　政协第七届全国委员常务委员会举行第五次会议，讨论召开政协第七届全国委员会第二次会议的各项准备工作，协商通过政协第七届全国委员会增补委员名单，并对《政府工作报告》的征求意见稿进行了讨论。

3 月 19 日至 27 日　中国人民政治协商会议第七届全国委员会举行第二次

会议，李先念主席主持开幕式。钱伟长副主席作政协第七届全国委员会常务委员会工作报告。全体委员列席第七届全国人大第二次会议，听取和讨论李鹏总理所作的《政府工作报告》以及其他报告。会议通过各项决议，增选侯镜如、丁光训为政协第七届全国委员会副主席，李开信等六人为常务委员。

会议期间常务委员会曾举行第六次会议，讨论各项决议草案，协商增选副主席、常务委员候选人名单。

3 月 20 日 政协全国委员会外事委员会发表声明，强烈谴责美国国会参议院和欧洲议院就西藏少数分裂分子在拉萨市制造暴力骚动事件通过的决议，指出这是对中国内政的肆意干涉。

3 月 27 日至 28 日 政协全国委员会邀请参加政协七届二次会议的各省、自治区、直辖市、计划单列城市的政协主席、副主席座谈，听取对政协工作的意见。

4 月 24 日 应政协全国委员会祖国统一联谊委员会邀请，以台湾知名人士费希平为团长的中国民主和平统一访问团抵京。访问期间，祖国统一联谊委员会的委员与访问团成员就海峡两岸关系和祖国统一问题交换了意见。

5 月 27 日 政协全国委员会举行主席会议，李先念主席作重要讲话，会议一致表示坚决支持中共中央、国务院为制止动乱、稳定局势做出的正确决策。

5 月 30 日 钱正英副主席代表李先念主席和政协全国委员会慰问在首都部分地区执行戒严任务的人民解放军指战员和负伤官兵。6 月 14 日，王任重、方毅、孙晓村、程思远、侯镜如副主席受李先念主席委托看望执行戒严任务的人民解放军某部指战员，并到医院慰问负伤官兵。

6 月 25 日至 7 月 4 日 应李先念主席邀请，以参议院主席瓦西姆·萨贾德为团长的巴基斯坦参议院代表团来中国进行友好访问。

7 月 4 日至 7 日 政协第七届全国委员会常务委员会举行第七次会议，学习、讨论中共十三届四中全会精神，听取关于《制止动乱和平息反革命暴乱的情况》的报告，通过《关于学习和贯彻中共十三届四中全会精神的决议》。李先念主席在会上作了重要讲话。

7 月 22 日　政协全国委员会外事委员会发表关于美国国会通过制裁中国的修正案的声明，对美国众、参两院粗暴干涉中国内政的反华行径，表示极大愤慨。

8 月 22 日　应程思远副主席邀请，台湾中国统一联盟第一副主席、青年执行党执行长谢学贤一行抵京。访问期间，祖国统一联谊委员会同谢学贤等就海峡两岸经济文化交流、祖国统一等问题进行了座谈；李先念主席会见了谢学贤一行。

8 月 24 日至 28 日　政协全国委员会文史资料委员会召开各省、自治区、直辖市政协文史资料委员会主任会议。

9 月 16 日至 28 日　应朝鲜祖国统一民主主义阵线邀请，王恩茂副主席率政协全国委员会代表团赴朝鲜进行友好访问。

9 月 21 日　政协全国委员会举行庆祝中国人民政治协商会议成立 40 周年纪念活动。江泽民、杨尚昆、李鹏、万里等党和国家领导人出席并观看文艺节目。李先念主席和王任重、孙晓村副主席向在政协全委会机关工作 30 年以上的老同志颁发了荣誉证书。

9 月 27 日　政协全国委员会举行主席会议，听取和讨论经济委员会召开的农业问题座谈会上对中国当前农业的形势和发展问题提出的意见和建议，会后向中共中央和国务院提出了《关于发展农业的意见和建议》。

10 月 16 日至 24 日　应保加利亚祖国阵线邀请，马文瑞副主席率政协全国委员会代表团赴保加利亚进行友好访问。

10 月 24 日　中共中央委托政协全国委员会办公厅和中共中央统战部联合举行报告会，外交部部长钱其琛在会上通报当前国际形势。部分全国人大常委会副委员长、政协全国委员会副主席及各民主党派中央负责人等出席。

10 月 26 日　政协全国委员会同中国科协、中国科学院、地质矿产部联合召开李四光诞辰一百周年纪念大会。

11 月 16 日至 19 日　政协第七届全国委员会常务委员会举行第八次会议，王任重副主席传达中共十三届五中全会的精神和主要内容，会议通过《关于学习贯彻中国共产党十三届五中全会精神的决议》。

11月22日 政协全国委员会外事委员会举行会议，与会委员一致谴责美国国会通过的制裁中国的所谓国务院授权法修正案，并以政协全国委员会外事委员会的名义发表严正声明。

12月12日至16日 政协全国委员会举行各省、自治区、直辖市办理政协全国委员会委员提案工作座谈会。

12月25日 政协全国委员会举行常委专题座谈会，讨论教育文化委员会关于北京高校学生思想政治工作的调查报告。

12月28日 中共中央委托中共政协全国委员会党组和中共中央统战部联合举办国际形势通报会，中共中央联络部副部长李淑铮通报东欧形势。

1990年

1月1日 政协全国委员会举行新年茶话会，中共中央总书记江泽民在会上讲话。

1月15日至17日 政协全国委员会举行常委专题座谈会，讨论经济委员会《关于提高工业经济效益的意见和建议》的报告，会后将这一报告提交中共中央和国务院。

2月3日 政协全国委员会外事委员会举行会议，与会委员一致谴责美国国会通过制裁中国修正案，并以政协全国委员会外事委员会的名义发表严正声明，敦促美国国会停止干涉中国内政。

2月13日至14日 政协全国委员会举行常委专题座谈会，座谈《中共中央关于坚持和完善中国共产党领导的多党合作和政治协商制度的意见》。

2月15日 应政协全国委员会祖国统一联谊委员会邀请，以陈映真为团长的台湾中国统一联盟大陆访问团抵京。访问期间，祖国统一联谊委员会同访问团就海峡两岸共同关心的问题进行座谈；中共中央总书记江泽民会见了访问团。

2月24日 政协全国委员会外事委员会发言人就美国国务院2月21日发表的1989年“人权报告”发表谈话，强烈抗议美国政府干涉中国内政。

3月11日至14日 政协第七届全国委员会常务委员会举行第九次会议，

讨论召开政协第七届全国委员会第三次会议的各项准备工作，协商通过政协第七届全国委员会增补委员名单。

3月18日至29日 中国人民政治协商会议第七届全国委员会举行第三次会议，钱伟长副主席作关于常务委员会工作报告。全体委员列席第七届全国人大第三次会议，听取和讨论李鹏总理所作的《政府工作报告》以及其他报告和法律草案。会议通过各项决议，增选洪学智为第七届全国委员会副主席，杨植霖等四人为常务委员。李先念主席在闭幕会上讲话。

会议期间常务委员会曾举行第十次会议，讨论各项决议草案，协商增补副主席、常务委员候选人名单。

5月4日至10日 应政协全国委员会邀请，土耳其前总统凯南·埃夫伦一行到中国进行友好访问。

6月3日 政协全国委员会举行纪念鸦片战争150周年座谈会。

6月7日至23日 应政协全国委员会邀请，叙利亚副总统、叙利亚全国进步阵线副主席祖海尔·莫沙拉克一行到中国进行友好访问。访问期间，谷牧副主席与莫沙拉克签署了政协全国委员会与叙利亚全国进步战线合作协议。

6月26日至30日 政协第七届全国委员会常务委员会举行第十一次会议，宋德敏代秘书长传达全国统战工作会议精神，中共中央政治局候补委员、书记处书记丁关根介绍对台工作情况，钱伟长副主席报告政协全国委员会祖国统一联谊工作的情况，会议进行了讨论。

7月15日 钱伟长、程思远副主席一行19人赴香港参加由“中国和平统一促进会”主办的海峡两岸关系学术研讨会和海峡两岸和平统一研讨会。

7月20日至8月3日 应政协全国委员会祖国统一联谊委员会邀请，台湾政界人士大陆访问团在北京、厦门、南京、上海等地参观访问。

8月6日至11日 应政协全国委员会邀请，以卢旺达发展革命运动中央委员会委员爱德华·卡赫麦拉为团长的卢旺达全国发展革命运动代表团到中国进行友好访问。

9月3日至11日 应政协全国委员会邀请，喀麦隆经社理事会主席阿扬·吕克一行到中国进行友好访问。

9月17日至29日 应政协全国委员会邀请，以杰拉德为团长的布隆迪民族统一进步党代表团到中国进行友好访问。

9月18日 政协全国委员会举行常委专题座谈会，讨论科技委员会提出的《依靠科技发展国民经济应作为一项基本国策》和《进一步完善和深化科技体制改革》两个专题报告。

11月29日至12月7日 应巴基斯坦参议院邀请，王任重副主席率政协全国委员会代表团赴巴基斯坦进行友好访问。

附录二

中国人民政治协商会议共同纲领

（一九四九年九月二十九日中国人民政治协商会议第一届全体会议通过）

序言

中国人民解放战争和人民革命的伟大胜利，已使帝国主义、封建主义和官僚资本主义在中国的统治时代宣告结束。中国人民由被压迫的地位变成为新社会新国家的主人，而以人民民主专政的共和国代替那封建买办法西斯专政的国民党反动统治。中国人民民主专政是中国工人阶级、农民阶级、小资产阶级、民族资产阶级及其他爱国民主分子的人民民主统一战线的政权，而以工农联盟为基础，以工人阶级为领导。由中国共产党、各民主党派、各人民团体、各地区、人民解放军、各少数民族、国外华侨及其他爱国民主分子的代表们所组成的中国人民政治协商会议，就是人民民主统一战线的组织形式。中国人民政治协商会议代表全国人民的意志，宣告中华人民共和国的成立，组织人民自己的中央政府。中国人民政治协商会议一致同意以新民主主义即人民民主主义为中华人民共和国建国的政治基础，并制定以下的共同纲领，凡参加人民政治协商会议的各单位、各级人民政府和全国人民均应共同遵守。

第一章　总　纲

第一条　中华人民共和国为新民主主义即人民民主主义的国家，实行工人阶级领导的、以工农联盟为基础的、团结各民主阶级和国内各民族的人民民主专政，反对帝国主义、封建主义和官僚资本主义，为中国的独立、民主、和平、统一和富强而奋斗。

第二条　中华人民共和国中央人民政府必须负责将人民解放战争进行到底，解放中国全部领土，完成统一中国的事业。

第三条　中华人民共和国必须取消帝国主义国家在中国的一切特权，没收官僚资本归人民的国家所有，有步骤地将封建半封建的土地所有制改变为农民的土地所有制，保护国家的公共财产和合作社的财产，保护工人、农民、小资产阶级和民族资产阶级的经济利益及其私有财产，发展新民主主义的人民经济，稳步地变农业国为工业国。

第四条　中华人民共和国人民依法有选举权和被选举权。

第五条　中华人民共和国人民有思想、言论、出版、集会、结社、通讯、人身、居住、迁徙、宗教信仰及示威游行的自由权。

第六条　中华人民共和国废除束缚妇女的封建制度。妇女在政治的、经济的、文化教育的、社会的生活各方面，均有与男子平等的权利。实行男女婚姻自由。

第七条　中华人民共和国必须镇压一切反革命活动，严厉惩罚一切勾结帝国主义、背叛祖国、反对人民民主事业的国民党反革命战争罪犯和其他怙恶不悛的反革命首要分子。对于一般的反动分子、封建地主、官僚资本家，在解除其武装、消灭其特殊势力后，仍须依法在必要时期内剥夺他们的政治权利，但同时给以生活出路，并强迫他们在劳动中改造自己，成为新人。假如他们继续进行反革命活动，必须予以严厉的制裁。

第八条　中华人民共和国国民均有保卫祖国、遵守法律、遵守劳动纪律、爱护公共财产、应征公役兵役和缴纳赋税的义务。

第九条　中华人民共和国境内各民族，均有平等的权利和义务。

第十条　中华人民共和国的武装力量，即人民解放军、人民公安部队和人民警察，是属于人民的武力。其任务为保卫中国的独立和领土主权的完整，保卫中国人民的革命成果和一切合法权益。中华人民共和国中央人民政府应努力巩固和加强人民武装力量，使其能够有效地执行自己的任务。

第十一条　中华人民共和国联合世界上一切爱好和平、自由的国家和人民，首先是联合苏联、各人民民主国家和各被压迫民族，站在国际和平民主阵营方面，共同反对帝国主义侵略，以保障世界的持久和平。

第二章　政权机关

第十二条　中华人民共和国的国家政权属于人民。人民行使国家政权的机关为各级人民代表大会和各级人民政府。各级人民代表大会由人民用普选方法产生之。各级人民代表大会选举各级人民政府。各级人民代表大会闭会期间，各级人民政府为行使各级政权的机关。

国家最高政权机关为全国人民代表大会。全国人民代表大会闭会期间，中央人民政府为行使国家政权的最高机关。

第十三条　中国人民政治协商会议为人民民主统一战线的组织形式。其组织成分，应包含有工人阶级、农民阶级、革命军人、知识分子、小资产阶级、民族资产阶级、少数民族、国外华侨及其他爱国民主分子的代表。

在普选的全国人民代表大会召开以前，由中国人民政治协商会议的全体会议执行全国人民代表大会的职权，制定中华人民共和国中央人民政府组织法，选举中华人民共和国中央人民政府委员会，并付之以行使国家权力的职权。

在普选的全国人民代表大会召开以后，中国人民政治协商会议得就有关国家建设事业的根本大计及其他重要措施，向全国人民代表大会或中央人民政府提出建议案。

第十四条　凡人民解放军初解放的地方，应一律实施军事管制，取消国民党反动政权机关，由中央人民政府或前线军政机关委任人员组织军事管制委员会和地方人民政府，领导人民建立革命秩序，镇压反革命活动，并在条件许可时召集各界人民代表会议。

在普选的地方人民代表大会召开以前，由地方各界人民代表会议逐步地代行人民代表大会的职权。

军事管制时间的长短，由中央人民政府依据各地的军事政治情况决定之。

凡在军事行动已经完全结束、土地改革已经彻底实现、各界人民已有充分组织的地方，即应实行普选，召开地方的人民代表大会。

第十五条　各级政权机关一律实行民主集中制。其主要原则为：人民代表大会向人民负责并报告工作。人民政府委员会向人民代表大会负责并报告工作。在人民代表大会和人民政府委员会内，实行少数服从多数的制度。各下级人民政府均由上级人民政府加委并服从上级人民政府。全国各地方人民政府均服从中央人民政府。

第十六条　中央人民政府与地方人民政府间职权的划分，应按照各项事务的性质，由中央人民政府委员会以法令加以规定，使之既利于国家统一，又利于因地制宜。

第十七条　废除国民党反动政府一切压迫人民的法律、法令和司法制度，制定保护人民的法律、法令，建立人民司法制度。

第十八条　中华人民共和国的一切国家机关，必须厉行廉洁的、朴素的、为人民服务的革命工作作风，严惩贪污，禁止浪费，反对脱离人民群众的官僚主义作风。

第十九条　在县市以上的各级人民政府内，设人民监察机关，以监督各级国家机关和各种公务人员是否履行其职责，并纠举其中之违法失职的机关和人员。

人民和人民团体有权向人民监察机关或人民司法机关控告任何国家机关和任何公务人员的违法失职行为。

第三章　军事制度

第二十条　中华人民共和国建立统一的军队，即人民解放军和人民公安部队受中央人民政府人民革命军事委员会统率，实行统一的指挥，统一的制度，统一的编制，统一的纪律。

第二十一条　人民解放军和人民公安部队根据官兵一致、军民一致的原则，建立政治工作制度，以革命精神和爱国精神教育部队的指挥员和战斗员。

第二十二条　中华人民共和国应加强现代化的陆军，并建设空军和海军，以巩固国防。

第二十三条　中华人民共和国实行民兵制度，保卫地方秩序，建立国家动员基础，并准备在适当时机实行义务兵役制。

第二十四条　中华人民共和国的军队在和平时期，在不妨碍军事任务的条件下，应有计划地参加农业和工业的生产，帮助国家的建设工作。

第二十五条　革命烈士和革命军人的家属，其生活困难者应受国家和社会的优待。参加革命战争的残废军人和退伍军人，应由人民政府给以适当安置，使能谋生立业。

第四章　经济政策

第二十六条　中华人民共和国经济建设的根本方针，是以公私兼顾、劳资两利、城乡互助、内外交流的政策，达到发展生产、繁荣经济之目的。国家应在经营范围、原料供给、销售市场、劳动条件、技术设备、财政政策、金融政策等方面，调剂国营经济、合作社经济、农民和手工业者的个体经济、私人资本主义经济和国家资本主义经济，使各种社会经济成分在国营经济领导之下，分工合作，各得其所，以促进整个社会经济的发展。

第二十七条　土地改革为发展生产力和国家工业化的必要条件。凡已实行土地改革的地区，必须保护农民已得土地的所有权。凡尚未实行土地改革的地区，必须发动农民群众，建立农民团体，经过清除土匪恶霸、减租减息和分配土地等项步骤，实现耕者有其田。

第二十八条　国营经济为社会主义性质的经济。凡属有关国家经济命脉和足以操纵国民生计的事业，均应由国家统一经营。凡属国有的资源和企业，均为全体人民的公共财产，为人民共和国发展生产、繁荣经济的主要物质基础和整个社会经济的领导力量。

第二十九条　合作社经济为半社会主义性质的经济，为整个人民经济的一个重要组成部分。人民政府应扶助其发展，并给以优待。

第三十条　凡有利于国计民生的私营经济事业，人民政府应鼓励其经营的积极性，并扶助其发展。

第三十一条　国家资本与私人资本合作的经济为国家资本主义性质的经济。在必要和可能的条件下，应鼓励私人资本向国家资本主义方向发展，例如为国家企业加工，或与国家合营，或用租借形式经营国家的企业，开发国家的富源等。

第三十二条　在国家经营的企业中，目前时期应实行工人参加生产管理的制度，即建立在厂长领导之下的工厂管理委员会。私人经营的企业，为实现劳资两利的原则，应由工会代表工人职员与资方订立集体合同。公私企业目前一般应实行八小时至十小时的工作制，特殊情况得斟酌办理。人民政府应按照各地各业情况规定最低工资。逐步实行劳动保险制度。保护青工女工的特殊利益。实行工矿检查制度，以改进工矿的安全和卫生设备。

第三十三条　中央人民政府应争取早日制定恢复和发展全国公私经济各主要部门的总计划，规定中央和地方在经济建设上分工合作的范围，统一调剂中央各经济部门和地方各经济部门的相互联系。

中央各经济部门和地方各经济部门在中央人民政府统一领导之下各自发挥其创造性和积极性。

第三十四条　关于农林渔牧业：在一切已彻底实现土地改革的地区，人民政府应组织农民及一切可以从事农业的劳动力以发展农业生产及其副业为中心任务，并应引导农民逐步地按照自愿和互利的原则，组织各种形式的劳动互助和生产合作。在新解放区，土地改革工作的每一步骤均应与恢复和发展农业生产相结合。人民政府应根据国家计划和人民生活的需要，争取于短时期内恢复并超过战前粮食、工业原料和外销物资的生产水平，应注意兴修水利，防洪防旱，恢复和发展畜力，增加肥料，改良农具和种子，防止病虫害，救济灾荒，并有计划地移民开垦。

保护森林，并有计划地发展林业。

保护沿海渔场，发展水产业。

保护和发展畜牧业，防止兽疫。

第三十五条　关于工业：应以有计划有步骤地恢复和发展重工业为重点，例如矿业、钢铁业、动力工业、机器制造业、电器工业和主要化学工业等，以创立国家工业化的基础。同时，应恢复和增加纺织业及其他有利于国计民生的轻工业的生产，以供应人民日常消费的需要。

第三十六条　关于交通：必须迅速恢复并逐步增建铁路和公路，疏浚河流，推广水运，改善并发展邮政和电信事业，有计划有步骤地建造各种交通工具和创办民用航空。

第三十七条　关于商业：保护一切合法的公私贸易。实行对外贸易的管制，并采用保护贸易政策。在国家统一的经济计划内实行国内贸易的自由，但对于扰乱市场的投机商业必须严格取缔。国营贸易机关应负调剂供求、稳定物价和扶助人民合作事业的责任。人民政府应采取必要的办法，鼓励人民储蓄，便利侨汇，引导社会游资及无益于国计民生的商业资本投入工业及其他生产事业。

第三十八条　关于合作社：鼓励和扶助广大劳动人民根据自愿原则，发展合作事业。在城镇中和乡村中组织供销合作社、消费合作社、信用合作社、生产合作社和运输合作社，在工厂、机关和学校中应尽先组织消费合作社。

第三十九条　关于金融：金融事业应受国家严格管理。货币发行权属于国家。禁止外币在国内流通。外汇、外币和金银的买卖，应由国家银行经理。依法营业的私人金融事业，应受国家的监督和指导。凡进行金融投机、破坏国家金融事业者，应受严厉制裁。

第四十条　关于财政：建立国家预算决算制度，划分中央和地方的财政范围，厉行精简节约，逐步平衡财政收支，积累国家生产资金。

国家的税收政策，应以保障革命战争的供给、照顾生产的恢复和发展及国家建设的需要为原则，简化税制，实行合理负担。

第五章　文化教育政策

第四十一条　中华人民共和国的文化教育为新民主主义的，即民族的、科学的、大众的文化教育。人民政府的文化教育工作，应以提高人民文化水平、培养国家建设人才、肃清封建的、买办的、法西斯主义的思想、发展为人民服务的思想为主要任务。

第四十二条　提倡爱祖国、爱人民、爱劳动、爱科学、爱护公共财物为中华人民共和国全体国民的公德。

第四十三条　努力发展自然科学，以服务于工业农业和国防的建设。奖励科学的发现和发明，普及科学知识。

第四十四条　提倡用科学的历史观点，研究和解释历史、经济、政治、文化及国际事务。奖励优秀的社会科学著作。

第四十五条　提倡文学艺术为人民服务，启发人民的政治觉悟，鼓励人民的劳动热情。奖励优秀的文学艺术作品。发展人民的戏剧电影事业。

第四十六条　中华人民共和国的教育方法为理论与实际一致。人民政府应有计划有步骤地改革旧的教育制度、教育内容和教学法。

第四十七条　有计划有步骤地实行普及教育，加强中等教育和高等教育，注重技术教育，加强劳动者的业余教育和在职干部教育，给青年知识分子和旧知识分子以革命的政治教育，以应革命工作和国家建设工作的广泛需要。

第四十八条　提倡国民体育。推广卫生医药事业，并注意保护母亲、婴儿和儿童的健康。

第四十九条　保护报道真实新闻的自由。禁止利用新闻以进行诽谤，破坏国家人民的利益和煽动世界战争。发展人民广播事业。发展人民出版事业，并注重出版有益于人民的通俗书报。

第六章　民族政策

第五十条　中华人民共和国境内各民族一律平等，实行团结互助，反对帝国主义和各民族内部的人民公敌，使中华人民共和国成为各民族友爱合作的大家庭。反对大民族主义和狭隘民族主义，禁止民族间的歧视、压迫和分裂各民族团结的行为。

第五十一条　各少数民族聚居的地区，应实行民族的区域自治，按照民族聚居的人口多少和区域大小，分别建立各种民族自治机关。凡各民族杂居的地方及民族自治区内，各民族在当地政权机关中均应有相当名额的代表。

第五十二条　中华人民共和国境内各少数民族，均有按照统一的国家军事制度，参加人民解放军及组织地方人民公安部队的权利。

第五十三条　各少数民族均有发展其语言文字、保持或改革其风俗习惯及宗教信仰的自由。人民政府应帮助各少数民族的人民大众发展其政治、经济、文化、教育的建设事业。

第七章　外交政策

第五十四条　中华人民共和国外交政策的原则，为保障本国独立、自由和领土主权的完整，拥护国际的持久和平和各国人民间的友好合作，反对帝国主义的侵略政策和战争政策。

第五十五条　对于国民党政府与外国政府所订立的各项条约和协定，中华人民共和国中央人民政府应加以审查，按其内容，分别予以承认，或废除，或修改，或重订。

第五十六条　凡与国民党反动派断绝关系、并对中华人民共和国采取友好态度的外国政府，中华人民共和国中央人民政府可在平等、互利及互相尊重领土主权的基础上，与之谈判，建立外交关系。

第五十七条　中华人民共和国可在平等和互利的基础上，与各外国的政府和人民恢复并发展通商贸易关系。

第五十八条　中华人民共和国中央人民政府应尽力保护国外华侨的正当权益。

第五十九条　中华人民共和国人民政府保护守法的外国侨民。

第六十条　中华人民共和国对于外国人民因拥护人民利益参加和平民主斗争受其本国政府压迫而避难于中国境内者，应予以居留权。

附录三

中国人民政治协商会议组织法

（一九四九年九月二十七日中国人民政治
协商会议第一届全体会议通过）

第一章 总 则

第一条 中国人民政治协商会议（以下简称中国人民政协）为全中国人民民主统一战线的组织，旨在经过各民主党派及人民团体的团结，去团结全中国各民主阶级、各民族，共同努力，实行新民主主义，反对帝国主义、封建主义及官僚资本主义，推翻国民党的反动统治，肃清公开的及暗藏的反革命残余力量，医治战争创伤，恢复并发展人民的经济事业及文化教育事业，巩固国防，并联合世界上以平等待我之民族及国家，以建立及巩固由工人阶级领导的以工农联盟为基础的人民民主专政的独立、民主、和平、统一及富强的中华人民共和国。

第二章 参加单位及代表

第二条 凡赞成本组织法第一条之规定的民主党派及人民团体，经中国人民政协全国委员会协商同意，得参加中国人民政协；个人经中国人民政协全国委员会协议邀请者，亦得参加中国人民政协的全体会议，并得被选为全国委员会委员。

第三条 每届中国人民政协全体会议的参加单位、名额及代表人选，由上届中国人民政协全国委员会协商定之，但第一届由中国人民政协筹备会协商定之。

第四条　凡经中国人民政协全体会议及全国委员会通过的决议，各参加单位及代表均有信守及实行的义务。

凡参加中国人民政协的民主党派或人民团体，对全体会议及全国委员会所通过的决议如有不同意时，除根据少数服从多数的民主原则负责遵行不得违反外，其有不同意见得保留之，以待下届会议提出讨论；如对重要决议根本不同意时，有声请退出中国人民政协的自由。

第五条　中国人民政协的参加单位或代表或全国委员会委员，如有违反中国人民政协的组织法、共同纲领或重要决议而情节严重者，得由中国人民政协全体会议或全国委员会视其情节严重的程度，分别予以警告，撤换代表，撤销委员资格或撤销参加单位等处分。由全国委员会所给予的处分，如被处分者不服，得向下届全体会议提出申诉。

第三章　全体会议

第六条　中国人民政协全体会议，每三年开会一次，由全国委员会召集之。全国委员会认为有必要时，得提前或延期召集之。但第一届由中国人民政协筹备会召集之。

第七条　中国人民政协全体会议的职权如下：

一、制定或修改中国人民政治协商会议组织法；

二、制定或修改由参加中国人民政协的各民主党派及人民团体共同遵守的新民主主义的纲领即中国人民政治协商会议共同纲领；

三、在普选的全国人民代表大会召开以前，执行全国人民代表大会的职权：

甲. 制定或修改中华人民共和国中央人民政府组织法；

乙. 选举中华人民共和国中央人民政府委员会，并付之以行使国家权力的职权；

丙. 就有关全国人民民主革命事业或国家建设事业的根本大计或重要措施，向中华人民共和国中央人民政府委员会提出决议案。

四、在普选的全国人民代表大会召开以后，就有关国家建设事业的根本大计或重要措施，向全国人民代表大会或中央人民政府委员会提出建议案；

五、选举中国人民政协全国委员会。

第八条　中国人民政协全体会议，须有参加代表过半数的出席，始得开会；须有出席代表过半数的同意，始得通过决议。

第九条　中国人民政协全体会议设主席团，由全体会议选举之。主席团名额，由每届全体会议临时规定之。

第十条　中国人民政协全体会议设秘书长一人，由全体会议选举之。设副秘书长若干人，由主席团选任之。在秘书长及副秘书长之下，设秘书处。

第十一条　中国人民政协全体会议得设各种委员会，其组织办法另定之。

第十二条　中国人民政协全体会议议事规则，由主席团制定之。

第四章　全国委员会

第十三条　在中国人民政协全体会议闭幕后，设立全国委员会，其职权如下：

一、保证实行中国人民政协全体会议及全国委员会的决议；

二、协商并提出对中华人民共和国中央人民政府的建议案；

三、协助政府动员人民参加人民民主革命及国家建设的工作；

四、协商并提出参加中国人民政协的各单位在全国人民代表大会代表选举中的联合候选名单；

五、协商并决定下届中国人民政协全体会议的参加单位、名额及代表人选，并召集之；

六、指导地方民主统一战线的工作；

七、协商并处理其他有关中国人民政协内部合作的事宜。

第十四条　中国人民政协全国委员会的委员及候补委员，由中国人民政协全体会议选举之；其名额由每届全体会议临时规定之。

中国人民政协全国委员会每半年开会一次，由全国委员会常务委员会召集之。常务委员会认为有必要时，得提前或延期召集之。

第十五条　中国人民政协全国委员会互选常务委员若干人，主席一人，副主席若干人，组织常务委员会主持会务。

第十六条　中国人民政协全国委员会设秘书长一人，由全国委员会选举之。设副秘书长若干人，由全国委员会常务委员会选任之。在秘书长及副秘书长之下，设秘书处。

第十七条　中国人民政协全国委员会的工作条例，由全国委员会常务委员会制定之。

第五章　地方委员会

第十八条　在中心城市、重要地区及省会，经中国人民政协全国委员会决议，得设立中国人民政协地方委员会，为该地方各民主党派及人民团体的协商并保证实行决议的机关。

第十九条　中国人民政协地方委员会的组织条例，由中国人民政协全国委员会制定或批准之。

第六章　附　则

第二十条　本组织法经中国人民政协全体会议通过后施行。

附录四

中华人民共和国中央人民政府组织法

（一九四九年九月二十七日中国人民政治
协商会议第一届全体会议通过）

第一章　总　纲

第一条　中华人民共和国是工人阶级领导的，以工农联盟为基础的，团结各民主阶级和国内各民族的人民民主专政的国家。

第二条　中华人民共和国政府是基于民主集中原则的人民代表大会制的政府。

第三条　在普选的全国人民代表大会召开前，由中国人民政治协商会议的全体会议执行全国人民代表大会的职权，制定中华人民共和国中央人民政府组织法，选举中华人民共和国中央人民政府委员会，并付之以行使国家权力的职权。

第四条　中央人民政府委员会对外代表中华人民共和国，对内领导国家政权。

第五条　中央人民政府委员会组织政务院，以为国家政务的最高执行机关；组织人民革命军事委员会，以为国家军事的最高统辖机关；组织最高人民法院及最高人民检察署，以为国家的最高审判机关及检察机关。

第二章　中央人民政府委员会

第六条　中央人民政府委员会，由中国人民政治协商会议的全体会议选举中央人民政府主席一人，副主席六人，委员五十六人，并由中央人民政府委员会互选秘书长一人组成之。

第七条　中央人民政府委员会，依据中国人民政治协商会议全体会议制定的共同纲领，行使下列的职权：

一、制定并解释国家的法律，颁布法令，并监督其执行。

二、规定国家的施政方针。

三、废除或修改政务院与国家的法律、法令相抵触的决议和命令。

四、批准或废除或修改中华人民共和国与外国订立的条约和协定。

五、处理战争及和平问题。

六、批准或修改国家的预算和决算。

七、颁布国家的大赦令和特赦令。

八、制定并颁发国家的勋章、奖章，制定并授予国家的荣誉称号。

九、任免下列各项政府人员：

甲. 任免政务院的总理、副总理，政务委员和秘书长、副秘书长，各委员会的主任委员、副主任委员、委员，各部的部长、副部长，科学院的院长、副院长，各署的署长、副署长及银行的行长、副行长。

乙. 依据政务院的提议，任免或批准任免各大行政区和各省市人民政府的主席、副主席和主要的行政人员。

丙. 任免驻外国的大使、公使和全权代表。

丁. 任免人民革命军事委员会的主席、副主席、委员，人民解放军的总司令、副总司令，总参谋长、副参谋长，总政治部主任和副主任。

戊. 任免最高人民法院的院长、副院长和委员，最高人民检察署的检察长、副检察长和委员。

十、筹备并召开全国人民代表大会。

第八条　中央人民政府主席，主持中央人民政府委员会的会议，并领导中央人民政府委员会的工作。

第九条　中央人民政府副主席和秘书长，协助主席执行职务。

第十条　中央人民政府委员会的会议，两个月举行一次，由主席负责召集。主席根据需要，或有三分之一以上的中央人民政府委员的请求，或政务院的请求，得提前或延期召开会议。中央人民政府委员会的会议，须有委员过半数的出席始得开会，须有出席委员过半数的同意始得通过决议。

第十一条　中央人民政府委员会设办公厅，并根据需要，得设其他附属工作机构。

第十二条　中央人民政府委员会的组织条例，由中央人民政府委员会制定之。

第三章　政务院

第十三条　政务院由中央人民政府委员会任命总理一人，副总理若干人，秘书长一人，政务委员若干人组成之。政务委员得兼任各委员会的主任委员和各部的部长。

第十四条　政务院对中央人民政府委员会负责，并报告工作。在中央人民政府委员会休会期间，对中央人民政府的主席负责，并报告工作。

第十五条　政务院根据并为执行中国人民政治协商会议共同纲领、国家的法律、法令和中央人民政府委员会规定的施政方针，行使下列职权。

一、颁发决议和命令，并审查其执行。

二、废除或修改各委、部、会、院、署、行和各级政府与国家的法律、法令和政务院的决议、命令相抵触的决议和命令。

三、向中央人民政府委员会提出议案。

四、联系、统一并指导各委、部、会、院、署、行及所属其他机关的相互关系，内部组织和一般工作。

五、领导全国各地方人民政府的工作。

六、任免或批准任免第七条第九款乙项规定以外的各县市以上的主要行政人员。

第十六条　政务院总理主持政务院全院事宜。政务院副总理和秘书长协助总理执行职务。

第十七条　政务院的政务会议，每周举行一次，由总理负责召集。总理根据需要，或有三分之一以上的政务委员的请求，得提前或延期召开会议。政务院的会议，须有政务委员过半数的出席始得开会，须有出席政务委员过半数的同意始得通过决议。政务院的决议和命令，以总理单独签署行之，或由总理签署外并由有关各委、部、会、院、署、行的首长副署行之。

第十八条　政务院设政治法律委员会、财政经济委员会、文化教育委员会、人民监察委员会和下列各部、会、院、署、行，主持各该部门的国家行政事宜：

内务部；

外交部；

情报总署；

公安部；

财政部；

人民银行；

贸易部；

海关总署；

重工业部；

燃料工业部；

纺织工业部；

食品工业部；

轻工业部（不属上述四部门之工业）；

铁道部；

邮电部；

交通部；

农业部；

林垦部；

水利部；

劳动部；

文化部；

教育部；

科学院；

新闻总署；

出版总署；

卫生部；

司法部；

法制委员会；

民族事务委员会；

华侨事务委员会。

政治法律委员会指导内务部、公安部、司法部、法制委员会和民族事务委员会的工作。

财政经济委员会指导财政部、贸易部、重工业部、燃料工业部、纺织工业部、食品工业部、轻工业部、铁道部、邮电部、交通部、农业部、林垦部、水利部、劳动部、人民银行和海关总署的工作。

文化教育委员会指导文化部、教育部、卫生部、科学院、新闻总署和出版总署的工作。

为进行工作，各负指导责任的委员会得对其所属各部、会、院、署、行和下级机关，颁发决议和命令，并审查其执行。

人民监察委员会负责监察政府机关和公务人员是否履行其职责。

第十九条　各部、会、院、署、行，在自己的权限内，得颁发决议和命令，并审查其执行。

第二十条　政务院设秘书厅，办理日常事务，并管理文书档案和印铸等事宜。

第二十一条　政务院及各委、部、会、院、署、行、厅的组织条例，由中央人民政府委员会制定或批准之。

第二十二条　各委、部、会、院、署、行、厅，于必要时，得由中央人民政府委员会决议增加，减少，或合并之。

第四章 人民革命军事委员会

第二十三条 人民革命军事委员会统一管辖并指挥全国人民解放军和其他人民武装力量。

第二十四条 人民革命军事委员会设主席一人，副主席若干人，委员若干人。

第二十五条 人民革命军事委员会的组织及其管理和指挥系统，由中央人民政府委员会制定之。

第五章 最高人民法院及最高人民检察署

第二十六条 最高人民法院为全国最高审判机关，并负责领导和监督全国各级审判机关的审判工作。

第二十七条 最高人民法院设院长一人，副院长若干人，委员若干人。

第二十八条 最高人民检察署对政府机关、公务人员和全国国民之严格遵守法律，负最高的检察责任。

第二十九条 最高人民检察署设检察长一人，副检察长若干人，委员若干人。

第三十条 最高人民法院及最高人民检察署的组织条例，由中央人民政府委员会制定之。

第六章 本组织法的修改权及解释权

第三十一条 本组织法的修改权，属于中国人民政治协商会议的全体会议；在全体会议闭会期间属于中央人民政府委员会。本组织法的解释权，属于中央人民政府委员会。

附录五

中国人民政治协商会议章程

（一九八二年十二月十一日中国人民政治协商会议第五届全国委员会第五次会议通过）

总　纲

中国人民在长期的革命和建设进程中，结成了由中国共产党领导的，有各民主党派、无党派民主人士、人民团体、少数民族人士和各界爱国人士参加的，由全体社会主义劳动者、拥护社会主义的爱国者和拥护祖国统一的爱国者组成的，包括台湾同胞、港澳同胞和国外侨胞在内的最广泛的爱国统一战线。

中国人民政治协商会议是中国人民爱国统一战线的组织。1949 年九月，中国人民政治协商会议第一届全体会议代行全国人民代表大会的职权，代表全国人民的意志，宣告中华人民共和国的成立，发挥了重要的历史作用。1954 年第一届全国人民代表大会召开后，中国人民政治协商会议继续在国家的政治生活和社会生活以及对外友好活动中进行了许多工作，作出了重要的贡献。今后在加紧社会主义现代化建设，争取实现包括台湾在内的祖国统一，反对霸权主义、维护世界和平的斗争中，中国人民政治协商会议将进一步发挥它的重要作用。

我国各族人民，在中国共产党的领导下，消灭了剥削制度，建立了社会主义制度。我国社会阶级状况发生了根本的变化。工农联盟更加巩固。知识分子同工人、农民一样是社会主义事业的依靠力量。原来属于剥削阶级的人，绝大多数已经成为自食其力的劳动者。在人民革命和建设事业中同中国共产党一道前进、一道经受考验并作出重要贡献的各民主党派，已经成为各自所联系的一部分社会主义劳动者和拥护社会主义的爱国者的政治联盟，日益发挥其重要作用。全国各民族已经形成平等、团结、互助的社会主义民族关系。宗教界的爱国人士积极参加祖国的社会主义建设。台湾同胞、港澳同胞和国外侨胞热爱祖国，拥护祖国统一，支援祖国建设事业。在新的历史时期，我国的爱国统一战线具有更强大的生命力，仍然是中国人民团结战斗、建设祖国和统一祖国的一个重要“法宝”，它将更加巩固，更加发展。

在剥削阶级作为阶级消灭以后，阶级斗争已经不再是我国社会的主要矛盾。但是由于国内的因素和国际的影响，我国人民同国内外的敌对势力和敌对分子的斗争还将是长期的，阶级斗争还将在一定范围内长期存在。我国面临的主要矛盾是人民日益增长的物质、文化需要同落后的社会生产之间的矛盾。我国各族人民在新的历史时期的总任务是自力更生，艰苦奋斗，逐步实现工业、农业、国防和科学技术现代化，把我国建设成为高度文明、高度民主的社会主义国家。中国人民政治协商会议要在热爱中华人民共和国、拥护中国共产党的领导和拥护社会主义事业的政治基础上，尽一切努力，进一步巩固和发展爱国统一战线，调动一切积极因素，团结一切可能团结的人，同心同德，群策群力，维护和发展安定团结的政治局面，促进社会主义民主和法制的建设，为全面开创社会主义现代化建设的新局面，实现我国各族人民的总任务而奋斗。

中国人民政治协商会议是我国政治生活中发扬社会主义民主的一种重要形式，根据中国共产党同各民主党派和无党派人士“长期共存，互相监督”，“肝胆相照，荣辱与共”的方针，对国家的大政方针和群众生活的重要问题进行政治协商，并通过建议和批评发挥民主监督作用。

中国人民政治协商会议的一切活动以中华人民共和国宪法为根本的准则。

第一章　工作总则

第一条　中国人民政治协商会议全国委员会和地方委员会，按照中国人民政治协商会议章程进行工作。

第二条　中国人民政治协商会议全国委员会和地方委员会通过各种形式，参与有关国家事务和地方事务重要问题的讨论。

中国人民政治协商会议全国委员会和地方委员会根据中国共产党或民主党派、人民团体的提议，举行有各党派、团体的负责人和各界爱国人士的代表参加的会议，进行协商。

第三条　中国人民政治协商会议全国委员会和地方委员会宣传和贯彻执行国家的宪法、法律和各项方针、政策，推动社会力量积极参加高度的物质文明和高度的社会主义精神文明的建设事业，协助国家机关打击经济领域和其他领域内破坏社会主义的犯罪活动。

第四条　中国人民政治协商会议全国委员会和地方委员会密切联系各方面人士，反映他们及其所联系的群众的意见和要求，对国家机关和国家工作人员的工作提出建议和批评，协助国家机关进行机构改革和体制改革，改进工作，提高工作效率，克服官僚主义。

第五条　中国人民政治协商会议全国委员会和地方委员会调整和处理统一战线各方面的关系和中国人民政治协商会议内部合作的重要事项。

第六条　中国人民政治协商会议全国委员会和地方委员会通过各种形式，积极传播先进思想，开展爱祖国、爱人民、爱劳动、爱科学、爱社会主义的公德以及革命的理想、道德和纪律的宣传教育工作。

第七条　中国人民政治协商会议全国委员会和地方委员会坚持发展科学、繁荣文化的“百花齐放、百家争鸣”的方针，密切联系国家机关和其他有关组织，在政治、法律、经济、教育、科学技术、文化艺术、医药卫生、体育等方面开展调查研究等活动，广开言路，广开才路，充分发挥委员的专长和作用。

中国人民政治协商会议全国委员会和地方委员会推动和协助社会力量兴办各种有利于社会主义建设的事业。

第八条　中国人民政治协商会议全国委员会和地方委员会组织委员视察、参观和调查，了解情况，就各项事业和群众生活的重要问题进行研究，向国家机关和其他有关组织提出建议和批评。

第九条　中国人民政治协商会议全国委员会和地方委员会组织和推动委员在自愿的基础上学习马克思列宁主义、毛泽东思想，学习时事政治，学习和交流业务和科学技术知识，增强为祖国服务的才能。

第十条　中国人民政治协商会议全国委员会和地方委员会宣传和参与贯彻执行国家关于统一祖国的方针政策，积极开展同台湾同胞和各界人士的联系，促进祖国统一大业的实现。

加强同港澳同胞的联系和团结，鼓励他们为建设祖国和统一祖国做出贡献。

第十一条　中国人民政治协商会议全国委员会和地方委员会宣传和协助贯彻执行国家的知识分子政策，以利于充分发挥知识分子在社会主义现代化建设中的作用。

第十二条　中国人民政治协商会议全国委员会和地方委员会宣传和协助贯彻执行国家的民族政策，反映少数民族的意见和要求，为发展少数民族地区的经济、文化，维护少数民族的合法权利和利益，改善和发展社会主义的民族关系，增进各族人民的大团结和维护祖国的统一贡献力量。

第十三条　中国人民政治协商会议全国委员会和地方委员会宣传和协助贯彻执行国家的宗教政策，团结宗教界爱国人士和宗教信仰者为祖国的建设和统一贡献力量。

第十四条　中国人民政治协商会议全国委员会和地方委员会宣传和协助贯彻执行国家的侨务政策。加强同国外侨胞的联系和团结，鼓励他们为祖国的建设事业和统一祖国的大业作出贡献。

第十五条　中国人民政治协商会议全国委员会和地方委员会宣传和协助贯彻执行国家的外交政策，根据具体情况，积极主动地开展人民外交活动，加强同各国人民的友好往来和合作。

第十六条　中国人民政治协商会议全国委员会和地方委员会根据统一战线组织的特点进行关于中国近代史、现代史资料的征集、研究和出版工作。

第十七条　中国人民政治协商会议全国委员会加强同地方委员会的联系，沟通情况，交流经验，研究地方委员会带共同性的问题。

第二章　组织总则

第十八条　中国人民政治协商会议设全国委员会和地方委员会。

第十九条　中国人民政治协商会议全国委员会由中国共产党、各民主党派、无党派民主人士、人民团体、各少数民族和各界的代表，台湾同胞、港澳同胞和归国侨胞的代表以及特别邀请的人士组成。

中国人民政治协商会议地方委员会的组成，根据当地情况，参照全国委员会的组成决定。

第二十条　凡赞成本章程的党派和团体，经中国人民政治协商会议全国委员会常务委员会协商同意，得参加中国人民政治协商会议全国委员会。个人经中国人民政治协商会议全国委员会常务委员会协商邀请，亦得参加中国人民政治协商会议全国委员会。参加地方委员会者，由各级地方委员会按照本条上述规定办理。

第二十一条　参加中国人民政治协商会议全国委员会或地方委员会的单位和个人，都有遵守和履行本章程的义务。

第二十二条　中国人民政治协商会议地方委员会对全国委员会的全国性的决议，下级地方委员会对上级地方委员会的全地区性的决议，都有遵守和履行的义务。

第二十三条　中国人民政治协商会议全国委员会对地方委员会的关系和地方委员会对下一级地方委员会的关系是指导关系。

第二十四条　中国人民政治协商会议全国委员会全体会议的议案，应经全体委员过半数通过。全国委员会常务委员会的议案，应经全体常务委员过半数通过。各参加单位和个人对会议的决议，都有遵守和履行的义务。如有不同意见，在坚决执行的前提下可以声明保留。地方委员会同。

第二十五条　中国人民政治协商会议全国委员会和地方委员会的委员，在本会会议上有表决权、选举权和被选举权；有对本会工作提出批评和建议的权利。

第二十六条　参加中国人民政治协商会议全国委员会和地方委员会的单

位和个人，有通过本会会议和组织参加讨论国家大政方针和各该地方重大事务，对国家机关和国家工作人员的工作提出建议和批评的权利。

第二十七条　参加中国人民政治协商会议全国委员会和地方委员会的单位和个人，有声明退出的自由。

第二十八条　参加中国人民政治协商会议全国委员会和地方委员会的单位和个人，如果严重违反中国人民政治协商会议章程或全体会议和常务委员会的决议，由全国委员会常务委员会或地方委员会常务委员会分别依据情节给予警告处分，或撤销其参加中国人民政治协商会议全国委员会或地方委员会的资格。

受警告处分或撤销参加资格的单位或个人，如果不服，可以请求复议。

第三章　全国委员会

第二十九条　每届中国人民政治协商会议全国委员会的参加单位、委员名额和人选，由上届全国委员会常务委员会协商决定。

每届全国委员会任期内，有必要增加或者变更参加单位、委员名额和决定人选时，由本届常务委员会协商决定。

第三十条　中国人民政治协商会议全国委员会每届任期五年。如遇非常情况，由常务委员会以全体组成人员的三分之二以上的多数通过，得延长任期。

第三十一条　中国人民政治协商会议全国委员会设主席，副主席若干人和秘书长。

第三十二条　中国人民政治协商会议全国委员会全体会议每年举行一次。常务委员会认为必要时，得临时召集之。

第三十三条　中国人民政治协商会议全国委员会全体会议行使下列职权：

一、修改中国人民政治协商会议章程；

二、选举全国委员会的主席、副主席、秘书长和常务委员；

三、听取和审议常务委员会的工作报告；

四、讨论本会重大工作方针、任务并作出决议；

五、参与对国家大政方针的讨论，提出建议和批评。

第三十四条　中国人民政治协商会议全国委员会设常务委员会主持会务。

常务委员会由全国委员会主席、副主席、秘书长和常务委员组成，其候选人由参加中国人民政治协商会议全国委员会的各党派、团体、各民族和各界人士协商提名，经全国委员会全体会议选举产生。

第三十五条　中国人民政治协商会议全国委员会常务委员会行使下列职权：

一、召集并主持中国人民政治协商会议全国委员会全体会议；每届第一次全体会议由会议选举主席团主持；

二、组织实现中国人民政治协商会议章程规定的任务；

三、执行全国委员会全体会议的决议；

四、全国委员会全体会议闭会期间，审查通过提交全国人民代表大会及其常务委员会或国务院的重要建议案；

五、根据秘书长的提议，任免中国人民政治协商会议全国委员会副秘书长；

六、决定中国人民政治协商会议全国委员会工作机构的设置和变动，并任免其领导成员。

第三十六条　中国人民政治协商会议全国委员会主席主持常务委员会的工作。副主席、秘书长协助主席工作。

主席、副主席、秘书长组成主席会议，处理常务委员会的重要日常工作。

第三十七条　中国人民政治协商会议全国委员会设副秘书长若干人，协助秘书长进行工作。设立办公厅，在秘书长领导下进行工作。

第三十八条　中国人民政治协商会议全国委员会根据工作需要，设立若干工作机构，由常务委员会决定。

第四章　地方委员会

第三十九条　省、自治区、直辖市设中国人民政治协商会议的省、自治区、直辖市委员会；自治州、设区的市、县、自治县、不设区的市和市辖区，凡有条件的地方，均可设立中国人民政治协商会议各该地方的地方委员会。

第四十条　每届中国人民政治协商会议地方委员会的参加单位、委员名额和人选，由上届地方委员会常务委员会协商决定。

每届地方委员会任期内，如有必要增加或者变更参加单位、委员名额和决定人选，由本届地方委员会常务委员会协商决定。

第四十一条　中国人民政治协商会议的省、自治区、直辖市、自治州、设区的市的地方委员会每届任期五年。县、自治县、不设区的市和市辖区的地方委员会每届任期三年。

第四十二条　中国人民政治协商会议各级地方委员会设主席，副主席若干人和秘书长。县、自治县、不设区的市和市辖区的地方委员会根据具体情况，也可不设秘书长。

第四十三条　中国人民政治协商会议各级地方委员会的全体会议每年至少举行一次。

第四十四条　中国人民政治协商会议各级地方委员会全体会议行使下列职权：

一、选举地方委员会的主席、副主席、秘书长和常务委员；

二、听取和审议常务委员会的工作报告；

三、讨论并通过有关的决议；

四、参与对国家和地方事务的重要问题的讨论；提出建议和批评。

第四十五条　中国人民政治协商会议各级地方委员会设常务委员会主持会务。

常务委员会由地方委员会主席、副主席、秘书长和常务委员组成，其候选人由参加各该地方委员会的各党派、团体、各民族和各界人士协商提名，经全体会议选举产生。

第四十六条　中国人民政治协商会议地方委员会常务委员会行使下列职权：

一、召集并主持地方委员会全体会议；每届第一次全体会议由会议选举主席团主持；

二、组织实现中国人民政治协商会议章程规定的任务和全国委员会所作的全国性的决议以及上级地方委员会所作的全地区性的决议；

三、执行地方委员会全体会议的决议；

四、地方委员会全体会议闭会期间，审议通过提交同级地方人民代表大会及其常务委员会或人民政府的重要建议案；

五、根据秘书长的提议，任免地方委员会的副秘书长；

六、决定地方委员会工作机构的设置和变动，并任免其领导成员。

第四十七条　中国人民政治协商会议各级地方委员会的主席主持常务委员会的工作。副主席、秘书长协助主席工作。

主席、副主席、秘书长组成主席会议，处理常务委员会的重要日常工作。

第四十八条　中国人民政治协商会议各级地方委员会可以按照需要设副秘书长一人至数人，协助秘书长进行工作。

第四十九条　省、自治区、直辖市的地方委员会设立办公厅，其他工作机构的设置，按照当地实际情况和工作需要，由常务委员会决定。

自治州、设区的市、县、自治县、不设区的市和市辖区的地方委员会的工作机构的设置，按照当地实际情况和工作需要，由常务委员会决定。

第五章　附　则

第五十条　本章程经中国人民政治协商会议全国委员会全体会议通过后实行。

附：中国人民政治协商会议章程

（一九五四年十二月二十五日中国人民政治协商会议第二届全国委员会第一次会议通过）

总　纲

中国人民在反对帝国主义、封建主义和官僚资本主义的伟大的革命斗争中，结成了以中国共产党为领导的人民民主统一战线。一九四九年九月，在中国人民革命伟大胜利的基础上，中国人民民主统一战线的组织——中国人民政治协商会议，举行了第一届全体会议，执行了全国人民代表大会的职权，制定了共同纲领，组织了中央人民政府，代表全国人民的意志宣告中华人民共和国的成立。

中国人民政治协商会议第一届全体会议选出了全国委员会，在地方由省、市协商委员会代行了地方委员会的职权。五年多来，全国委员会和各省、市协商委员会在各种社会改革运动中，在伟大的保卫祖国保卫和平的抗美援朝斗争中，在协助政府动员人民参加政治、经济、文化各方面的建设工作中，在巩固和扩大统一战线的组织工作中，在进行思想改造工作中，都发挥了重要的作用。

现在，中华人民共和国第一届全国人民代表大会第一次会议已经召开。中华人民共和国宪法已经颁布。中国人民政治协商会议共同纲领的基本内容已经列入宪法，这个共同纲领已经为宪法所代替。中国人民政治协商会议全体会议代行全国人民代表大会职权的任务已经结束。但是中国人民政治协商会议，作为团结全国各民族、各民主阶级、各民主党派、各人民团体、国外华侨和其他爱国民主人士的人民民主统一战线的组织，仍然需要存在。正如宪法序言中所说，“今后在动员和团结全国人民完成国家过渡时期总任务和反对内外敌人的斗争中，我国的人民民主统一战线将继续发挥它的作用。”

中国人民政治协商会议在一九五四年十二月举行第二届全国委员会第一次全体会议，一致认为工人阶级领导的、以工农联盟为基础的人民民主制度已经开辟了我国社会主义发展的广阔的道路。为着加强对国内外敌人的斗争，巩固人民民主制度，胜利地实现国家在过渡时期的总任务，使我国能够通过和平的方法逐步消灭剥削制度，建成社会主义社会，就更加需要统一和集中全国人民的力量。因此，中国人民民主统一战线必须进一步巩固和发展，中国共产党的领导核心作用必须进一步加强。中国人民政治协商会议在中国共产党领导下，将继续通过各民主党派、各人民团体的团结，更广泛地团结全国各族人民，共同努力，克服困难，为建设一个伟大的社会主义国家而奋斗。

中国人民政治协商会议第二届全国委员会第一次全体会议制定本章程，并决定，以下列各项为参加中国人民政治协商会议的各单位和个人共同遵守的准则：

一、拥护中华人民共和国宪法，全力贯彻宪法的实施。

二、巩固工人阶级领导的、以工农联盟为基础的人民民主制度；加强社会主义经济力量在国民经济中的领导地位。

三、协助国家机关，推动社会力量，实现国家关于社会主义工业化和社会主义改造的建设计划。

四、密切联系群众，向有关国家机关反映群众的意见和提出建议。

五、在全国各族人民中加强团结工作，发扬爱国主义精神，提高革命警惕性，保卫国家建设，坚持对国内外敌人的斗争。

六、继续巩固和发展中国同苏维埃社会主义共和国联盟、同各人民民主国家的牢不可破的友谊，增进中国同一切爱好和平的国家的友谊，加强中国人民同全世界爱好和平的人民的友谊，反对侵略战争，保卫世界和平，维护人类的正义事业。

七、在自愿的基础上学习马克思列宁主义的理论，积极学习国家的政策，提高政治水平，展开批评和自我批评，努力进行思想改造。

第一章　组织总则

第一条　中国人民政治协商会议以各民主党派、各人民团体为基础组成。

第二条　中国人民政治协商会议设全国委员会和地方委员会。

第三条　参加中国人民政治协商会议全国委员会和地方委员会的单位和个人，都有遵守和实行中国人民政治协商会议章程的义务。

第四条　中国人民政治协商会议全国委员会全体会议和常务委员会会议的决议，地方委员会全体会议和常务委员会会议的决议，都应当以全体委员的过半数通过。各参加单位和个人对会议通过的决议，都应当遵守和实行。如果有不同的意见，可以声明保留，等待下次会议提出讨论，但应当根据少数服从多数的原则执行决议，不得违反；如果对重要决议根本不同意，有声明退出中国人民政治协商会议的自由。

第五条　中国人民政治协商会议全国委员会的参加单位和个人如果严重地违反了中国人民政治协商会议章程或者全国委员会的决议，由全国委员会依据情节严重的程度分别给以警告、撤销委员资格或者撤销单位参加资格的处分。

中国人民政治协商会议地方委员会的参加单位和个人如果严重地违反了中国人民政治协商会议章程、全国委员会全国性的决议或者地方委员会的决议，由地方委员会依据情节严重的程度分别给以警告、撤销委员资格或者撤销单位参加资格的处分。

被处分的单位或者个人如果对处分不服，可以请求复议；地方委员会被处分的单位或者个人并且可以向上级委员会提出申诉。

第六条　中国人民政治协商会议地方委员会对全国委员会的全国性的决议和号召，都有遵守和实行的义务。

第七条　中国人民政治协商会议全国委员会和各级地方委员会对下一级地方委员会的关系是指导关系。

第二章　全国委员会

第八条　中国人民政治协商会议全国委员会由各民主党派、各人民团体推出的代表组成，有必要的时候可以邀请个人参加。少数民族和华侨应当有适当的名额。

每届全国委员会的参加单位、名额和委员人选，由上届全国委员会常务委员会协商决定。

每届全国委员会任期内，有必要增加或者变更参加单位或名额和决定委员人选的时候，由本届全国委员会常务委员会协商决定。

第九条　中国人民政治协商会议全国委员会根据中国人民政治协商会议章程的总纲，就有关国家政治生活和人民民主统一战线的重要事项，进行协商和工作。

第十条　中国人民政治协商会议全国委员会每届任期四年。

第十一条　中国人民政治协商会议全国委员会设名誉主席、主席、副主席若干人和秘书长。

第十二条　中国人民政治协商会议全国委员会设常务委员会主持会务。

常务委员会由全国委员会的主席、副主席若干人、秘书长和常务委员若干人组成。

第十三条　中国人民政治协商会议全国委员会全体会议每年举行一次，由常务委员会召集。常务委员会认为有必要的时候，可以提前或延期召集。

第十四条　中国人民政治协商会议全国委员会的下列职权必须由全体会议行使：

一、修改中国人民政治协商会议章程；

二、推举全国委员会名誉主席，选举全国委员会主席、副主席、秘书长和常务委员；

三、听取和审查常务委员会的工作报告。

第十五条　中国人民政治协商会议全国委员会设副秘书长若干人，由常务委员会选任。设秘书处，在秘书长领导下进行工作。

第十六条　中国人民政治协商会议全国委员会可以按照工作需要设若干组，在秘书长领导下进行工作。

每组设组长、副组长若干人，由常务委员会指定。

第三章　地方委员会

第十七条　省、自治区、直辖市和市设中国人民政治协商会议的省委员会、自治区委员会、直辖市委员会和市委员会。其他地方有必要的时候也可以设地方委员会。

第十八条　中国人民政治协商会议地方委员会由当地各民主党派、各人民团体推出的代表组成，有必要的时候可以邀请个人参加。当地少数民族应当有适当的名额。

每届地方委员会的参加单位、名额和委员人选，由上届地方委员会常务委员会协商决定。

每届地方委员会任期内，有必要增加或者变更参加单位或名额和决定委员人选的时候，由本届地方委员会常务委员会协商决定。

第十九条　中国人民政治协商会议地方委员会是人民民主统一战线的地方组织，它们的任务是：遵守和实行中国人民政治协商会议章程，推行中国人民政治协商会议全国委员会的全国性的决议和号召，协商和进行地方的人民民主统一战线工作。

第二十条　中国人民政治协商会议的省委员会、自治区委员会每届任期四年，直辖市委员会、市委员会和其他的地方委员会每届任期二年。

第二十一条　中国人民政治协商会议地方委员会设主席、副主席一人或若干人，并且可以按照需要设秘书长。

第二十二条　中国人民政治协商会议地方委员会设常务委员会主持会务。

常务委员会由地方委员会的主席、副主席一人或若干人、秘书长（设秘书长的地方）和常务委员若干人组成。

第二十三条　中国人民政治协商会议地方委员会的全体会议，由常务委员会根据需要召集，每年至少举行一次。

第二十四条　中国人民政治协商会议地方委员会的下列职权必须由全体会议行使：

一、选举地方委员会主席、副主席、秘书长（设秘书长的地方）和常务委员；

二、听取和审查常务委员会的工作报告。

第二十五条　中国人民政治协商会议地方委员会可以按照需要设工作机构，或者只设若干工作人员。

设秘书长的地方委员会可以按照需要设副秘书长一人或若干人。

附录六

中国人民政治协商会议
第一届全体会议代表名单

一、党派代表（14 个单位，正式代表 142 名、候补代表 23 名）

中国共产党（正式代表 16 名，候补代表 2 名）

毛泽东　刘少奇　周恩来　林伯渠　董必武　陈　云　彭　真　郑位三
王稼祥　陆定一　吴玉章　徐特立　刘澜涛　李维汉　李克农　安子文
候补代表：邢西萍（徐冰）　齐燕铭

中国国民党革命委员会（正式代表 16 名，候补代表 2 名）

李济深　何香凝（女）　柳亚子　李德全（女）　张　文　李锡九
陈劭先　朱蕴山　梅龚彬　余心清　王葆真　杨　杰　李任仁　刘积学
陈汝棠　赖亚力
候补代表：吕集义　郑坤廉（女）

中国民主同盟（正式代表 16 名，候补代表 2 名）

张　澜　沈钧儒　章伯钧　张东荪　罗隆基　史　良（女）　周新民
楚图南　丘　哲　周鲸文　费孝通　李相符　李文宜（女）　胡愈之
辛志超　刘王立明（女）
候补代表：叶笃义　罗子为

民主建国会（正式代表 12 名，候补代表 2 名）

黄炎培　章乃器　胡厥文　施复亮　胡子婴（女）　孙起孟　陈巳生
章元善　盛康年　冷　遹　杨卫玉　沈子槎
候补代表：陈维稷　莫艺昌

无党派民主人士（正式代表10名，候补代表2名）

郭沫若　马寅初　张奚若　李　达　董鲁安（于力）　符定一

欧阳予倩　　　　洪　深　吴有训　王之相

候补代表：丁西林　周谷城

中国民主促进会（正式代表8名，候补代表1名）

马叙伦　许广平（女）　周建人　王绍鏊　梅达君　徐伯昕　林汉达

雷洁琼（女）

候补代表：严景耀

中国农工民主党（正式代表10名，候补代表2名）

彭泽民　郭冠杰　李士豪　何世琨（何文朴）杨逸棠（杨伯恺）张云川

郭则沉　王深林　严信民　杨子恒

候补代表：王一帆　李健生（女）

中国人民救国会（正式代表10名，候补代表2名）

李章达　沙千里　沈志远　千家驹　萨空了　曹孟君（女）　闵刚侯

方与严　宋云彬　孙晓村

候补代表：秦柳方　张曼筠（女）

三民主义同志联合会（正式代表10名，候补代表2名。空缺正式代表1名）

谭平山　陈铭枢　郭春涛　王昆仑　许宝驹　吴茂荪　萧隽英　李世璋

谭惕吾（女）

候补代表：于振瀛　田竺僧

中国国民党民主促进会（正式代表8名，候补代表1名）

蔡廷锴　蒋光鼐　陈此生　李民欣　秦元邦　林一元　谭冬青

司马文森

候补代表：李子诵

中国致公党（正式代表6名，候补代表1名。空额正式代表1名、候补代表1名）

陈其尤　黄鼎臣　官文森　雷荣珂（田凡）　严希纯

九三学社（**正式代表** 5 **名，候补代表** 1 **名**）

许德珩　黎锦熙　袁翰青　吴藻溪　薛　愚

候补代表：叶丁易

台湾民主自治同盟（**正式代表** 5 **名，候补代表** 1 **名**）

谢雪红（女）　杨克煌　李伟光　王天强　田富达

候补代表：林铿生

中国新民主主义青年团（**正式代表** 10 **名，候补代表** 2 **名**）

冯文彬　蒋南翔　胡耀邦　宋一平　陆　平　王治周　张　本（女）

杨　述　高景芝（女）　王明远

候补代表：许世平　张　凡

二、区域代表（9 个单位，正式代表 102 名、候补代表 14 名）

西北解放区（**正式代表** 15 **名，候补代表** 2 **名**）

马明方　王维舟　杨明轩　武新宇　李景膺　范子文　马健翎　杜延庆

张子芳（女）　王德彪　成柏仁　韩兆鹗　苏资琛　李象九　杨拯民

候补代表：房文礼　金山寿

华北解放区（**正式代表** 15 **名，候补代表** 2 **名**）

薄一波　杨秀峰　宋劭文　朱良才　蓝公武　林　铁　赖若愚　张　苏

高克林　潘复生　唐延杰　邢肇棠　薛　迅（女）　沙可夫　周叔弢

候补代表：刘少白　甄荣典

华东解放区（**正式代表** 15 **名，候补代表** 2 **名**）

陈　毅　许世友　周　兴　管文蔚　梁从学　孙仲德　夏　衍（沈端先）

沙文汉（张登）　龙　跃　张　林　韦　悫　李坚真（女）　张福林

季　方　李伯龙

候补代表：计雨亭　刘民生

东北解放区（**正式代表** 15 **名，候补代表** 2 **名**）

高　岗　高崇民　李运昌　周保中　汪金祥　周　桓　何长工　车向忱

张维桢　邹大鹏　于毅夫　吕　骥　杨克冰（女）　李　荒　李国钧

候补代表：张德馨　赵文全

华中解放区（**正式代表** 15 **名，候补代表** 2 **名**）

黄克诚　刘子久　吴芝圃　邵式平　陈再道　潘梓年　谭余保　郑绍文

蔡书彬　夏之栩（女）　罗厚福　陈经畬　嵇文甫　杨显东　张仲鲁

候补代表：陈荒煤　王一鸣

华南解放区（**正式代表** 8 **名，候补代表** 1 **名**）

连　贯　刘达潮　区梦觉（女）　乔　木（冠华）　李伯球　欧阳山

王雨亭　李独清

候补代表：廖梦醒（女）

内蒙古自治区（**正式代表** 6 **名，候补代表** 1 **名**）

乌兰夫（云泽）　王悦丰　刘　春　那木济勒色楞（王再天）

王逸伦　特木尔巴根

候补代表：朋斯克

北平、天津两直属市（**正式代表** 6 **名，候补代表** 1 **名**）

黄　敬　李葆华（赵振声）　郭尚义　刘先磊　张晓梅（女）

资耀华

候补代表：徐楚波

待解放区民主人士（**正式代表** 7 **名，候补代表** 1 **名**）

杜国庠　张唯一　任　谦　侯方岳　周钦岳　周士观　黄药眠

候补代表：李侠公

三、军队代表（6 个单位，正式代表 60 名、候补代表 11 名）

中国人民解放军总部（**包括直属兵团及海、空军**）（**正式代表** 12 **名，候补代表** 2 **名**）

朱　德　聂荣臻　吕正操　李　涛　傅　钟　杨成武　李国英　王　铮

杨奇清　张学思　康克清（女）　刘善本

候补代表：贺绿汀　戴镜元

中国人民解放军第一野战军（**正式代表** 10 **名，候补代表** 2 **名**）

贺　龙　徐向前　罗瑞卿　赵寿山　王世泰　李　贞（女）　孙志远

王　昭　任白戈　左协中

候补代表：杜冠仁　陈　播

中国人民解放军第二野战军（正式代表10名，候补代表2名）

刘伯承　滕代远　杨立三　蔡树藩　钱信忠　卫小堂　布　克　廖运周
曾　克（女）　高树勋

候补代表：张南生　马　宁

中国人民解放军第三野战军（正式代表10名，候补代表2名）

粟　裕　王建安　江渭清　陈士渠　谢胜坤　唐国栋　何基沣　魏来国
黎有章　赖少其

候补代表：李兰丁（女）　杜中夫

中国人民解放军第四野战军（正式代表10名，候补代表2名）

罗荣桓　李天佑　韩先楚　苏　静　钟赤兵　刘梅村　曾泽生　张　轸
刘白羽　丁志辉（女）

候补代表：胡奇才　黄达宣

华南人民解放军（正式代表8名，候补代表1名）

张云逸　古大存　陈漫远　马白山　吴奇伟　冯乃超　罗范群　黄　宇

候补代表：李进阶

四、团体代表（16个单位，正式代表206名、候补代表29名）

中华全国总工会（正式代表16名，候补代表2名）

李立三　朱学范　刘宁一　陈　郁　李颉伯　许之桢　陈少敏（女）
栗再温　康永和　易礼容　丘　金(丘坚一)　赵占魁　杨之华（女）
张　祺　李凤莲（女）　顾锡章

候补代表：沈　鸿　周　颖（女）

各解放区农民团体（正式代表16名，候补代表2名）

张　晔　杨耕田　胡　明　王国华　强自修　王国权　刘玉厚
李秀真（女）　黄　岩　万众一　杨万选　朱道平　韩东征　曹　铁
张振铎　赵有田

候补代表：朱富胜　石振明

中华全国民主妇女联合会（正式代表15名，候补代表2名）

蔡　畅（女）　邓颖超（女）　帅孟奇（女）　张琴秋（女）
刘亚雄（女）　张秀岩（女）　李培之（女）　张金保（女）
沈兹九（女）　刘清扬（女）　罗　琼（女）　陆　璀（女）
陈波儿（女）　黄静汶（女）　杜君慧（女）

候补代表：龚普生（女）　翟淑珍（女）

中华全国民主青年联合总会（正式代表12名，候补代表2名）

廖承志　吴　晗　钱三强　高　棠　何　礼　董　昕　何其芳　曹　禺
龚　澎（女）　梅　益　杨　文　范小凤（女）

候补代表：徐　盈　杨涤生

中华全国学生联合会（正式代表9名，候补代表1名）

谢邦定　晏福民　马　骏　聂维庆　李秀贞（女）　周寿昌　黄鹤祯
丁　力　方光宇（女）

候补代表：孙宗汾

全国工商界（正式代表15名，候补代表2名）

陈叔通　盛丕华　李范一　李烛尘　简玉阶　包达三　姬伯雄　周苍柏
俞寰澄　张䌹伯　吴羹梅　巩天民　荣德生　王新元　刘一峰

候补代表：酆云鹤（女）　冯少山

上海各人民团体（正式代表9名，候补代表1名）

刘　晓　朱俊欣　吴克坚　冯雪峰　汤桂芬（女）　沈体兰
罗叔章（女）　蒉延芳　陈震中

候补代表：邱文奎

中华全国文学艺术界联合会（正式代表15名，候补代表2名）

沈雁冰　周　扬　郑振铎　丁　玲（女）　田　汉　萧　三　柯仲平
赵树理　阳翰笙　巴　金　徐悲鸿　蔡楚生　史东山　胡　风　马思聪

候补代表：艾　青　曹靖华

中华全国第一次自然科学工作者代表大会筹备委员会（正式代表15名，候补代表2名）

梁　希　李四光　侯德榜　贺　诚　茅以升　曾昭抡　刘　鼎　严济慈

姚克方　恽子强　涂长望　乐天宇　丁　瓒　蔡邦华　李宗恩

候补代表：靳树梁　沈其益

中华全国教育工作者代表会议筹备委员会（正式代表15名，候补代表2名）

成仿吾　叶圣陶　钱俊瑞　林砺儒　张如心　晁哲甫　陈鹤琴

俞庆棠（女）　竺可桢　江恒源　汤用彤　叶企孙　杨石先　戴白韬

柳　湜

候补代表：江隆基　葛志成

中华全国社会科学工作者代表会议筹备会（正式代表15名，候补代表2名）

陈伯达　陈绍禹　范文澜　谢觉哉　邓初民　王学文　艾思奇　何思敬

翦伯赞　侯外庐　张志让　阎宝航　钱端升　樊　弘　吴觉农

候补代表：李木菴　胡　绳

中华全国新闻工作者协会筹备会（正式代表12名，候补代表2名）

胡乔木　金仲华　陈克寒　张磐石　邓　拓　恽逸群　杨　刚（女）

邵宗汉　徐迈进　刘尊棋　王芸生　赵超构

候补代表：徐铸成　储安平

自由职业界民主人士（正式代表10名，候补代表2名）

潘震亚　宦　乡　李承干　林仲易　徐永祚　洪式闾　褚应璜

浦熙修（女）　孙荪荃（女）　陈乙明

候补代表：白　杨（女）　林葆骆

国内少数民族（正式代表10名，候补代表2名）

刘格平（回族）　张　冲（彝族）　奎　璧（蒙族）　朱早观（苗族）

吴鸿宾（回族）　杨静仁（回族）　朱德海（朝鲜族）

王国兴（黎族）　天　宝（藏族）　白寿彝（回族）

候补代表：金汉文（蒙族） 多杰才旦（藏族）

国外华侨民主人士（正式代表15名，候补代表2名）

陈嘉庚 司徒美堂 陈其瑗 戴子良 费振东 蚁美厚

缅甸华侨代表一人 黄长水 日本华侨代表一人 刘思慕

李铁民 周 铮 侯寒江 庄明理 赵令德

候补代表：林 棠 张殊明

宗教界民主人士（正式代表7名，候补代表1名）

吴耀宗（基督教） 赵朴初（佛教） 邓裕志（女）（基督教）

张雪岩（基督教） 马 坚（伊斯兰教） 巨 赞（佛教）

赵紫宸（基督教）

候补代表：刘良模（基督教）

五、特别邀请人士（75名）

宋庆龄（女） 伍云甫 熊瑾玎

陶孟和 陆志韦 罗常培 高镇五 陈望道 李步青 吴贻芳（女）

曾昭森 梁思成 任鸿隽 卢于道 陈修和 钱昌照 谢家荣 秉 志

萨镇冰 张难先 李书城 张元济 何燏时 龙 云 黄琪翔 李明灏

李明扬 张醁村 胡子昂 宁 武 周善培

陈嘘昆 张曙时 安文钦 张鸿鼎 张伯秋 陈荫南 张治中 邵力子

章士钊 黄绍竑 刘 斐 李 蒸 卢郁文 颜惠庆 江 庸 汪世铭

沙彦楷 许闻天 邓昊明

程 潜 陈明仁 傅作义 邓宝珊 董其武 孙兰峰 林 遵 邓兆祥

程星龄 周北峰

周信芳 梅兰芳 程砚秋 袁雪芬（女）

赛福鼎 阿里木江 涂 治

刘英源 阎存林 戎冠秀（女） 李德林 李时良 董和亭 曹凤岐

周建寅

附录七

中国人民政治协商会议
全国委员会历届主席、副主席、
秘书长、常务委员、委员名单

中国人民政治协商会议
第一届全国委员会主席、副主席、
秘书长、常务委员名单

主　席　毛泽东

副主席　周恩来　李济深　沈钧儒　郭沫若　陈叔通

秘书长　李维汉

常务委员　毛泽东　刘少奇　周恩来　李维汉　李济深　王昆仑　蒋光鼐　张　澜　沈钧儒　章伯钧　黄炎培　陈叔通　章乃器　郭沫若　马叙伦　张奚若　杨秀峰　乌兰夫　朱　德　林　彪　刘宁一　邓颖超（女）　冯文彬　沈雁冰　梁　希　吴鸿宾　陈嘉庚　邵力子

（以下为第四次会议增选）

林伯渠　邓小平　胡乔木　张治中　罗隆基　施复亮　马寅初　许广平（女）　黄琪翔　许德珩　陈其尤　蒋南翔　刘长胜　史　良（女）　李四光　钱三强　盛丕华　李德全（女）　包尔汉　桑吉悦希（天宝）　廖承志　吴耀宗　熊克武

中国人民政治协商会议
第一届全国委员会委员名单

毛泽东 刘少奇 周恩来 林伯渠 董必武 陈 云

彭 真 王稼祥 李维汉

李济深 陈劭先 朱蕴山 李任仁 余心清

郭春涛 王昆仑

蔡廷锴 蒋光鼐

张 澜 罗隆基 周新民 楚图南 曾昭抡

沈钧儒 沙千里

章伯钧 郭冠杰

黄炎培 章乃器 胡厥文 施复亮 陈巳生

郭沫若 马寅初 张奚若 李 达 符定一

马叙伦 许广平（女）

陈其尤 陈演生

许德珩 黎锦熙

谢雪红（女） 蔡 乾

冯文彬 蒋南翔 萧 华

马明方 杨明轩

杨秀峰 蓝公武

张鼎丞 荣德生

林 枫 车向忱

黄克诚 张 轸

方 方 陈汝棠

乌兰夫 奎 璧

张友渔 周叔弢

杜国庠　任　谦

朱　德　徐向前

彭德怀　赵寿山

邓小平　高树勋

粟　裕　何基沣

林　彪　陈明仁

陈漫远　吴奇伟

刘宁一　刘长胜　刘子久　张维桢　易礼容　李凤莲（女）

邓颖超（女）　李德全（女）　史　良（女）

陈少敏（女）　张琴秋（女）

沈兹九（女）

张　晔　王国华　谭余保　胡　明　李景膺　李秀真（女）

缪承志　钱三强　吴　晗

谢邦定　方光宇（女）　宋锡恒

陈叔通　盛丕华　李范一　简玉阶　包达三

宋棐卿　刘　晓　潘汉年　朱俊欣　蒉延芳

沈雁冰　周　扬　郑振铎

梁　希　李四光　侯德榜

陈绍禹　邓初民　樊　弘

成仿吾　叶圣陶　林砺儒

胡乔木　金仲华　王芸生

潘震亚　宦　乡　李承干

吴鸿宾　张　冲　朱早观　桑吉悦希（天宝）　朱德海　王国兴

陈嘉庚　司徒美堂　戴子良　蚁美厚　庄明理　费振东

吴耀宗　马　坚　赵朴初

宋庆龄（女）

陶孟和　董鲁安　钱昌照

萨镇冰　李书城　张元济　何燏时　黄琪翔　李明灏

李明扬　宁　武

陈瑾昆　陈其瑗　张　文　冷　遹

张治中　邵力子　章士钊　黄绍竑　颜惠庆　江　庸

程　潜　傅作义　邓宝珊　董其武　林　遵　邓兆祥　刘善本

周信芳　梅兰芳

赛福鼎　阿不哈依尔吐烈

赵占魁　李时良

（以下为一九五一年增补）

达赖喇嘛·丹增嘉措　班禅额尔德尼·确吉坚赞

阿沛·阿旺晋美

熊克武　刘文辉　卢　汉　周素园　卢作孚　包尔汉

陶峙岳　陈绍宽　黄松坚　邓　华　周震鳞　梁漱溟

胡文耀　梅龚彬　唐生智

中国人民政治协商会议
第二届全国委员会名誉主席、主席、
副主席、秘书长、常务委员名单

名誉主席　毛泽东

主　　席　周恩来

副 主 席　宋庆龄（女）　董必武　李济深　张　澜　郭沫若　彭　真

沈钧儒　黄炎培　何香凝（女）　李维汉　李四光　陈叔通

章伯钧　陈嘉庚　班禅额尔德尼·确吉坚赞　包尔汉

秘 书 长　**邢西萍（徐冰）**

常务委员　王芸生　王宗槐　王首道　王从吾　王稼祥　史　良（女）

吉雅泰　安子文　朱学范　朱蕴山　吴　晗　吴溉之　吴鸿宾

吴耀宗　吕正操　李六如　李纯青　李葆华　李德全　李烛尘

沈雁冰　车向忱　周叔弢　周建人　邵力子　施复亮　唐生智

孙起孟　马叙伦　马寅初　高崇民　康　生　张治中　张奚若
张经武　张际春　梁　希　章乃器　许广平（女）　许德珩
陈少敏（女）　陈正人　陈伯达　陈其尤　陈铭枢　陈　毅
傅作义　彭泽民　盛丕华　程　潜　黄琪翔　杨尚昆　楚图南
达赖喇嘛·丹增嘉措　刘文辉　刘　晓　蔡廷锴　邓小平
邓初民　郑位三　卢　汉　钱端升　龙　云　罗隆基　谭震林
（以下为第二次会议增选）
达浦生　侯德榜　卫立煌　钟惠澜
（以下为第三次会议增选）
王绍鏊　王葆真　叶恭绰　刘王立明（女）　刘　斐
章士钊　陶孟和　喜饶嘉错

中国人民政治协商会议
第二届全国委员会委员名单

中国共产党

王首道　王从吾　王鹤寿　安子文　何长工　吴溉之　吕正操　李井泉
李六如　李木菴　李卓然　李葆华　李楚离　李维汉　邢西萍　周恩来
马文瑞　康　生　张子意　张唯一　张经武　张际春　张曙时　张　玺
许涤新　陈希云　陈　毅　陶　铸　曾　山　黄　敬　杨尚昆　叶季壮
董必武　邹大鹏　赵尔陆　赵毅敏　刘秀峰　滕代远　邓小平　谭震林

中国国民党革命委员会

丁超五　王菊人　王葆真　甘祠森　朱蕴山　余心清　李平衡　李民欣
李俊龙　李紫翔　李　蒸　李济深　邵力子　范予遂　张治中　梅龚彬
许宝骙　陈建晨（女）　陈铭枢　宁　武　贺贵严　杨亦周　刘孟纯
蔡廷锴　卢郁文

中国民主同盟

千家驹　史　良（女）　田一平　吴景超　沈钧儒　沙彦楷　辛志超

周新民　周鲸文　林仲易　胡一声　胡愈之　徐寿轩　高一涵　高崇民
张　澜　章伯钧　郭则沉　郭翘然　杨子廉　贾子群　潘光旦　邓初民
罗子为　罗隆基

中国民主建国会

王新元　吴羹梅　吴觉农　李烛尘　周士观　金学成　施复亮　胡厥文
唐巽泽　孙起孟　浦洁修（女）　章乃器　章元善　陈维稷　陈邃衡
彭一湖　盛康年　华煜卿　黄炎培　黄长水　黄凉尘　黄墨涵　杨卫玉
荣毅仁　刘一峰

无党派民主人士

丁西林　向　达　吴有训　吕叔湘　沈　浮　洪　深　马寅初　张奚若
符定一　郭沫若　郑　昕　饶毓泰

中国民主促进会

王绍鏊　王历耕　吴研因　李平心　李霁野　周建人　金通尹　柯　灵
马叙伦　陈秋安　冯少山　葛志成

中国农工民主党

王一帆　王人旋　王寄一　李伯球　季　方　唐午园　陈卓凡　彭泽民
黄琪翔　黄　农　董爽秋　邓昊明

中国致公党

伍觉天　官文森　陈其尤　黄鼎臣　雷沛鸿　严希纯

九三学社

王之相　孙承佩　孙荪荃（女）　涂长望　袁翰青　高觉敷　许德珩
劳君展（女）　税西恒　裴文中　黎锦熙　卢于道

台湾民主自治同盟

王天强　田富达　李纯青　杨春松　谢雪堂　简仁南

中国新民主主义青年团

王宗槐　李希凡　李　明　李培根　辛　甫　胡耀邦　孙维世（女）
张大中　张　超　陈　琏（女）

中华全国总工会

王　榕（女）　朱学范　何英才　吴　平（女）　吴树琴（女）
李时良　狄子才　谷小波　周　颖（女）　易礼容　祝志澄　郗占元
马佩勋　马纯古　马辉之　张金保（女）　张　烈　张修竹
陈少敏（女）　陈用文　陈希文　陈　郁　杨之华（女）　刘达潮
刘　晓　萧　明　赖若愚　锺　民

农　民

王　录　王观澜　李登瀛　杜润生　张维城　郭　芳　陈正人　蔡子伟
郑位三　韩启民（女）

中华全国民主妇女联合会

丁是娥（女）　于　蓝（女）　尹　羲（女）　王汝琪（女）
王雪莹（女）　李健生（女）　沈兹九（女）　沈粹缜（女）
林斯馨（女）　草　明（女）　马义努尔（女）　曹孟君（女）
章　蕴（女）　许广平（女）　陆　秀（女）　陆　璀（女）
彭国珍（女）　曾昭燏（女）　汤蒂因（女）　云秀桐（女）
邹仪新（女）　刘王立明（女）　邓裕志（女）　郑　芸（女）
关瑞梧（女）　严仁英（女）

中华全国民主青年联合会

丁　聪　于北辰　方光宇（女）　吴　晗　施如璋（女）　孙孚凌
涂羽卿　郝诒纯（女）　叶至善　关若鸾（女）

合作社

于树德　王　良　白如冰　江仲华（女）　张启龙　张越霞（女）
刘昆水　黎　晓

中华全国工商业联合会

王少岩　朱梦苏　李国伟　邦达养璧　周叔弢　周苍柏　武百祥
胡子昂　苗海南　凌其峻　凌东林　席文光　张敬礼　郭棣活　陈叔通
陈祖沛　陈经畬　汤元炳　盛丕华　黄玠然　温少鹤　经叔平　叶雨田
刘靖基　刘鸿生　巩天民

中国文学艺术界联合会

方晓天（女）　何其芳　吴天保　吴晓邦　李再雯（女）　杜鹏程
沈雁冰　金国富　徐绍清　纳·赛音朝克图　马　可　康巴尔汉（女）
张景祜　张骏祥　连阔如　陈其通　喻宜萱（女）　焦菊隐
舒绣文（女）　叶浅予　董希文　赵得贤　郑奕奏　薛觉先
韩俊卿（女）　苏育民

自然科学团体

任鸿隽　何之泰　吴学周　宋叔和　李四光　李连捷　周拾禄　侯德榜
施汝为　茅以升　孙越崎　涂　治　张德庆　梁　希　陈康白　陶述曾
杨树棠　叶渚沛　赵九章　蔡方荫　蔡邦华　谢家荣　苏步青

社会科学团体

王寅生　王　瑶　李　达　李剑农　季羡林　金岳霖　郭大力　陈伯达
陈岱孙　陶孟和　冯　定　楼邦彦　罗尔纲

教育界

尹赞勋　司彰露　江恒源　何　鲁　沈体兰　车向忱　辛树帜　姜立夫
柳　湜　胡庶华　孙淑芝（女）　徐楚波　桑热嘉错　陈鹤琴
陆侃如　曾昭抡　费　青　黄松龄　董守义　刘锡瑛

新闻出版界

王子野　王芸生　朱穆之　徐迈进　浦熙修（女）　张明养　张磐石
曹谷冰　傅彬然　邓季惺（女）

医药卫生界

孔伯华　石筱山　李宗恩　承澹盦　林范洪（女）　金宝善　侯宗濂
施今墨　张辅忠　陈景云　傅连暲　赵树屏　锺惠澜　苏井观

对外和平友好团体

王稼祥　吴茂荪　宋庆龄（女）　周炳琳　范长江　凌其翰　涂允檀
陈翰笙　彭　真　楚图南　刘泽荣　郑振铎　冀朝鼎　钱俊瑞　钱端升
阎宝航

社会救济福利团体

丑子冈（女）　李德全（女）　胡兰生　浦化人　康克清（女）
陈其瑗　陈维博　黄　乃　熊瑾玎　刘清扬（女）　颜福庆

少数民族

刀承宗（傣）　甘春雷（回）　白海风（蒙）　吉雅泰（蒙）
朱德海（朝鲜）　吴鸿宾（回）　李呈祥（哈尼）
拉敏·益喜楚臣（藏）　阿不哈依尔吐烈（哈萨克）
阿旺嘉措（藏）　阿侯尼日哈格（彝）
班禅额尔德尼·确吉坚赞（藏）　索康·旺清格来（藏）
索观瀛（藏）　高耀星（仡佤）　张超伦（苗）　黄松坚（壮）
载　涛（满）　达赖喇嘛·丹增嘉措（藏）　包尔汉（维）

华　侨

尤扬祖　王炎之　王纪元　王汉杰　司徒美堂　伍治之
何香凝（女）　吴应奎　李铁民　陈占梅　陈嘉庚　杨汤城　杨新容
叶鹤汀　刘明电　颜子俊

宗教界

色　来　吴耀宗　查干葛根　夏日仓　祜巴猛　马松亭　陈崇桂
喜饶嘉错　虚　云　董文隆　达浦生　赵朴初

特别邀请人士

仇　鳌　方鼎英　王少春　王克俊　王复初　王树常　巨　赞　申伯纯
光　升　何公敢　何思源　何柱国　吴家象　吴绍澍　吕　复　李　振
李根源　李　觉　沈肇年　周太玄　周作民　周亚卫　周思诚　周祥初
周善培　周锺嶽　侯镜如　唐生智　唐　星　孙兰峰　秦德君（女）
翁文灏　茹欲立　马一浮　马文鼎　马震武　高桂滋　康同璧（女）
张之江　张天放　张仲鲁　张　轸　张　钫　曹伯闻　梁漱溟　章士钊
郭宗汾　陈公培　陈瑾昆　陈　铁　傅正模　傅作义　乔明礼　曾苏元
曾震五　焦实斋　程星龄　程　潜　冯友兰　黄绍竑　黄　雍　黄宾虹

杨公庶　杨拯民　杨树达　楚溪春　叶恭绰　董宋珩　熊佛西　端木杰
赵启騄　刘文辉　刘仲容　刘多荃　刘定五　刘瑶章　邓文翚　邓哲熙
鲁崇义　卢　汉　龙　云　谢南光　罗广文　苏炳文　顾颉刚

*　　　　*　　　　*

一九五六年增补委员名单：

刘锡五　戴　戟　李相符　陈调甫　钱学森　袁鹤侪　方　方
丁果仙（女）　刀栋庭　于滋潭（女）　王一鸣　王之玺　王文成
王玉坤　王乐堦　王家桢　王国虁　王淦昌　王德舆　王遵明　邓叔群
冉雪峰　甘文芳　白　薇（女）　龙冬花（女）　朱元鼎　朱物华
朱启钤　孙云铸　孙维忠　刘文典　刘念义　刘淑清（女）
刘静宜（女）　刘　赜　刘芦隐　关玉和　何　贤　余名钰
余宝笙（女）　吴学蔺　李　杜　李沛文　李　薰　杜君慧（女）
杜　巍　汪　猷　沈从文　陈半丁　陈兆毅　陈序经　陈学昭（女）
陈寅恪　陈翠贞（女）　周诒春　周凤九　孟继懋　岳劼恒
拉希达（女）　易见龙　林炎城　金芝轩　金润庠　欧协·土登桑却
罗大英　罗文瑞　罗宗洛　侯德封　俞大绂　姚克方　赵君迈　赵洪璋
赵庆杰　凌　莎（女）　唐　彧　唐　钺　徐振骐　马大猷　马永顺
高卓雄　高凤志　张士琅　张有谷　张孝骞　张述祖　张国淦　郭绍江
郭琳爽　陶亨咸　傅抱石　汤传篪　费启能　费彝民　黄天启　黄文熙
黄育贤　黄省三　黄鸣龙　黄德茂　杨开渠　董渭川　廖安邦　廖霭庭
熊大仕　庆承道　卢明道（女）　卢庆骏　穆芝房　卫立煌　卫仲乐
钱令希　阎迦勒　鲍国宝　薛笃弼　谢志光　锺成亮　蓝　马　顾宜孙
顾敬心

一九五七年增补委员名单：

张执一　徐永祚　秦伯未　朱继圣　马师曾　陈　达　孟目的
博彦满都　王源兴　王冷斋　王枕心　王宽诚　王　珽　邓士章
邓介松　古耕虞　厉尤咎　安若定　朱大纯　朱石麟　朱光潜　米暂沉
孙瑞芝（女）　刘次玄　刘昌义　刘　斐　刘敬宜　何北衡　吴文藻

吴晋航　李培基　汪德昭　沈方成（女）　沈尹默　陈铭德　劳敬修
孟鞠如　岳崇岱　帕巴拉·格列朗杰　林　虎　郑晓沧　罗翼群
柯　璜　赵　昱　徐森玉　徐诵明　马次青　崔载之　康心之　张文裕
张志和　张香桐　张振汉　张　颐　连瑞琦　郭永怀　郭任之
郭秀珍（女）　彭杰如　程希孟　覃异之　黄启汉　黄　翔　黄新彦
杨崇瑞（女）　董竹君（女）　资耀华　贾亦斌　邹秉文　熊十力
熊秉坤　谢少文　谢无量　萧作霖　谭云山

中国人民政治协商会议
第三届全国委员会名誉主席、主席、
副主席、秘书长、常务委员名单

名誉主席　毛泽东

主　　席　周恩来

副 主 席　彭　真　李济深　郭沫若　沈钧儒　黄炎培　李维汉　李四光
陈叔通　陈嘉庚　包尔汉　陈　毅　康　生
帕巴拉·格列朗杰　阿沛·阿旺晋美

（以下为第二次会议增选）

何香凝

秘 书 长　徐　冰

常务委员

王从吾　王世英　王宗槐　王芸生　王绍鏊　王稼祥　邓初民　邓宝珊
孔　原　平杰三　龙　云　卢　汉　卢郁文　史　良（女）　安子文
刘文辉　刘西元　刘　晓　刘清扬（女）　刘　斐　刘锡五　刘澜波
吉雅泰　达浦生　达赖喇嘛·丹增嘉措　孙志远　孙晓村　孙起孟
朱学范　朱蕴山　伍修权　沈雁冰　汪胡桢　车向忱　李六如　李立三
李运昌　李克农　李国伟　李烛尘　李书城　李葆华　李楚离　李颉伯
李德全（女）　陈少敏（女）　陈正人　陈此生　陈先瑞　陈伯达

陈其尤　陈明仁　陈豹隐　陈寅恪　陈望道　贝时璋　吴有训　吴　晗
吴溉之　吴德峰　吴鸿宾　吕正操　何长工　何香凝（女）　郑位三
拉敏·益喜楚臣　林巧稚（女）　林　虎　张子意　张友渔　张执一
张邦英　张劲夫　张际春　张治中　张奚若　张经武　屈　武　邵力子
季　方　周士第　周建人　周保中　周培源　周　扬　周苍柏　施复亮
赵九章　荣毅仁　范文澜　侯德榜　姚依林　高文华　高崇民　唐天际
唐生智　班禅额尔德尼·确吉坚赞　马叙伦　徐子荣　徐立清　梁思成
章士钊　章伯钧　章　蕴（女）　许广平（女）　许崇清　许德珩
郭化若　郭棣活　梅兰芳　陶孟和　陶峙岳　汤用彤　曾泽生
喜饶嘉错　闵刚侯　贺炳炎　黄琪翔　舒舍予　盛丕华　程　潜
傅作义　傅连暲　贾拓夫　靳树梁　楚图南　杨士达　杨东莼　杨奇清
杨尚昆　杨献珍　董其武　詹东·计晋美　蒲辅周　蔡廷锴　赖际发
钱俊瑞　钱崇澍　卫立煌　韩　光　钟惠澜　萨空了　龚饮冰

中国人民政治协商会议
第三届全国委员会委员名单

中国共产党

于江震　王从吾　王维纲　王稼祥　孔　原　孔祥祯　平杰三　安子文
刘　晓　刘景范　刘锡五　刘澜波　孙志远　伍修权　李六如　李井泉
李立三　李克农　李步新　李卓然　李葆华　李楚离　李维汉　陈奇涵
陈　毅　吴岱峰　吴溉之　吕正操　何长工　郑位三　张子意　张执一
张邦英　张际春　张经武　张曙时　周士第　周恩来　邹大鹏　姚依林
高文华　唐天际　马文瑞　徐子荣　徐立清　徐　冰　许涤新　郭化若
康　生　陶　铸　曾　山　彭　真　贺炳炎　贾拓夫　杨奇清　杨尚昆
滕代远　赖际发　薛子正　龚饮冰

中国国民党革命委员会

丁超五　王昆仑　王葆真　邓宝珊　甘祠森　卢　汉　卢郁文　刘文辉

刘仲容　刘孟纯　刘　通　朱蕴山　任芝铭　任崇高　李平衡　李济深
李俊龙　李　蒸　陈此生　陈劭先　陈建晨（女）　陈铭枢　吕集义
余心清　张治中　邵力子　侯镜如　唐生智　袁金章　翁文灏　梅龚彬
宁　武　贺贵严　黄方刚　程　潜　楚溪春　杨亦周　蔡廷锴　阎熔冰
卫立煌

中国民主同盟

寸树声　千家驹　双　清　邓初民　史　良（女）　关梦觉　沈钧儒
沙彦楷　辛志超　杜光预　杜孟模　李文宜（女）　李相符　陈中凡
陈望道　吴富恒　吕季方　谷雯光　林仲易　林植夫　罗隆基　周新民
胡愈之　高一涵　高崇民　唐　哲　章伯钧　萧华清　冯友兰　冯素陶
闵刚侯　费孝通　黄执中　杨一波　杨子廉　杨明轩　闻家驷　潘光旦
谢高峰　萨空了

中国民主建国会

刁沼芬　王艮仲　毛铁桥　古耕虞　叶宝珊　刘念智　孙友樵　孙起孟
孙晓村　孙耀华　华煜卿　李烛尘　陈子彬　陈希仲　陈维稷　陈调甫
陈邃衡　吴大琨　吴晋航　吴觉农　吴羹梅　张蔚岑　金学成　周士观
周焕章　施复亮　荣毅仁　胡厥文　侯启兴　浦洁修（女）　徐永祚
章乃器　章元善　郭守昌　汤绍远　黄炎培　黄凉尘　资耀华　潘式言
薛品轩

无党派民主人士

丁西林　向　达　任鸿隽　沈尹默　沈　浮　汪胡桢　贝时璋　吴有训
吕叔湘　郑　昕　张子高　张奚若　唐　钺　马一浮　马寅初　翁独健
黄鸣龙　熊庆来　谢无量　饶毓泰

中国民主促进会

王绍鏊　李平心　李霁野　陈礼节　吴研因　张纪元　金通尹　周建人
柯　灵　马叙伦　徐伯昕　徐楚波　梁纯夫　戚景龙　冯少山　喻传鉴
杨东莼　葛志成　潘承孝　顾颉刚

中国农工民主党

丁贡南　王人旋　邓作楷　丘　辰　庄明远　李伯球　陈伊林　吴彦求

罗任一　季　方　周太玄　范　权　秦伯未　徐彬如　郭则沉　黄琪翔

杨清源　杨惠安　董爽秋　练惕生

中国致公党

刘成鹏　伍觉天　严希纯　陆榕树　陈其尤　张友仁　黄鼎臣　雷沛鸿

九三学社

千　铎　方　亮　王之相　卢于道　刘恢先　孙承佩　乔启明

劳君展（女）　陈　立　陈恩凤　金克木　周培源　茅以升　袁翰青

许德珩　游国恩　黄友谋　税西恒　裴文中　薛　愚

台湾民主自治同盟

王天强　田富达　丘　琳　苏子蘅　陈　文　陈文彬　徐萌山　杨春松

中国共产主义青年团

王宗槐　王照华　田　心　白纪年　朱语今　汪行远　陈　琏（女）

罗　毅　胡耀邦　高天辉

中华全国总工会

王亦清　王国骥　安力夫　刘子久　刘达潮　孙维忠　朱学范　宋　川

李　永　李时良　李淑英（女）　李景韩　李颉伯　陈少敏（女）

陈　宇　陈兆毅　何英才　狄子才　郑晶华　张金保（女）　张树荣

张修竹　张　祺　邵子言　易礼容　祝志澄　马佩勋　马纯古　马辉之

栗再温　梁永福　郭绍江　莫家瑞　戚元德（女）　冯诗云　黄民伟

黄德茂　顾大椿

农　民

王玉坤　王　录　王观澜　龙冬花（女）　李登瀛　陈正人　吴德简

张庆孚　张维城　罗文瑞　周桂林　高凤志　曾广福　廖鲁言　蔡子伟

鲁桂兰（女）

中华全国妇女联合会

丁果仙（女）　丁是娥（女）　于滋潭（女）　于　蓝（女）

王国秀（女）　王承书（女）　王雪莹（女）　云秀桐（女）
邓裕志（女）　尹　羲（女）　刘王立明（女）　关瑞梧（女）
沈方成（女）　沈粹缜（女）　严仁英（女）　严凤英（女）
陆　秀（女）　吴　绡（女）　拉希达（女）　张秀岩（女）
阿沛·才旦卓噶（女）　邹仪新（女）　秦　怡（女）
草　明（女）　章　蕴（女）　许广平（女）　郭明秋（女）
曹孟君（女）　曹冠群（女）　汤蒂因（女）　曾宪植（女）
曾昭燏（女）

中华全国青年联合会

叶至善　刘西元　刘良模　孙孚凌　李　林（女）　张　超
施如璋（女）　胡启立　侯仁之　钱李仁

合作社

于树德　邓　洁　江仲华（女）　安翰华　刘昆水　张越霞（女）
赵品三　梁　耀　程子华　董昆一　阎顾行

中华全国工商业联合会

丁佐成　王少岩　王德舆　刘次玄　刘靖基　巩天民　孙　鼎　朱继圣
宋子纯　李国伟　李勉之　陈朵如　陈叔通　陈祖沛　陈经畲　吴雪之
邦达养璧　张香圃　张敬礼　金润庠　周叔弢　周苍柏　胡子昂
苗海南　席文光　唐君远　凌其峻　梁尚立　郭秀珍（女）　郭琳爽
郭棣活　汤元炳　黄玠然　盛丕华　焦寰五　温少鹤　杨子霖　董仁明
经叔平　廖霭庭

中国文学艺术界联合会

刁光覃　方晓天（女）　王个簃　王朝闻　丰子恺　石少华　叶浅予
关玉和　孙维世（女）　沈佩华（女）　沈雁冰　苏育民　杜鹏程
李再雯（女）　陆　地　陈其通　陈荒煤　陈鲤庭　吴天保　吴晓邦
何其芳　郑君里　郑奕奏　张士勤（女）　张景祜　张瑞芳（女）
张骏祥　金国富　周　扬　周惠侬（女）　赵得贤　俞振飞　侯宝林
唐　弢　马　可　马师曾　康巴尔汉（女）　梅兰芳　纳·赛音朝克图

彭俐侬（女） 黄　虹（女） 喻宜萱（女） 舒舍予 焦菊隐
傅抱石 杨荫浏 蓝　马 熊佛西 蒋兆和 卫仲乐 韩世昌
韩俊卿（女）

中国科学技术协会

王大珩 王之玺 王仲富 王淦昌 邓叔群 尹赞勋 卢　鋈 叶渚沛
刘　杰 刘述文 刘恩兰（女） 庆承道 孙云铸 孙保基 孙越崎
朱元鼎 朱树屏 宋叔和 杜　巍 李四光 李连捷 李赋都 陆学善
陈世骧 陈康白 陈　嵘 吴世鹤 吴学周 吴学蔺 余名钰 何之泰
何作霖 张劲夫 张钰哲 张德庆 罗宗洛 周　立 赵九章 赵庆杰
赵宗燠 胡师童 范长江 涂　治 马大猷 徐振骐 陶述曾 费启能
黄育贤 黄秉维 黄振勋 单宗肃 雷天壮 靳树梁 杨　伟 蔡方荫
钱崇澍 谢家荣 谢家泽 韩　光 简根贤

社会科学团体

丁声树 王学文 李剑农 陈伯达 陈岱孙 吴半农 吴德峰 吕振羽
张友渔 张　颐 金岳霖 季羡林 范文澜 夏石农 郭大力 陶孟和
冯　定 傅懋勣 杨献珍 韩寿萱

教育界

丁振麟 王　越 王　琎 王遵明 江泽涵 刘子载 刘皑风 刘锡瑛
孙淑芝（女） 曲仲湘 朱光潜 朱物华 辛树帜 车向忱 李方训
李沛文 李舜琴 李麟玉 陈汉标 陈序经 陈鹤琴 利翠英（女）
何炳麟 郑建宣 郑晓沧 张　铨 周庆祥 姜立夫 赵洪璋 胡庶华
柳野青 俞大绂 桑热嘉错 梁思成 许崇清 汤用彤 贺绿汀
黄叔培 谈家桢 钱令希 聂　真 顾宜孙

新闻出版界

王子野 王芸生 孙文石 严独鹤 吴景崧 张明养 徐迈进 曹谷冰
黄洛峰 傅彬然 穆　欣

医药卫生界

方先之 王兆俊 尤家骏 兰锡纯 石筱山 叶桔泉 冉雪峰 应元岳

苏井观　杜自明　陈桂云（女）　陈景云　余　濆　林巧稚（女）
林范洪（女）　张孝骞　张　毅　孟继懋　易见龙　施今墨　赵锡武
胡献尚　胡懋廉　侯宗濂　姚克方　高凤桐　梁毅文（女）　章次公
曹依秀（女）　汤腾汉　黄天启　黄克纲　黄省三　傅连暲　蒲辅周
蔡　堡　鲍鉴清　谢少文　钟惠澜　戴正华

对外和平友好团体

刀有良　刘泽荣　沈兹九（女）　吴　晗　郑森禹　张致祥　张稣村
屈　武　周竹安　周炳琳　赵毅敏　胡克实　侯德榜　涂允檀　郭沫若
程希孟　楚图南　杨　朔　黎照寰　冀朝鼎　钱俊瑞　邝健廉（女）

社会救济福利团体

丑子冈（女）　刘清扬（女）　伍云甫　邢赞亭　李德全（女）
陈其瑗　陈维博　胡兰生　浦化人　康克清（女）　黄　乃　熊瑾玎

少数民族

刀承宗（傣）　刀栋庭（傣）　王乐堦（藏）　甘春雷（回）
包尔汉（维）　吉雅泰（蒙）　达赖喇嘛·丹增嘉措（藏）
李呈祥（哈尼）　陆镇藩（布依）　吴忠烈（苗）　吴鸿宾（回）
拉敏·益喜楚臣（藏）　张超伦（苗）
阿不都热河满·托合诺夫（哈萨克）　阿木提（维）
阿沛·阿旺晋美（藏）　阿旺嘉措（藏）　阿侯尼日哈格（彝）
罗大英（彝）　周保中（白）　胡玉堂（佧佤）
胡赛音·木拉托夫（塔塔尔）　高耀星（佧佤）
班禅额尔德尼·确吉坚赞（藏）　索观瀛（藏）　马兴泰（回）
崔　采（朝鲜）　纳旺金巴（藏）　博彦满都（蒙）　黄松坚（僮）
黄穆如（土家）　载　涛（满）　詹东·计晋美（藏）
察雅洛登协绕（藏）　裴阿欠（傈僳）　穆芝房（回）

华　侨

方　方　王一知（女）　王汉杰　王炎之　王纪元　卢心远　伍治之
苏振寿　李有箴　陈书乐　陈嘉庚　何香凝（女）　张有权　张楚琨
赵　昱　许志猛　杨新容

宗教界

丁光训　王文成　巨　赞　皮漱石　达浦生　陈撄宁　吴耀宗　吕　澂
松溜·阿戛牟尼　张士琅　帕巴拉·格列朗杰　赵朴初　涂羽卿
喜饶嘉错　戛拉僧丹比扎拉森　杨士达　董文隆　阎迦勒

特别邀请人士

丁武选　于洪深　方与严　方少逸　方光焘　方鼎英　王　之　王云霖
王只谷　王世英　王达甫　王冷斋　王克俊　王伯祥　王树常　王复初
王家桢　王致中　王笑一　王启贤　王　弼　王宽诚　邓士章　邓哲熙
仇　鳌　甘思和　石志本　龙　云　卢庆骏　卢宗澄　申伯纯　叶长庚
叶恭绰　叶景莘　田奇瑪　田厚义　白志文　白　薇（女）　江炳灵
江恒源　安春山　安若定　刘子奇　刘少白　刘先胜　刘多荃　刘向三
刘定五　刘定安　刘学文　刘昌义　刘　型　刘显宜　刘俊峰　刘　斐
刘道衡　刘敬宜　刘瑶章　刘　颐　刘芦隐　米暂沉　孙文淑（女）
孙兰峰　孙本旺　孙仲逸　光　升　朱大纯　朱石麟　朱启钤　朱　遂
朱涤新　朱鼎卿　朱洁夫　乔明礼　伍培英　伍献文　华国英　沈从文
沈志远　沈体兰　沈济川　沈肇年　宋云彬　宋任远　宋　应　宋　筠
辛葭舟　苏延宾　劳敬修　杜春晏　李力果　李子诵　李木庵　李世杰
李乐平　李学海　李运昌　李春田　李保森　李祖荫　李　振　李根源
李书城　李培基　李　觉　李　隆　李嘉仲　李　耀　陆殿栋　陈云章
陈公培　陈半丁　陈丕扬　陈正湘　陈北辰　陈　达　陈先瑞　陈克非
陈明仁　陈豹隐　陈寅恪　陈　铁　陈铭德　陈瑾昆　吴文藻　吴化文
吴自立　吴家象　吴景超　吴诚忠　余纪一　谷　牧　何思源　何维忠
何　贤　何　辉　何　鲁　何德全　郑洞国　郑辟疆　武和轩　武惕予
林之翰　林葆骆　林　虎　松　谋　张广才　张之江　张仁初　张汉武
张有谷　张学铭　张松龄　张述祖　张家树　张振汉　张瑞麟　张震球
张慕尧　张德含　张濯清　孟庆山　邵循正　罗仁全　罗　英　罗　明
罗培元　罗湘涛　金芝轩　金　城　周子祯　周文龙　周玉成　周亚卫
周仲英　周祥初　周凤九　周瘦鹃　周嘉彬　周鸣瀏　周骏鸣　邹秉文

洪　沛　赵世兰（女）　赵君迈　赵承金　赵启騄　赵　熔　胡金魁
柯　璜　范治农　茅祖杓　侯　政　侯策名　浦熙修（女）　高卓雄
唐生明　唐　星　唐登岷　秦德君（女）　晋　巩　马保三　马锡五
袁牧之　袁敦礼　茹欲立　倪志亮　倪征燠　徐介藩　徐长勋　徐洽时
凌其翰　梁从学　梁守槃　梁漱溟　章士钊　郭子化　郭宝珊　郭宗汾
康心之　康同璧（女）　曹焕文　梅汝璈　陶亨咸　陶峙岳　陶晋初
萧新槐　崔载之　汤传篪　童炎生　曾昭抡　曾苏元　曾泽生　彭文和
彭杰如　彭明治　彭镜秋（女）　惠世如　覃异之　费彝民　黄子卿
黄文熙　黄启汉　黄绍竑　黄觉庵　黄　翔　黄药眠　黄新彦　黄　雍
喻楚杰　喻缦云　盛彤笙　程　坦　程悦长　焦实斋　焦鸣銮　傅作义
傅柏翠　傅道伸　傅　鹰　贾亦斌　杨公庶　杨松青　杨尚儒　杨拯民
杨建新　杨梅生　杨崇瑞（女）　杨第甫　董守义　董竹君（女）
董其武　董渭川　端木杰　廖安邦　廖沫沙　廖运泽　裴丽生　蒙定军
熊十力　熊大仕　熊秉坤　潘寿才　潘伯鹰　潘　峰　蔡金涛　鲁崇义
赖　毅　阎又文　阎宝航　冀春光　钱　钧　钱端升　穆成宽　韩　伟
韩祖德　韩诵裳　薛笃弼　钟成亮　钟赤兵　聂洪钧　戴文彬　戴济民
戴　戟　魏自愚　顾卓新　顾懋勋　饶国模（女）

中国人民政治协商会议
第四届全国委员会名誉主席、主席、
副主席、秘书长、常务委员名单

名誉主席　毛泽东

主　　席　周恩来

副 主 席　彭　真　陈　毅　叶剑英　黄炎培　陈叔通　刘澜涛　宋任穷
徐　冰　高崇民　蔡廷锴　韦国清　邓子恢　李四光　傅作义
滕代远　谢觉哉　沈雁冰　李烛尘　帕巴拉·格列朗杰
许德珩　李德全（女）　马叙伦

秘 书 长 平杰三

常务委员 于树德 于毅夫 寸树声 马寅初 马辉之 王子纲 王从吾 王世英 王芸生 王学文 王绍鏊 王首道 王雪莹（女） 王维纲 王照华 王稼祥 车向忱 邓初民 邓宝珊 邓 洪 孔祥祯 卢 汉 卢郁文 史 良（女） 安子文 刘文辉 刘良模 刘 晓 刘清扬（女） 刘 斐 刘锡五 吉雅泰 巩天民 达浦生 朱学范 朱蕴山 伍修权 伍献文 孙起孟 孙晓村 汪金祥 宋裕和 闵刚侯 严希纯 苏子蘅 李书城 李立三 李初梨 李运昌 李国伟 李 昌 李淑英（女） 李楚离 杨东莼 杨奇清 杨明轩 吴研因 吴鸿宾 吴溉之 何长工 邹大鹏 张子意 张友渔 张邦英 张孝骞 张秀岩（女） 张劲夫 张治中 张奚若 阿旺嘉措 陈此生 陈先瑞 陈伯达 陈其尤 陈国栋 陈明仁 陈寅恪 陈望道 陈维稷 邵力子 郑位三 拉敏·益喜楚臣 林修德 金如柏 季 方 周士观 周士第 周 扬 周苍柏 周培源 屈 武 施复亮 闻家驷 赵朴初 赵宗燠 荣毅仁 胡克实 哈丰阿 俞大绂 钟惠澜 侯德榜 饶毓泰 贺 诚 高文华 郭化若 郭沫若 郭棣活 唐天际 唐生智 班禅额尔德尼·确吉坚赞 袁任远 聂洪钧 徐伯昕 徐楚波 陶峙岳 章 蕴（女） 康克清（女） 阎宝航 萨空了 曹菊如 曹 瑛 龚子荣 曾泽生 曾宪植（女） 董其武 舒舍予 程 坦 程 潜 傅连暲 蒲辅周 楚图南 赖际发 谭冠三 熊庆来 潘复生

中国人民政治协商会议第四届全国委员会委员名单

中国共产党

于江震 王从吾 王观澜 王学文 王宗槐 王首道 王维纲 王稼祥

邓子恢　孔祥祯　平杰三　甘渭汉　叶剑英　安子文　刘西元　刘　晓
刘锡五　刘澜涛　许　立　吕正操　伍修权　孙志远　汪金祥　宋任穷
李立三　李初梨　李运昌　李步新　李卓然　李维汉　李楚离　杨奇清
邹大鹏　张子意　张邦英　陈伯达　陈　毅　郑位三　欧阳毅　金如柏
金　城　周士第　周恩来　赵　汉　段君毅　姚依林　高文华　郭化若
郭明秋（女）　唐天际　袁任远　徐　冰　梁国斌　龚子荣　曾　山
曾宪植（女）　谢觉哉　彭　真　谭冠三　滕代远　薛子正

中国国民党革命委员会

丁超五　王昆仑　王葆真　邓宝珊　龙泽汇　卢　汉　卢郁文　刘文辉
刘风竹　刘孟纯　刘　通　吕集义　朱蕴山　任芝铭　任崇高　孙恩元
苏从周　李平衡　李俊龙　李　蒸　何香凝（女）　张治中　陈此生
陈劭先　陈建晨（女）　陈铭枢　邵力子　周范文　屈　武　侯镜如
唐生智　袁金章　聂　轰　夏仲实　翁文灏　梅龚彬　黄方刚　程　潜
楚溪春　蔡廷锴

中国民主同盟

寸树声　千家驹　戈福鼎　双　清　邓初民　冯友兰　冯素陶
史　良（女）　关梦觉　吕季方　沙彦楷　辛志超　闵刚侯　杨一波
杨子廉　杨明轩　吴从征　吴汉家　吴富恒　谷霁光　张毕来　陈中凡
陈望道　林仲易　林植夫　罗涵先　周新民　闻家驷　胡愈之
俞大絪（女）　费孝通　贺　麟　高一涵　高崇民　唐弘仁　唐　哲
谢高峰　萨空了　黄执中　潘光旦

中国民主建国会

丁　忱　刁沼芬　王艮仲　毛铁桥　古耕虞　叶宝珊　汤绍远　刘念智
华煜卿　孙友樵　孙起孟　孙晓村　孙耀华　李贻赞　李烛尘　吴大琨
吴觉农　吴晋航　吴羹梅　张蔚岑　陈子彬　陈希仲　陈维稷　陈邃衡
金学成　周士观　周焕章　施复亮　荣毅仁　胡厥文　侯启兴
浦洁修（女）　郭守昌　资耀华　莫艺昌　章元善　黄炎培　黄凉尘
董林哲　虞效忠

无党派民主人士

马一浮　马寅初　王　力　向　达　沈　谦　杜春晏　李书城　张奚若
陈石英　郑　昕　柳野青　俞大绂　饶毓泰　唐　钺　翁独健　徐　正
章士钊　傅作义　傅　鹰　熊庆来

中国民主促进会

马叙伦　王绍鏊　冯少山　李平心　李霁野　杨东莼　杨坚白　吴研因
张纪元　陈礼节　陈麟瑞　周建人　柯　灵　顾均正　顾颉刚　徐伯昕
徐楚波　戚景龙　葛志成　喻传鉴

中国农工民主党

丁贡南　邓作楷　丘　辰　刘大杰　庄明远　杨清源　杨惠安　吴彦求
陈伊林　陈邦贤　范　权　罗任一　季　方　周太玄　练惕生　郭则沉
秦伯未　徐彬如　黄琪翔　董爽秋

中国致公党

刘成鹏　严希纯　何上举　张友仁　陈其尤　柯朝阳　黄鼎臣　雷沛鸿

九三学社

方　亮　王之相　刘恢先　许德珩　乔启明　孙承佩　劳君展（女）
李　毅　陈　立　陈鹤琴　茅以升　金克木　周培源　袁翰青　游国恩
黄友谋　程希孟　裴文中　薛公绰　薛　愚

台湾民主自治同盟

王天强　田富达　丘　琳　苏子蘅　李纯青　陈　文　陈文彬　徐萌山

中国共产主义青年团

边春光　刘　平　任景德　孙轶青　辛国治　李立功　张学彦　张　超
胡克实　黄大仿

中华全国总工会

马辉之　王国骥　王家扬　冯诗云　刘子久　刘达潮　刘英源　朱学范
向明华　孙维忠　宋　川　李　仙　李时良　李淑英（女）　李颉伯
李景韩　何英才　狄子才　张金保（女）　张树荣　陈书乐　陈　宇
陈兆毅　陈国珍　郑晶华　易礼容　赵占魁　郭绍江　莫家瑞　栗再温

顾大椿　徐　光　徐畹珍（女）　梁永福　彭思明　黄民伟　黄德茂
戴　云（女）

农　民

王玉坤　王　录　龙冬花（女）　李登瀛　吴春安　吴德简　何基沣
张庆孚　张修竹　张维城　罗文瑞　周桂林　钟成亮　高凤志
鲁桂兰（女）　廖鲁言

中华人民共和国全国妇女联合会

丁果仙（女）　丁是娥（女）　于滋潭（女）　王国秀（女）
王雪莹（女）　尹　羲（女）　刘王立明（女）　刘守璞（女）
刘碧清（女）　关瑞梧（女）　朱旦华（女）　孙文淑（女）
沈方成（女）　沈粹缜（女）　严凤英（女）　苏　华（女）
杜君慧（女）　吴　绮（女）　吴琳涛（女）　邹仪新（女）
张秀岩（女）　陆　秀（女）　陈介平（女）　陈　琏（女）
拉希达（女）　草　明（女）　秦　怡（女）　章　蕴（女）
康克清（女）　曹冠群（女）　盛　愉（女）　彭　青（女）

中华全国青年联合会

马娴华（女）　王照华　闵　豫　李文耀　李淑兰（女）　胡松华
肖洁萍（女）　黄永安

合作社

于树德　马　载　王念基　田　坪　江仲华（女）　安翰华
张越霞（女）　梁　耀　董昆一　程启光　潘复生

中华全国工商业联合会

丁佐成　马金庆　王少岩　王德舆　冯和法　汤元炳　刘靖基
邦达养璧　巩天民　朱继圣　孙　鼎　宋子纯　李宗坊　李国伟
李勉之　杨子霖　杨天受　杨受百　吴雪之　张香圃　张敬礼　陈叔通
陈经畬　陈祖沛　苗海南　周苍柏　周叔弢　经叔平　胡子昂　郭琳爽
郭棣活　席文光　唐君远　凌其峻　梁尚立　黄玠然　董仁明　焦寰五
程秉文　廖霭庭

中国文学艺术界联合会

刁光覃　卫仲乐　方晓天（女）　丰子恺　王个簃　王朝闻　石少华
石　羽　叶浅予　田　汉　刘芝明　关玉和　孙维世（女）　阳翰笙
沈　浮　沈雁冰　苏育民　李少春　李　波（女）　杨荫浏　吴天保
张士勤（女）　张丽云（女）　张骏祥　张景祜　张德成　陆　地
陈其通　陈鲤庭　纳·赛音朝克图　郑伯璋　郑君里　郑奕奏　金国富
周　扬　周惠侬（女）　祝志澄　柳　青　俞振飞　侯宝林　唐　弢
梁　斌　崔美善（女）　彭俐侬（女）　黄　虹（女）　蒋兆和
韩世昌　韩俊卿（女）　喻宜萱（女）　舒舍予　焦菊隐　熊佛西

中华人民共和国科学技术协会

方　强　王子纲　王成武　王仲富　王宪钊　邓叔群　乐天宇　刘纯倓
刘　杰　刘述文　刘恩兰（女）　庆承道　关绍宗　许宝騄　吕　东
朱树屏　朱惠方　孙保基　孙越崎　宋叔和　杜　巍　李四光　李连捷
杨　伟　吴世鹤　吴学蔺　何之泰　何长工　何作霖　张劲夫　张震球
陈芳允　陈家镛　陈　嵘　范长江　罗宗洛　周　立　施洪熙　赵庆杰
赵宗燠　胡师童　俞启葆　俞建章　涂　治　郭洪涛　郭慕孙　徐振骐
陶亨咸　陶述曾　陶鼎来　梁翕章　章名涛　谢家泽　谢家荣　黄育贤
程裕淇　赖际发　简根贤　裴　鉴　熊大仕

社会科学团体

冯　定　安绍芸　许立群　杨献珍　吴半农　张友渔　张仲实　张　颐
陈岱孙　范若愚　季羡林　周有光　孟用潜　容　庚　郭大力　夏石农
黄文弼　黄肇兴　韩寿萱　傅懋勣

教育界

王一知（女）　王　珽　王　越　王遵明　车向忱　冯乃超　叶雪安
乐森璕　江泽涵　刘子载　刘皑风　刘锡瑛　刘墉如　曲仲湘　朱光潜
辛树帜　李沛文　李春芬　李舜琴　李麟玉　杨秀峰　利翠英（女）
何炳麟　张子高　张秋华（女）　张　铨　陆　慈（女）　陈汉标
陈序经　郑晓沧　周明牂　姜立夫　赵君陶（女）　赵洪璋　胡庶华

俞调梅　贺绿汀　聂　真　夏承焘　桑热嘉措　　　章守玉　黄叔培

新闻出版界

王子野　王芸生　叶至善　孙文石　严独鹤　吴景崧　张明养　陈翰伯
徐迈进　曹谷冰　黄洛峰

医药卫生界

马文昭　王兆俊　尤家骏　兰锡纯　叶心清　叶橘泉　汤腾汉　朱章赓
吴朝仁　余　濆　何　穆　张孝骞　张　毅　陈中伟　陈桂云（女）
陈景云　郑守谦　林范洪（女）　林葆骆　易见龙　施今墨　胡正详
胡传揆　胡献尚　钟惠澜　侯宝璋　姚克方　贺　彪　郭子化
曹依秀（女）　崔义田　谢少文　黄天启　黄省三　傅连暲　蒲辅周
鲍鉴清　蔡　堡　戴正华　戴济民

对外和平友好团体

刀有良　卢绪章　刘泽荣　朱　良　汪道涵　李　昌　杨　朔　张化东
张稣村　郑森禹　罗贵波　罗静宜（女）　周文龙　周竹安
俞志英（女）　侯德榜　郭沫若　钱俊瑞　曹　瑛　楚图南　熊　复
黎照寰

社会救济福利团体

刘清扬（女）　邢赞亭　伍云甫　李　云（女）　李德全（女）
张淑义（女）　陈其瑗　陈维博　浦化人　黄　乃　熊瑾玎

少数民族

刀承宗　刀栋庭　才旦卓玛（女）　马五达　木沙也夫司的克　韦国清
甘春雷　包尔汉　江金·索朗杰布　吉雅泰　李呈祥　吴忠烈　吴鸿宾
张超伦　陆镇藩　阿木提　纳旺金巴　　拉敏·益喜楚臣　欧尔孝
罗大英　帕夏·依夏（女）周　霖　赵承金　胡玉堂　哈丰阿
哈米阿斯力汉　高耀星　班禅额尔德尼·确吉坚赞　桑颇·才旺仁增
崔　采　博彦满都　　黄松坚　黄穆如　傅正松　熊亮臣　潘一志
穆芝房

华 侨

王一知（女） 王汉杰 王纪元 王炎之 王雨亭 卢心远 许志猛
伍治之 苏振寿 李有箴 李 梅（女） 杨新容 张楚琨 林修德
赵 昱 郭福长 颜西岳

宗教界

巨 赞 皮漱石 刘良模 刘品一 达浦生 吴耀宗 张家树
阿旺嘉措 陈撄宁 松溜·阿戛牟尼 帕巴拉·格列朗杰
赵朴初 涂羽卿 阎迦勒 喜饶嘉错 戛拉僧丹比扎拉森

特别邀请人士

丁武选 丁秋生 于明涛 于洪深 于毅夫 万 昕 马文瑞 马连良
马明德 马佩勋 方与严 方少逸 方善境 方鼎英 王大甫 王文义
王凤振 王凤梧 王世英 王只谷 王达甫 王启贤 王克俊 王伯祥
王学明 王诗恒（女） 王 珊（女） 王致中 王宽诚 王家桢
王尊三 王 弼 王慰曾 王耀武 戈定远 牛佩琮 毛钟鸣 毛懋卿
仇 鳌 邓士章 邓汉祥 邓金鎏 邓 洁 邓 洪 邓哲熙 邝安堃
冯兰洲 冯 平 冯 达 甘思和 石志本 卢宗澄 申伯纯 叶胥朝
叶恭绰 叶培大 叶景莘 叶毓芬（女） 田 心 田厚义 田裕民
史 永 白纪年 白志文 白 薇（女） 司徒慧敏 江炳灵
汤传篪 安志藩 安若定 安春山 刘士豪 刘 飞 刘少白 刘先胜
刘向三 刘多荃 刘志汉 刘芦隐 刘君实 刘定安 刘雨岑 刘崑水
刘昌义 刘昌毅 刘绍庭 刘 型 刘显宜 刘逊夫 刘家琦（女）
刘道衡 刘敬宜 刘 斐 刘 楷 刘瑶章 刘嘉树 刘 赜 庄 田
关士聪 关学文 米暂沉 吕斯百 吕 澂 朱大纯 朱子帆 朱石麟
朱洁夫 朱涤新 朱 遂 朱鼎卿 乔明礼 伍培英 伍献文 华国英
孙兰峰 孙廷芳 孙仲逸 孙孚凌 孙揆一 孙瀛洲 沈从文 沈从龙
沈志远 沈体兰 沈肇年 沈德纯 宋云彬 宋 应 宋希濂 宋君复
宋劭文 宋维静（女） 宋裕和 辛葭舟 苏延宾 杜聿明 杜新波
李力仁 李子诵 李六如 李世杰 李乐平 李冲和 李伯球 李学海

李宝实　李果珍（女）　李　觉　李春田　李荫桢　李保森　李悦言
李　振　李根源　李雪三　李培基　李　隆　李嘉仲　李整武　李　耀
杨公庶　杨汉章　杨运珊　杨松青　杨尚儒　杨国夫　杨建新　杨济生
杨拯民　杨种兰　杨梅生　杨崇瑞（女）　杨耀德　束世澂　吴山民
吴文藻　吴世昌　吴仲华　吴仲超　吴诒湘　吴志超　吴诚忠　吴岱峰
吴家象　吴崇筠（女）　吴溉之　吴善多　吴敬业　吴景超　吴嘉民
余纪一　余　非　余洪远　邱先通　何如愚　何克希　何　贤　何思源
何维忠　何　辉　何　鲁　何德全　邹秉文　邹春座　邹钟林　张广才
张之江　张　弓　张天云　张　中　张仁初　张汉武　张世纲　张执一
张有谷　张有龄　张怀璞　张克明　张克侠　张作梅　张泊泉　张学铭
张宗燧　张　英　张述祖　张松龄　张承祜　张宪武　张荣臻　张振汉
张　瑞　张瑞麟　张慕尧　张曙时　陆殿栋　陈公培　陈半丁　陈正湘
陈丕扬　陈北辰　陈　达　陈先瑞　陈　华　陈克非　陈国栋　陈明仁
陈茹玉（女）　陈　铁　陈涵奎　陈寅恪　陈康白　陈铭德　陈舜礼
陈璧如（女）　邵子言　邵　均　邵循正　郑易里　郑洞国　郑辟疆
武惕予　范汉杰　范治农　范秉哲　范　琪（女）　茅以新　茅祖杓
林之翰　林文蓥　林平一　林达光　松　谋　罗仁全　罗　明　罗培元
罗隆基　罗绳武　罗湘涛　岳劼毅　周子祯　周玉成　周亚卫　周诚浒
周鸣鸂　周祥初　周骏鸣　周康民　周　鞠　周瘦鹃　周嘉彬　孟庆山
孟绍濂　洪　沛　施嘉干　项叔翔　赵君迈　赵品三　赵　深　赵　镕
胡春浦　胡弼亮　胡懋华（女）　茹欲立　柳士英　侯仁之　侯　政
饶辅民　费彝民　姚维钧（女）　贺东生　贺　诚　贺培真
浦熙修（女）　高卓雄　郭汝瑰　郭宗汾　郭宝钧　郭宝珊　郭和夫
郭增恺　唐生明　秦元珍（女）　秦德君（女）　袁世海　袁敦礼
晋　巩　聂洪钧　贾亦斌　顾启文　顾卓新　顾家杰　顾懋勋　晏福生
爱新觉罗·溥仪　钱希钧（女）　钱　钧　钱端升　倪志亮　倪征日奥
徐介藩　徐长勋　徐肇和　陶峙岳　陶晋初　凌其翰　梁从学　梁国兴
梁漱溟　章伯钧　康心之　康同璧（女）　阎宝航　阎揆要　肖丹峰

肖贤法　肖新槐　梅汝璈　曹承宗　曹冠英　曹菊如　曹焕文　龚苏民
盛彤笙　童炎生　童宪章　曾泽生　曾昭抡　曾碧漪（女）　谢　威
谢瑞阶　谢锡瑺　彭加伦　彭杰如　彭明治　彭镜秋（女）
蒋　全（女）　蒋丽金（女）　蒋　溶　黄子卿　黄异生　黄启汉
黄绍竑　黄觉庵　黄药眠　黄逖非　黄　翔　黄新彦　黄　雍　葛敬恩
董守义　董竹君（女）　董其武　董渭川　韩文信　韩　伟　韩铁声
惠世如　覃异之　喻楚杰　喻缦云　程　坦　程明升　焦实斋　傅其芳
傅柏翠　傅崇碧　傅道伸　鲁崇义　雷天觉　雷　平（女）　雷　震
裘法祖　蒙定军　蓝　乓　楼福卿　赖西夔　赖　毅　端木杰　廖安邦
廖运泽　廖沫沙　廖耀湘　谭少佳　谭希林　蔡佩莹（女）　熊十力
熊正必　熊秉坤　潘寿才　潘孝硕　潘伯鹰　潘　峰　薛立平　薛笃弼
冀春光　穆成宽　蹇先任（女）　戴文彬　魏自愚

中国人民政治协商会议
第五届全国委员会主席、副主席、
秘书长、常务委员名单

主　　席　邓小平

副 主 席　乌兰夫　韦国清　彭　冲　赵紫阳　郭沫若　宋任穷　沈雁冰
许德珩　欧阳钦　史　良（女）　朱蕴山　康克清（女）
季　方　王首道　杨静仁　张　冲　帕巴拉·格列朗杰
周建人　庄希泉　胡子昂　荣毅仁　童第周
（以下为第二次会议增选）
刘澜涛　陆定一　李维汉　胡愈之　王昆仑
班禅额尔德尼·确吉坚赞
（以下为第三次会议增选）
何长工　肖　克　程子华　杨秀峰　沙千里　包尔汉　周培源

钱昌照

（以下为第四次会议增选）

刘　斐　董其武

秘书长　齐燕铭（一九七九年七月第二次会议选举刘澜涛兼任）

常务委员　丁光训　刀栋庭　于树德　于毅夫　寸树声　万　毅　习仲勋
马青年　马寅初　王　中　王　甫　王子纲　王文鼎　王从吾
王芸生　王近山　王昆仑　王学文　王炳南　王雪莹（女）
王维纲　王逸伦　王新亭　木沙也夫　瓦扎木基
方仲如　尹林平　孔　原　孔从洲　孔祥祯　邓初民　甘春雷
甘祠森　古耕虞　龙　潜（出版局）卢　胜　申　健　叶圣陶
叶桔泉　叶道英　包尔汉　冯文彬　冯德培　巩天民　成仿吾
吕　东　朱理治　朱惠方　朱穆之　伍献文　任白戈　庄　田
刘　型　刘　晓　刘　斐　刘　鼎　刘少文　刘仲容　刘良模
刘国钧　刘顺元　刘景范　刘瑞龙　刘靖基　关瑞梧（女）
江一真　安士伟　许立群　孙　毅　孙兰峰　孙承佩　孙起孟
孙晓村　买合苏德·铁衣波夫　严信民　克力更　苏　静
苏子蘅　杜聿明　李　信　李　琦　李力殷　李文宜（女）
李世济（女）　李世璋　李步新　李初梨　李纯青　李卓然
李国伟　李金德　李宝光（女）　李淑英（女）　李维汉
李景林　杨士杰　杨石先　杨东生　杨东莼　杨奇清　杨国夫
杨拯民　杨秋玲（女）　肖　鹏　肖思明　吴　波　吴文俊
吴茂荪　吴岱峰　吴贻芳（女）　吴亮平　吴觉农　吴桓兴
吴雪之　吴鸿宾　何　贤　何长工　何以端　何基沣　谷志标
谷春帆　汪金祥　汪德昭　沙千里　宋希濂　张　苏　张　策
张子意　张邦英　张孝骞　张志让　张克侠　张连奎　张秀熟
张含英　张南生　张香山　张维桢　张超伦　张瑞华（女）
张稼夫　陆镇藩　陈正湘　陈此生　陈养山　陈维稷　陈锐霆
林一心　林修德　林海云　罗　琼（女）　金　城　周　扬

周士观　周纯全　郑洞国　郑敏之（女）　屈　武　项朝宗

赵朴初　赵宗燠　赵得贤　胡子婴（女）　胡克实　胡厥文

胡愈之　钟师统　钟期光　钟惠澜　侯祥麟　侯德封　侯镜如

俞大绂　闻家驷　姜椿芳　费孝通　费彝民　姚　喆　贺　诚

贺庆积　贺绿汀　班禅额尔德尼·确吉坚赞　袁克服　栗又文

贾亦斌　夏　衍　夏之栩（女）　顿星云　钱昌照　徐伯昕

徐彬如　徐楚波　高文华　郭洪涛　郭棣活　郭影秋　谈家桢

陶峙岳　黄　达　黄　昆　黄　岩　黄　维　黄　镇

黄甘英（女）　黄汲清　黄克诚　黄鼎臣　萨空了　曹广化

龚逢春　章　蕴（女）　阎揆要　梁华新　彭迪先　董其武

蒋　英　韩　光　韩东山　韩练成　喻　杰　程　坦　程思远

傅　鹰　童小鹏　童少生　曾传六　曾宪植（女）　曾涌泉

谢冰心（女）　楚图南　赖　毅　赖际发　雷洁琼（女）

鲍先志　嘉木样·洛桑久美·图丹却吉尼玛　蔡　啸　谭冠三

熊　复　熊天荆（女）　熊向晖　潘　菽　潘震亚

蹇先任（女）　酆云鹤（女）

（以下为第二次会议增选）

马辉之　王　匡　王再天　王孝慈　王克俊　牛佩琮　文正一

平杰三　帅孟奇（女）　申伯纯　戎子和　刘亚雄（女）

刘宁一　刘澜涛　阳翰笙　李　立　李运昌　李铁铮　李楚离

杨尚昆　杨献珍　何柱国　张友渔　张执一　张磐石　陆定一

易礼容　郑绍文　赵君迈　赵毅敏　胡启立　贺敏学　聂　真

徐迈进　徐逸樵　徐斌洲　韩　英　舒　同　缪云台　薛子正

（以下为第三次会议增选）

王　力　扎喜旺徐　尧西·贡保才旦　任质斌

刘　英（女）　孙作宾　孙越崎　李伯钊（女）　肖　三

沈其震　周谷城　赵伯平　胡嘉宾　柯　麟　钱伟长　钱俊瑞

钱端升　崔科·顿珠次仁　章夷白　梁漱溟　韩幽桐（女）

覃异之　黎　玉　霍英东

（以下为第四次会议增选）

叶笃义　冯　定　刘孟纯　李　觉　杨放之　杨植霖　吴羹梅
宋劭文　张达志　张如屏　张家树　张敬礼　荣高棠　赵子立
胡　风　凌其翰　黄正清　喻　屏　焦实斋

（以下为第五次会议增选）

马璧　范寿康

中国人民政治协商会议
第五届全国委员会委员名单

中国共产党

马文瑞　王　揖　王从吾　王学文　王宗槐　王首道　王涛江　王维纲
王　甫　韦国清　乌兰夫　孔　原　孔祥祯　邓小平　申　健　冯文彬
朱穆之　刘　型　刘　晓　刘西元　齐燕铭　苏　静　李　信　李力殷
李步新　李初梨　李卓然　李树槐　李维汉　杨奇清　杨国夫　杨静仁
肖　光　肖思明　吴学谦　何长工　汪金祥　宋任穷　张　冲　张　苏
张上明　张子意　张邦英　张连奎　张南生　张瑞华（女）　张稼夫
陈庆先　陈野苹　林海云　欧阳钦　赵紫阳　贺　诚　贾步彬
夏之栩（女）　高文华　郭沫若　郭洪涛　郭影秋　黄欧东　曹广化
康克清（女）　章　蕴（女）　阎揆要　喻　杰　彭　冲　彭友今
韩　光　童小鹏　曾传六　曾宪植（女）　赖际发　廖井丹　谭冠三
熊　复　熊向晖

中国国民党革命委员会

王　枫（女）　王昆仑　王肇治　方少逸　甘祠森　龙泽汇　卢忠良
冯宏谦　吕集义　朱蕴山　刘　斐　刘风竹　刘仲容　刘多荃　刘孟纯
许宝骙　许闻天　孙恩元　孙越崎　孙蔚如　苏从周　李世璋　李平衡
李俊龙　杨自秀　吴茂荪　何志斌　张　轸　张锡田　陈　铁　陈此生

陈建晨（女） 邵恒秋 罗西欧（女） 郑洞国 屈　武 侯镜如
聂　轰 贾亦斌 钱昌照 徐以枋 陶述曾 黄一欧 黄逖非
傅学文（女） 傅柏翠 焦实斋 鲁崇义 雷启霖 廖运泽

中国民主同盟

寸树声 马大猷 王　健 戈福鼎 邓初民 叶培大 田一平
史　良（女） 包望敏 冯素陶 刘开渠 刘思慕 江泽涵 寿进文
杜任之 李文宜（女） 李平一 李瘦枝 吴廷璆 吴克清 余冠英
谷霁光 张乔啬 张毕来 陈中凡 林仲易 林亨元 罗涵先 金岳霖
周新民 胡　毅 胡愈之 闻家驷 费孝通 贺　麟 顾敬心 钱伟长
高　天 高　真（女） 唐　哲 唐弘仁 谈家桢 黄执中 黄药眠
萨空了 商承祚 彭迪先 谢高峰 楚图南 蔡　堡

中国民主建国会

刁沼芬 万国权 马公瑾 王　涛 王艮仲 毛铁桥 古耕虞 朱德禽
刘公诚 刘崑水 刘靖基 汤绍远 孙友樵 孙起孟 孙晓村 孙耀华
李文杰 李贻赞 杨扶青 吴大琨 吴觉农 吴羹梅 沈日新
沈方成（女） 沈翰卿 张蔚岑 陈广生 陈子彬 陈铭珊 陈维稷
陈邃衡 金学成 周士观 胡厥文 钟复光（女） 侯启兴 莫艺昌
倪家玺 郭祊疆 郭棣活 资耀华 黄凉尘 章元善 董仁明 程秉文
傅道伸 童少生 虞效忠 谭志清 酆云鹤（女）

无党派爱国人士

于树德 马寅初 王　力 王芸生 叶道英 冯德培 朱洁夫 刘定安
吴世昌 张方佐 张志让 张秀熟 张含英 郑易里 赵宗燠 侯仁之
俞大绂 钱人元 翁独健 唐　钺 黄鸣龙 崔竹萱 傅　鹰 曾世英
潘震亚

中国民主促进会

牛平甫 方　明 叶圣陶 史念海 李霁野 杨石先 杨东莼
吴贻芳（女） 张纪元 张明养 张景宁 陈礼节 陈鸿楷 周建人
周煦良 胡颜立 柯　灵 袁鹤皋 顾均正 徐伯昕 徐楚波 葛志成

谢冰心（女）　雷洁琼（女）　霍懋征（女）

中国农工民主党

丁贡南　王一帆　王深林　方荣欣　卢浩然　叶桔泉　刘星垣　孙仲逸
严信民　李伯球　李振麟　李健生（女）　杨逸棠　何世琨
张　峨（女）　季　方　孟目的　胡一禾　段佑云　徐彬如
郭秀仪（女）　黄寿人　董爽秋　蔡陛霞（女）　潘澄濂

中国致公党

刘成鹏　刘锦汉　许志猛　李星川　何上举　柯朝阳　黄鼎臣　廖周行

九三学社

方　亮　曲仲湘　伍献文　许继曾　许德珩　孙承佩　严开元　李　毅
吴廷椿　余　溯　陈　立　陈鹤琴　茅以升　金克木　周培源　郑衍芬
袁翰青　黄子卿　黄汲清　裴文中　游国恩　黎锦熙　潘　菽　薛　愚
薛公绰

台　盟

田富达　苏子蘅　李乔松　李纯青　吴克泰　张克辉　陈　文　陈文彬
林盛中　徐萌山　曾子平　蔡　啸

中国共产主义青年团

乌云其其格（女）　刘文致　刘玉娥（女）　刘安元　关志豪
李海峰（女）　张文澥（女）　张莲花（女）　陈白皋　耿世忠
贾存锁（女）　徐建春（女）

中华全国总工会

马六孩　王国骥　王建明　乌　恩　卢　达　卢长有　冯诗云　吕焕亭
刘永生（女）　孙云龙　孙建中　孙维忠　李　仙　李　敏（女）
李凤恩　李文英（女）　李绍奎　李淑英（女）　连卫东　吴旭芝
沙比尔·马木提　宋　川　宋　财　张　起　张　祺　张百发
张金保（女）　张维桢　陈　宇　陈国珍　陈富文　杭宝华　罗尔日
金直夫　单　书　侯德武　姚经才　袁佑生　倪海宝（女）　徐　光
徐兆麟　徐畹珍（女）　郭孟和　郭树德　曹宪波　康永和　梁　广

缪龙江　薛国邦

农　民

王玉坤　王继明　方和明　龙冬花（女）　则　吉　旭仁其其格（女）
李页俚（女）　肖　鹏　吴永富　吴春安　何光星　张修竹
张秋香（女）　张维城　陈批鲁　陈玩为　金时龙　赵毛妹（女）
郝中士　哈吾力·托哈　董　钢

中华人民共和国全国妇女联合会

于滋潭（女）　王雪莹（女）　王淑贞（女）　乌　兰（女）
尹　羲（女）　田秀涓（女）　亚　校（女）　朱旦华（女）
刘　澈（女）　刘碧清（女）　关瑞梧（女）　许楠英（女）
孙洪敏（女）　李宝光（女）　杨秋玲（女）　吴　绮（女）
吴全衡（女）　何泽慧（女）　何理良（女）　邹仪新（女）
沈粹缜（女）　宋立英（女）　张大荣（女）　陆　秀（女）
邵清华（女）　卓碧玉（女）　罗　琼（女）　赵　烽（女）
草　明（女）　姚淑平（女）　秦　怡（女）　高　璐（女）
陶淑范（女）　黄甘英（女）　曹冠群（女）　崔美善（女）
章旭昭（女）　韩幽桐（女）　谭璟宪（女）　潘复兰（女）
薛桂芳（女）　蹇先佛（女）

中华全国青年联合会

马　季　朱锦多　孙家昶　李淑兰（女）　吴英辅　段元星　贾学谦
殷明连　康北笙（女）

中华全国工商业联合会

丁　忱　丁言章　马万祺　王达夫　王昭明　王修桐　卢燕南　冯和法
巩天民　刘永业　刘国钧　刘荷甫　汤元炳　孙师白　孙廷芳　孙孚凌
李永锡　李宗坊　李国伟　杨子霖　杨玉文　杨受百　杨俊生
杨鉴清（女）　肖同智　吴志超　吴炳昌　吴雪之　邹子龄　沙千里
张敬礼　阿不都热衣木阿吉　陈祖沛　罗叔章（女）　周志俊
周宝芬　经叔平　荣仁本　荣毅仁　胡子昂　胡子婴（女）

秦元珍（女）　高卓雄　高葆庆　郭守昌　唐君远　曹冠英　梁尚立
傅文祺（女）　廖霭庭

文学艺术界

于　蓝（女）　卫仲乐　马彦祥　王　昆（女）　王个簃
王玉磬（女）　王国栋　王朝闻　王碧云（女）　古　元　石　羽
白　杨（女）　华君武　江定仙　阮章竞　严良堃　李　季
李　波（女）　李世济（女）　李焕之　杨荫浏　吴　雪
余红仙（女）　沈　浮　沈雁冰　宋吟可　张君秋　张瑞芳（女）
阿玛次仁　陈玛玲（女）　陈伯华（女）　林散之　林默涵
帕夏·依夏（女）　周小燕（女）　周立波　周惠侬（女）
周巍峙　郑伯璋　郑奕奏　郎毓秀（女）　赵　青（女）　赵得贤
胡　可　柳　青　俞振飞　姚雪垠　贺绿汀　骆玉笙（女）　袁世海
莫德格玛（女）　钱　江　徐肖冰　黄　镇　崔　嵬　梁　斌　梁黄胄
彭俐侬（女）　韩起祥　喻宜萱（女）　雷圭元　筱文艳（女）
筱俊亭（女）　戴爱莲（女）　魏传统

科学技术界

马闻天　王子纲　王仲富　王运丰　王金堂　王宪钊　王辅成　王遐龄
计　策　卢庆骏　叶叔华（女）　吕　东　朱弘复　朱惠方　刘大铮
刘东生　刘恩兰（女）　刘曾达　祁思禹　汤定元　汤佩松　许中明
孙友余　孙德和　阳含熙　吴友三　吴文俊　吴世鹤　吴征铠　邹元爔
邹承鲁　汪京涛　汪寅人　汪德昭　沈华生　沈祖显　张大煜　陈　信
陈永龄　陈创声　陈泽深　陈家镛　陈鸿佑　武　衡　范重模　林秉南
罗沛霖　罗宗洛　周立三　周光宇（女）　周延瑾　周家炽　羌逢成
胡克实　侯祥麟　侯德封　俞建章　洪朝生　费启能　顾青虹　顾知微
钱临照　钱保功　钱家治　徐邦裕　徐来自　徐振骐　翁文波　高登榜
郭慕荪　陶亨咸　陶其孅（女）　陶诗言　陶鼎来　黄　昆　黄远强
黄翠芬（女）　彭定楚　彭桓武　程茂兰　程裕淇　傅承义　童第周
曾　勉　谢光道　谢家泽　简根贤　蔡邦华　蔡金涛　裴丽生

社会科学界

尹　达　冯　定　成仿吾　刘仰峤　刘季平　许立群　严中平　吴　江
吴亮平　谷　苞　张仲实　陈岱孙　范若愚　罗尔纲　季羡林　周　扬
周有光　徐中舒　唐　兰　容　庚　黄钰生　黄肇兴　龚育之　傅懋勣
薛暮桥

教育界

大洛桑朗杰　　马杏垣　王竹溪　王治梁　王菊生　王福重（女）
王遵明　邓韵秋（女）　卢鹤绂　申泮文　田叔民　乐森玙　师树简
朱正元　朱光潜　朱物华　朱彦丞　任继周　刘　颖　关　布　汤松年
阮雪榆　孙泽瀛　李　琦　李沛文　李春芬　肖涤非　吴景祥　吴富恒
利翠英（女）　邹钟琳　汪师贞（女）　张　弓　张伯声
陆　慈（女）　陈淑华（女）　林碧英（女）　周志宏　郑晓沧
赵访熊　胡秋金　段秀兰（女）　段洛夫　俞调梅　洪　晶（女）
徐　中　徐光宪　徐绍伯　高兆兰（女）　唐仲璋　陶慰荪（女）
戚作钧　董纯才　蒋　英　韩惠卿（女）　傅桐生　曾石虞　谢立惠
赖祖涵　綦秀蕙（女）　蔡秉久　戴安邦　戴伯韬

体育界

马青山　王文教　王永芳　王金玉　曲绵域　年维泗　刘长春　牟作云
李春祥　杨瑞雪（女）　何伟钦　张汇兰（女）　郑凤荣（女）
郑敏之（女）　钟师统　徐　镳　徐英超　黄　中　黄　烈　黄　健
黄强辉　梁焯辉　董守义　蔡焕宗　蔡演雄

新闻出版界

王　益　叶至善　孙文石　严文井　苏　星　杜越凯　余焕春　张香山
陈翰伯　邵　宇　费彝民　耿绍光　傅彬然　谢文清

医药卫生界

万　昕　王文鼎　王兆俊　王秉正（女）　白希清　邝安堃　兰锡纯
朱洪荫　朱既明　朱德鑫　刘仲明　刘赤选　刘家琦（女）　江一真
李树元　李聪甫　杨甲三　吴阶平　吴桓兴　何　穆　沈其震　宋汝良

张　毅　张孝骞　张惠兰（女）　陈　华　陈国熙　陈桂云（女）
陈景云　林范洪（女）　郁知非　尚天裕　赵士杰　胡传揆　胡献尚
柯　麟　钟惠澜　徐荫祥　徐彪南　郭士魁　黄　量（女）　黄天启
黄家驷　曾宪九　谢少文　谢毓晋　鲍鉴清　臧人和　颜守民　戴济民

对外友好团体

王炳南　王耀庭　卢绪章　司徒慧敏　朱　良　孙平化　李寿葆
杨公素　杨伯箴　吴半农　汪名震　张化东　张铁生　陈忠经　陈翰笙
林　林　郑森禹　柴泽民　钱端升　徐绳周　凌其翰　郭达凯　黄国光
曹言行　康岱沙（女）　焦若愚　曾涌泉　蔡无忌

社会救济福利团体

邓六金（女）　朱仲丽（女）　朱章赓　朱端绥（女）
李伯悌（女）　李景膺　张淑义（女）　陈维博　顾锦心（女）
黄　乃　熊天荆（女）

少数民族

刀栋庭　马乐庭　马青年　马明基　马腾霭　王再天　王妳东（女）
韦章平　木沙也夫　瓦扎木基　丹　彤　孔志清　甘春雷
包童孔　司马义·牙生诺夫　朴钟希　色音巴雅尔
买合苏德·铁衣波夫　买买提明·艾力　克力更　李羲一　杨东生
吴执中　吴鸿宾　邱新野　张超伦　陆镇藩　阿侯鲁木子
阿勒腾沧　则克力·艾里帕塔也夫　陈斯德　邵良础　欧尔孝
旺庆苏荣　罗文才　金三寿　朋斯克　项朝宗　哈生别克
衎景泰　赵乐群　赵承金　赵赛嘎　秦振武　根　登　席元寿　涂景福
朗顿·贡嘎旺秋　黄正清　梁华新　葛德洪　傅景贤　富振声　雷应清
熊亮臣　德格·格桑旺堆

归国华侨

王纪元　王炎之　卢心远　司徒赞　庄希泉　苏　惠（女）
李　梅（女）　杨汤城　杨新容　连　贯　吴益修　邱　及　邱成章
陈金水　林一心　林修德　钟庆发　徐四民　黄世明　彭光涵　颜西岳

宗教界

丁光训　玉赛音阿吉　正　果　皮漱石　刘良模　刘品一　安士伟

张家树　罗冠宗　帕巴拉·格列朗杰　赵朴初

宫明·姜巴曲日木　桑顶·多吉帕姆（女）　唯　觉　阎迦勒

嘉木样·洛桑久美·图丹却吉尼玛

特别邀请人士

丁乃光　丁良祥　丁武选　丁建基　丁维克　刁光覃　于光元

于若木（女）　于是之　于锡涌　于毅夫　土登丹达　万　毅

万尚荫　习仲勋　马　骥　马长贵　马文良　马寿桃　马卓洲　马建猷

马树良　马彦良　马海德　马湘平　马镇西　马德钟　王　中　王　序

王　良　王　录　王　植　王　嶽　王　斌　王　衡　王　曙

王一知（女）　王人美（女）　王人甫　王之相　王子宜　王天眷

王文义　王凤振　王凤梧　王玉川　王正绪　王世杰　王只谷　王达甫

王光文　王光华　王兆相　王众音　王壮飞　王守武　王寿昌　王志杰

王克俊　王伯华　王近山　王绍南　王直哲　王国钧　王明贵　王金璋

王念基　王泮清　王定国（女）　王定南　王诗恒（女）　王荣瑸

王昭铨　王贵德　王思华　王思和　王振铎　王振祥　王致中　王效明

王家桢　王家善　王继伦　王猛照　王捷臣　王紫峰　王辉球　王智涛

王集成　王逸伦　王槐三　王照华　王锦堂　王新亭　王鹤亭　王德茂

王耀伦　韦永义　云广英　扎西泽仁　扎喜旺徐　支少炎

毛　诚（女）　毛　星　毛齐华　毛钟鸣　凤冠绥　方　俊　方之中

方文均　方仲如　方国安　方晓天（女）　方善境　尹林平　尹明亮

尹诗炎　孔从洲　巴文峻　邓　飞　邓少东　邓以纯　邓汉祥　邓克明

邓哲熙　邓裕志（女）　甘思和　甘澄泽　古远兴　左　齐　左立梁

左克明　左景鉴　石　础（女）　石联星（女）　布林贝赫

龙　许　龙　跃　龙　潜　龙　潜　龙在云　龙振彪　卢　胜　卢　鋈

卢焕章　卢浚泉　申伯纯　叶　明　叶君健　叶浅予　叶胥朝　叶楚屏

叶德灿　叶籁士　田　心　田　坪　田一明　田文宽　田厚义　田振宗

史钟奇　生钦·洛桑坚赞　白　茜（女）　白　薇（女）　白纪年
白志文　白淑湘（女）　乐以成（女）　包尔汉　包淑和（女）
邝任农　冯　寅　冯乃超　冯广仁　冯丕成　冯永福　冯勤为　兰　侨
兰　瑚　兰明生　司徒愈旺　尼科来·瓦西里维奇·孜缅科
戎子和　过宁扶（女）　过家芳　成　荫　成少甫　成慎与　毕德显
吕　澂　朱　临　朱　琏（女）　朱　梅　朱　康　朱大纯　朱绍田
朱逢博（女）　朱语今　朱祖祥　朱效成　朱涤新　朱理治　朱新予
朱鼎卿　乔关根　任　昌　任　谦　任白戈　任景龙　华国英　庄　田
庄孝僡　庄逢甘　刘　飞　刘　英（女）　刘　放　刘　奎　刘　楷
刘　福　刘　鼎　刘子晨　刘元瑄　刘少文　刘生标　刘立青　刘永源
刘亚球　刘亚雄（女）　刘西林　刘向三　刘向东　刘导生　刘希程
刘披云　刘英源　刘转连　刘昌义　刘昌毅　刘金轩　刘宜伦　刘承先
刘顺元　刘峻峰　刘海滨　刘家谷　刘鸿文　刘景范　刘瑞龙　刘瑶章
刘燕平（女）　刘德海　刘麟书（女）　关士聪　关学文　米暂沉
江　明　江仲华（女）　江厚棩　江鸿海　江福利　汤传篪　汤祖坛
汤腾汉　安　明　安朝俊　祁　峰　许西连　许政润　许革夫　许殿乙
孙　毅　孙以瑾（女）　孙本旺　孙仪之　孙乐宜　孙兰峰　孙伽俐
孙怀义　孙冶方　孙信孚　孙继先　孙鸿泉　孙殿卿　孙增荣　买树桐
严孔昌　严庆澍　严铁生　严梅和（女）　苏元复　杜文达　杜世兴
杜聿明　杜孟庸（女）　杜燕孙　李　华　李　苏　李　佐　李　林
李　林（女）　李　奇（女）　李　定　李　勃　李　觉　李　觉
李　毅　李　耀　李一非　李力群（女）　李子诵　李天焕　李中一
李文龙　李文清　李为坤　李双喜　李正武　李世安　李世杰　李可染
李仙洲　李兰生　李仿尧　李兆炳　李曙森　李赤然　李克如　李克佐
李来荣　李作基　李果珍（女）　李国章　李明灏　李鸣盛　李和曾
李侠文　李金德　李炎唐　李学先　李宝实　李春华（女）　李树藻
李奎顺　李保森　李济寰　李载桑（女）　李振西　李铁铮　李家文
李萍倩　李梦龄　李雪三　李颉伯　李斯炽　李景林　李逸民　李登嵩

杨　卓　杨士杰　杨子华　杨子蔚　杨开智　杨中行　杨公庶　杨允植
杨汉章　杨兴业　杨村彬　杨作材　杨希顺　杨怀珠　杨述祖　杨尚高
杨尚儒　杨和亭　杨学志　杨拯民　杨显东　杨洪祖　杨铁云　杨海波
杨崇瑞（女）　杨嘉瑞　杨耀德　肖　飞　肖　民　肖　森　肖元礼
肖文玖　肖应棠　肖贤法　肖春先　肖焕辉　肖新春　肖新槐　吴　波
吴　诚　吴　洁　吴　钰　吴　彪　吴大观　吴子杰　吴习智　吴文藻
吴本忠　吴生林　吴乐懿（女）　吴先恩　吴仲超　吴仲禧　吴志渊
吴克騆　吴纯素　吴若岩　吴林焕　吴岱峰　吴泽炎　吴学蔺　吴柳凡
吴砚农　吴钟岭　吴香山　吴耕民　吴素萱（女）　吴朔平　吴家象
吴敬业　吴景荣　吴瑞萍　吴福桢　吴嘉民　吴磊伯　吴德简　旷泉吉
邱会魁　何　贤　何　惧　何　辉　何云峰　何以端　何本文　何克希
何连芝（女）　何荫椿　何思源　何基沣　何维忠　何善远　何德全
佘积德　余　本　余　非　余成斌　余光文　余纪一　余洪远　谷广善
谷志标　谷春帆　谷超豪　邹毕兆　邹秉文　邹建金　邹春座
邹德华（女）　闵　豫　闵学胜　闵惠芬（女）　汪乃贵　汪受衷
汪荣华（女）　汪洪清　汪庭需　沙　汀　沙钟瑞　沈　元　沈　隽
沈从文　沈从龙　沈正功　沈性元（女）　宋　汀（女）　宋云彬
宋玉琳　宋伟斌　宋任远　宋希濂　宋叔和　宋维静（女）　罕富有
张　中　张　仁　张　宁　张　琬（女）　张　策　张　瑞　张　藩
张子锷　张天云　张云龙　张少铭　张文佑　张文海　张世良　张世纲
张乐平　张汉丞　张汉武　张西洛　张有谷　张光中　张光斗
张自清（女）　张闯初　张孝敬　张克明　张克侠　张连华　张作梅
张伯权　张松龄　张松鹤　张国成　张季高　张泊泉　张学铭　张贻祥
张复生（女）　张修已　张彦明　张恺帆　张洁梅（女）
张桂珠（女）　张致一　张涤生　张越霞（女）　张厥标
张普云（女）　张瑞麟　张锡钧　张碧华（女）　张震东　陆元九
陆春龄　陆景云　阿衣木尼莎·尼牙孜（女）　陈　兰（女）
陈　亨　陈　林　陈　珩　陈　基　陈　湖　陈　嘉　陈　慧（女）

陈士衡　陈云涛　陈中民　陈凤皋　陈正湘　陈丕扬　陈外欧　陈汀声
陈齐瑄　陈运鹏　陈坤惕（女）　陈其通　陈茂力　陈秉忱　陈志平
陈茹玉（女）　陈思述　陈信忠　陈养山　陈美藻　陈海涵　陈能宽
陈挽澜　陈铭德　陈涵奎　陈琮英（女）　陈博君　陈锐霆　陈舜礼
陈路得（女）　陈新民　陈耀材　纳星斋　武惕予　拉希达（女）
拉敏·索朗伦珠　范　琪（女）范秉哲　茅以新　茅祖构　林　一（女）
林　伟　林　青　林　崧　林　暾　林月琴（女）　林同骥　林克明
林定勖　林海清　林接标　林雪梅（女）　林葆骆　林辉山　欧阳平
欧阳家祥　尚子锦　尚德俊　果基尼迫　易礼容　易宗朴
罗　明　罗大冈　罗元发　罗成德　罗孟文　罗炳钦　罗越嘉（女）
罗舜初　罗新书　罗髫渔　岳希新　岳劼毅　岳炳忠　舍　英　金　山
金　城　金世柏　金效先　周　桓　周　彬　周　彪　周　辉　周可涌
周东屏（女）　周业成　周而复　周汝昌　周伯龄　周怀实　周纯全
周明牂　周咏曾　周季梅（女）　周泽昭　周诚浒　周贯五　周星夫
周钢鸣　周恒寿　周爱民　周晦若　周康民　周慧芬（女）　周毅胜
周懿娴（女）　郑　寿　郑　林　郑　重　郑万钧　郑丹甫　郑孝燮
郑荣祥　郑晶华　郑曾同　单士元　郎钟骕　房建平　孟　谦　孟宪芎
孟鞠如　项志选　项克方　赵　丹　赵　深　赵　熔　赵一萍　赵子立
赵守攻　赵安博　赵志刚　赵连振　赵宏本　赵君迈　赵君陶（女）
赵国威　赵秉谦　赵恒杰　赵振中　赵家璞　赵维纲　赵敬璞　赵善欢
赵鹏飞　荀昌五　胡大荣　胡开明　胡仲紫　胡华居　胡旭庚　胡忠麒
胡备文　胡祥璧　胡培华　胡道济　胡弼亮　查国桢　柏　青（女）
柳志青　钟　枫　钟文法　钟维旺　钟期光　禹占林　侯　政　侯宝政
侯维煜　侯博渊　俞平伯　俞宝传　俞惟乐（女）　饶子健　饶正锡
饶钦止　饶辅民　施正信　施复言　施履吉　姜俊平　姜椿芳　洪宝顺
祝希娟（女）　胥治中　姚　喆　姚剑英（女）　姚雪软（女）
贺　健　贺东生　贺光华　贺庆积　贺俊侦　贺培真　骆　时　秦东滨
秦德君（女）　班禅额尔德尼·确吉坚赞　袁　文　袁　光　袁　改

袁　瑢（女）　袁克服　袁留忠　都本洁　耿兆麟　聂　真　莫馨一
栗又文　贾桂林（女）　夏　衍　夏行时　夏尚志　夏培肃（女）
顾又芬（女）　顾小痴　顾伯华　顾家杰　顿星云　晏福生　钱　江
钱　钧　钱伯煊　钱希均　钱鸿业　钱祖恩　钱福星　倪松茂　倪征𣋉
徐士高　徐广泽　徐长勋　徐仁祥　徐介藩　徐平羽　徐芝纶　徐传俭
徐鸿济　徐深吉　徐博文　徐煜坚　徐肇和　徐鲤庭　殷宏章　殷国洪
高　戈　高小霞（女）　高长久　高扬文　高振西　高维荣　高镜莹
郭廷藩　郭汝瑰　郭明秋（女）　郭翼青（女）　唐　燿　唐子安
唐子奇　唐振绪　唐棣华（女）　益西赤烈　资华筠（女）
陶　钝　陶峙岳　桑　弧　黄　达　黄　杰（女）　黄　岩　黄　萍
黄　维　黄　敞　黄　翔　黄　霖　黄克虎　黄克诚　黄连秋　黄佐临
黄宏伸　黄启汉　黄启章　黄叔培　黄贻钧　黄洛峰　黄祖芬　黄振勋
黄振棠　黄海明（女）　黄铭新　黄晚霞（女）　黄新远　黄新彦
梅　益　梅祖懿（女）　梅盛伟　梅藉芳　曹存昌　曹承宗　曹惠文
曹靖华　曹新孙　曹德连　龚苏民　龚逢春　盛彤笙　盛国荣　常黎夫
崔其盛　章　岩（女）　章宗义　章荣烈　梁　耀　梁一鸣　梁漱溟
梁毅文（女）　屠开元　隋铭珊　博俊德（女）　彭　青（女）
彭　林　彭　儒（女）　彭开熙　彭克明　彭伯周　彭杰如　彭嘉庆
彭镜秋（女）　葛和林　葛敬恩　董竹君（女）　董其武　董建华
董维域　蒋　全（女）　蒋丽金（女）　蒋德麒　韩　伟　韩云岑
韩东山　韩咏华（女）　韩练成　韩铁声　棍钦扎布　惠世如
惠庆祺　覃异之　覃修典　景云瑞　喻楚杰　喻缦云　程　坦　程　浩
程　容　程一鸣　程启光　程学敏　程思远　程瑞琮　程慕灏　傅士英
傅家选　傅家麟　童炎生　童祥苓　尊杰·索朗坚村　曾天节　曾在因
曾兆阁　曾旭清　曾守中　曾克林　曾昌明　曾昭科　曾恕怀　曾雍雅
曾碧漪（女）　游好扬　谢云晖　谢邦选　谢胜坤　强致和　疏松桂
靳子云　楼福卿　裘维蕃　赖　毅　雷　平（女）　雷　震　雷起云
雷惠质（女）　詹化雨　鲍先志　慕纯农　蔡长风　蔡希陶　蔡良承

臧克家　裴志耕　管　桦　廖似光（女）　廖容标　廖梦醒（女）
漆远渥　谭开云　谭汤池　谭振雄　谭家述　熊大仕　熊全沫（女）
熊尚元　熊季光　樊哲祥　黎　亮　黎化南　黎雄才　颜德明　潘　峰
潘孝硕　潘振华　潘振武　潘朔端　潘静安　潘璟琍（女）
额尔很巴图　薛　明（女）　薛子正　薛少卿　薛廷耀　薛剑华
冀春光　穆瑞五　戴文彬　戴润生　魏　曦　魏士珍　魏天禄　魏今非
魏兆融　魏建章　魏荣爵　蹇先任（女）

*　*　*

一九七九年增补委员名单：

陆定一　刘澜涛　平杰三　张执一　帅孟奇（女）　李楚离　马辉之
郑绍文　杨献珍　赵毅敏　张磐石　李运昌　阳翰笙　张友渔　徐迈进
牛佩琮　李　立　杨尚昆　王孝慈　贺敏学　文正一　舒　同　章夷白
左　叶　刘尊棋　郑伯克　王光美（女）　丁　玲（女）　李一夫
于占彪　马　载　马佩勋　宋　黎　杜瑞兰（女）　蒙定军　李慕愚
吴英恺　唐方雷　张水华　赵　沨　艾　青　江　丰　史　永　黄玠然
于　刚　张承宗　陈乃昌　叶宝珊　梁翕章　童宪章　卢宗澄　蒋兆和
庆承道　张楚琨　黄育贤　唐生明　桑热嘉措　章名涛　李连捷
吴汉家　李嘉仲　王　越　安春山　博彦满都　周　颖（女）
胡一声　金宝善　邓昊明　程星龄　何柱国　邓季惺（女）　徐诵明
叶笃义　王光英　程绍迥　武和轩　钟兆琳　徐采栋　罗章龙　俞恩瀛
刘亚哲　张　权（女）　刘海粟　廖运周　郑效洵　严镜清　邝　明
沈　扶　莫　雄　陈瑞铭　许乃波　郑正仁　杨高坚　赵复三　徐斌洲
王　匡　金少英　贾　琏（女）　贺子珍（女）　千家驹　于开泉
徐逸樵　倪海曙　张申府　郭秀珍（女）　汤蒂因（女）
李月华（女）　韩　英　胡启立　缪云台　刘宁一

一九八〇年增补委员名单：

于秀民　马次青　马松亭　王永濬　巨　赞　卢竞如（女）　帅　荣
叶　培　叶青山　司徒辉　尧西·贡保才旦　朱　敏　朱仲止（女）

任质斌　刘　鹏　刘文学　刘宗宽　江泽民　汤德全　孙作宾
苏务滋（女）　李　毅　李志方　李伯钊（女）　李迎希
李沐英（女）　李苦禅　李振邦　李温平　肖　三　肖　克　肖　乾
吴克坚　吴秀峰　吴祖光　冷寅东　张天翼　张崇文　张素我（女）
陈　纮　陈明绍　陈复礼　拉鲁·才旺多吉　林宗彩　罗承勋　罗明燏
周同宇　宗怀德　赵伯平　胡嘉宾　钟月林（女）　侯德原
涂俊明（女）　聂绀弩　夏　梦（女）　钱俊瑞　高鹏先　郭翘然
陶大镛　黄苗子　黄现璠　黄忠诚　崔义田　崔科·顿珠次仁
梁蔼然　嵇　直　程子华　谢雪萍（女）　雷天觉　褚应璜　嘉　雅
蔡斯烈　廖沫沙　赛甫拉也夫　黎　玉　黎遇航　潘国定　霍英东
戴松恩　杨秀峰　杨一波　钱锺书　胡松华　苏延宾　姚　峻
马力可（女）　徐崇林　陈文瑛（女）　黄环英（女）　陈其挥
苏　新　尤祥斋（女）　康巴尔汗（女）　李　新　刘　琦
郭维彬（女）　周谷城

一九八一年增补委员名单：

马　璧　王汝琪（女）　王兴纲　王际强　王森然　邓葆光　朱家璧
伍辉文　任应秋　关梦觉　贡唐仓·丹贝旺旭　杜建时　巫宝三
李春昱　杨　明　杨向奎　杨放之　杨植霖　肖作霖　吴　西　吴　京
吴志翔　吴建安　吴晓邦　邱庆铭　启　功　汪绍训　汪季琦　沈　醉
宋劭文　张　英　张平凯　张达志　张如屏　张志公　张蓉芳（女）
张沈川　陆　诒　陆　璀（女）　陈　过　陈　康　陈一百　范予遂
林田烈　周文龙　周同善　荣高棠　胡　风　胡絜青（女）
恰巴·格桑旺堆　钟　伟　热旦加措　耿幼麟　顾执中　徐国懋
徐铸成　黄独峰　笪移今　梁容若　董寿平　董寅初　喻　屏
程　元　程世抚　舒　群　曾　美　赖大超　赖祖烈　谭惕吾（女）
贾桂藩

一九八二年增补委员名单：

范寿康　黄植诚

中国人民政治协商会议
第六届全国委员会主席、副主席、
秘书长、常务委员名单

主　　席　邓颖超（女）

副 主 席　杨静仁　刘澜涛　陆定一　程子华　康克清（女）　季　方
庄希泉　帕巴拉·格列朗杰　胡子昂　王昆仑　钱昌照
董其武　陶峙岳　周叔弢　杨成武　肖　华　陈再道　吕正操
周建人　周培源　包尔汉　缪云台　王光英　邓兆祥　费孝通
赵朴初　叶圣陶　屈　武　巴　金

（以下为第二次会议增选）

马文瑞　茅以升　刘靖基

（以下为第三次会议增选）

华罗庚

（以下为第四次会议增选）

王恩茂　钱学森　雷洁琼（女）

（以下为第五次会议增选）

汪　锋　钱伟长

秘 书 长　彭友今（1986 年 4 月第四次会议选举周绍铮担任）

常务委员　丁　玲（女）　丁声树　万国权　千家驹　马　信　马万祺
马海德　马腾霭　王　力　王　匡　王　序　王一帆　王玉清
玉光美（女）　王艮仲　王克俊　王宽诚　王雪莹（女）
王耀伦　韦章平　巨　赞　瓦扎木基　方荣欣　孔　飞
孔祥祯　正　果　龙泽汇　卢嘉锡　叶至善　叶笃义
叶恭绍（女）　叶桔泉　叶道英　冯友兰　冯素陶　冯德培
兰志流　戎子和　尧西·古公才旦　吕　东　朱光潜　乔明甫
庄明理　刘　寅　刘　鼎　刘开渠　刘元瑄　刘宁一

刘亚雄（女） 刘向三 刘延东（女） 刘良模 刘尊棋
关瑞梧（女） 汤元炳 汤定元 汤蒂因（女） 汤德全
安士伟 安子介 许志猛 许宝骙 孙兰峰 孙廷芳 孙作宾
孙孚凌 孙承佩 孙起孟 孙晓村 孙越崎 阳翰笙
买合苏德·铁衣波夫 玛高维亚 严信民 苏 进
苏子蘅 苏鸿熙 苏谦益 李 立 李 觉 李 毅 李人林
李子诵 李文宜（女） 李水清 李世济（女） 李世璋
李步新 李伯钊（女） 李纯青 李铁铮 李雪峰 杨士杰
杨石先 杨西光 杨克成 杨放之 杨拯民 杨秋玲（女）
吴 钰 吴文俊 吴廷璆 吴贻芳（女） 吴觉农 吴雪之
吴鸿宾 吴羹梅 何柱国 启 功 汪德昭 沈从文 沈其震
宋希濂 宋季文 朱养初 罕富有 张 权（女） 张文舟
张光斗 张仲实 张毕来 张孝骞 张志公 张含英 张君秋
张国声 张明远 张明养 张香山 张家树 张敬礼
张瑞华（女） 张磐石 陆 平 陆士嘉（女） 陆镇藩
陈 光 陈 宇 陈伯村 陈岱孙 陈建晨（女） 陈荒煤
陈铭德 陈维稷 陈锐霆 陈舜礼 陈逸松 陈邃衡 林默涵
易礼容 罗 明 罗涵先 金如柏 金显宅 周 颖（女）
周士观 周化民 郑兆荣 郑守仪（女） 郑绍文 郑洞国
郑敏之（女） 宗怀德 项朝宗 赵子立 赵伯平 赵君迈
赵宗燠 赵复三 赵得贤 胡 风 胡锦涛 柯 麟 钟师统
钟惠澜 侯祥麟 侯镜如 俞大绂 闻家驷 姜椿芳 贺敏学
贺绿汀 秦振武 袁隆平 袁翰青 聂 真 贾亦斌 钱三强
钱伟长 钱俊瑞 钱福星 徐以枋 徐以新 徐迈进 徐伯昕
徐彬如 徐逸樵 徐斌洲 爱泼斯坦 高 天
郭秀珍（女） 郭维城 郭维藩 郭棣活 郭增恺 唐 哲
唐生明 谈家桢 陶大镛 凌其翰 黄 昆 黄 维 黄 翔
黄正清 黄汲清 黄药眠 黄逖非 黄凉尘 黄鼎臣 萨空了

曹钟梁　曹鹤荪　龚子荣　章夷白　章师明　梁尚立　梁漱溟
彭　林　彭秀模　葛志成　董　边（女）　蒋丽金（女）
韩幽桐（女）　覃异之　程思远　程星龄　程裕淇
傅学文（女）　焦实斋　童小鹏　童少生　曾传六　曾涌泉
谢立惠　谢冰心（女）　雷天觉　蓝　江
嘉木样·洛桑久美·图丹却吉尼玛　蔡　啸　蔡子伟　臧克家
裴丽生　管文蔚　谭惕吾（女）　熊　晃　熊天荆（女）
黎　玉　德格·格桑旺堆　潘　菽　潘锷镗　薛　明（女）
霍英东　霍懋征（女）　戴爱莲（女）　魏龙骧　魏传统

（以下为第二次会议增选）

马文瑞　刘海粟　刘靖基　李伯球　茅以升　林亨元　赵超构
侯外庐　谈镐生

（以下为第三次会议增选）

郝诒纯（女）　李健生（女）　王　枫（女）
郭秀仪（女）

（以下为第四次会议增选）

王恩茂　钱学森　雷洁琼（女）　周绍铮　阎明复　何正文
刘西尧　康永和　刘子厚　黄启汉　柯　灵　经叔平
张素我（女）　张楚琨　傅铁山　林盛中

（以下为第五次会议增选）

艾买提·瓦吉地　叶仁寿　关梦觉　严东生　李人俊　汪　锋
张伯权　张春男　陈铭珊　欧阳文　董寅初　黎遇航

中国人民政治协商会议
第六届全国委员会委员名单

中国共产党

丁秋生　王　锐　王西萍　王卓如　王涛江　牛书申　邓存伦

邓颖超（女） 白向银 吕 东 吕正操 朱涤新 乔明甫 刘 放
刘 鼎 刘宁一 刘亚雄（女） 刘向三 刘华峰 刘雪初 刘澜涛
苏 进 李 定 李玉堂 李步新 李砥平 李树槐 李雪峰 李握如
杨成武 杨放之 杨植霖 杨静仁 肖 华 宋养初 张执一 张国声
张明远 张香山 陆 平 陆定一 陈 光 陈再道 陈伯村 陈曾固
苟元书 林泽生 欧阳文 金 城 金如柏 周仲英 郑绍文
赵 烽（女） 赵发生 贺秉章 钱俊瑞 徐以新 徐斌洲 龚子荣
龚育之 康一民 康克清（女） 彭 林 彭 德 彭友今
董 边（女） 程子华 焦力人 童小鹏 曾传六 蔡子伟 廖井丹
漆克昌 熊向晖 黎 玉 魏士珍

中国国民党革命委员会

王 枫（女） 王 嶽 王昆仑 王景渊 王肇治 方少逸 龙泽汇
卢忠良 冯宏谦 宁光堃 刘元瑄 刘希程 许宝骙 孙越崎 苏从周
李世璋 李春昱 杨春洲 沈求我 肖作霖 张克明 张锡田 陈齐瑄
陈建晨（女） 陈铭德 邵恒秋 罗西欧（女） 周 颖（女）
郑洞国 屈 武 胡景通 侯镜如 耿岳仑 贾亦斌 范予遂 钱昌照
徐以枋 徐国懋 陶述曾 黄启汉 黄逖非 覃异之 程星龄
傅学文（女） 焦实斋 雷启霖 廖运周 廖运泽 谭惕吾（女）
潘瑞征

中国民主同盟

千家驹 马大猷 王 起 王 健 王 瑶 叶笃义 叶培大 冯亦代
冯素陶 邢其毅 刘开渠 刘延良 刘思慕 关梦觉 江泽涵 寿进文
李文宜（女） 李平一 李茂之 杨 明 吴东儒 吴廷璆 吴克清
吴富恒 余冠英 张乔啬 张毕来 陆士嘉（女） 陈敏之 林亨元
林宗彩 罗涵先 赵继游 闻家驷 费孝通 贺 麟 都本洁 原政庭
顾敬心 唐 哲 钱伟长 高 天 谈家桢 陶大镛 黄执中 黄药眠
萨空了 曹钟梁 章振乾 傅十英

中国民主建国会

万国权　马公瑾　王　涛　王光英　王艮仲　朱德禽　刘公诚　刘崑水
汤绍远　孙友樵　孙晓村　阳忠恕　李月华（女）　李文杰　李志方
吴大琨　吴觉农　吴羹梅　沈日新　沈方成（女）　沈翰卿　张蔚岑
陈广生　陈子彬　陈铭珊　陈维稷　陈邃衡　金学成　周士观　周同善
钟复光（女）　侯启兴　姜庆湘　祝公健　莫艺昌　倪家玺　徐昭隆
郭礽疆　郭棣活　资耀华　黄英民　黄凉尘　章元善　程秉文　傅道伸
童少生　虞效忠　蔡体铨　樊陶斋　酆云鹤（女）

无党派民主人士

于开泉　王　力　王克俊　王建业　王森然　卢东阁　叶道英　冯　寅
冯德培　朱伯禄　朱洁夫　任宗德　关士聪　李铁铮　杨纪珂　沈从文
沈尔炎　张相麟　陆钦侃　陈逸松　茅祖杓　郑孝燮　郑易里　孟鞠如
赵君迈　赵宗燠　胡有萼　胡道济　侯德原　俞大绂　俞恩瀛　夏行时
顾谷同　钱人元　徐时辅　徐逸樵　高镜莹　唐　钺　梁漱溟
董竹君（女）　韩云岑　韩咏华（女）　程学敏　程思远　曾世英
褚应璜　缪云台　潘国定

中国民主促进会

牛平甫　方　明　叶圣陶　史念海　刘西林　刘震华　李霁野　巫宝三
吴　荣　吴贻芳（女）　张志公　张明养　张景宁　陈一百　陈舜礼
周建人　郑效洵　柯　灵　段力佩　徐伯昕　傅淑芳（女）　葛志成
谢冰心（女）　谢孝思　霍懋征（女）

中国农工民主党

丁贡南　王一帆　方荣欣　邓昊明　卢浩然　叶桔泉　刘宗宽　孙仲逸
严信民　严镜清　李振麟　李健生（女）　李温平　杨烈宇　何世琨
季　方　沈其震　宋儒耀　张纯之　孟目的　段佑云　徐彬如
郭秀仪（女）　章师明　潘澄濂

中国致公党

司徒擎　刘锦汉　许志猛　严孔昌　李星川　李维纲　何上举　陈其挥

黄独峰　黄鼎臣　董寅初　廖周行

九三学社

王际强　方　亮　冯　楠　曲仲湘　伍献文　许继曾　孙承佩　李　毅
李孝芳（女）　启　功　陈　立　陈明绍　金克木　金显宅　周培源
郝诒纯（女）　袁翰青　钱钟韩　唐有祺　黄汲清　笪移今　程绍迥
潘　菽　薛　愚　薛公绰

台　盟

王万得　叶庆耀　苏子蘅　李纯青　吴克泰　陈　水　林田烈　林盛中
钱福星　徐萌山　曾明如　蔡　啸

中国共产主义青年团

丁耀民　尤　仁　刘义强　刘延东（女）　杜青林　李海峰（女）
佘世光　宋德福　张希平　哈斯木·依米提　黄　瑛（女）　黄志坚

中华全国总工会

丁可则　马六孩　王子兴　王志杰　王学礼　王振远　王家宠　王维纲
毛齐华　乌云娜（女）　孔祥祯　邓少云　卢　达　田文宽　白文元
朱　临　朱　康　朱林生　朱德林　刘　实　刘家骧　齐义勇　关　勋
许天津　孙洪敏（女）　严维桢　杜延庆　李凤恩　李文龙
李文英（女）　李存模　李保森　李燕杰　吴大有　何善远　余维明
谷广善　邹毕兆　汪少川　宋致和　张力克　张伟强（女）　张孝敬
张建怡　张遐昌　陈　宇　陈　珩　陈国珍　陈能兴　邵子言
林　一（女）　易礼容　罗淑珍（女）　金直夫　周光镛　单　书
赵吉祥　赵景棠　侯德武　施复言　胥治中　姚茂启　姚经才
热夏提·牙生　徐禾根　徐传俭　徐肖冰　高　平　陶源长　曹坤根
龚光文（女）　盛　婉（女）　康永和　梁彦德　蒋　毅　韩荣华
韩增胜　程　容　曾守中　慕纯农

中华全国妇女联合会

于　蓝（女）　于若木（女）　于滋潭（女）　王　云（女）
王　华（女）　王光美（女）　王瑜珑（女）　王雪莹（女）

尹　羲（女）　白　茜（女）　包淑和（女）　冯莉莉（女）
过宁扶（女）　朱旦华（女）　朱锦沁（女）　刘　澈（女）
刘碧清（女）　关瑞梧（女）　许楠英（女）　苏务滋（女）
杜孟庸（女）　杜瑞兰（女）　李　林（女）　杨秋玲（女）
杨静娴（女）　吴全衡（女）　何远宁（女）　何泽慧（女）
何浣芬（女）　何理良（女）　汪荣华（女）　沈　谱（女）
沈性元（女）　沈粹缜（女）　沈慈荫（女）　宋维静（女）
张文潾（女）　张自清（女）　张洁珣（女）　张洁梅（女）
张复生（女）　张素我（女）　张惠兰（女）　林兴明（女）
林雪梅（女）　卓碧玉（女）　罗越嘉（女）　周叔璜（女）
周季嫱（女）　庞文华（女）　郑　瑛（女）　郑晶莹（女）
草　明（女）　荣漱仁（女）　柳无非（女）　俞惟乐（女）
姚淑平（女）　秦　怡（女）　夏琫瑛（女）　顾文霞（女）
高　真（女）　郭月芳（女）　黄　杰（女）　崔美善（女）
韩幽桐（女）　曾宪植（女）　谢雪萍（女）　雷惠质（女）
臧慧芬（女）　黎顺兰（女）　颜明宜（女）　潘复兰（女）
薛　明（女）　戴克宇（女）

中华全国青年联合会

叶学勇　亚　娘（女）　刘再复　刘柏年　关牧村（女）　孙家昶
杨　乐　邹振先　张道诚　林　雨　竺苗龙　胡锦涛　裴艳玲（女）
廖秋忠

中华全国工商业联合会

丁　忱　丁言章　马万祺　王昭明　王修桐　卢燕南　叶宝珊　冯和法
刘荷甫　关炳如　江子砺　汤元炳　汤蒂因（女）　孙廷芳　孙孚凌
孙起孟　李永锡　李宗坊　杨玉文　杨受百　杨鉴清（女）　肖同智
吴志超　吴炳昌　吴雪之　邱庆铭　邹子龄　张敬礼　陈达有　陈芸田
周志俊　周叔弢　周宝芬　孟文际　经叔平　荣仁本　胡子昂　姚　峻
秦元珍（女）　高卓雄　高葆庆　郭守昌　郭秀珍（女）　郭德恒

唐君远　黄玠然　梁尚立　傅文祺（女）　廖霭庭　潘锷镗

中华全国台湾同胞联谊会

王碧云（女）　石静如（女）　苏英俊　苏荣火　吴英辅　陈明达
陈荣驾　陈锦堂　范新发　林青山　郑　坚　徐兆麟　涂添凤　容汉诠
黄启章　彭腾云　蔡启运　戴见能

文化艺术界

丁　玲（女）　丁　聪　刁光覃　于　伶　卫仲乐　马　季　马彦祥
王　昆（女）　王人美（女）　王士襄　王丹凤（女）
王玉磬（女）　王振铎　王朝闻　巴　金　古　元　石　羽
石联星（女）　叶文玲（女）　叶浅予　白　杨（女）
白淑湘（女）　冯　牧　冯骥才　成　荫　华君武　刘季平　刘海粟
刘德海　刘燕平（女）　江定仙　孙　瑛　孙家琇（女）　阳翰笙
严良堃　杜近芳（女）　李　波（女）　李万春　李凤兰（女）
李可染　李世济（女）　李伯钊（女）　李谷一（女）　李苦禅
李和曾　李焕之　李默然　杨村彬　杨宪益　杨荫浏　肖　军　吴　雪
吴乐懿（女）　吴汉家　吴祖光　吴晓邦　何士光　余　本
邹德华（女）　良小楼（女）　沙　汀　张　权（女）　张　庚
张水华　张乐平　张君秋　张贤亮　张松鹤　张瑞芳（女）　陆春龄
阿　甲　阿玛次仁　阿依吐拉（女）　陈　慧（女）　陈白尘
陈汀声　陈伯华（女）　陈其通　陈荒煤　林散之　林默涵　罗哲文
帕夏·依夏（女）　周小燕（女）　周而复　周惠侬（女）
郑泊璋　郑奕奏　郎毓秀（女）　项　堃　赵　寻　赵　沨
李　青（女）　赵得贤　胡　风　胡松华　胡絜青（女）　俞振飞
姚雪垠　贺绿汀　骆玉笙（女）　袁世海　莫德格玛（女）
贾桂林（女）　夏尚志　钱　江　资华筠（女）　陶　金　桑　弧
黄　翔　黄苗子　黄贻钧　梅　阡　康巴尔汗·艾买提（女）
章宗义　梁　斌　梁黄胄　喜彩莲（女）　彭俐侬（女）　董寿平
蒋月泉　蒋兆和　韩起祥　喻宜萱（女）　舒　强　舒　群　雷振邦

筱俊亭（女）　臧克家　管　桦　黎雄才　潘　素（女）
戴爱莲（女）　魏传统

科学技术界

丁宪祜　于　敏　马杏垣　马闻天　马湘平　王　植　王　曙　王天眷
王壮飞　王守武　王运丰　王良楣　王国钧　王金堂　王荣琮　王顺桐
王钟琦　王宪钊　王继伦　王辅成　王遐龄　王锦堂　王德宝　王毅之
支少炎　凤冠绥　方　俊　方文均　计　策　尹赞勋　邓以纯　甘澄泽
卢庆骏　卢宗澄　卢焕章　卢嘉锡　叶德灿　叶耀东　司徒愈旺
成慎与　朱　光　朱　梅　朱弘复　朱荣昭　乔传钰　任道源　华　起
华国英　庆承道　庄孝僡　刘　寅　刘　楷　刘可栋　刘述周　刘佩荣
刘承先　刘峻峰　刘曾达　江　文　江　明　江泽民　江厚楙
池际尚（女）　汤定元　汤佩松　汤德全　许乃波　许中明　许绍高
许政润　孙文录　孙殿卿　阳含熙　牟惟丰　严铁生　苏延宾　杜燕孙
李　苏　李　觉　李人林　李乃暨　李水清　李正武　李世雄　李来荣
李连捷　李慕愚　李德平　李德生　李德仲　励承豪　肖　民　肖家捷
吴　京　吴　钰　吴大观　吴友三　吴文俊　吴世鹤　吴生林　吴问涛
吴中伦　吴征铠　吴学蔺　吴朔平　吴继周　吴磊伯　吴震春　吴德纯
何广乾　邹　明　邹元爔　邹建金　邹承鲁　邹春座　闵　豫　汪受衷
汪寅人　汪德昭　沙钟瑞　沈尔康　沈华生　沈祖显　宋叔和　宋季文
张　凡　张　英　张少铭　张文佑　张有萱　张连华　张作梅　张迺更
张顺臻　张致一　张厥标　张镰斧　陆元九　陆维特　陈　亮　陈士衡
陈凤皋　陈永龄　陈创声　陈茂力　陈泽深　陈家镛　陈能宽　陈鸿佑
陈福厚　陈肇博　茅以新　林　平　林　华　林同骥　林秉南　易宗朴
罗沛霖　岳希新　金实蘧　周立三　周师庸　周光宇（女）　周怀实
周延瑾　周明镇　周恒寿　周家炽　周晦若　羌逢成　郑国仲　宗之发
郎钟騋　项志选　赵维纲　胡聿贤　钟夫翔　侯立尊　侯祥麟　俞宝传
施履吉　姜俊平　洪朝生　莫馨一　夏培肃（女）　顾正秋　顾知微
顾毓琭　钱　江　钱三强　钱孝虹　钱临照　钱钟泰　钱祖恩　钱保功

钱鸿业 钱家治 倪松茂 徐 驰 徐 明 徐士高 徐子佩 徐邦裕
徐来自 徐博文 徐煜坚 徐肇和 殷宏章 翁文波 凌佩弘 高 平
高振西 高维荣 郭承基 郭慕荪 郭燮贤 唐 耀 唐振绪 陶亨咸
陶其嫩（女） 陶诗言 陶鼎来 黄 昆 黄 敞 黄远强 黄鸿宁
曹乐安 曹存昌 曹兆汉 曹肇球 龚苏民 阎沛霖 梁 嘉 梁守槃
梁翕章 屠守锷 彭少逸 葛和林 董维域 蒋 全（女）
蒋丽金（女） 韩树藩 覃修典 程开甲 程世抚 程裕淇 傅承义
童宪章 谢光道 谢家泽 谢燕声 疏松桂 楼阅棣 雷天觉 雷荣天
简根贤 蔡邦华 蔡其巩 蔡金涛 蔡晬盎（女） 裴丽生 廖民欢
廖廷雄 谭振雄 熊尚元 潘孝硕 薛少卿 戴传曾 戴松恩 戴恒贵
鞠抗捷

社会科学界

丁声树 王玉清 王传纶 李铁崖 王悦尘 王静如 毛 星 尹 达
邓广铭 冯友兰 戎子和 吕 澂 乔培新 任访秋 刘导生 刘尚之
安金槐 许立群 邬沧萍 严中平 杜任之 李 奇（女）
李 莎（女） 李 新 李兆炳 李希泌 杨向奎 杨纪琬 肖涤非
何正璜（女） 谷 苞 宋振庭 张申府 张仲实 张希钦 陈 征
陈 嘉 陈希愈 陈岱孙 纳 忠 范若愚 林里夫 罗大冈 罗章龙
罗髫渔 金岳霖 周有光 周汝昌 单士元 项克方 胡一声 胡公石
胡允恭 段文杰 俞平伯 贺光华 袁永熙 聂 真 钱钟书 倪征燠
倪海曙 徐之河 翁独健 高体乾 郭布罗润麒 唐 弢
唐棣华（女） 黄钰生 常 诚 常书鸿 章 沛 商承祚 梁容若
傅懋勣 楼福卿 廖沫沙 樊 弘 滕茂桐

农林界

于国勋 万尚荫 马 骥 马寿桃 马建猷 王汉屏 王幼辉 王兴让
王念基 王绪捷 丹 彤 乌拉迪米尔·尼科来耶维奇·孜缅科
方定一 孔庆义 邓 飞 邓先诚 左 叶 卢广绵 冯广仁 冯达什
尼牙孜·阿孜 达喜玛（女） 成俊卿 吕 清 则 吉 朱则民

任继周　刘尔年　刘仲凯　刘定安　刘培植　刘嗣淼　刘震乙
刘麟书（女）　安法乾　孙漱沅　李化一　李页俚（女）　李含英
李范五　李秉滔　李绍禹　李济寰　杨介人　杨显东　杨洪祖　吴　冀
吴凤启　吴永富　吴福桢　邹秉文　汪胡桢　汪菊渊　沈　隽　沈其益
张永励　张季高　张含英　张林池　张修竹　张逢时　张磐石　陈　雷
陈光华　陈志平　林海清　罗新书　周泳曾　周明牂　周树一　周康民
孟庆闻（女）　赵丛礼　赵家璞　郝中士　胡祥璧　侯　锋　洪宝顺
洪琪琨　袁隆平　徐广泽　徐芝纶　高文华　高鹏先　唐子奇　萨　音
梅籍芳　曹新孙　盛彤笙　隋铭珊　彭克明　彭定楚　蒋德麒　惠庆祺
景晓村　程瑞琮　曾　勉　谢浩然　谢福洲　谢福惠　熊大仕　熊季光

教育界

才旦夏茸　大洛桑朗杰　马长贵　王于畊（女）　王正绪
王兆相　王佐良　王育斌　王治梁　王菊生　王鸿祯　王斯雷　王路宾
王源璋　王福重（女）　王遵明　韦其麟　邓韵秋（女）　左景伊
布林贝赫　卢鹤绂　申泮文　叶　培　叶恭绍（女）　田叔民
史　说　乐森璕　冯修吉　毕德显　师树简　吕忠恕　朱及群　朱亚杰
朱光潜　朱物华　朱祖祥　朱新予　向　域　刘　筠　刘　颖　刘文湖
刘世楷　刘宜伦　刘复光　刘鸿文　关世雄　江元生　江福利　安迪伟
许振英　严梅和（女）　苏元复　苏谦益　杜　同　李秉德　李沛文
李泽民　李春芬　李载柔（女）　李继之　李曙轩　杨石先　杨伯箴
杨善继　时　钧　吴文藻　吴克騆　吴纯素　吴柳凡　吴景荣　吴景祥
谷霁光　利翠英（女）　余国琮　汪金丁　沈　元　沈　晋　沈　鑫
张　衍　张　维　张文舟　张光斗　张远谋　陆　慈（女）　陆景云
陈体强　陈国熙　陈涵奎　陈新民　林　青　林　浩　林传鼎
林碧英（女）　林缃民　罗明燏　岳炳忠　周　尧　郑　重　屈伯川
项子明　赵访熊　赵国威　赵冠英　赵善欢　胡　征　胡　毅　胡仲紫
胡钟达　钟兆琳　段宗三　侯仁之　侯博渊　俞汝勤　俞调梅　闻邦椿
娄成后　洪　晶（女）　姚奠中　袁力庸　聂文郁　贾　震　徐士瑚

徐光宪 高 沂 高小霞（女） 高存信 高兆兰（女） 高良润
郭明秋（女） 郭麟阁 唐仲璋 唐敖庆 浦通修 陶葆楷 曹靖华
曹鹤荪 盛国荣 章名涛 彭伯周 董纯才 韩惠卿（女） 韩德培
傅家麟 曾近义 曾昭科 曾昭璇 谢立惠 赖万才 赖祖涵 雷圭元
阙端麟 綦秀惠（女） 蔡纪镶 蔡秉久 臧伯平 管梅谷 薛廷耀
戴安邦 戴复东 魏荣爵

体育界

马青山 王永芳 王金玉 王菊蓉（女） 曲绵域 刘适兰（女）
牟作云 李凤楼 李淑兰（女） 杨人熸 杨瑞雪（女） 何伟钦
张蓉芳（女） 张家宝 陈 先 陈运鹏 林慧卿（女） 周 正
郑凤荣（女） 郑敏之（女） 钟师统 聂卫平 徐 镳 徐英超
翁庆章 黄 健 黄强辉 阎维仁 穆成宽

新闻出版界

王 益 王 揖 王乐天 叶 华（女） 叶至善 叶君健 刘文致
刘尊棋 严文井 苏 星 杨西光 杨学纯 杨效农 肖 乾 吴泽炎
沙博理 张西洛 陆 治 陈必娣（女） 陈伯吹 陈翰伯 邵 宇
范荣康 罗 俊 郑炳中 姜椿芳 耿绍光 聂绀弩 顾执中 徐 盈
徐迈进 徐铸成 爱泼斯坦 谢文清 魏璐诗（女）

医药卫生界

于光元 马立人 马永江 马成义 马海德 马镇西 王 良 王 序
王 斌 王大鉡 王玉川 王兆俊 王伯岳 王孝涛 王秉止（女）
王诗恒（女） 王绵之 邓家栋 甘幼强 左立梁 左克明 左景鉴
卢士谦 卢克捷 白希清 乐以成（女） 邝安堃 兰 瑚 兰锡纯
邢光辫 吕炳奎 朱洪荫 朱既明 朱德鑫 任应秋 刘仲明 刘志明
刘家琦（女） 米 勒 孙信孚 苏鸿熙 李果珍（女） 李聪甫
杨甲三 杨兴业 杨述祖 吴廷椿 吴阶平 吴英恺 吴瑞萍
邱明庆（女） 邱茂良 何 穆 何观清 汪绍训 宋汝良 宋鸿钊
张 峨（女） 张孝骞 张普云（女） 阿不都力米提·玉素甫

陈　过　陈坤惕（女）　陈钟英（女）　范　琪（女）　范秉哲
林　崧　林葆骆　郁知非　尚天裕　尚德俊　金大雄　金宝善　郑兆荣
赵士杰　胡传揆　柯　麟　哈荔田　钟惠澜　施正信　祝谌予　耿兆麟
顾小痴　顾伯华　钱伯煊　徐荫祥　凌惠杨　陶祥洛　黄　量（女）
黄天启　黄家驷　黄铭新　黄耀燊　梅祖懿（女）　崔义田　章荣烈
梁乃津　梁毅文（女）　董方中　棍钦扎布　景云瑞　傅　莱
曾宪九　谢少文　裘祖源　臧人和　潘阳泰　魏　曦　魏龙骧

对外友好团体

丁轸宇　王　屏　王炎堂　王阑西　王耀庭　孔　筱（女）　卢绪章
申　健　田一明　朱　良　刘志汉　刘希文　孙平化　杜毓沄　李一夫
李寿葆　张化东　张光斗　陆　璀（女）　陈忠经　林　林　周化民
郑森禹　赵安博　荣玉德　钟　辉　姚仲明　柴泽民　凌其翰　唐明照
黄国光　龚普生（女）　康岱沙（女）　曾涌泉　雷任民　潘静安

社会救济福利团体

于光汉　王定国（女）　尤祥斋（女）　乌　兰（女）
邓季惺（女）　史怀璧　朱端绶（女）　安建平（女）
李伯悌（女）　杨　纯（女）　吴　缙（女）　陈维博　周同宇
赵志刚　袁血卒　顾锦心（女）　郭翼青（女）　黄　乃
梁思懿（女）　傅师荣　熊天荆（女）　廖梦醒（女）

少数民族

马　信　马玉槐　马乐庭　马腾霭　马德钟　王寿昌　王连芳　王泰昌
王耀伦　韦章平　扎西泽仁　牙合甫大毛拉·沙乌尔阿吉
瓦扎木基　孔　飞　孔志清　巴文峻　巴达荣嘎
平康·次仁顿珠　田恩波　生钦·洛桑坚赞　包尔汉　尕文祥　兰光谅
兰志流　尧西·古公才旦　多　巴　刘格平　安尼瓦尔·汗巴巴
买合苏德·铁衣波夫　买买提明·艾力　玛高维亚　赤　列
赤　耐　贡巴萨·土登吉扎　贡嘎平措　克力更　李仿尧　李羲一
杨克成　吴鸿宾　邱新野　罕富有　陆镇藩　阿衣木尼沙·尼牙孜（女）

阿勒腾沧 阿侯鲁木子 陈理文 陈斯德 邵良础 纳星斋
拉乌达热·土登丹达 拉希达（女） 拉鲁·次旺多吉 欧尔孝
果基尼迫 罗文才 郎进荣 项朝宗 赵光炬 赵玳瑾 胡德胜
恰巴·格桑旺堆 钟振发 衔景泰 洛桑格列 秦振武
格桑顿珠 郭维藩 席元寿 益西赤列 涂景福 朗 加
排启仁 黄正清 黄宝山 彭秀模 葛德洪 韩麦扫日 韩应选
韩振纲 覃 展 傅景贤 尊杰·索朗坚村 雷志森 溥 佐
嘎雪·曲吉尼玛 熊亮臣 德格·格桑旺堆

归国华侨

王文教 王汉杰 王纪元 卢心远 邝公道 吕敦村 庄希泉 庄明理
庄炎林 苏 惠（女） 李 梅（女） 李介大 李居轩
李家明 连 贯 肖 岗 吴益修 佘兴远 张楚琨 陈兆强 陈金水
郑正仁 郑守仪（女） 胡秋金 黄世明 黄其兴 彭光涵 谢文思
蓝 江 黎沪娟（女） 颜西岳

港澳同胞

马 蒙 王 匡 王 衡 王宽诚 冯庆锵 司徒辉 朱鹤皋 安子介
祁 烽 许东亮 阮北耀 孙城曾 牟润孙 李子诵 李作基 李侠文
李萍倩 吴多泰 邱成章 邱德根 何世柱 何铭思 余平仲 陈文裘
陈丕士 陈复礼 陈焕璋 罗桂祥 胡应湘 贾桂藩 夏 梦（女）
徐四民 黄克立 黄启铎 黄祖芬 黄振辉 梁披云 蒋文桂 程慕灏
蔡章阁 蔡演雄 翟暖晖 潘江伟 霍英东

宗教界

土登唐巴 马进成 马松亭 王良佐 王学明 云中嘎瓦
邓裕志（女） 巨 赞 乌 兰 正 果 玉赛音阿吉
艾买提·瓦吉地 刘良模 刘品一 安士伟 却 西 贡唐仓·丹贝旺旭
杨高坚 沈遐熙 张家树 陆薇读 阿木提大毛拉 罗冠宗
帕巴拉·格列朗杰 宗怀德 赵朴初 赵复三 施如璋（女）
宫明·姜巴曲日木 都龙曼费 钱余荣 海 灯 常守彝

唯　觉　阎迦勒　隆　莲（女）　韩生贵　傅铁山　普　雨　曾友山
嘉　雅　嘉木样·洛桑久美·图丹却吉尼玛　蔡文浩　熊真沛　黎遇航

特别邀请人士

卫　璜　卫景林　马　载　马克强　马忠全　王一藩　王之相　王文轩
王平水　王应尊　王定南　王昭铨　王振祥　王晏清　王家桢　王绣锦
王德茂　云广英　毛翼虎　乌力更　文　强　方　靖　孔令朋　孔昭恺
孔德懋（女）　邓兆祥　邓葆光　石忠汉　龙　潜　卢克俭　卢南樵
申葆文　叶松盛　田　坪　田　畴　田仁永　史　永　包　琮
冯弗伐（女）　冯勤为　兰庭辉　过家芳　吕辑仁　朱　农　朱　扶
朱大纯　朱子强　朱家璧　任　谦　刘　琦　刘一平　刘公武　刘月生
刘立青　刘多荃　刘连波　刘建华　刘昌义　刘炳华　刘瑶章　米暂沉
江　平　汤传篪　汤松年　汤祖坛　许革夫　孙兰峰　孙乐宜　孙作宾
孙铭九　杜建时　李　立　李　轩　李　佐　李　觉　李一非　李少元
李以劻　李世安　李仙洲　李芳林　李克如　李良汉　李直峰　李英夫
李思敬　李培根　李登嵩　李赣骝　杨士杰　杨子蔚　杨玉山　杨令德
杨永峰　杨伯涛　杨拯民　杨树根　杨俊生　吴庆云　吴秀峰　吴建安
吴瑞山　邱相田　何　惧　何运洪　何柱国　何宝松　何辉燕　佟　英
余金堂　沈　醉　宋长悌　宋玉玺　宋伟斌　宋希濂　宋树功
宋晓菡（女）　张力雄　张凤岐　张正光　张汉丞　张有谷　张伯权
张如三　张宗逊　张承宗　张瑞华（女）　张瑞麟　陈　虹　陈乃昌
陈方伯　陈文瑛（女）　陈金钰　陈兼善　陈锐霆　武惕予　武和轩
幸元林　范　明　林　彬　林一元　欧阳平　尚子锦　罗　明　罗历戎
罗坤山　罗培元　季树农　季毓彪　金绍先　周星夫　周振强　周纯麟
郑　群　郑庭笈　庞　莲（女）　孟树林　赵　杰　赵子立　赵伯平
赵振中　胡兰畦（女）　胡楠卿　查玉升　钟韶琴（女）　段伯宇
贺敏学　秦东滨　秦德君（女）　袁　光　耿幼麟　徐君虎　徐国夫
徐国贤　徐国珍　高　戈　郭安娜（女）　郭延林　郭汝瑰　郭维城
郭曼果　郭增恺　唐生明　唐连第　陶　扬　陶峙岳　黄　维　黄一中

黄天明　黄友寿　黄克虎　黄植诚　梅盛伟　曹秀清（女）　崔成信
章　岩（女）　章夷白　梁　家　梁蔼然　彭鸿文　董其武　董益三
蒋嘉宾　韩练成　程　元　程　浩　程一鸣　傅柏翠　鲁加汉　曾扩情
曾在因　曾克林　谢　飞（女）　谢　良　谢　明　谢云晖　靳崇智
蒙定军　赖春风　赖祖烈　鲍奇辰　蔡　端　蔡载经　管文蔚　廖述云
廖鼎祥　谭汉洲　谭汤池　熊　晃　熊作芳　黎　钦　黎　原　黎仲修
薛剑华

一九八四年增补委员名单：

丁雪松（女）　马文瑞　王心纯　王竹亭　王育新（女）
方掬芬（女）　古胜祥　卢仁灿　冯克煦　冯梯云　刘亚哲　刘靖基
李大维　李伯球　杨希枚　杨格非　吴　鑫　吴永泰　张　彬
张西蕾（女）　张纪域　阿乐群则　步鑫生　茅以升
果素英（女）　周一峰　赵伟之　赵超构　侯外庐　侯御之（女）
修瑞娟（女）　贺其治　郭可诠　谈镐生　黄大能　黄永玉　梅绍武
彭清源　蒋达宁　谢　添　谢　澍

一九八五年增补委员名单：

华罗庚　冯　友（女）　陈培烈　麦赐球　田光涛　兰乾福　吴景敬
金开诚　梅祖彦　陈　杰　邓汉馨　吴元龙　饶博生　叶仁寿　冯克熙
陈光辉　邓团子（女）　汤履道　沈德溶　沙　蕾　王　州　冯之浚
袁家菽（女）　马崇仁　袁晓园（女）　黄瑶璧（女）　邓广殷
杨一堂　新凤霞（女）　吕敬先（女）　刘西尧　马祖灵　景新汉
柯雪琦（女）　黄　森　毕季龙　武进法　朱仁康　李敏华（女）
吴冠中

一九八六年增补委员名单：

雷洁琼（女）　张媛贞（女）　胡　敏　高葆英（女）　戴树和
翁曙冠　李树楠　张芝联　柏　岳　梅向明　陈汝斌　金启祥　刘崇智
谷建芬（女）　王贤才　蒋守规　蔡鸿振　袁宗虞　钱椿涛　蔡诗东
王　元　孙格巴顿　韦国仁　东噶·洛桑赤列　伍并亚·温撒

鲜　恒　杨天全　程莘农　石景宜　沈蕴存　贾题韬　明　旸　田昭武
陈爱莲（女）　刘长瑜（女）　孟雁君（女）　张西铭　简福饴
余国春　王孝行　何厚铧　王恩茂　钱学森　阎明复　周绍铮　何正文
李伯宁　魏廷琤　黄静波　刘子厚　何　载　张同钰　肖　鹏　罗元铮
张澄生　罗应怀　何廷一　陶汉章　熊志生　傅继泽　赖少其

一九八七年增补委员名单：

刀世勋　马品芳　王锡爵　王树森　卞伯仲　方文瑜　今　旦
艾则佐夫·哈斯木　冯锡良　刘　春　江英彦　安　岗　孙柏秋
孙延年　严东生　苏　赫　李光羲　李沛瑶　李储文　李人俊　吴修平
吴式铎　余振中　汪　锋　张叔英　张春男　陈仲颐　陈难先　闵建蜀
武　铁　武连元　松　布　胡鸿烈　唐翔千　陶开裕　黄梦花　曹步墀
曹克强　盛中国　蒋家祥　韩　明　韩美林　韩克华　路志正　蔡光大
潘启琦

中国人民政治协商会议
第七届全国委员会主席、副主席、
秘书长、常务委员名单

主　　席　李先念

副 主 席　王任重　阎明复　方　毅　谷　牧　杨静仁　康克清（女）
帕巴拉·格烈朗杰　胡子昂　钱昌照　周培源　缪云台
王光英　邓兆祥　赵朴初　屈　武　巴　金　马文瑞　刘靖基
王恩茂　钱学森　钱伟长　胡　绳　孙晓村　程思远　卢嘉锡
钱正英（女）　苏步青　司马义·艾买提
（以下为第二次会议增选）
侯镜如　丁光训
（以下为第三次会议增选）
洪学智

（以下为第四次会议增选）

叶选平

秘 书 长 周绍铮（1991 年 4 月第四次会议选举宋德敏担任）

常务委员 丁轸宇 万国权 千家驹 马 信 马大猷 马玉槐 马海德
王 匡 王 枫（女） 王 健 王玉清 王光美（女）
王艮仲 王扶之 王秉祥 王神荫 王鸿祯 王锡爵 王黎之
方荣欣 孔 飞 艾买提·瓦吉地 卢邦正 叶仁寿 叶至善
叶笃义 叶恭绍（女） 叶桔泉 叶道英 田 渊 田光涛
田麦久 田昭武 白纪年 白治民 冯友兰 冯元蔚 冯素陶
冯梯云 冯德培 兰志流 尧西·古公才旦 光仁洪 乔明甫
任 荣 邬沧萍 庄世平 庄明理 刘开渠 刘元瑄 刘向三
刘西尧 刘海清 刘海粟 刘昆水 刘秉彦 刘尊棋 关梦觉
江 平 江家福 池际尚（女） 汤元炳 汤定元 汤德全
安子介 安士伟 许志猛 许宝骙 孙廷芳 孙孚凌 孙承佩
孙越崎 阳忠恕 买合苏德·铁依波夫 严东生 苏 赫
苏子蘅 苏谦益 李 刚 李 定 李 涛 李 毅 李人林
李人俊 李子诵 李文宜（女） 李水清 李世济（女）
李沛瑶 李纯青 李国豪 李健生（女） 李振军 李铁铮
李源潮 李儒云 杨 樜 杨士杰 杨西光 杨纪琬 杨克成
杨拯民 杨斯德 肖 乾 吴 京 吴文俊 吴式铎 吴廷栋
吴廷璆 吴作人 吴冷西 吴克泰 吴志超 吴修平 吴觉农
吴祖强 吴羹梅 何正文 余 湛 余国琮 启 功 沈 元
沈从文 沈求我 沈其震 沈遐熙 宋希濂 宋季文 宋鸿钊
宋儒耀 罕富有 张 权（女） 张 钧 张 祥 张光斗
张毕来 张志公 张伯权 张君秋 张国声 张明养 张春男
张香山 张素我（女） 张敬礼 张媛贞（女） 张楚琨
陆 平 陆榕树 陆镇藩 陈 宇 陈岱孙 陈秉权 陈祖沛
陈荒煤 陈铭珊 陈铭德 陈逸松 林亨元 林盛中 林默涵

松　布　欧阳文　明　旸　易礼容　罗　琼（女）　罗冠宗
罗涵先　金开诚　金显宅　金泰甲　金鲁贤　周　颖（女）
周与良（女）　周化民　周同善　周巍峙　郑守仪（女）
郑洞国　宗怀德　经叔平　项朝宗　赵子立　赵伟之　赵君迈
赵海峰　赵超构　胡　敏　胡如雷　胡赛音·斯巴牙也夫
柯　华　柯　灵　钟师统　侯学煜　侯祥麟　侯镜如　闻家驷
姜培禄　洪　晶（女）　胥光义　袁隆平　袁翰青　聂卫平
贾　石　贾亦斌　顾大椿　钱三强　徐以枋　徐以新　徐昭隆
徐逸樵　徐斌州　爱泼斯坦　凌其翰　高　天
郭秀仪（女）　郭维城　郭维藩　唐有祺　唐振绪　唐翔千
浦安修（女）　谈家桢　谈镐生　陶鲁笳
桑顶·多吉帕姆（女）　黄　昆　黄　维　黄　翔　黄大能
黄正清　黄甘英（女）　黄长溪　黄克立　黄启汉　黄启章
黄汲清　黄逖非　黄凉尘　黄鼎臣　黄静波　梅　行　曹　禺
曹达诺夫·扎伊尔　龚子荣　康永和　梁　家　梁尚立
梁裕宁（女）　梁漱溟　彭友今　葛志成　董幼娴（女）
黑伯理　蒋丽金（女）　韩克华　韩哲一　程裕淇
傅学文（女）　傅铁山　曾近义　谢　良　谢立惠
谢冰心（女）　雷天觉　鲍奕珊
嘉木样·洛桑久美·图丹却吉尼玛　蔡文浩　臧克家　廖延雄
谭惕吾（女）　熊　晃　熊向晖　黎遇航　翦天聪
薛　明（女）　霍懋征（女）　戴树和　戴爱莲（女）
魏龙骧

（以下为第二次会议增选）

李开信　李赣骝　何鲁丽（女）　杨　堤　钱钟书　解　峰

（以下为第三次会议增选）

杨植霖　宋德敏　唐敖庆　谈维煦

（以下为第四次会议增选）

王文元　叶选平　多杰才旦　贡唐仓·丹贝旺旭　　李默庵
陈仲颐　陈灏珠　帕提曼·贾库林（女）　　周光春　蒋民宽

中国人民政治协商会议
第七届全国委员会委员名单

中国共产党

丁秋生　马　仪　马文瑞　马庆雄　王　钊　王　锐　王西萍　王任重
王卓如　王秉祥　王恩茂　王涛江　王惠德　牛书申　方　毅　孔　飞
邓存伦　石　林　申　健　白介夫　白向银　白治民　冯　直　冯元蔚
冯锦汶　朱涤新　乔明甫　乔培新　刘　放　刘向三　刘华峰　刘鸣九
刘尚之　刘秉彦　刘雪初　李　刚　李　定　李　涛　李人俊　李开信
李先念　李修仁　李德仲　杨振怀　杨静仁　何正文　余　湛　谷　牧
张文寿　张同钰　张国声　张香山　陆　平　陈　钝　苟元书　林　浩
林　准　林泽生　欧阳文　罗　琼（女）　苗春亭　季国标　周化民
周绍铮　赵发生　胡　绳　柯　华　俞　雷　宫达非　胥光义　贺秉章
柴泽民　钱正英（女）　徐以新　徐少甫　徐斌洲　龚子荣　龚育之
康克清（女）　阎明复　梁　家　彭　德　彭友今　蒋光化　焦力人
谢　良　塞　风　廖井丹　熊向晖　冀绍凯

中国国民党革命委员会

王　枫（女）　王　奇　王玉梅（女）　王景渊　王锡爵　韦大卫
毛增滇　毛翼虎　邓先诚　冯　友（女）　边长泰　宁光堃　刘一平
刘元瑄　刘瑶章　许功锐　许宝骙　孙柏秋（女）　孙越崎　苏从周
李沛瑶　李赣骝　杨小佛　杨纪珂　肖善因　吴　京　沈求我　宋长悌
张弘谋　张克明　张廉云（女）　张媛贞（女）　张锡田　陈方伯
陈炎武　陈家振　陈铭德　邵恒秋　林南园　周　颖（女）　郑洞国
屈　武　赵伟铎　胡　敏　胡景通　侯镜如　耿岳仑　贾亦斌　钱昌照
徐以枋　徐国懋　凌其翰　高葆英（女）　郭海长　唐振绪　谈维煦

黄启汉　黄逖非　覃异之　傅学文（女）　雷启霖　蔡绍芝（女）
廖运周　谭惕吾（女）　潘瑞征

中国民主同盟

丁石孙　千家驹　马大猷　马梅荪　王　健　王　健　王　瑶
王丹凤（女）　王祖旦　孔令仁（女）　卢乐山（女）　叶笃义
叶培大　冯亦代　冯克熙　冯宏顺　冯素陶　邢其毅　邬沧萍　刘开渠
刘延良　关世雄　关梦觉　池际尚（女）　许政润　寿进文　苏步青
李文宜（女）　李树元　李曙轩　杨奎章　吴东儒　吴汉家　吴廷璆
吴克清　吴作人　吴春选　吴修平　吴富恒　沈　元　沈　晋　张芝联
张毕来　张乔啬　张纪域　陈癸尊　陈敏之　陈新民　林亨元　林宗彩
罗涵先　赵理海　赵继游　侯学煜　闻家驷　钱伟长　翁曙冠　高　天
高国泰　高景德　高擎洲　谈家桢　章振乾　傅世英　戴树和

中国民主建国会

万国权　马公瑾　王　坚　王仁中　王光英　王艮仲　王洪昌　文宝瑛
邓季惺（女）　卢菊芳（女）　白大华　冯克煦　冯梯云　边嘉珏
朱元成　朱绍文　庄　申　刘公诚　刘正谟　刘家权　刘崑水　汪子砺
孙延年　孙晓村　阳忠恕　李文杰　李月华（女）　李功九　李志方
杨克成　肖国金　吴觉农　吴羹梅　余振中　沈日新　张　旭　张焕文
陈乃昌　陈广生　陈铭珊　林永革　金斌统　周同善　庞延斌　柏　岳
姜庆湘　施宁荪　纽守章　秦元珍（女）　钱椿涛　钱碧琴（女）
徐祖宏　郭礽疆　唐宝心　资耀华　黄　舜　黄大能　董幼娴（女）
蒋达宁　韩传雄　虞效忠　蔡体铨　蔡载经　谭兴宜

无党派民主人士

丁钤宇　王振铎　叶道英　冯　寅　冯德培　朱　扶　朱伯禄　朱洁夫
任以奇　任宗德　关士聪　李希泌　李铁铮　杨希枚　杨国桢　吴永泰
吴家楹　沈从文　沈尔炎　张春男　陆钦侃　陈逸松　茅祖杓
林　娜（女）　郑孝燮　孟鞠如　赵君迈　胡公石　胡有萼　俞恩瀛
钱人元　倪松茂　徐逸樵　郭布罗润麒　唐连第　梅绍武　章　沛

梁裕宁（女） 梁漱溟 董竹君（女） 蒋彦胤 韩云岑
韩咏华（女） 程学敏 程思远 雷天觉 廖静文（女） 缪云台
潘国定

中国民主促进会

朱平甫 方　明 石　泉 史念海 朱鸿鹗 刘西林 刘震华 麦赐球
巫宝三 吴　荣 应中逸 张光瑛（女） 张志公 张明养 张景宁
陈　慧 陈一百 苗永明 林增平 岳炳忠 金立强 柯　灵 段成桂
陶祥洛 黄敬芳 章臣桓 葛志成 蒋家祥 傅淑芳（女）
谢冰心（女） 熊性美 滕茂桐 德继民 霍懋征（女）

中国农工民主党

丁贡南 马吉庆 王传琛 王治田 方荣欣 孔令朋 邓昊明 卢嘉锡
叶桔泉 田光涛 光仁洪 刘宗宽 刘崇智 苏应衡 杜德育（女）
李健生（女） 何绍勋 沈其震 宋承铮 宋儒耀 张纯之 张鹤镰
邵令方 赵绍琴 祝谌予 柴邦衡 郭秀仪（女） 黄立圻 黄耀燊
阎承先 董敬舒 管仲伟 剪天聪 潘澄濂

中国致公党

卞伯仲（女） 司徒擎 刘文湖 许志猛 李世雄 邱国义 何上举
谷建芬（女） 陆榕树 陈荣悌 陈修德 郑守仪（女） 俞云波
唐国俊 黄　光 黄独峰 黄清渠 黄鼎臣 韩　明 蔡其侃

九三学社

方　启 冯　楠 孙承佩 许香谷 李　毅 李孝芳（女） 杨　樾
吴　翼 吴廷椿 启　功 汪　愚 张叔英 陈　立 陈明绍 金开诚
金克木 金显宅 周培源 赵伟之 洪级曾 袁龙蔚 袁翰青 钱钟韩
唐立民 唐有祺 黄汲清 笪移今 程裕淇 曾近义 曾昳梅 谢立惠
廖延雄 潘　菽 薛公绰

台　盟

叶庆耀 苏子蘅 李纯青 吴克泰 汪慕恒 陈　水 陈木森 陈仲颐
陈荣驾 范新发 林东海 林盛中 郑励志 徐振文 徐萌山 黄启章

曾人宗　蔡启运　潘渊静　戴见能

中国共产主义青年团

丁耀民　王东华　王雨顺　王淑玲（女）　巴特尔　祁爱花（女）
李源潮　张希钦　茅临生　赵喜明　徐祝庆　覃彦瑞

中华全国总工会

丁可则　王仲方　王振远　王家扬　王崇伦　方嘉德　卢　在（女）
冯祖椿　刘家骧　刘智生　江长源　孙洪敏（女）
买买提色依提·热里木　严忠勤　严维桢　杜尔逊　李　冀　李天一
李友祥　李国忠　李容光　李燕杰　杨和平　张孝敬　张良志　吴式铎
汪敬虞　宋季文　陈　宇　陈秉权　陈能兴　陈康林　陈维桢　邵子言
林万骙　易礼容　罗淑珍（女）　周太和　周光墉　单　书
赵玉馨（女）　赵秀贞（女）　赵景歧　赵景棠　姚茂启　姚经才
秦道夫　袁家菽（女）　热夏提·牙生　顾大椿　徐　葵　徐传俭
郭孝礼　陶其孅（女）　曹宁建　章开沅　章午生　康永和　屠由瑞
彭慕业　董蕴琦　曾吉恕　韩　凯　童大林

中华全国妇女联合会

于　蓝（女）　于若木（女）　王　于（女）　王　华（女）
王亚夫（女）　王庆淑（女）　王秀梅（女）　王焕臣（女）
王瑜珑（女）　王翠娇（女）　邓晓薇（女）　包淑和（女）
冯莉莉（女）　司徒梅芳（女）　过宁扶（女）　朱旦华（女）
朱锦沁（女）　刘　澈（女）　刘鸿祥（女）　关　涛（女）
杜孟庸（女）　杜瑞兰（女）　巫昌祯（女）　李　林（女）
李凤兰（女）　李素循（女）　邱洛琳（女）　何泽慧（女）
何理良（女）　沈　谱（女）　张西蕾（女）　张自清（女）
张洁珺（女）　张素我（女）　张惠兰（女）　林兴明（女）
卓碧玉（女）　罗越嘉（女）　周远楣（女）　周叔璜（女）
郑　瑛（女）　郑丽荣（女）　郑晶莹（女）　草　明（女）
胡正芝（女）　胡长和（女）　柯雪琦（女）　柳无非（女）

俞惟乐（女） 施如璋（女） 姚代亮（女） 姚淑平（女）
秦 怡（女） 夏琫瑛（女） 顾文霞（女） 徐永端（女）
郭月芳（女） 郭肖容（女） 浦安修（女） 黄 杰（女）
黄梦玲（女） 曹瑞武（女） 龚光文（女） 章 岩（女）
程诶青（女） 谢 飞（女） 雷一东（女） 臧慧芬（女）
潘复兰（女） 薛 明（女） 戴克宇（女）

中华全国青年联合会

刘长瑜（女） 刘再复 刘晓庆（女） 关牧村（女）
杜 宪（女） 李大维 杨 乐 张大宁 范 曾 赵玉芬（女）
赵丽宏 洛 桑 倪以信（女） 覃志刚 策墨林·单增赤列
廖秋忠

中华全国工商业联合会

丁 忱 丁言章 马品芳 王 范 王 惠 厉志成 方文瑜 邓有仁
叶元铮 叶仁寿 叶宝珊 田来春 冯和法 托乎提毛拉·托瓦库力
刘世增 刘荷甫 刘靖基 刘鹤章 关炳如 汤元炳 汤蒂因（女）
孙廷芳 孙孚凌 苏家兴 李永锡 李宗坊 杨振斌 杨鉴清（女）
吴 鑫 吴志超 邱庆铭 何信泉 邹子龄 张春申 张宽训 张敬礼
陈兴昌 陈祖沛 周宝芬 於坤裕 经叔平 荣仁本 胡子昂 胡平旭
胡世俊 胡宏敏 恰巴·格桑旺堆 姜培禄 袁世先 徐昭隆 郭守昌
郭德恒 诸德耀 黄长溪 黄英民 黄凉尘 黄峻山 梁尚立 程秉文
傅文祺（女）

中华全国台湾同胞联谊会

王碧云（女） 石静如（女） 朱天顺 刘亦铭 苏英俊 吴英辅
张克辉 张澄生 陈志平 陈明达 陈锦堂 罗 朋 周桑漪 洪 涛
徐兆麟 徐能光 郭平坦 涂添凤 容汉诠

文化艺术界

丁 聪 刁光覃 于 伶 才旦卓玛（女） 马 季 马友仙（女）
马崇仁 王 昆（女） 王 酩 王玉磬（女） 王立平 王乐天

王济夫　王馥荔（女）　方掬芬（女）　巴　金　古　华
左大玢（女）　叶文玲（女）　叶浅予　白　杨（女）　白雪石
白淑湘（女）　冯　牧　冯骥才　邢　籁（女）　华君武　毕克官
刘白羽　刘炳森　刘海粟　刘德海　刘燕平（女）　江定仙　孙　瑛
孙家琇（女）　严良堃　杜近芳（女）　李　準　李小春　李可染
李世济（女）　李光羲　李谷一（女）　李和曾　李焕之　李默然
杨乃珍（女）　杨村彬　杨秋玲（女）　杨宪益　肖　军　吴　雪
吴乐懿（女）　吴冠中　吴祖光　吴祖强　何士光　邹德华（女）
延泽民　沈　湘　张　权（女）　张　庚　张水华　张君秋　张贤亮
张松鹤　张宝英（女）　张瑞芳（女）　阿依吐拉（女）
陈　健　陈汝斌　陈伯华（女）　陈荒煤　陈爱莲（女）　陈裕德
邵　宇　武季梅（女）　林默涵　罗天婵（女）　帕夏·依夏（女）
周小燕（女）　周而复　周汝昌　周克芹　周巍峙　郑雪来
郎毓秀（女）　项　堃　赵　寻　赵　青（女）　胡松华
胡絜青（女）　莫德格玛（女）　钟振发　俞振飞　姚珠珠（女）
姚雪垠　贺绿汀　骆玉笙（女）　袁世海　贾桂林（女）　钱　江
徐肖冰　高占祥　资华筠（女）　黄　翔　黄永玉　黄苗子　黄贻钧
黄婉秋（女）　黄新德　梅　阡　曹　禺　盛中国　常书鸿
崔美善（女）　章宗义　梁黄胄　喜彩莲（女）　蒋月泉　韩美林
程十发　舒　强　舒　群　谢　晋　谢　添　谢雨辰　赖少其
筱俊亭（女）　新凤霞（女）　臧克家　裴艳玲（女）　管　桦
黎雄才　潘　虹（女）　潘　素（女）　霍　达（女）
戴爱莲（女）　魏明伦

科学技术界

丁宪祜　于　敏　马杏垣　马湘平　王　元　王大珩　王习三　王天眷
王文义　工业辉　王再生　王守武　王壮飞　王运丰　王良楣　王希舜
王佛松　王钟琦　王振纲　王毅之　王德宝　甘澄泽　石奉天　石忠汉
卢东阁　卢庆骏　卢国纪　叶大年　叶心力　叶正大　叶汝求　叶德灿

叶耀东　田　复　白文元　冯伟年　冯家璋　冯勤为　成思危　朱　耘
任道源　华宁熙　庄启谦　庄孝僡　刘可栋　刘佩荣　刘曾达　齐卫民
江英彦　汤定元　汤德全　许中明　阳含熙　孙钟秀　严东生　严星华
杜燕孙　李　苏　李　昌　李　觉　李乃暨　李正武　李存模　李鄂鼎
李敏华（女）　李慕愚　李德平　励承豪　岑　淳　肖　民　肖家捷
吴　文　吴　钰　吴　骁　吴大观　吴大诚　吴文俊　吴生林　吴百川
吴问涛　吴武封　吴征铠　吴震春　邱守锽　何广乾　余　桑　余兴远
余南廉　邹　明　邹仁鋆　邹承鲁　闵　豫　汪大成　汪希萱　汪德昭
沈尔康　沈华生　宋大康　宋叔和　张　英　张　建　张　彬　张　维
张开逊　张文正　张永明　张有萱　张连华　张建怡　张致一　张乾二
张遐昌　张朝琛　张镰斧　陆元九　陆业海　陈正志　陈永龄　陈国珍
陈相荣　陈泽深　陈家镛　陈能宽　陈难先　陈培烈　陈绳武　陈肇博
范镜渊　林　华　林　金　林同骥　林秉南　罗西北　罗沛霖　季毓彪
岳希新　金宗哲　金实蘧　周立三　周亚特　周光宇（女）　周师庸
周明镇　羌逢成　项志选　赵　锟　赵维纲　胡聿贤　荆其诚　侯立尊
侯祥麟　侯德原　俞宝传　施复言　姜俊平　洪加威　洪朝生　姚汝华
姚建铨　莫馨一　夏国治　顾正秋　顾知微　顾毓琭　梁守槃　钱三强
钱孝虹　钱君伟　钱学森　钱保功　钱思初　钱家治　徐　驰　徐大铨
徐邦裕　徐如镜　徐时辅　徐来自　徐性初　徐博文　翁文波　高子曼
高维荣　席成洲　郭正谊　郭承基　郭祥熹　郭慕孙　郭履灿　郭燮贤
唐鸿千　谈镐生　陶　涛（女）　陶亨咸　陶诗言　黄　昆　黄远强
曹乐安　章基嘉　阎立中　屠　焰　屠守锷　彭少逸　彭德钊　董少绩
蒋　全（女）　蒋丽金（女）　惠永正　程之光　程开甲　傅熹年
童　傅　曾守中　谢绍明　谢家泽　谢燕声　蓝　天　楼阅榛　雷荣天
鲍奕珊　蔡其巩　蔡诗东　蔡睟盎（女）　廖民欢　谭汉洲　熊正美
熊尚元　颜捷先　颜植生　戴元本　戴传曾

社会科学界

王世英　王世襄　王玉清　王仲殊　王传纶　王铁崖　方　强

东噶·洛桑赤列 史树青 冯友兰 邢賁思 吕 澂 刘导生 汝 信
安金槐 许立群 孙执中 李 荣 李 新 李京文 吴介民 何 方
何正璜（女） 余绳武 张广达 陈 征 陈岱孙 陈高华
陈舜瑶（女） 林子东（女） 林甘泉 罗元铮 罗哲文 罗章龙
金冲及 郑为之 项克方 胡如雷 恰贝·次旦平措 段文杰 俞平伯
姜伯勤 袁永熙 贾题韬 钱钟书 徐之河 徐苹芳 殷叙彝 高 锐
高体乾 唐 弢 浦 山 浦寿海 梅 行 常 诚 盖山林 蒋正华
蒋和森 韩树英 韩德培 傅懋勣 谢辰生 楼福卿 廖沫沙 谭旌樵
樊 骏 滕 颖（女） 冀淑英（女）

农林界

马 骥 马玉槐 马寿桃 王云龙 王兴让 王运华 王炎堂 王念基
王绪捷 王楚云 毛炳衡 孔繁瑶 邓 旭 艾宏韬 左 叶 叶正襄
丹 彤 母秋华（女） 过益先 成俊卿 吕 清 朱则民 任继周
向 垆 庄巧生 刘仕贤 刘培植 刘麟书（女） 关 勋 安法乾
许伍权 李化一 李玉山 李光博 李伯宁 李秉滔 李绍禹 李信贤
李增崇 肖 鹏 吴中伦 吴凤启 吴克驹 汪菊渊 沈 隽 张子仪
张季高 张树榛（女） 张修竹 张逢时 陈鸿佑 林 平 林毅夫
罗新书 周 尧 周大荣 周立端（女） 周政贤 郑恒受 郑镇安
孟庆闻（女） 赵学源 赵法箴 赵善欢 胡洪凯 胡祥璧 禹作敏
侯 锋 娄成后 洪宝顺 袁隆平 祝源又 徐芝纶 徐廷文 陶鼎来
黄 枢 曹赤阳 龚得福 惠庆祺 景晓村 程习武 湛时霖 谢 华
谢浩然 魏廷琤

教育界

丁懋萱（女） 大洛桑朗杰 马长贵 王 洲 王于畊（女）
王竹亭 王佐良 王祖农 王菊生 王鸿祯 王斯雷 王辉丰
王福重（女） 王震源 邓 璟 邓汉馨 甘幼玶 古 元 古 可
左景伊 石惠恩 卢鹤绂 申泮文 叶 刚 叶恭绍（女） 田昭武
史 说 朱及群 朱亚杰 邢文卫（女） 吕敬先（女） 刘 筠

刘云旭　刘世楷　刘忠德　刘宜伦　刘思福　刘复光　刘恒椽　刘盛纲
刘鸿文　关百成　苏谦益　李莎（女）　李正才　李秉德　李国豪
李振麟　李载柔（女）　李曼村　杨桂通　时　钧　吴纯素　吴葵光
吴景荣　余国琮　张　健　张士勋　张友梅　张文松　张光斗　张远谋
张梦实　张鉴祖　陆　慈（女）　陆景云　陆善镇　陈　宏　陈　卓
陈心铭　陈光辉　陈涵奎　苗永森　林传鼎　罗辽复　竺苗龙　金日光
周与良（女）　周克定　周其节　周铁农　郑　重　郑基英
孟雁君（女）　项子明　赵　沨　赵　靖　赵重远　胡　征
胡和生（女）　侯仁之　侯博渊　闻邦椿　姜伯驹　洪　晶（女）
姚奠中　饶博生　袁力庸　徐光宪　高　沂　高　歌　高士品
高小霞（女）　高兆兰（女）　高伯龙　高良润　郭明秋（女）
郭湖生　郭履容（女）　唐敖庆　浦通修　黄辛白　黄启助　黄鸿鼎
黄德音　梁宗巨　彭道儒　蒋守规　童懋林（女）　曾德林　谢志成
谢莹莹（女）　谢颂凯　赖万才　赖祖涵　蔡光天　蔡秉久　蔡强康
臧伯平　管致中　管梅谷　樊恭烋　戴执中　戴复东　魏荣爵

体育界

马青山　马基铭　王文教　王钧祥　王菊蓉（女）　田麦久　曲绵域
刘庭怀　刘适兰（女）　杨人燧　何伟钦　何振梁　张家宝
张蓉芳（女）　林笑峰　郑敏之（女）　钟师统　聂卫平　徐益明
高丰文　黄　健　黄强辉　阎维仁　蔡龙云

新闻出版界

王　益　王子野　叶　华（女）　叶至善　叶君健　冯锡良　刘尊棋
安　岗　孙铁青　严文井　苏　星　李　峰　杨西光　肖　乾　吴冷西
吴泽炎　沙博理　张西洛　陆　诒　陈必娣（女）　陈翰伯　范荣康
林基洲　罗　俊　和穆熙　赵超构　耿绍光　徐　盈　徐铸成
爱泼斯坦　谢文清　魏璐诗（女）

医药卫生界

马立人　马永江　马成义　马海德　王　夔　王天铎　王玉川　王务迪

王孝涛　王贤才　王诗恒（女）　王秉正（女）　王绵之
王翠霞（女）　卢士谦　乐　铜　兰　瑚　邢光辉　吕炳奎　朱既明
朱洪荫　刘志明　米　勒　孙信孚　孙衍庆　孙毓庆　严庆汉
李果珍（女）　李桓英（女）　李辅仁　李锡莹（女）　杨甲三
杨德旺　邱茂良　邱明庆（女）　何观清　何瑞荣　宋汝良　宋鸿钊
张金哲　张镜人　陆干甫　阿不都力米提·王素甫　陈　过　陈　新
陈君石　陈坤惕（女）　陈钟英（女）　范　琪（女）　林　崧
郁知非　尚天裕　尚德俊　罗布桑　金大雄　金启祥　周超凡　庞巨丰
郑玲才　哈荔田　钟品仁　钟毓斌（女）　侯健存　修瑞娟（女）
施奠邦　都本洁　耿兆麟　顾方舟　顾伯华　顾英奇　钱宇平　殷凤峙
翁心植　翁嘉颖　凌一揆　郭子恒　桑国卫　黄　量（女）　章荣烈
梁乃津　彭司勋　董方中　蒋秉东　喻娴武（女）　程莘农　傅　莱
童尔昌　谢　荣　路志正　臧人和　管忠震　樊苏培　魏龙骧

对外友好团体

丁国钰　丁雪松（女）　马仲文　王阑西　王耀庭　孔　筱（女）
卢绪章　田一明　毕季龙　刘　春　刘志汉　刘希文　孙平化　李则望
李寿葆　杨天全　杨斯德　宋之光　张化东　张光斗　陆　璀（女）
陈忠经　林　林　郁　文（女）　金　黎　赵安博　姚仲明　贾　石
唐明照　黄甘英（女）　黄世明　黄国光　曹克强　龚普生（女）
康岱沙（女）　韩克华　景新汉　潘静安

社会救济福利团体

王青林　王定国（女）　王照华　尤祥斋（女）　史怀璧
白　茜（女）　宋建平（女）　李　克　杨　纯（女）
杨　琛（女）　吴全衡（女）　张文庄　林佳楣（女）
经普椿（女）　顾锦心（女）　高锡朋　黄　乃　章　明（女）
傅师荣

少数民族

刀世勋　马　可　马　信　马飞龙　马正中　马乐庭　马世恭　马祖灵

王寿昌　王连芳　王思明　王泰昌　木全章　韦国仁　扎西泽仁
乌力更　乌拉迪米尔·尼科来耶维奇·孜缅科　孔志清　巴　岱
艾买提·瓦吉地　石邦智　龙　敏　平康·次仁顿珠　卢邦正
甲嘎·洛桑汤觉　田　渊　田恩波　生钦·洛桑坚赞　兰光谅　兰志流
司马义·艾买提　尼合买德·蒙加尼　尕布藏　吉普·平措次登
尧西·古公才旦　刘树生　江家福　安永福　孙格巴顿
买合苏德·铁依波夫　买买提吐尔逊·巴吾东　赤　列
贡巴萨·土登吉扎　严天华　苏　赫　李　瑾　李光华　李儒云
杨堂松　吴守贵　吴廷栋　罕富有　张子斋　张永祥　陆镇潘
阿乐群则　纳国祥　纳星斋　武连元　拉鲁·次旺多吉　松　布
旺　堆　果基尼迫　金世琳　金泰甲　周礼成　郑　英　单得真
孟苏荣（女）　项朝宗　赵恩登（女）　胡德胜
胡赛音·斯牙巴也夫　恰扎·强巴赤列　洛布桑
洛桑赤耐　祖拉力·牙库甫　格桑顿珠　敖德木勒（女）
爱新觉罗·溥佐　郭维藩　党　巴　朗　加　措　姆（女）　黄正清
黄语扬　麻合苏提·艾克拜尔　盘才万　葛德洪　韩麦扫日　傅景贤
尊杰·索朗坚村　雷冯辉　嘎多·锡雄　潘李珍（女）

归国华侨

王汉杰　邓景扬　邝公道　吕敦村　庄明理　庄炎林　李家明　杨银仙
肖　岗　张作梅　张楚琨　陈有海　陈兆强　林水龙　林克安
林雪梅（女）　郑正仁　赵士杰　侯虞钧　徐发淦　郭毅为　黄其兴
黄锡坚　彭光涵　谢文思　谢福美　赖稳贤　蓝　江　蔡俊迈
黎沪娟（女）　颜西岳

港澳同胞

马　蒙　王　衡　王孝行　邓广殷　古胜祥　石　慧（女）　石景宜
司徒辉　冯永祥　冯庆锵　朱鹤皋　伍淑清（女）　庄世平　刘迺强
安子介　许东亮　阮北耀　孙城曾　牟润孙　苏务滋（女）　李子诵
李东海　李作基　李侠文　杨　光　杨　声　吴多泰　吴炳昌

利黄瑶璧（女） 邱成章 邱德根 何世柱 余平仲 余国春 闵建蜀
张永珍（女） 陈文裘 陈丕士 陈复礼 陈焕璋 林贝聿嘉（女）
罗桂祥 周 鼎 郑 华 胡应湘 胡鸿烈 钟景辉 贾桂藩
夏 梦（女） 徐四民 唐翔千 陶开裕 黄允畋 黄克立 黄启铎
黄祖芬 黄梦花 脱维善 康显扬 梁 燊 梁披云 程慕灏 简福饴
蔡章阁 蔡演雄 翟暖晖 潘江伟

宗教界

土登唐巴 马 贤 马进成 马松亭 王良佐 王学明 王神荫
王菊珍（女） 云中嘎瓦 仁 德 乌 兰 玉赛音·阿吉
布米·强巴洛珠 伍并亚·温撒 华长吉 刘柏年 刘景和 刘雅敬
汤履道 安士伟 许力功 贡唐仓·丹贝旺旭 却 西 杨高坚
吴爱恩（女） 沈遐熙 沈德溶 张继禹 陆薇读
阿不都拉大毛拉·阿吉 明 旸 罗 济 罗冠宗
帕巴拉·格列朗杰 金鲁贤 周绍良 宗怀德 赵朴初 真 禅
钱余荣 桑顶·多吉帕姆（女） 唯 觉 阎迦勒 隆 莲（女）
董光清 韩文藻 韩生贵 傅铁山 曾友山 谢生林 嘉 雅
嘉木样·洛桑久美·图桑却吉尼玛 蔡文浩 熊真沛 黎遇航

特别邀请人士

万 彤 马忠全 马烈孙 王 云（女） 王 匡 王 屏 王一藩
王文轩 王平水 王功安 王光美（女） 王扶之 王定南
王育新（女） 王建业 王庭钧 王树森 王绣锦 王黎之 王耀华
毛经权 文 击 文 强 方 靖 孔昭恺 孔德懋（女）
邓团子（女） 邓兆祥 艾则佐夫·哈斯木 左 良 石生荣
卢广绵 卢仁灿 卢南樵 田 波 田世兴 史钧杰 白纪年
冯弗伐（女） 冯振伍 冯锡铭 吕辑人 朱 光 朱文榘 朱家璧
任 荣 任务之 刘 方 刘 正 刘 钊 刘 枫 刘 琦 刘云沼
刘月生 刘庆奎 刘西尧 刘光甫 刘建华 刘昌义 刘炳华 刘国錤
刘家栋 刘海清 米暂沉 江 文 江 平 江民风 许革夫 孙文芳

杜文敏　杜绍三　杜建时　李　元　李　轩　李　佐　李人林　李子超
李水清　李以劻　李仙洲　李伯康　李际祥　李良汉　李宝光（女）
李振军　李储文　李登嵩　杨士杰　杨玉山　杨永峰　杨应彬　杨伯涛
杨拯民　杨格非　杨树根　杨俊生　肖　元　肖选进　肖耀堂　吴　平
吴元龙　吴庆彤　吴尧民　吴拱照　吴建安　吴瑞山　何　载　何廷一
何运洪　何善远　何辉燕　佟　英　余建亭　汪少川　沙　里　沙人麟
沈　醉　宋伟斌　宋希濂　宋致和　宋晓菡（女）　宋德敏　张　衍
张　钧　张　祥　张力克　张力雄　张乃英　张日和　张凤岐　张正光
张西铭　张有谷　张如三　张伯权　张洁清（女）　张秉纶　陈　沂
陈如龙　陈克攻　陈芳模　陈金钰　陈洪新　陈炳宇　武尽法
拉希达（女）　范　明　林　彬　尚　明　罗历戎　罗应怀　罗坤山
罗晋琛　季　龙　李树农　金绍先　金熙英　周　正　周一峰　周振兴
周振强　郑国仲　郑庭笈　单印章　孟传生　赵　杰　赵烽（女）
赵子立　赵光炬　赵冠英　赵海峰　荣智健　胡楠卿　钟　辉　钟夫翔
侯御之（女）　姜　习　姚文绪　贺敏学　栗光祥　秦德君（女）
袁东衣　袁晓园（女）　徐国夫　徐国贤　徐春阳　高　戈　高　平
高　克　高存信　高振中　郭安娜（女）　郭延林　郭汝瑰　郭洪超
郭维城　郭翼青（女）　唐仲文　海　灯　涂光禅　陶汉章　陶鲁笳
黄　维　黄　森　黄小英　黄天明　黄永华　黄伟民　黄植诚　黄静波
黄德懋　梅盛伟　曹达诺夫·扎伊尔　曹步墀　崔　健　崔维崧
阎济民　梁蔼然　宿　灿　彭清云　董益三　蒋文桂　韩哲一　韩增胜
黑伯理　程　元　程　浩　程　容　程步云　傅继泽　谢　直
谢雪萍（女）　靳崇智　蒙定军　赖春风　路正西　廉　仲　鲍奇辰
蔡　端　廖伯康　廖述云　廖鼎祥　熊　晃　熊志生　熊作芳　鲜　恒
黎　钦　黎　原　黎仲修　潘启琦　穆常生

第一次会议闭幕后（一九八八年四月十二日）增补委员名单：

董寿平　杨植霖

一九八九年增补委员名单：

丁光训　于熙钟　王　均　王　殊　云丽文（女）　毛尔盖·桑木旦　卢广声　卢燕南　叶仲若　冯理达（女）　加那·加拥克珠　朱作霖　刘玉堤　杨　堤　杨清明　何鲁丽（女）　应伊利（女）　沈嘉元　沈慈荫（女）　张子伊　陆达权　陈学俊　陈灏珠　林　莉（女）　容子青（女）　梅向明　曹培生　梁从诫　解　峰　酆炳军

一九九〇年增补委员名单：

王文元　王启宏　王郁昭　王奎章　王峻岩　刘　豹　刘邦瑞　刘增禔　多杰才旦　孙家栋　李　侃　李汉秋　李希竑　李树楠　李继勋　何凤祖　张乃诤　陈　熯　陈益群　周　觉　周伯萍　郑鸿业　赵　炜（女）　洪学智　钱广华　唐锦春　常近时　章　中　阎　颖（女）　梁福寰　傅万保　谭承项　樊海山

一九九一年增补委员名单：

王之泰　王同亿　王恒丰　毛昭晰　方定菲　叶选平　田　健　朱善卿　李默庵　吴豪德　何　新　张　侃　张铁男（女）　张清德　阿嘉·罗桑图旦·久美嘉措　陈日新　陈可冀　邵　华（女）　帕提曼·贾库林（女）　周光春　胡芝风（女）　胡逸洲　施嘉明　徐英含　凌毓勋　高　潮　高茗华（女）　郭东坡　梅葆玖　龚振栋　蒋民宽　蔡振兴　蔡铭熹　嘉拉·降泽

附录八

政协全国委员会关于政治协商、民主监督的暂行规定

（一九八九年一月二十七日中国人民政治协商会议第七届全国委员会常务委员会第四次会议通过）

中国人民政治协商会议是最广泛的爱国统一战线组织。共产党领导下的多党合作制度和政治协商制度是在长期的革命和建设过程中形成和发展的，是我国政治体制的特点和优势。根据《中华人民共和国宪法》、《中国人民政治协商会议章程》的有关规定和中共十三大对人民政协提出的要求，为加强社会主义民主政治建设，逐步实现政治协商、民主监督的经常化、制度化，完善共产党领导下的多党合作制度和政治协商制度，进一步发挥各民主党派、无党派爱国人士、人民团体、少数民族人士和各界爱国人士在国家政治生活中的作用，特制定本规定。

第 1 条　人民政协的主要职能是对国家的大政方针和地方重要事务以及群众生活、爱国统一战线内部关系等重要问题进行政治协商，并通过提出建议和批评，发挥民主监督的作用。

第 2 条　政治协商、民主监督的目的是：发扬社会主义民主，反映社会各方面的意见和要求，为参加人民政协的各民主党派、无党派爱国人士、人民团体、少数民族人士和各界爱国人士参政议政开辟畅通的渠道，集思广益，促进国家重大决策的科学化与民主化；协助并推动国家机关改进工作，提高效率，克服官僚主义，反对腐败现象，监督国家宪法、法律和方针政策的贯彻执行；推动社会主义物质文明、社会主义精神文明和社会主义民主法制的建设，促进社会生产力的发展；协调社会各方面的关系，促进各方面的相互

沟通和理解，加强在共产党领导下各党派的团结合作；贯彻执行“一国两制”的方针，促进祖国统一大业的实现。

第3条　政治协商的主要内容包括：国家在社会主义物质文明建设、社会主义精神文明建设、社会主义民主法制建设和改革开放中的重要方针政策及重要部署，政府工作报告，国家财政预算，经济与社会发展规划，国家政治生活方面的重大事项，国家的重要法律草案，中共中央提出的国家领导人人选，国家省级行政区划的变动，外交方面的重要方针政策，关于统一祖国的重要方针政策，群众生活的重大问题，各党派之间的共同性事务，政协内部的重要事务以及有关爱国统一战线的其他重要问题。

第4条　政治协商的主要形式有：政协全国委员会的全体会议，常务委员会议，主席会议，常务委员专题座谈会，各专门委员会会议，根据需要召开的各党派、无党派爱国人士、人民团体、少数民族人士和各界爱国人士的代表参加的协商座谈会等，以及应邀列席全国人大及其常委会的有关会议。

第5条　民主监督的主要内容包括：国家宪法与法律、法规的实施情况，中共中央与国家领导机关制定的重要方针政策的贯彻执行情况，国民经济和社会发展计划及财政预算执行情况，国家机关及其工作人员在履行职责、遵守法纪、为政清廉等方面情况，参加政协的各单位和个人遵守政协章程和执行政协决议的情况。

第6条　民主监督的主要形式有：政协全国委员会的全体会议、常委会议或主席会议向中共中央、全国人大常委会、国务院提出建议案，各专门委员会提出建议或有关报告，委员视察，委员提案，委员举报或以其他形式提出批评和建议，参加中共中央、国务院有关部门组织的调查和检查活动。

第7条　全国政协主席会议根据中共中央、全国人大常委会、国务院、各民主党派、各人民团体以及中央党政有关部门的提议，安排协商活动并决定协商的形式和参加范围。

全国政协主席会议认为需要协商的问题，也可以建议中共中央、全国人大常委会、国务院、各民主党派、各人民团体以及中央党政有关部门将问题提交政协协商。

政治协商一般应在决策之前进行。

第 8 条　全国政协进行政治协商可视情况邀请中共中央、全国人大常委会、国务院以及中央党政有关部门的负责人员参加会议，并请有关负责人就提交协商的问题作出说明。

第 9 条　协商的议题与会期确定之后，全国政协的有关机构至少提前一周将会议通知或有关文件送达参加会议的人员，以便与会人员事先作好准备，充分反映各有关方面的意见。

第 10 条　政协委员的民主权利应受到保护，在政协的各种会议上，各种意见都可以充分发表。

第 11 条　政协全国委员会的全体会议，常务委员会议及其他形式的协商会议，一般应作新闻报道。

第 12 条　政协全国委员会的各专门委员会在常委会的领导下，组织委员参加各项经常性活动，做好专题座谈、专题调查、委员提案和委员举报工作，并同中央党政有关部门取得密切联系，相互支持，相互配合。

第 13 条　各专门委员会的重要建议和委员的重要提案，可由各专门委员会通过后提交常委会议或主席会议讨论。经常委会议或主席会议通过，得以全国政协常委会或主席会议建议案的形式向有关方面提出。

第 14 条　以全国政协常委会、主席会议或以各专门委员会名义提出的建议、意见和批评，均由全国政协办公厅以正式文件形式送达有关方面或部门。有关方面或部门应积极负责地进行研究处理，并将结果尽快以正式文件形式作出答复。

对政协委员的提案和举报，有关部门应认真研究处理，并及时予以答复。

第 15 条　为切实履行政治协商、民主监督主要职能，政协全国委员会要通过各种形式帮助委员了解有关情况，为委员参政议政创造良好的条件；全国政协委员要努力学习，深入实际，调查研究，密切联系自己所代表的党派、团体及有关方面的群众，积极反映群众的意见和要求，在参政议政中更好地发挥应有的作用。

附录九

中共中央关于坚持和完善中国共产党领导的多党合作和政治协商制度的意见

（一九八九年十二月三十日）

中国共产党领导的多党合作和政治协商制度是我国一项基本政治制度。中国共产党和各民主党派团结合作，互相监督，共同致力于建设有中国特色的社会主义和统一祖国、振兴中华的伟大事业。我国实行的共产党领导、多党合作的政党体制是我国政治制度的特点和优点。它根本不同于西方资本主义国家的多党制或两党制，也有别于一些社会主义国家实行的一党制。它是马克思列宁主义同中国革命与建设相结合的一个创造，是符合中国国情的社会主义政党制度。坚持和完善这项制度，是我国政治体制改革的一项重要内容，对巩固扩大爱国统一战线，发扬社会主义民主，促进全国各族人民大团结，实现党和国家的总任务具有重要意义。

中国共产党领导的多党合作和政治协商制度是在长期革命与建设中形成和发展起来的。在民主革命时期，各民主党派同中国共产党长期合作，共同奋斗，为争取新民主主义革命胜利和建立中华人民共和国作出了重要贡献。新中国成立后，各民主党派参加了人民政权和人民政协的工作，为巩固人民民主专政，顺利实现社会主义改造和促进社会主义事业的发展，推进改革开放，进行社会主义现代化建设，发挥了重要作用。实践证明，各民主党派是同中国共产党长期风雨同舟、患难与共的亲密战友，是我国爱国统一战线的一支重要力量，也是维护我国安定团结、促进社会主义现代化建设和祖国统一的一支重要力量。中国共产党和各民主党派的共同任务，就是坚持社会主义初级阶段的基本路线，为把我国建设成为富强、民主、文明的社会主义现代化国家，为统一祖国、振兴中华而奋斗。

我国是人民民主专政的社会主义国家。中国共产党是社会主义事业的领导核心，是执政党。各民主党派是各自所联系的一部分社会主义劳动者和一部分拥护社会主义的爱国者的政治联盟，是接受中国共产党领导的，同中共通力合作、共同致力于社会主义事业的亲密友党，是参政党。我国的多党合作必须坚持中国共产党的领导，必须坚持四项基本原则，这是中国共产党同各民主党派合作的政治基础。中共对各民主党派的领导是政治领导，即政治原则、政治方向和重大方针政策的领导。中共各级党委都要加强和改善对民主党派的领导，进一步加强和发展同民主党派的合作，支持各民主党派为社会主义物质文明和精神文明建设服务，为推进“一国两制”，实现祖国统一服务。

“长期共存、互相监督、肝胆相照、荣辱与共”，是中国共产党同各民主党派合作的基本方针。中共处于执政党的地位，领导着拥有十一亿人口的国家政权，非常需要听到各种意见和批评，接受广大人民群众的监督。各民主党派是反映人民群众意见、发挥监督作用的一条重要渠道。充分发挥和加强民主党派参政和监督的作用，对于加强和改善共产党的领导，推进社会主义民主政治建设，保持国家长治久安，促进改革开放和现代化建设事业的发展，具有重要的意义。

民主党派参政的基本点是：参加国家政权，参与国家大政方针和国家领导人选的协商，参与国家事务的管理，参与国家方针、政策、法律、法规的制定执行。

发挥民主党派监督作用的总原则是：在四项基本原则的基础上，发扬民主，广开言路，鼓励和支持民主党派与无党派人士对党和国家的方针政策、各项工作提出意见、批评、建议，做到知无不言，言无不尽，并且勇于坚持正确的意见。

中国共产党和各民主党派都必须以宪法为根本活动准则，负有维护宪法尊严、保证宪法实施的职责。民主党派享有宪法规定的权利和义务范围内的政治自由、组织独立和法律地位平等。中共支持民主党派独立自主地处理自己内部事务，帮助他们改善工作条件，支持他们开展各项活动，维护本组织成员及其所联系群众的合法利益和合理要求。

中国共产党和各民主党派共同负有保卫国家安全、维护社会安定团结的责任，决不允许存在反对四项基本原则、危害国家政权的政治组织，一经发现，应依法取缔。

一、加强中国共产党和各民主党派之间的合作与协商

（1）中共同民主党派进行政治协商，是中国共产党领导的多党合作和政治协商制度的一项重要内容。总结建国以来行之有效的经验，主要采取以下几种协商形式：

中共中央主要领导人邀请各民主党派主要领导人和无党派的代表人士举行民主协商会，就中共中央将要提出的大政方针问题进行协商。这种会议一般每年举行一次。

中共中央主要领导人根据形势需要，不定期地邀请民主党派主要领导人和无党派的代表人士举行高层次、小范围的谈心活动，就共同关心的问题自由交谈、沟通思想、征求意见。

由中共召开民主党派、无党派人士座谈会，通报或交流重要情况，传达重要文件，听取民主党派、无党派人士提出的政策性建议或讨论某些专题。这种会议大体每两月举行一次。重大事件随时通报。有的座谈会亦可委托中共全国政协党组举行。

除会议协商以外，各民主党派和无党派人士可就国家大政方针和现代化建设中的重大问题向中共中央提出书面的政策性建议，也可约请中共中央负责人交谈。

上述各种协商形式，原则上也适用于中共地方党委和民主党派地方组织之间的协商活动。

（2）中共各级党委的负责人要同民主党派负责人保持联系，交知心朋友，交诤友，在政治上、思想上互相了解和帮助。中共党委有关部门要加强与民主党派的协作，积极支持他们开展工作。在有民主党派组织的基层单位，中

共党组织应经常召开座谈会，认真听取民主党派的意见，发挥他们的作用。中共同民主党派在团结合作中也会出现矛盾，应当在四项基本原则的基础上，进行民主协商，按照“团结——批评——团结”的公式，求得正确解决。

（3）中共各级党委统战部负责协助党委同各民主党派保持密切联系，了解情况，协调关系，贯彻中共中央的方针政策，帮助民主党派解决工作中的实际问题。

二、进一步发挥民主党派成员、无党派人士在人民代表大会中的作用

（4）人民代表大会制度是我国的根本政治制度。人民代表大会是我国人民行使国家权力的机关，也是民主党派成员、无党派人士参政议政和发挥监督作用的重要机构。

民主党派成员、无党派人士中的人大代表在人大中以人民代表的身份，依照《宪法》及《全国人民代表大会组织法》、《全国人民代表大会议事规则》等法律进行活动。

（5）要保证民主党派成员、无党派人士在全国人大代表、人大常委会委员和人大常设专门委员会委员中占有适当比例，并可聘请有相应专长的民主党派成员、无党派人士担任专门委员会顾问。

在省、自治区、直辖市的人大中应保证民主党派成员、无党派人士占适当比例。

在市、州、县人大中应保证无党派人士占适当比例。在有民主党派组织的市、州、县应保证民主党派成员在人大中占适当比例。

（6）中共人大党组成员应与担任人大领导职务的民主党派和无党派人士经常交流情况，沟通思想，交换意见。

（7）人大、人大常委会在组织关于特定问题的调查委员会，人大各专门委员会在组织有关问题的调查研究时，吸收人大代表中的民主党派成员和无党派人士参加，并可聘请民主党派、无党派的专家。

三、举荐民主党派成员、无党派人士担任各级政府及司法机关的领导职务

（8）民主党派成员和无党派人士担任国家和政府的领导职务，是实现共

产党领导的多党合作的一项重要内容。应采取切实措施，选配民主党派成员、无党派人士担任国务院及其有关部委和县以上地方政府及其有关部门的领导职务。

（9）选配民主党派成员和无党派人士担任政府领导职务，要坚持德才兼备原则和干部“四化”方针。考虑到目前的实际情况，对民主党派成员、无党派人士的年龄要求和任职资历可适当放宽。中共各级党委统战部门、组织部门和政府人事部门要对民主党派推荐的适合任职条件的人选，做好考查和培养工作。

（10）国务院和各级地方政府召开全体会议和有关会议讨论工作时，可视需要邀请有关民主党派和无党派人士列席。

政府及其有关部门可邀请民主党派成员和无党派人士兼职、任顾问或参加咨询机构，也可就某些专题，请民主党派进行调查研究，提出建议。政府有关部门可就专业性问题同民主党派对口协商，在决定某些重大政策措施前，组织有关民主党派座谈，征求意见。注意在政府参事室中适当安排民主党派成员和无党派人士，发挥他们的咨询作用。

（11）推举符合条件的民主党派成员和无党派人士担任检察、审判机关的领导职务。聘请一批符合条件和有专门知识的民主党派成员、无党派人士担任特约监察员、检察员、审计员和教育督导员等。

政府监察、审计、工商等部门组织的重大案件的调查，以及税收等检查，可吸收民主党派成员、无党派人士参加。

（12）民主党派要按照国家的政策规定，有计划地开展对台湾同胞、港澳同胞、海外侨胞和外籍华人的联谊工作，协助引进资金、技术和人才，发展经济往来，推进大陆与台湾、香港、澳门及海外的科技、文化、学术、体育交流。有关部门要积极给予协助和指导。

（13）民主党派开展经济、科技、教育、法律、医卫、文化等咨询及社会服务工作，要以服务为宗旨，注重社会效益。政府有关部门要创造必要的条件，积极支持民主党派为社会主义现代化建设和统一祖国事业多做贡献。

（14）在政府部门任职的共产党员和非共产党人士都是国家公务人员，必须严格遵守政纪、法纪，全心全意为人民服务。中共组织及中共党员尤其是领导干部，应当尊重非共产党人士的职权。同他们建立起良好的合作共事关系。

四、进一步发挥民主党派在人民政协中的作用

（15）人民政协是我国爱国统一战线组织，也是共产党领导的多党合作和政治协商的一种重要组织形式。人民政协应当成为各党派、各人民团体、各界代表人物团结合作、参政议政的重要场所。

人民政协要对国家大政方针、地方重要事务、政策法令的贯彻、群众生活和统一战线中的重大问题，加强政治协商和民主监督。政协全国委员会制定的《关于政治协商、民主监督的暂行规定》，应当认真贯彻执行。

（16）在政协的各种会议上，要切实保障政协委员提出批评的自由和发表不同意见的自由。

在政协会议上，民主党派可以本党派名义发言、提出提案。

（17）要保证民主党派和无党派人士在政协常委和政协领导成员中占有一定比例。政协各专门委员会要有民主党派和无党派人士参加，政协机关中应有一定数量的民主党派和无党派人士担任专职领导干部，并真正做到有职、有权、有责。政协机关要更好地为民主党派开展活动创造条件。注意安排民主党派和无党派人士参加有关的出国访问和国际活动。

（18）尊重民主党派和无党派政协委员的视察、举报及参与调查和检查活动的权利。对他们的提案和举报，有关部门应认真研究处理，及时答复。

（19）中共和政府有关部门应同政协及其有关专门委员会建立联系，发挥它们在决策咨询中的作用。

（20）政协要根据政协章程的规定，组织和推动政协委员在自愿的基础上学习马克思列宁主义、毛泽东思想，学习中国共产党和国家的方针政策，学习时事政治，以利于统一认识，增进共同政治基础上的团结合作。

五、支持民主党派加强自身建设

（21）为了坚持和不断完善中国共产党领导的多党合作和政治协商制度，民主党派需要加强思想建设和组织建设，首先是民主党派各级领导班子的建

设。民主党派中央和省级组织的老一辈领导人，为国家作出了重要贡献，要继续发挥他们的影响和作用。同时，要积极培养一批拥护四项基本原则、拥护改革开放，有一定群众基础和组织领导能力的中青年，逐步充实到领导班子。中共各级党委和有关部门要协助各民主党派做好这项工作。

（22）各民主党派要注意提高成员的素质。吸收新成员要注意政治质量，德才并重。发展组织要坚持已协商确定的范围和对象，坚持以大中城市、有一定代表性的人士为主。各民主党派之间在发展组织上遇有交叉时，应在尊重本人自愿的基础上，由有关党派相互协商解决。

（23）民主党派应发扬自我教育的优良传统，对成员加强思想政治工作，深入进行坚持四项基本原则和反对资产阶级自由化的教育、爱国主义和社会主义的教育、国情教育以及民主党派同中共长期合作的优良传统的教育。

办好中央和省一级的社会主义学院，作为民主党派和无党派人士的联合党校。马克思列宁主义、毛泽东思想应列为社会主义学院的必修课。政府应从师资和经费上给予切实支持。

民主党派报刊要坚持四项基本原则，宣传国家的方针政策，并有自己的特色。

（24）民主党派需要采取有效措施加强机关建设，提高机关干部的政治素质和业务水平，并根据国家的干部政策、人事制度和有关规定，加强对机关干部任免、调动的管理。

后　记

《当代中国的人民政协》一书，经过全体编写人员的辛勤工作，共同努力，现已付梓。它全面阐述了人民政协的发展历史，为国内外研究统战、政协方面的问题，提供了一本内容比较翔实的读物。这本书的出版发行，对于推动政协工作，巩固和发展爱国统一战线，进行爱国主义、社会主义的宣传教育，都具有重要的意义。

在本书的编写过程中，得到《当代中国》丛书编委会、编辑部的具体指导，中央档案馆的大力支持，各省、自治区、直辖市政协的帮助，特别是辽宁省、黑龙江省、四川省、湖北省、吉林市政协曾派人参加编写工作，谨此表示诚挚地感谢。

本书涉及历史较长，方面很广，虽然我们认真搜集、整理和研究了大量资料，力求准确地反映人民政协的历史概貌，但在具体编写过程中难免有不妥和疏漏之处，企望读者予以指正。

《当代中国的人民政协》编辑部

1992年9月